실용적인
마이크로서비스
아키텍처 패턴

실용적인
마이크로서비스
아키텍처 패턴

스프링 부트와 스프링 클라우드를 활용한

황주필 옮김   비닐다스 크리스투다스 지음

i!i
에이콘

에이콘출판의 기틀을 마련하신 故 정완재 선생님 (1935-2004)

소우미아^{Sowmya}, 앤^{Ann}, 리아^{Ria}에게

추천의 글

 이 책은 소프트웨어 엔지니어와 아키텍트의 수년간 실무 경험의 산물이 분명하다. 저자는 분산 시스템 아키텍처 영역에서 복잡한 개념적 결정을 위해 소프트웨어 엔지니어와 소프트웨어 아키텍트를 안내하는 포괄적인 책을 썼다.

각 장은 논리적 방식으로 구성돼 있어 독자는 모든 대규모 분산 시스템 프로젝트에서 제기돼야 하는 중요한 질문들을 통해 안내받을 수 있다. 특히 저자가 마이크로서비스 활용을 고려한 프로젝트에 착수하기 전에 소프트웨어 아키텍트와 소프트웨어 엔지니어가 질문해야 하는 모든 질문을 상세히 설명하며 모놀리스 아키텍처에서 마이크로서비스 기반 아키텍처로의 전환을 설계하는 데 상당 부분을 사용한다는 점을 강조할 필요가 있다. 또한 이 책에서는 클라우드 배포와 관련된 문제도 다루며, 이는 이러한 시스템의 중요한 측면을 구성한다.

이 책에서 설명하는 흥미로우며 수준 높은 문제는 마이크로서비스의 기초부터 트랜잭션, 결과적 일관성, 클라우드 배포, CAP 정리 관련 문제에 이르는 광범위한 주제를 다룬다.

마이크로서비스와 관련된 모든 문제에 대한 지침서 역할을 할 수 있는 책으로, 마이크로서비스 기반 분산 시스템을 구현하려면 어떤 질문을 해야 할지, 이후에 취해야 할 단계는 무엇인지에 대한 단계별 매뉴얼이다.

챠람 더스트다르 Schahram Dustdar

IEEE 연구원, 책임자, 분산 시스템 그룹, 비엔나 기술 대학

소프트웨어 엔지니어링의 영역은 빠르게 진화한다. 기업은 시장의 신규 이민자와 법률 및 고객 기대치의 변화로 인해 지속적인 도전을 받고 있다. 스타트업은 빠르게 진화하고 성공할수록 증가하는 서비스 수요를 처리해야 한다. 이러한 과제를 해결하려면 소프트웨어를 설계하고 구축하는 방법을 철저히 검토해야 한다. 마이크로서비스 아키텍처는 이러한 요구에 직면한 시스템을 위한 좋은 기반을 제공한다.

그러나 마이크로서비스에는 고유한 과제가 있다.

저자는 소프트웨어 개발 영역에서 쌓은 광범위한 실무 경험과 새로운 기술 및 아키텍처 방식에 대한 열린 마음을 결합해 훌륭한 성과를 냈다. 이 책 전반에 걸쳐 마이크로서비스 시스템과 관련된 다양한 아키텍처 패턴을 도입하는 실용적인 접근법을 취하며, 기존부터 확립돼 있던 공통 패턴과 CQRS 같은 일부 새로운 패턴을 설명한다.

마이크로서비스 여정을 시작하기를 원한다면 이 책이 당신의 여행 가이드가 돼줄 것이다.

알라드 뷔제 Allard Buijze

AxonIQ의 CTO 겸 설립자, Axon 프레임워크 제작자

몇 년 전의 SOA가 그랬듯이 오늘날 새로운 소식의 중심에는 마이크로서비스가 있다. 어떤 사람들은 마이크로서비스가 바로 제대로 구현된 SOA라고 말한다. 이제 무거운 WS-* 표준 대신 REST가 제공되며, ESB 대신 ActiveMQ와 같은 경량 브로커가 있다. 트랜잭션은 어떨까? 아마존과 같은 업계 거대 기업에서는 모든 마이크로서비스를 아우르는 글로벌 ACID 트랜잭션을 필수적으로 사용하지 않는

다(권장하지도 않는다). 대신 요즘은 BASE와 사가에 대한 이야기뿐이다.

BASE는 모든 마이크로서비스에 걸친 거대한 ACID 트랜잭션(하나의 거대한 커밋 포함)이 아니라 시스템으로 파급되는 여러 개의 작은 ACID 트랜잭션을 의미하므로 결론적 일관성이 생긴다. 이를 위해 메시징이 중요하다.

이러한 각각의 작은 ACID 트랜잭션은 XA와 같은 입증된 기술로 제어할 수 있으므로 문제가 발생하더라도 실제로는 ACID다.

안타깝게도 BASE는 XA 지원이 부족한 최신 프레임워크나 기술/플랫폼에서 사용하는 잘못된 변명일 뿐이다. BASE 구현 방식이 핵심이며 XA가 없으면 메시지 중복 처리나 손실에 신경 쓰지 않는 한 올바르게 수행하기가 매우 어렵다.

중복은 종종 문제가 발생할 수 있으며 임시 수정으로 해결될 수 있다. 손실된 메시지는 장기적인 데이터 불일치를 제외하면 제외하면 전혀 감지되지 않을 수 있기 때문에 근본 원인을 찾기가 매우 어렵다. 소비자 측뿐만 아니발생할 수 있는 것이다.

BASE를 수행하는 간단하고 안전한 방법은 13장에 나와 있다. 모험심이 강하지 않으면 이러한 방식을 고수하는 것이 좋다. 금융 서비스에 종사하면 XA에서 제공하는 강력한 보증과 더불어 코드 단순성을 무료로 제공하는 혜택을 받을 수 있다.

14장에서 알 수 있듯이 XA 트랜잭션에서 기본적으로 제공되는 보증을 모방하려면 많은 추가 코딩과 테스트가 필요하다. 14장의 조정은 대부분 내가 주로 다루는 수준을 훨씬 뛰어넘는 내용이지만, 저저는 얼마나 많은 것을 고려해야 하는지를 훌륭하게 지적했다. 그것은 공원에서 산책하는 것처럼 쉬운 것이 아니었으며, 그와 거리가 멀었다.

사가와 같은 고급 코딩(15장)은 격리를 포기하고 스스로 보상을 감당해야 하는 다른 수준의 트랜잭션을 도입할 수 있다. 아토미코스^{Atomikos}에는 Try-Confirm/Cancel(줄여서 TCC, www.atomikos.com/Blog/TCCForTransactionManagementAcrossMicroservices 참고)이라

는 다소 유사한 모델이 있다. 롤백을 해야 하는(보상을 프로그래밍하는) 부담이 있기 때문에 우리가 만나 본 많은 사람이 별로 좋아하지는 않지만 개념은 훌륭하다.

가이 파르돈 박사Guy Pardon, PhD.

atomikos.com 설립자

옮긴이 소개

황주필(jhwang.kotlin@gmail.com)

IT 기업에서 개발자로 시작해 BEA Systems, 오라클, Pivotal, Vmware 등에서 소프트웨어 아키텍트, 엔지니어로 일했다. 수많은 기업에서 기업용 소프트웨어에 대한 지원과 비즈니스 적용을 도왔다. 컨테이너^{Container}에 관심이 많아 쿠버네티스^{Kubernetes} 생태계에 참여하고 있고, 클라우드 네이티브 애플리케이션^{Cloud Native Application}의 개발과 운영을 도왔으며, 이벤트 기반 아키텍처^{Event Driven Architecture}를 기업에 도입하는 데 도움을 주고 있다. 현재 Confluent에서 솔루션 엔지니어로 일하며 수많은 고객이 EDA 기반의 애플리케이션이나 실시간 데이터 스트리밍 플랫폼을 성공적으로 구축할 수 있도록 돕는 중이다. 주요 역서로는 『코틀린 마이크로서비스 개발』(에이콘, 2019), 『쿠버네티스로 만나는 손안의 마이크로서비스』(에이콘, 2020), 『쿠버네티스 인 액션』(에이콘, 2020), 『Istio로 시작하는 서비스 메시』(에이콘, 2020), 『코틀린 객체지향 프로그래밍』(에이콘, 2023) 등이 있다.

옮긴이의 말

이제 많은 기업에서 마이크로 서비스 아키텍처로 애플리케이션을 개발하는 것이 필수인 시대가 된 것 같다. 하지만 마이크로서비스 아키텍처를 기반으로 애플리케이션을 개발하는 것은 상당히 어려운 일이며, 고려해야 할 사항들이 너무나 많다. 이 책에서는 다양한 마이크로서비스 아키텍처 패턴을 소개하고, 어떻게 구현하는지 쉽게 이해할 수 있도록 샘플 코드를 제공한다. 특히 이벤트 기반 아키텍처에서 CQRS나 분산 트랜잭션, 고가용성을 확보하기 위한 방법을 자세히 소개하고 실제 사용할 수 있는 예제를 제공해 마이크로서비스 아키텍처, 특히 이벤트 기반 아키텍처를 도입하려고 하는 개발자나 아키텍트들에게 추천하고 싶다.

마지막으로 언제나 배려해주는 아내 설현이와 항상 잘 자라주고 있는 라희에게 사랑을 담아 고마운 마음을 전한다.

황주필

지은이 소개

비닐다스 크리스투다스^{Binildas Christudas}

IT 솔루션 관련 기술 아키텍처 컨설팅을 제공한다. 마이크로소프트와 오라클 기술 분야에서 20년 이상의 IT 경험이 있다. 자바와 C# 프로그래밍에 대한 광범위한 실무 경험이 있고, 주요 기술은 분산 컴퓨팅과 서비스 기반 통합이다. 잘 알려져 있고 인기가 높은 사고 리더로서 포춘 500대 기업을 비롯한 최고 수준의 여러 고객을 위해 확장성이 뛰어난 미들티어와 통합 솔루션을 설계하고 구축했다. 인포시스와 타타 컨설턴티 서비스^{Tata Consultancy Services}를 비롯한 여러 IT 컨설팅 회사에서 근무했으며 현재 IBS 소프트웨어에서 수석 설계자로 일하는 중이다. VP와 기술 책임자로서 IBS 상품 포트폴리오의 기술과 아키텍처 전략을 이끌고 있다.

SCJP^{Sun Certified Programmer}, SCJD^{Sun Certified Developer}, SCBCD^{Sun Certified Business Component Developer}, SCEA^{Sun Certified Enterprise Architect}, MCP^{Microsoft Certified Professional}, Open Group^{TOGAF8} Certified Enterprise Architecture Practitioner다. 또한 SOA의 LZA^{Licensed Zapthink Architect}이기도 하다. B.Tech를 보유하고 있다. 트리반드룸 공과 대학^{CET}에서 기계 공학을 전공했고 케랄라 경영 연구소^{IMK}에서 시스템 MBA를 취득했다. 케랄라 대학교 역도 팀의 주장이었으며 대학 시절 전국 챔피언이었다. IBS는 '서비스의 다중 테넌시를 촉진하기 위한 방법과 시스템'이라는 제목의 제안을 USPTO에 특허로 신청했다. www.linkedin.com/in/binildasca/ 또는 www.facebook.com/binildas.christudas로 연락할 수 있다.

감사의 말

저를 믿고 이 책을 쓸 수 있는 기회를 주신 에이프레스 미디어에게 큰 감사를 드린다. 에이프레스의 닉힐 카칼Nikhil Karkal과 디브야 모디Divya Modi는 프로세스를 원활하고 빠르게 만드는 데 큰 도움이 됐다. 저와 협력하고 콘텐츠를 더 좋게 만드는 방법에 대한 자세한 지침을 제공해주신 시디히 차반Siddhi Chavan에게 감사 드린다. 또한 이 책 첫 장의 형태를 제공한 매튜 무디Matthew Moodie에게 감사드린다.

IBS 소프트웨어의 기술 친화적인 업무 공간은 큰 도움이 됐다. 집필 여정 내내 일관된 동기를 부여해준 IBS 그룹 회장인 V.K. 매튜Mathews에게 감사드린다. 또한 IBS의 최고 기술 책임자인 아룬 히시키산Arun Hrishikesan이 이 책을 완성한 것에 대해 끊임없이 상기시켜주고 지지해 준 점, 특히 이 책의 내용과 방식에 큰 영향을 준 기술 분야에 대한 폭넓은 견해를 알려준 점에도 감사하다.

챠람Schaharam 박사에게 CAP 정리와 실제 소프트웨어 아키텍처에 미치는 영향에 대한 그의 견해를 공유해준 많은 시간에 대해 감사드린다.

AxonIQ의 CTO겸 창립자인 알라드 뷔제Allard Buijze에게 특별한 감사를 드린다.

나의 책 제안과 내용에 대한 통찰력을 제공해준 아토미코스Atomikos의 글로벌 솔루션 아키텍트 가이 파르돈Guy Pardon 박사에게 감사드린다. 기술적 오류와 애매모호함을 지적하면서 우리를 정직하게 만들었다. 트랜잭션에 관한 장들을 세세하게 만드는 데 전념한 주말은 정말 소중한 시간이었고 정말 감사하게 생각한다.

아룬 프라산스Arun Prasanth는 이 책의 모든 예제가 예상대로 작동하는지 확인했다. 코드 내용을 검토하고 책에 대한 기술 검토를 해준 그에게 감사한다.

마지막으로 기술에 대한 나의 열정이 얼마나 강한지 알고 내가 쓰는 시간에 대해 결코 불평하지 않은 아내 솜야 허버트^{Sowmya Hubert}에게 특별히 감사드린다. 지난 몇 달 동안 노트북으로 시간을 보내는 대신 노트북에 갇혀 있는 동안 너무 많은 이해와 지원을 해준 딸 앤 S. 비닐^{Ann S. Binil}과 리아 S. 비닐^{Ria S. Binil}에게 감사한다. 아버지 크리투다스 Y.^{Christudas Y.}와 어머니 아자카마 J.^{Azhakamma J.}의 사심 없는 지원 덕분에 오늘의 내가 있는 곳에 도달할 수 있었다. 또한 친척인 허버트 다니엘^{Hubert Daniel}과 파말라 페르시스^{Pamala Percis}에게 감사의 말을 전한다. 마지막으로 제 누이인 비니샤 박사^{Dr. Binitha}, 그녀의 남편인 세진 찬드란 박사^{Dr. Segin Chandran}와 그들의 딸 아르드라^{Aardra}에게 감사드린다.

기술 감수자 소개

아룬 프라산스 Arun Prasanth

자바/J2EE 기반 마이크로서비스 아키텍처와 서비스 기반 아키텍처의 아키텍처, 설계, 코딩, 구현과 관련된 실무 소프트웨어 아키텍트로서 12년의 경력이 있다. 현재 일본의 IBS 소프트웨어 서비스에서 선임 기술 아키텍트로 일하고 있다. 이전에는 소시에테 제너널 글로벌 솔루션의 은행 업무 분야에서 근무했다.

차례

2장 마이크로서비스 소개   59

3장 심층 마이크로서비스   75

13장 분산 트랜잭션   451

들어가며

우리는 약 20년 동안 분산 애플리케이션을 개발하고 배포해 왔다. 마이크로서비스는 분산 애플리케이션을 개발, 배포, 유지 관리하는 데 있어 많은 부족한 점을 이용해 아키텍처 원칙과 패턴을 제시한다. 마이크로서비스 아키텍처라고도 하는 마이크로서비스^{Microservice}는 유지 관리와 테스트가 가능하며 비즈니스 기능을 중심으로 구성되는 느슨하게 결합되고 독립적으로 배포 가능한 서비스 모음으로 애플리케이션을 구조화하는 아키텍처 방식이다. 이 책은 스프링 부트, 스프링 클라우드, Axon과 같은 가볍고 일반적인 기술을 사용해 자바로 마이크로서비스를 작성하는 실용적인 방법을 소개한다. 또한 학습한 내용을 바로 사용할 수 있는 형태로 자료를 제시한다. 이를 위해 모든 주요 개념에 대한 코드 예제를 포함하고, 이를 빌드하고 실행하는 방법을 정확하게 보여준다.

마이크로서비스를 설계할 때 다룰 많은 아키텍처 복잡성을 드러내며, 까다로운 시나리오를 해결하는 데 코드 예제를 사용하는 책이다. 아키텍트를 위한 책이지만 개발자와 기술 관리자도 활용할 수 있다. 일반적으로 심각한 분산 서버 측 애플리케이션, 특히 마이크로서비스를 구축하려는 자바 설계자를 염두에 두고 작성했다. 이벤트 기반 시스템, 트랜잭션 무결성, 데이터 일관성 등과 같은 측면에서 설계자가 알아야 할 사항에 중점을 뒀다. 개발자들도 일상적인 작업에 유용한 완전한 코드를 찾을 수 있다. 예제를 빠르게 시작하고 실행하려면 자바, 스프링, 약간의 HTTP에 대한 실무 지식이 필요할 것으로 가정한다. 자바와 스프링에 대한 배경 지식이 없는 경우에도 유틸리티 구축 스크립트와 단계별 지침이 도움이 될 것이다. 또한 예제가 자바로 돼 있더라도 모든 아키텍처 측면과 많은 장이 자바에 국한되지 않으므로 분산 시스템을 다루는 기술 배경이 있는 설계자는 이 책이 도움이 될 것이다.

이 책은 완전한 마이크로서비스 예제인 전자상거래 애플리케이션을 소개한다. 독자는 이를 템플릿으로 사용해 운영 시스템의 구축을 바로 시작할 수 있다. 자바 세계에서 사용할 수 있는 모든 책 중에서 이 책은 완전한 코드와 함께 XA 트랜잭션 관리자와 2개의 서로 다른 XA 트랜잭션 리소스를 활용하는 2단계 커밋 트랜잭션의 모든 성공과 실패 시나리오 시뮬레이션을 독점적으로 보여주는 첫 번째 책이다. XA 트랜잭션을 자세히 보여준 다음 ACID 방식 트랜잭션을 파티션 및 도메인 내로 제한해 파티션 및 도메인에 걸쳐 BASE 트랜잭션이라고 하는 것을 채택함으로써 (최종) 트랜잭션 무결성을 달성하는 데 사용할 수 있는 코드와 기술을 다룬다. BASE 방식 분산 트랜잭션의 가장 잘 알려진 패턴 중 하나인 사가^{Saga}에 대한 작업 예제도 소개한다. 또한 마이크로서비스의 고가용성, 보안, 성능도 다룬다. 여기에 묘사된 많은 개념, 아키텍처, 코드들은 경험이 풍부한 아키텍트들만 갖고 있는, 밖에서 쉽게 얻을 수 없는 비법들이지만 이제는 이 책의 형태로 압축돼 있다.

문의

한국어판에 관한 질문은 이 책의 옮긴이나 에이콘출판사 편집 팀(editor@acornpub. co.kr)으로 문의할 수 있다.

한국어판의 정오표는 에이콘출판사의 도서정보 페이지(http://www.acornpub.co.kr/ book/practical-ms)에서 찾아볼 수 있다.

01

분산 컴퓨팅 아키텍처 환경

상당한 규모를 가진 특정 기업 내의 기술 환경은 비즈니스별, 내부 부서나 공급 망 등으로 세분화되고 노후화된 레거시 시스템 등으로 매우 복잡한 경우가 많다. 많은 기업들이 인수 합병^{M&A}을 통해 성장하며 여러 시스템을 유지하고 국제 적으로 운영하고 서로 다른 파트너와 서비스 제공업체와의 계약을 유지해야 한다는 점을 고려할 때 기업은 비즈니스 프로세스당 2개 이상의 시스템을 갖고 있는 경우도 있다. 결과적으로 기술 인프라는 많은 경우 비즈니스 시스템, 파트 너, 공급망 시스템, 기타 서비스 공급업체 간에 직접적인 의존성이 많은 '스파게 티 아키텍처'가 된다.

초기 컴퓨터 시대부터 앞에서 언급한 시스템들을 구축하기 위한 소프트웨어를 개발해왔다. 초기 펀치 카드에서 다음 세대의 어셈블리^{Assembly} 언어로, 그리고 포트란^{FORTRAN}, 코볼^{COBOL}의 시대로 발전했고 더 나아가 C, 스몰토크^{Smalltalk} 등으로 대체된 다음 C++, 자바, C#으로 발전했다. 진화는 계속되고 있다. 아키텍처는 선택할 수 있는 프로그래밍 언어와 도구를 포함한 프로그래밍 패러다임에 적응 해야 한다. 상당한 기능성과 크기의 소프트웨어 시스템은 미래를 고려해 적절 한 소프트웨어 아키텍처로 구축돼야 한다. 하나 또는 유사한 소프트웨어 아키 텍처를 고수하면서 다양한 도메인과 기능을 위한 소프트웨어 시스템을 구축할 수 있지만 동일한 아키텍처를 채택해 모든 종류의 시스템을 구축할 수 있는 사람은 아무도 없다. 그러므로 소프트웨어 시스템의 아키텍처 방식은 다음을 포함하지만 이에 국한되지 않는 많은 고려 사항을 기반으로 채택돼야 한다.

- 비즈니스 도메인
- 기능과 사용 시나리오
- 비기능적 요구 사항과 사용 환경
- 시스템과 상호작용하는 데 사용되는 디바이스와 채널
- 시스템 구축에 사용되는 프로그래밍 도구
- 시스템 운영에 사용되는 인프라

시스템 아키텍처

되돌아보면 다양한 시스템 아키텍처를 사용해 행복하고 성공적으로 소프트웨어 시스템을 구축해왔다. 그중 지난 몇 년간 주목할 만한 것은 다음과 같다.

- 메인프레임 아키텍처
- 클라이언트-서버 아키텍처
- 3계층 아키텍처
- N계층 아키텍처

그림 1-1에서 이러한 아키텍처의 몇 가지 두드러진 기능을 살펴본다.

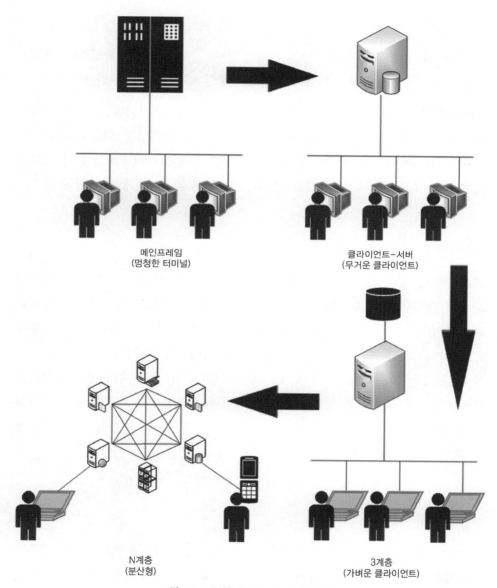

메인프레임
(멍청한 터미널)

클라이언트-서버
(무거운 클라이언트)

N계층
(분산형)

3계층
(가벼운 클라이언트)

그림 1-1. 다양한 형태의 시스템 아키텍처

메인프레임 아키텍처

메인프레임 기반 아키텍처^{mainframe-based architecture}는 처리 능력이 중앙 집중화되고 저전력 터미널을 사용해 여러 클라이언트가 중앙 컴퓨팅 소스에 연결할 수 있다.

터미널은 문자 지향 명령만 조합할 수 있는 단순한 화면이라는 점에서 다소 멍청한 편이며, 이러한 명령은 명령이 실행되는 중앙 메인프레임 컴퓨터로 전송된다. 메인프레임 컴퓨터에서의 모든 응답은 이러한 터미널에서 문자 스트림으로 수신되고 사용자가 인간의 해석을 위해 읽을 수 있게 렌더링된다.

클라이언트-서버 아키텍처

클라이언트-서버 아키텍처^{client-server architecture}는 비교적 저전력 시스템인 여러 클라이언트를 연결할 수 있는 하나의 고출력 서버가 특징이다. 서버는 데이터 유효성 검사 규칙, 데이터 수정을 위한 비즈니스 로직과 데이터 저장 기능을 호스팅하는 반면 클라이언트는 데이터 입력 메커니즘, 데이터 유효성 검사 규칙, 일부 또는 0개의 비즈니스 로직을 호스트한다. 이러한 종류의 클라이언트는 대부분의 경우 클라이언트 측 코드가 클라이언트 운영체제 고유의 언어로 작성되기 때문에 풍부한 사용자 인터페이스^{UI, User Interface} 요구 사항을 쉽게 충족할 수 있어서 씩^{Thick} 클라이언트[1]라고도 한다.

3계층 아키텍처

2계층 아키텍처[2]와 마찬가지로 3계층 아키텍처에도 클라이언트 계층이 있다. 클라이언트는 데이터 입력 메커니즘, 데이터 유효성 검사 규칙, 일부 비즈니스 로직을 호스트한다.

---

1. 팻(Fat) 클라이언트, 리치(Rich) 클라이언트, 씩(Thick) 클라이언트 등으로도 부른다. - 옮긴이
2. 여기서는 앞 절의 클라이언트-서버 아키텍처를 의미한다. - 옮긴이

이러한 클라이언트는 클라이언트 운영체제의 고유한 언어를 사용해 빌드될 수 있으므로 풍부한 UI를 제공할 수 있다. 또는 HTTP 및 HTML 기반 웹 브라우저 호환 언어를 사용해 클라이언트를 만들 수도 있다. 후자의 경우 클라이언트 계층은 프레젠테이션 계층이라는 다른 계층으로 분할할 수도 있다. 여기서 클라이언트 계층에는 데이터 입력, 데이터 유효성 검사, UI 렌더링 로직만 있고 대부분의 비즈니스 로직은 다음 계층(프레젠테이션 계층 또는 미들웨어 계층)에서 처리한다. 2계층 아키텍처와의 주요 차이점은 데이터 관리 및 스토리지가 데이터 유효성 검사 규칙 및 비즈니스 로직과 분리돼 있고 종종 서버 측에 있는 데이터베이스 서버라고 하는 별도의 서버에 보관된다. 2계층 아키텍처와 마찬가지로 데이터 유효성 검사 규칙 및 비즈니스 로직은 종종 미들웨어 계층이라고 하는 미들웨어 서버에 유지된다. 지난 몇 년 동안 모바일 디바이스도 미들웨어 계층과 연결됐다.

N계층 아키텍처

N계층 아키텍처는 확장된 3계층 아키텍처로 볼 수 있는데, 자체 데이터베이스 서버를 가진 여러 개의 미들웨어 계층 서버가 있으며, 이러한 미들웨어 계층 서버 중 상당수가 상호 연결돼 기능을 재사용한다. 클라이언트 계층은 미들웨어 계층에 직접 연결하거나 먼저 프레젠테이션 계층에 연결할 수 있으며, 그다음에 미들웨어 계층과 통신한다. 여기서도 클라이언트 계층의 클라이언트는 기본 씩 클라이언트 또는 브라우저 기반 씬 클라이언트 또는 기타 모바일 클라이언트일 수 있다.

앞에서 언급한 모든 시스템 아키텍처에 대한 자세한 내용을 잘 알고 있다고 가정하고 자세히 살펴보지는 않겠다. 내용을 잘 모른다면 이러한 책은 읽지 않을 것이다.

네트워크 아키텍처

앞 절에서 관련이 있는 시스템 아키텍처를 다뤘지만 소프트웨어 시스템을 상호 연결해 통합하게 하는 다른 분류도 마찬가지로 중요하다. 여기서 다시 그림 1-2와 같이 시스템이 서로 통신할 수 있도록 네트워크를 구성할 수 있는 많은 분류를 다룬다.

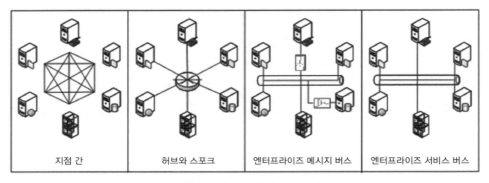

그림 1-2. 네트워크 통합 토폴로지

지점 간

지점 간[Point to Point] 아키텍처는 한 쌍의 애플리케이션간의 연결을 정의한다. 따라서 통합할 2개의 엔드포인트가 있어야 한다. 프로토콜이나 포맷 어댑터/트랜스포머를 한쪽 또는 양쪽 끝에 만들 수 있다. 연동해야 할 개수가 적을 때 가장 쉬운 통합 방법이다. 일반적으로 FTP, IIOP, 원격 또는 배치 인터페이스와 같은 기술별 API를 사용해 통합을 구현한다. 두 통합 지점 사이에는 양쪽 끝의 상대에 대한 정보가 있기 때문에 긴밀하게 결합한다.

허브와 스포크

허브와 스포크[Hub-and-spoke][3] 아키텍처는 메시지 브로커[message broker]라고도 하며 모든 애플리케이션이 연결되는 중앙 집중식 허브(브로커)를 제공한다. 허브와 스포크 아키텍처의 특징은 각 애플리케이션이 경량 커넥터로 중앙 허브와 연결된다는 것이다. 경량 커넥터는 기존 애플리케이션을 최소한으로 변경하거나 또는 전혀 변경하지 않고도 쉽게 애플리케이션을 통합할 수 있다. 메시지 변환과 라우팅 은 허브 내에서 이뤄진다. 애플리케이션은 다른 애플리케이션에 직접 연결되지 않기 때문에 통합 토폴로지에서 허브를 제거할 수도 있다. 허브는 이러한 종류 의 토폴로지에서 중심 부분이므로 전체 토폴로지의 단일 실패 지점[SPOF, Single Point Of Failure]이 될 수 있다.

엔터프라이즈 메시지 버스

엔터프라이즈 메시지 버스 토폴로지[enterprise message bus topology]에는 애플리케이션 간에 플랫폼과 프로그래밍 언어 중립적인 어댑터 역할을 하는 공통 통신 인프라 가 있다. 이 통신 인프라는 메시지 라우터 또는 게시-구독[pub-sub] 채널을 포함할 수 있다. 따라서 애플리케이션은 요청-응답 대기열[queue]을 사용해 메시지 버스 로 서로 상호 동작한다. 때때로 애플리케이션은 고객 정보 제어 시스템[CICS, Customer Information Control System][4] 트랜잭션 호출과 같은 시나리오를 처리하는 어댑터를 사용해야 한다. 이러한 어댑터는 전용 버스 API와 애플리케이션 API를 사용해 애플리케이션과 메시지 버스 간의 연결을 제공할 수 있다.

---

3. 자전거 바퀴살(Spoke)가 중심축(Hub)으로 모이는 것처럼 네트워크를 중심으로 개별 지점 간을 연결하는 방식이다. – 옮긴이
4. CICS는 z/OS와 z/VSE에서 IBM 메인프레임 시스템의 애플리케이션에 대한 온라인 트랜잭션 관리와 연결을 제공하 는 혼합 언어 애플리케이션 서버 상품 군이다.

엔터프라이즈 서비스 버스

통합에 대한 서비스 버스 접근 방식은 애플리케이션 통합을 위한 버스를 제공하기 위한 기술 솔루션을 이용한다. 애플리케이션은 통합을 위해 서로 간에 직접 통신하지 않는다. 대신 이 미들웨어 서비스 기반 아키텍처^{SOA, Service Oriented} ^{Architecture} 백본으로 통신한다. 엔터프라이즈 서비스 버스^{ESB, Enterprise Service Bus} 아키텍처의 가장 두드러진 특징은 통합 토폴로지의 분산 특성이다. 대부분의 ESB 솔루션은 WSDL^{Web Services Description Language} 기술을 기반으로 하며 메시지 번역과 변환에 XML^{Extensible Markup Language} 형식을 사용한다. 엔터프라이즈 메시지 버스에 비해 ESB 토폴로지는 인터페이스의 SOA 특성으로 인해 상호 운용성이 높기 때문에 어댑터가 덜 필요하다.

소프트웨어 아키텍처

시스템 아키텍처와 네트워크 아키텍처의 전반적인 것을 살펴봤으므로 이제 계층^{Tier}과 레이어 개념[5]을 활용해 소프트웨어 애플리케이션 아키텍처에 모듈성과 관리성을 제공하는 방법을 살펴본다.

애플리케이션 계층

계층^{tier}은 일반적으로 애플리케이션에 관한 것들을 분산해 배포하는 기능을 제공한다. 일반적인 애플리케이션 계층은 다음과 같이 나열할 수 있다.

- 클라이언트 계층
- 프레젠테이션 계층

---

5. 일반적으로 tier와 layer를 계층이란 동일한 의미로 사용하는 경우가 많지만 Layer가 서로 다른 소프트웨어/코드의 논리적인 구분을 의미한다면 Tier는 물리적 배포 단위인 머신/서버/구분 등을 의미하는 경우가 많다. 이 책에서는 구분을 위해 Tier는 계층으로 Layer는 레이어로 사용한다. - 옮긴이

- 비즈니스 계층
- 통합 계층
- 리소스 계층

이 목록만 있는 것은 아니다. 다시 말하지만 이러한 계층에 대해 자세히 설명하지는 않겠지만 일반적으로 이러한 계층은 비기능적 및 기술적 기능으로 그룹화할 수 있고, 운영 배포 중의 이러한 계층에 대해 다양한 운영 능력을 제공할수 있다.

애플리케이션 레이어

레이어^{layer}는 단일 책임 패턴에 따른 우려 사항을 분리[6]하는 데 도움이 된다. 예를 들어 애플리케이션 계층에 중앙 진입점을 제공할 수 있는 컨트롤러 레이어가 있을 수 있으며 인증과 권한 부여 확인, 애플리케이션 내 로깅, 올바른 모듈로의 라우팅 등을 수행할 수 있다. 마찬가지로 ORM$^{Object-Relational Mapping}$ 레이어는 애플리케이션 도메인 객체를 영구 디스크의 스토리지 스키마로 변환하는데 필요한 지속성 서비스를 수행할 수 있으며 그 반대의 경우도 마찬가지다.

각 애플리케이션 계층은 논리적으로 하나 이상의 애플리케이션 레이어로 분리될 수 있다

애플리케이션 아키텍처 환경

지난 10년 동안 n계층 또는 분산 애플리케이션 아키텍처 구축 방식을 사용해왔다. 앞에서 설명한 다양한 네트워크 토폴로지 기반으로 상호 연결돼 있기 때문에 여러 애플리케이션이 서로 통신할 수 있다.

---

6. 소프트웨어 디자인 패턴에서 SoC(Seperation of Conserns Principal)라고 한다. – 옮긴이

이제 이러한 단일 애플리케이션을 구축하는 데 집중할 것이다. '단일 애플리케이션'에 대해 이야기할 때 나는 관련 기능이나 그룹화된 기능들을 수행하기 위한 해당 애플리케이션을 제한하고 있다. 예를 들어 기업이 판매 목적으로 상품을 나열하고 고객이 웹 브라우저를 사용해 온라인으로 이러한 상품을 결제하고 구매할 수 있게 도와주는 전자상거래 애플리케이션이 있다. 마찬가지로 주식 거래 애플리케이션은 주식 거래와 관련된 기능들이 있는 또 다른 애플리케이션이다. 일반적으로 이 두 애플리케이션은 서로 다른 두 기능을 그룹화하기 때문에 함께 연결하지 않는다. 고객 관계 관리CRM, Customer-Relationship Management 애플리케이션, 멤버십 애플리케이션, 비행기 예약 애플리케이션, 택시 애플리케이션은 그러한 애플리케이션의 몇 가지 예다.

둘 이상의 애플리케이션이 서로 통신해야 하거나 둘 이상의 애플리케이션에서 기능을 매시업mash up하려는 시나리오가 있을 수 있다. 예를 들어 휴가 예약 회사의 예약 애플리케이션은 선택한 항공사의 비행기 예약 애플리케이션과 앞에서 언급한 선택된 택시 서비스 공급업체의 택시 애플리케이션의 서비스를 매시업할 수 있다. 이러한 시나리오는 단일 애플리케이션 아키텍처의 범위를 벗어나지만 애플리케이션 통합 수준에서 고려해야 한다. 이 책의 논의 범위에서 애플리케이션 간 통합 또는 애플리케이션 매시업과 같은 측면은 다루지 않을 것이다. 대신 함께 그룹화하려는 기능의 양에 따라 중소형, 대형까지 다양한 '단일 애플리케이션'의 아키텍처에 초점을 맞추고 싶다.

단일 애플리케이션이라고 불릴 만큼 좋은 전자상거래 애플리케이션을 언급했기 때문에 이 책에서는 여러 개념과 우려에 대해 토론할 때 전자상거래를 사용할 것이다.

다른 절에서 전자상거래 애플리케이션의 기능에 대한 세부 정보를 살펴보겠지만 당분간 전자상거래 애플리케이션이 이 책에서 논의하려는 거의 모든 문제를 이해하는 데 도움이 되는 적절한 크기의 애플리케이션이라고 가정할 수 있다.

일반적인 애플리케이션 아키텍처

오늘날 기업에서 사용되는 많은 최신 애플리케이션은 n계층 아키텍처와 객체 지향 프로그래밍 언어를 사용해 구축됐으며, 분산 기술과 인프라를 사용해 배포할 수 있다. 적절한 계층과 레이어를 선택하면 확장성 요구 사항을 충족하는 유연한 방식으로 배포할 수 있다. 이제 분산 방식으로 배포된 전자상거래 애플리케이션의 일반적인 애플리케이션 아키텍처를 살펴보자.

그림 1-3은 일반적인 애플리케이션 아키텍처를 보여준다. 프레젠테이션 계층이 비즈니스 계층과 분리돼 있고 세 번째 데이터베이스 계층도 있다는 점에서 3계층 애플리케이션이다. 프레젠테이션 계층은 .war 파일로 패키징되며 웹 브라우저에서 UI를 렌더링하는 데 필요한 모든 아티팩트를 포함한다. 비즈니스 계층은 .jar 형식으로 패키지돼 있으며, 대부분의 비즈니스 기능과 비즈니스 규칙을 포함한다. 프레젠테이션 계층과 비즈니스 계층을 함께 묶어 .ear 형식으로 애플리케이션 아티팩트를 만들 수도 있다.

프레젠테이션 계층과 비즈니스 계층은 간단한 서버 팜^{server farm}이나 서버 클러스터^{server cluster}로 구성된 서버 전용 하드웨어들에 별도로 배포할 수 있다. 또한 서버 팜은 이전 요청이 전달된 서버 인스턴스에 관계없이 단일 브라우저 인스턴스의 후속 부하를 하나의 인스턴스로 전달할 수 있는 방식으로 애플리케이션 구성 요소를 호스팅하는 서버 인스턴스들이다. 일반적으로 서버 팜 앞에 있는 로드밸런서^{load balancer}가 부하를 분산한다. 또한 서버 팜에 배포된 애플리케이션 구성 요소는 일반적으로 상태 비저장^{stateless}이다. 즉, 단일 브라우저 인스턴스의 부하를 이전 요청이 전달된 서버 인스턴스에 관계없이 하나의 인스턴스로 전달할 수 있다. 서버 클러스터에서는 일반적으로 서버 인스턴스가 하트 비트와 상태 복제로 조정되는 반면 상태 비저장 방식의 요청은 고정되지 않는다. 여기에서 요청은 고정돼 있으므로 단일 브라우저의 요청은 해당 서버 인스턴스가 활성 상태인 한 항상 클러스터의 동일한 서버 인스턴스로 전달된다. 그러나 고정되지 않은 요청은 클러스터와 로드밸런서가 구성된 방식에 따라 클러스터에서 처리될 수도 있다.

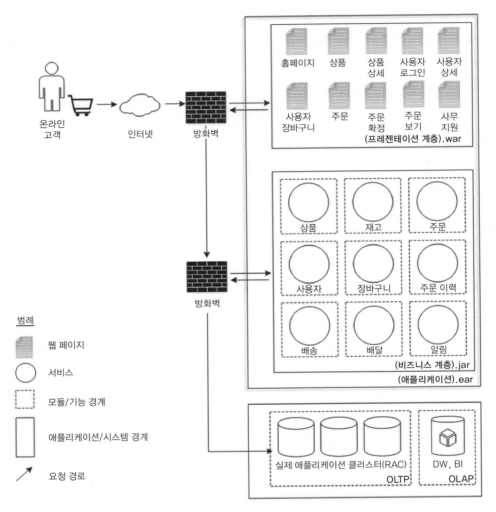

그림 1-3. 일반적인 애플리케이션 아키텍처

데이터베이스 계층은 데이터 관리 기능을 제공한다. CRUD(생성, 읽기, 업데이트, 삭제) 요청을 처리하고 동시 CRUD 요청을 적절하게 조정해 데이터 일관성 기능도 처리한다.

이제 애플리케이션을 더 자세히 살펴보자. 구체적으로 설명하고자 프레젠테이션 계층과 비즈니스 계층이 별도로 배포돼 있으며 애플리케이션 계층은 비즈니스 계층만 제공한다고 가정한다. 그림 1-3은 애플리케이션 계층이 비즈니스 경계 그 자체다. 앞서 계층과 레이어에 대해 이야기했는데, 똑같이 중요한 것은 애플리케이션을 모듈^{modules}이라고 하는 여러 조각으로 나누는 것이다. 따라서 모듈은 밀접하게 관련된 기능과 구성 요소들로 정의될 수 있으므로 이들 간에 많은 '결합^{cohesion}'이 있다. 다음 단계의 '접착력^{adhesion}'이 있는 여러 모듈이 전체 애플리케이션을 구성한다. 그림에서는 모듈 경계가 별도로 표시돼 있지만 실제로는 이러한 구분이 물리적 소프트웨어 번들에 존재하거나 존재하지 않을 수도 있다. 확실히 하면 단일 .jar 또는 .ear 파일로 패키징되도록 많은 모듈을 디자인하거나 빌드할 때 한 모듈에서 다른 모듈로 요청하는 것을 막을 수 있는 것은 아무것도 없으며, 이러한 의존성의 수가 증가함에 따라 모듈 간의 유착이 증가하게 된다. 따라서 표시된 경계는 여전히 모듈 간의 접점을 계속 허용하는 가상 경계일 뿐이다. 일반적으로 이러한 민감성은 프로세스 내 메서드 호출로 실현될 수 있다. 이러한 아키텍처에서 가장 현실적인 경계는 애플리케이션 경계 자체이며, 이 경계에는 일반적으로 서비스 지향 아키텍처^{SOA, Service-Oriented Architecture} 와 유사한 원칙을 적용한다. 모듈을 여러 프로세스에 배포하려면 모듈 간 통신에 적합한 원격 호출 방법을 사용할 수 있지만 이는 나중에 따로 추가할 수 없으므로 이를 위해 모듈을 디자인한 경우에만 가능하다.

일반적인 배포 아키텍처

앞서 언급했듯이 프레젠테이션 계층과 비즈니스 계층을 함께 묶어 배포하고자 .ear 형식으로 애플리케이션 아티팩트를 만들거나 .war와 .jar 파일로 별도 저장할 수 있으므로 이렇게 하면 프레젠테이션 계층과 비즈니스 계층이 분리된 곳에서 더 유연하게 배포할 수 있다. 이 두 계층이 함께 배포되면 로컬 메서드 호출로 최적화된 모듈 간 통신이 가능하다. 이를 분리하는 이유는 이 두 계층

간에 서로 다른 변경 배포를 허용하기 위한 것이며, 이를 수행할 때 계층 간 통신을 용이하게 하고자 적절한 원격 호출 방법을 선택해야 한다. 일반적으로 이 계층 간 통신을 위해 자바 RMI 또는 좀 더 일반적인 IIOP, HTTP와 같은 좀 더 유연한 프로토콜을 사용한다.

그림 1-4와 같이 알려진 네트워크에만 있는 클라이언트의 기능 액세스 수준을 제어하고자 이러한 계층 앞에 하나 이상의 네트워크 방화벽 레이어가 있을 수 있다. 데이터베이스 계층도 마찬가지다. 즉, 인터넷으로부터 프레젠테이션 계층으로 유효한 애플리케이션 관련 호출만 허용하도록 구성을 적용한 다음, 다른 계층 앞에 더 엄격한 규칙을 적용해 알려지거나 또는 유효한 IP에서만 비즈니스 계층으로의 호출을 허용할 수 있게 하는 것이다.

상태 비저장으로 디자인된 애플리케이션 서비스는 적절한 배포 아키텍처로 트래픽량의 증가를 해결할 수 있다. 또한 프레젠테이션 계층의 확장 수준과 비즈니스 계층의 확장 수준은 무관하다. 데이터베이스 계층에는 특별하게 참고할 것이 있다. 프레젠테이션 계층은 UI의 효과적인 렌더링을 위해 콘텐츠를 조립하는 일을 담당하지만 비즈니스 계층은 비즈니스 데이터에 대한 변경 사항을 적용할 책임이 있다. 데이터베이스 계층의 유일한 목적은 일관된 방식으로 사용자 요청이나 서버 재시작 시 데이터 상태에 액세스할 수 있게 유지하는 것이다. 따라서 데이터베이스 계층은 하나의 원본 데이터 출처를 위한 장소다. 그러므로 데이터베이스 계층은 확장에 한계가 있다. 데이터베이스 계층에 대한 확장 전략은 수정 가능한 데이터를 동시에 복제할 수 없다는 점에서 다른 계층의 확장 전략과 달라야 한다. 이러한 조정 요구 사항을 해결해야 하기 때문이다. 일반적으로 데이터베이스 확장 문제와 데이터 일관성 및 데이터 조정 관련 문제에 대한 솔루션은 애플리케이션 설계자가 아닌 데이터베이스 공급업체에서 제공한다.

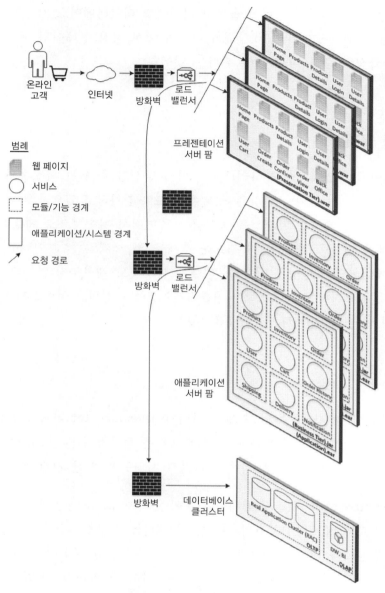

그림 1-4. 일반적인 배포 아키텍처

이와 같은 이유로 데이터베이스 계층의 기술 스택은 다른 계층에 비해 비싸다. 오라클 RAC^Real Application Cluster는 이 분야에서 사용되는 기술 중 하나다. 마찬가지로 중요한 것은 이러한 값비싼 솔루션 이외에도 데이터베이스 계층의 확장 수준은 데이터베이스가 비저장 상태가 아니라 항상 저장 상태이기 때문에 다른 계층의 확장 수준과 비교가 안 된다는 것이다.

확장성 딜레마

잘 디자인된 애플리케이션 아키텍처에 따라 달성할 수 있는 확장성의 정도를 확인해보자. 그러나 기술 환경은 더 빠른 속도로 진화하고 있으며, 새로운 디바이스와 액세스 채널은 확장성을 높인다는 측면에서 지속적으로 애플리케이션 설계자에게 압력을 가한다. 이 새로운 추세를 '웹 스케일web scale'이라고 하는데, 애플리케이션의 확장성은 웹 자체 외에는 아무것도 제한하지 않는다. 웹이란 무제한의 사용자와 디바이스들이 애플리케이션에 연결되고 서비스에 액세스할 수 있게 돕는 네트워크나 인터넷을 의미한다.

애플리케이션 상태

상태 저장 값을 가질 수 있는 세션 형태의 **javax.servlet.http.HttpSession** API 또는 EJB[Enterprise Java Bean] 배포 설명자 요소를 좋아하지 않는 사람이 얼마나 될까? 다음은 이러한 API에 익숙하지 않은 사람들을 위한 간단한 설명이다.

- **HttpSession**: 서블릿 컨테이너는 이 인터페이스를 사용해 HTTP 클라이언트와 HTTP 서버 간의 세션을 생성한다. 세션은 사용자의 2개 이상의 연결이나 페이지 요청에 걸쳐 지정된 시간 동안 지속될 수 있다. 세션 인스턴스는 일반적으로 웹 사이트를 여러 번 방문할 수 있는 한 명의 사용자에 해당한다. 서버는 쿠키, URL 재작성rewriting, **HttpSession** 객체와 같은 다양한 방법을 사용해 세션을 유지할 수 있다.

- **session-type**: 이 EJB 배포 설명자 요소는 세션 빈의 유형을 상태 저장

stateful 또는 상태 비저장stateless으로 지정한다. 상태 저장으로 표시된 경우 EJB 인스턴스는 특정 사용자 전용으로 유지된다. 즉, EJB 인스턴스는 각 사용자 전용으로 유지되므로 EJB 컨테이너로 풀링될 수 없다.

2가지 방법 모두 애플리케이션 설계자가 서버 측에 사용자별 데이터를 저장할 수 있는 쉬운 수단을 제공한다. 일반적으로 다음과 같은 데이터가 이러한 방식으로 저장된다.

- **인증과 권한 부여 플래그:** 사용자가 서버에서 인증되면 이후 요청에 추가 인증을 우회할 수 있도록 플래그가 프레젠테이션 서버에 유지된다.

- **쇼핑 장바구니:** 사용자는 전자상거래 애플리케이션의 최종 구매할 상품을 쇼핑 장바구니에서 선택할 수 있다. 고객이 구매할 항목을 계속 저장할 수 있다. 결제 시 배송과 취급(즉, 우편 요금과 포장) 요금과 관련해서 할인 및 세금을 포함한 주문 총액을 계산한다. 그때까지는 주문 상태를 일시적으로만 유지하며 앞의 API 메서드는 이러한 상태를 저장하기에 좋은 위치다.

그러나 이러한 API를 사용할 때의 단점은 소프트웨어 컴포넌트 인스턴스가 사용자에 따라 달라지기 때문에 둘 이상의 사용자가 공유할 수 없다는 것이다. 더 기술적인 측면에서 인스턴스는 고정된 리소스가 되며, 로드밸런싱하는 대신 로드밸런서가 단일 사용자의 요청을 동일한 서버 인스턴스로 여러 번 보낸다. 웹 스케일을 원할 경우 이는 좋은 방법이 아니다.[7]

의존성의 어려움

추상화의 단일 책임 패턴과 원칙은 모듈식 접근법을 사용하는 소프트웨어의

---

7. 웹 스케일 IT는 구글, 아마존, 넷플릭스, 페이스북과 같은 대규모 클라우드 서비스 회사에서 일어나는 모든 일로 정의되며, 새로운 프로세스와 아키텍처를 적용해 극도의 민첩성과 확장성을 달성할 수 있다(가트너, 2013).

기능성을 옹호한다. 밀접하게 관련되고 유사한 기능들을 함께 묶어 소프트웨어 모듈을 형성한다. 상당한 크기의 애플리케이션은 둘 이상의 모듈을 가질 것이다.

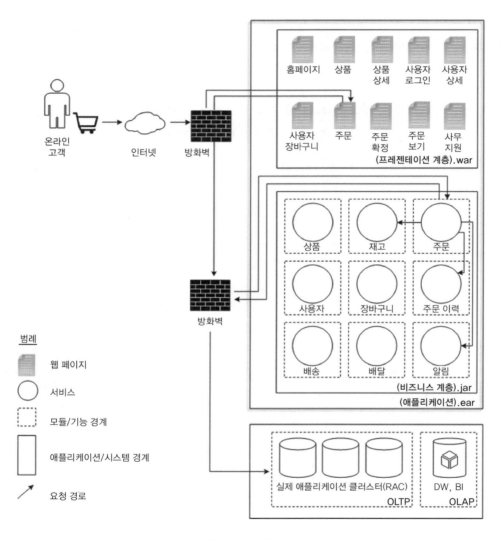

그림 1-5. 모듈 간 의존성

또한 동일한 애플리케이션에 있는 한 모듈의 기능이 다른 모듈의 기능에 직접 의존하는 것도 일반적이다. 이 의존성은 종종 모듈 간의 메서드 또는 서비스 호출로 표현된다. 그림 1-5는 전자상거래 주문을 생성하기 위한 사용자의 요청을 보여준다. 주문 모듈에 요청이 들어오면 모듈은 내부적으로 다음과 같은 일련의 활동을 수행한다.

- 데이터베이스에 주문 엔티티와 관련 항목을 생성
- 재고 데이터베이스를 호출해 재고 소진
- 필요한 경우 주문 이력 모듈을 호출해 적절한 항목을 생성
- 내부적으로 알림 모듈을 호출해 주문 확인 통지를 사용자에게 전송

이러한 모듈 간 호출은 다음과 같은 특징이 있다.

- 동기식 요청-응답
- 자바 인터페이스, 스텁 등과 같은 바이너리 의존성
- 공유 엔티티에 대한 의존성

위의 모듈 간 호출의 특성상 여러 팀 또는 여러 사람이 모듈을 별도로 개발하면 모듈, 사람, 팀 간에 의존성이 존재하며, 공통 라이브러리와 공통 엔티티를 공유해야 한다. 모듈에서 어떤 것이 변경되면 관련 라이브러리를 업데이트하고 사람과 팀 간에 재배포해 계속 개별 모듈을 지속적으로 개발할 수 있게 해야 한다.

앞서 설명한 것처럼 이러한 모듈 간 통신으로 인해 애플리케이션을 더욱 세분화하면 이기종 배포가 필요하며 그렇게 하는 것이 쉽지 않다.

모놀리스 애플리케이션

그림 1-4를 자세히 살펴보면 애플리케이션을 여러 계층으로 확장하는 방법을 알 수 있다. 애플리케이션 계층은 필요에 따라 모듈 간 통신으로 전체가 하나로

디자인됐으므로 애플리케이션을 더욱 분할하고 이기종으로 배포하는 것은 쉽지 않다. 그렇다면 "왜 이기종 배포를 원할까?"라는 의문이 있다.

상품, 주문, 배송과 같은 다양한 모듈 중에서 많은 사람이 상품 카테고리와 상품 세부 정보를 검색하고 있을 수 있지만 이러한 사용자 중 일부만이 실제로 체크아웃하고 구매해 시스템에서 주문을 생성한다. 또한 실제로 결제가 처리되고 확인된 주문만 배송하기를 원한다. 따라서 상품 모듈은 더 많은 부하를 처리해야 하고 주문 모듈은 비교적 적은 부하를 처리하면 된다. 리소스를 최적으로 활용하고자 상품 모듈의 인스턴스 수를 늘리고 주문 모듈의 인스턴스 수를 줄일 수 있다면 좋겠지만 애플리케이션 계층 전체가 하나로 디자인됐기 때문에 이기종 배포가 간단하지 않다.

다음으로 소프트웨어의 변경 요청을 수용하려면 애플리케이션의 일부 코드에 적용할 변경 사항이 있을 때마다 애플리케이션 전체를 업그레이드해야한다. 다운타임은 상당할 것이며, 이는 정상적인 비즈니스 운영에 영향을 미칠 것이다.

게다가 소프트웨어에 버그가 있거나 실행 중인 애플리케이션에 영향을 미치는 다른 결함이 있으면 전체 애플리케이션이 영향을 받을 가능성이 있다.

이러한 모든 단점은 앞서 설명한 최상의 아키텍처 원칙에도 불구하고 발생하며, 이는 애플리케이션이 큰 단일 블록이기 때문에 모놀리스 아키텍처^{monolith architecture}의 부작용이다. 그림 1-5를 참고한다.

확장 가능한 아키텍처

이제 애플리케이션 아키텍처를 웹으로 확장 가능하게 만드는 방법의 몇 가지 측면을 살펴보자.

상태 비저장 디자인

첫 번째 원칙은 애플리케이션 서비스를 상태 비저장으로 디자인하는 것이다. 영구적인 상태는 데이터베이스 계층에 보관할 수 있지만 임시 상태는 클라이언트 계층 자체에 보관할 수 있다. 이러한 디자인의 단점은 서버 측의 구성 요소가 요청을 올바르게 실행하기 위한 컨텍스트를 갖도록 요청과 함께 ID나 토큰을 전달해야 할 수 있다는 것이다. 그러나 이러한 디자인의 장점은 애플리케이션이 상태 비저장이기 때문에 모든 사용자의 요청이 서버의 모든 인스턴스로 라우팅될 수 있다는 것이다. 즉, 서버 인스턴스 중 하나가 중단되더라도 서버 팜의 다른 인스턴스에서 요청을 이어서 처리할 수 있다. 마찬가지로 애플리케이션을 즉시 확장하면 팜에 추가된 모든 새 서버 인스턴스를 확인해 모든 클라이언트의 요청을 이어서 로드밸런싱할 수도 있다.

분할과 정복

다음으로 모놀리식 방식과 관련된 문제를 해결한다. 우리는 추상화 원칙을 준수하고 모듈 방식으로 소프트웨어를 구축하기를 원한다. 모놀리스를 여러 모듈로 나누는 순간 서비스 호출 측면에서 이런 모듈이 서로 의존해야 한다는 요구사항이 발생한다. 따라서 하나로 배포하는 접근법과 분할하는 접근법 사이에는 장단점이 있다. 모듈이 함께 있고 함께 배포될 때 단일 런타임 프로세스에 배포될 수 있으며, 이는 모듈 간 통신이 간단한 로컬 호출이라는 것을 의미한다. 분할할 때 다시 2가지 배포 옵션이 있다. 이렇게 분할된 모든 모듈은 여전히 단일 프로세스에 계속 배포할 수 있거나 운영 최적화를 위해 여러 프로세스에 배포할 수 있다. 후자의 경우 모듈은 더 이상 로컬 호출을 사용해 통신할 수 없으며 대신 적절한 원격 호출 방법이 필요하다. 그러나 분할된 접근법의 주요 이점은 간접적인 상호 의존성을 가진 개발 아티팩트에 대해 여러 저장소를 유지할 수 있고 개발과 출시 프로세스가 많은 여러 팀에서 동시에 가질 수 있다는 것이다. 또한 프로세스 전반에 걸쳐 배포된 모듈은 독립적으로 확장할 수 있으므로 이러한 선택적 확장은 아키텍처 접근법이 제대로 고려되지 않아 지시된 제약 조건을 기반으로 하지 않고 실제 비즈니스 요구 사항에 따라 최적화된 리소스를 처리한다.

요약

1장에서는 분산형 소프트웨어 아키텍처의 몇 가지 주요 특성과 소프트웨어 초기부터 오늘에 이르기까지의 진화에 초점을 맞췄다. 논의된 주제에 대해 새로운 시각을 제시했지만 그 생각은 맥락을 정하고 기존의 다양한 옵션을 살펴보는 것이었다. 마지막으로 소프트웨어 아키텍처를 설정하는 옵션과 모듈을 함께 유지할 때와 분리할 때의 영향을 설명했다. 이 2가지 접근법에는 장단점이 있지만 분리된 상태에서 얻을 수 있는 이점이 많다면 관리 효율성, 모듈 간 통신과 관련된 그리 간단하지 않은 문제를 관리할 방법을 찾아야 한다. 2장에서는 이러한 측면을 간략하게 설명한다. 2장에서는 고가의 데스크톱이나 노트북 컴퓨터에서 빌드하고 실행할 수 있는 구체적인 코드 예제를 사용해 이러한 모든 이론을 실행하는 방법을 알아본다.

02

마이크로서비스 소개

엔터프라이즈 소프트웨어 시스템은 지원하는 기능과 특징들의 증가에 따라 더욱 복잡해진다. 1장에서 봤듯이 오늘날의 모든 엔터프라이즈 시스템은 조직 내부와 외부의 다른 많은 시스템과 원활하게 정보를 전송해야 한다. 전통적으로 소프트웨어 시스템은 '모듈식 모놀리스^{modular monolith}'로 구축해왔다. 모듈식이란 모듈, 계층과 레이어의 원칙을 따르므로 소프트웨어 시스템 내의 요소에 대한 논리적 모듈성이 존재한다는 것을 의미한다. 모놀리스란 전체 시스템이 특정 배포와 운영 시나리오를 염두에 두고 구축된다는 의미인데, 대부분의 경우 단일 프로세스로 배포되거나 1장에서 살펴본 3계층 또는 n계층 아키텍처에 따라 최대로 배포된다. 그러나 배포의 유연성은 없다. 이와 마찬가지로 중요한 것은 이러한 시스템을 여러 팀 또는 분산된 팀 조직에서 구축할 때 따라야 할 프로세스다.

2장에서는 오늘날의 소프트웨어 애플리케이션을 구축할 때 기업이 직면하는 몇 가지 우려 사항을 살펴본다. 이러한 문제를 이해한 후에 구축, 배포 또는 운영 단계에서 유연성이 향상된 새로운 유형의 빌드 소프트웨어 애플리케이션을 살펴본다.

모듈식 모놀리스

나는 오늘날의 전형적인 엔터프라이즈 시스템을 모듈식 모놀리스라고 부르기로 했다. 이는 소프트웨어 아키텍처를 정의할 때 많은 패턴과 무작정 따르고 있는 그다지 명확하지 않은 안티패턴이 특징이기 때문이다. 이 절이 끝날 무렵에는 이 용어를 사용하는 이유를 이해하게 될 것이다.

모듈식 조직

구조화된 프로그래밍 언어의 시대부터 소프트웨어 개발자는 소프트웨어 프로그램을 여러 파일, 라이브러리, 백킹 빈 등의 더 작은 요소로 나누는 방식을 익혔기 때문에 통합 개발 환경^{IDE, Integrated Development Environment} 내에서 여러 파일을 쉽게 관리하면서도 여전히 큰 애플리케이션, 복잡한 알고리듬과 로직을 개발할 수 있었다.

모듈화의 다음 단계는 모듈과 패키징 수준에서 수행된다. 모듈^{module}은 여러 프로그램 파일, 라이브러리 등의 형태로 함께 구성된 관련 기능의 모음으로, 최상위 빌드 스크립트를 사용해 IDE 내에서 관리할 수 있다. 따라서 하나의 애플리케이션은 여러 모듈로 구성될 수 있다.

애플리케이션을 빌드하고 패키징하는 소프트웨어 생명주기의 다음 단계를 살펴보면 패키지 개념을 알게 될 것이다. 여기서는 테스트, 스테이징 또는 프로덕션 환경이나 다른 환경을 위한 모듈을 빌드하고 배포할 수 있게 관리하는 문제를 해결한다. 때로는 제3의 소비자에게 라이브러리 형태로 소프트웨어를 배포하기를 원할 수도 있다.

배포의 다음 단계에서는 소프트웨어 패키지를 하나 이상의 컴퓨터 프로세스 또는 컴퓨터 런타임에 배포할 수 있다. 이는 일반적으로 비기능 요구 사항^{NFR, Non-Functional Requirements}과 서비스 수준 계약^{SLA, Service Level Agreements} 측면에서 정의되는 시스템의 다양한 런타임 품질을 해결하기 위한 것이다.

1장에서는 분산 시스템을 빌드하고 유연한 방식으로 배포하고 운영할 수 있는 다양한 옵션을 간략하게 설명했다. 문제는 "얼마나 유연한가?"하는 것이다. 이 질문에 답하려면 1장의 그림 1-3에 있는 일반적인 애플리케이션 아키텍처를 살펴보자. 이 아키텍처는 프레젠테이션 계층, 비즈니스 계층, 데이터베이스 계층으로 구성된다. 오늘날 엔터프라이즈 시스템의 대부분은 이러한 아키텍처를 따르며 이러한 유형의 아키텍처를 사용하는 시스템은 적어도 해당 시스템이 구축된 EOL^{End-Of-Life}까지 몇 년 동안 이 상태를 유지한다. 여기서 무엇이 잘못된 것일까? 분산된 방식으로 자체 계층에 배포할 수 있다. 하지만 유연성은 거기서 끝난다. 그렇다면 유연성을 위해 추가적으로 필요한 것은 무엇일까?

모놀리스 애플리케이션

앞 절의 질문에 답하기 전에 이 책의 나머지 부분에서도 우리가 따를 하나의 주요 명명법과 그 의미를 정의해보자.

그림 2-1은 그림 1-3의 비즈니스 계층만 보여준다. 일반적으로 이 계층은 소프트웨어 시스템에서 대부분의 핵심 로직 또는 비즈니스 로직을 제공한다. 이 계층을 애플리케이션 계층 또는 서비스 계층이라는 이름으로 참조한다. 이 계층은 일반적으로 모든 서비스 호출이 라우팅되는 컨트롤러 레이어로 프레젠테이션 계층과 명확하게 구분된다. 이 계층은 로컬 인터페이스나 원격 인터페이스로 노출할 수 있다. 프레젠테이션 계층과 서비스 계층이 동일한 프로세스에 배포된 경우 로컬 인터페이스로 충분하지만 이러한 두 계층이 별도의 프로세스에 배포되면 자바 RMI, RMI-IIOP, 닷넷 리모팅^{Remoting}과 같은 원격 인터페이스가 필요하다. 서비스 기반 아키텍처^{SOA}의 예에서 적절한 SOA 인터페이스는 일반적인 원격 인터페이스를 대체한다. HTTP 기반 SOAP, REST 등은 이러한 SOA 친화적인 인터페이스의 예다.

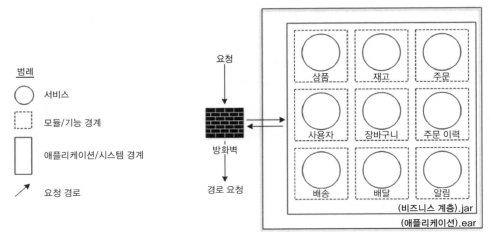

그림 2-1. 서비스 계층

그림 2-1은 모듈이나 기능들이 서로 분리돼 있어도 경계는 논리적이고 분명하지 않다는 것을 보여준다(점선으로 표시됨). 이는 모듈 간에 명확한 분리가 없다는 것을 의미한다. 또한 이러한 아키텍처에는 애플리케이션 경계가 있는 것이 여전히 일반적이라는 것에 주목해야 한다. 그러나 이 애플리케이션 경계는 모든 모듈을 포괄하는 경계이므로 '모놀리스'라고 부른다. 모놀리스는 전체적으로 의미가 있지만 분할되거나 분리되면 존재하기가 어렵다.

모놀리스 애플리케이션 경계

그림 2-2는 하나 이상의 모놀리스 애플리케이션을 보여준다. 이는 기업의 다양한 기능을 충족하고자 둘 이상의 애플리케이션이 필요한 기존 기업의 경우에도 마찬가지다. 격리된 애플리케이션은 큰 이점을 얻을 수 없기 때문에 때때로 상호 연결된다.

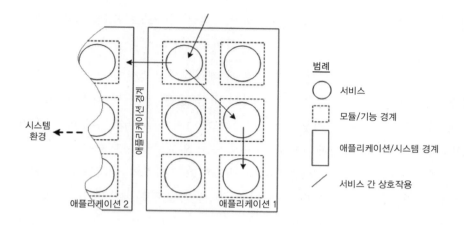

범례

◯ 서비스

⬚ 모듈/기능 경계

▭ 애플리케이션/시스템 경계

／ 서비스 간 상호작용

시스템 환경

애플리케이션 경계

애플리케이션 2   애플리케이션 1

모놀리스 아키텍처

그림 2-2 모놀리스 애플리케이션 경계

그림 2-2에는 2가지 유형의 통신이나 상호작용이 설명돼 있다. 애플리케이션 내에서 모듈은 로컬 호출 프로토콜을 사용하거나 적절한 원격 프로토콜을 사용해 서로 통신한다. 애플리케이션 간의 통신도 마찬가지로 중요하다. 일반적으로 기업은 EAI^{Enterprise Application Integration} 기술을 사용해 애플리케이션을 통합한다. 1장의 '네트워크 아키텍처' 절에서는 애플리케이션이 서로 통합되는 방법을 간략하게 설명했다. 대부분의 애플리케이션 경계가 명확하게 정의되고 분리되므로 대부분의 경우 별도의 프로세스 또는 별도의 런타임에 배포된다는 사실을 알게 됐을 것이다. 이러한 이유로, 서로 통신하려면 적절한 원격 메커니즘이 필요하다. 이후 SOA의 발전은 ESB와 같은 서비스 기반 통합^{SOI, Service-Oriented Integration} 도구를 사용해 애플리케이션 통합을 좀 더 유연하고 원활하게 수행할 수 있게 했다.

모놀리스 모듈 간 의존성

모놀리스 아키텍처의 애플리케이션 내 모듈들은 긴밀하게 결합돼 있다. 이러한 모듈들은 로컬 호출 프로토콜이나 적절한 원격 프로토콜을 사용해 서로 통신한다. 대부분의 경우 이러한 호출은 본질적으로 동기식이므로 모든 요청 트랜잭션은 응답이나 예외를 기대한다는 것을 의미한다.

모놀리스 애플리케이션의 모든 모듈이 함께 패키징되고 동일한 프로세스에 배포되면 로컬 메서드 호출을 선택하는 것이 가장 좋은 통신 방법이다. 이러한 배포에서는 전체 애플리케이션이 항상 작동 중이거나 모듈의 일부에 문제가 있으면 애플리케이션이 전체적으로 중지될 수도 있다. 일부 모듈이 분리돼 다른 프로세스에 배포되면 분리된 모듈을 배포한 프로세스의 상태는 다른 종속 프로세스에 영향을 주지 않는다. 그러나 이와 같이 별도로 배포된 모듈 애플리케이션을 전체에서 살펴볼 때 어떤 이유로든 분리된 모듈이 중단되면 종속 모듈이 여전히 영향을 받을 수 있다. 이는 모듈 간 통신이 직접 또는 동기식 메서드 호출로 서로 의존적으로 정의되기 때문이다. 따라서 호출된 모듈이 응답하지 않거나 존재하지 않으면 모듈이 영향을 받고 무기한으로 차단되거나 일정 시간 동안 기다렸다가 오류 상황 보고에 응답해야 한다. 그림 2-3에서 이를 보여준다.

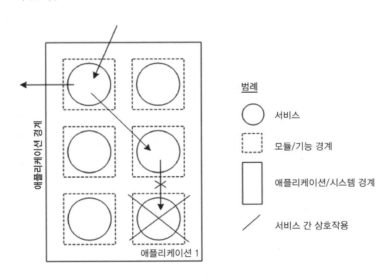

모듈 간 통신

그림 2-3. 모놀리스 모듈 간 통신

확장성 딜레마

최신 애플리케이션 아키텍처는 수평적으로 확장할 수 있다. 수평적 확장성이란 동일한 기능의 인스턴스를 둘 이상의 서로 다른 프로세스에 배포할 수 있으며, 클라이언트의 동일한 기능으로의 트래픽은 동일한 기능이 있는 서버 프로세스 중 하나에서 처리될 수 있음을 의미한다. 이러한 토폴로지를 서버 팜이라고 한다. 이상적으로는 동일 클라이언트(브라우저나 모바일 앱)의 요청은 이전 클라이언트의 요청을 응답한 서버 인스턴스에 관계없이 이 서버 팜의 어떤 인스턴스로든 전달될 수 있다.

그림 2-1은 전자상거래 애플리케이션의 다양한 모듈을 보여준다. 사용자가 일반적으로 전자상거래 애플리케이션과 상호작용하는 방식을 생각한다면 일련의 단계는 다음과 같이 진행될 수 있다.

1. 전자상거래 애플리케이션의 홈페이지에 액세스한다.
2. 상품 카테고리를 본다.
3. 관심 있는 항목을 선택하고 선택한 상품의 세부 정보를 본다.
4. 관심이 있으면 선택한 항목을 장바구니에 추가한다.
5. 사용자 프로필을 만들거나 이미 사용자 프로필이 있으면 로그인한다.
6. 상품을 확인하고 결제해 주문을 확인한다.

일반적으로 많은 상품 카테고리와 세부 정보를 보고 장바구니에는 몇 개만 추가한다. 장바구니에 항목을 추가한 후에도 장바구니에서 항목을 삭제하거나 장바구니를 무시하거나 버릴 수 있다. 결국 장바구니에 추가된 항목 중 상대적으로 적은 비율만이 전자상거래 애플리케이션에서 확인된 주문으로 간주된다.

1장의 '일반적인 배포 아키텍처' 절에서 모놀리스 애플리케이션에 사용할 수 있는 일반적인 확장 메커니즘을 살펴봤다. 추가적인 논의를 위해 그림 1-4의 관련 절을 그림 2-4로 복사한다.

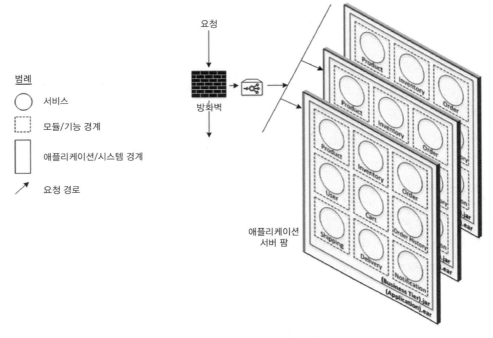

그림 2-4. 애플리케이션 계층 확장성

로그인하거나 익명(로그인하지 않은)의 사용자가 상품 카테고리와 세부 정보 웹 페이지를 많이 보기 때문에 해당 요청을 처리하는 애플리케이션 모듈인 상품 모듈은 주문 모듈이 느끼는 부하에 비해 더 많은 부하를 받는다. 이러한 다양한 확장성 요구 사항을 해결하고자 배포 아키텍처가 유연하면 상품 모듈을 호스팅하는 더 많은 서버 인스턴스를 배포할 수 있어야 하지만 주문 모듈을 호스팅하는 데 필요한 서버 프로세스 수는 더 적다. 마찬가지로 주문 트랜잭션의 실패 비용이 상품 관련 트랜잭션 실패 비용에 비해 훨씬 더 높기 때문에 상품 모듈을 배포하는 데 필요한 것보다 더 높은 수준의 안정성을 가진 서버 하드웨어에 주문 모듈을 배포해야 한다. 앞 절에서 다룬 모든 또는 많은 우려 사항 때문에 애플리케이션을 모놀리스로 디자인하고 동일한 종류의 배포만 허용해서 모듈을 분리해 필요한 운영 품질에 따라 배포하는 것이 간단하지 않다는 것을 잘 알고 있다.

모놀리스 기술 제약

모놀리스 애플리케이션은 크기가 상당히 클 수 있다. 애플리케이션의 수명에 따라 특징과 기능면에서 계속 진화할 수 있기 때문에 크기는 계속 증가할 수 있다. 시간이 지남에 따라 업계에서 이용할 수 있는 기술과 메커니즘도 바뀔 수 있다. 안타깝게도 모놀리스 애플리케이션 아키텍처는 최신 기술과 트렌드에 적응하는 면에서 심각한 한계를 갖고 있다. 대부분의 플랫폼, 기술, 도구, 프레임워크 선택은 초기 아키텍처 단계에서 결정되고 기초화되며 이러한 결정은 고정돼 바꾸지 않는다.[1] 우려 사항에 대한 해결책으로 하나를 다른 것으로 변경하는 것은 쉽지 않다. 예를 들어 플랫폼으로 자바를 선택했다면 애플리케이션 솔루션의 일부나 새로운 기능 구현에 닷넷[.NET] 솔루션을 사용하기가 쉽지 않다. 마찬가지로 영속성 관련 목적으로 관계형 데이터베이스 관리 시스템[RDBMS, Relational Database Management System]을 사용하면 대부분의 경우 하이버네이트[Hibernate]와 같은 객체 관계형 매핑[ORM, Object-Relational Mapping] 프레임워크나 iBatis와 같은 데이터 매핑 프레임워크를 사용한다. 전체 애플리케이션 내 규모의 경제뿐만 아니라 일관성을 위해서 향후 모든 확장을 위해 이러한 프레임워크 대신 새로운 프레임워크를 도입하는 것은 바람직하지 않다. 마지막으로 단일 IDE에 프로젝트의 코드베이스를 모두 읽어들이는 것은 메모리 소모 면에서 종종 개발자의 생산성을 저해할 것이다.

마이크로서비스 소개

마이크로서비스는 소프트웨어 애플리케이션을 디자인하는 다른 접근법이다. 이는 많은 현대 애플리케이션 아키텍처 문제를 해결하려고 한다. 나는 오늘날 직면하고 있는 다양한 아키텍처적 문제를 살펴보고, 이 문제를 해결하고 계속

---

1. 원문에서는 돌에 새겨진다고 표현이 돼 있다. 모놀리스의 리스(lith)는 돌을 뜻하는 단어로, 모놀리스는 하나의 큰 돌을 의미한다. 따라서 여기서 돌에 새긴다는 의미는 모놀리스로 구현되고 바뀌지 않는다는 의미다. — 옮긴이

나아갈 수 있는 기반을 마련할 것이다.

자세히 살펴보기 전에 여기에 또 하나의 중요한 명칭이 있는데, 바로 마이크로 서비스microservice라는 맥락의 '서비스'다.

SOA에서 서비스는 네트워크로 표준 액세스 프로토콜을 사용해 모든 클라이언트가 액세스할 수 있는 최상급 비즈니스 기능이다. SOA 서비스는 자율적이며 일반적으로 멱등성과 상태 비저장이다. 자율적이라는 것은 서비스 자체가 기능을 제공하는 데 자급자족함을 의미한다. 멱등성은 서비스를 고의든 실수든 2번 이상 호출해도 부작용을 일으키지 않는다는 것을 의미한다. 간단히 말하면 클라이언트의 동일한 요청에 대해 동일한 결과를 생성한다. 즉, 동일한 요청을 여러 번 하는 것은 단일 요청을 하는 것과 동일한 효과가 있다. 상태 비저장이란 서비스가 호출될 때 서버에 특정 클라이언트의 어떤 상태도 저장하지 않는 것을 의미한다(이는 1장의 '상태 비저장 디자인' 절에서 다룸).

마이크로서비스가 무엇인지 아직 자세히 알지 못하기 때문에 이야기를 계속 진행하고자 마이크로서비스는 SOA 서비스와 유사하다고 하자. 기능적으로 관련이 많은 서비스들은 종종 마이크로서비스라는 용어로도 불릴 수 있다. 나중에 이 문장의 다른 의미를 살펴볼 것이다.

모놀리스 접근법을 다룰 때 살펴본 몇 가지 문제의 해결 방법을 살펴보자.

독립 모듈

모놀리스에 소개하고 싶은 가장 잘 구별되고 확인할 수 있는 특성은 모놀리스들을 개별 모듈과 독립 모듈들의 집합체로 변환하는 것이다. 모듈을 독립적으로 만들면 소프트웨어 패러다임에 다음과 같은 유연성을 대부분 또는 모두에 적용할 수 있다.

- **동시 개발:** 각 모듈은 별도의 소스 저장소에 소스를 제어할 수 있으므로

분산된 팀은 이러한 모듈을 독립적으로 동시에 만들 수 있다.

- **분리된 배포:** 모놀리스의 단일 배포 프로세스 접근법과 달리 모듈이 독립적인 경우 여러 런타임 프로세스로 패키징, 배포, 테스트 그리고 운영에 배포돼야 하며, 배포 중에 다양한 문제를 해결하고자 소프트웨어와 하드웨어 수준 모두에서 적절한 확장성 전략을 채택할 수 있게 해야 한다. 이는 상품 모듈을 호스팅하고자 더 많은 서버 인스턴스를 배포하고 주문 모듈에 더 적은 서버 프로세스를 배포하려는 전자상거래 애플리케이션과 같은 시나리오에서 특히 중요하다. 마찬가지로 상품 모듈을 배포하는 데 필요한 것(일반적인 하드웨어를 사용해 비용을 합리적으로 낮출 수 있으면)에 비해 더 높은 안정성(더 많은 비용이 소요됨)의 하드웨어와 소프트웨어 스택에 주문 모듈을 배포하려고 한다.

모듈 간 통신

기존 시스템의 모듈 간 통신의 대부분은 직접 또는 동기식 메서드 호출이다. 이러한 통신을 멱등성과 상태 비저장으로 디자인하더라도 이러한 호출의 부작용 중 하나는 호출 모듈에 응답하고자 호출된 모듈이 작동 중이어야 한다는 것이다. 그렇지 않으면 예외 또는 오류가 발생할 수 있다. 서로 다른 모듈을 독립적으로 분리해 여러 프로세스에 배포하더라도 부작용은 여전히 존재하며 호출 스택에서 역방향으로 전파된다. 호출된 프로세스에 요청을 하는 호출 프로세스의 스레드는 데이터가 있든 없든 유효한 응답을 얻거나 호출된 메서드가 예외를 발생시킬 때까지 기다린다.

이는 호출 프로세스에서 요청을 만드는 스레드를 차단하고 메서드 호출이 반환될 때까지 스레드를 쓸모없게 만든다. 따라서 호출 프로세스에 대한 의존성이 있을 뿐만 아니라 호출 프로세스의 리소스도 차단되므로 다중화 및 재사용할 수 없다.

그러나 이러한 동기식 모듈 간 통신에는 한 가지 장점이 있다. 호출자는 호출된 프로세스에서 보낸 응답 데이터를 검사한 후 다음 작업을 수행할 수 있다. 또한 호출된 프로세스가 예상 결과를 반환하지 않으면 호출자는 사용자나 클라이언트 계층 에이전트에 즉시 이를 알려 다음 단계에서 수동 개입을 활용할 수 있다.

비동기식 또는 전송 후 무시^{Fire-and-forget} 방식의 모듈 간 통신은 호출한 후 호출자의 리소스를 바로 재사용할 수 있게 완화할 수 있다. 이를 위해 호출 프로세스와 호출된 프로세스 사이에 메시지 대기열을 사용하는 것이 한 가지 방법이다. 그러나 이는 전체 소프트웨어 아키텍처에 추가적인 복잡성을 가져온다. 첫째, IT 환경에서 메시징 인프라를 다뤄야 한다. 더 중요한 것은 컴퓨팅 스레드의 '대기와 응답^{wait and respond}'이라는 기본 방법으로 연결되지 않기 때문에 특정 요청에 대한 응답과 상호 연관시키기를 원하면 소프트웨어 디자인의 복잡성이 증가한다는 것이다.

비동기 통신은 필요악이다.

이러한 배경을 바탕으로 모놀리스를 좀 더 현대적이고 유연하게 만들고자 어떤 즉흥적인 방법을 사용할 수 있는지 살펴보자.

마이크로서비스

모놀리스 애플리케이션 아키텍처를 현대화하는 데 있어 다음과 같은 2가지 주요 측면을 살펴본다.

- 모듈을 독립적으로 만들기
- 모듈 간 통신 다시 디자인하기

그림 2-5는 2가지 아키텍처의 현대화를 보여준다. 이는 더 많은 흥미로운 것을 만들 기본 구성이 될 것이기 때문에 다이어그램을 자세히 관찰하는 데 시간을 할애할 것이다.

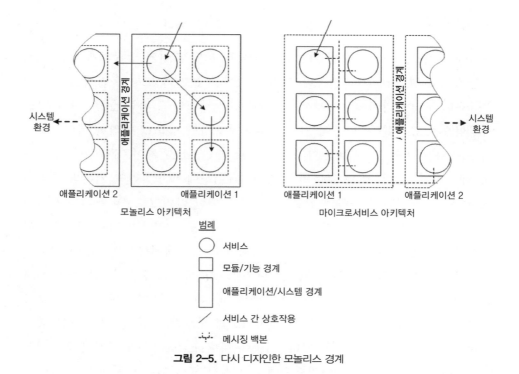

그림 2-5. 다시 디자인한 모놀리스 경계

범례
- ◯ 서비스
- ▢ 모듈/기능 경계
- ▯ 애플리케이션/시스템 경계
- ╱ 서비스 간 상호작용
- ⊹ 메시징 백본

모놀리스 방식에서 각 애플리케이션은 서로 다른 모놀리스며, 앞서 '모놀리스 모듈 간 의존성' 절에서 설명한 대로 서로 통신한다. 각 애플리케이션은 기능들의 경계 컨텍스트를 정의하는 잘 정의된 경계를 갖고 있다. 그림 2-5에서 이것은 두꺼운 직사각형 상자를 사용해 표시했다. 이러한 애플리케이션 내부를 살펴보면 여러 모듈이 있다. 이야기했듯이 이러한 모듈은 논리적으로 분리돼 있지만 배포와 모듈 간 통신의 의존성으로 인해 모듈 경계가 고정되지 않고 오히려 비대하다. 이는 점선으로 된 사각형 상자를 사용해 표시했다. 그러한 모듈 내에서 나는 서비스를 표시했다. 이는 단일 서비스나 기능적으로 관련된 서비스들일 수 있으며 원으로 표시했다. 서비스는 외부 요청을 받을 수 있고 서비스는 다른 모듈의 서비스나 다른 애플리케이션의 서비스에 요청을 위임할 수 있다. 이 모든 것은 화살표로 표시된다.

마이크로서비스라고 불리는 새로운 방식의 애플리케이션 아키텍처를 소개하려할 때 그림 2-5의 오른쪽과 같이 경계를 거꾸로 한다.

여기에서 각 모듈과 각 구별 가능한 기능들은 해당 피어와 명확하게 구분된다. 기능적으로 관련된 각 서비스나 서비스 그룹은 논리적 또는 물리적으로 함께 그룹화된다. 이 다이어그램에서는 마이크로서비스라고 하는 굵은 선이 있는 사각형으로 표시했다. 나중에 자세히 살펴보겠지만 당분간 이러한 마이크로서비스는 다른 마이크로서비스와 독립적으로 개발, 소스 제어, 구축, 테스트, 배포, 배치될 수 있다. 이를 모놀리스 애플리케이션에 매핑하려면 기존의 모놀리스 애플리케이션과 동등하게 호출할 수 있는 이런 마이크로서비스들을 시각화할 수 있다. 모놀리스 애플리케이션의 여러 부분 또는 일부가 서로 상호작용해 내장된 기능을 사용하는 것처럼 마이크로서비스 세계에서도 마이크로서비스 내부의 서비스가 서로 통신할 수 있거나 마이크로서비스 전반의 서비스가 서로 통신할 수 있다. 마이크로서비스를 채택할 때 SOA 원칙 중 일부 또는 전부를 무시하고 싶지 않다. 그러면 마이크로서비스가 서로 통신할 수 있게 모든 표준 SOA 인터페이스를 사용할 수 있다. 나중에 마이크로서비스의 진정한 효율성을 얻으려면 마이크로서비스 아키텍처에도 진정한 SOA 원칙을 적용해야 한다는 사실을 알게 될 것이다.

유연한 '모듈 간 통신'에 대한 앞 절에서는 모듈 간에 비동기식 통신 방식을 사용할 수도 있으며 마이크로서비스 간에도 동일한 방식을 수행할 수 있다고 지적했다. 이로 의존성을 줄이고 요청–응답 주기를 깨트림으로써 유연성을 주어 호출된 마이크로서비스가 존재하지 않거나 응답하지 않을 때 수행할 작업과 같은 문제를 해결할 수 있다. 마이크로서비스 간의 적절한 메시지 대기열은 이를 달성하는 데 도움이 될 수 있으며, 이러한 메시지 인프라는 그림 2-5에서 마이크로서비스를 연결해 표시했다. 이제 다음으로 중요한 측면이 있다. 마이크로서비스가 이러한 방식으로 상호 연결되면 기본 메시지 인프라가 기업 IT 인프라와 완벽하게 결합되므로 이론적으로 모든 수직 또는 비즈니스 라인^{LOB, Line Of Business}의 마이크로서비스들은 서로 간에 정보를 교환할 수 있다. 모두 동일한 회사 LAN에서 연결할 수 있기 때문이다. 이 경우 이전에는 잘 정의되고 고정된 경계였던 애플리케이션 경계가 이제 사라진다. 이는 그림 2-5에서 애플리케이션 사이에 점선을 사용해 표시했다. 다시 말해 엔터프라이즈 소프트웨어 환경에서 최우선으로 꼽히던 이전의 애플리케이션의 개념은 마이크로서비스에게 주어지고 마이크로서비스는 이제 독립 소프트웨어 구성 요소로서의 정체성 측면에서 이러한 애플리케이션의 많은 속성을 닮기 시작한다.

위키피디아(https://en.wikipedia.org/wiki/Microservices)에서 제공하는 마이크로서비스의 공식 정의를 볼 수도 있다.

> **참고** 마이크로서비스는 소프트웨어 개발 기술로서 느슨하게 결합된 서비스 모음으로, 애플리케이션을 구조화하는 SOA(서비스 기반 아키텍처) 아키텍처 방식의 변형이다. 마이크로서비스 아키텍처에서 서비스는 세분화되고 프로토콜은 가볍다. 애플리케이션을 다른 작은 서비스로 분해하는 이점은 모듈성을 향상시킨다는 것이다. 이로써 애플리케이션을 더 쉽게 이해, 개발, 테스트하고 아키텍처 침식에 대한 복원력을 높일 수 있다. 소규모 자율 팀이 각자의 서비스를 독립적으로 개발, 배포, 확장할 수 있게 개발을 병렬화한다. 또한 지속적인 리팩토링으로 개별 서비스의 아키텍처가 나타날 수 있다.

이 정의에서 언급된 많은 측면은 첫 2개의 장에서 다뤘다. 이제 이 정의를 더 많은 관점에서 다음 2개의 장에 걸쳐 훨씬 더 자세히 살펴본다.

요약

2장에서는 기존의 분산형 또는 n계층 애플리케이션 아키텍처의 상태를 살펴보고, 이러한 아키텍처의 모놀리스 특성으로 인한 몇 가지 단점을 살펴봤다. 아직 다루지 않은 모놀리스 아키텍처의 다른 많은 장점과 단점이 있지만, 단지 마이크로서비스 이용이라는 대체적인 방법을 논의하기 위한 컨텍스트를 설정하고 싶었기 때문에 이러한 논의는 범위에 포함하지 않았다. 이제 모놀리스에서 마이크로서비스 방식으로 생각을 전환할 때 애플리케이션 경계, 상호 통신 등과 같은 많은 개념을 역방향으로 전환해야 한다는 것을 알게 됐다. 3장에서는 마이크로서비스 아키텍처를 자세히 살펴보고 개념을 실제 엔터프라이즈 애플리케이션과 연결한다.

03

심층 마이크로서비스

2장에서 살펴본 것처럼 마이크로서비스를 사용하는 것은 오늘날의 분산형 소프트웨어 솔루션을 디자인하는 접근법이다. 소프트웨어 업계는 지난 20년 동안 분산 애플리케이션을 개발하고 배포하는 경험을 쌓았으며, 마이크로서비스는 분산 애플리케이션을 개발, 배포, 유지 관리하는 데 있어 많은 단점을 처리하기 위한 아키텍처 원칙과 패턴으로 확립됐다.

앞서 2개의 장에서 마이크로서비스 아키텍처의 맥락과 필요성을 다뤘으며, 3장에서 더 자세히 살펴본다. 1장에서 소개한 실제 애플리케이션인 전자상거래 애플리케이션 맥락에서 개념을 다시 설명할 것이다. 이는 실제 경험에서 나온 시나리오와 여러 측면을 빠르게 연관시키는 데 도움이 될 것이다.

3장에서는 다음 측면을 살펴본다.

- 마이크로서비스 맥락에서 전자상거래 아키텍처의 모습
- 마이크로서비스 맥락에서 고전적 계층과 레이어 접근법과의 관계
- 마이크로서비스의 자율적 특성
- 마이크로서비스와 기존 SOA와 MOM[1] 간의 관계
- 마이크로서비스 아키텍처의 확장성과 가변성 특성

---

1. MOM은 Message-Oriented Middleware를 뜻한다. - 옮긴이

마이크로서비스의 겉모습

기존의 모놀리스 애플리케이션과 비교했을 때 마이크로서비스에 대해 이야기할 때 많은 특성과 구별되는 특징이 반전된다는 것을 방금 알게 됐다. 이러한 반전이 무엇인지 더 잘 이해하고자 실질적인 엔터프라이즈 애플리케이션 시나리오를 살펴보고, 세밀하고 가장 중요한 세부 사항을 쉽게 이해할 수 있도록 큰 그림을 이해해 보자.

전자상거래 마이크로서비스

1장의 '일반 애플리케이션 아키텍처' 절에서는 전자상거래 애플리케이션을 소개했다. 이러한 애플리케이션이 전통적인 접근법에 따라 어떻게 구축되는지 설명했다. 1장의 그림 1-3은 소프트웨어 복잡성 관리에 대한 다양한 계층과 모듈식 접근법을 묘사했다. 계층, 레이어, 모듈의 원칙에도 모듈 간의 과도한 의존성 문제가 여전히 존재하며, 소프트웨어 엔지니어링 생명주기의 모든 단계를 방해한다. 2장에서 소개한 마이크로서비스의 첫 번째 원칙에 따라 모놀리스 아키텍처를 약간 다른 방식으로 설명했다.

그림 3-1은 1장의 그림 1-3에 보여준 기존의 모놀리스 기반 아키텍처를 다시 그릴 경우 아키텍처가 어떻게 보일지 보여준다. 그림 1-3의 모놀리스 아키텍처 표현에 비해 다이어그램의 점선과 점선 스타일로 표현되는 애플리케이션 경계를 부드럽게 했다. 이는 마이크로서비스 아키텍처에서 중요한 것은 애플리케이션 경계가 아니라 마이크로서비스 경계라는 점을 강조하기 위한 것이다. 마이크로서비스 경계는 두꺼운 직사각형으로 표시했다. 다이어그램에는 그러한 마이크로서비스가 많이 묘사돼 있다. 요컨대 전통적인 아키텍처에서 표현된 단일 모놀리스 애플리케이션 경계가 사라졌고 그 자리에 많은 마이크로서비스가 생겼으며, 모든 것이 명확하고 구체적인 경계를 갖고 있다.

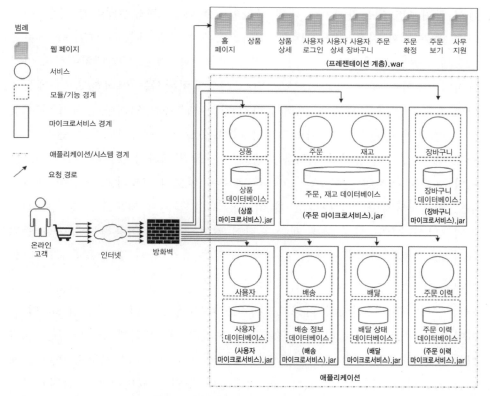

범례

웹 페이지

서비스

모듈/기능 경계

마이크로서비스 경계

애플리케이션/시스템 경계

요청 경로

홈 페이지　상품　상품 상세　사용자 로그인　사용자 상세　사용자 장바구니　주문　주문 확정　주문 보기　사무 지원

(프레젠테이션 계층).war

온라인 고객　인터넷　방화벽

상품

상품 데이터베이스

(상품 마이크로서비스).jar

주문　재고

주문, 재고 데이터베이스

(주문 마이크로서비스).jar

장바구니

장바구니 데이터베이스

(장바구니 마이크로서비스).jar

사용자

사용자 데이터베이스

(사용자 마이크로서비스).jar

배송

배송 정보 데이터베이스

(배송 마이크로서비스).jar

배달

배달 상태 데이터베이스

(배달 마이크로서비스).jar

주문 이력

주문 이력 데이터베이스

(주문 이력 마이크로서비스).jar

애플리케이션

그림 3-1. 전자상거래 마이크로서비스 아키텍처

이 새로운 아키텍처를 표시할 때 새로운 모듈을 추가하지 않고 대신 모놀리스 아키텍처에 이미 존재하는 모듈을 유지하면서 기술 인프라뿐만 아니라 소프트웨어 모듈의 구조를 상당히 변경했다. 이 구조적 변화를 자세히 살펴보자.

무계층, 분산형

1장의 '시스템 아키텍처' 절에서 3계층과 n계층 분산 아키텍처를 설명했다. 그러고 보면 마이크로서비스 아키텍처를 '무계층, 분산형'이라는 이름으로 부르는 것은 잘못된 것이 아니다. 명확히 하자면 3계층이나 n계층 분산 아키텍처를 다시 살펴보면 애플리케이션 내에 클라이언트 계층, 프레젠테이션 계층, 비즈니스 계층 등과 같은 여러 계층이 있다. 또한 이러한 계층은 서로 다른 분산 프로세스 공간에 배치할 수도 있다. 이는 마이크로서비스 아키텍처에서도 마찬가지다. 명확히 하고자 마이크로서비스 아키텍처에서는 이러한 모든 계층을 함께 유지하는 것이 목표다. 그러나 다시 말하자면 이는 엄격한 규칙이 아니다. 그 어떤 것도 전통적인 아키텍처에서 마이크로서비스 아키텍처로 변경할 때 계층, 레이어, 기타 유사한 원칙을 적용하는 것을 방해하지 않는다. 이러한 모든 모범 사례는 여전히 유효하다. 이러한 계층을 별도의 프로세스 공간에 배치할 수도 있다. 하지만 그렇더라도 왜 이것을 하고 싶은지 의문을 가질 수 있다. 마이크로서비스의 서로 다른 계층과 같이 밀접하게 상호작용하는 부분을 함께 유지함으로써 응답 시간 개선, 신뢰할 수 있는 통신 등과 같은 많은 최적화를 가져올 수 있다.

3계층 아키텍처 측면에서 마이크로서비스 아키텍처를 다시 생각할 수 있다. 마이크로서비스는 서로 다른 여러 계층을 논리적으로 분리해 구축할 수 있지만 실제 운영 환경에 배포할 때는 필요한 수준의 자율성을 확보하고자 이러한 계층을 긴밀하게 결합할 수 있다. 이 자율성이 무엇을 의미하는지 살펴보자.

마이크로모놀리스

마이크로서비스는 계층과 레이어 관행에 따라 빌드된다는 점에서는 마이크로모놀리스^{micromonolis}지만 마이크로서비스의 경계는 명확하게 구분할 수 있어야 하며 마이크로서비스는 해당 마이크로서비스가 외부 의존성 없이 자체적으로 서비스하는 데 필요한 모든 것을 포함해야 한다. 이는 마이크로서비스가 기동되고 실행되는 데 필요한 바이너리, 라이브러리, 스크립트와 같은 물리적 아티팩트의 측면에서 사실이다. 또한 이는 서비스 런타임 동안 필요한 컨테이너 서비스나 지속성 서비스와 같은 모든 의존성 측면에서도 마찬가지다. 런타임 프로세스에 배포될 때 물리적으로 번들로 제공되는 마이크로서비스 아티팩트는 기능을 제공할 수 있는 능력 측면에서 완전한 자율성을 보여야 한다. 이는 다음 절에서 자세히 설명한다.

마이크로서비스는 외부 의존성이 거의 없거나 전혀 없는 모든 것을 포괄하는 번들로 구성하기 때문에 플랫폼과 기술 선택 측면에서 특별한 이점을 제공한 다. 마이크로서비스를 위해 정해진 어떤 플랫폼, 기술, 도구 또는 프레임워크 선택은 다른 마이크로서비스의 결정을 제약하지 않는다. 이를 통해 여러 마이 크로서비스 팀이 자유롭게 기술과 아키텍처를 선택할 수 있게 한다. 그러나 동시에 이러한 자율성은 마이크로서비스에 추가적인 책임을 부여한다. 마이크 로서비스는 상태를 지속적으로 유지하는 데 필요한 데이터와 데이터베이스를 포함해 건강한 생존을 위해 필요한 모든 자원을 소유하고 관리해야 한다. 데이 터 독립성은 일반적으로 각 마이크로서비스에 자체 데이터베이스를 제공해 관 리된다(또는 각 마이크로서비스에 공유 데이터베이스를 제공함으로써 관리되지만 이 경우 모든 교차 스키마를 사용하는 것은 피해야 한다). 일반적으로 마이크로서비스에 필요한 프레젠테이션 서비스도 마이크 로서비스 번들에 포함된다. 그림 3-2는 단일 마이크로서비스인 상품 마이크로 서비스를 보여준다.

다양한 계층 중에서 핵심 데이터 변환과 처리 작업을 수행하는 것은 비즈니스 계층이며 확장성 문제가 자주 발생하는 계층이다. 오늘날의 기술들, 특히 단일 페이지 애플리케이션SPA, Single-Page Applications 웹 프레임워크와 캐싱 프레임워크를 사용 하면 다른 계층으로의 확장이 비교적 간단하다. 따라서 마이크로서비스에 관련 한 설명 대부분은 비즈니스 계층에 집중할 것이다. 그러나 필요한 경우 다른 계층도 연결해 전체 그림을 제시할 것이다. 따라서 그림 3-2에 나타난 마이크 로서비스를 대표로 프레젠테이션 구성 요소를 분리하고 싶은데, 이는 바로 그 림 3-1에서 확인한 것이다. 이것은 어느 정도 의미가 있지만 이후 절에서 다룰 것이다.

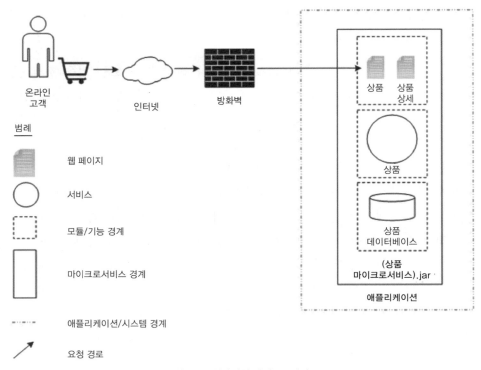

범례

웹 페이지

서비스

모듈/기능 경계

마이크로서비스 경계

애플리케이션/시스템 경계

요청 경로

그림 3-2. 일반적인 마이크로서비스

자체 포함 마이크로서비스

마이크로서비스는 (다음 절에서 다룰) SOA 친화적이기 때문에 SOA 또는 REST 인터페이스를 노출하고자 HTTP 서비스 서버가 필요하다. 기존의 모놀리스 패키지를 HTTP 컨테이너의 웹 앱 폴더[2]에 배포하는 반면 마이크로서비스의 경우 경량 HTTP 리스너를 내장해 외부 또는 독립 실행형 컨테이너 또는 서버 요건이 필요하지 않다. 자바를 사용하는 경우 전통적인 배포는 JBoss와 같은 완전한 애플리케이션 서버나 톰캣[Tomcat]과 같은 웹 서버에 .ear 또는 .war 파일을 배포하곤 했

---

2. 주로 WAS(Web Application Server)의 서블릿 컨테이너에서 제공하는 웹 애플리케이션 배포 폴더를 의미한다.
   – 옮긴이

다. 대조적으로 마이크로서비스의 경우 웹 서버나 .war 파일이 없다. 대신 각 서비스는 JAR 파일에 제티[Jetty], 톰캣, 언더토우[Undertow]와 같은 내장 HTTP 리스너를 갖고 있다. 마이크로서비스를 구축할 때 빌드 단계에서 앞서 언급한 HTTP 리스너와 같은 서비스 런타임이 내장된 '실행 가능한 팻 JAR' 파일을 생성한다.

> **참고** 자바는 중첩된 JAR 파일(JAR 내에 포함된 JAR 파일)을 로딩하는 표준 방법을 제공하지 않는다. 내장 HTTP 컨테이너를 가진 마이크로서비스를 배포하려면 문제가 될 수 있다. 이 문제를 해결하고자 많은 개발자가 'uber' JAR를 사용한다. uber JAR는 모든 의존성 JAR의 클래스를 단일 아카이브로 패키징한다. 또는 팻 JAR라고도 한다. 이 접근법의 문제점은 마이크로서비스에 어떤 라이브러리가 있는지 확인하기가 어렵다는 것이다. 여러 JAR에서 (내용은 다르지만) 동일한 파일 이름을 사용하면 문제가 될 수 있다.

앞 절에서는 마이크로서비스가 기동되고 실행되는 데 필요한 바이너리, 라이브러리, 스크립트와 같은 모든 물리적 아티팩트를 마이크로서비스에 포함해야 한다고 명시했다. 기존의 모놀리스 배포에서는 이러한 종류의 의존성을 애플리케이션 서버의 lib 폴더에 배치할 수 있었다. 마이크로서비스 세계에서 실행 가능한 jar 파일은 이를 달성하기 위한 수단이다. 상품 마이크로서비스에 대한 일반적인 실행 가능한 jar 파일의 구조는 리스트 3-1에 나와 있다.

리스트 3-1. 실행 가능한 jar 파일 구조

```
product.jar
|
+-META-INF
| +-MANIFEST.MF
+-org
| +-springframework
|    +-boot
|       +-loader
|          +-<spring boot loader classes>
+-BOOT-INF
```

```
+-classes
|  +-com
|    +-acme
|        +-ProductMain.class
+-lib
    +-framework.jar
    +-log4j.jar
    +-jetty.jar
    +-. . .
```

이러한 방식으로 모든 필수 라이브러리와 HTTP, JMS 또는 AMQP와 같은 필수 런타임 서비스가 실행 가능한 jar 파일에 포함된다. 7장의 '스프링 부트 애플리케이션 빌드와 패키징' 절에서는 실행 가능한 팻 jar 파일을 코딩, 빌드, 패키지화, 실행할 것이다.

마이크로서비스와 SOA의 유사성

앞에서 다룬 것처럼 여러 마이크로서비스가 애플리케이션을 구성한다. 마이크로서비스는 다른 마이크로서비스나 프레젠테이션 구성 요소와 같은 다른 구성 요소에서 액세스할 수 있어야 한다. 마이크로서비스는 대부분 별도의 프로세스로 배포되기 때문에 마이크로서비스 간 통신을 위한 적절한 프로세스 간 통신 메커니즘이 필요하다. 바퀴를 다시 발명하지 말자. SOA 원칙에서 활용해온 모든 장점을 채택해야 한다. SOA와 마찬가지로 마이크로서비스에서도 고성능 및 바이너리 수준 TCP-IP 소켓부터 자바 RMI, 닷넷 리모팅, RMI-IIOP와 같은 다른 원격 프로토콜에 대한 서비스를 SOAP 및 REST와 같은 웹 친화적인 프로토콜로 노출하는 여러 방법이 있다.

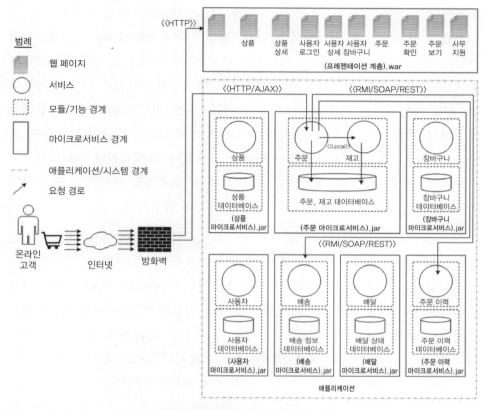

범례

- 웹 페이지
- 서비스
- 모듈/기능 경계
- 마이크로서비스 경계
- 애플리케이션/시스템 경계
- 요청 경로

온라인 고객 → 인터넷 → 방화벽

〈〈HTTP〉〉

상품 | 상품 상세 | 사용자 로그인 | 사용자 상세 | 사용자 장바구니 | 주문 | 주문 확인 | 주문 보기 | 사무 지원

(프레젠테이션 계층).war

〈〈HTTP/AJAX〉〉   〈〈RMI/SOAP/REST〉〉

상품
상품 데이터베이스
(상품 마이크로서비스).jar

주문   재고
〈〈Local〉〉
주문, 재고 데이터베이스
(주문 마이크로서비스).jar

장바구니
장바구니 데이터베이스
(장바구니 마이크로서비스).jar

〈〈RMI/SOAP/REST〉〉

사용자
사용자 데이터베이스
(사용자 마이크로서비스).jar

배송
배송 정보 데이터베이스
(배송 마이크로서비스).jar

배달
배달 상태 데이터베이스
(배달 마이크로서비스).jar

주문 이력
주문 이력 데이터베이스
(주문 이력 마이크로서비스).jar

애플리케이션

그림 3-3. SOA 친화적 마이크로서비스 통신

그림 3-3은 그림 3-1을 다시 그린 전자상거래 마이크로서비스 아키텍처이며, 몇 가지 일반적인 요청 흐름을 보여준다. 대부분의 프레젠테이션 계층 구성 요소가 처음에 프레젠테이션 서버에서 로드되고 브라우저에 캐싱할 수 있다고 가정하면 이후의 모든 요청은 브라우저에서 직접 서비스 계층으로 향할 수 있다. 이것이 그림 3-3에 나와 있는 것으로 마이크로서비스에 더 집중할 수 있다. 모든 요청이 항상 프레젠테이션 서버로서만 라우팅되는 일반적인 프레젠테이션 계층 기반 접근법을 따르더라도 다음 요청은 마이크로서비스에 도달하며, 이는 프레젠테이션 서버를 통과하지 않는 요청 흐름과 같다. 그림 3-3에서는 주문 확인 요청이 주문 마이크로서비스에 도달했다고 가정하자. 주문 데이터베

이스에 액세스해 주문을 작성한다. 또한 재고 서비스에 새로 주문한 양만큼 재고를 소진하도록 재고 데이터베이스를 변경하게 요청해야 한다. 전자상거래 애플리케이션에 배송 마이크로서비스나 주문 이력 마이크로서비스와 같은 다른 마이크로서비스가 있다고 가정하면 주문 마이크로서비스도 주문을 작성하는 동안 이들에게도 요청을 해야 할 것이다. 배송 마이크로서비스는 주문을 포장하고 발송하는 반면 주문 이력 마이크로서비스는 분석 목적으로 사용할 수 있는 주문 이력 데이터베이스에 항목을 생성한다. 요약하자면 마이크로서비스는 다른 마이크로서비스뿐만 아니라 다른 구성 요소에도 액세스할 수 있어야 한다. 따라서 마이크로서비스 간 통신은 중요한 관심사다.

그림 3-3을 주의 깊게 살펴보면 마이크로서비스 아키텍처에서 또 다른 중요한 문제인 마이크로서비스 전반에 걸쳐 데이터 일관성을 유지하는 문제가 있음을 알 수 있다. 각 마이크로서비스는 마이크로서비스 자체의 상태와 영구 저장 데이터를 관리하고 일반적으로 자체 프로세스 공간에 배포되기 때문에 마이크로서비스 전체에서 데이터 일관성을 유지하는 것은 어려워질 것이다. 주문과 재고 마이크로서비스 간의 통신 메커니즘으로 표시된 'local' 프로토콜에 유의하자. 나중에 17장의 'BASE 내의 ACID' 절에서 설명할 것이다.

메시지 기반 마이크로서비스

마이크로서비스는 다른 구성 요소뿐만 아니라 다른 마이크로서비스에서도 액세스할 수 있어야 한다고 말할 때 이는 마이크로서비스가 서로 의존하는 통신 메커니즘을 이야기하는 것이다. 2장의 '모듈 간 통신' 절에서 동기식과 비동기식 통신 방법의 장단점을 살펴봤다. 마이크로서비스 간에 동기식 호출을 사용해서는 안 된다는 강제적인 규칙은 없다. 신중하게 디자인된 SOA 인터페이스는 마이크로서비스 인터페이스를 디자인하는 가장 좋은 방법 중 하나다. REST 인터페이스로 JSON[Java Script Object Notation] 형식을 사용해 요청을 보내고 응답을 받는 것은 웹 클라이언트, 모바일 클라이언트와 다른 사물인터넷[IoT, Internet of Things] 클라이언트에 관계없이 서비스를 재사용할 수 있기 때문에 매우 지지를 받고 있다. 그러나 SOA 인터페이스조차도 마이크로서비스가 다른 마이크로서비스에 의존하게 만들 것이다. 호출된 마이크로서비스가 제대로 작동하지 않으면 호출 마이크로서비스의 호출 기능을 완료할 수 없으며, 트랜잭션이 실패하기 쉽다. 그림 3-3의 특정 예에서 배송 마이크로서비스나 주문 이력 마이크로서비스가 작동하지 않는다고 가정해보자. 이렇게 하면 주문 작성 트랜잭션이 실패하게 된다. 면밀히 분석해보면 이것이 꼭 필요한 것은 아니라는 것을 알 수 있다. 주문 마이크로서비스가 배송 마이크로서비스나 주문 이력 마이크로서비스에 의존하지 않으면 배송 마이크로서비스나 주문 이력 마이크로서비스가 제대로 작동하지 않더라도 주문 마이크로서비스에서 주문 작성 트랜잭션이 성공할 수 있다. 이것이 어떻게 가능할까?

비동기식 또는 전송 후 무시^{fire-and-forget} 방식의 모듈 간 통신은 마이크로서비스를 서로 간의 엄격한 의존성에서 분리할 수 있다. 마이크로서비스 간에 메시지 대기열을 사용해 동기식으로 직접 호출하는 대신 마이크로서비스가 대기열로 메시지를 전송할 수 있게 할 수 있다. 그림 3-4에서는 마이크로서비스 간에 메시지 대기열 시스템을 가져오도록 아키텍처를 조정했다. 마이크로서비스의 다른 SOA 기반 인터페이스는 완전히 제거되지 않았고, 여기에 메시지 대기열도 도입됐다. 이는 모든 외부 구성 요소 또는 서비스가 전자상거래 애플리케이션 또는 전자상거래 마이크로서비스의 SOA 인터페이스를 사용해야 하기 때문이다. 이와 함께 모든 마이크로서비스 간 통신은 메시지 대기열을 사용해 수행할 수 있다. 따라서 브라우저의 주문 확인 요청은 SOA 기반 REST 인터페이스를 사용해 주문 마이크로서비스에 도달하게 된다. 주문 마이크로서비스는 주문 데이터베이스에 액세스해 주문을 작성한다. 또한 방금 주문한 양만큼 재고를 소진하고자 재고 데이터베이스를 변경해야 한다.

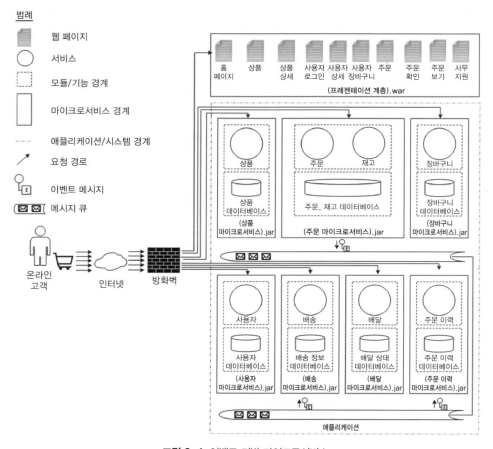

범례

	웹 페이지
	서비스
	모듈/기능 경계
	마이크로서비스 경계
	애플리케이션/시스템 경계
	요청 경로
	이벤트 메시지
	메시지 큐

그림 3-4. 이벤트 기반 마이크로서비스

주문 마이크로서비스의 주문 작성 트랜잭션은 주문 데이터베이스에 항목을 만들고 재고 데이터베이스의 항목을 업데이트하며 메시지 대기열에 작은 메시지를 보낸다. 이러한 작업 중 하나라도 실패하면 전체 주문 작성 트랜잭션이 실패한다. 이러한 작업이 모두 성공하면 주문 작성 트랜잭션도 성공한다. 주문 데이터베이스에서 주문을 작성하고 재고 데이터베이스에서 재고를 줄이는 것은 단일 트랜잭션 내에서 수행될 수 있다. 여기서도 나중에 자세히 다룰 복잡성을 남겨두자.

86

주문 마이크로서비스가 주문을 작성하는 동안 대기열로 보낸 메시지는 배송 마이크로서비스와 주문 이력 마이크로서비스에 의해 읽힐 것이다.

고급 마이크로서비스 기능

모놀리스 애플리케이션을 마이크로서비스 기반 아키텍처로 분리하는 방법을 살펴봤다. 또한 마이크로서비스 기반 아키텍처의 메시지 대기열에 대해 배웠으며, 이는 마이크로서비스 간 의존성을 줄이는 데 도움이 된다. 이제 장점을 살펴보자.

마이크로서비스 안전장치

메시지 기반 마이크로서비스 패러다임에서 주문 작성 트랜잭션이 성공하기 위한 유일한 필수 조건은 주문 작성 마이크로서비스(주문과 재고 데이터베이스도 포함)와 관련 메시지 대기열 인프라가 실행돼야 한다는 것이다. 배송 마이크로서비스와 주문 이력 마이크로서비스가 실행 중인지 아닌지는 중요하지 않다. 주문을 작성하는 동안 배송 마이크로서비스와 주문 이력 마이크로서비스가 중단됐다고 가정하자. 주문 생성의 결과로 주문 마이크로서비스에 배포된 모든 메시지는 대기열에서 안전하게 보관될 것이다. 여기서 다시 주문 마이크로서비스의 여러 인스턴스가 이중화돼 존재할 수 있고 클러스터링된 메시지 대기열도 대기열의 안정성을 높일 것이라고 가정할 수 있다. 메시지는 대기열에 도달하는 즉시 디스크에 기록된다. 따라서 메시지 대기열이 지속되면 주문 작성 트랜잭션이 성공한 후 클러스터의 메시징 인프라 서버 중 하나 또는 모두가 다운되더라도 메시지는 디스크에 저장돼 여전히 안전하다. 대기열을 다시 불러오면 여전히 메시지를 사용할 수 있다. 지속 가능한 대기열은 메시지가 도달했을 때 소비자가 활성 상태가 아닌 경우 적절한 소비자가 메시지를 사용할 수 있도록 메시지를 지속적으로 보관할 수 있다. 내구성이 강한 대기열은 어떤 소비자가 미래의 어느 시점에서 메시지를 소비할지 걱정할 필요가 없다. 미래의 모든 소비자가 소비할 수 있는 메시지의 복사본은 단 한 개뿐이다. 그러나 지속 가능한 각 소비자는 메시지의 복사본을 얻기 때문에 모든 지속 가능한 소비자에 대해 적합한 메시지의 인스턴스를 논리적으로 유지해야 하기 때문에 지속성이 있는 토픽은 다르다. 따라서 메시징 인프라 내에서 사용할 수 있는 대기열이나 토픽의 지속성과 내구성 기능을 신중하게 조합함으로써 배송 마이크로서비스와 주문 이력 마이크로서비스에서 주문 마이크로서비스의 의존성을 제거할 수 있다. 나중에 배송 마이크로서비스나 주문 이력 마이크로서비스가 다시 필요할 때 그들이 소비하려고 의도한 메시지를 소비할 것이고 나머지 기능 흐름은 각각의 마이크로서비스에 의해 계속될 것이다.

마이크로서비스 확장성

2장의 '확장성 딜레마' 절에서 로그인과 익명 사용자가 많은 상품 카테고리와 상품 상세 정보 웹 페이지를 탐색할 것이며, 이러한 요청을 처리하는 마이크로서비스는 주문 마이크로서비스에서 느끼는 부하에 비해 더 많이 받게 될 것이라고 설명했다. 이는 상품 카테고리 검색이나 상품 상세 정보 웹 페이지를 통한 부하의 일부만 최종적으로 확인된 주문 거래로 전환되기 때문이다. 따라서 애플리케이션의 마이크로서비스를 선택적으로 확장할 수 있는 기능이 필요하다. 이미 모놀리스 전자상거래 애플리케이션을 마이크로서비스 기반 전자상거래 애플리케이션으로 세분화했다. 선택적으로 확장할 수 있는 기능은 마이크로서비스 아키텍처와 함께 얻을 수 있는 무료 혜택이다. 그림 3-5는 이를 정확히 보여준다.

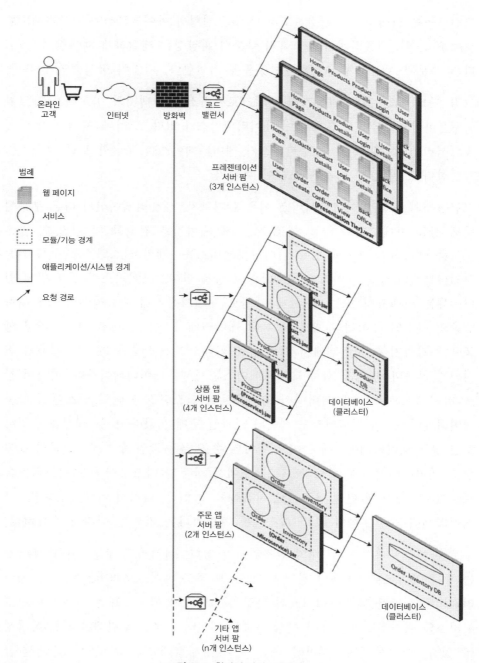

범례

웹 페이지

서비스

모듈/기능 경계

애플리케이션/시스템 경계

요청 경로

온라인
고객

인터넷

방화벽

로드
밸런서

프레젠테이션
서버 팜
(3개 인스턴스)

상품 앱
서버 팜
(4개 인스턴스)

데이터베이스
(클러스터)

주문 앱
서버 팜
(2개 인스턴스)

데이터베이스
(클러스터)

기타 앱
서버 팜
(n개 인스턴스)

그림 3–5. 확장된 마이크로서비스

그림 3-5는 선택적으로 확장하고자 배포된 전형적 마이크로서비스 아키텍처를 보여준다. 즉, 애플리케이션의 특정 부분의 확장성은 세밀하게 제어할 수 있고 다른 부분과 무관하게 수행할 수 있음을 의미한다. 이것이 궁극적인 자유다.

그림 3-1에 표시된 전자상거래 마이크로서비스 아키텍처와 비교해보면 그림 3-5는 마이크로서비스 경계 밖에 데이터베이스가 있다. 그러나 '자체 포함 마이크로서비스' 절에서 마이크로서비스가 데이터베이스를 포함한 모든 리소스를 제한한다고 말했다. 이것은 모순이 아닌가?

그림 3-5의 상품 마이크로서비스 예를 살펴보자. 애플리케이션의 다른 부분에 비해 상품 카테고리와 상품 세부 정보 웹 페이지를 검색할 때 훨씬 더 많은 부하를 예상하기 때문에 상품 마이크로서비스는 4개의 인스턴스로 구성된다. 그러나 1개의 상품 데이터베이스만 있고 상품 마이크로서비스의 경계 밖에 있다. 상품 카테고리 또는 상품 세부 정보는 전자상거래 애플리케이션에 대한 일종의 마스터 데이터다. 일단 등록된 데이터베이스는 새 상품 카테고리나 상품을 추가하거나, 시스템에서 기존 상품 카테고리나 상품을 폐기할 때까지 변경되지 않는다. 따라서 상품 데이터베이스는 '읽기' 데이터베이스다. 따라서 상품 마이크로서비스 앱 서버에서 2개 이상의 인스턴스가 단일 인스턴스 상품 데이터베이스에 연결되더라도 데이터 일관성 문제는 없다. 또한 캐싱을 활성화하면 상품 데이터베이스에 들어오는 히트 수를 더욱 줄일 수 있다. 간단히 말해 상품 데이터베이스와 별도의 프로세스에서 상품 마이크로서비스 인스턴스를 보여줬지만 통합된 단일 블록으로 시각화할 수 있다. 따라서 마이크로서비스가 데이터베이스를 포함한 모든 리소스를 제한한다는 정의는 여전히 유효하다.

주문 마이크로서비스는 2개의 인스턴스가 있다. 여기서도 주문 데이터베이스는 주문 마이크로서비스의 경계 밖에 있다. 주문 마이크로서비스는 공유 데이터베이스로 주문 데이터베이스의 단일 인스턴스에 액세스하는 주문 마이크로서비스의 여러 인스턴스에서 발생 가능한 데이터 손상을 해결해야 하는 복잡성이 있다. 이러한 공유 데이터 손상 문제를 해결하고자 리소스의 분산 잠금

distributed lock을 사용할 수 있다. 이에 대해 나중에 더 자세히 이야기하겠지만 당분간은 주문 데이터베이스가 주문 마이크로서비스의 경계 밖에 물리적으로 표시돼 있더라도 모든 실질적인 이유로 주문 마이크로서비스의 전체로서 통합돼 기능한다고 가정할 수 있다.

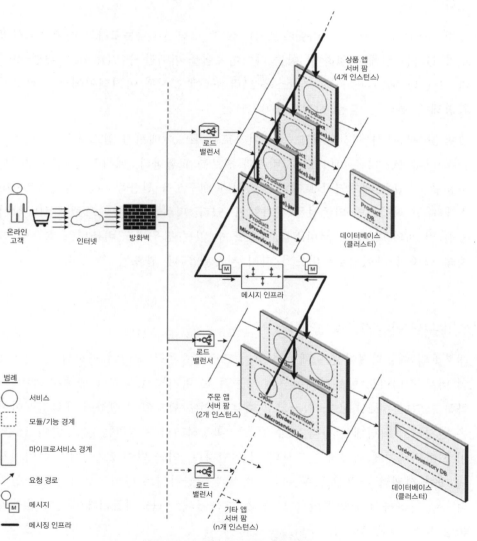

그림 3-6. 메시지 기반 마이크로서비스 확장

그러나 '메시지 기반 마이크로서비스' 절에서 다룬 메시징 인프라는 어떨까? 복잡성을 낮추고자 그림 3-5에서는 의도적으로 제거했다. 하지만 이제 마이크로서비스 확장의 기본을 이해했으므로 메시지 기반 미들웨어^{MOM, Message-Oriented Middleware}를 마이크로서비스 아키텍처에 도입해 참조 아키텍처가 기능적으로 완성되게 하겠다.

그림 3-1에 표시된 많은 마이크로서비스 중 그림 3-6에는 2개의 마이크로서비스가 있다는 점에 유의하자. 이는 다이어그램을 이해할 수 있게 하기 위한 것이다. 확인된 모든 마이크로서비스를 그림 3-6에 표시된 아키텍처에서 적절하게 확장해야 한다는 점을 시각화해야 한다.

그림 3-6에 표시된 것처럼 모든 마이크로서비스는 메시징 인프라를 통한 메시지 측면에서만 다른 마이크로서비스와 정보를 교환한다. 메시징 인프라 내에서 사용할 수 있는 대기열이 토픽의 지속성과 내구성을 활용해 다른 마이크로서비스에 대한 직접적인 의존성을 제거할 수 있다. 따라서 사용자 트랜잭션이 잠시 동안 몇 개의 마이크로서비스를 사용할 수 없는 경우에도 비즈니스 흐름이 진행돼 나중에 마이크로서비스가 다시 시작됐을 때 완료될 수 있다.

마이크로서비스 가변성

대부분의 애플리케이션은 예상 수명 종료^{EoL, End of Life}를 고려해 구축된다. 이 EoL이 너무 길더라도 애플리케이션은 기능적 및 비기능적 능력 측면에서 계속 진화하고 있다. 비즈니스가 확장되고 새로운 인수/합병이 발생하면 애플리케이션은 변경되고 확장돼야 한다. 모놀리스를 확장하거나 변경하는 것은 마이크로서비스 아키텍처에 적용하는 것보다 더 위험하다. 이는 마이크로서비스 아키텍처에 대한 선택적 확장성을 활성화한 방식과 마찬가지로 마이크로서비스를 선택적으로 확장하거나 변경할 수도 있기 때문이다. 이는 애플리케이션 개발자와 운영 팀에 많은 도움을 준다.

라제시$^{Rajesh\ RV}$가 그의 저서 『스프링 마이크로서비스』(에이콘, 2017)에서 사용한 '벌집 비유'를 가져오고 싶다. 그림 3-7은 내가 표현한 것이다.

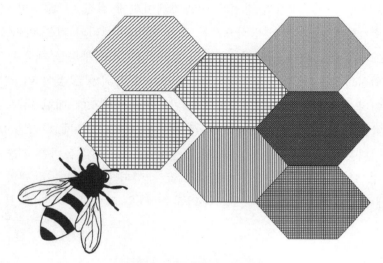

그림 3-7. 마이크로서비스: 벌집 비유

그림 3-7은 벌이 벌집을 만드는 방법을 나타낸다. 첫 번째 셀을 만드는 것으로 시작해 점점 더 많은 셀을 벌집에 추가한다. 따라서 벌집은 일정 기간 동안 지속적으로 커진다. 다른 셀을 만드는 데 사용되는 재료는 동일하지 않을 수 있다. 해당 셀을 빌드할 때 사용할 수 있는 항목에 따라 다르다. 그러나 각각의 새로운 셀은 전체 벌집과 잘 어울리며 벌집 전체로서 기능한다.

마이크로서비스 아키텍처와 비슷하다. 이미 애플리케이션을 여러 개의 개별 조각으로 나눴으므로 먼저 하나씩 또는 선택한 몇 개만 빌드를 시작하고 신속하게 운영 환경에 배포할 수 있다. 이로 인해 출시 시간이 상당히 단축되고 비즈니스는 축소된 규모로 기능을 시작할 수 있다. 예를 들어 전자상거래 애플리케이션에서 먼저 기업의 초기 웹으로 상품 카테고리와 상품 세부 정보를 처음에 액세스할 수 있도록 상품 마이크로서비스를 구축할 수 있다. 다음으로 주문, 배송, 배달 마이크로서비스를 애플리케이션에 추가해 최소한의 전자상거래 애플리케이션이 준비되고 기능해 사람들이 상품 목록을 검색하고 온라인 주문을 수행할 수 있다. 다음 단계로 알림 마이크로서비스와 같은 더 많은 기능을 빌드해 주문 상태가 변경될 때 이메일과 SMS 기반 알림을 보낼 수 있다. 마이크로서비스 아키텍처의 장점은 애플리케이션에 점점 더 많은 마이크로서비스를 추가함에 따라 어떤 방식으로든 운영 데이터 센터의 기존 마이크로서비스를 건드리지 않는다는 것이다. 그들은 방해받지 않고 부하를 제공한다. 물론 이것을 현실화하고자 많은 우려 사항을 고려해야 하지만 그것이 이 책의 유일한 목적이다. 따라서 처음에 언급했듯이 마이크로서비스에 대한 너무 많은 기본이나 이론은 다루지 않을 것이다. 다른 책에서 이미 이 주제를 충분히 제공하기 때문이다. 대신 여러분에게 논의된 것들을 성취하고자 올바른 기술로 실제 사용할 수 있는 실용적인 접근법을 제시할 것이다. 확장성을 선택하고 기존 애플리케이션에 마이크로서비스를 추가하는 것은 그중 몇 가지에 불과하다.

요약

기존 모놀리스에 비해 실질적인 이점을 얻고 싶을 때 필요한 마이크로서비스 기반 아키텍처의 몇 가지 실제 기능을 다뤘다. 우려 사항을 알아봤고 한 번에 하나씩 복잡한 솔루션을 도입해가면서 점진적이고 지속적으로 이해해 나갔다. 운영 환경 배포의 선택적 확장성과 원활한 가변성은 서비스 중단 없는 최신 애플리케이션을 위한 최선의 선택이다. 3장에서 개념적으로 이것이 어떻게 가능한지 살펴봤다. 또한 이후 장에서 실제 코드로 이를 수행하는 방법을 볼 수 있다. 하지만 그 전에 마이크로서비스 아키텍처를 다루는 4장에서 마이크로서비스의 개념이 어디에서 왔으며 오늘날 기업에 중요한 이유에 대한 더 큰 그림을 살펴본다.

04

마이크로서비스 아키텍처

앞의 3개 장 이후 마이크로서비스 방식의 소프트웨어 아키텍처와 전통적 모놀리스의 아키텍처를 구별할 수 있는 확실한 기본 지식을 얻었다. 모놀리스를 마이크로서비스라고 하는 여러 개의 작은 논리적이고 물리적으로 분리된 그룹으로 분할해 유연한 방식으로 확장성을 개선하는 기술을 살펴봤다. 전통적인 아키텍처에서는 모놀리스 스키마에서 관리해야 할 하나의 큰 애플리케이션이 있지만 마이크로서비스 아키텍처로 다시 디자인하게 되면 동일한 애플리케이션이 둘 이상 배포될 것이고, 따라서 마이크로서비스 간 통신은 많이 우려될 것이다. 4장에서는 이 새로운 아키텍처 관련 사항에 대한 세부 정보를 살펴본다. 또한 소프트웨어 아키텍트가 전통적인 아키텍처 방식에서 벗어나게 하는 몇 가지 소프트웨어 패러다임 트렌드를 살펴본다.

4장에서는 다음의 내용을 살펴본다.

- 디지털 컨텍스트 및 메시 앱과 서비스 아키텍처^{MASA, Mesh App and Service Architecture}

- 서비스 세분화와 마이크로서비스의 적합한 위치
- 마이크로서비스를 위한 도메인 기반 분할
- 대규모 웹 시나리오를 해결하기 위한 클라우드 네이티브 전환
- 클라우드 아키텍처와 서비스 모델, 배포 환경 설정

- 가상화와 컨테이너, 마이크로서비스에 미치는 영향
- 마이크로서비스의 매크로와 마이크로아키텍처 관점

디지털 비즈니스를 위한 아키텍처

메인프레임 시대에서 데스크톱, 노트북, 모바일로 진화했고, 진화는 계속되고 있다. 스마트폰 시대는 모바일 디바이스가 개인의 친밀한 동반자가 될 수 있는지 엄청난 가능성을 가져왔다. 상사나 고객과의 끝없는 만남이나 가족의 비상사태로 인해 점심을 거른 날이 있을 것이다. 하지만 소셜 앱이나 모바일 채팅 앱을 보지 않고 한 시간 동안 살 수 있는 사람이 얼마나 될까? 모바일 기기는 음식, 물, 공기처럼 매우 친밀하고 필수적인 요소가 되기 시작했다. 이는 소프트웨어 개발자에게 새로운 도전을 가져왔다. 이 절에서 더 자세히 알아본다.

디지털 시대

인류는 이제 디지털 비즈니스 시대에 있다. 가트너^{Gartner}는 디지털 비즈니스를 다음과 같이 정의했다.

> 디지털 비즈니스는 디지털과 물리적 세계를 모호하게 만들어 새로운 비즈니스를 창출하는 것이다.
>
> - 가트너

이 정의를 다음과 같은 몇 가지 실제 시나리오와 쉽게 연결할 수 있다.

- 구글 맵^{Google Map}으로 지도 정보나 운전 경로를 제공해 목적지로 안내한다.
- 택시의 ESP^{Electronic Stability Program}는 예상치 못한 마찰력 상실(미끄러짐)을 감지하고 감소시켜 차량의 안정성을 향상시킨다.

- 사람들은 레크리에이션, 여가 또는 비즈니스 목적으로 우주로 여행하기 시작했다.

- 스킨풋^{Skinput}은 항상 사용 가능하고 자연스럽게 휴대 가능하며 최소한의 침습성을 제공하는 온바디 손가락 입력 시스템을 제공한다.

- 바이오닉스^{Bionics}는 차세대 사용자 인터페이스^{UI}인 뇌-컴퓨터가 인공 팔다리를 제어하는 것을 현실로 만든다.

- 바이오칩 임플란트는 의료 관리에 도움이 된다.

- 스마트 태그는 당신이 자리를 비운 동안 다른 사람이 200달러의 스카치 병을 개봉했는지 알려준다.

이런 목록은 끝이 없다. 목록에 있는 모든 항목은 소프트웨어 설계자에게 새로운 과제를 안겨준다. 10년 전, 데스크톱 브라우저는 클라이언트 계층을 지배했으며 이를 사용해 미들웨어 계층 서비스에 액세스했다. 스마트폰은 마이크로브라우저와 네이티브 앱을 클라이언트 애플리케이션 목록에 추가함으로써 이를 변화시켰다. 오늘날은 사물인터넷^{IoT}과 사물웹$^{WoT, Web of Things}$을 갖고 있으며, 이는 소프트웨어 아키텍처 패러다임을 계속 진화시키고 변화시킨다.

디지털 앱

디지털 비즈니스는 앱의 의미를 재정의해 마이크로브라우저와 네이티브 앱을 한 단계 끌어올리고 있다. 앞 절에서 설명한 디지털 시대의 맥락에서 앱의 개념은 백엔드 서비스에 액세스할 수 있는 모든 클라이언트 소프트웨어로 확장돼 엔터프라이즈 방화벽을 뚫거나 기타 방식으로 확장할 수 있다. 이 클라이언트 소프트웨어는 내장된 형태로 실행되거나 앞서 언급한 디지털 클라이언트 디바이스에서 실행될 수 있다. 이러한 클라이언트 프로그램은 한 번 쓰면 어디서나 실행 가능$^{WORA, Write Once, Run Anywhere}$ 원칙을 항상 따르는 것은 아니며, 대신 목적에 적합하며 실제 세상에서 사람과 같은 역할을 한다. 그것들은 사람의 트리거를 기반으로 자율적으로 활성화되거나 IoT 세계의 인터넷에 있는 모든 것으로부터 트리거해서 활성화될 수 있다. 그림 4-1을 보자.

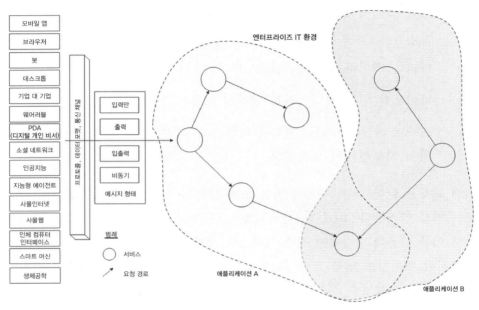

그림 4-1. 디지털 앱 컨텍스트

디지털 앱의 요청은 모든 통신 매체(예, 인터넷, 전자레인지, 블루투스, 이메일, 재래식 우편)로 전송돼 기업의 네트워크에 도달할 수 있다. REST 방식의 JSON 형식 데이터는 널리 사용되는 데이터 전송 방법이지만 IoT와 WoT의 맥락에서 새로운 발전으로 개발이 진행되고 있다.

메시 앱과 서비스 아키텍처

가트너[1]는 MASA 아키텍처에 대해 다음과 같이 정의한다.

---

1. 가트너 '소프트웨어 정의 애플리케이션 서비스가 앱과 서비스 아키텍처를 활성화하는 방법에 대한 소개', www.gartner.com/doc/2924317/introduction-softwaredefinedapplication-services-enable, 2014년 11월 25일

매시 앱과 서비스 아키텍처(MASA)는 여러 디바이스를 사용하고 여러 네트워크로 통신해 애플리케이션 기능에 액세스하는 여러 역할의 여러 사용자를 지원하는 다중 채널 솔루션 아키텍처다. 이 아키텍처에서 모바일 앱, 웹 앱, 데스크톱 앱, IoT 앱은 사용자가 애플리케이션으로 보는 것을 만들고자 광범위한 백엔드 서비스 메시에 연결된다. MASA는 사용자가 이러한 다양한 채널을 사용하면서 지속적이면서 주변의 여러 경험을 할 수 있게 한다.

- 가트너

그림 4-1과 같이 모놀리스 서비스가 마이크로서비스로 대체될 때 기존 방화벽과 라우터도 소프트웨어 인식 및 소프트웨어 정의 지능형 라우터로 대체되거나 향상된다. 그것들은 서비스 제어 게이트웨이라는 이름으로 널리 불릴 수 있고, 모든 API가 외부 세계에 노출되는 것은 이 지능형 계층을 통해 이뤄진다. 외부 세계에는 디지털 앱뿐만 아니라 애플리케이션 외부의 다른 마이크로서비스도 포함될 수 있다.

그림 4-2는 서비스 제어 게이트웨이가 포함된 MASA를 나타낸다. 애플리케이션 1과 애플리케이션 2로 그룹화되고 이름이 지정된 마이크로서비스도 볼 수 있다. 애플리케이션 내의 마이크로서비스는 내부적으로 그리고 직접적으로 통신하지만 마이크로서비스에 대한 외부 호출은 항상 게이트웨이로 라우팅된다. 공통 마이크로서비스라는 개념도 있다. 게이트웨이를 통해 라우팅되면 공통 마이크로서비스에 대한 액세스 또는 다른 애플리케이션의 마이크로서비스에 대한 액세스도 제어할 수도 있다.

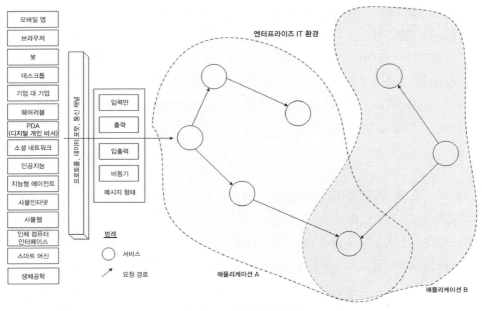

그림 4-2. 디지털 앱 컨텍스트

마이크로서비스에 대한 컨텍스트

마이크로서비스는 혁신적인 새로운 트렌드가 아니다. 대신 소프트웨어 컴퓨팅 환경의 최근 동향에 맞게 진화한 하나의 추세다. 마이크로서비스라는 용어를 처음 사용하기 전에도 많은 사람이 기업에서 유사한 접근법을 따랐을 수 있다. 컴포넌트화, 서비스 기반, 서비스형 소프트웨어^{SaaS, Software as a Service}는 마이크로서비스와 유사한 원칙을 가진 추세다. 이러한 추세(컴포넌트 및 서비스)의 소형화는 퍼블릭 클라우드 및 자동 확장과 같은 최신 추세와 연관돼 있으므로 마이크로서비스를 더 잘 이해하고자 이 배경을 간략하게 살펴본다.

서비스의 세분성

서비스를 디자인하고 빌드하는 세분성에 따라 서비스를 다양한 범주로 분류할 수 있다. 마이크로서비스라는 용어는 작은 것을 의미하지만 다른 서비스에 비해 작다고 하는 정도는 종종 상대적이다. 즉, 크기는 단지 보이는 특성일 뿐이다. 아래 나열된 좀 더 명시적인 특성이 세분성을 결정한다.

- 민첩성
- 배포성
- 선택적 확장성
- 독립성

이해를 돕고자 위의 모든 특성을 '클라우드 네이티브'라는 단일 주제 아래 담을 수 있다. 그림 4-3을 보자.

그림 4-3과 같이 세분성이 감소하면 클라우드 네이티브에 필요한 대부분의 품질이 증가한다.

모놀리스를 다시 살펴보면 SOA의 모범 사례를 따름으로써 대략적인 또는 복합 서비스를 노출할 수 있다. 이러한 서비스는 비즈니스 도메인의 개별 기능을 노출한다. SOA 인터페이스를 노출함으로써 유연한 엔터프라이즈 애플리케이션 통합이나 서비스 기반 통합이라고 하는 것을 지원한다. 이러한 서비스는 '미니서비스miniservice'라는 용어로 분류되며 서비스 구성 측면에서 서비스 재사용을 촉진한다. 미니서비스는 다른 미니서비스 또는 클라이언트 계층에서 액세스한다.

모놀리스를 마이크로서비스 기반 아키텍처로 분할하면 서비스 범위가 기능으로 제한된다. 이러한 여러 가지 기능에는 클라이언트 계층에 노출될 수 있는 기능을 포함하며, 서비스 게이트웨이를 배포해 미니서비스를 노출할 수 있으다. 이를 통해 마이크로서비스에 대한 호출을 위임할 수 있다.

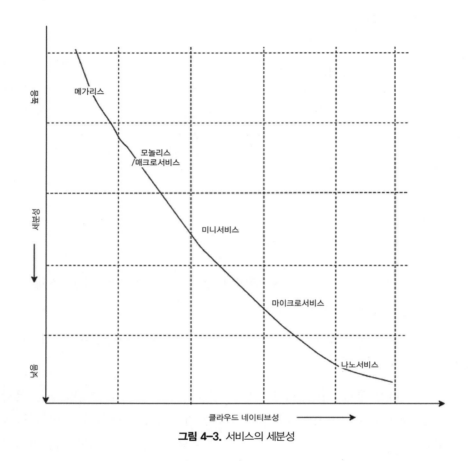

그림 4-3. 서비스의 세분성

몇 가지 예를 보면서 다른 분류에 따른 서비스 세분화의 세세한 차별화를 살펴보자.

그림 4-4는 표시 예만을 보여준다. 매크로서비스는 기존 SOA 디자인 패턴과 기술을 사용해 구현되지만 미니서비스는 특정 도메인(즉, 엔티티 또는 리소스)과 관련된 기능을 통합한다.

마이크로서비스와 비교할 때 미니서비스는 더 넓은 범위와 완화된 아키텍처 제약을 가지며, 독립적인 데이터를 사용하거나 또는 사용하지 않을 수 있다.

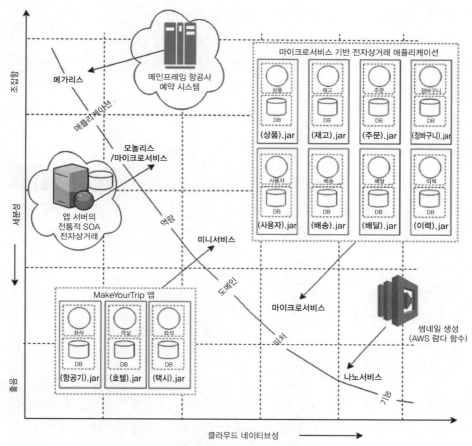

그림 4-4. 서비스 세분성에 대한 예

다시 말하지만 그림 4-4에 표시된 세분화 단위(기능 〉 피처 〉 도메인 〉 역량 〉 애플리케이션)는 세분성 척도에 결부되거나 고정되지 않는다. 애플리케이션 아키텍처를 배치하려는 위치는 애플리케이션 유형 및 필요한 클라우드 네이티브 수준과 같은 여러 요소에 따라 크게 달라진다. 애플리케이션 아키텍처를 약간 왼쪽이나 오른쪽으로 배치하는 것은 큰 문제가 아니다. 대신 아키텍처를 수정하는 데 필요한 이유는 제약 조건을 기반으로 하며 후속 절충 사항이 중요하다. 기업의 IT 팀을 경험하지 않았다면 마이크로서비스 아키텍처를 독단적으로 고수하는 것은 비용이 많이 들고 파괴적이며 예측하기 어려운 경우가 많기 때문에 기업에서는 미니서비스 경계에 더 충실하면서도 마이크로서비스라고 부르는 애플리케이션을 만드는 경우가 많다. 이는 큰 문제가 아니다. 대신 필요한 것은 이러한 각 경계를 명확하게 이해하는 것이고 우연히 발생하는 결정에 집중하기보다는 현명한 결정을 내릴 수 있다.

게이트웨이

전자상거래 마이크로서비스 애플리케이션을 다시 살펴보자. 웹 페이지에 상품 세부 정보 페이지를 표시한다고 가정하면 이름, 설명, 가격과 같은 상품 세부 정보만 표시되는 것이 아니라 다음과 같은 다른 세부 정보도 표시한다.

- 장바구니에 있는 항목 수
- 주문 이력
- 재고 부족 경고
- 배송 옵션
- 다양한 추천, 리뷰, 제안

이 모든 정보는 각기 서로 다른 마이크로서비스에서 가져와야 한다. 웹 페이지가 각 마이크로서비스에 액세스해야 하는 대신 모놀리스 애플리케이션 아키텍처에서는 브라우저가 애플리케이션에 대한 단일 REST 호출(GET api.acme.com/productdetails/productId)을 수행해 이 데이터를 검색할 수 있다. 브라우저에서 여러 마이크로서비스에 액세스하는 것은 다른 문제와 제한이 있다. 클라이언트가 인터넷에서 LAN으로 그렇게 많은 요청을 시도하는 것은 너무 비효율적일 수 있으며, 특히 통신이 모바일 네트워크로 이뤄지는 경우 심각한 성능 오버헤드에 직면하게 된다. 또한 모든 마이크로서비스가 웹 친화적인 인터페이스를 공개할 의무가 없어 인터페이스를 노출하지 않으면 이는 또 다른 문제가 될 수 있다. 또한 애플리케이션을 확장하거나 진화하려면 기존 마이크로서비스를 분할하거나 병합해야 할 수 있으며, 이는 공개적으로 노출된 API는 그대로 유지해야 한다.

API 게이트웨이가 이러한 문제를 해결할 수 있다. 외부 지향 API는 세분화돼 여러 내부 마이크로서비스의 응답을 모아 클라이언트 디바이스로 한 번에 모아진 응답을 제공할 수 있다. 또한 이러한 외부 API는 응답을 요청하는 클라이언트 디바이스의 종류에 따라 일종의 변환을 수행할 수도 있다. 이러한 종류의 부가 기능은 API 게이트웨이 레이어에서 제공될 수 있으므로 이 레이어를 기존 방화벽 또는 로드밸런서에 비해 지능적으로 만들 수 있다.

도메인 중심 파티션

전통적으로 애플리케이션의 비기능적 요구 사항을 충족하고자 '모든 것에 적합한 크기'^{one size fits all} 접근법을 따랐다. 이는 애플리케이션 확장에 대해서는 올바른 선택이다. 모놀리스는 모든 기능이나 모듈 경계에 대해 동일하게만 확장될 수 있지만 마이크로서비스 원칙은 비즈니스 도메인을 기반으로 경계를 정의하는 것을 옹호한다.

그림 4-5와 같이 기술 중심 접근법에서는 애플리케이션의 레이어나 계층을 모두 확장할 수 있다. 마이크로서비스 접근법에서는 각 마이크로서비스의 경계가 비즈니스 또는 기능적 도메인을 기반으로 정의되고 이 경계 정의가 애플리케이션의 물리적 구성에서도 분명하기 때문에 기능 또는 도메인을 선택적으로 확장할 수 있다. 비기능적 요구 사항을 해결하기 위한 이런 선택적 접근법은 각 마이크로서비스 수준에 대해 서비스 가동 시간과 같은 서비스 수준 계약^{SLA, Service Level Agreement}을 정의하는 유연성도 제공한다.

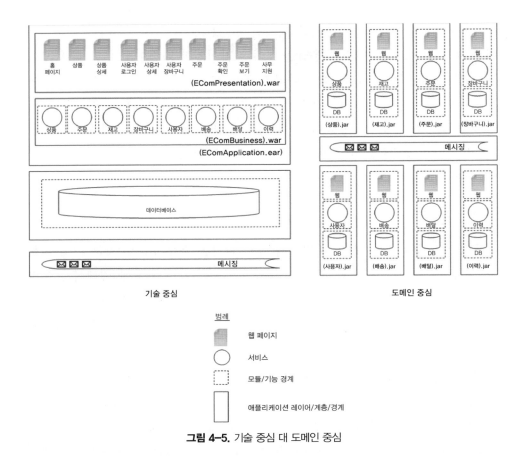

그림 4-5. 기술 중심 대 도메인 중심

전자상거래 애플리케이션에서 상품, 재고, 주문, 장바구니 마이크로서비스는 연중무휴 24시간 무중단으로 비즈니스가 돼야 하고, 사용자, 배송, 배달, 주문 이력과 같은 보조 마이크로서비스는 항상 가용성이 높아야 한다. 가용성이 낮은 SLA로 주문 이력을 배포할 수도 있다. 이는 사용자 마이크로서비스가 다운된 경우에도 고객이 이전에 저장한 사용자 프로필을 검색하지 않고 새 주문과 함께 주소, 이메일, 연락처 번호, 기타 세부 정보를 수동으로 입력해 주문을 찾아보고 장바구니에 추가하고 주문을 확인할 수 있어야 하기 때문이다. 나중에 사용자 마이크로서비스가 다시 시작되면 시스템은 항상 이 '익명 주문'을 시스템에 이미 존재하는 고객 프로필에 연결할 수 있다. 다른 모듈에도 유사한 경우가 존재하며 나중에 전자상거래 애플리케이션을 다시 살펴볼 때 자세히 알아본다.

클라우드 네이티브 전환

오랫동안 스케일아웃이든 스케일업 철학이든 관계없이 증가하는 비즈니스 요구 사항을 해결하고자 전용 인프라에 의존해왔다. 네트워크 연결을 위해 이중화되고 대용량의 인피니밴드^{Infinibands}를 추가하고 컴퓨팅 성능을 추가하고자 엔지니어링 시스템인 엑사로직^{Exalogic}에 투자했다. 최근의 통찰력과 사건들은 엔터프라이즈 아키텍트의 눈을 뜨게 했고, 이러한 시스템들이 한계를 갖고 있고 머지않아 이러한 한계들에 의해 제약을 받게 될 것이라는 것을 깨달았다. 광섬유에 의해 제공되는 높은 처리량이나 인메모리 컴퓨팅이 제공하는 높은 성능은 처음부터 기하급수적인 성능을 제공할 수 있지만 그 이후에는 CPU나 대역폭을 더 추가하더라도 더 개선되지 않는다. 양자 컴퓨팅과 이와 유사한 기술의 발전은 차원을 바꿀 수 있겠지만 기업들은 이러한 기술이 상품화되고 합리적인 비용으로 접근할 때까지 기다릴 수 없다.

퍼블릭 클라우드는 현재 사용할 수 있으며 가격이 저렴하지는 않더라도 비교 가능한 합리적인 비용이다. 아마존^{Amazon}과 애저^{Azure} 같은 클라우드 플랫폼 공급자는 데이터 센터에 범용 하드웨어를 배치하며 사용자의 필요에 따라 즉시 배치할 수 있다. 비즈니스가 예측치 못한 급격한 성장 또는 대규모 요구 사항에 직면했을 때 클라우드는 전체 비용을 통제하는 동시에 민첩성을 제공하는 합리적인 올바른 접근법이다. 여기서는 클라우드 컴퓨팅 또는 클라우드 서비스 공급업체^{CSP, Cloud Service Providers}의 기능이나 특성을 다루지는 않지만 클라우드 네이티브가 무엇을 의미하는지 확실히 다루고 싶다.

온프레미스 모델에서 가용성 정책 및 SLA 관리는 데이터 센터 관리자가 담당한다. 퍼블릭 클라우드 모델로 이동하면 이러한 정책이 애플리케이션 스택에서 더 높은 수준으로 바뀌고 추상화된다. CSP가 제공하는 서비스형 인프라^{IaaS,} Infrastructure as a Service 또는 서비스형 플랫폼^{PaaS, Platform as a Service} 모델에서는 가용성이나 스토리지 정책을 거의 제어할 수 없으므로 애플리케이션 스택 레이어에서 더 나은 제어하기 위한 도구의 배치가 필요하다. 소프트웨어 레이어는 그 자체로 예측하지 못한 시나리오에 대한 후크 및 제어 기능을 제공하도록 조정돼야 한다. 따라서 애플리케이션이 CSP의 장점으로부터 진정으로 이익을 얻으려면 애플리케이션이 장애 복구, 자원의 가용성, 갑작스러운 트래픽 급증 등의 측면에서 충분히 똑똑해야 한다. 클라우드 네이티브 아키텍처는 퍼블릭 클라우드 환경에서 효율적으로 운영하고자 소프트웨어 애플리케이션을 구축할 때 채택해야 하는 패턴과 관행을 설명할 것이다.

웹 스케일 컴퓨팅

웹 스케일 IT는 모든 규모의 인프라 디자인, 구축, 관리에 적용된다. 웹 스케일 IT의 기능을 활용하는 비즈니스 또는 기업은 대규모로 확장할 수 있다. 웹 스케일 IT에서는 IT 원칙과 관행이 우선시된다. 물론 클라우드, 마이크로서비스, 데브옵스^{DevOps} 관행이 구체적으로 언급돼야 한다. 구글, 아마존, 페이스북, 넷플릭스와 같은 기업들은 사업 특성상 자신의 IT 시스템과 관행이 이 범주에 속하기 때문에 여기에 언급될 것이다. 모든 것의 분산, 내결함성, 자가 치유, API 기반 접근법은 웹 스케일 컴퓨팅에 관한 몇 가지 원칙일 뿐이다.

없어서는 안 될 클라우드

클라우드는 비교적 저렴한 비용으로 분산 컴퓨팅, 스토리지, 네트워크 인프라를 자율적으로 제공하는 것을 목표로 한다. 클라우드 기반 아키텍처는 여러 모델(예, IaaS, PaaS, SaaS)을 기반으로 할 수 있으며 적절한 배치는 고객에게 유연한 환경을 제공할 수 있다. 클라우드에서 고객은 클라우드의 API를 사용해 필요에 따라 거의 실시간으로 리소스를 할당할 수 있다.

클라우드 아키텍처 모델

업계에서는 클라우드 아키텍처를 4개의 레이어로 나눴다.

- **하드웨어 레이어:** 하드웨어 레이어에는 CPU, 스토리지, 네트워크와 같은 클라우드의 물리적 리소스가 포함된다.

- **IaaS**^{Infrastructure as a Service} **레이어:** IaaS 레이어는 가상화 기술을 사용해 물리적 리소스를 컴퓨팅 리소스 풀로 추상화하므로 상위 레이어와 최종 사용자에게 통합 리소스로 노출된다. 주문형 리소스 할당과 같은 기능은 이 레이어에서 이뤄진다.

- **PaaS**^{Platform as a Service} **레이어:** PaaS 레이어는 기본 IaaS에서 제공하는 운영 환경 외에도 애플리케이션 개발 도구와 배포 환경을 제공하므로 애플리케이션을 가상머신에 직접 배포하는 부담을 최소화하는 것을 목표로 한다. 관계형 및 비SQL 스토리지, 메시지 대기열 및 메일 서버는 적절한 프레임워크로 포장돼 이 레이어에서 사용할 수 있는 일반적인 서비스다.

- **SaaS**^{Software as a Service} **레이어:** 모든 것의 맨 위에는 기업 사용자를 위한 맞춤형 애플리케이션을 호스팅하거나 네트워크 서비스로 사용할 수 있는 타사 소프트웨어를 사용할 수 있는 SaaS 모델이 있다. 따라서 기업이 클라우드의 다양한 아키텍처 레이어를 관리하고 유지하는 데 따르는 어려움을 덜어준다.

그림 4-6은 클라우드 아키텍처의 다양한 레이어를 보여준다. 온디맨드 방식으로 더 나은 성능과 가용성을 달성하기 위한 자동 확장은 클라우드 애플리케이션을 온프레미스에 배포된 애플리케이션보다 우수하게 만든다.

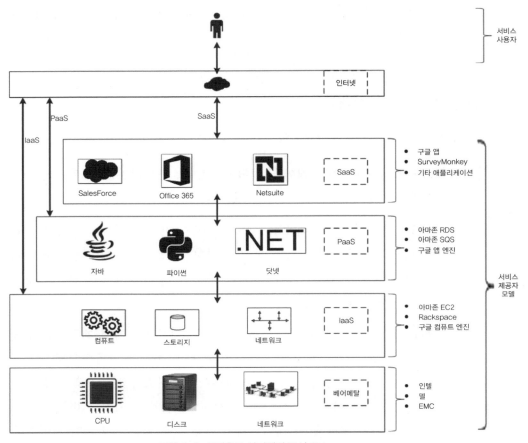

그림 4-6. 클라우드 아키텍처 구성 요소

클라우드 서비스 모델

클라우드 서비스 모델은 리소스 활용 방식에 대해 사용자가 가질 수 있는 다양한 제어 종류를 기반으로 한다. 그림 4-7은 다른 모델을 보여준다.

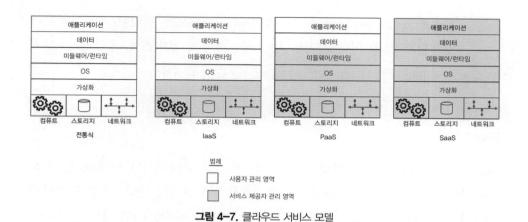

그림 4-7. 클라우드 서비스 모델

일반적으로 클라우드 아키텍처 자체는 클라우드 서비스 모델에 매핑될 수 있다. 기존 서비스 모델에서는 사용자 또는 기업이 전체 스택(예, 하드웨어, 데이터 센터 시설, 소프트웨어, 데이터)을 관리해야 하는 반면 클라우드 서비스 모델에서는 다음과 같이 다양하다.

- **IaaS**^{Infrastructure as a Service}: IaaS 서비스 모델에서 사용자는 컴퓨팅 파워, 스토리지, 네트워크 관련 리소스만 요청하고 사용한 만큼 비용을 결제한다.

- **PaaS**^{Platform as a Service}: PaaS 모델에서 사용자는 플랫폼 아래로 추상화되므로 CPU, 네트워크, 스토리지와 같은 기본 인프라를 전혀 제어할 수 없다. 대신 클라우드에서 호스팅되고 주로 브라우저 인터페이스로 액세스되는 지원 프로그래밍 언어와 관련 도구로 애플리케이션을 생성할 수 있는 애플리케이션 개발 플랫폼을 허용한다. 애플리케이션 런타임과 미들웨어도 CSP에 의해 제공되고, 사용자는 소프트웨어 애플리케이션과 그 데이터만을 개발, 설치, 관리, 운용한다.

- **SaaS**^{Software as a Service}: 사용자가 애플리케이션을 소유, 관리 또는 운영하지 않는 '모든 것을 잊어버리는' 모델이다. 애플리케이션은 클라우드 인프라에서 실행되며 다양한 클라이언트 디바이스에서 액세스할 수 있다.

사용자 구성으로 제한해 사용할 수 있다. 때로는 동일한 애플리케이션 인스턴스가 둘 이상의 기업(테넌트) 사용자에게 서비스를 제공한다. 이러한 애플리케이션을 다중 테넌트$^{multi-tenant}$라고 한다.

SaaS 성숙도 모델

SaaS 성숙도 모델은 10년 이상 전에 마이크로소프트[2]에서 만들어졌으며, 그 이후로 이 정보는 아키텍트들과 논의하는 동안 여러 번 언급됐다. 나중에 마이크로서비스를 다른 수준으로 확장할 수 있는 방법의 이해는 필수적이기 때문에 여기서도 반복할 것이다. 그림 4-8은 다양한 수준의 SaaS 성숙도를 보여준다. 여기서 '테넌트^{tenant}'라는 용어는 애플리케이션이 호스팅되는 기업을 나타내고자 사용된다. 사용자는 이러한 호스팅된 애플리케이션 인스턴스에서 서비스를 이용할 수 있다. 따라서 2개의 다른 항공사나 2개의 다른 전자상거래 기업은 2개의 다른 테넌트들이다. 다양한 SaaS 성숙도 수준은 다음과 같다.

- **1단계 – 특별/사용자 지정:** 이 SaaS 성숙도 수준에서 각 기업이나 테넌트는 고유한 사용자 지정 개발 애플리케이션을 갖는다. 이러한 애플리케이션의 소스코드는 다르며, 별도의 애플리케이션 인스턴스는 테넌트별로 사내 또는 퍼블릭 클라우드에서 호스팅된다.

- **2단계 – 구성 가능:** 이 SaaS 성숙도 수준에서는 코드 기반이 하나뿐이다. 이 코드 기반을 각 테넌트별로 별도로 구성할 수 있으며, 각 개별 애플리케이션 인스턴스는 각 테넌트별로 사내 또는 퍼블릭 클라우드에서 호스팅된다.

---

2. 『Architecture Strategies for Catching the Long Tail』, 마이크로소프트

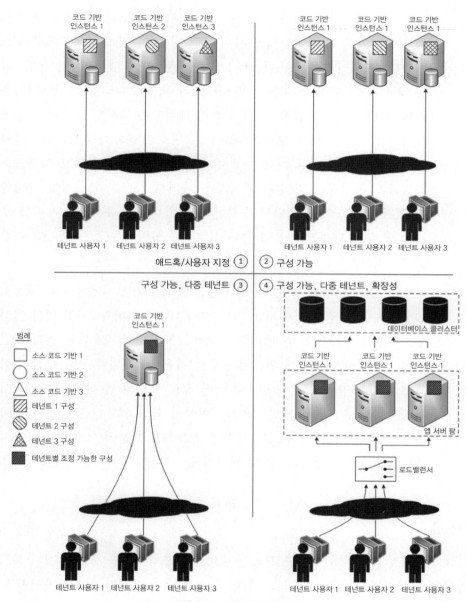

코드 기반 인스턴스 1   코드 기반 인스턴스 2   코드 기반 인스턴스 3

코드 기반 인스턴스 1   코드 기반 인스턴스 1   코드 기반 인스턴스 1

테넌트 사용자 1   테넌트 사용자 2   테넌트 사용자 3

테넌트 사용자 1   테넌트 사용자 2   테넌트 사용자 3

애드혹/사용자 지정 ①   ② 구성 가능

구성 가능, 다중 테넌트 ③   ④ 구성 가능, 다중 테넌트, 확장성

범례
- □ 소스 코드 기반 1
- ○ 소스 코드 기반 2
- △ 소스 코드 기반 3
- ▨ 테넌트 1 구성
- ⊘ 테넌트 2 구성
- △ 테넌트 3 구성
- ▩ 테넌트별 조정 가능한 구성

코드 기반 인스턴스 1

데이터베이스 클러스터

코드 기반 인스턴스 1   코드 기반 인스턴스 1   코드 기반 인스턴스 1

앱 서버 팜

로드밸런서

테넌트 사용자 1   테넌트 사용자 2   테넌트 사용자 3

테넌트 사용자 1   테넌트 사용자 2   테넌트 사용자 3

그림 4-8. SaaS 성숙도 모델

- **3단계 – 구성 가능, 다중 테넌트 효율성:** 이 SaaS 성숙도 수준에서는 코드

기반이 하나뿐이다. 이 단일 코드 기반의 단일 인스턴스는 모든 테넌트의 사용자에게 서비스를 제공하는 사내 또는 퍼블릭 클라우드에서 호스팅된다. 애플리케이션을 인스턴스화하는 동안 설정된 구성은 특징, 기능, 외관 등의 런타임 특성이 각 테넌트의 요구에 따라 어느 정도 '적응 가능'한 방식으로 이뤄진다. 각 고객의 데이터는 적절한 아키텍처 수준 파티션을 사용해 다른 고객의 데이터와 별도로 존재한다. 그러나 여기서의 한계점은 테넌트 수나 사용자 수가 한도를 넘어서면 그 이상으로 확장하기 어렵다는 것이다. 확장성은 파티셔닝으로 어느 정도 관리할 수 있지만 어느 정도 지나면 수익이 감소해 비용 효율적으로 서버를 추가할 수 없을 때까지 애플리케이션을 더 큰 서버로 이동(확장)해야만 확장할 수 있다.

- **4단계 – 구성 가능하고 다중 테넌트 효율성 및 확장 가능:** 4단계 SaaS 성숙도에서는 수평 확장 기능이 3단계에 추가된다. 앱 서버와 DB 서버의 여러 인스턴스를 수평으로 추가할 수 있으며 로드밸런싱 라우터는 여러 테넌트의 사용자로부터 서버 인스턴스 풀로 라운드로빈이나 균등 분산 방식으로 부하를 분산할 수 있다. 앱 서버 팜을 사용해 앱 서버 레이어에서 확장하는 것은 간단하지만 DB 레이어에서 확장하는 것은 단순한 팜이 아닌 데이터베이스 클러스터 확장이 필요하기 때문에 그렇게 간단하지 않다. 나중에 데이터의 '쓰기 확장성'을 자세히 알아본다.

가상화

가상화는 추상 시스템을 대상으로 하는 디바이스 드라이버를 사용해 실제 하드웨어의 가상적인 복제를 제공하기 위한 프로세스다. 유형 1 하이퍼바이저[3]는 베어메탈에서 실행되며 대부분의 미드엔드에서 하이엔드 마이크로프로세서를

---

3. 하이퍼바이저는 VM을 관리하는 방법이며 유형 2 하이퍼바이저는 호스트 OS라는 기본 운영체제를 갖고 있다.

가상화할 수 있다. 인텔의 제온^{Xeon}과 같은 서버 프로세서와 암^{Arm} Cortex-A 시리즈 같은 애플리케이션 프로세서는 동일한 기능을 가진 하드웨어다. 가상화되면 가상머신^{VM}은 베어메탈 하드웨어에서 실행되는 모든 소프트웨어를 실행하면서 실제 하드웨어와의 격리를 제공한다. 그림 4-9를 보자.

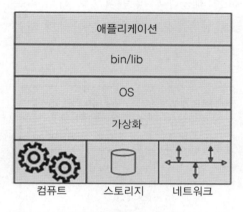

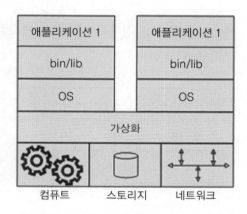

가상화 기반의 전통적 SaaS   하드웨어 가상화의 여러 애플리케이션 인스턴스

그림 4-9. 추상 하드웨어를 통한 SaaS

여러 애플리케이션의 인스턴스 또는 동일한 애플리케이션의 여러 인스턴스는 가상화 기술로 단일 하드웨어에서 효과적으로 실행할 수 있다.

가상화 서버와 컨테이너

컨테이너는 애플리케이션을 격리하고 애플리케이션이 실행될 수 있는 가상 플랫폼을 제공하는 방법을 제공한다. 컨테이너의 시스템은 기본 운영체제^{OS}를 필요로 하며, 이 운영체제는 모든 컨테이너형 애플리케이션의 격리를 위한 가상 메모리 자원을 사용하는 기본 서비스를 제공한다. 이는 '가상화' 절의 그림 4-10에 있다. 가상머신은 하드웨어 가상머신을 지원하는 자체 운영체제를 갖고 있다. 컨테이너의 오버헤드는 가상머신의 오버헤드보다 상대적으로 낮으며 컨테이너 시스템은 일반적으로 수백 또는 수천 개의 컨테이너가 작동 중인 환경을 대상으로 한다. 여러 서버에서 여러 애플리케이션을 실행해야 하면 가상화가 가장 좋은 옵션인 반면 단일 애플리케이션의 많은 복사본을 실행해야 한다면 컨테이너는 강력한 이점을 제공한다. 이에 대한 근거를 살펴보자. 가상 시스템은 각 새 가상머신의 가상 하드웨어, 커널(즉, OS)과 사용자 공간을 패키징한다. 이는 애플리케이션 간에 필요한 격리 수준을 제공하며, 일반적으로 서로 다른 애플리케이션인 경우 보안, 데이터, 리소스 등을 서로 완전히 분리되게 하는 것이 바람직하다.

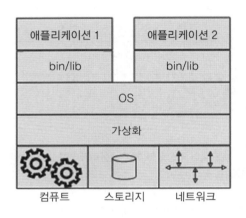

가상화에서의 마이크로서비스

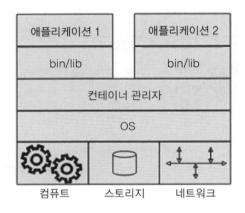

컨테이너에서의 마이크로서비스

그림 4-10. 가상화와 컨테이너

리눅스 운영체제 측면에서 컨테이너를 이해하는 것은 오히려 쉽다. 리눅스 커널에는 cgroups라는 기능이 있다. cgroups는 OS 프로세스의 리소스 사용(컴퓨팅, 메모리, 디스크 I/O, 네트워크 등)을 제한, 설명, 우선순위 지정, 격리를 통해 '운영체제 수준 가상화'operating system-level virtualization'를 제공한다. 컨테이너 기반 가상화는 기존 가상머신에 비해 비교적 경량화되며 오버헤드가 거의 또는 전혀 발생하지 않으며 동일한 OS 커널을 공유하고 효율적으로 수행하기 위한 특수한 하드웨어 자원이 필요하지 않다. 이 모든 것이 컨테이너가 소프트웨어 애플리케이션을 래핑하는 새로운 모델을 정의해 공유 운영체제에서 격리된 상태로 실행될 수 있게 하는 길을 열었다. 리눅스/유닉스 배포판마다 운영체제 수준 가상화를 위해 다른 메커니즘을 사용한다. 예를 들어 FreeBSD는 'jails'라는 개념을 갖고 있고 솔라리스^{Solaris}는 'zones'라는 개념이 있다. 커널을 분리하고자 컨테이너에서 사용하는 기술은 리눅스 전용이며 컨테이너는 리눅스 기반 운영체제에서만 실행할 수 있다.[4]

그림 4-10은 컨테이너 시스템에서 자원을 공유하는 방식을 보여준다. 동일한 호스트에서 동일한 기본 이미지를 사용한 2개 이상의 컨테이너를 시작하면 기본 이미지의 전체 콘텐츠를 공유한다. 반대로 다른 이미지의 여러 컨테이너를 시작하면 이미지의 각 레이어가 빌드된 방식에 따라 이러한 이미지의 일부 공통 레이어(bin, lib 등)를 공유하거나 또는 공유하지 않을 수 있다.

따라서 각 가상머신에 비해 전체 구성 요소 스택이 실행돼 네트워크 구성 요소, CPU, 메모리를 비롯해 애플리케이션 서버와 가상 하드웨어까지의 운영체제가 복제된다. 그러나 컨테이너는 각 컨테이너에 대해 존재하는 운영체제의 최소 필수 커널만 존재하는 완전 격리된 샌드박스로 작동한다. 기본 시스템의 시스템 자원은 컨테이너에 대해 공유되므로 설치 공간이 줄어들고, 이는 동일한 하드웨어에서 가상머신보다 컨테이너가 실질적으로 더 많이 실행될 수 있음을 의미한다. 이러한 방식으로 리소스를 공유하면 전체 설치 공간이 감소하고, 이는 가상머신 시스템에 구현된 동일한 애플리케이션을 인스턴스화하는 것과 비교해 컨테이너 인스턴스를 기동하는 데 필요한 시간을 줄이는 데에도 도움이 된다. 이는 특히 즉각적인 자동 확장이 필요한 클라우드 네이티브 환경에서 컨테이너가 필요한 이유다. 그림 4-11을 보자.

---

4. 현재는 리눅스뿐만 아니라 윈도우와 같은 운영체제에서도 컨테이너를 실행할 수 있다. - 옮긴이

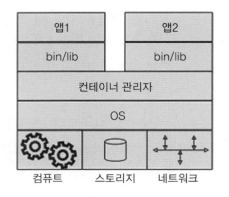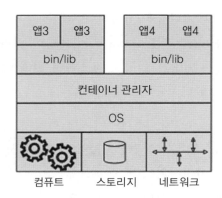

다른 컨테이너 이미지의 인스턴스　　　동일한 컨테이너 이미지의 인스턴스

그림 4-11. 자원을 공유하는 컨테이너 인스턴스

리눅스 libcontainer를 기반으로 하는 도커[docker5]는 리눅스 플랫폼에서 컨테이너를 생성, 관리, 모니터링하는 데 사용되는 관리 시스템이다. 도커는 노트북 컴퓨터에 애플리케이션을 패키징한 다음 '한 번만 빌드하면 어디서나 실행 가능' 원칙에 따라 퍼블릭 클라우드, 프라이빗 클라우드 또는 베어메탈에서 수정 없이 실행할 수 있게 한다. VMware 또는 Hyper-V 같은 하이퍼바이저 기반 가상화와 비교할 때 인프라 설치 공간이 최소화된다.

레드햇[Redhat]은 또 다른 컨테이너 관리 시스템인 앤서블[Ansible6]을 선호한다. 쿠버네티스[Kubernetes]는 컨테이너화된 애플리케이션의 배포, 확장, 관리를 자동화하기 위한 또 다른 오픈소스 시스템이다.

도커는 가장 널리 사용되는 컨테이너 공급 시스템이다. 리눅스 기반 OS에서만 실행되므로 윈도우 또는 맥 컴퓨터에서 도커를 설정하려면 먼저 버추얼박스[VirtualBox]를 사용해 리눅스 가상머신을 시작한 다음 이 가상 컴퓨터에서 도커 컨테이너를 실행해야 한다.

기존의 모놀리스 기반 SaaS에서 마이크로서비스 기반 SaaS로 전환할 때의 또

---

5. 현재는 containerd/runc 기반으로 변경됐다. - 옮긴이
6. Ansible은 구성 자동화를 위한 도구로 openshift라는 컨테이너 관리 시스템을 제공한다. - 옮긴이

다른 기능인 오라클 웹로직$^{Oracle\ Weblogic}$ 또는 IBM 웹스피어^{Websphere}와 같은 소위 무거운 미들웨어는 톰캣^{Tomcat} 또는 제티^{Jetty}와 같은 비교적 가벼운 런타임으로 대체된다. 또한 이러한 런타임을 자바 프로세스 내에 내장된 상태로 실행되게 구성해 전체 리소스 사용을 최소화하는 것도 일반적이다.

마이크로서비스 아키텍처

마이크로서비스 아키텍처$^{MSA,\ MicroServices\ Architecture}$는 전달의 민첩성, 배포의 유연성, 확장의 정확성을 달성하기 위한 소프트웨어 애플리케이션을 디자인하는 방법으로 정의할 수 있다. 이와 관련된 여러 가지 이점이 있고, 해결해야 할 많은 복잡성도 있다. 이 절에서는 그중 몇 개 및 이와 관련된 더 큰 그림을 살펴본다.

아키텍처의 역전

MSA에서 애플리케이션은 플랫폼과 프로그래밍 언어에 구애 받지 않는 API 및 프로토콜을 사용해 서로 통신하는 독립적으로 배포할 수 있는 작은 프로세스로 구성된다. 이러한 각 프로세스는 밀접하게 관련된 비즈니스 기능을 노출하는 애플리케이션 구성 요소를 호스팅한다. 이러한 많은 프로세스는 엔터프라이즈 애플리케이션의 많은 기능을 제공한다. 따라서 MSA에서 단일 기능 또는 단일 프로세스 또는 단일 마이크로서비스만으로 상당한 규모의 엔터프라이즈 애플리케이션을 나타내기에 충분하지 않을 수 있다.

모놀리스에서는 전체 애플리케이션 패키지를 호스팅하는 단 하나의 프로세스다. 따라서 모놀리스 애플리케이션에서는 다음 문제의 대부분은 단일 프로세스 공간에 있다.

- 서비스 의존성 관리
- 서비스 구성 관리

- 서비스 계측
- 서비스 SLA
- 서비스 관리와 모니터링

MSA에서는 서로 통신하는 프로세스가 많기 때문에 모놀리스 시나리오와 달리 앞의 대부분 문제가 단일 프로세스에만 국한되지 않는다. 이러한 모든 조정 과정을 처리해야 하며 이는 추가적인 프로세스의 복잡성을 의미한다. 그리고 이는 마이크로서비스의 가장 두드러진 특징으로, 이전 모놀리스의 단일 프로세스에 대한 내부 관심사가 이제는 마이크로서비스의 외부로 폭발적으로 확대됐다. 이를 '아키텍처의 역전^{IoA, Inversion of Architecture}'이라고 한다.

내부 아키텍처 관점

마이크로서비스는 독립적이고 자율적이며 자체 프로세스 공간에 배포할 수 있는 패키지이기 때문에 자체적으로, 아키텍처 측면에서 완전해야 한다. 그림 4-5는 마이크로서비스가 프레젠테이션, 비즈니스, 데이터 구성 요소를 자체적으로 호스팅하고 자체 메시징 인프라도 호스팅함을 보여준다. 따라서 관심사 분리, 계층화 및 인터페이스 기반 디자인 측면에서 아키텍처 문제의 전부 또는 대부분은 여전히 존재하며 각각 모든 마이크로서비스의 아키텍처에서 처리돼야 한다. 이것이 마이크로서비스의 '내부 아키텍처^{Inner Architecture}'다.

가트너는 마이크로서비스의 내부 아키텍처를 다음과 같은 4가지 예를 들어 설명한다.

- 단순/확장
- 복잡/확장
- 외부 저장소
- 명령과 조회 책임 분리^{CQRS, Command Query Responsibility Segregation}

그림 4-12는 이러한 예제 시나리오를 개략적으로 보여준다. 개념이 명확하고 사용 가능한 옵션과 관련된 복잡성을 이해할 수 있도록 적절한 비유로 이러한 예제 시나리오를 다뤄보자.

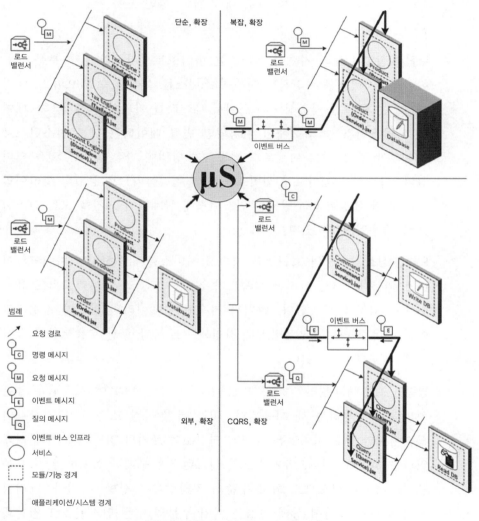

그림 4-12. 마이크로서비스 내부 아키텍처 예

- **단순/확장:** 이러한 마이크로서비스는 상태 비저장이며 지속성 서비스가 필요하지 않다. 컴퓨팅 집약적인 작업을 수행하는 데 사용된다. 그림 4-12는 마이크로서비스 API에 전달된 매개변수를 기반으로 계산이 수행되는 마이크로서비스의 예로 세금 계산, 할인 또는 제안 계산을 보여준다.

- **복잡/확장:** 이 예의 지속성 서비스는 마이크로서비스의 필수 부분이다. 마이크로서비스를 확장하면 여러 인스턴스를 실행할 수 있으며 모든 인스턴스는 동일한 지속성 서비스에서 데이터를 가져와야 한다. 즉, 데이터가 인스턴스 중 하나에서 수정되면 변경 데이터는 다른 인스턴스로 전파돼야 하며, 이는 이벤트로 전송하는 방법이 가장 좋다는 것을 의미한다. 확장성을 높이고자 서비스는 상태 비저장이므로 동일한 클라이언트의 이전 요청이 라우팅되는 인스턴스에 관계없이 요청을 모든 인스턴스로 라우팅할 수 있다.

- **외부 저장소:** 이 중간 접근법은 지속성 서비스를 사용하지만 마이크로서비스 외부에 있다. 심지어 성숙도가 높아진 모놀리스 아키텍처도 유사한 아키텍처를 사용한다. 여기서 지속되는 데이터의 범위가 지정되고 이를 소유한 마이크로서비스로 격리되므로 복잡/확장 토폴로지와 유사하게 배포할 수도 있다.

- **명령과 조회 책임 분리**^{CQRS, Command Query Responsibility Segregation}: 이 시스템은 높은 처리량을 달성하는 데 사용된다. 이는 복잡/확장 또는 외부 저장소의 확장이지만 주요 차이점은 데이터 저장소의 쓰기와 읽기 부분이 분리돼 있다는 것이다. 마이크로서비스의 인스턴스를 무제한 실행해 읽기 부분을 처리할 수 있으므로 최고 수준의 처리량을 달성할 수 있다. 그러나 쓰기 부분과 관련해 상태 변경은 읽기 부분의 다른 인스턴스로 전파돼야 하며 이벤트 송신으로 가장 잘 이룰 수 있다.

이후 장에서 동작하는 전자상거래 애플리케이션을 소개할 때 내부 아키텍처를 다시 살펴보겠다. 그림 4-13에 표시된 내부 아키텍처와 외부 아키텍처를 구분하고자 간단한 표기법을 사용한다. 이 표기법은 추가적인 논의에서도 계속 사용할 것이다.

내부 아키텍처   **외부 아키텍처**

그림 4-13. 마이크로서비스 아키텍처 표기법

외부 아키텍처 관점

아키텍처의 역전으로 인해 모놀리스의 내부 아키텍처 수준에서 해결되던 많은 문제가 이제 외부 아키텍처 문제가 됐다고 언급했다. 그림 4-14는 마이크로서비스의 외부 아키텍처에서 해결해야 하는 문제를 개략적으로 보여준다. 마이크로서비스는 서로 상호작용하며 프로세스 공간 간의 이러한 간섭은 전반적인 복잡성을 증가시킨다. 내결함성, 재시도 요청, 대체 코드 실행과 같은 문제는 거의 없으며, 이를 위해서는 외부 아키텍처 수준에서 마이크로서비스를 강력하게 관리, 모니터링, 제어해야 한다. 마이크로서비스 아키텍처에서는 전달의 민첩성, 배포의 유연성, 확장의 정확성을 달성하는 것이 목표다. 이를 위해서는 새로운 우려 사항이 해결돼야 하며, 이로 인해 모놀리스에 비해 마이크로서비스의 복잡성이 여러 배로 증가한다.

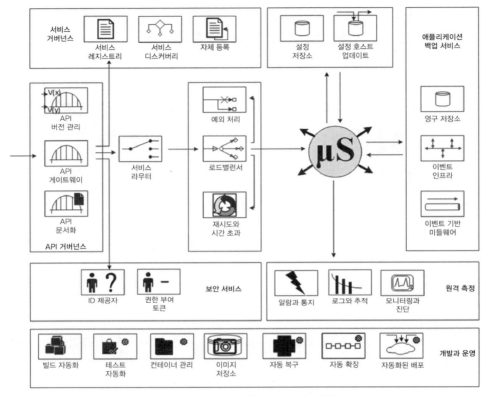

그림 4-14. 마이크로서비스 외부 아키텍처

모놀리스에서는 단일 컨트롤러로 보안을 쉽게 제어할 수 있는 반면 마이크로서비스 아키텍처에서는 네트워크에 분산된 많은 서비스가 완전한 비즈니스 기능을 제공하고자 서로 통신해야 하기 때문에 보안이 분산되고 모두 마이크로서비스 단위로 제어돼야 한다. 종단 간 로깅 및 추적은 호출 그래프가 여러 마이크로서비스에 걸쳐 있을 수 있으므로 마이크로서비스 아키텍처에서 중요성이 크게 증가하는 또 다른 측면이다. 마이크로서비스 인스턴스의 원활한 추가 및 삭제를 지원하려면 동적 서비스 등록 및 검색이 필요하다. 마찬가지로 자동 확장 및 자동 배포는 마이크로서비스를 클라우드 네이티브 및 웹 스케일로 만들기 위한 새로운 데브옵스적인 문제다.

MASA의 큰 그림

마이크로서비스의 내부 아키텍처와 외부 아키텍처 사이의 분리를 다뤘으므로 이제 큰 그림을 살펴볼 때다.

그림 4-15는 마이크로서비스의 내부 아키텍처와 외부 아키텍처를 결합한 일반적인 메시 앱과 서비스 아키텍처를 보여준다. 마이크로서비스는 외부 아키텍처 배치를 활용해 환경 및 다른 마이크로서비스와 상호작용하는 반면 선택적으로 확장할 수 있는 각 마이크로서비스의 기능은 내부 아키텍처를 사용해 구축되고 관리된다.

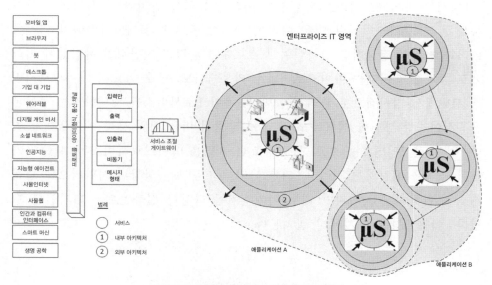

그림 4-15. 마이크로서비스의 외부 아키텍처

그림 4-15에는 몇 가지 마이크로서비스만 나와 있지만 큰 규모의 엔터프라이즈 애플리케이션의 경우에는 그렇지 않다. 수십 개 이상이거나 수백 개에 이르는 수많은 마이크로서비스가 있을 수 있다. '마이크로서비스'라는 이름이 들리는 것과 달리 간단하지 않다. 그들은 전통적인 모놀리스보다 훨씬 더 복잡하며, 사실 모놀리스의 모든 복잡성을 가진다. 따라서 마이크로서비스를 채택하는

결정은 신중하게 이뤄져야 한다. 기업의 개발 팀에 경험이 풍부한 가이드가 없으면 마이크로서비스는 선택 사항이 아니다. 툴 공급업체와 클라우드 공급업체가 새로운 제품을 출시하고 있기 때문에 이 책을 읽으면서 시나리오가 바뀌고 있다. 이러한 제품이 성숙되면 개발자에게 많은 외부 아키텍처 복잡성을 숨겨야 한다.

요약

4장에서는 마이크로서비스의 발전을 이끈 원동력을 살펴봤다. 사람과 물리적 사물을 연결하는 디지털 앱은 이러한 진화를 필요로 했다. 아키텍처 역전은 이러한 진화의 정상적인 결과이며 소프트웨어 환경의 전반적인 복잡성이 여러 배로 증가했고 이제는 마이크로서비스 외부에서도 볼 수 있으며 마이크로서비스 전반에서 명시적으로 관리해야 한다. 마이크로서비스를 채택하려는 충동은 유혹적이지만 그러한 시도를 하기 전에 정량적 비용 편익 분석을 수행해야 한다. 일단 결정되면 다음으로 가장 중요한 측면은 마이크로서비스의 내부 아키텍처 조직을 생각하는 것이다. 외부 아키텍처 문제는 상황과 시나리오에 걸쳐 다소 동일하게 유지되지만 내부 아키텍처는 다양한 절충안으로 디자인할 수 있다. 이는 5장에서 자세히 살펴본다.

05

마이크로서비스를 위한 필수 패턴

소프트웨어 아키텍처는 특히 주제에 대한 충분한 문서가 있으면 비교적 이해하기 쉽다. 실제 문제를 해결하고자 구현하기 시작하면 어려움이 나타날 것이다. 이런 어려움은 아키텍처 패턴이 해결해준다. 당면한 문제를 이해하고 이미 해결한 문제와 유사한 시나리오에 이 문제를 합리적으로 결부할 수 있다면 이전에 채택한 것과 유사한 접근 방식을 따르는 것이 다소 쉽다. 아키텍처와 디자인 패턴은 본질적으로 유사한 문제에 대한 솔루션을 선택하고 채택하는 데 도움이 된다. 패턴은 특정 분야에서 발생하는 유사한 성격의 반복적인 문제에 대한 재사용 가능한 해결책이다.

모놀리스 애플리케이션을 여러 마이크로서비스로 분할해야 할 필요성을 살펴봤으므로 이제 애플리케이션 설계자가 확장 가능한 애플리케이션을 디자인할 때 직면하게 될 주요 관심사 중 하나인 애플리케이션의 쓰기와 읽기 클러스터를 독립적으로 확장하는 실용적인 관점을 자세히 살펴본다. 그렇게 함으로써 다양한 특징을 채택해 마이크로서비스 아키텍처의 많은 문제를 해결하는 데 도움이 될 강력한 패턴도 살펴본다.

5장에서 자세히 살펴볼 개념은 다음과 같다.

- 아키텍처의 읽기와 쓰기 트랜잭션 기능을 독립적으로 확장해야 하는 필요성

- CQRS 패턴
- 이 책의 뒷장에서 설명할 CQRS 패턴과 더 많은 예제 시나리오에 대한 메타모델

서비스의 직교 스케일아웃

마이크로서비스 아키텍처의 이면에 있는 다른 합리성을 제쳐두더라도 한 가지 주요 요구 사항은 단일 애플리케이션 내에서 구성 요소나 서비스를 선택적으로 확장하는 것이다. 모놀리스에서는 구성 요소나 서비스를 쉽게 분리한 다음 선택한 수준의 확장성으로 배포하는 것이 거의 불가능하다는 것을 알고 있을 것이다. 하지만 이것이 마이크로서비스 아키텍처를 채택할 때 얻을 수 있는 하나의 큰 장점이다. 4장에서는 필요한 주문 마이크로서비스의 인스턴스 수와 비교해 더 많은 수의 상품 카탈로그와 상품 세부 정보 마이크로서비스를 실행할 필요성을 살펴봤다. 유사한 요구 사항은 애플리케이션 도메인의 상태 변경과 상태 보기를 이기종적으로 처리하는 트랜잭션의 확장에도 관련이 있으므로, 이를 자세히 살펴보자.

쓰기 대 읽기 트랜잭션

B2B나 B2C 채널을 통해 발생하거나 IoT나 웨어러블 채널을 통해 발생한 모든 트랜잭션은 일반적으로 2가지 트랜잭션 종류 중 하나에 속한다.

- **쓰기 트랜잭션:** 쓰기 트랜잭션은 일반적으로 애플리케이션의 엔티티 상태를 변경한다. 전자상거래 체크아웃, 신용카드 결제, 비행 좌석 확인은 모두 엔티티의 상태를 변경하고 일반적으로 서버 측 메모리에 보관되므로 쓰기 트랜잭션의 한 예다. 경우에 따라 상태 변경은 백업 영구 저장소뿐만 아니라 애플리케이션이 연결되는 다른 연관 B2B 인터페이스에

도 반영된다. 일반적으로 쓰기 트랜잭션은 다르게 작동하도록 특별히 주의해서 디자인되지 않는 한 멱등성[1]이 아니다. 이는 신용카드 결제 거래를 의미하며, 한 번만 실행될 예정이고 어떤 이유로 인해 2번 실행(한 번 실행되고 한 번 더 실행됨)되고 두 거래가 모두 성공하면 결제가 2번 처리된다.

- **읽기 트랜잭션:** 읽기 트랜잭션은 일반적으로 기업의 기존 상태를 보기 위한 목적이거나 캐싱 목적 또는 의사 결정 단계의 보조 수단으로서 쓰기 트랜잭션의 일부로 엔티티를 조회한다. 어떤 경우이든 일반적으로 읽기 트랜잭션은 멱등성이다. 서버 측 메모리 또는 백업 영구 저장소에 있는 엔티티의 실제 상태를 변경하지 않는다. 반복적인 읽기 트랜잭션이 해당 감사나 로그 항목과 같은 일부 관련 엔티티의 상태를 생성하거나 업데이트할 수 있을 것이다. 그러나 일반적으로 어떤 이유로 2번 실행(한 번 실행되고 한 번 이상 실행 됨)되고 이러한 모든 트랜잭션이 성공적이라면 관련 주요 엔티티의 상태에 주목할 만한 변화는 없을 것이다.

조회 후 예약 과제

이 책의 독자 중 누구든지 이미 전자상거래 애플리케이션에서 온라인 거래를 한 적이 있을 것이다. 그렇다면 주문을 생성하는 첫 번째 쓰기 트랜잭션에 대한 확인을 실제로 수행하기 전에 웹 페이지를 조회하고 양식을 작성하는 등 여러 단계가 필요하다는 사실을 이해할 수 있을 것이다. 더 명확하게 하고자 전자 기기와 같은 일부 소매 상품을 온라인으로 쇼핑하면 다음 단계를 따른다.

1. 홈페이지의 URL을 입력한다.

2. 상품 카테고리를 조회하고 관심 있는 상품을 선택한다.

---

1. 멱등성은 수학과 컴퓨터 과학에서 특정 연산의 속성으로, 초기 적용 이후 결과를 변경하지 않고 여러 번 적용할 수 있다.

3. 리뷰, 콘텐츠, 미디어를 포함한 상품 세부 정보를 검색한다.

4. 물품 구매를 결정하고 장바구니에 추가한 다음 결제 정보를 입력한다.

5. 클릭해 구매를 확정한다.

위에 나열된 최소 단계를 살펴보면 실제 구매 확인 트랜잭션인 마지막 트랜잭션과 나머지 트랜잭션을 구별할 수 있다. 구매 확정 트랜잭션은 쓰기 트랜잭션에 넣을 수 있지만 위에 나열된 다른 이전 트랜잭션의 대부분은 읽기 트랜잭션에 속한다.

> **참고** 모든 단일 쓰기 트랜잭션에 비해 더 많은 읽기 트랜잭션을 수행한다.

전형적인 항공 좌석 예약 시나리오에서 모든 실제 예약 PNR^Passenger Name Record에 대한 읽기/쓰기 비율은 500 또는 심지어 1,000 이상이다. 이를 '조회 후 예약^look to book'이라고 한다. 예약 조회가 평균 1,000개라고 하면 이는 새로운 예약을 위해 생성된 PNR을 대신해 모든 쓰기(예약) 트랜잭션에 대해 1,000개 이상의 읽기(보기) 트랜잭션이 애플리케이션에서 수행했어야 함을 의미한다. 성수기 또는 판매가 발생하는 주중에는 한 번의 예약으로 이 숫자가 수천 명까지 늘어날 수 있다. 이러한 맥락에서 마이크로서비스의 선택적 확장 기능이 필요하다.

CQRS: 명령과 조회 책임 분리

이러한 특성을 갖도록 마이크로서비스를 디자인한다면 스케일아웃할 수 있는 기능은 마이크로서비스 아키텍처의 장점 중 하나다. 4장의 '내부 아키텍처 관점' 절에서 마이크로서비스 아키텍처를 디자인할 수 있는 다양한 수준의 성숙도를 이야기했다. 여기서 CQRS^Command Query Responsibility Segregation 패턴을 소개했고 아키텍처와 디자인 수준에서 세부 사항을 살펴본다. 이 책의 뒷부분에서는 이 패턴을 사용해 구현된 많은 예제와 완전한 애플리케이션을 볼 수 있다.

전통적 방식과 CQRS 기반 소프트웨어 시스템

기존의 모놀리스 시스템에서는 동일한 데이터 저장소의 동일한 엔티티들에 대해 쓰기(엔티티 업데이트)와 읽기(엔티티 보기 요청)가 실행된다. 일반적으로 이러한 엔티티는 MySQL 또는 PostgreSQL과 같은 관계형 데이터베이스에 있는 하나 이상의 테이블에 있는 행의 하위 집합이다. 그림 5-1은 이 디자인을 보여준다.

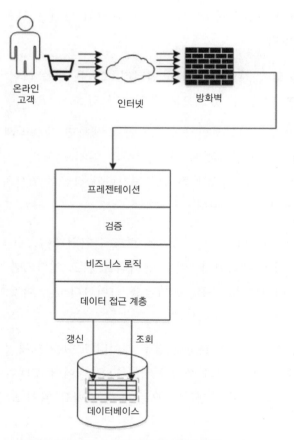

그림 5-1. 읽기와 쓰기 트랜잭션을 위한 동일한 스키마

일반적으로 이러한 종류의 모놀리스 시스템에서 모든 CRUD(생성, 읽기, 업데이트, 삭제) 작업은 엔티티의 동일한 물리적 표현에 적용된다. 자바에서는 메모리 내 인스턴스를 나타내는 데이터 전송 객체DTO, Data Transfer Object가 데이터 저장소에서 데이터 접근 계층DAL, Data Access Layer에 의해 검색돼 클라이언트 디바이스의 브라우저에서 렌더링된다. 사용자는 이것을 보고 DTO의 선택된 필드를 업데이트할 수 있으며, 아마도 MVC 또는 MVVM 방식을 따르는 데이터 바인딩을 통해 DTO는 소프트웨어 레이어를 통해 전송되고 DAL에 의해 데이터 저장소에 다시 저장된다. 그림과 같이 읽기와 쓰기 작업에 동일한 DTO를 여러 번 사용할 수 있다.

몇 년 동안 쉽고 간단하게 잘 사용한 이 디자인 방식은 다음과 같은 몇 가지 제약 사항이 있다.

- 쓰기와 읽기 작업에 필요한 엔티티 표현은 위쪽 레이어에서 예상한 것과 같지 않을 수 있으므로 불일치가 있을 수 있다.

- 동시 읽기가 가능하더라도 쓰기가 발생하면 애플리케이션에서 예상하는 데이터 격리 규칙에 따라 이후의 읽기(또 다른 동시 쓰기 작업은 말할 것도 없이)를 제어해야 한다. 이렇게 하려면 동기화와 잠금이 필요하므로 애플리케이션 확장성이 제한된다.

CQRS 패턴에서 데이터를 읽는 작업은 별도의 인터페이스에 의해 데이터를 업데이트하는 작업과 분리된다. 이는 엔티티를 읽고 엔티티를 업데이트하는 데 사용되는 데이터 모델도 다를 수 있음을 의미한다. 단, 이것이 절대적인 요구 사항은 아니다.

데이터 모델을 분리하기로 결정한 경우 데이터 모델을 자체 스키마로 분리하는 것도 고려할 수 있다. 읽기와 쓰기를 서로 다른 데이터 모델이나 다른 스키마에 구분하든 쓰기 모델에서 발생하는 모든 변경 사항을 읽기 모델로 다시 복제하는 방법도 고려해야 한다.

쓰기 모델과 읽기 모델이 분리된 경우 일반적으로 읽기 부분을 단일 쓰기 모델의 복사본 또는 보기만 하므로 여러 복제본으로 확장하기가 쉽다. 이렇게 하면 앞에서 설명한 조회 후 예약$^{look-to-book}$ 시나리오를 처리하고자 읽기 모델을 확장하는 데 도움이 된다. 대부분의 경우 쓰기 모델의 확장성 요구 사항은 읽기 모델의 확장 요구 사항과 비교해 제어되는 방식으로 이뤄진다. 즉, 읽기 모델과 동일한 수준으로 쓰기 모델을 확장하고 싶지 않을 수 있다. 그러나 쓰기 모델은 백업, 이중화 등의 이유로 둘 이상의 모델로 확장할 수 있으며, 이에 대해서는 나중에 살펴본다.

이 모든 것은 개별 데이터 모델뿐만 아니라 엔티티에 대한 읽기와 쓰기 작업을 위한 데이터 스키마가 있음을 의미한다. 이 두 모델 또는 스키마는 동일한 엔티티에 필요한 2가지 측면이다. 거울을 볼 때와 마찬가지로 얼굴의 거울 이미지는 읽기 모델과 유사하지만 원래 얼굴은 쓰기 모델과 유사하다. 자신을 때리면 고통을 느낄 수 있는 반면 거울 이미지는 고통을 보기만 할 수 있다. 그것은 읽기 모델과 유사하므로 고통을 느낄 수 없다. 이 개선점을 그림 5-1의 디자인에 적용해본다. 그림 5-2를 보자.

앞에서 언급했듯이 읽기 저장소는 쓰기 저장소의 읽기 전용 복제본일 수 있으며, 읽기와 쓰기 저장소는 모두 다른 데이터 구조를 가질 수 있다. 읽기와 쓰기 저장소 사이에 이러한 차이를 두면 쓰기 저장소에서 읽기 저장소로 변경 동기화를 수행해야 한다.

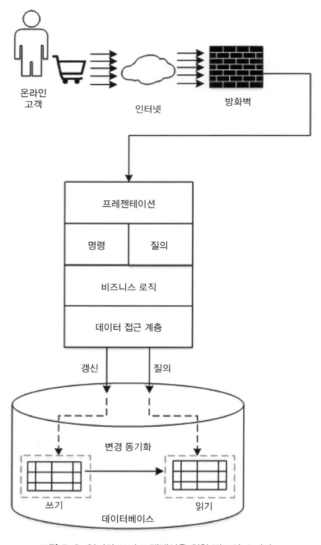

그림 5-2. 읽기와 쓰기 트랜잭션을 위한 별도의 스키마

데이터 저장소의 읽기 부분에서 쓰기 부분을 분리하면 이러한 읽기와 쓰기 저장소가 물리적으로 동일한 노드에 있는지 또는 2개의 다른 노드에 있는지 여부에 관계없이 동기화를 수행해야 한다. 결과적으로 일단 동기화 메커니즘이 있으면 다음으로 자연스럽게 그림 5-3에 표시된 것처럼 읽기와 쓰기 처리를 별도

의 노드나 프로세스로 분리할 수 있다.

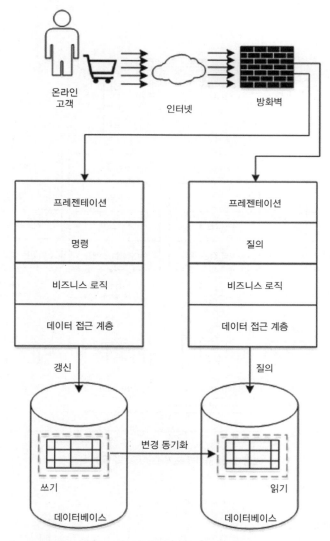

그림 5-3. 읽기와 쓰기 트랜잭션을 위한 별도의 데이터베이스 노드

읽기와 쓰기 서비스를 서로 다른 물리적 노드로 분리하는 순간 더 많은 읽기 서비스를 실행하고 쓰기 서비스는 단일 인스턴스로 유지함으로써 앞에서 언급

한 높은 조회 후 예약$^{look-to-book}$ 비율을 해결하고자 '스케일아웃'을 할 수 있게 된다. 그림 5-4를 보자.

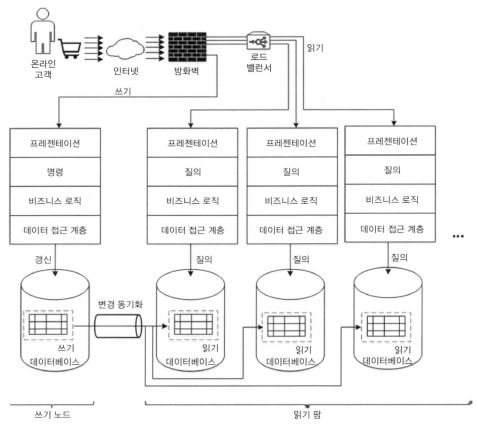

그림 5-4. 읽기와 쓰기 프로세스의 별도 확장

CQRS의 명명법

CQRS는 명령과 이벤트라는 2가지 개념을 기반으로 한다. 명령과 이벤트는 다음과 같이 설명된다.

- **명령:** 엔티티의 상태를 변경하려는 의도는 명령으로 모델링된다.

- **이벤트**: 엔티티의 상태가 변경되면 이벤트는 변경된 내용을 나타낸다.

그림 5-3과 같이 클라이언트에서 프레젠테이션 계층으로 전송되는 쓰기 트랜잭션은 상태 변경에 영향을 주는 데 필요한 모든 정보를 캡슐화하는 명령으로 표시된다. 이러한 상태 변경으로 인해 데이터 영구 저장소에 해당 쓰기 작업이 수행된다. 이러한 상태 변화의 작용이나 효과로 인해 애플리케이션 내의 다른 곳에 무엇이 변경됐는지 관심이 있는 구성 요소나 서비스가 있을 수 있으며, 이러한 변경 사항에 관심 있는 서비스에게 전파하는 메커니즘이 있어야 한다. 이러한 경우 이벤트가 유용하다. 따라서 쓰기 데이터 엔티티의 상태 변경이 발생하면 이벤트 측면에서 읽기 데이터 엔티티 상대방에게 전파될 수 있다.

이벤트 기반 CQRS 아키텍처

앞에서 쓰기 모델이 변경될 때마다 읽기 모델을 동기화해야 하는 필요성을 설명했다. 이는 단일 모델을 쓰기와 읽기 작업으로 나눈 후유증이다. 대부분의 엔터프라이즈 애플리케이션에 하나 이상의 뷰가 있거나 동일한 엔티티에 대해 하나 이상의 읽기 모델이 있다는 사실을 알게 되면 상황은 더욱 악화된다. 읽기와 쓰기 저장소는 모두 다른 구조를 가질 수 있다. 여러 읽기 저장소나 모델도 다른 데이터 구조를 가지므로 읽기 저장소의 여러 읽기 전용 복제본을 사용하면 조회 성능과 애플리케이션 UI 응답성이 크게 향상될 수 있다. 더 복잡한 부분이 있으니 다음에 이러한 측면을 살펴보자.

이벤트 기반 CQRS 디자인을 위한 메타모델

이 책은 애플리케이션 아키텍처의 모놀리스 모델을 살펴본 후 마이크로서비스를 소개했다. 특히 마이크로서비스 간의 외부 아키텍처에서 복잡성이 증가하는 것을 살펴봤다. 이 장에서는 확장성 요구 사항과 여러 뷰에 대한 요구 사항을 해결하고자 가장 우수한 단일 엔티티인 마이크로서비스를 둘 이상으로 분할하는 다음 단계로 넘어간다. 그렇게 단순하지는 않을 거라고 미리 이야기하고, 이제 이러한 세부 사항을 살펴본다.

4장과 앞 절에서 지금까지 얻은 지식을 바탕으로 CQRS 아키텍처의 몇 가지 복잡성을 나열해보면 다음과 같다.

- 둘 이상의 엔티티로 분할되면 동기화돼야 한다.
- 엔티티와 엔티티의 뷰는 선택적으로 확장 가능해야 한다.
- 엔티티와 엔티티의 뷰는 미래에 더 많은 부분과 상호작용을 하거나 연관될 수 있다.

다른 요구 사항도 있지만 위의 목록만으로도 논의하는 데 충분할 것이다.

메타모델을 개념화해 여기에 나열된 문제를 해결하겠다. 그림 5-5는 그러한 모델 중 하나를 보여준다.

이 메타모델은 Axon이라고 불리는 CQRS 프레임워크에서 구현된 개념에서 채택된 것으로, 이 책의 예제에 사용할 오픈소스 CQRS 프레임워크이며 자세한 내용은 나중에 소개한다. 이 모델에서 추상화된 주요 구성 요소를 개념적 수준에서 살펴보자. Axon 프레임워크의 자세한 동작은 이 장에서 필요하지 않다.

- **컨트롤러:** 컨트롤러는 일반적으로 클라이언트의 쓰기와 읽기 트랜잭션을 모두 가로채는 UI 컨트롤러다.

- **명령:** 엔티티의 상태를 변경하려는 의도는 명령으로 모델링된다. 컨트롤러는 클라이언트의 쓰기 요청에 대한 응답으로 명령을 생성하고 전송한다.

- **명령 게이트웨이:** 명령 게이트웨이는 특히 동기식 또는 비동기식 방식을 채택해 명령 전달 메커니즘을 선택할 수 있는 편리한 인터페이스다.

- **명령 핸들러:** 명령 핸들러는 특정 유형의 명령에 대응해 명령 내용에 따

라 비즈니스 규칙과 로직을 실행한다. 엔티티 도메인을 검색하고 상태 변경 사항을 해당 엔티티에 적용한다.

- **엔티티 도메인:** 엔티티 도메인은 관심 도메인의 구성 요소 상태를 나타내고자 모델링된 에그리게이트^{aggregate} 엔티티다. 에그리게이트 상태가 변경되면 도메인 이벤트가 생성된다.

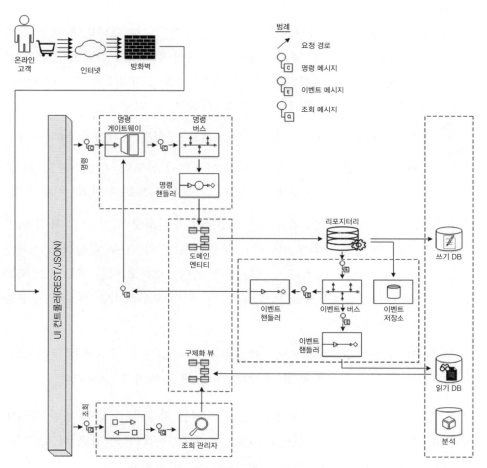

그림 5-5. CQRS 기반 아키텍처를 위한 메타모델

- **리포지터리**: 에그리게이트 엔티티의 고유 식별자가 제공되면 리포지터리는 에그리게이트 인스턴스를 조회하고 에그리게이트에 대한 액세스를 제공하는 역할을 한다. 리포지터리는 에그리게이트 자체의 상태를 저장할 수 있으며, 이 경우 데이터베이스와 같은 영구 저장소를 사용해 앞에서 기억한 모든 중간 상태의 과거 어느 지점으로든 엔티티 상태를 복원시킬 수 있다

- **이벤트 저장소**^{event store}: 이벤트 저장소는 일반적으로 엔티티에 적용된 변경 사항을 저장한다. 변경 사항을 재생하면 엔티티의 상태를 기록의 어느 시점으로든 복원시킬 수 있다. 또한 이벤트 저장소는 데이터베이스를 사용해 상태 변경 감사 추적을 저장할 수 있다.

- **이벤트**: 엔티티 상태가 변경되면 이벤트는 변경된 내용을 나타낸다.

- **이벤트 버스**: 이벤트 버스는 생성된 이벤트의 통로다. 일반적으로 이 통로를 통해 게시/구독을 할 수 있도록 메시징 토픽에 의해 지원된다.

- **이벤트 핸들러**: 이벤트 핸들러는 이벤트를 수신하고 처리한다. 특정 이벤트 유형을 여러 이벤트 핸들러가 구독할 수 있다. 일부 핸들러는 조회에 사용되는 데이터 소스나 구체화 뷰를 업데이트하고 다른 핸들러는 외부 인터페이스에 메시지를 보낼 수 있다. 이벤트 핸들러는 새로운 명령을 생성할 수도 있다.

- **쿼리**: 컨트롤러는 읽기 트랜잭션을 쿼리 관리자로 라우팅한 다음 쿼리 관리자는 엔티티의 특정 구체화 뷰 위에서 쿼리를 실행한다.

그림 5-5는 앞에서 설명한 모든 또는 많은 액터를 활용하는 CQRS 기반 아키텍처의 메타모델을 보여준다. 설명된 CQRS 메타모델은 다음과 같은 아키텍처의 몇 가지 문제도 해결한다.

- **명령-이벤트-명령 주기**: 명령으로 인해 에그리게이트 상태가 변경되면 도

메인 이벤트가 생성된다. 이러한 이벤트는 변경된 내용을 나타내며 이벤트 버스에 주입된다. 이 이벤트에 관심이 있는 이벤트 핸들러는 이벤트를 받고 그에 따라 처리한다. 경우에 따라 이벤트 처리에서 새 명령이 생성되고 이 주기가 반복될 수 있다.

- 이벤트 버스는 게시-구독 시멘틱이므로 기존 구성 요소를 방해하지 않고 기존 아키텍처에 더 많은 이벤트 핸들러를 연결할 수 있다. 이는 향후 애플리케이션의 확장성을 제공한다.

CQRS 기반 아키텍처는 마이크로서비스 아키텍처를 채택하도록 요구하지 않는다. 마이크로서비스 기반 아키텍처를 채택하고자 CQRS 기반 아키텍처는 필수가 아니다. 하지만 이 2가지를 결합하면 소프트웨어 아키텍처가 궁극적인 유연성으로 애플리케이션을 확장할 수 있는 고유한 영향력을 제공한다.

이벤트를 사용한 명령 조회 분리

CQRS 아키텍처는 마이크로서비스 기반 시스템을 더 잘 디자인하는 데 활용될 수 있다. CQRS 메타모델을 미세 조정하면 애플리케이션 엔티티의 읽기와 쓰기 부분을 완전히 다른 기술 비즈니스 도메인으로 쉽게 분리할 수 있다. 기술별로 서로 다른 프로세스 공간으로 분리하는 것을 의미하며, 도메인별로는 비즈니스의 다른 쓰기와 읽기 트랜잭션 요구 사항으로 분리하는 것을 의미한다.

그림 5-6은 그림 5-5처럼 간단한 CQRS 메타모델에 대한 즉흥적인 표현이다. 보다시피 엔티티의 쓰기 부분과 읽기 부분을 동기화하는 데 필요한 것은 이벤트 버스뿐이다. 그리고 이벤트 버스는 일반적으로 메시지 토픽을 활용하는 메시징 백본이라는 것을 이미 봤다. 이벤트 버스의 지속성과 내구성을 적절히 활용하면서 모든 읽기 노드를 쓰기 노드와 동기화 상태로 유지할 수 있다.

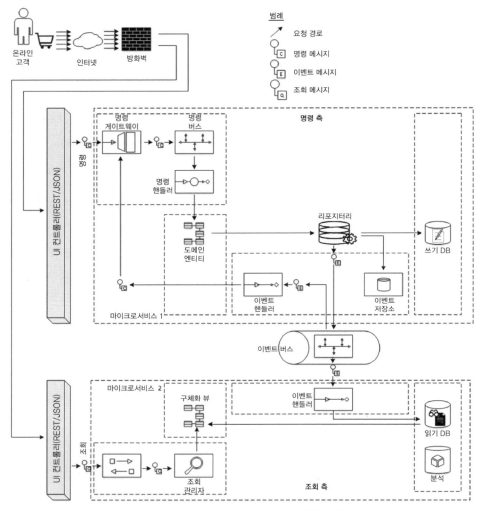

그림 5-6. 이벤트 기반 CQRS 아키텍처를 위한 메타모델

CQRS 기반 마이크로서비스의 확장

메시지 기반 마이크로서비스의 확장을 보여주는 그림 3-6을 보자. 동일한 원칙으로 확장해 CQRS 기반 마이크로서비스의 명령과 조회 서비스를 확장할 수

있다. 이 서비스는 그림 5-7에서 보여준다. 이는 그림 5-4에 표시된 '별도의 읽기와 쓰기 프로세스를 사용한 확장'의 또 다른 뷰에 불과하지만 이 뷰는 CQRS 패턴의 추가 기능과 함께 그림 3-6의 '메시지 기반 마이크로서비스의 확장'과 더욱 동기화된다. 그림 5-7에서는 그림 5-6에 기술된 CQRS의 모든 구성 요소를 반복하지 않았고, 그것들이 여전히 존재하며 명확성을 유지하고자 다이어그램에서 추상화됐다고 가정한다.

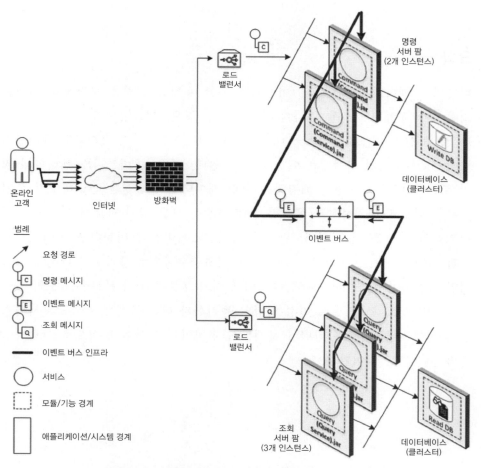

그림 5-7. 이벤트 기반 CQRS 아키텍처 확장을 위한 메타모델

그림 5-7을 주의 깊게 살펴보면 명령 서비스에 두 인스턴스가 있다는 것을 경계해야 한다. 동일한 쓰기 서비스 인스턴스를 2개 이상 유지하는 것보다 읽기 서비스의 여러 인스턴스를 유지하는 것은 다소 간단하지만 중요하진 않다. 2개 이상의 인스턴스에서 수정을 위해 동시에 액세스하면 동일한 ID를 가진 엔티티가 데이터 일관성 문제를 일으킬 수 있기 때문이다. 16장에서 이러한 측면을 살펴본다. 그때까지 쓰기 서비스 노드는 하나만 있다고 가정한다.

요약

비즈니스 엔티티에 대해 2개 이상의 읽기를 유지하는 것은 오랫동안 지켜온 기술이며, 구체화 뷰, 캐시, 읽기 전용 복제본 등은 모두 이를 위한 메커니즘이다. CQRS는 마이크로서비스의 내부 구조를 개선하는 좀 더 공식화된 패턴이며 마이크로서비스의 확장성을 여러 배로 높인다. CQRS는 비즈니스 엔티티의 읽기 부분에 대한 확장성을 해결하는 한편 데이터의 일관성을 관리하고자 쓰기 부분을 별도로 배치하므로 엔티티 상태 변경을 모든 읽기 파트에 전파하는 데 주도적인 역할을 할 것이다. 단순한 마이크로서비스와 비교하면 아키텍처가 복잡하지만 마이크로서비스의 확장성이 기하급수적으로 증가하기 때문에 추가적인 복잡성이 어느 정도 보상된다. 이제 읽기 부분과 쓰기 부분을 별도의 마이크로서비스로 나눴으므로 변경 사항의 동기화와 다른 종류의 마이크로서비스 간 통신에 대한 외부 아키텍처 문제를 안정적이고 유연한 방식으로 살펴봐야 한다. 6장으로 넘어가자.

06

분산 메시징

기업용 소프트웨어 애플리케이션을 구축하는 데 사용하는 가장 강력한 메커니즘 중 하나는 메시징이다. 메시징을 발명하지 않았다면 전 세계의 모든 소프트웨어 애플리케이션은 1년 365일 24시간 내내 가동 중단 또는 장애 없이 동작해야 될 것이다. 그러나 실제로는 모든 소프트웨어 애플리케이션이 가동 중단이나 장애가 발생하기 쉽다. 오히려 모든 소프트웨어 애플리케이션은 가동 중단이나 장애가 발생하게 디자인해야 한다. 엔터프라이즈 애플리케이션은 고립돼 있지 않고 분산된 방식으로 서로 통신한다. 어떤 애플리케이션이 가동 중단된 애플리케이션과 통신하려고 하는 걸까? 메시징은 애플리케이션의 예기치 않은 가동 중단과 장애를 적절하게 수용하는 데 도움이 된다. 6장에서는 이러한 메시징 기능이 특히 마이크로서비스의 맥락에서 볼 때 분산 소프트웨어 아키텍처에서 중요한 역할을 하는 방법을 이해하는 데 도움이 되는 몇 가지 메시징 시나리오를 살펴본다. 다시 말하지만 내 의도는 메시징의 기본에서 시작하거나, 그것만으로 책이 될 수 있는 메시징의 모든 시나리오를 확인하는 것은 아니다. 대신 마이크로서비스 아키텍처에서 메시징의 역할을 이해하는 데 매우 중요한 몇 가지 시나리오를 살펴본다.

메시징의 복원력

메시징 아키텍처의 기본 구조를 알고 있다고 가정하고 먼저 메시징 설정에 복원력을 부여하는 방법에 대한 몇 가지 기본 사항을 살펴보자.

메시지 지속성

메시지 지속성은 메시지 브로커에게 전달된 메시지를 영구 저장소에 보관할 수 있는 메커니즘이다. 이렇게 하면 연결되거나 기본 메모리에 있는 메시지의 상태가 휘발성 상태에서 영구적인 안전 상태로 상승한다. 마이크로서비스 환경에서 마이크로서비스 조정은 쉽게 자주 바뀔 수 있고, 실패하거나 회복될 수 있기 때문에 이는 매우 중요하다.

마이크로서비스 생태계의 각 서비스는 일관성 원칙을 준수하는 활동에서 다음 중 하나만 할 수 있다. 즉, 메시지를 메시지 저장소에 안전하게 보관하거나 메시지 저장소에서 메시지를 안전하게 가져오는 것이다. 메시지 브로커는 이 두 메시징 기본 요소 사이에 있으며 일반적으로 메시지 브로커는 메모리(RAM)에 메시지를 저장하고 메모리에서 메시지를 다시 배달한다. 그러나 메시지 브로커가 장애가 나면 해당 메시지 브로커의 메모리에 저장한 모든 메시지가 손실될 것이며, 이는 바람직하지 않다. 여기서 메시지 지속성이 발휘된다. 메시지 브로커는 적절한 메시지 지속성 메커니즘(일반적으로 디스크에 메시지 저장)으로 백업되게 구성할 수 있다. 디스크의 메시지 저장소에 메시지를 유지하면 성능이 저하되지만 메시징 아키텍처의 복원력이 향상된다.

2개의 마이크로서비스가 서로 연결하기를 원하면 하나의 마이크로서비스가 채널에 정보를 쓰고 다른 하나가 채널에서 해당 정보를 읽는다. 따라서 송신 마이크로서비스는 단순히 정보를 메시징 시스템으로 보내는 것만이 아니라 대신 특정 메시지 채널에 정보를 추가한다. 정보를 수신하는 마이크로서비스는 메시징 시스템에서 정보를 무작위로 선택하는 것이 아니라 특정 메시지 채널에서 정보를 읽어올 위치에서 정보를 가져온다.

메시지 저장소를 사용할 때 메시징 아키텍처의 비동기 특성을 활용할 수 있다. 마이크로서비스가 채널에 메시지를 보낼 때 메시지 저장소에서 수집할 메시지의 복제본을 특정 채널로 보낸다. 전체 설정은 그림 6-1에서 보여준다.

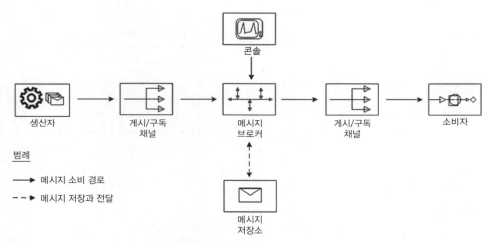

그림 6-1. 지속성이 있는 단순 게시 구독

마이크로서비스의 다양한 운영 특성을 위한 디자인

모놀리스를 마이크로서비스로 분할하는 주요 목표 중 하나는 아키텍처, 기술, 구축, 운영 제약 측면에서 개별 마이크로서비스에 대한 완전한 독립성을 확보하는 것이다. 즉, 마이크로서비스는 상호작용하는 다른 마이크로서비스가 실행 중인지 여부에 신경 쓰지 않는다는 것을 의미한다. 종속 마이크로서비스가 가동되고 실행 중이든 아니든 관계없이 독립적인 마이크로서비스는 작업을 완료하고 다음 작업을 진행할 수 있어야 한다. 개별 마이크로서비스에 대한 완전한 독립성을 가져올 수 있는 기능으로 설명을 시작했기 때문에 여기에서 의존성 사용을 명확하게 설명하고 다음으로 의존성을 설명하겠다. 분산 환경에서는 많은 마이크로서비스나 모든 마이크로서비스가 정보를 공유하고자 하기 때문에 의존적이라는 것을 이해한다. 따라서 "개별 마이크로서비스에 대한 완전한 독립성을 가져라."라고 말할 때의 의미는 의존성 방식을 직접에서 간접으로, 또는 좀 더 기술적인 측면에서 동기식 대신 비동기식을 선호하게 바꾸는 것을 의미한다.

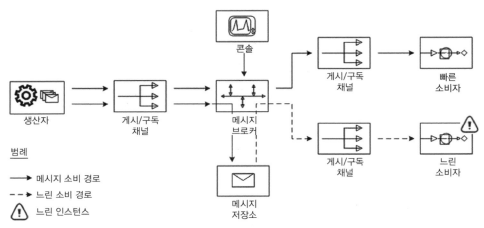

그림 6-2. 동작 특성을 맞추기 위한 메시지 지속성

마이크로서비스 간에 메시지 브로커를 사용하는 것은 독립성에 대해 매우 권장되는 접근법이다. 그림 6-2는 단일 메시지 생산자와 2개의 메시지 소비자를 보여준다. 3개의 다른 마이크로서비스가 나타나며 비동기 방식으로 메시지 브로커와 통신한다고 가정하자. 메시지 생산자가 메시지 채널에 메시지를 게시하는 순간 브로커 인프라에서 메시지가 안전하게 보호될 수 있으며 게시된 메시지를 무시할 수 있다. 때가 되면 관심 있는 구독자는 구독한 채널을 통해 메시지 브로커에서 이러한 메시지를 사용할 수 있다. 다른 소비자 마이크로서비스가 메시지를 수신했는지 여부를 확인하는 것은 생산자 마이크로서비스나 소비자 마이크로서비스의 일이 아니다. 다른 마이크로서비스가 실행 중이고 메시지를 소비하는 데 충분히 빠르면 메시지 브로커로부터 메시지를 거의 즉각적으로 수신해 마이크로서비스 간의 동기식 통신 방식과 어느 정도 비슷한 성능으로 응답할 것이다. 그러나 소비자 마이크로서비스가 너무 느려서 사용할 수 없거

나 해당 마이크로서비스가 메시지를 게시할 때까지 실행되고 있지 않은 경우 메시지 저장소는 등록된 모든 관심 마이크로서비스가 메시지를 소비할 때까지 메시지를 안전하게 유지함으로써 도움을 줄 수 있다.

사슬의 강도는 가장 약한 고리에 달렸다

이는 분산형 애플리케이션에서 특히 애플리케이션 복원력을 기대할 때 매우 중요하다. 소프트웨어 애플리케이션은 가장 약한 복원력 또는 가용성이 낮은 마이크로서비스나 전체 인프라에서 가장 약한 구성 요소(링크)만큼만 복원력이 있거나 사용 가능하다.

그림 6-2에서 상당히 중요한 구성 요소는 다음과 같다.

- 생산자 마이크로서비스
- 소비자 마이크로서비스
- 메시지 브로커

물론 표시된 아키텍처에는 다른 구성 요소가 더 있지만 이러한 복원력을 처리하는 메커니즘은 분산 시스템을 20년 이상 다뤄왔기 때문에 잘 알려져 있다고 가정한다.

또한 생산자와 소비자 마이크로서비스도 복원력이 있어야 한다는 것을 인정하지만 이 절에서는 메시지 브로커의 복원력을 알아본다. 메시지 브로커는 그림 6-2에 표시된 아키텍처의 단일 실패 지점이다. 1장의 그림 1-2는 적절한 네트워크 통합 토폴로지를 채택해 이를 해결하는 방법을 보여줬다. 그러나 이러한 기본 토폴로지만으로는 충분하지 않으므로 메시지 브로커 인프라를 재구성해 이러한 단일 실패 지점을 없앤다.

시스템에 여러 브로커를 추가해 이중화를 제공함으로써 메시징 시스템의 확장성을 향상시킬 수 있다. 이를 통해 단일 시스템에 배포된 단일 브로커의 지정된 리소스 제한이나 복원력 문제를 피할 수 있다. 브로커 간에 네트워크 커넥터를 추가해 메시지 브로커를 클러스터로 결합할 수 있으며, 이를 통해 1장의 그림 1-2와 같은 임의의 토폴로지를 사용해 브로커 네트워크를 정의할 수 있다. 마이크로서비스가 네트워크로 함께 연결되면 마이크로서비스 간의 경로가 네트워크에 연결되고 연결이 끊어지면서 동적으로 생성된다. 즉, 적절한 토폴로지를 사용하면 마이크로서비스가 네트워크의 다른 마이크로서비스에 연결할 수 있으며 네트워크는 네트워크의 다른 지점에 연결된 마이크로서비스의 메시지를 자동으로 보낸다.

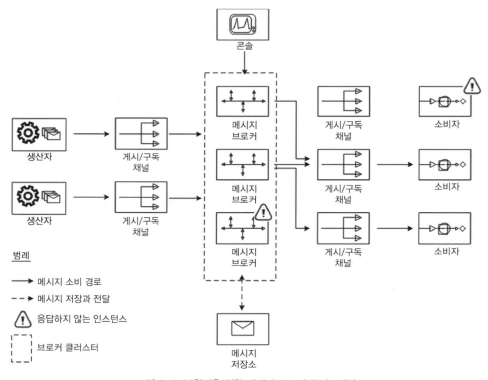

그림 6-3. 복원력을 위한 메시지 브로커 클러스터링

그림 6-3에 표시된 토폴로지에서와 같이 마이크로서비스의 게시(PUT)와 구독 (GET) 기본 요소를 처리해야 하며 클러스터에 메시지 브로커 인스턴스가 하나

150

이상 설치돼야 한다. 여기서 한 가지 주목할 만한 것은 전체 메시지 브로커 클러스터가 중단되더라도 마이크로서비스에서 수신한 이미 저장된 메시지는 안전하게 전달될 예정이라는 것이다. 나중에 동일한 메시지 브로커 클러스터의 인스턴스 하나(또는 그 이상의)가 나타나면 전달 예정 메시지를 전달할 준비가 된 것이다. 다른 마이크로서비스의 상태도 마찬가지다. 소비자 마이크로서비스 중 하나가 작동 중단되거나 응답하지 않으면 해당 소비자 마이크로서비스로 전달될 메시지는 브로커의 안전을 보장하며, 최종적으로 전달될 때까지 제거되거나 삭제되지 않는다.

이 모든 것은 마이크로서비스 간에 절대적인 독립성을 가져온다.

동기식 또는 비동기식

이제 마이크로서비스 간의 2가지 주요 통신 방식인 동기식과 비동기식 통신을 살펴본다.

마이크로서비스 간의 동기식 상호작용

마이크로서비스 간의 동기식 상호작용 방식은 두 사람이 악수를 하는 것과 유사하다. 손을 뻗어 상대방의 손을 잡고 흔드는 것은 요청을 시작하는 하나의 마이크로서비스와 유사하다. 상대방이 깨어 있고 기꺼이 악수를 할 용의가 있고 더 나아가 손을 내밀면서 당신에게 반응하려고 할 때 그 후에 당신의 악수를 받을 것이다. 그런 일이 일어나면 상대방이 당신의 악수를 받을 것이고 당신은 또한 상대방이 당신의 손을 잡고 흔들어 반응하는 것을 느낄 것이다. 마찬가지로 수신 마이크로서비스는 합리적인 시간 내에 송신 마이크로서비스가 보낸 요청을 수락하고 (네트워크 시간 초과가 프로세스를 방해하지 않게) 처리한 후 응답을 즉시 전송할 수 있도록 가동 및 실행 중이어야 한다.

구성 요소 측면에서 특히 두 구성 요소가 단일 프로세스 내에서 서로 상호작용할 때 일반적으로 동기식 요청 응답 주기는 단일 실행 스레드 내에서 발생한다. 소비자 구성 요소와 수신자 구성 요소는 스레드의 동일한 스택 변수를 공유할 수 있다. 모든 요청 데이터와 임시 스택 데이터는 단일 스레드 내에서 모두 사용할 수 있고 공유되므로 응답 데이터가 생산자 구성 요소에서 소비자 구성 요소에 의해 다시 수신될 때 소비자는 생산자에게 보낸 요청에 해당하는 응답을 받았음을 확인할 수 있다.

이는 그림 6-4에서 보여준다.

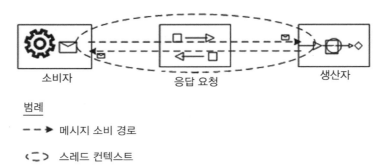

소비자   응답 요청   생산자

범례

- - ▶ 메시지 소비 경로

〈 ⁻ 〉 스레드 컨텍스트

그림 6-4. 동기식 프로세스 내 통신

상호작용하는 구성 요소가 서로 다른 프로세스 공간에 있을 때의 시나리오는 약간 복잡해진다. 구성 요소 또는 마이크로서비스가 분산 엔터프라이즈 애플리케이션의 표준인 프로세스 간 통신을 수행해야 하면 프로세스는 파이프(네트워크)를 사용해 상호 연결돼야 한다. 네트워크 소켓은 이러한 파이프에 대한 정밀한 추상화를 제공한다. 그림 6-5는 이 시나리오를 보여준다.

범례

- - - ▶ 메시지 소비 경로

◁ ⁻⁻ ▷ 스레드 컨텍스트

▭ 소켓 연결

그림 6–5. 동기식 프로세스 간 통신

이러한 시나리오에서 종단 간 요청 응답 주기는 직접적이지 않고 간접적으로 연결된다. 소비자 측에서는 소비자 프로세스가 소켓 연결을 시작하고 이 프로세스 내의 단일 스레드가 연결 요청을 보낸다. 요청 또는 인접 데이터가 소켓으로 전송되면 요청 스레드는 응답을 다시 받을 때까지 대기하고 유휴 상태로 있을 수 있다. 소켓 연결은 연결의 다른 쪽 끝에 이 요청을 표시하므로 생산자 측의 구성 요소나 마이크로서비스 중 어느 것이든 연결을 수락해 수신이 가능하게 할 것이다. 생산자 측에는 생산자 프로세스 컨텍스트 내에서 수신 요청 전용의 다른 스레드가 있어야 하며, 또한 추가 계산 처리를 수행하고 적절한 응답을 준비하고 응답을 소켓 연결로 다시 푸시하는 것이 이 스레드의 작업이다. 이 연결은 응답을 다시 전송하고 소비자 측에서 사용할 수 있게 한다. 소비자 측에서 요청을 보낸 기존 스레드가 응답을 수신하고 파이프에서 응답을 수신한다. 그러면 요청 응답 주기가 완료된다. 즉, 동기식 상호작용에서도 조정 스레드가 차단돼 대기해야 한다.

그림 6-6은 단일 프로세스의 구성 요소나 마이크로서비스 인스턴스가 동일한 유형의 동시 요청에 응답해야 하는 좀 더 복잡한 시나리오를 보여준다. 동일한 유형의 요청이 발생하고 이 요청이 동시에 처리되면 생산자가 어떤 응답 데이터를 어떤 요청자에게 반환해야 할지가 딜레마다.

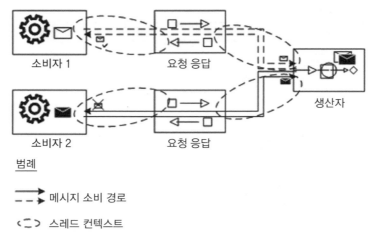

범례

➤ 메시지 소비 경로

‹ ͡ › 스레드 컨텍스트

그림 6-6. 동기식, 동시 프로세스 간 통신

그림 6-6에서는 생산자 측에서 여러 소비자의 요청(예, 흰색 봉투 요청과 검은색 봉투 요청)을 동시에 처리한다. 검정색 봉투 요청을 보내는 소비자 2는 자연스럽게 유사한 봉투에 있는 자신의 메시지에 대한 응답인 검정색 봉투 응답을 기대한다. 생산자가 다른 소비자에게 보낼 응답을 보내면 이는 다이어그램에서 X자로 표시된 실패 시나리오다. 다행히도 스레드, 컨텍스트, 세션과 같은 언어 기본 요소는 개발자 측에서 추가 작업을 수행하지 않고도 이러한 문제를 해결할 수 있는 멋진 추상화를 제공한다. 즉, 동시 요청은 별도의 스레드에서 제공되므로 각 스레드는 각 응답 데이터를 어떤 요청자에게 반환해야 하는지 알 수 있다.

지금까지는 동기식 통신을 살펴봤다. 이제 비동기식을 살펴보겠다.

마이크로서비스 간의 비동기 상호작용

그림 6-1에서는 구성 요소나 마이크로서비스 간의 상호작용을 비동기식으로 만들고자 메시지 브로커를 도입하는 방법을 다뤘다. 이러한 종류의 상호작용에 대한 자세한 내용을 살펴보자.

마이크로서비스 간의 비동기식 상호작용 방식에서는 그림 6-7에 표시된 것처럼 단일 요청 경로를 최소 3단계의 개별 조합으로 시각화할 수 있다. 이 3단계는 순차적이지만 서로 독립적이다.

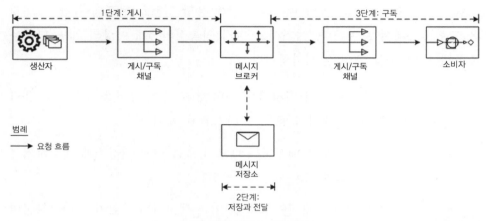

그림 6-7. 비동기 요청 경로

1. 메시지 생산자 마이크로서비스는 요청 메시지를 생성해 메시지 브로커 대기열에 게시한다.

2. 메시지 브로커는 요청 메시지를 메모리 또는 영구 저장소에 저장하거나 구독자에게 전달하려고 시도할 수 있다.

3. 위의 요청 메시지에 관심이 있으면 메시지 소비자 마이크로서비스가 메시지를 사용할 수 있다.

다양한 액터(생산자, 소비자, 브로커)에 적절한 수준의 이중화를 도입함으로써 이러한 구성 요소 중 하나를 호스팅하는 하나 이상의 서버 인스턴스가 어느 시점에 중단되더라도 요청 메시지는 그중 적어도 하나 이상에 여전히 안전하게, 결국엔 소비자에 의해 한 번만 소비되도록 애플리케이션을 구성할 수 있다.

그림 6-7의 또 다른 주목할 만한 특징은 그림 6-6과 비교해 생산자와 소비자의 역할이 뒤바뀐 것이다. 이는 비동기식 메시징 환경에서 메시지를 생산하고 게시하는 사람을 메시지 생산자라 하고 메시지를 소비하는 사람을 메시지 소비자

라 부르기 때문이다(서비스를 요청하는 사람을 소비자라 하고 서비스를 제공하는 사람을 생산자라 하는 동기식 SOA 방식 상호작용과 비교된다).

그림 6-7의 요청 경로는 응답 메시지와 함께 응답 경로로 완료돼야 한다. 이것은 그림 6-8에서 보여준다. 여기서도 다시 연속적인 3개 이상의 개별 단계를 조합해 단일 응답 경로를 시각화한다.

4. 메시지 소비자는 요청 메시지를 소비한 후 모든 계산을 수행하고 응답을 생성한 다음 메시지 브로커 대기열에 게시한다.

5. 메시지 브로커는 응답 메시지를 메모리 또는 영구 저장소에 저장하거나 구독자에게 전달하려고 시도할 수 있다.

6. 위의 응답 메시지에 관심이 있으면 이전 메시지의 생산자 마이크로서비스가 메시지를 사용할 수 있다.

메시지의 진정한 의미에서 응답을 생성하고 게시하는 구성 요소나 마이크로서비스를 생산자라 부르고 그 반대도 마찬가지이므로 그림 6-8에서 의도적으로 생산자와 소비자의 역할을 제거했다. 그러나 여기서 다룬 개념을 이해하면 이러한 용어 자체는 중요하지 않다.

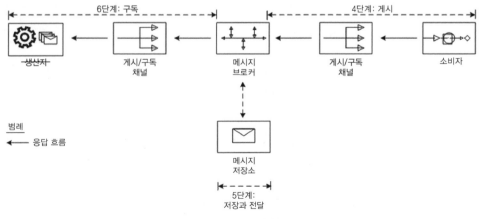

그림 6-8. 비동기 응답 경로

말하기는 쉽지만 행동하기는 어렵다. 이제 앞의 6단계를 자세히 살펴봐야 한다. 그림 6-6에 표시된 두 마이크로서비스 간의 단일 동기식 상호작용 방식은 6개의 서로 다른 독립적인 단계로 분할됐다. 각 단계는 이러한 단계를 통해 교환된 상태 또는 데이터가 상호 연관될 수 있는 메커니즘이 있다면 후속 단계 또는 이전 단계에 대한 의존성을 갖지 않는다. 이를 명확히 하고자 그림 6-7의 생산자 코드 대신 스레드 컨텍스트 또는 스택 변수에서 시작해 6단계 끝에 소비된 응답 메시지를 다시 연결할 수 있는 방법이 있어야 한다. 그러나 동기식보다 비동기식을 선호하는 이유는 응답을 기다리거나 대기 상태로 유지하는 대신 스레드를 해제해 다른 작업을 수행하기 때문이다. 즉, 응답을 받고 거기에서 처리를 계속하기 위한 원래의 처음 스레드가 더 이상 존재하지 않을 수 있다. 대신 요청을 시작한 코드의 원래 또는 시작 코드는 일시 중지된 상태로 유지돼야 하며 원래 스레드는 다른 컨텍스트에서 재사용할 수 있게 해제돼야 한다. 이 코드는 응답이 도착할 때 알림을 받거나 콜백해야 하며, 올바른 응답은 마이크로서비스의 해당 프로그램 부분에 전달돼야 한다.

그림 6-9는 동일하거나 다른 마이크로서비스 또는 구성 요소의 유사하거나 다른 메시지가 다른 쪽 끝의 동일하거나 다른 마이크로서비스를 대상으로 하는 시나리오를 보여준다. 메시지도 동시에 전달할 수 있다. 응답이 다시 도착하면 올바른 수신자가 응답을 받았는지 확인한다. 이 상황을 처리하고자 메시징 아키텍처에서 다음 2가지 메커니즘을 사용한다.

- **상관관계 식별자:** 이 방법을 사용해 각 응답 메시지를 이 응답의 어떤 요청 메시지를 나타내는 고유 식별자인 상관관계 식별자와 연결한다. 메시지 헤더에 이 상관관계 식별자로 메시지에 태그를 지정할 수 있으므로 선언적 또는 프로그래머 측의 개입을 최소화해 제어할 수 있다.

- **반송 주소:** 다음 방법은 응답 메시지를 보낼 위치를 나타내는 반송 주소를 메시지에 포함하는 것이다. 이렇게 하면 응답자 마이크로서비스가 응답을 보낼 위치를 알 필요가 없다. 요청 자체를 요청할 수 있다. 동일

한 응답자 마이크로서비스에 대한 다른 메시지가 다른 위치에 대한 응답을 요구하면 응답자는 각 요청에 대한 응답을 보낼 위치를 알고 있다. 이는 생산자 마이크로서비스 내에서 요청과 응답에 사용할 채널에 대한 지식이 캡슐화되므로 이러한 결정을 응답자 내에서 하드 코딩할 필요가 없다. 반환 주소는 전송되는 페이로드의 일부가 아니기 때문에 메시지 헤더에 포함된다.

그림 6-9는 이에 대한 참조 설정을 보여준다.

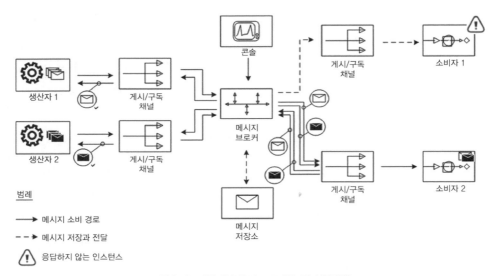

그림 6-9. 비동기식 동시 프로세스 간 상호작용

단일 노드 RabbitMQ 브로커로 메시지 송수신

이제 RabbitMQ 메시지 브로커에 메시지를 보내고 리스너를 사용해 브로커에 메시지를 수신하는 코드를 살펴보자. 부록 B의 단계별 지침에 따라 RabbitMQ 브로커를 설치하고 실행한다. 이 연습의 전체 및 실행 코드 예제는 책과 함께 제공되는 ch06-01 폴더에 있다.

RabbitMQ 메시지 발송자

RabbitMQ 메시지 브로커에 연결하고 메시지를 보내고자 RabbitMQ 클라이언트 라이브러리 패키지를 사용할 수 있다. 리스트 6-1은 이를 수행하는 단계를 보여준다.

리스트 6-1. RabbitMQ 메시지 발송자(ch06\ch06-01\src\main\java\com\acme\ch06\ex01\Send.java)

```java
import com.rabbitmq.client.Channel;
import com.rabbitmq.client.Connection;
import com.rabbitmq.client.ConnectionFactory;

public class Send {

  private static final Logger LOGGER = LoggerFactory.getLogger(Send.class);
  private final static String QUEUE_NAME = "hello";

  public static void main(String[] argv) throws Exception{
    ConnectionFactory factory = new ConnectionFactory();
    factory.setHost("localhost");
    Connection connection = factory.newConnection();
    Channel channel = connection.createChannel();

    channel.queueDeclare(QUEUE_NAME, false, false, false, null);
    String message = "Hello World!";
    channel.basicPublish("", QUEUE_NAME, null, message.getBytes("UTF-8"));
    LOGGER.debug(" [!] Sent '" + message + "'");

    channel.close();
    connection.close();
  }
}
```

RabbitMQ 메시지 브로커에 대한 연결을 생성한다. RabbitMQ는 AMQP 호환 브로커이며 com.rabbitmq.client.ConnectionFactory를 사용해 AMQP 브로커에 연결한다. com.rabbitmq.client.ConnectionFactory는 RabbitMQ 라이브러리

지만 나중에 비RabbitMQ, AMQP용 클라이언트 라이브러리를 사용해 RabbitMQ 브로커에 연결하는 방법을 볼 수 있을 것이다. RabbitMQ가 클라이언트 연결을 허용하려면 하나 이상의 인터페이스에 바인딩하고 프로토콜별 포트를 수신해야 한다. 기본적으로 RabbitMQ는 사용 가능한 모든 네트워크 인터페이스의 672 포트로 수신 대기하지만 필요한 경우 rabbit.tcp_listeners 구성 옵션을 사용해 포트를 지정할 수 있다. 또는 수신 호스트와 포트 등을 구성하는 setHost(String host)와 setPort(int port) 같은 메서드가 있다. 또한 RabbitMQ는 기본 사용자 이름 guest와 기본 암호 guest를 사용해 연결을 허용하도록 구성돼 있다.

다음으로 채널을 만들어야 한다. 메시지 채널을 사용하면 한 애플리케이션이 채널에 정보를 쓰고 다른 애플리케이션이 채널에서 해당 정보를 읽을 수 있다. 이제 메시지를 보낼 대기열을 선언해야 하며 완료되면 대기열에 메시지를 게시할 수 있다. 대기열을 선언하면 아직 존재하지 않는 경우에만 새 대기열이 생성되므로 이 작업은 멱등적이다. 채널의 basicPublish 메서드는 기본 메시지의 데이터 형식으로 바이트 배열을 사용하므로 여기에서 원하는 대로 인코딩할 수 있다.

RabbitMQ 메시지 수신자

리스트 6-2는 메시지를 사용하고자 RabbitMQ 메시지 브로커를 수신하는 데 필요한 코드를 보여준다.

리스트 6-2. RabbitMQ 메시지 수신자(ch06\ch06-01\src\main\java\com\acme\ch06\ex01\Receive.java)

```
import com.rabbitmq.client.Channel;
import com.rabbitmq.client.Connection;
import com.rabbitmq.client.ConnectionFactory;
```

```java
import com.rabbitmq.client.Consumer;
import com.rabbitmq.client.DefaultConsumer;
import com.rabbitmq.client.Envelope;
import com.rabbitmq.client.AMQP;

public class Receive{

    private static final Logger LOGGER = LoggerFactory.getLogger(Receive.class);
    private final static String QUEUE_NAME = "hello";

    public static void main(String[] argv) throws Exception{

        ConnectionFactory factory = new ConnectionFactory();
        factory.setHost("localhost");
        Connection connection = factory.newConnection();
        Channel channel = connection.createChannel();
        channel.queueDeclare(QUEUE_NAME, false, false, false, null);
        LOGGER.debug(" [!] Waiting for messages. To exit press CTRL+C");

        Consumer consumer = new DefaultConsumer(channel){

            @Override
            public void handleDelivery(String consumerTag,
                    Envelope envelope, AMQP.
                    BasicProperties
                    properties, byte[] body)
                    throws IOException {

                String message = new String(body, "UTF-8");
                LOGGER.debug(" [x] Received '" + message + "'");
            }
        };
        channel.basicConsume(QUEUE_NAME, true, consumer);
    }
}
```

RabbitMQ 채널에 메시지가 더 있을 때 메시지가 소비자에게 푸시되기 때문에 메시지가 브로커에 도착할 때 브로커의 메시지를 수신하고 소비하려면 계속 실행해야 한다. 구독별로 대기열에서 알림과 메시지를 com.rabbitmq.client. Consumer 애플리케이션의 콜백 객체로 사용해 수신한다. 발송자 전에 소비자를 시작하면 대기열에서 메시지를 소비하기 전에 대기열이 브로커 끝에 존재하는 지 확인해야 하기 때문에 여기에서도 대기열을 선언한다. 브로커는 메시지를 비동기적으로 푸시해야 하므로 메시지를 사용할 준비가 될 때까지 메시지를 버퍼링할 콜백 객체를 제공한다. com.rabbitmq.client.DefaultConsumer는 편리하다. 소비자의 기본 구현을 제공하는 편리한 클래스다.

RabbitMQ 예제 빌드와 실행

이제 코드 예제를 빌드하고 실행한다. 앤트^{Ant}와 메이븐^{Maven} 스크립트는 코드와 함께 제공된다.

메이븐 빌드

ch06-01\pom.xml에는 예제를 실행하는 데 필요한 메이븐 스크립트가 포함돼 있다. RabbitMQ 브로커가 실행 중인지 확인한다.

소비자가 메시지를 수신할 준비가 되도록 먼저 소비자를 빌드하고 실행한다(그림 6-10 참고).

```
cd ch06-01
D:\binil\gold\pack03\ch06\ch06-01>listen
D:\binil\gold\pack03\ch06\ch06-01>mvn test -Plisten
```

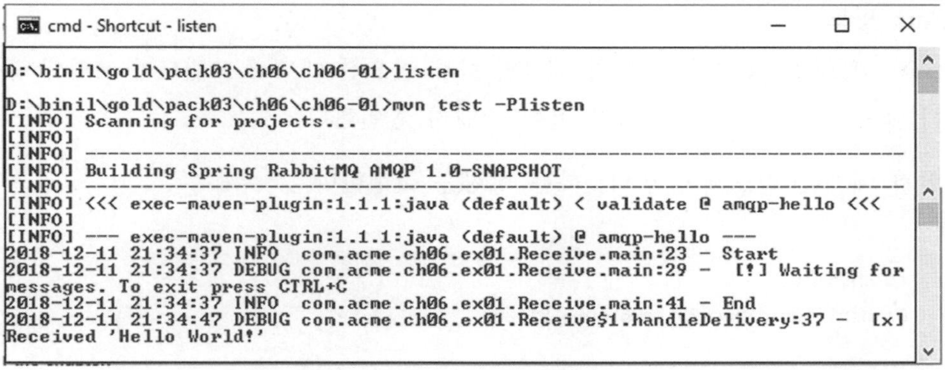

그림 6-10. 메이븐 빌드와 RabbitMQ 소비자 실행

다음으로 메시지 생산자를 빌드하고 실행한다. 생산자는 소비자가 메시지를 받을 수 있도록 브로커에 메시지를 게시한다(그림 6-11 참고).

```
cd ch06-01
D:\binil\gold\pack03\ch06\ch06-01>send
D:\binil\gold\pack03\ch06\ch06-01>mvn test -Psend
```

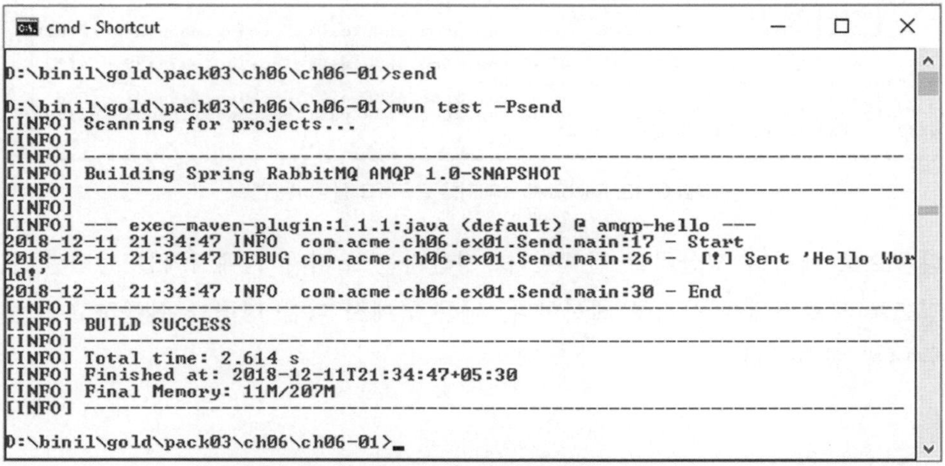

그림 6-11. 메이븐 빌드와 RabbitMQ 생산자 실행

Ant 빌드

ch06-01\build.xml에는 예제를 실행하는 데 필요한 앤트 스크립트가 포함돼 있다. 다시 RabbitMQ 브로커가 실행 중인지 확인한다.

먼저 예제를 빌드해야 한다. 다음 명령을 실행한다.

```
cd ch06-01
D:\binil\gold\pack03\ch06\ch06-01>ant
```

이제 소비자를 실행해 메시지를 수신할 준비를 한다. 다음 명령을 실행하고 그림 6-12를 참고한다.

```
D:\binil\gold\pack03\ch06\ch06-01>ant listen
```

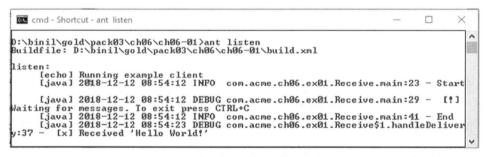

그림 6-12. RabbitMQ 소비자를 빌드하고 실행하는 앤트

다음으로 메시지 생산자를 실행한다. 생산자는 소비자가 메시지를 선택할 수 있도록 브로커에 메시지를 게시한다. 다른 창에서 다음 명령을 실행하고 그림 6-13을 참고한다.

```
cd ch06-01
D:\binil\gold\pack03\ch06\ch06-01>ant send
```

cmd - Shortcut

```
D:\binil\gold\pack03\ch06\ch06-01>ant send
Buildfile: D:\binil\gold\pack03\ch06\ch06-01\build.xml

send:
     [echo] Running example client
     [java] 2018-12-12 08:54:23 INFO  com.acme.ch06.ex01.Send.main:17 - Start
     [java] 2018-12-12 08:54:23 DEBUG com.acme.ch06.ex01.Send.main:26 -  [!] Sen
t 'Hello World!'
     [java] 2018-12-12 08:54:23 INFO  com.acme.ch06.ex01.Send.main:30 - End

BUILD SUCCESSFUL
Total time: 1 second

D:\binil\gold\pack03\ch06\ch06-01>_
```

그림 6-13. 앤트 빌드와 RabbitMQ 생산자 실행

스프링 AMQP를 사용해 RabbitMQ에 메시지 송수신

스프링 AMQP를 사용하면 AMQP 기반 메시징 솔루션을 쉽게 개발할 수 있다. 스프링 AMQP 템플릿은 메시지 송수신을 위한 높은 수준의 추상화를 제공한다. 스프링 AMQP에는 RabbiMQ의 스프링 부트 기본 설정 2개가 있다.

- **spring-amqp**: 기본 추상화
- **spring-rabbit**: RabbitMQ를 위한 구현

스프링 AMQP로 추상화된 주요 기능은 다음과 같다.

- **Listener 컨테이너**: 인바운드 메시지의 비동기 처리용
- **RabbitTemplate**: 메시지 송수신을 위한 RabbitMQ를 위한 템플릿
- Rabbit **관리자**: 대기열, 교환과 바인딩을 빠르고 자동으로 선언하는 데 유용

이제 스프링 AMQP를 사용해 RabbitMQ 메시지 브로커에 메시지를 보내고 리스너를 사용해 동일한 메시지를 수신하는 코드를 살펴보자. 부록 B의 단계별 지침을 참고해 RabbitMQ 브로커를 설치하고 실행한다. 이 연습의 전체 및 실행

코드 예제는 책과 함께 번들로 제공되는 ch06-02 폴더에 있다.

스프링 AMQP 메시지 리스너

스프링을 사용하면 XML로 대부분의 구성을 연결할 수 있다는 장점이 있으며 리스트 6-3은 메시지 리스너를 RabbitMQ 브로커에 연결하는 방법을 보여준다.

리스트 6-3. 스프링 AMQP 리스너 구성(ch06\ch06-02\src\main\resources\rabbit-listener-context.xml)

```xml
<?xml version="1.0" encoding="UTF-8" ?>
<beans >

  <rabbit:connection-factory id="connectionFactory" host="localhost"
      port="5672" username="guest" password="guest" />
  <rabbit:admin connection-factory="connectionFactory" />
  <rabbit:queue id="anonymousQueue" />

  <rabbit:topic-exchange id="exchange" name="SAMPLE_EXCHANGE">
    <rabbit:bindings>
      <rabbit:binding queue="anonymousQueue"
          pattern="my.routingkey.*"></rabbit:binding>
    </rabbit:bindings>
  </rabbit:topic-exchange>

  <bean id="listener" class="com.acme.ch06.ex02.Listener" />

  <rabbit:listener-container id="myListenerContainer"
      connection-factory="connectionFactory">
    <rabbit:listener ref="listener" queues="anonymousQueue" />
  </rabbit:listener-container>

</beans>
```

리스트 6-3에서 익스체인지를 생성한 다음 anonymousQueue라는 대기열에 my.routingkey.*를 사용해 SAMPLE_EXCHANGE에 바인딩한다. 바인딩은 대기열을 익스체인지에 바인딩하고자 설정한 본디지^{bondage} 또는 링크^{link}다. 라우팅 키는 메시지 속성이다. 익스체인지는 익스체인지 유형에 따라 메시지를 대기열로 전달하는 방법을 결정할 때 이 키를 확인한다. 빈 ID 'listener'로 인스턴스화된 리스너 클래스는 리스트 6-4에 있다.

리스트 6-4. 스프링 AMQP 리스너 빈(ch06\ch06-02\src\main\java\com\acme\ch06\ex02\Listener.java)

```
import org.springframework.amqp.core.Message;
import org.springframework.amqp.core.MessageListener;

public class Listener implements MessageListener {

  private static final Logger LOGGER =
      LoggerFactory.getLogger(Listener.class);

  public void onMessage(Message message) {

    String messageBody= new String(message.getBody());
    LOGGER.debug("Listener received message-----> " + messageBody);
  }
}
```

마지막 단계는 리스트 6-5에서 수행하는 스프링 컨텍스트에서 리스너를 실행하는 것이다.

리스트 6-5. 스프링 AMQP 리스너 컨테이너(ch06\ch06-02\src\main\java\com\acme\ch06\ex02\ListenerContainer.java)

```
import org.springframework.context.ApplicationContext;
import org.springframework.context.support.ClassPathXmlApplicationContext;

public class ListenerContainer {

  private static final Logger LOGGER =
      LoggerFactory.getLogger(ListenerContainer.class);
```

```
    private static final String LISTENER_CONTEXT = "rabbit-listener-context.xml";

    public static void main(String[] args) {

        ApplicationContext context = new
            ClassPathXmlApplicationContext(LISTENER_CONTEXT);
        LOGGER.debug("Context successfully created from: " + LISTENER_CONTEXT);
    }
}
```

메이븐 빌드에 필요한 모든 의존성을 가져오는 가장 쉬운 방법은 리스트 6-6의 정보를 pom.xml 빌드 파일에 선언하는 것이다.

리스트 6-6. 스프링 AMQP RabbitMQ 의존성(ch06\ch06-02\pom.xml)

```
<dependency>
    <groupId>org.springframework.amqp</groupId>
    <artifactId>spring-rabbit</artifactId>
    <version>1.6.9.RELEASE</version>
</dependency>
```

스프링 AMQP 메시지 생산자

여기서 다시 한 번 지정된 매개변수를 사용해 RabbitMQ 연결 팩토리를 만든다. RabbitTemplate은 메시지 송수신을 위한 편리한 추상화를 제공하며 리스트 6-7 은 그 구성을 보여준다.

리스트 6-7. 스프링 AMQP 생산자 구성(ch06\ch06-02\src\main\resources\rabbit-sender-context.xml)

```
<beans ...>
    <rabbit:connection-factory id="connectionFactory" host="localhost"
```

```
        port="5672" username="guest" password="guest" />
    <rabbit:admin connection-factory="connectionFactory" />
    <rabbit:template id="sampleTemplate"
        connection-factory="connectionFactory" exchange="SAMPLE_EXCHANGE"/>
</beans>
```

리스트 6-8에서는 이전 스프링 XML 파일에 정의된 빈 템플릿을 생성하고 몇
개의 메시지를 보낸다.

리스트 6-8. 스프링 AMQP 메시지 생산자(ch06\ch06-02\src\main\java\com\acme\ch06\
ex02\Sender.java)

```
import org.springframework.amqp.core.AmqpTemplate;

public class Sender {

    private static final Logger LOGGER = LoggerFactory.getLogger(Sender.class);
    private static final String SENDER_CONTEXT = "rabbit-sender-context.xml";
    private static final String BEAN_NAME = "sampleTemplate";

    public static void main(String[] args) throws Exception {

        ApplicationContext context = new
            ClassPathXmlApplicationContext(SENDER_CONTEXT);

        AmqpTemplate aTemplate = (AmqpTemplate) context.getBean(BEAN_NAME);
        String message = null;
        for (int i = 0; i < 5; i++){
            message = "Message # " + (i + 1);
            aTemplate.convertAndSend("my.routingkey.3", message +" on "+ new
                Date());
            LOGGER.debug("Sender send message----->" + message);
        }
    }
}
```

스프링 AMQP RabbitMQ 예제 빌드와 실행

이제 예제 코드를 빌드하고 실행한다. 앤트와 메이븐 스크립트는 코드와 함께 제공된다.

ch06-02\pom.xml에는 예제를 실행하는 데 필요한 메이븐 스크립트가 포함돼 있다. RabbitMQ 브로커가 실행 중인지 확인한다. 먼저 소비자를 빌드하고 실행해 소비자가 메시지를 받을 준비가 되게 한다. 다음 명령을 실행하고 그림 6-14를 참고한다.

```
cd ch06-02
D:\binil\gold\pack03\ch06\ch06-02>listen
D:\binil\gold\pack03\ch06\ch06-02>mvn test -Plisten
```

그림 6-14. 스프링 AMQP 소비자를 빌드하고 실행하는 메이븐

다음으로 메시지 생산자를 실행한다. 생산자는 소비자가 메시지를 받을 수 있도록 브로커에 메시지를 게시한다. 다른 창에서 다음 명령을 실행한 후 그림 6-15를 참고한다.

```
cd ch06-02
D:\binil\gold\pack03\ch06\ch06-02>send
D:\binil\gold\pack03\ch06\ch06-02>mvn test -Psend
```

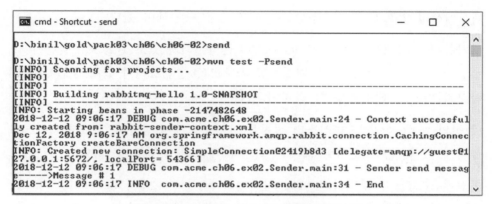

그림 6-15. 메이븐 빌드와 스프링 AMQP 생산자 실행

다중 노드 RabbitMQ 클러스터로 메시지 송수신

이제 RabbitMQ 클러스터에 메시지를 보내는 코드를 살펴본다. 부록 B의 단계
별 지침을 참고해 RabbitMQ 클러스터를 설치하고 실행한다. 이 절에서는 최소
2개의 노드로 실행 중인 RabbitMQ 클러스터가 있다고 가정한다. 또한 부록 C의
단계별 지침을 참고해 다른 노드가 작동 중단된 경우 Nginx의 TCP 로드밸런서
를 설정해 소비자와 생산자의 트래픽(정확하게는 연결)을 다중 노드 클러스터의 활성
노드들 중 하나로 멀티플렉싱할 수 있게 한다.

이 절은 메시징 인프라를 지원하는 마이크로서비스 환경에서 메시징 인프라의
고가용성[HA, High Availability] 그 자체로 인프라의 전반적인 안정성을 결정하기 때문에
매우 중요하다. 마이크로서비스 인스턴스는 엔터프라이즈 운영 설정에서 어떤
순서나 어떤 속도로든 실행(인스턴스화, 재시작 등)되고 종료(단계적 종료, 중단, 재시작, 강제 중단 등)될

수 있음을 확인했다. 이러한 각 마이크로서비스 인스턴스는 메시지를 전송해 메시징 인프라 또는 이벤트 기반 인프라를 통해 다른 인스턴스와 통신한다. 따라서 하나의 마이크로서비스 인스턴스가 성공적으로 메시징 인프라에 메시지를 보낼 때 결국에는 메시지가 예상대로 수신자에 도달할 것이라고 가정한다. 메시징 인프라의 고가용성^{HA}은 이 약속을 준수해야 한다.

고가용성 모드에서 다중 노드 RabbitMQ 클러스터가 있고 TCP 로드밸런서(TCP 역방향 프록시로 구성된 nginx)도 있다고 가정하면 RabbitMQ 클러스터가 실행 중인지 확인하고자 약간의 테스트를 할 준비가 됐다.

앞 절의 예제(ch06-02)는 클러스터 설정을 보여주고자 수정할 수 있으며 ch06-03 폴더에 있다. 다음 순서로 예제를 실행해 빠르게 수행할 수 있다.

이전에 수행하지 않았다면 예제 디렉터리(ch06\ch06-03\)에서 RabbitMQ 서버의 sbin 폴더로 다음 파일을 복사하고 별도의 창에서 다음 순서로 스크립트를 실행한다.[1]

```
cd D:\Applns\RabbitMQ\rabbitmq_server-3.6.3\sbin
D:\Applns\RabbitMQ\rabbitmq_server-3.6.3\sbin>rabbitmq-server1.bat

cd D:\Applns\RabbitMQ\rabbitmq_server-3.6.3\sbin
D:\Applns\RabbitMQ\rabbitmq_server-3.6.3\sbin>rabbitmq-server2.bat

cd D:\Applns\RabbitMQ\rabbitmq_server-3.6.3\sbin
D:\Applns\RabbitMQ\rabbitmq_server-3.6.3\sbin>rabbitmq-cluster2.bat
```

위의 경우 2개 노드의 RabbitMQ 클러스터가 된다. 위의 명령을 실행하고 클러스터 구성이 완료될 때까지 충분한 시간을 줘야 한다.

이제 nginx 스크립트를 실행해 TCP 로드밸런서를 설정할 수 있다. 부록 C의

---

1. 하나의 Host에 2개의 RabbitMQ 서버를 실행할 때 rabbitmq_mqtt나 rabbitmq_stomp 충돌이 일어나면 rabbitmq-plugins로 2개의 플러그인을 disable시킨다. RabbitMQ 클러스터에 조인할 노드 이름을 rabbit1@tiger에서 rabbit1@<컴퓨터 이름>으로 변경해야 한다. - 옮긴이

단계별 지침을 참고해 nginx를 TCP 역방향 프록시로 구성한다. 예제 파일에 표시된 대로 nginx 구성에 올바른 항목을 만든다.

```
ch06\ch06-03\nginx.conf
```

다음과 같이 nginx 서버를 실행한다.

```
cd D:\Applns\nginx\nginx-1.13.5
D:\Applns\nginx\nginx-1.13.5>nginx
```
[2]

메시지 생산자가 메시지 소비자에게 메시지를 보내려고 할 때 이전 메시지가 아닌 현재 흐르는 메시지에만 관심이 있다고 가정하자. 그런 다음 RabbitMQ에 연결할 때마다 새 대기열이 필요하다. 일단 소비자의 연결을 끊으면 대기열이 자동으로 삭제돼야 한다. RabbitMQ에 이를 수행하려면 임의의 이름을 가진 대기열을 만들거나 서버가 임의의 대기열 이름을 선택하게 할 수 있다.

메시지 발신인과 메시지 소비자 간에 대기열을 공유하려면 대기열 이름을 지정하는 것이 중요하다.

```
ch06\ch06-03\src\main\resources\rabbit-listener-context.xml
ch06\ch06-03\src\main\resources\rabbit-sender-context.xml
```

따라서 각 파일에 대기열 이름을 다음과 같이 정의한다.

```
<rabbit:queue id="otherAnon" name="remoting.queue" />
```

---

2. nginx를 기동할 때 -c 옵션을 통해 직접 nginx.conf를 지정할 수 있다. – 옮긴이

RabbitMQ를 구성할 수 있는 수많은 조합과 RabbitMQ 클러스터를 검증하기 위한 예제 프로그램을 실행할 수 있는 순서가 있다. 그중 한 가지 조합을 살펴보자.

RabbitMQ 인스턴스가 5672와 5673 포트에서 수신하고 nginx 서버가 5671 포트에서 TCP를 수신 중이라고 하면 메시지 생산자와 메시지 소비자가 클러스터에 연결하고자 다음 구성을 사용할 수 있다.

```
<rabbit:connection-factory id="connectionFactory" host="localhost"
port="5671" username="guest" password="guest" />
```

나머지 구성은 앞 절의 예제에서 설명한 것과 유사하다. 이제 다음을 실행한다.

```
cd ch06-03
D:\binil\gold\pack03\ch06\ch06-03>mvn test -Psend
```

그러면 RabbitMQ 클러스터에 메시지가 전송된다. 다음으로 메시지 생산자 창에서 디버그[DEBUG] 메시지를 확인한다.

```
2017-06-12 19:50:59 DEBUG com.acme.ch06.ex03.Sender.main:32 - Sender send
message----->Message from Sender on Mon Jun 12 19:50:59 IST 2017
```

이제 RabbitMQ 로그 파일을 검사할 수 있다. 클러스터의 RabbitMQ 서버 인스턴스의 노드 이름이 rabbit1과 rabbit2라고 하면 로그는 내 컴퓨터의 다음과 같은 파일에 기록된다.[3]

---

3. 윈도우 환경이나 여타 환경에서 실행하면 RabbitMQ 서버를 시작할 때 보이는 로그에서 로그 파일 위치를 참고한다. - 옮긴이

```
C:\Users\binil\AppData\Roaming\RabbitMQ\log\rabbit1.log
C:\Users\binil\AppData\Roaming\RabbitMQ\log\rabbit2.log
```

클러스터의 RabbitMQ 인스턴스 로그에서 다음 줄을 볼 수 있어야 한다.[4]

```
=INFO REPORT==== 12-Jun-2017::19:50:59 ===
accepting AMQP connection <0.1681.0> (127.0.0.1:54315 -> 127.0.0.1:5673)

=INFO REPORT==== 12-Jun-2017::19:50:59 ===
Mirrored queue 'remoting.queue' in vhost '/': Adding mirror on node
rabbit1@tiger: <33127.1408.0>
```

위의 로그로 다음과 같은 2가지 측면을 검증한다.

- 이 로그 파일에 해당하는 인스턴스가 메시지 송신자의 AMQP 연결을 수락했다.

- 메시지 생산자로부터 메시지를 수신하면 이 로그 파일에 해당하는 인스턴스가 대기열을 미러링해 클러스터에 있는 RabbitMQ 서버의 다른 인스턴스가 동일한 메시지를 수신하게 된다.

이제 메시지 소비자를 실행시킬 수 있다.

```
cd ch06-03
D:\binil\gold\pack03\ch06\ch06-03>mvn test -Plisten
```

모든 것이 잘되면 소비자는 이전에 보낸 메시지를 소비하고 메시지 소비자 창에서 다음 디버그 메시지를 확인할 수 있다.

---

4. RabbitMQ 버전에 따라 로그 출력 형식이 조금씩 차이가 날 수 있다. – 옮긴이

```
2017-06-12 19:56:58 DEBUG com.acme.ch06.ex03.Listener.onMessage:19 - Listener
received message-----> Message from Sender on Mon Jun 12 19:50:59 IST 2017
```

다음 단계의 클러스터 테스트를 하려면 메시지 소비자 창에 Ctrl + C를 입력해 메시지 소비자를 종료한다.

다음으로 메시지 생산자를 사용해서 클러스터에 새 메시지를 보낸다. 두 RabbitMQ 인스턴스의 로그 파일을 검사하고 어떤 인스턴스가 메시지를 소비했는지 확인한다. 메시지를 사용한 인스턴스는 다음과 유사한 INFO를 보고한다.

```
accepting AMQP connection <0.3628.0> (127.0.0.1:54746 -> 127.0.0.1:5672)
```

다음으로 메시지 소비자 창에 Ctrl + C를 입력해 메시지를 사용한 동일한 인스턴스를 종료한다. 클러스터의 다른 인스턴스만 실행하고 메시지 소비자를 실행한다. 모든 것이 잘되면 소비자는 이전에 보낸 메시지를 소비한다. 이렇게 하면 클러스터가 의도한 대로 동작하는 하나의 인스턴스에서 수신한 메시지가 다른 인스턴스로 미러링되는지 확인한다.

RabbitMQ 클러스터 인스턴스가 비정상 동작하거나 종료되면 사용자가 지정하지 않는 한 해당 인스턴스의 대기열과 메시지가 손실된다. 메시지가 손실되지 않게 하려면 다음과 같은 2가지가 필요하다.

- 대기열과 메시지를 모두 내구성이 있는 것으로 표시해야 한다.[5]

- MessageProperties를 설정해 메시지를 저장으로 표시해야 한다.[6]

---

5. RabbitMQ management UI의 queue 탭에서 Durabilty를 Durable로 설정한다. - 옮긴이

6. PERSISTENT_TEXT_PLAIN으로 설정한다. - 옮긴이

이러한 옵션과 기타 옵션을 시도해볼 수 있지만 이 책의 범위에 포함되지 않으므로 여기서는 설명하지 않는다.

소비자와 생산자 연결

메시징 인프라를 사용해 메시지 생산자와 메시지 소비자 흐름을 분리시킬 때의 장점은 애플리케이션 개발자에게 때로는 어려운 과제일 수 있다.

클라이언트의 일반적인 동기식 요청 응답 호출에서 서버는 클라이언트의 연결을 단일 스레드로 수락하고 해당 스레드에서 요청을 처리한 후 동일 스레드에서 클라이언트에 응답을 제공할 수 있다. 그러나 연결과 스레드는 리소스가 부족할 수 있으므로 효과적으로 활용하기를 원한다. 서버 측 처리에 많은 시간이 걸리거나 서버 스레드가 I/O 작업을 기다리는 것과 같은 대기 모드에서 스레드를 차단하는 것은 바람직하지 않다. 대신 연결을 수락한 스레드가 해제돼 더 많은 연결을 수락하고 클라이언트에 대한 처리와 후속 응답이 다른 스레드로 백그라운드에서 처리되게 디자인하려 한다. 이 스레드는 처리를 진행할 수 있을 때 처리하거나 응답을 제공할 준비가 될 때마다 처리한다. 이는 서버 하나와 클라이언트 하나가 있으면 구현하기 쉽다. 동시에 서버에 연결하는 수많은 클라이언트가 있는 순간 연결 직후에 서버가 클라이언트에 응답하기 전에 소켓 연결을 수락한 스레드를 해제하면 응답이 준비되고 나중에 서버에 어떤 클라이언트와 상관관계가 있는지 묻는 문제가 발생한다. 모든 응답이 다시 전송돼야 한다.

상관관계 ID

앞에 제시된 시나리오에서 모든 요청에 대해 콜백 대기열을 생성할 수 있다. 하지만 그것은 매우 비효율적이다. 다행히 더 좋은 방법이 있다. 클라이언트당 단일 콜백 대기열을 만드는 것이다. 그러나 그것은 새로운 문제를 야기한다. 해당 대기열에서 응답을 수신한 경우 응답이 동일한 클라이언트의 특정 요청에 속하는지 분명하지 않기 때문에 새로운 문제가 발생한다. 여기서 correlationId 속성이 사용된다. 모든 요청에 대해 고유한 값으로 설정할 수 있다. 나중에 콜백 대기열에서 메시지를 받으면 이 속성을 보고, 이를 기반으로 응답과 요청을 일치시킬 수 있다.

여러 클라이언트의 요청과 응답을 처리하는 서버를 디자인할 때 JMS 응답을 대기열로 보내기 전에 요청의 JMS 상관관계 ID 값에 대한 응답의 JMS 상관관계 ID 값을 설정해야 한다.

다음을 사용해 메시지를 받을 때 JMS 상관관계 ID 값을 얻을 수 있다.

```
String getJMSCorrelationID()
```

이 메서드는 특정 메시지 ID 또는 애플리케이션별 특정 문자열 값을 제공하는 상관관계 ID 값을 반환한다.

메시지를 보낼 때 JMS 상관관계 ID를 설정하려면 다음을 사용한다.

```
void setJMSCorrelationID(String correlationID)
```

이 개념을 이해하려면 다른 예제를 살펴보자.

대량의 부하를 동시에 처리하게 커스텀 네트워크 서버 코딩

이 절에서는 TCP/IP 서버 소켓을 사용해 네트워크 서버 수신을 디자인하고 구현한다. 여러 클라이언트나 동일한 클라이언트의 여러 스레드가 이 서버에 연결하고 작업을 요청할 수 있다. 이러한 클라이언트나 스레드는 작업에 대한 응답을 기대한다. 이 디자인이 부하를 잘 처리하기를 원한다. 서버의 아키텍처와 흐름 제어를 살펴보자. 그림 6-16은 전체 설정의 아키텍처를 보여준다.

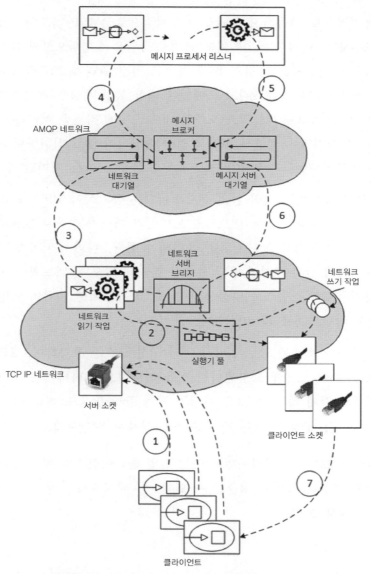

그림 6-16. 최적화된 리소스로 과도한 부하를 처리하는 아키텍처

TCP/IP 네트워크와 AMQP 네트워크라는 이름을 가진 2개의 도메인이 여기에 있다. 단순하게 클라이언트와 서버 연결이 TCP/IP 네트워크 도메인 내에서 '의사 동기'[7] 방식으로 처리되는 반면 실제 작업 실행의 경우 작업은 AMQP 네트워크에 비동기적으로 제출되고 응답도 비동기적으로 AMQP 네트워크에서 수신된다고 가정하자. 이러한 아키텍처는 실제로 작업을 실행함으로써 TCP/IP 네트워크 도메인이 스트레스를 받지 않게 하므로 연결 관리가 효율적으로 수행될 수 있다. 동시에 AMQP 네트워크 도메인에 대한 작업 제출은 메시지 대기열을 통해 수행되므로 AMQP 네트워크 도메인 내에서 실제 작업을 처리하는 데 시간이 걸릴 경우 대기열에 제출된 추가 작업이 손실되지 않고 버퍼링돼 AMQP 네트워크 도메인의 메시지 수신자 프로세스가 나중에 이를 처리할 수 있다.

클라이언트와 네트워크 서버 간의 핸드셰이크는 동기식이지만 TCP/IP 네트워크의 네트워크 서버와 AMQP 네트워크 도메인의 메시지 수신자 프로세서 간의 핸드셰이크는 비동기적이라는 점에 유의해야 한다. 따라서 네트워크 서버와 메시지 프로세서 간의 요청과 응답 흐름은 분리돼 있으며, 네트워크 서버가 올바른 클라이언트 인스턴스로 다시 전환할 수 있도록 어떤 응답이 어떤 요청에 해당하는지 상관관계를 맺어야 한다.

점선으로 표시된 흐름은 경우에 따라 여러 구성 요소를 통과하며, 그러한 모든 구성 요소가 특정 흐름에 포함된다는 것을 의도적으로 나타내는 것처럼 보인다. 이 예제의 전체 및 실행 코드 예제는 책과 함께 번들로 제공되는 ch06-04 폴더에 있다. 각 구성 요소와 제어 흐름을 자세히 알아보자.

- **클라이언트**: 여러 클라이언트 또는 단일 클라이언트의 여러 스레드가 서버에 연결해 작업을 제출할 수 있다. 이 예제에서는 무거운 작업 대신 메시지를 보낸다.

---

7. 클라이언트 관점에서 연결이 동기화돼 있기 때문에 의사 동기화지만 네트워크 서버는 요청과 응답 처리를 하고자 별도의 스레드를 사용할 수 있다.

- **서버 소켓:** 클라이언트가 연결을 시작할 수 있도록 클라이언트에 알려진 포트에 수신 대기하는 서버 소켓 인스턴스가 하나 있다.

- **클라이언트 소켓:** 클라이언트 측에서 스레드에 의해 열린 각 연결에 대해 TCP/IP 네트워크 측에 클라이언트 소켓의 인스턴스가 있으며, 여기서 생성된 스트림을 통해 서버와 클라이언트 간에 메시지가 양방향으로 전달된다.

- **네트워크 서버:** 이 구성 요소의 'main' 메서드의 주요 작업은 연결을 수락하고, 모든 처리를 수행하고, 클라이언트에 응답을 반환하는 것이다. 디자인상의 제약 조건은 네트워크 서버가 이 모든 작업을 효율적으로 수행해야 한다는 것이다. 따라서 클라이언트가 네트워크 서버에 연결할 때마다 서버는 먼저 연결을 수락한 다음 요청과 응답 흐름을 상호 연결하는 데 사용되는 고유 ID를 만든다. 해당 클라이언트 소켓은 이 상관관계 ID를 인덱싱하고 서버는 실행기 풀에서 스레드를 가져와 네트워크 읽기 작업에 작업을 할당하고 상관관계 ID를 제공해 클라이언트에 대한 작업을 처리하도록 스레드에 요청한다. 일단 이 정도 작업이 완료되면 서버는 준비가 됐으며 더 많은 클라이언트를 처리할 수 있다.

- **실행기 풀:** 실행기 풀은 풀링된 여러 스레드 중 하나를 사용해 각 작업을 실행하는 `ThreadPoolExecutor`다.

- **네트워크 읽기 작업:** 클라이언트가 네트워크 서버에 연결할 때마다 풀링된 스레드 내에서 별도의 네트워크 읽기 작업이 실행된다. 클라이언트가 보낸 메시지(또는 작업)를 읽고 이를 메시지 프로세서에 실행하고자 `networkQueue`에 제출한다.

- **메시지 프로세서 리스너:** 메시지 프로세서 리스너는 AMQP 리스너다. 실제 작업 처리가 이뤄지는 곳이다. 작업이 완료되면 메시지 프로세서는 결과를 다른 대기열인 `msgServerQueue`에 다시 기록한다. 이렇게 하는

동안 메시지 프로세서 리스너는 동일한 상관관계 ID를 사용해 요청과 응답의 상관관계를 분석한다.

- **네트워크 쓰기 작업:** 네트워크 서버의 **main** 메서드가 연결 관리를 처리하는 동안 네트워크 서버는 **msgServerQueue**에서 작업 결과를 다시 수신하는 메시지 수신기이기도 하다. 따라서 **msgServerQueue**의 각 결과에 대해 메시지 리스너의 다른 인스턴스가 있으며, 그 작업은 네트워크 쓰기 작업의 새 인스턴스를 인스턴스화하고 결과를 전달한 다음 풀링된 스레드 내에서 다시 실행하는 것이다.[8] 네트워크 쓰기 작업은 메시지에서 상관관계 ID를 검색한 다음 이 메시지가 전송될 해당 클라이언트 소켓을 검색하고 메시지를 다시 클라이언트로 보낸다.

이것으로 아키텍처와 흐름이 완성됐다. 이제 주요 코드 조각을 살펴보자. 단일 요청 응답 주기 내에서 실행되는 단계의 전체 종단 간 순서는 그림 6-16에서 1부터 7까지 번호가 표시돼 있다.

이 예제의 전체 및 실행 코드 예제는 책과 함께 번들로 제공되는 ch06-04 폴더에 있다.

클라이언트는 리스트 6-9에 표시된 대로 클라이언트 작업을 사용한다.

리스트 6-9. 클라이언트 측 작업(ch06\ch06-04\src\main\java\com\acme\ch06\ex04\ ClientSideTask.java)

```
public void execute(){
    Socket clientSocket = new Socket("localhost", 1100);

    dataOutputStream.writeUTF(MSG_SEED + id);
    dataOutputStream.flush();
```

---

8. 단일 ThreadPoolExecutor의 스레드는 네트워크 읽기 작업과 네트워크 쓰기 작업을 모두 실행하고자 풀링되고 있으며, 이는 스레드, 연결 등과 같이 비용이 많이 드는 리소스를 효율적으로 사용하는 방법이다.

```
String fromServer = dataInputStream.readUTF();
LOGGER.debug("Message Send to Server: " + MSG_SEED + id + ";
Message Received back from Server: " + fromServer);
)
```

여기서 클라이언트는 서버에 대한 연결을 열고 먼저 소켓의 스트림에 메시지를 쓴다. 클라이언트는 차단되고 메시지를 다시 수신할 때까지 기다린다. 메시지를 다시 수신하면 서버에서 송수신된 메시지를 모두 기록하므로 클라이언트가 실제로 자신을 위한 응답을 받았는지 확인할 수 있다.

리스트 6-10의 네트워크 서버는 연결을 수락하고 요청과 응답 흐름의 상관관계를 확인하는 데 사용되는 고유 ID를 만든다. 클라이언트 소켓은 이 상관관계 ID에 대해 인덱싱되고, 서버는 실행기 풀에서 스레드를 가져와 네트워크 읽기 작업에 작업을 할당하고 상관관계 ID를 제공해 클라이언트에 대한 작업을 처리하도록 스레드에 요청한다. 네트워크 서버는 **msgServerQueue**에서 작업 결과를 다시 수신하는 메시지 리스너이기도 하다.

리스트 6-10. 네트워크 서버(ch06\ch06-04\src\main\java\com\acme\ch06\ex04\ NetworkServer.java)

```
public class NetworkServer implements MessageListener{

  private void listen(){

    serverSocket = new ServerSocket(1100);

    while(true){
      clientSocket = serverSocket.accept();

      correlationIdNew = getNextCorrelationId();
      addItem(correlationIdNew, clientSocket);
      networkReaderTask = new NetworkReaderTask(amqpTemplate,
          correlationIdNew);
      executorPool.execute(new Worker(networkReaderTask));
```

```
    }
  }

  public void onMessage(Message message) {

    NetworkWriterTask networkWriterTask = new NetworkWriterTask(message);
    executorPool.execute(new Worker(networkWriterTask));
  }
}
```

리스트 6-11의 네트워크 읽기 작업은 클라이언트가 보낸 메시지(또는 작업)를 읽고 이를 메시지 프로세서에 실행하고자 networkQueue에 제출한다.

리스트 6-11. 네트워크 읽기 작업(ch06\ch06-04\src\main\java\com\acme\ch06\ex04\ NetworkReaderTask.java)

```
private void receiveFromNetwrokAndSendMessage(){

  Socket clientSocket = NetworkServer.getItem(correlationId);
  inputStream = clientSocket.getInputStream();
  dataInputStream = new DataInputStream(inputStream);
  String fromClient = dataInputStream.readUTF();

  MessageProperties messageProperties = new MessageProperties();

  messageProperties.setCorrelationId(
      Long.toString(correlationId).getBytes());
  Message message = new Message(fromClient.getBytes(), messageProperties);
  amqpTemplate.send("my.routingkey.1", message);
}
```

리스트 6-12는 작업 처리가 발생하는 메시지 프로세서를 보여준다. 작업이 완료되면 메시지 프로세서는 결과를 다른 대기열에 다시 기록한다. 이를 수행하는 동안 메시지 프로세서는 수신된 메시지에서 동일한 상관관계 ID를 사용해 요청과 응답을 상관시키는 역할을 한다.

리스트 6-12. 메시지 프로세서(ch06\ch06-04\src\main\java\com\acme\ch06\ex04\
MessageProcessorListener.java)

```
public void onMessage(Message message) {

    /* 여기에서 과도한 실행 작업을 받았다고 가정 */
    String messageBody = new String(message.getBody());
    String correlationId = new
        String(message.getMessageProperties().getCorrelationId());

    /* 여기서도 과도한 실행 작업이 발생한다고 가정 */
    /* 힘든 작업을 실행하고 이제 처리된 응답을 다시 보냄 */
    MessageProperties messageProperties = new MessageProperties();
    messageProperties.setCorrelationId(correlationId.getBytes());
    Message messageToSend = new Message(messageBody.getBytes(),
        messageProperties);
    amqpTemplate.send("my.routingkey.1", messageToSend);
}
```

리스트 6-13의 네트워크 쓰기 작업 코드는 메시지에서 상관관계 ID를 검색하고
이 메시지를 보낼 해당 클라이언트 소켓을 검색한 다음 메시지를 다시 클라이
언트로 보낸다.

리스트 6-13. 네트워크 쓰기 작업(ch06\ch06-04\src\main\java\com\acme\ch06\ex04\
NetworkWriterTask.java)

```
private void receiveMessageAndRespondToNetwork(){
    String messageBody = new String(message.getBody());
    String correlationId = new
        String(message.getMessageProperties().getCorrelationId());

    Socket clientSocket =
        NetworkServer.getItem(Long.parseLong(correlationId));
    NetworkServer.removeItem(Long.parseLong(correlationId));

    outputStream = clientSocket.getOutputStream();
```

```
    dataOutputStream = new DataOutputStream(outputStream);

    dataOutputStream.writeUTF(messageBody);
    dataOutputStream.flush();
}
```

RabbitMQ 클러스터와 nginx 로드밸런서가 아직 실행 중이라고 가정하면 다음 단계에 따라 코드를 실행할 수 있다.

AMQP 브로커를 실행한다.

```
cd ch06-04
D:\binil\gold\pack03\ch06\ch06-04>mvn test -Pmsg
```

다른 창에서 네트워크 서버를 실행한다.

```
cd ch06-04
D:\binil\gold\pack03\ch06\ch06-04>mvn test -Pnet
```

이제 세 번째 창에서 클라이언트를 실행한다(그림 6-17 참고).

```
cd ch06-04
D:\binil\gold\pack03\ch06\ch06-04>mvn test -Psend
```

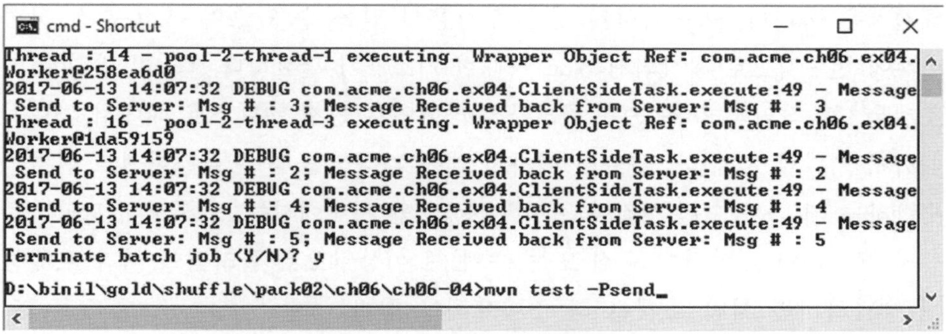

그림 6-17. 클라이언트 콘솔

콘솔에 로그인한 디버그를 확인해 클라이언트가 실제로 다음과 같은 응답을 받았는지 확인한다.

```
2017-06-13 14:07:32 DEBUG com.acme.ch06.ex04.ClientSideTask.execute:49 -
Message Send to Server: Msg # : 5; Message Received back from Server: Msg # : 5
```

동시 전시 게임

그림 6-16으로 돌아가서 리소스 공유 및 리소스 활용과 관련해 좀 더 자세히 살펴보자.

클라이언트 연결을 수신하는 단일 서버 소켓 인스턴스를 확인할 수 있다. 들어오는 모든 클라이언트 연결을 처리하는 것이 단일 서버 소켓의 의무다. 이는 오늘날 존재하는 많은 웹 서버의 전형이다. 텍스트나 이미지가 있는 웹 페이지와 같이 비교적 짧은 콘텐츠를 생성하는 일반적인 웹 서버는 응답 크기가 100KB이다. 이 페이지를 생성하거나 검색하는 데 몇 분의 1초밖에 걸리지 않지만 80kbps(@10KB/s)의 낮은 대역폭을 가진 클라이언트로 전송하는 데에는 10초 정도 걸릴 수 있다. 느린 클라이언트로 콘텐츠를 보내는 문제는 운영체제 커널 소켓 버퍼의 크기를 늘림으로써 어느 정도 개선될 수 있지만 일반적인 문제

해결책은 아니다. 바람직하지 않은 부작용이 있을 수 있으며 특정 최적 지점 이후에 선형적으로 확장되지 않고 막대한 리소스가 필요하다. 즉, 이 단일 서버 소켓은 I/O 작업과 같은 모든 처리가 클라이언트 연결 컨텍스트 내에서 완료될 때까지 기다릴 수 없다. 완료될 때까지 계속 기다리면 다음 클라이언트 연결을 수락하는 데 너무 오랜 시간이 걸린다. 운영 웹 서버에서는 웹 서버에 도달하는 동시 클라이언트 연결이 수십 또는 수백 개 이상이므로 합리적인 시간 프레임에 응답하려면 서버 소켓이 더 스마트해야 한다.

그림 6-16의 아키텍처는 이 시나리오를 처리하고자 스레드를 사용한다. 스레드는 운영체제가 CPU 코어에서 실행되도록 예약할 수 있는 내장 명령들이다. 애플리케이션은 다음과 같은 2가지 이유로 여러 스레드를 병렬로 실행한다.

- 동시에 더 많은 컴퓨팅 코어를 활용할 수 있다.
- 병렬로 쉽게 작업을 수행할 수 있다(이 예제에서는 클라이언트 연결 컨텍스트 내에서 작성된 코드를 실행).

그러나 스레드는 시스템 리소스도 사용한다. 각 스레드는 메모리와 기타 OS 리소스를 사용하며 컨텍스트 스위칭^{context switching}이라는 프로세스에 코어를 On/Off로 교체해야 한다. 최신 서버 프로세스가 수백 개의 활성 스레드를 처리할 수 있지만 메모리가 고갈되거나 높은 I/O 작업으로 인해 OS 수준에서 많은 양의 컨텍스트 스위칭이 발생하면 성능이 심각하게 저하되기 시작한다. 따라서 각 스레드 생성은 신중하게 수행돼야 한다. 생성되더라도 스레드를 재사용하는 것이 최적화 중 하나다. 스레드 풀은 이를 가능하게 한다. 또한 현명한 디자인으로 이러한 스레드를 재사용해 다양한 작업을 실행할 수 있다. 이 예제에서는 동일한 스레드 풀의 스레드를 사용해 네트워크 읽기 작업과 네트워크 쓰기 작업을 실행한다.

따라서 전체 네트워크 서버는 가장 현명한 방법은 아니지만 풀링된 스레드를 사용해 현명하게 구현된다.[9] 동시 전시(Simultaneous Exhibition 또는 simultaneous display)라는

---

9. java.util.concurrent.Future를 사용해 디자인을 더 똑똑하게 만들 수도 있다.

비유가 있다. 이는 한 플레이어(일반적으로 그랜드 마스터나 단급 플레이어와 같은 상위 등급)가 다른 여러 플레이어와 한 번에 여러 보드 게임(일반적으로 체스나 바둑)을 플레이한다. 여기에 구현된 네트워크 서버는 연결을 거의 동시에 수락하고 관련 계산을 풀링된 스레드에 할당할 수 있는 그랜드 마스터와 비슷하다.

메시지 상관관계와 마이크로서비스

마이크로서비스 아키텍처에서는 엔터프라이즈 애플리케이션의 서로 다른 부분이 여러 개의 마이크로서비스로 나뉘지만 여전히 서로 통신해야 한다. 마이크로서비스의 실질적인 이점을 얻으려면 마이크로서비스 간 호출이 메시징 인프라와 이뤄져야 한다. 즉, 마이크로서비스 아키텍처를 사용하는 엔터프라이즈 애플리케이션의 운영 생태계는 많은 마이크로서비스로 구성되며 이러한 마이크로서비스의 많은 인스턴스는 하나 이상의 메시징 인프라와 상호 연결된다는 것을 의미한다. 이러한 인스턴스 간에 비동기식 통신 방식을 채택할 때 가장 큰 딜레마는 인스턴스 간의 메시징 라우팅을 효과적으로 해결하는 방법이다. 앞 절에서는 메시지 상관관계를 포함해 마이크로서비스를 연결하는 데 수반되는 내부 복잡성에 대한 새로운 시각을 제시했다. 개발자가 이 모든 연결을 직접 수행해야 한다면 코드가 너무 비대해질 것이다. 이를 처리할 더 좋은 방법이 필요하다. 12장에서 Axon 프레임워크를 소개할 때 이를 처리하는 방법(암시적으로 이 작업을 수행한다)을 소개한다.

요약

메시징은 분리된 처리 기능을 제공해 엔터프라이즈 애플리케이션의 가동 중단과 장애를 포함한 많은 실제 시나리오를 처리할 수 있도록 지원한다. 6장에서는 클러스터링과 고가용성을 포함해 메시징의 몇 가지 강력한 애플리케이션을 살펴봤다. 또한 메시지 상관관계 등과 같은 교차 편집 문제를 몇 가지 코드 예제를 직접 코딩하면서 관련된 복잡성을 보여줬다. 6장에서 설명하는 여러 기술을 결합하면 마이크로서비스 인프라의 안정성을 많이 높일 수 있다. 메시징이 개발자 도구의 핵심 요소이기 때문에 7장에서 이러한 메시징 기술 중 일부가 다른 컨텍스트에 적용된 것을 볼 수 있을 것이다.

07

스프링 부트

6장에서는 메시징을 살펴봤다. 스프링을 사용해 메시지 발신자와 수신자를 구성했으며, 스프링에서 빈^{Bean}과 필수 인프라를 명시적으로 연결했다. 지금까지는 그런대로 잘 됐다. 이제 이러한 것을 어떻게 더 간단하게 만들 수 있을까? 7장에서는 스프링 플랫폼과 다른 많은 자바 라이브러리를 통해 실행만 하면 되는 완전한 독립 실행형 스프링 기반 애플리케이션을 쉽고 간단하게 만드는 스프링 부트를 살펴본다. 스프링 부트는 개발자들이 스프링 프레임워크와 여타 라이브러리를 사용하는 동안 이를 활용하고자 사용해야 하는 많은 규약과 사용 패턴을 따르며, 대부분의 스프링 부트 애플리케이션에는 스프링 프레임워크 구성이 거의 필요하지 않다. 스프링 부트를 사용해 7장의 주제와 관련된 몇 가지 예제를 개발한다. 다시 말하지만 스프링 부트를 자세히 다루지는 않는다. 이는 이 장의 범위를 벗어난다. 자바나 스프링에 익숙하다면 스프링 부트 홈페이지를 방문해 시작하는 데 문제가 없을 것이다. 실용적인 마이크로서비스를 설명하는 이 책의 의도에서 벗어나지 않도록 설명에 필요한 매우 필수적인 도구에 시간을 할애하겠다. 그러나 이후 장에서 코드 예제를 보기 시작할 때쯤에는 기본 구성 요소 코드 구조에 익숙해져야 한다.

7장에서 다루는 내용은 다음과 같다.

- 스프링 이니셜라이저^{Spring Initializer}를 사용해 부트 프로젝트 템플릿을 만드는 방법

- 몽고DB^{MongoDB}에 대한 CRUD 작업을 위해 cURL로 부트 예제에 액세스하는 방법

- HATEOAS나 HAL 소개, `RestTemplate`을 사용해 데이터에 액세스하는 방법

- REST에 대해 CRUD 작업을 수행하기 위한 종단 간 부트 예제를 개발하는 방법

스프링 부트와 몽고DB를 사용해 데이터 작업 수행

폴리글랏 지속성^{Polyglot persistence}은 마이크로서비스 아키텍처의 핵심 측면이다. 로컬 또는 분산 트랜잭션 기능이 있는 ACID 호환 데이터 저장소가 여전히 필요하지만 면밀한 분석으로 대부분의 데이터 저장과 검색 작업에 이러한 엄격한 기능이 필요하지 않으며, 이러한 기능은 항상 저렴한 가격으로 제공된다. 오늘날 많은 NoSQL 데이터베이스는 대규모 클러스터에서 작동하도록 디자인됐으며 매우 많은 양의 데이터를 처리할 수 있다. 또한 트래픽이 기하급수적으로 증가함에 따라 읽기 요청에 효율적으로 응답할 수 있으며, 여전히 선형적으로 수행된다. 따라서 단일 애플리케이션 내에서 2가지 종류(SQL과 NoSQL)의 데이터 저장소 요구 사항을 모두 처리하는 것은 자연스러운 일이며, 이것이 폴리글랏 지속성이 필요한 부분이다. 마이크로서비스 컨텍스트에서 개별 마이크로서비스나 단일 엔터프라이즈 애플리케이션의 구성 요소에서 데이터를 사용하는 방식에 따라 선택한 여러 데이터 스토리지 기술을 사용할 수 있다. 몽고DB는 문서 형식으로 데이터를 저장해야 하는 시나리오에서 최상의 선택이므로 이 책의 나머지 장에서 몽고DB 예제를 살펴본다.

이 절에서는 'Hello World' 유형의 스프링 부트 애플리케이션을 구현할 것이다. 스프링 부트 애플리케이션 개발을 시작하는 방법은 여러 가지가 있으며 주요 방법은 다음과 같다.

- 스프링 부트 커맨드라인 인터페이스^{CLI, Command Line Interface} 사용[1]
- 이클립스^{Eclipse}와 스프링 툴 스위트^{STS, Spring Tool Suite}와 같은 IDE를 사용해 스프링 부트 지원 제공[2]
- 스프링 이니셜라이저 프로젝트 사용

이 절에서는 마지막 방법을 사용한다.

스프링 이니셜라이저를 사용해 스프링 부트 프로젝트 템플릿 생성

여기서 스프링 이니셜라이저를 사용해 스프링 부트 프로젝트를 생성한다. 스프링 이니셜라이저는 이클립스 기반 STS^{Spring Tool Set} 프로젝트 마법사를 대체하는 기능이며 스프링 부트 프로젝트의 다양한 특징을 구성하고 생성할 수 있는 온라인 웹 UI를 제공한다. 스프링 이니셜라이저를 사용하면 온라인 인터페이스로 프로젝트를 생성할 수 있으며, 이는 모든 IDE에서 가져올 수 있다.

다음을 달성하는 데 도움이 되는 애플리케이션을 빠르게 개발하는 것이 목표다.

- 스프링 부트 소개
- 몽고DB 소개
- 스프링 데이터를 사용해 기본 CRUD 작업 소개

---

1. https://docs.spring.io/spring-boot/docs/current/reference/html/cli-using-the-cli.htm
2. www.eclipse.org/community/eclipse_newsletter/2018/february/springboot.php

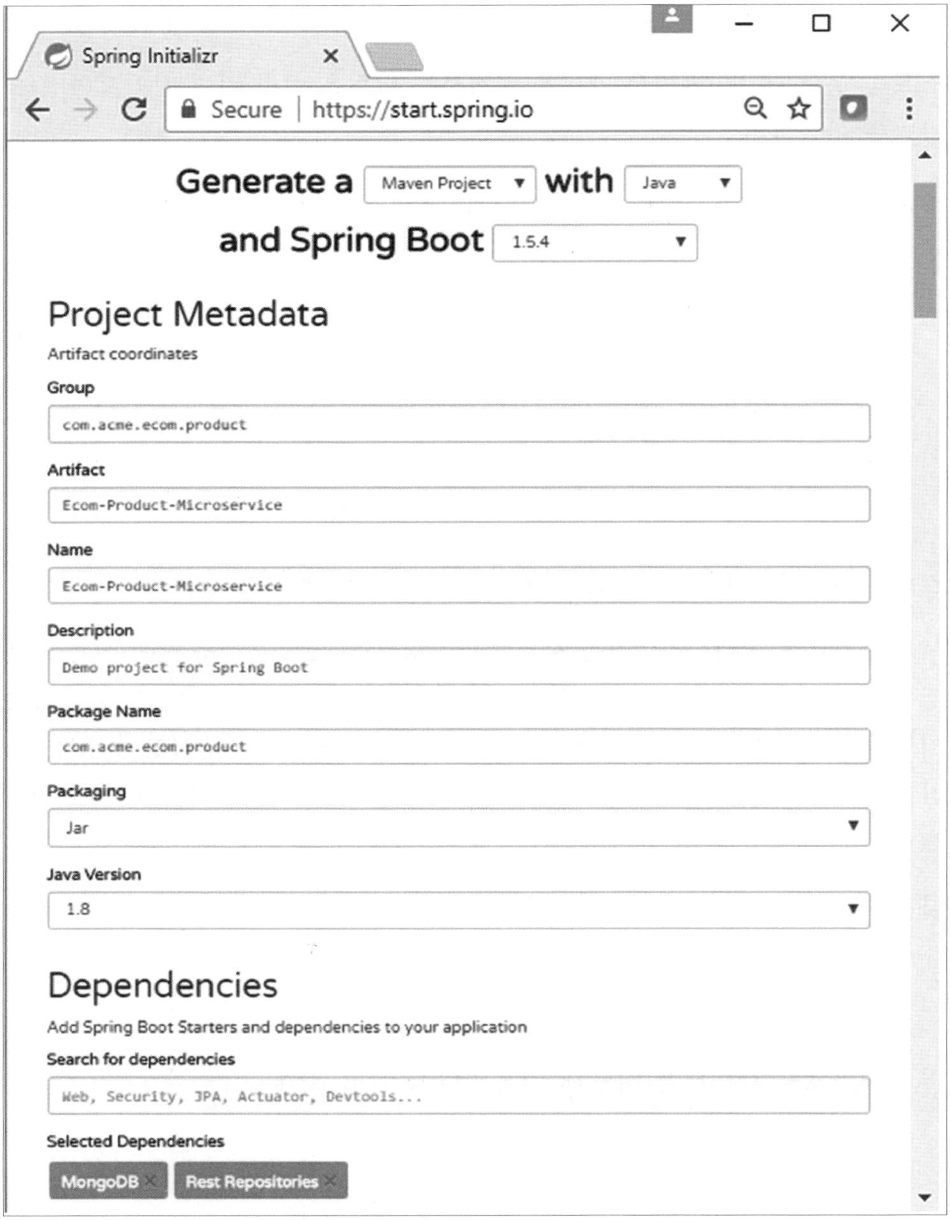

그림 7-1. 스프링 부트 이니셜라이저를 사용해 스프링 부트 템플릿 생성

스프링 이니셜라이저 프로젝트는 http://start.spring.io에서 사용할 수 있다.

메이븐^{Maven} 프로젝트인지 여부, 부트 프로젝트와 스프링 부트 버전에 자바를 사용해야 하는지 여부 등 세부 정보를 입력한다. 기타 세부 사항에는 그림 7-1에 표시된 대로 그룹과 아티팩트 ID가 포함된다. 다음으로 의존성 추가를 선택한다. 여기에서 몽고DB와 Rest 리포지터리^{Repositories}를 의존성으로 선택할 수 있다. 또한 자바 버전이 8이고 패키지 유형이 JAR로 선택됐는지 확인해야 한다. 의존성이 선택되면 **프로젝트 생성**^{Generate Project} 버튼을 누를 수 있다. 그러면 메이븐 프로젝트가 생성된다. 이 프로젝트는 브라우저의 기본 다운로드 디렉터리에 ZIP 파일로 다운로드할 수 있다.

스프링 부트는 필요한 의존성을 추가하는 데 사용할 수 있는 일련의 스타터^{Starter} Pom이나 그래들^{gradle} 빌드 파일을 제공한다. 클래스 경로에 있는 라이브러리에 따라 스프링 부트는 자동 구성으로 필요한 클래스를 자동으로 구성한다. 예를 들어 데이터베이스와 상호작용하고자 클래스 경로에 스프링 데이터 라이브러리가 있으면 필요한 데이터 소스 클래스와 함께 DB에 대한 연결을 자동으로 설정한다.

이제 파일의 압축을 풀고 파일 시스템에서 선택한 디렉터리에 저장할 수 있다. 다시 말하지만 애플리케이션을 개발하는 동안 예기치 않은 많은 오류를 방지하고자 공백이 없는 파일 경로[3]에 저장한다. 이제 선호하는 IDE를 사용해 애플리케이션 개발을 계속할 수 있다.

1. 이클립스를 사용하면 이제 File 메뉴로 이동해 Import를 클릭할 수 있다.

2. Maven ➤ Exsting Maven Projects로 이동하고 Next를 클릭한다.

3. 루트 디렉터리 옆에 있는 Browse 옵션을 선택하고 이전에 압축을 푼 폴더를 선택한다.

---

3. 공백이나 특수문자 또는 한글이 경로에 포함되지 않는 경로를 선택한다. - 옮긴이

4. Finish 버튼을 선택하면 생성된 메이븐 프로젝트를 Eclipse Project Explorer 에 가져온다.

이클립스에 익숙하다면 여기서 이클립스 자체를 설명하는 데 시간을 쓰지 않을 것이다. 대신 애플리케이션 개발을 자세히 살펴보겠다.

먼저 스프링 부트 프로젝트를 만들 때 자동 생성된 pom.xml을 살펴보자. 여기 서는 3가지 주요 요소를 설명한다.

스프링 부트 스타터 페어런트

일반적으로 메이븐 pom.xml 파일은 spring-boot-starter-parent 프로젝트에서 상속되며 하나 이상의 스타터에 대한 의존성을 선언한다. 그림 7-1에서 몽고 DB와 Rest 리포지터리라는 2가지 스타터를 볼 수 있다.

리스트 7-1에는 프로젝트에 필요한 다양한 라이브러리와 버전을 관리하는 BOM[Bill Of Materials]인 POM 상속 계층이 언급돼 있다.

리스트 7-1. 스프링 부트 스타터 페어런트(ch07\ch07-01\pom.xml)

```
<parent>
   <groupId>org.springframework.boot</groupId>
   <artifactId>spring-boot-starter-parent</artifactId>
   <version>1.5.4.RELEASE</version>
   <relativePath/>
</parent>
```

스프링 부트 의존성

다음으로 dependency 섹션을 보면 리스트 7-2에 표시된 것처럼 POM 파일에 3개의 의존성만 언급돼 있음을 알 수 있다.

```
<dependencies>
  <dependency>
    <groupId>org.springframework.boot</groupId>
    <artifactId>spring-boot-starter-data-mongodb</artifactId>
  </dependency>
  <dependency>
    <groupId>org.springframework.boot</groupId>
    <artifactId>spring-boot-starter-data-rest</artifactId>
  </dependency>
  <dependency>
    <groupId>org.springframework.boot</groupId>
    <artifactId>spring-boot-starter-test</artifactId>
    <scope>test</scope>
  </dependency>
</dependencies>
```

이러한 의존성은 다음과 같다.

- **spring-boot-starter-data-mongodb**: 스프링 데이터 몽고DB 프로젝트
  는 몽고DB 문서 데이터베이스와 통합하는 데 도움이 된다. 스프링 데이
  터 몽고DB의 주요 기능 영역은 몽고DB 컬렉션과 상호작용해 CRUD 작
  업을 수행하고 저장소 방식 데이터 접근 계층을 쉽게 작성하기 위한
  POJO 모델이다.

- **spring-boot-starter-data-rest**: 스프링 데이터 REST는 스프링 MVC
  위에 빌드된다. 스프링 데이터 REST는 RESTful 프런트엔드를 제공하는
  데 필요한 스프링 MVC 컨트롤러와 기타 Bean 컬렉션을 생성한다. 그런
  다음 이러한 구성 요소는 스프링 데이터 JPA 백엔드에 전이적으로 연결
  된다. 스프링 부트를 사용하면 이 모든 것이 자동으로 구성된다.

- **spring-boot-starter-test**: 이 스타터는 스프링 부트 테스트 모듈,

JUnit, AssertJ, Hamcrest, 애플리케이션을 테스트하는 데 도움이 되는 기타 유용한 라이브러리를 가져온다.

스프링 부트 메이븐 플러그인

다음으로 스프링 부트 메이븐 플러그인을 살펴본다. 리스트 7-3을 참고한다.

리스트 7-3. 스프링 부트 메이븐 플러그인

```
<build>
  <plugins>
    <plugin>
      <groupId>org.springframework.boot</groupId>
      <artifactId>spring-boot-maven-plugin</artifactId>
    </plugin>
  </plugins>
</build>
```

리스트 7-3의 스프링 부트 메이븐 플러그인은 실행 가능한 JAR 파일을 생성하는 데 도움이 된다. 실행 가능한 JAR 파일은 운영 환경에서 실행할 수 있는 필요한 모든 의존성을 포함한 실행 JAR 파일이다.

3장의 '자체 포함 마이크로서비스' 절에서 자체 포함과 실행 가능 번들에 대한 요구 사항을 확인했다. 자바는 JAR 파일에 포함된 JAR 파일을 로딩하는 표준 방법을 제공하지 않는다. 여기서 uber JAR를 사용할 수 있다. uber JAR는 모든 JAR의 모든 클래스를 단일 아카이브로 패키지화한다. 그러나 동일한 라이브러리의 다른 버전이 필요하거나 파일 이름이 동일한 경우 때때로 문제가 발생할 수 있다. 따라서 스프링 부트는 JAR를 직접 중첩하는 다른 접근법을 사용하며, 스프링 부트 메이븐 플러그인은 필요한 모든 작업을 수행한다.

엔티티 도메인 디자인과 코딩

이 절의 예제를 위해 엔티티 도메인을 매우 간단하게 유지할 것이다. 엔티티는 전자상거래 사이트에 나열될 수 있는 일반적인 상품이다. 여러 상품이 하나의 상품 카테고리에 속하므로 사이트에서 먼저 상품 카테고리를 표시할 수 있으며, 온라인 사용자는 상품 카테고리를 탐색하거나 선택한 카테고리에서 사용 가능한 모든 상품을 볼 수 있다. 그림 7-2는 엔티티 도메인 디자인을 보여준다. 이는 상품 카테고리와 상품 관계를 관리해 선택한 상품 카테고리 아래에 사용 가능한 모든 상품을 나열하면 요구 사항을 충족하는 데 도움이 되는 기본 디자인이다.

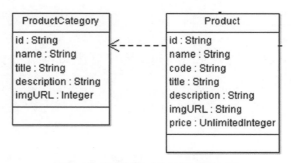

그림 7-2. 상품/상품 카테고리 도메인 모델

리스트 7-4는 이를 수행하는 데 필요한 코드를 보여준다.

리스트 7-4. 상품/상품 카테고리 도메인 모델(ch07\ch07-01\src\main\java\com\acme\ch07\ex01\product\model\Product.java)

```java
public class Product {

   @Id
   private String id;
   private String name;
   private String code;;
   private String title;
   private String description;
   private String imgUrl;
```

```
    private Double price;
    private String productCategoryName;
}
public class ProductCategory {

    @Id
    private String id;
    private String name;
    private String title;
    private String description;
    private String imgUrl;
}
```

또한 리스트 7-4에는 자동으로 생성되도록 구성된 id 객체가 있으므로 수동으로 처리할 필요가 없다.

리포지터리 코딩

리포지터리는 인터페이스이며 Product 및 ProductCategory 객체와 관련된 다양한 작업을 수행할 수 있다. 스프링 몽고DB 프로젝트 API에 정의된 Mongo Repository 인터페이스를 확장해 이러한 작업을 수행한다. MongoRepository에서 제공하는 기본 기능은 다음과 같다.

- 리포지터리에서 특정 유형의 일반 CRUD 작업 지원
- 페이지 매김과 정렬 추상화를 사용해 엔티티를 검색하는 방법

리스트 7-5를 참고한다.

Product와 ProductCategory 몽고 리포지터리(ch07\ch07-01\src\main\java\com\acme\ch07\ex01\product\repository\ProductRepository.java)

```
@RepositoryRestResource(collectionResourceRel="products", path="products")
public interface ProductRepository extends MongoRepository<Product, String> {

    public List<Product> findByProductCategoryName(
        @Param("productCategory") String productCatagoryName);
}


@RepositoryRestResource(collectionResourceRel="categories",
    path="categories")
public interface ProductCategoryRepository extends
    MongoRepository<ProductCategory, String> {
}
```

여기에서 Category를 기반으로 Product 객체 목록을 검색하기 위한 사용자 지정 쿼리를 정의했다. 앞의 리포지터리 인터페이스에 더 많은 추상 유틸리티 메서드를 정의해 별도의 구현 작업을 하지 않아도 되지만 사용자의 목적에 맞게 리스트 7-5에 표시된 대로 제한했다. 런타임에 스프링 데이터 REST는 앞의 인터페이스를 자동으로 구현한다. 그런 다음 @RepositoryRestResource 애노테이션을 사용해 스프링 MVC가 /products와 /categories에 RESTful 엔드포인트를 생성하도록 지시한다.

실행 가능 부트 애플리케이션 코딩

필요한 경우 EcomProductMicroserviceApplication.java 파일을 수정할 수 있다. 리스트 7-6은 이전에 생성된 기본 코드를 보여준다. 이는 main() 메서드를 가진 간단한 자바 클래스이므로 톰캣 서블릿 컨테이너를 HTTP 런타임으로 사용해 독립 실행형 자바 애플리케이션으로 실행할 수 있다.

리스트 7-6. 스프링 부트 애플리케이션(ch07\ch07-01\src\main\java\com\acme\ch07\ex01\product\EcomProductMicroserviceApplication.java)

```java
@SpringBootApplication
public class EcomProductMicroserviceApplication {

  public static void main(String[] args) {
    SpringApplication.run(EcomProductMicroserviceApplication.class, args);
  }
}
```

main() 메서드는 스프링 부트의 SpringApplication.run() 메서드를 사용해 애플리케이션을 시작하지만 스프링 부트는 내부적으로 스프링 데이터 JPA를 기동해 ProductRepository와 ProductCategoryRepository의 구체적인 구현 클래스를 만들고 JPA를 사용해 백엔드 데이터베이스에 통합되도록 구성한다.

스프링 부트 애플리케이션 빌드와 패키징

스프링 부트 방식은 운영 환경에서 실행할 수 있는 완전히 독립적인 실행 가능한 JAR 파일을 생성해 예제를 빌드하고 패키징하는 것이다. 3장의 '자체 포함 마이크로서비스' 절에서 설명한 것처럼 실행 가능한 JAR는 fat JAR라고도 한다. 코드가 실행해야 하는 다른 모든 JAR 의존성과 함께 컴파일된 클래스를 포함하는 압축 파일이며, POM 의존성을 해석하면 해결된다.

ch07-01\pom.xml에는 예제 실행을 빌드하는 데 필요한 메이븐 스크립트가 포함돼 있다. 몽고DB가 실행 중인지 확인한다. 부록 A를 참고해 몽고DB를 시작할 수 있다.

먼저 실행 파일을 단일 JAR 파일로 빌드하고 패키징한다.

```
cd ch07-01
D:\binil\gold\pack03\ch07\ch07-01>build
D:\binil\gold\pack03\ch07\ch07-01>mvn clean package -Dmaven.test.skip=true
```

그러면 대상 폴더에 실행 가능한 JAR 파일이 생성된다. 한 가지 주의할 점은 위의 메이븐 스크립트를 실행하면 기본적으로 테스트 케이스도 실행되지만 건너뛰도록 비활성화할 수 있다는 것이다.

다음 두 파일을 참고할 수 있다. 이 파일을 사용하면 예제 폴더에 비어 있는 많은 런타임 매개변수를 사용자 지정할 수 있다.

```
ch07-01\src\main\resources\application.properties
ch07-01\src\test\resources\test.properties
```

또한 개발 주기를 빠르게 하고자 테스트 클래스를 포함한 모든 자바 파일을 컴파일하려면 다음 명령을 사용할 수 있다.

```
cd ch07-01
ch07-01>mvn clean test-compile
```

실행 가능한 아티팩트를 패키징하지만 테스트 클래스를 빌드하거나 실행하지 않으려면 다음 명령을 사용할 수 있다.

```
cd ch07-01
ch07-01>mvn clean package -Dmaven.test.skip=true
```

스프링 부트 애플리케이션 실행과 테스트

mongo 셸이 실행 중인 mongod 인스턴스에 연결된 윈도우 명령 프롬프트에서 먼저 필요한 컬렉션을 정리할 수 있다.

```
> show collections
product
productCategory
> db.productCategory.drop()
true
> db.product.drop()
true
> show collections
>
```

이제 여러 가지 방법으로 스프링 부트 애플리케이션을 실행할 수 있다. 간단한 방법은 다음 명령으로 JAR 파일을 실행하는 것이다.

```
cd ch07-01
D:\binil\gold\pack03\ch07\ch07-01>run
D:\binil\gold\pack03\ch07\ch07-01>rem java -jar .\target\Ecom-
ProductMicroservice-0.0.1-SNAPSHOT.jar
D:\binil\gold\pack03\ch07\ch07-01>mvn spring-boot:run
```

애플리케이션이 실행되면 몽고DB에 필요한 컬렉션이 생성된다.

```
> show collections
product
productCategory
>
```

이제 애플리케이션을 테스트할 수 있다. 원하는 REST 클라이언트를 사용할 수 있다. cURL 도구를 사용해 서버에 대한 명령을 빠르게 실행할 수 있다. cURL로 명령을 실행하는 방법에 대한 개요는 부록 D를 참고한다. 이제 서버가 무엇을 제공해야 하는지 찾을 수 있다. 리스트 7-7을 참고한다.

리스트 7-7. cURL을 사용해 HTTP GET 요청하기

```
$ curl http://localhost:8080
{
  "_links": {
    "categories": {
      "href": "http://localhost:8080/categories{?page,size,sort}",
      "templated": true
    },
    "products": {
      "href": "http://localhost:8080/products{?page,size,sort}",
      "templated": true
    },
    "profile": {
      "href": "http://localhost:8080/profile"
    }
  }
}
```

이 책의 나머지 부분에서 편리하게 사용할 수 있는 좀 더 완전한 cURL 명령들을 보려면 부록 D를 참고한다. 그림 7-3은 기본 REST 작업을 호출하고자 유닉스 기반 환경에서 cURL을 사용하는 방법을 보여준다.

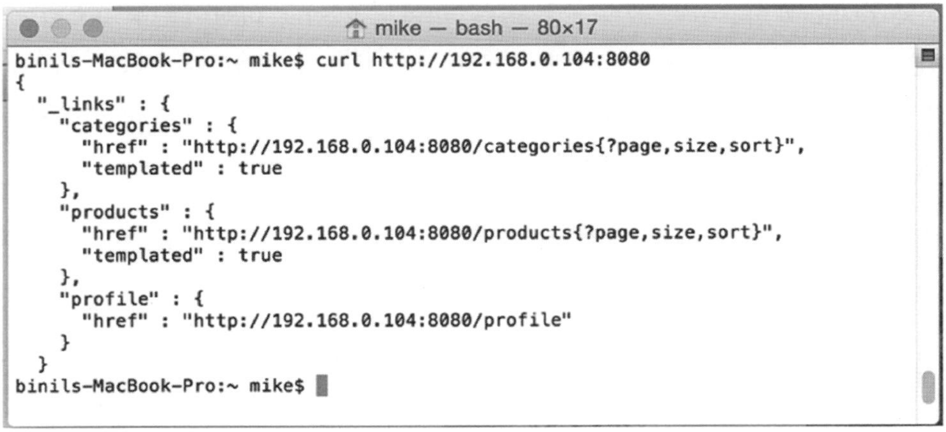

```
                                  🏠 mike — bash — 80×17
binils-MacBook-Pro:~ mike$ curl http://192.168.0.104:8080
{
  "_links" : {
    "categories" : {
      "href" : "http://192.168.0.104:8080/categories{?page,size,sort}",
      "templated" : true
    },
    "products" : {
      "href" : "http://192.168.0.104:8080/products{?page,size,sort}",
      "templated" : true
    },
    "profile" : {
      "href" : "http://192.168.0.104:8080/profile"
    }
  }
}
binils-MacBook-Pro:~ mike$ █
```

그림 7-3. cURL을 사용해 HTTP GET 요청하기

리스트 7-7은 http://localhost:8080/products에 있는 상품 링크를 보여준다. ?page, ?size, ?sort와 같은 몇 가지 옵션이 있다. 다른 링크도 있으며 이 링크를 검색하고 확인해볼 수 있다.

스프링 데이터 REST는 JSON 출력에 HAL^{Hypertext Application Language} 형식을 사용한다. 제공되는 데이터에 대한 링크를 얻기 위한 유연하고 쉽고 편리한 방법을 제공한다. HAL은 REST API 자체에서 API를 쉽게 탐색할 수 있도록 지원한다. 이러한 링크를 테스트하는 가장 쉬운 방법은 Postman을 사용하는 것이다. Postman을 사용해 다음 링크를 탐색할 수 있다.

```
http://localhost:8080/profile
http://localhost:8080/profile/products
http://localhost:8080/profile/categories
```

그림 7-4는 Postman의 http://localhost:8080/profile/products 링크에서 GET을 실행할 때의 모습을 보여준다.

그림 7-4. Postman을 사용해 HTTP GET 요청하기

또는 메이븐을 사용해 Junit 테스트를 실행할 수 있다. 테스트는 ch07-01\src\
test\java\com\acme\ch07\ex01\product라는 폴더에 있다. 테스트는 몽고 리포
지터리에 직접 액세스하고 데이터 작업을 수행한다. 리스트 7-8을 참고한다.

```java
public class ProductRepositoryTest {

  @Autowired
  private ProductRepository productRepository;

  @Before
  public void setUp(){

    productRepository.deleteAll();
  }

  @Test
  public void testAddProduct(){

    productRepository.save(createProject());
    assertTrue("successfully saved",true);
  }

  @Test
  public void testFindAllProducts(){

    productRepository.save(createProject());
    List<Product> productList = productRepository.findAll();
    assertTrue(productList.size()>0);
  }

  @Test
  public void testProductByProductCategory(){

    Product product = createProject();
    productRepository.save(product);
    List<Product> productList = productRepository.findByProductCategoryName(
        product.getProductCategoryName());
    assertTrue(productList.size()>0);
  }
}
```

스프링 부트 애플리케이션이 이미 실행 중이라면 테스트를 실행하고자 다음 명령을 실행한다.

```
cd ch07-01
D:\binil\gold\pack03\ch07\ch07-01>test
D:\binil\gold\pack03\ch07\ch07-01>mvn test
```

스프링 HAL 브라우저, HATEOAS를 사용한 개발

하이퍼미디어 기반 REST 인터페이스의 매우 편리한 점은 cURL(또는 사용 중인 REST 클라이언트)을 사용해 모든 RESTful 엔드포인트를 탐색할 수 있는 방법이다. 각 응답에서 다음에 사용자가 수행할 수 있는 옵션에 대한 정보를 제공하면 메서드 호출(쿼리) 전에 클라이언트와 공식 계약이나 인터페이스 문서를 교환할 필요가 없다. HAL 형식은 API의 리소스 간에 하이퍼링크를 연결하는 일관되고 쉬운 방법을 제공한다. HAL은 REST API를 탐색할 수 있게 하며 해당 문서는 API 자체에서 쉽게 찾을 수 있다. 이렇게 하면 API가 수동과 기계 해독 가능 모드에서 더 쉽게 사용할 수 있으므로 클라이언트 개발자에게 더 매력적이다. HATEOAS$^{Hypertext As}$ $^{The Engine Of Application State}$는 탐색 링크가 응답 페이로드의 일부로 제공되는 REST 패턴이다. 그런 다음 클라이언트는 상태를 확인하고 해당 상태의 일부로 제공된 전환 URL을 따를 수 있다.

대부분의 주요 프로그래밍 언어에 사용할 수 있는 오픈소스 라이브러리는 HAL로 제공되므로 HAL을 채택한 API는 여러 플랫폼과 프로그래밍 언어로 쉽게 제공하고 사용할 수 있다. 그것은 매우 간단해서 다른 JSON과 마찬가지로 처리할 수 있다.

HAL 브라우저

HAL 브라우저는 HAL+JSON 데이터를 처리하고자 HAL 사양을 기반으로 하는 유용한 애플리케이션이다. HAL 기반 자바 스크립트를 사용하는 웹 앱이다. HAL 호환 스프링 데이터 REST API를 사용해 앱을 탐색하고 연결된 리소스를 이동하는 데 사용할 수 있다.

HAL 브라우저로 애플리케이션을 활성화하려면 스프링 이니셜라이저에서 그림 7-1에 언급된 의존성과 함께 'Rest Repositories HAL Browser' 의존성을 포함하기만 하면 된다. 따라서 pom.xml에는 리스트 7-9에 표시된 추가 의존성이 있다.

리스트 7-9. 스프링 REST HAL 브라우저에 대한 메이븐 의존성(ch07\ch07-02\pom.xml)

```
<dependencies>
  <dependency pendency>
    <groupId>org.springframework.data</groupId>
    <artifactId>spring-data-rest-hal-browser</artifactId>
  </dependency>
</dependencies>
```

pom.xml에는 몇 가지 구성 세부 정보가 더 있지만 이러한 모든 추가 항목은 자바 Util Logging, Log4J, Log4J2, Logback과 같이 일반적으로 사용되는 로깅 프레임워크의 퍼사드^{façade} 역할을 하는 자바용 SL4J^{Simple Logging Façade for Java}를 구성하기 위한 것이다. SL4J API에 대한 로깅 코드를 작성하면 배포할 때 원하는 로깅 프레임워크를 유연하게 연결할 수 있으며, 이 프레임워크는 중간 브리지/어댑터 계층을 통해 가능하다. 스프링 부트는 클래스 경로에 있으면 기본적으로 Logback을 선택해 사용하므로 내장된 Logback 의존성을 제외하기 위한 'Exclude' 구성도 있다.

ch07\ch07-02 폴더에 있는 예제 애플리케이션은 ch07\ch07-01에서 살펴본 코드와 유사하므로 여기서는 설명하지 않겠다. 몽고DB가 실행 중인지 확인한다.

몽고DB를 시작하려면 부록 A를 참고한다.

다음과 같이 애플리케이션을 빌드하고 실행할 수 있다.

```
cd ch07\ch07-02
D:\binil\gold\pack03\ch07\ch07-02>build
D:\binil\gold\pack03\ch07\ch07-02>mvn clean package -Dmaven.test.skip=true

cd ch07\ch07-02
D:\binil\gold\pack03\ch07\ch07-02>run
D:\binil\gold\pack03\ch07\ch07-02>mvn spring-boot:run
```

spring-data-rest-hal-browser 의존성은 애플리케이션의 루트 URI를 방문할 때 제공될 HAL 브라우저를 자동 구성한다.

브라우저에서 http://localhost:8080을 호출하면 그림 7-5에 표시된 URL로 전환된다.

REST 엔드포인트에 대한 GET과 Non-GET 작업이 있으며 GET 버튼을 클릭하고 컬렉션 중 하나를 탐색하고 보거나 Non-GET 옵션을 클릭해 컬렉션을 변경할 수 있다. 이는 HAL 브라우저가 응답에서 링크를 읽고 브라우저 왼쪽의 목록에 표시하게 함으로써 자동으로 가능하다. 브라우저 오른쪽에는 헤더와 본문(HAL 문서)을 포함한 응답의 세부 정보가 있다.

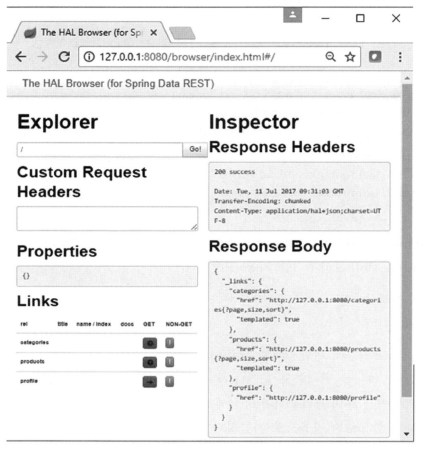

그림 7-5. 스프링 데이터 REST HAL 브라우저

HAL 브라우저는 URI 템플릿을 사용한다. 물음표 아이콘으로 상품 또는 상품 카테고리 옆의 GET 메서드 중 하나를 수행할 수 있다. 그림 7-6과 같이 확장 대화상자로 이동하게 선택하면 대화상자가 나타난다.

그림 7-6. HAL URI 템플릿의 GET 메서드를 확장

아무것도 입력하지 않고 Follow URI 버튼을 선택할 수 있다. 그렇다면 변수는 본질적으로 무시되고 서버에서 컬렉션의 모든 요소를 다시 받게 된다. 마찬가지로 위의 Non-GET 버튼을 선택하면 그림 7-7과 같은 대화상자가 나타난다. 기본적으로 POST 메서드가 표시된다. 이 필드는 리소스를 PUT 또는 PATCH하도록 조정할 수 있다. 헤더^{header}는 기본적으로 새 JSON 문서를 만들고자 적절하게 채워진다. 필드는 리소스의 메타데이터를 기반으로 자동으로 채워진다. 이는 스프링 데이터 REST로 자동 생성된다.

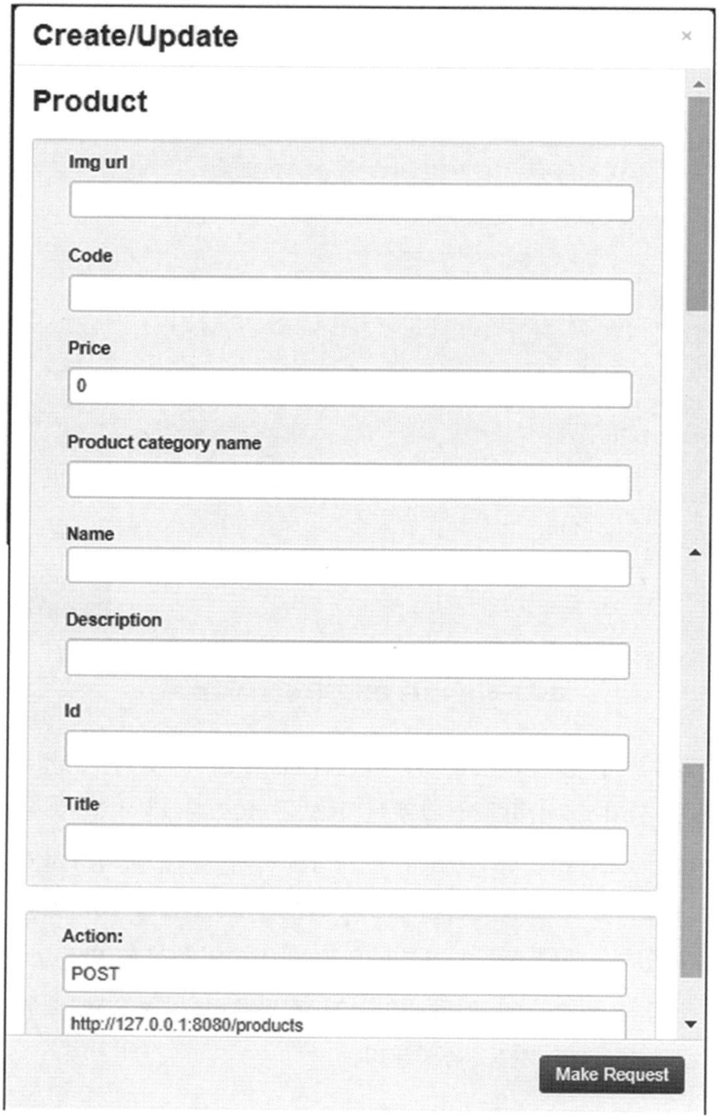

그림 7-7. HAL URI 템플릿의 non-GET 메서드 확장

RestTemplate을 사용한 HAL REST 엔드포인트 테스트

이제 메이븐으로 Junit 테스트를 실행할 수 있다. 테스트는 ch07-02\src\test\java\com\acme\ch07\ex02\product 폴더에 있다. 앞 절에 있는 테스트는 Mongo 리포지터리에 직접 액세스해 데이터 작업을 수행했다. 그러나 이 절의 테스트는 스프링 데이터 REST로 자동 생성된 REST API에 도달한다. 리스트 7-10에서 7-12까지는 **RestTemplate**을 사용해 HAL REST 엔드포인트에 도달하는 데이터 작업을 수행하는 데 필요한 코드를 검사한다. 리스트 7-10은 HTTP **POST** 메서드를 호출해 서버에서 새 리소스를 만드는 방법을 보여준다. 또한 테스트 초기화 설정에서 수행하는 HTTP **DELETE** 메서드를 호출하는 방법도 보여준다.

리스트 7-10. RestTemplate을 사용해 HAL REST 엔드포인트 테스트(ch07\ch07-02\src\test\java\com\acme\ch07\ex02\product\ProductHalRestTemplateTest.java)

```java
public class ProductHalRestTemplateTest {

    private static String PRODUCT_SERVICE_URL = "http://127.0.0.1:8080/products";

    @Before
    public void setUp(){

        deleteAllProducts();
    }

    @Test
    public void testPostProduct(){

        try{
            Product productNew1 = createProduct("1");
            Product productNew2 = createProduct("2");
            RestTemplate restTemplate = restTemplate();
            Product productRetreived1 = restTemplate.postForObject(
                PRODUCT_SERVICE_URL, productNew1, Product.class);
            Product productRetreived2 = restTemplate.postForObject(
                PRODUCT_SERVICE_URL, productNew2, Product.class);
            assertTrue("successfully saved",true);
```

```java
        }catch(Exception ex){
            assertTrue("successfully failed",true);
        }
    }

    public void deleteAllProducts(){

        RestTemplate restTemplate = restTemplate();
        List<Product> productList = getAllProducts();
        productList.forEach(item->restTemplate.delete(
            PRODUCT_SERVICE_URL + "/" + item.getId())
        );
    }

    private RestTemplate restTemplate() {

        ObjectMapper mapper = new ObjectMapper();
        mapper.configure(DeserializationFeature.FAIL_ON_UNKNOWN_PROPERTIES,
            false);
        mapper.registerModule(new Jackson2HalModule());
        MappingJackson2HttpMessageConverter converter = new
            MappingJackson2HttpMessageConverter();

        converter.setSupportedMediaTypes(MediaType.parseMediaTypes(
            "application/hal+json"));
        converter.setObjectMapper(mapper);
        return new RestTemplate(Arrays.asList(converter));
    }
}
```

HTTP GET 메서드를 사용해 새로 생성된 리소스를 조회할 수 있다(리스트 7-11 참고).

리스트 7-11. RestTemplate을 사용해 HAL GET REST 엔드포인트 테스트

```java
public class ProductHalRestTemplateTest {

    @Test
    public void testGetAllProducts(){
```

```
        testPostProduct();
        List<Product> productList = getAllProducts();
        assertTrue(productList.size() > 0);
    }

    public List<Product> getAllProducts(){

        RestTemplate restTemplate = restTemplate();
        ParameterizedTypeReference<PagedResources<Product>> responseTypeRef =
            new ParameterizedTypeReference<PagedResources<Product>>() {};
        ResponseEntity<PagedResources<Product>> responseEntity =
            restTemplate.exchange(PRODUCT_SERVICE_URL, HttpMethod.GET,
            (HttpEntity<Product>) null, responseTypeRef);
        PagedResources<Product> resources = responseEntity.getBody();
        Collection<Product> products = resources.getContent();
        List<Product> productList = new ArrayList<Product>(products);
        return productList;
    }
}
```

리스트 7-12는 RestTemplate을 사용해 HTTP PUT를 호출해 서버의 리소스를 변경하는 방법을 보여준다.

리스트 7-12. RestTemplate을 사용한 HAL PUT 엔드포인트 테스트

```
public class ProductHalRestTemplateTest {

    @Test
    public void testPutProduct(){

        try{
            Product productNew3 = createProduct("3");
            RestTemplate restTemplate = restTemplate();
            Product productRetreived3 =
                restTemplate.postForObject(PRODUCT_SERVICE_URL, productNew3,
                Product.class);
```

```
            productRetreived3.setPrice(productRetreived3.getPrice() * 2);
            restTemplate.put( PRODUCT_SERVICE_URL + "/" +
                productRetreived3.getId(), productRetreived3, Product.class);
            Product productAgainRetreived =
                restTemplate.getForObject(PRODUCT_SERVICE_URL + "/" +
                productRetreived3.getId(), Product.class);
            assertTrue("successfully saved",true);
        }catch(Exception ex){
            assertTrue("successfully failed",true);
        }
    }
}
```

테스트를 실행하려면 스프링 부트 애플리케이션이 이미 실행 중이라고 가정하고 다음 명령을 실행한다.

```
cd ch07-02
D:\binil\gold\pack03\ch07\ch07-02>test
D:\binil\gold\pack03\ch07\ch07-02>mvn test
```

RESTful 웹 서비스 개발

REST[Representational State Transfer]는 2000년에 로이 필딩[Roy Fielding]이 박사 학위 논문에서 소개한 분산 시스템 디자인을 위한 아키텍처 방식이다. REST는 리소스에 적용되는 일반적인 제약 조건들이지만 일반적으로 HTTP와 관련이 있다. 이 절에서는 REST 개념을 소개하고 스프링 부트를 사용한 REST 소비자뿐만 아니라 완전한 REST 공급자의 완전한 구현을 살펴본다.

REST 기초

REST는 상태 비저장, 클라이언트/서버 관계 설정, 균일한 인터페이스 제공, 요청-응답 주기의 멱등성 등과 같은 제약 조건을 권장한다. REST는 엄격하게 HTTP와 관련되지 않지만 가장 일반적으로는 HTTP와 관련된다.

REST 원칙은 다음과 같다.

- 리소스는 쉽게 이해되고 디렉터리와 유사한 구조인 URI를 노출해 검색, 연결, 순회가 가능하다.

- 데이터 객체와 속성의 표현은 JSON이나 XML 형식으로 표현돼 전송된다.

- 작업이나 메시지는 HTTP 메서드를 명시적으로 사용한다(예, GET, POST, PUT, DELETE).

- 작업은 상태 비저장이므로 요청 사이에 서버에 클라이언트 컨텍스트를 저장하지 않는다. 클라이언트는 클라이언트 수가 증가해도 서버의 확장성이 큰 볼륨의 상태 데이터로 인해 저하되지 않도록 세션 상태만 유지한다.

REST를 사용하면 다른 장점이 있다. 한 가지 주요 장점은 캐시와 프록시 같은 중개자가 캐시 적중을 제공해 필요하지 않은 경우 실제 리소스 서버에 부하를 주지 않는다는 것이다. 캐시 서버는 웹 성능을 향상시키는 데 도움이 되는 특수 프록시 서버다. 클라이언트 측이나 서버 측 또는 다른 중개자 간에 웹 성능은 향상될 수 있다. REST HTTP 표준과 동작을 준수하면 이러한 최적화를 활용하는 데 도움이 된다. 이 최적화는 HTTP가 표준이며 많은 디바이스에 이러한 최적화를 구성할 수 있기 때문이다.

CRUD 리소스에 대한 HTTP 메서드

REST 구현에 활용할 수 있는 HTTP의 주요 메서드는 다음과 같다.

- **GET:** GET은 가장 간단한 HTTP 작업이며 서버에서 리소스를 검색하기 위한 것이다. 200 OK는 성공적인 작업을 위한 상태 코드다. 모든 GET 작업은 멱등성이어야 한다. 즉, 동일한 매개변수를 사용해 작업을 몇 번 반복하든 관계없이 리소스의 상태가 변경되지 않아야 한다.

- **POST[4]:** HTTP POST는 클라이언트가 서버에 정보를 보낼 수 있는 옵션을 제공한다. POST는 새 리소스를 만드는 데 권장된다(기존 리소스를 업데이트할 수도 있음).

- **PUT:** HTTP PUT은 클라이언트가 서버에 정보를 보낼 수 있는 옵션도 제공한다. 그러나 PUT의 사용 의미는 HTTP에 따라 POST의 사용 의미와 약간 다르다. PUT을 사용하면 URI로 대표되는 서버의 위치에 표시하거나 배치할 서버에 새 객체를 보낼 수 있으므로 리소스를 새것으로 바꾸려는 의도를 가질 수 있다. PUT 요청은 단일 클라이언트에 관한 한 멱등성이다. PUT 요청에서 데이터 요소의 하위 집합만 제공되면 나머지는 비어 있거나 null로 대체된다.

- **DELETE:** DELETE는 클라이언트에서 서버의 리소스를 제거하는 옵션을 제공한다. URI는 삭제할 리소스를 식별한다. 리소스를 즉시 제거할 필요는 없지만 대신 백그라운드에서 비동기식 또는 장기 실행 작업으로 리소스를 제거할 수 있다.

---

4. 엄격한 HTTP 사양에 따라 POST와 PUT의 차이점은 서버가 URI를 해석하는 방식에 있다. POST에서 URI는 일반적으로 포함된 데이터를 처리할 수 있는 서버 객체를 식별한다. PUT에서 URI는 서버가 데이터를 배치해야 하는 리소스를 식별한다. 따라서 POST URI는 일반적으로 작업을 수행할 수 있는 프로그램 또는 스크립트를 나타낸다. PUT URI는 일반적으로 리소스의 경로와 이름이다.

스프링 부트에서 REST 컨트롤러 개발

앞 절에서 설명한 것과 동일한 상품 엔티티를 사용해 CRUD 작업을 수행하는 완전한 기능의 REST 서비스를 빌드한다. RESTful 웹 서비스를 빌드할 때 스프링의 접근법은 컨트롤러를 사용해 HTTP 요청을 처리하는 것이다. 리스트 7-13에서 7-16은 스프링을 사용해 HATEOS 기반 REST 컨트롤러를 빌드하기 위한 전체 코드를 보여준다.

리스트 7-13은 특정 ID를 가진 상품을 검색하는 방법을 보여준다. @Request Mapping 애노테이션은 /products/{id}에 대한 HTTP 요청이 getProduct() 메서드에 매핑되게 한다.

리스트 7-13. GET 작업을 지원하는 HATEOAS 지원 REST 컨트롤러(ch07\ch07-03\src\main\java\com\acme\ch07\ex03\product\controller\ProductRestController.java)

```
@RestController
public class ProductRestController {

  @Autowired
  private ProductRepository productRepository;

  @RequestMapping(value = "/products/{id}", method = RequestMethod.GET,
      produces = MediaType.APPLICATION_JSON_VALUE)
  public ResponseEntity<Resource<Product>> getProduct( @PathVariable("id")
      String id) {

    Product product = productRepository.findOne(id);
    if (product == null) {
      return new ResponseEntity<Resource<Product>> (HttpStatus.NOT_FOUND);
    }
    Resource<Product> productRes = new Resource<Product>(product,
        linkTo(methodOn(ProductRestController.class).getProduct(
        product.getId())).withSelfRel());
    return new ResponseEntity<Resource<Product>>(productRes, HttpStatus.OK);
  }
```

```
@RequestMapping(value = "/products", method = RequestMethod.GET, produces =
    {MediaType.APPLICATION_JSON_VALUE})
public ResponseEntity<Resources<Resource<Product>>> getAllProducts() {

  List<Product> products = productRepository.findAll();
  Link links[] = {linkTo(methodOn(ProductRestController.class).
      getAllProducts()).withSelfRel(),linkTo(
      methodOn(ProductRestController.class).getAllProducts()).withRel(
      "getAllProducts")};
  if(products.isEmpty()){
    return new ResponseEntity<Resources<Resource<Product>>>(
        HttpStatus.NOT_FOUND);
  }
  List<Resource<Product>> list=new ArrayList<Resource<Product>> ();
  for(Product product:products){
    list.add(new Resource<Product>(product,
    linkTo(methodOn(ProductRestController.class).getProduct(
        product.getId())).withSelfRel()));
  }
  Resources<Resource<Product>> productRes = new
      Resources<Resource<Product>>(list, links) ;
  return new ResponseEntity<Resources<Resource<Product>>>(productRes,
      HttpStatus.OK);
  }
}
```

REST 구성 요소는 @RestController 애노테이션으로 식별되고 ProductRest Controller는 상품 엔티티에 대한 HTTP 기반 CRUD 요청을 처리한다.

메서드 본문에 제공된 ID를 사용해 상품 엔티티를 검색하고 새 상품 객체를 반환한다. 이 상품 객체 데이터는 HTTP 응답에 JSON으로 직접 제공된다. 또한 리스트 7-13은 모든 상품 리소스를 검색하는 대량 검색 작업도 보여준다.

기존 MVC 컨트롤러와 위의 RESTful 웹 서비스 컨트롤러의 주요 차이점은 HTTP

응답 본문이 생성되는 방식이다. 이 RESTful 웹 서비스 컨트롤러는 인사말 데이터를 HTML로 서버 측 렌더링을 하는 뷰 기술에 의존하는 대신 인사말 객체를 채우고 반환한다. 객체 데이터는 HTTP 응답에 JSON으로 직접 기록된다.

이 코드는 스프링 4의 @RestController 애노테이션을 사용하는데, 이는 기존 MVC 컨트롤러에 비해 모든 메서드가 뷰 대신 도메인 객체를 반환하는 컨트롤러로 클래스를 완전히 표시한다. @Controller와 @ResponseBody를 합친 약어다.

Product 객체를 JSON으로 변환하고자 스프링은 HTTP 메시지 변환기 지원을 사용한다. 잭슨^{Jackson} 2가 클래스 경로에 있으므로 이 변환을 수동으로 수행할 필요가 없으므로 스프링의 MappingJackson2HttpMessageConverter가 자동으로 선택돼 Product 인스턴스를 JSON으로 변환한다.

다른 작업을 살펴보자. 리스트 7-14는 새 리소스를 만드는 방법을 보여준다.

리스트 7-14. POST 작업이 있는 HATEOAS 지원 REST 컨트롤러

```
@RestController
public class ProductRestController {

  @RequestMapping(value = "/products", method = RequestMethod.POST)
  public ResponseEntity<Resource<Product>> postProduct(@RequestBody Product
      product, UriComponentsBuilder ucBuilder) {
    List<Product> products = productRepository.findByCode(product.getCode());
    if (products.size() > 0) {
      LOGGER.debug("A Product with code {} already exist",
          product.getCode());
      return new ResponseEntity<Resource<Product>> (HttpStatus.CONFLICT);
    }
    Product newProduct = productRepository.save(product);

    HttpHeaders headers = new HttpHeaders();

    headers.setLocation(ucBuilder.path("/products/{id}").
        buildAndExpand(product.getId()).toUri());
    Resource<Product> productRes =new Resource<Product>(newProduct,
```

```
      linkTo(methodOn(ProductRestController.class).getProduct(
      newProduct.getId())).withSelfRel());
    return new ResponseEntity<Resource<Product>>(productRes, headers,
      HttpStatus.OK);
  }
}
```

리스트 7-15에 표시된 코드 조각을 사용해 서버의 리소스를 변경할 수 있다.

리스트 7-15. PUT 작업이 있는 HATEOAS 지원 REST 컨트롤러

```
@RestController
public class ProductRestController {

  @RequestMapping(value = "/products/{id}", method = RequestMethod.PUT)
  public ResponseEntity<Resource<Product>> updateProduct(@PathVariable("id")
      String id, @RequestBody Product product) {

    Product currentProduct = productRepository.findOne(id);
    if (currentProduct == null) {
      return new ResponseEntity<Resource<Product>>(HttpStatus.NOT_FOUND);
    }

    currentProduct.setName(product.getName());
    currentProduct.setCode(product.getCode());
    currentProduct.setTitle(product.getTitle());
    currentProduct.setDescription(product.getDescription());
    currentProduct.setImgUrl(product.getImgUrl());
    currentProduct.setPrice(product.getPrice());
    currentProduct.setProductCategoryName(
        product.getProductCategoryName());

    Product newProduct = productRepository.save(currentProduct);

    Resource<Product> productRes = new Resource<Product>(newProduct,
        linkTo(methodOn(ProductRestController.class).getProduct(
        newProduct.getId())).withSelfRel());
```

```
    return new ResponseEntity<Resource<Product>>(productRes,
        HttpStatus.OK);
  }
}
```

마지막으로 DELETE 메서드는 서버의 리소스를 삭제할 수 있다. 리스트 7-16은 특정 ID로 상품을 삭제하는 방법과 모든 상품 리소스를 삭제하는 방법을 보여준다.

리스트 7-16. DELETE 작업이 있는 HATEOAS 지원 REST 컨트롤러

```
@RestController
public class ProductRestController {

  @RequestMapping(value = "/products/{id}", method = RequestMethod.DELETE)
  public ResponseEntity<Product> deleteProduct(@PathVariable("id") String id) {

    Product product = productRepository.findOne(id);
    if (product == null) {
      return new ResponseEntity<Product>(HttpStatus.NOT_FOUND);
    }

    productRepository.delete(id);
    return new ResponseEntity<Product>(HttpStatus.NO_CONTENT);
  }

  @RequestMapping(value = "/products", method = RequestMethod.DELETE)
  public ResponseEntity<Product> deleteAllProducts() {

    productRepository.deleteAll();
    return new ResponseEntity<Product>(HttpStatus.NO_CONTENT);
  }
}
```

첫 번째 절에서는 스프링 부트 애플리케이션을 코딩하는 방법을 살펴봤다. 이제 애플리케이션을 빌드하고 패키징한다.

ch07\ch07-02 폴더의 예제 애플리케이션은 ch07\ch07-01과 ch07\ch07-02에서 살펴본 코드와 유사하므로 여기서는 설명하지 않는다. 몽고DB가 실행 중인지 확인한다. 몽고DB를 시작하려면 부록 A를 참고한다.

다음과 같이 애플리케이션을 빌드하고 실행할 수 있다.

```
cd ch07\ch07-03
D:\binil\gold\pack03\ch07\ch07-03>build
D:\binil\gold\pack03\ch07\ch07-03>mvn clean package -Dmaven.test.skip=true

cd ch07\ch07-02
D:\binil\gold\pack03\ch07\ch07-02>run
D:\binil\gold\pack03\ch07\ch07-02>mvn spring-boot:run
```

RestTemplate을 사용한 REST 컨트롤러 테스트

애플리케이션이 실행되면 테스트를 할 수 있는데, 원하는 REST 클라이언트를 사용할 수 있다.

리스트 7-17은 HATEOAS 서비스를 위해 RestTemplate을 사용해 자바 클라이언트를 코딩하는 방법을 보여준다. RestTemplate은 동기 클라이언트 측 HTTP 호출을 위한 스프링의 중앙 클래스다. RestTemplate은 HTTP 서버와의 통신을 단순화하고 REST 원칙을 적용한다. RestTemplate은 저수준의 HTTP 연결을 처리하고 애플리케이션 코드를 URL(가능한 템플릿 변수 포함)로 제공하고 응답한다. RestTemplate은 기본적으로 JDK 기능에 의존해 HTTP 연결을 설정한다. 그러나 아파치 HttpComponents, 네티^{Netty}, OkHttp와 같은 다른 HTTP 라이브러리를 사용하도록 전환할 수도 있다.

리스트 7-17. RestTemplate을 사용해 HATEOAS 서비스를 사용하는 클라이언트 코드(ch07\
ch07-03\src\test\java\com\acme\ch07\ex03\product\ProductControllerRestTemplateTest.java)

```java
public class ProductControllerRestTemplateTest {

   private static String PRODUCT_SERVICE_URL = "http://localhost:8080/products";

   @Test
   public void testPostProduct(){

      Product productNew1 = createProduct("1");
      RestTemplate restTemplate = restTemplate();
      Product productRetreived1 = restTemplate.postForObject(
            PRODUCT_SERVICE_URL, productNew1, Product.class);
   }

   @Test
   public void testGetAProduct(){

      Product productNew2 = createProduct("2");
      RestTemplate restTemplate = restTemplate();
      Product productRetreived2 = restTemplate.postForObject(
            PRODUCT_SERVICE_URL, productNew2, Product.class);
      String uri = PRODUCT_SERVICE_URL + "/" + productRetreived2.getId();
      Product productRetreivedAgain2 =
            restTemplate.getForObject(uri,Product.class);
   }

   @Test
   public void testPutProduct(){

Product productNew3 = createProduct("3");
RestTemplate restTemplate = restTemplate();
Product productRetreived3 = restTemplate.postForObject(PRODUCT_SERVICE_URL,
      productNew3, Product.class);
productRetreived3.setPrice(productRetreived3.getPrice() * 2);
restTemplate.put( PRODUCT_SERVICE_URL + "/" + productRetreived3.getId(),
      productRetreived3, Product.class);
Product productAgainRetreived3 = + "/" + productRetreived3.getId(),
```

```java
        Product.class);
    }

    @Test
    public void testDeleteAProduct(){

        Product productNew4 = createProduct("4");
        RestTemplate restTemplate = restTemplate();
        Product productRetreived4 = restTemplate.postForObject(
            PRODUCT_SERVICE_URL, productNew4, Product.class);
        restTemplate.delete(PRODUCT_SERVICE_URL + "/" +
            productRetreived4.getId());
    }

    @Test
    public void testDeleteAllProducts(){

        RestTemplate restTemplate = restTemplate();
        Product productNew5 = createProduct("5");
        Product productRetreived5 = restTemplate.postForObject(
            PRODUCT_SERVICE_URL, productNew5, Product.class);
        Product productNew6 = createProduct("6");
        Product productRetreived6 = restTemplate.postForObject(
            PRODUCT_SERVICE_URL, productNew6, Product.class);
        restTemplate.delete(PRODUCT_SERVICE_URL);
    }

    private List<Product> getAllProducts(){
        RestTemplate restTemplate = restTemplate();
        ParameterizedTypeReference<PagedResources<Product>> responseTypeRef =
            new ParameterizedTypeReference<PagedResources<Product>>() {};
        ResponseEntity<PagedResources<Product>> responseEntity =
            restTemplate.exchange(PRODUCT_SERVICE_URL, HttpMethod.GET,
            (HttpEntity<Product>) null, responseTypeRef);
        PagedResources<Product> resources = responseEntity.getBody();
        Collection<Product> products = resources.getContent();
        List<Product> productList = new ArrayList<Product>(products);
        return productList;
```

```
  }

  private RestTemplate restTemplate() {
    ObjectMapper mapper = new ObjectMapper();
    mapper.configure(DeserializationFeature.FAIL_ON_UNKNOWN_PROPERTIES,
        false);
    mapper.registerModule(new Jackson2HalModule());
    MappingJackson2HttpMessageConverter converter = new
        MappingJackson2HttpMessageConverter();
    converter.setSupportedMediaTypes(MediaType.parseMediaTypes(
        "application/hal+json, application/json"));
    converter.setObjectMapper(mapper);
    return new RestTemplate(Arrays.asList(converter));
  }
}
```

테스트를 실행하려면 스프링 부트 애플리케이션이 이미 실행 중이라고 가정하고 다음 명령을 실행한다.

```
cd ch07-03
D:\binil\gold\pack03\ch07\ch07-03>test
D:\binil\gold\pack03\ch07\ch07-03>mvn test
```

요약

7장에서는 스프링 부트를 살펴봤고, 스프링 플랫폼과 다른 많은 타사 자바 라이브러리와 함께 스크립트를 많이 사용하지 않는 방식으로 작업을 쉽게 수행하고 코드를 활용하며 규칙에 따라 패키징하는 방법을 살펴봤다.

그런 다음 몽고DB를 사용해 사용자 지정 엔티티 또는 리소스로 CRUD 이벤트를 실행하는 코드를 추가했다. Postman과 cURL을 모두 사용해 간단한 테스트를 수행했다. 이후 HATEOAS와 HAL의 개념도 소개했다. 그런 다음 복잡한 비즈니스 로직과 필요한 경우 사용자 정의 규칙과 유효성 검사를 수행할 수 있도록 서버 측에 완전한 REST 컨트롤러 예제를 개발했다. 8장에서는 이 장의 예제 위에 더 많은 코드 예제를 작성한다. 또한 다음의 대부분 장에서 스프링 부트를 활용하므로 7장은 나머지 장에서 코드가 작동하게 하는 기초가 된다. 8장에서는 스프링 부트 다음으로 분산형 마이크로서비스 생태계에서 공통 패턴을 구현하는 스프링 클라우드Spring Cloud를 살펴본다.

08
스프링 클라우드

7장에서는 스프링 부트를 소개했다. 스프링 부트로 빌드된 몇 가지 예제를 살펴 봤으므로 이제 애플리케이션이 중간 규모든 대규모든 엔터프라이즈 수준의 애 플리케이션을 위한 구성 요소를 갖췄다. 8장에서는 스프링 부트를 기반으로 빌드된 스프링 클라우드라는 필수 구성 요소를 살펴본다. 분산된 마이크로서비 스 생태계에는 많은 공통 패턴이 있으며 느슨하게 결합된 연속체로 핵심 서비 스를 통합하는 데 도움이 되는 스프링 클라우드는 이러한 패턴을 구현하고자 스프링 부트 애플리케이션의 동작을 향상시키는 많은 강력한 도구를 제공한다. 구체적인 코드 예제의 도움으로 다음 장들에서 계속 설명하는 데 필요한 중요 한 블록에 집중해서 살펴본다. 8장의 예제는 이전 예제보다 점진적으로 빌드되 므로 이번 장을 건너뛰지 말기 바란다. 그렇지 않으면 뒤의 예제가 원활하게 실행되지 않을 수 있다.

8장에서 다루는 내용은 다음과 같다.

- HTTP API 호출을 위한 페인 클라이언트[Feign client]
- 회로 차단기인 히스트릭스[Hystrix]
- 시스템 내 회로 차단기의 그래픽 개요를 보여주는 히스트릭스 대시보드
- 클라이언트 측 로드밸런서인 리본[Ribbon]
- REST 기반 레지스트리 서비스인 유레카[Eureka]

- 마이크로서비스의 전면 컨트롤러인 API 게이트웨이인 주울[Zuul]
- 버전 제어와 마이크로서비스 구성 매개변수 관리를 외부화하는 구성 서버

마이크로서비스 아키텍처를 위한 스프링 클라우드

4장의 '마이크로서비스 아키텍처' 절에서는 기존 아키텍처에서 마이크로서비스 기반 아키텍처로 전환할 때 해결해야 하는 새로운 주요 문제를 설명했다. 마이크로서비스 아키텍처의 역전 효과로 인해 애플리케이션 내 우려 사항의 많은 부분이 이제 마이크로서비스로 이동되고 마이크로서비스 수가 증가할수록 관련 외부 아키텍처의 복잡성도 증가한다.

스프링 클라우드는 마이크로서비스 생태계에 필요한 일반적인 사용 사례와 확장성 메커니즘을 위한 즉각적이고 우수한 지원을 제공한다. 그중 일부는 다음과 같다.

- 분산/버전 구성
- 서비스 등록과 디스커버리
- 라우팅과 로드밸런싱
- 서비스 간 호출
- 회로 차단기
- 분산 메시징

스프링 부트와 유사하게 스프링 클라우드는 매우 선언적인 접근법을 취하며, 클래스 경로 또는 애노테이션에 의존성을 포함하는 것만으로도 많은 기능을 얻을 수 있다. 이제 몇 가지를 살펴보자.

스프링 클라우드의 페인 클라이언트 사용

페인^{Feign} 클라이언트는 레트로핏^{Retrofit}, JAXRS-2.0, 웹소켓^{WebSocket}과 같은 라이브러리에서 영감을 얻은 Java-to-HTTP 클라이언트 측 바인더다. 페인의 목적은 REST API의 성숙도(즉, API의 안정도)에 관계없이 HTTP API에 대한 바인딩 부분을 균일하게 일반화함으로써 HTTP API 호출의 복잡성을 줄이는 것이다. 페인은 HTTP API 호출을 템플릿화된 요청으로 애노테이션 처리함으로써 단순화한다. 요청을 보내기 직전에 템플릿에 인수가 직접 적용된다. 그러나 페인은 텍스트 기반 API만 지원한다. 그럼에도 페인은 재요청, 단위 테스트 등과 같은 시스템 측면을 획기적으로 단순화한다. 이 절에서는 HTTP API 호출을 살펴본다.

페인 클라이언트 시나리오 디자인

이 절을 시작으로 8장의 스프링 클라우드에 있는 다른 모든 예제를 간단하면서도 대표적인 실제 사용 사례를 살펴본다. 먼저 사용 사례의 디자인을 살펴보고 자세히 알아본다. 그림 8-1은 2개의 개별 애플리케이션 또는 상품 웹과 상품 서버라는 2개의 개별 마이크로서비스가 있는 간단한 시나리오를 보여준다.

구성 요소를 하나씩 살펴보자.

- **상품 서버**: 상품 서버는 CRUD 작업의 일부를 구현하는 완전한 마이크로서비스 애플리케이션이다. 이 마이크로서비스는 몽고DB를 사용해 상품 엔티티 관련 데이터를 읽고 쓴다. 따라서 마이크로서비스는 데이터베이스에 대해 일반적인 CRUD 작업을 수행하고 기능을 REST 기반 서비스로 노출하는 데 필요한 모든 구성 요소를 캡슐화한다.

  - **ProductRestController**: 선택한 CRUD 작업을 노출하는 REST 컨트롤러

  - **Product**: 엔티티 클래스로 DB에 유지

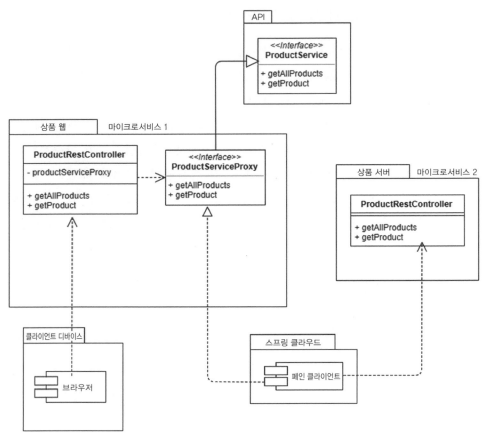

그림 8-1. 페인 클라이언트 사용 시나리오

- **ProductRepository**: 몽고DB 작업을 실행하는 모든 작업을 수행하는 몽고 리포지터리

- **EcomProductMicroserviceApplication**: 스프링 부트 기반 애플리케이션 클래스

- **상품 웹**: 상품 웹은 또 다른 완전한 마이크로서비스 애플리케이션으로 디자인됐으나 이번에는 마이크로서비스 애플리케이션이 CRUD를 수행하지 않고 대신 외부 또는 상품 서버 마이크로서비스로 모든 호출을 위

234

임하는 클라이언트에 대한 안내 역할을 한다. 따라서 상품 웹은 이전에 상품 서버에서 봤던 모든 구성 요소도 가져온다. 유일한 차이점은 DB 상호작용을 수행하지 않기 때문에 리포지터리 구성 요소가 없다는 것이다. 그러나 상품 웹은 모든 REST 호출을 상품 서버 마이크로서비스로 위임하기 때문에 이를 위한 코드를 만들어야 한다. 이를 위해 모든 것을 손으로 직접 코딩하는 대신 페인 클라이언트를 활용할 것이다. 이는 다음에 설명한다.

- **ProductService**: ProductService는 노출을 위해 선택된 모든 방법을 나열하는 인터페이스이므로 상품 서버와 상품 웹 모두 이 인터페이스에 지정된 것을 실행한다.

- **ProductServiceProxy**: 이 구성 요소는 ProductService를 확장하거나 다른 추상 인터페이스로 상품 서버와 상품 웹 인터페이스에서 예상되는 모든 메서드를 가져온다. 또한 ProductServiceProxy는 페인 클라이언트의 필수 구성에 애노테이션을 달기 위한 인터페이스다. 실질적인 모든 의미에서 이는 서버 측 기능에 대한 클라이언트 측 프록시로 간주될 수 있다.

- **스프링 클라우드 페인 클라이언트**: 스프링의 페인 클라이언트는 스프링 클라우드가 즉석에서 실현하는 실제 구현이다. 이 프록시 구현으로 상품 웹의 호출이 상품 서버로 위임된다.

앞에서 설명한 상호작용은 그림 8-2에서 보여준다.

여기서 브라우저의 요청이 상품 웹 마이크로서비스에 도달한다. 상품 웹 마이크로서비스는 ProductServiceProxy의 도움을 받아 상품 서버 마이크로서비스에 호출을 위임한다. 상품 서버 마이크로서비스는 데이터베이스에서 데이터를 검색하고 응답을 제공하며, 이는 호출 스택을 통해 브라우저로 반환된다.

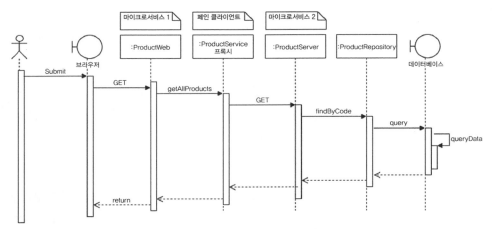

그림 8-2. 페인 클라이언트를 통한 호출 위임

페인 클라이언트 사용 코드

페인은 선언적 HTTP 클라이언트며 메이븐 POM에 언급된 **spring-cloud-starter-feign** 의존성 및 **@EnableFeignClients** 애노테이션과 함께 사용함으로써 합리적인 기본 구성을 갖춘 완벽한 기능의 HTTP 클라이언트를 사용할 수 있다. 페인 클라이언트 의존성에 대한 명시적인 설명을 보려면 pom.xml을 확인한다. 리스트 8-1을 보자.

리스트 8-1. 메이븐의 페인 클라이언트 의존성(ch08\ch08-01\ProductWeb\pom.xml)

```
<dependency>
  <groupId>org.springframework.cloud</groupId>
  <artifactId>spring-cloud-starter-feign</artifactId>
</dependency>
```

클래스 경로에 페인을 추가하고 기본 구성 속성과 함께 모든 것이 작동하게 하려면 하나의 애노테이션만 더 추가하면 된다. 이는 리스트 8-2에서 보여준다.

리스트 8-2. 페인 클라이언트 활성화(ch08\ch08-01\ProductWeb\src\main\java\com\
acme\ecom\product\controller\ProductRestController.java)

```java
import org.springframework.cloud.netflix.feign.EnableFeignClients;

@EnableFeignClients(basePackageClasses = ProductServiceProxy.class)
@ComponentScan(basePackageClasses = ProductServiceProxy.class)
@CrossOrigin
@RestController
public class ProductRestController implements ProductService{

    private ProductServiceProxy productServiceProxy;

    @Autowired
    public ProductRestController(ProductServiceProxy productServiceProxy){
        this.productServiceProxy = productServiceProxy;
    }

    @RequestMapping(value = "/productsweb", method = RequestMethod.GET,
        produces = {MediaType.APPLICATION_JSON_VALUE})
    public ResponseEntity<Resources<Resource<Product>>> getAllProducts() {

        return productServiceProxy.getAllProducts();
    }

    @RequestMapping(value = "/productsweb/{productId}", method =
        RequestMethod.GET, produces = MediaType.APPLICATION_JSON_VALUE)
    public ResponseEntity<Resource<Product>>
        getProduct(@PathVariable("productId") String productId) {

        return productServiceProxy.getProduct(productId);
    }
}
```

ProductServiceProxy는 페인 클라이언트 프록시에서 리스트 8-2의 코드에 추
가된다. 이 REST 프록시 클라이언트를 만드는 것은 정말 쉽고 대부분의 경우
인터페이스를 만들고 애노테이션을 추가하기만 하면 된다. 스프링 클라우드
환경은 런타임에 인터페이스를 생성하고 호출 위임이 작동하게 한다. 리스트

8-3은 ProductServiceProxy 코드를 보여준다.

리스트 8-3. 페인 REST 클라이언트(ch08\ch08-01\ProductWeb\src\main\java\com\acme\ecom\product\client\ProductServiceProxy.java)

```
import org.springframework.cloud.netflix.feign.FeignClient;

@FeignClient(name="product-proxy", url = "http://localhost:8080")
public interface ProductServiceProxy extends ProductService{

}
```

상품 서버 마이크로서비스의 코드는 7장의 'RESTful 웹 서비스 개발' 절에서 이미 설명한 예제와 매우 유사하므로 설명하지 않겠다.

페인 클라이언트 빌드와 테스트

페인 클라이언트를 시연하는 데 필요한 전체 코드는 ch08-01 폴더에 있다. 몽고DB가 실행 중인지 확인한다. 몽고DB를 시작하려면 부록 A를 참고한다.

먼저 상품 서버 마이크로서비스의 실행 파일을 빌드하고 패키징하고 서버를 실행한다. 쉽게 실행할 수 있는 유틸리티 스크립트 ch08\ch08-01\ProductServer\make.bat가 제공된다.

```
cd ch08\ch08-01\ProductServer
D:\binil\gold\pack03\ch08\ch08-01\ProductServer>make
D:\binil\gold\pack03\ch08\ch08-01\ProductServer>mvn -Dmaven.test.skip=true
clean package
```

여러 가지 방법으로 스프링 부트 애플리케이션을 실행할 수 있다. 간단한 방법은 JAR 파일을 다음 명령으로 실행하는 것이다.

```
D:\binil\gold\pack03\ch08\ch08-01\ProductServer>run
D:\binil\gold\pack03\ch08\ch08-01\ProductServer>java -jar -Dserver.port=8080
./target/Ecom-Product-Microservice-0.0.1-SNAPSHOT.jar
```

이 명령을 실행하면 상품 서버가 8080 포트로 표시된다. 다음 위치에 보관된 초기화 구성 요소는 시작할 때 몇 개의 상품 인스턴스를 몽고DB로 불러들이며 이는 나중에 애플리케이션을 시연하는 데 유용하다.

```
ch08\ch08-01\ProductServer\src\main\java\com\acme\ecom\
productInitializationComponent.java
```

다음으로 상품 웹 마이크로서비스의 실행 파일을 빌드하고 패키징한 후 서버를 실행한다.

```
cd ch08\ch08-01\ProductWeb
D:\binil\gold\pack03\ch08\ch08-01\ProductWeb>make
D:\binil\gold\pack03\ch08\ch08-01\ProductWeb>mvn -Dmaven.test.skip=true
clean package
D:\binil\gold\pack03\ch08\ch08-01\ProductWeb>run
D:\binil\gold\pack03\ch08\ch08-01\ProductWeb>java -jar -Dserver.port=8081
.\target\Ecom-Product-Microservice-0.0.1-SNAPSHOT.jar
```

위의 명령으로 8081 포트에 상품 웹이 나타난다.

애플리케이션을 테스트하고자 다음 위치에 제공되는 빠른 유틸리티가 있다.

```
ch08\ch08-01\ProductWeb\src\main\resources\product.html
```

이 HTML 유틸리티를 가급적 크롬 브라우저^{Crome Browser}로 실행한다. 브라우저로 클라이언트를 호출하면 8081 포트에서 수신 대기하는 상품 웹에 대한 요청을 실행한다. 이 요청은 페인 클라이언트로 프록시해 8080 포트에서 수신 대기하는 상품 서버에 호출을 위임한다.

모든 것이 잘되면 브라우저 위젯이 백엔드 데이터베이스의 데이터로 채워진다 (그림 8-3). 화면을 새로 고치면 브라우저가 먼저 상품 웹 마이크로서비스를 호출한다. 그런 다음 상품 웹 마이크로서비스는 상품 서버 마이크로서비스를 호출해 몽고DB를 조회하고 결과를 반환한다. 여기서 주목할 만한 것은 이 시연에서 2개의 서로 다른 마이크로서비스를 만든 다음 하나의 마이크로서비스가 페인 클라이언트를 사용해 다른 마이크로서비스를 호출했다는 것이다. 이는 마이크로서비스가 동기식 HTTP 호출을 사용해 서로 통신할 수 있는 방법 중 하나다.

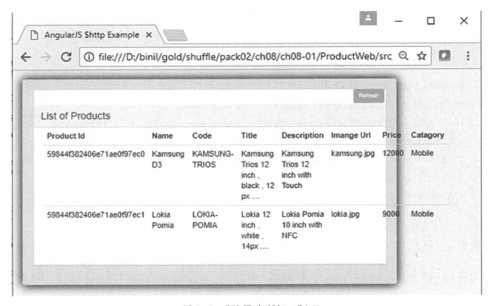

그림 8-3. 페인 클라이언트 테스트

240

히스트릭스 폴백

특정 마이크로서비스(특정 데이터베이스 또는 다른 모든 리소스에 대해)가 사용 불가능할 수 있으므로 예상 SLA 내에는 응답할 수 없는 경우가 있다. 이러한 경우 호출하는 서비스는 종속 서비스를 끝없이 기다릴 수 없으므로 대체 전략이 있어야 한다. 히스트릭스^Hystrix 회로 차단기가 대체 시나리오를 처리한다.

회로 차단기는 서비스나 리소스에 대한 메서드 호출이 실패할 때 기능을 부드럽게 저하시킬 수 있다. 회로 차단기 패턴을 사용하면 종속 서비스가 실패하더라도 마이크로서비스가 계속 작동할 수 있다. 이렇게 하면 오류가 연속적으로 발생하는 것을 방지할 수 있으므로 오류가 발생한 서비스를 복구할 수 있는 충분한 시간을 제공한다.

히스트릭스 폴백 시나리오 디자인

앞 절의 예제를 확장할 것이다(그림 8-1 참고). 그림 8-4는 3개의 개별 애플리케이션이 있는 간단한 시나리오를 보여준다. 즉, 상품 웹, 상품 서버 1, 상품 서버 2라는 3개의 마이크로서비스가 있다.

예제 시나리오의 주요 구성 요소는 다음과 같다.

- 상품 서버 1
- 상품 서버 2
- 상품 웹
- 상품 서비스
- ProductServiceProxy
- ProductAlternateServiceComponent
- ProductAlternateServiceProxy
- 스프링 클라우드 페인 클라이언트

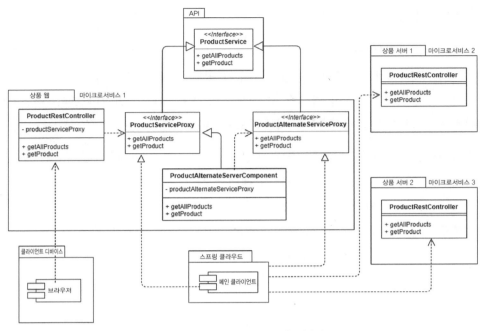

그림 8–4. 히스트릭스 폴백 사용 시나리오

앞의 많은 구성 요소에 대한 설명은 앞의 '페인 클라이언트' 관련 절에서 제공한 설명과 동일하므로 여기서 반복하지 않겠다. 그러나 새로운 구성 요소를 살펴보면 다음과 같다.

- **ProductAlternateServiceComponent**: 상품 웹은 상품에 들어오는 모든 REST 호출을 상품 서버 1 마이크로서비스에 위임하도록 디자인됐다. 그러나 상품 서버 1 마이크로서비스가 중단되거나 어떤 이유로 응답하지 않으면 ProductAlternateServiceComponent라는 폴백^{fallback} 구성 요소에 대한 히스트릭스 콜백을 디자인할 수 있다. 실제 상황에서 이는 대체 데이터로 클라이언트에 응답할 수 있는 로컬 캐시가 될 수 있다. 그러나 예제에서는 페인 클라이언트를 사용해 원격 서비스에 대한 호출을 프록시하는 방법은 이미 살펴봤다. 따라서 호출을 프록시할 수 있는 Product AlternateServiceProxy 구성 요소를 사용할 수 있다.

242

- **상품 서버 2:** 상품 서버 2는 상품 서버 1에 구현된 CRUD 작업을 복제하는 본격적인 마이크로서비스 애플리케이션이다. 이 마이크로서비스는 다시 몽고DB를 사용해 상품 엔티티와 관련된 데이터를 쓰고 읽는다. 이 마이크로서비스는 대체 마이크로서비스 구현의 역할을 하며 상품 서버 1이 응답하지 않으면 요청을 처리할 수 있다.

- **ProductAlternateServiceProxy:** ProductAlternateServiceProxy 구성 요소는 상품 서비스를 확장하는 또 다른 추상 인터페이스이므로 상품 서버와 상품 웹 인터페이스에서 예상되는 모든 메서드를 가져온다. 이 인터페이스는 모든 호출을 상품 서버 2 마이크로서비스로 프록시될 수 있도록 페인 클라이언트 필수 구성으로 애노테이션을 달 수 있는 인터페이스다.

그림 8-5와 그림 8-6과 같이 구성 요소 상호작용을 2개로 분할한다. 그림 8-5에서 클라이언트 측 브라우저의 조회가 예제에서 마이크로서비스 1인 상품 웹에 도달하는 것을 볼 수 있다. 그런 다음 상품 웹 마이크로서비스는 조회를 상품 서버 1인 마이크로서비스 2에 프록시한다. 상품 서버 1이 실행 중이면 응답 데이터로 클라이언트에 다시 응답한 후 예제 실행이 종료되므로 이 예제는 정상 작동한다. '페인 클라이언트' 관련 절의 이전 예제와 똑같다. 대신 상품 서버 1을 가동할 수 없거나 이미 가동돼 있으면 가동 중지할 수 있다. 이 경우 히스트릭스는 구성된 폴백 서비스를 다시 시도한다.

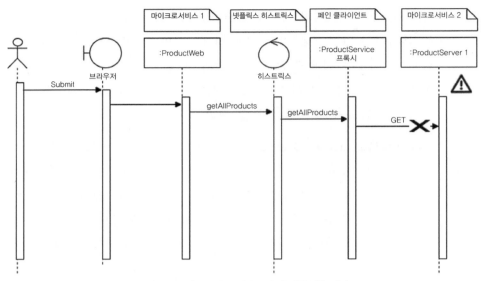

그림 8-5. 히스트릭스 서비스의 비 가용성을 감지

폴백 마이크로서비스 상품 서버 2가 작동 중이라고 가정하면 조회는 이 마이크로서비스에 재시도되고 그림 8-6에 있는 정상 흐름으로 이뤄진다.

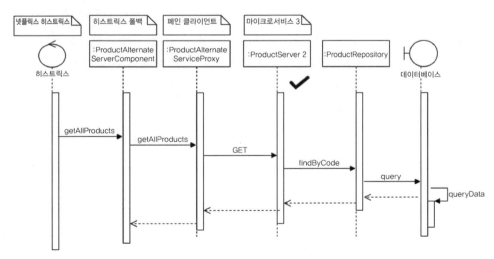

그림 8-6. 히스트릭스의 대체 서비스 재시도

히스트릭스 폴백 시나리오 코딩

POM에 페인 클라이언트가 어떻게 선언되는지 이미 살펴봤다. 마찬가지로 POM에 히스트릭스 의존성을 선언해 가져올 수 있다. 이 절의 모든 코드 예제는 ch08\ch08-02 폴더에 있다. 히스트릭스 의존성에 대한 명시적인 언급을 보려면 pom.xml을 확인한다. 리스트 8-4를 참고한다.

리스트 8-4. 스프링 클라우드 히스트릭스 의존성(ch08\ch08-02\ProductWeb\pom.xml)

```
<dependency>
  <groupId>org.springframework.cloud</groupId>
  <artifactId>spring-cloud-starter-hystrix</artifactId>
</dependency>
```

다음으로 히스트릭스 폴백에 대해 언급할 필요가 있다. 이 내용은 Product ServiceProxy에 언급돼 있다. 리스트 8-5를 참고한다.

리스트 8-5. 히스트릭스 폴백 선언(ch08\ch08-02\ProductWeb\src\main\java\com\acme\ecom\product\client\ProductServiceProxy.java)

```
@FeignClient(name="product-proxy", url = "http://localhost:8080", fallback =
ProductAlternateServerComponent.class)
public interface ProductServiceProxy extends ProductService{

}
```

여기서는 히스트릭스가 ProductAlternateServerComponent를 폴백으로 재시도할 구성 요소로 고려하게 지시했다. 이제 리스트 8-6에 언급된 Product AlternateServerComponent 코드를 살펴보자.

리스트 8-6. 히스트릭스 폴백 구현(ch08\ch08-02\ProductWeb\src\main\java\com\acme\ecom\product\component\ProductAlternateServerComponent.java)

```
@EnableFeignClients(basePackageClasses = ProductAlternateServiceProxy.class)
@ComponentScan(basePackageClasses = ProductAlternateServiceProxy.class)
@Component
public class ProductAlternateServerComponent implements ProductServiceProxy{

    private ProductAlternateServiceProxy productAlternateServiceProxy;

    @Autowired
    public ProductAlternateServerComponent(ProductAlternateServiceProxy
        productAlternateServiceProxy){

      this.productAlternateServiceProxy = productAlternateServiceProxy;

    }

    @Override
    public ResponseEntity<Resources<Resource<Product>>> getAllProducts() {

      return productAlternateServiceProxy.getAllProducts();

    }

    @Override
    public ResponseEntity<Resource<Product>>
        getProduct(@PathVariable("productId") String productId) {

      return productAlternateServiceProxy.getProduct(productId);

    }

}
```

한 가지 접근법은 ProductAlternateServerComponent가 로컬 캐시된 일부 데이터를 예비로 사용해 응답하게 하는 것이다. 그러나 대체 마이크로서비스가 폴백 서비스로 지정돼 있으므로 여기서 활용할 수 있다. 또한 페인 클라이언트를 활용해 상품 서버 2 마이크로서비스에 호출을 위임했다. 페인 클라이언트는 리스트 8-7의 코드와 함께 ProductAlternateServiceProxy를 사용한다.

리스트 8-7. 대체 마이크로서비스에 대한 페인 클라이언트 프록시(ch08\ch0802\ProductWeb\
src\main\java\com\acme\ecom\product\client\ProductAlternateServiceProxy.java)

```
@FeignClient(name="product-alternate-proxy", url = "http://localhost:8079")
public interface ProductAlternateServiceProxy extends ProductService{

}
```

여기에서 상품 서버 2 마이크로서비스를 http://localhost:8079에서 사용할
수 있으며, http://localhost:8080에서 사용할 수 있을 것으로 예상되는 상품
서버 1 마이크로서비스의 폴백 역할을 한다.

이제 히스트릭스를 사용하게 설정하고 다음의 파일에 시간 초과 간격을 구성해
야 한다.

```
ch08\ch08-02\ProductWeb\src\main\resources\application.properties
feign.hystrix.enabled=true
hystrix.command.default.execution.isolation.thread.
timeoutInMilliseconds=2000
```

나머지 코드는 '페인 클라이언트' 관련 절에서 본 것과 유사하므로 여기서 설명
을 반복하지 않겠다. 대신 코드를 실행해본다.

히스트릭스 폴백 시나리오 빌드와 테스트

히스트릭스 폴백을 보여주는 데 필요한 전체 코드는 ch08-02 폴더에 있다. 몽
고DB가 실행 중인지 확인한다. 몽고DB를 시작하려면 부록 A를 참고한다.

먼저 상품 서버 1 마이크로서비스에 대한 실행 파일을 빌드하고 패키징하고
서버를 실행한다. 쉽게 실행할 수 있는 유틸리티 스크립트는 ch08\ch08-02\
ProductServer\make.bat에 있다.

```
cd ch08\ch08-02\ProductServer
D:\binil\gold\pack03\ch08\ch08-02\ProductServer>make
D:\binil\gold\pack03\ch08\ch08-02\ProductServer>mvn -Dmaven.test.skip=true
clean package
```

여러 가지 방법으로 스프링 부트 애플리케이션을 실행할 수 있다. 간단한 방법은 다음 명령으로 JAR 파일을 실행하는 것이다.

```
cd ch08\ch08-02\ProductServer
D:\binil\gold\pack03\ch08\ch08-02\ProductServer>run
D:\binil\gold\pack03\ch08\ch08-02\ProductServer>java -jar -Dserver.port=8080
.\target\Ecom-Product-Microservice-0.0.1-SNAPSHOT.jar
```

이 명령은 8080 포트에 상품 서버를 실행한다. 이제 상품 서버 2 마이크로서비스에 대한 실행 파일을 빌드하고 패키징하고 새 명령 창에서 서버를 실행한다.

```
cd ch08\ch08-02\ProductServerAlternate
D:\binil\gold\pack03\ch08\ch08-02\ProductServerAlternate>make
D:\binil\gold\pack03\ch08\ch08-02\ProductServerAlternate>mvn -Dmaven.test.
skip=true clean package
D:\binil\gold\pack03\ch08\ch08-02\ProductServerAlternate>run
D:\binil\gold\pack03\ch08\ch08-02\ProductServerAlternate>java -jar
-Dserver.port=8079 .\target\Ecom-Product-Microservice-0.0.1-SNAPSHOT.jar
```

다음으로 상품 웹 마이크로서비스의 실행 파일을 빌드하고 패키징하고 서버를 실행한다.

```
cd ch08\ch08-02\ProductWeb
D:\binil\gold\pack03\ch08\ch08-02\ProductWeb>make
D:\binil\gold\pack03\ch08\ch08-02\ProductWeb>mvn -Dmaven.test.skip=true
```

```
clean package
D:\binil\gold\pack03\ch08\ch08-02\ProductWeb>run
D:\binil\gold\pack03\ch08\ch08-02\ProductWeb>java -jar -Dserver.port=8081
.\target\Ecom-Product-Microservice-0.0.1-SNAPSHOT.jar
```

이 명령은 8081 포트에서 상품 웹을 실행한다. 이 HTML 유틸리티는 가급적 크롬 브라우저에서 열기 바란다.

```
ch08\ch08-02\ProductWeb\src\main\resources\product.html
```

브라우저 클라이언트는 상품 웹의 8081 포트에 대한 요청을 실행하고 페인 클라이언트로 프록시해 8080에서 수신 대기하는 상품 서버 1에 대한 호출을 위임한다.

브라우저 새로 고침을 반복하면 상품 서버 1로 요청하게 되며, 상품 서버 1의 명령 창에서 발생하는 로그를 보고 확인할 수 있다. 히스트릭스 폴백을 실행하려면 상품 서버 1을 종료하고 브라우저를 새로 고치면 된다. 이번에는 ProductAlternateServer에 대한 요청이 표시된다. 또한 리스트 8-8에 나와 있는 것처럼 상품 웹 마이크로서비스 명령 창에서도 해당 로그를 볼 수 있다.

리스트 8-8. 히스트릭스 폴백 실행

```
D:\binil\gold\pack03\ch08\ch08-02\ProductWeb>run
D:\binil\gold\pack03\ch08\ch08-02\ProductWeb>java -jar -Dserver.port=8081
.\target\Ecom-Product-Microservice-0.0.1-SNAPSHOT.jar

  .   ___          _            _ _
 /\\ / ___'_ __ _ _(_)_ __  __ _ \ \ \ \
( ( )\___ | '_ | '_| | '_ \/ _` | \ \ \ \
 \\/  ___)| |_)| | | | | || (_| |  ) ) ) )
  '  |____| .__|_| |_|_| |_\__, | / / / /
```

```
=========|_|=============|___/=/_/_/_/
:: Spring Boot ::        (v1.5.4.RELEASE)
2019-02-21 16:53:59 INFO org.springframework.boot.SpringApplication.
logStartupProfileInfo:593 - No active profile set, falling back to default
profiles: default
2019-02-21 16:54:10 INFO com.acme.ecom.product.InitializationComponent.
init:61- Start
2019-02-21 16:54:10 DEBUG
com.acme.ecom.product.InitializationComponent.init:63- Doing Nothing...
2019-02-21 16:54:10 INFO com.acme.ecom.product.InitializationComponent.
init:65- End
2019-02-21 16:54:13 INFO org.springframework.boot.StartupInfoLogger.
logStarted:57 - Started EcomProductMicroserviceApplication in 25.369 econds
(JVM running for 30.007)
2019-02-21 16:56:41 INFO
com.acme.ecom.product.controller.ProductRestController.
getAllProducts:84 - Delegating...
2019-02-21 16:56:57 INFO
com.acme.ecom.product.controller.ProductRestController.
getAllProducts:84 - Delegating...
2019-02-21 16:56:58 INFO com.acme.ecom.product.component.ProductAlternate
ServerComponent.getAllProducts:78 - Delegating...
```

히스트릭스 대시보드

히스트릭스 대시보드는 시스템의 회로 차단기에 대한 그래픽 개요를 제공하는 데 사용할 수 있다. 일반적인 마이크로서비스 아키텍처에는 둘 이상의 마이크로서비스 프로세스가 있으며, 이런 경우 애플리케이션에서 2개 이상의 회로 차단기를 모니터링해야 한다. 이를 위해 여기에는 설명되지 않은 터빈Turbine을 사용할 수 있다. 이 절에서는 히스트릭스 대시보드를 활성화하는 방법을 살펴본다.

히스트릭스 폴백 메서드 디자인 다시하기

이제 '히스트릭스 폴백' 절의 페인과 히스트릭스 디자인을 약간 수정한다. 먼저 히스트릭스 폴백을 정의하는 또 다른 방법을 보여주고, 그 후에 히스트릭스 대시보드를 보여주는 것이 목적이다. 리팩토링된 디자인은 그림 8-7에 있다.

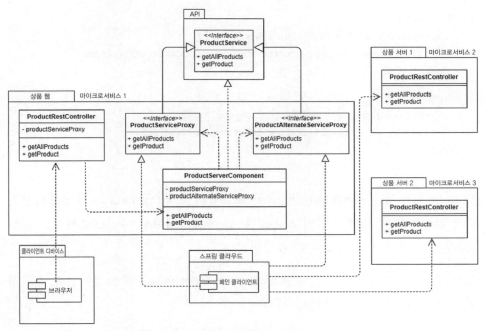

그림 8-7. 히스트릭스 폴백을 위해 리팩토링된 디자인

리팩토링된 디자인에서 모든 페인 클라이언트 상호작용이 컨트롤러에서 컴포넌트 클래스로 옮겨졌다. 따라서 이제 상품 서버 구성 요소는 런타임에 페인 클라이언트 프록시와 함께 주입되는 두 프록시에 의존한다.

히스트릭스의 새로운 디자인으로 코딩

이 절의 모든 코드 예제는 ch08\ch08-03 폴더에 있다. 히스트릭스 대시보드 애플리케이션은 또 다른 스프링 부트 애플리케이션이다. 이를 활성화하려면 몇 가지 단계를 수행해야 한다. 리스트 8-9에서 히스트릭스 대시보드 의존성에 대한 명시적인 언급을 보려면 pom.xml을 확인한다.

리스트 8-9. 히스트릭스 대시보드 의존성(ch08\ch08-03\ProductWeb\pom.xml)

```xml
<dependency>
  <groupId>org.springframework.cloud</groupId>
  <artifactId>spring-cloud-starter-hystrix-dashboard</artifactId>
</dependency>

<dependency>
  <groupId>org.springframework.boot</groupId>
  <artifactId>spring-boot-starter-actuator</artifactId>
</dependency>
```

첫 번째 의존성은 @EnableHystrixDashboard로 @Configuration 애노테이션을 달아 활성화해야 하며 후자의 의존성은 웹 애플리케이션 마이크로서비스 내에서 필요한 메트릭을 자동으로 활성화한다.

그런 다음 리스트 8-10과 같이 @EnableHystrixDashboard 애노테이션을 스프링 부트 메인 클래스에 추가해야 한다.

리스트 8-10. 히스트릭스 대시보드 활성화(ch08\ch08-03\ProductWeb\src\main\java\com\acme\ecom\product\EcomProductMicroserviceApplication.java)

```java
@SpringBootApplication
@EnableCircuitBreaker
@EnableHystrixDashboard
@Configuration
public class EcomProductMicroserviceApplication {

  public static void main(String[] args) {

    SpringApplication.run(EcomProductMicroserviceApplication.class,args);
```

```
        }
    }
```

Rest 컨트롤러는 모든 호출을 ProductServerComponent에 위임한다_(리스트 8-11 참고).

리스트 8-11. REST 컨트롤러(ch08\ch08-03\ProductWeb\src\main\java\com\acme\
ecom\product\controller\ProductRestController.java)

```java
@RestController
public class ProductRestController implements ProductService{

    private ProductServerComponent productServerComponent;

    @Autowired
    public ProductRestController(ProductServerComponent productServerComponent){

        this.productServerComponent = productServerComponent;

    }

    @RequestMapping(value = "/productsweb", method = RequestMethod.GET,
            produces = {MediaType.APPLICATION_JSON_VALUE})
    public ResponseEntity<Resources<Resource<Product>>> getAllProducts() {

        return productServerComponent.getAllProducts();

    }

    @RequestMapping(value = "/productsweb/{productId}", method =
            RequestMethod.GET, produces = MediaType.APPLICATION_JSON_VALUE)
    public ResponseEntity<Resource<Product>>
        getProduct(@PathVariable("productId") String productId) {

        return productServerComponent.getProduct(productId);

    }
}
```

리스트 8-11과 같이 ProductRestController는 단순히 호출을 ProductServer
Component에 위임한다. ProductServerComponent에서 메서드를 HystrixCommand

로 표시하고 각 **HystrixCommand**에 대해 리스트 8-12처럼 폴백 메서드도 정의한다.

리스트 8-12. 히스트릭스 커멘드(ch08\ch08-03\ProductWeb\src\main\java\com\acme\ecom\product\component\ProductServerComponent.java)

```java
import com.netflix.hystrix.contrib.javanica.annotation.HystrixCommand;

@EnableFeignClients(basePackageClasses = {ProductServiceProxy.class,
    ProductAlternateServiceProxy.class})
@ComponentScan(basePackageClasses = {ProductServiceProxy.class,
    ProductAlternateServiceProxy.class})
public class ProductServerComponent implements ProductService{

  private ProductServiceProxy productServiceProxy;
  private ProductAlternateServiceProxy productAlternateServiceProxy;

  @HystrixCommand(fallbackMethod = "getAllTheProducts")
  public ResponseEntity<Resources<Resource<Product>>> getAllProducts() {

    return productServiceProxy.getAllProducts();
  }

  @HystrixCommand(fallbackMethod = "getTheProduct")
  public ResponseEntity<Resource<Product>>
      getProduct(@PathVariable("productId") String productId) {

    return productServiceProxy.getProduct(productId);
  }

  public ResponseEntity<Resources<Resource<Product>>> getAllTheProducts() {

    return productAlternateServiceProxy.getAllProducts();
  }

  public ResponseEntity<Resource<Product>> getTheProduct(
      @PathVariable("productId") String productId) {

    return productAlternateServiceProxy.getProduct(productId);
  }
}
```

보는 것처럼 상품 서버 1이 중단되면 productServiceProxy.getAllProducts()
에 대한 호출이 실패하고 getAllTheProducts()를 폴백 메서드로 선언했으므로
productAlternateServiceProxy를 호출해 재시도가 발생한다. 폴백 메서드는
오류(productServiceProxy 서비스 호출 실패 또는 시간 초과 발생)가 발생한 경우 히스트릭스에서 처리
하거나 회로가 열려 있으면 빠르게 실패한다.[1]

히스트릭스 폴백 시나리오 빌드와 테스트

히스트릭스 폴백을 입증하는 데 필요한 전체 코드는 ch08-03 폴더에 있다. 몽
고DB가 실행 중인지 확인한다. 그런 후 다음과 같은 순서로 3개의 마이크로서
비스를 빌드하고 패키징한 다음 실행할 수 있다.

```
cd ch08\ch08-03\ProductServer
D:\binil\gold\pack03\ch08\ch08-03\ProductServer>make
D:\binil\gold\pack03\ch08\ch08-03\ProductServer>mvn -Dmaven.test.skip=true
clean package
D:\binil\gold\pack03\ch08\ch08-03\ProductServer>run
D:\binil\gold\pack03\ch08\ch08-03\ProductServer>java -jar -Dserver.port=8080
.\target\Ecom-Product-Microservice-0.0.1-SNAPSHOT.jar

cd ch08\ch08-03\ProductServerAlternate
D:\binil\gold\pack03\ch08\ch08-03\ProductServerAlternate>make
D:\binil\gold\pack03\ch08\ch08-03\ProductServerAlternate>mvn
-Dmaven.test.skip=true clean package
D:\binil\gold\pack03\ch08\ch08-03\ProductServerAlternate>run
D:\binil\gold\pack03\ch08\ch08-03\ProductServerAlternate>java -jar
-Dserver.port=8079 .\target\Ecom-Product-Microservice-0.0.1-SNAPSHOT.jar

cd ch08\ch08-03\ProductWeb
D:\binil\gold\pack03\ch08\ch08-03\ProductWeb>make
```

---

1. 타임아웃(timeout)까지 기다리며 리소스(CPU, 메모리, 스레드등)를 점유하지 않고 바로 실패함을 알 수 있다.
   — 옮긴이

```
D:\binil\gold\pack03\ch08\ch08-03\ProductWeb>mvn -Dmaven.test.skip=true
clean package
D:\binil\gold\pack03\ch08\ch08-03\ProductWeb>run
D:\binil\gold\pack03\ch08\ch08-03\ProductWeb>java -jar -Dserver.port=8081
.\target\Ecom-Product-Microservice-0.0.1-SNAPSHOT.jar
```

마지막 명령은 8081 포트에 상품 웹을 실행한다. 이제 크롬 브라우저에서 이 HTML 유틸리티를 열 수 있다.

```
ch08\ch08-03\ProductWeb\src\main\resources\product.html
```

브라우저 클라이언트는 상품 웹의 8081 포트에 대한 요청을 실행한다. 이 요청은 페인 클라이언트로 프록시해 8080 포트에서 수신 대기하는 상품 서버 1에 대한 호출을 위임한다.

브라우저 새로 고침을 반복하면 상품 서버 1로 요청하게 되고, 명령 창에서 발생하는 로그를 보고 확인할 수 있다. 히스트릭스 폴백을 시연하려면 상품 서버 1을 종료하고 브라우저를 새로 고치면 된다. 이번에는 상품 서버 2에 대한 요청이 표시된다. 상품 서버 마이크로서비스 명령 창에서도 해당 로그를 볼 수 있다.

히스트릭스 대시보드 검사

히스트릭스 대시보드(그림 8-8)는 다음 URL에서 사용할 수 있다.

```
http://localhost:8081/hystrix
```

Hystrix Dashboard

http://localhost:8081/hystrix.stream

Cluster via Turbine (default cluster): http://turbine-hostname:port/turbine.stream
Cluster via Turbine (custom cluster): http://turbine-hostname:port/turbine.stream?cluster=[clusterName]
Single Hystrix App: http://hystrix-app:port/hystrix.stream

Delay: 2000 ms   Title: Example Hystrix App

Monitor Stream

그림 8-8. 히스트릭스 대시보드

히스트릭스 대시보드는 히스트릭스 스트림의 URL을 요청한다. 모든 히스트릭스 관련 애플리케이션은 모든 회로의 상태가 지속적으로 기록되는 스트림을 생성한다. URL은 `http://application-node:port/hystrix.stream` 형식이며, 예제의 URL은 `http://localhost:8081/hystrix.stream`이다. 스트림은 그림 8-9와 같이 대시보드에서 모니터링할 수 있다.

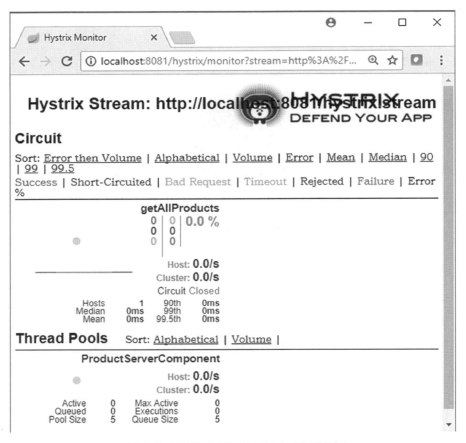

그림 8-9. 히스트릭스 대시보드에서 스트림 모니터링

리본: 클라이언트 측 로드밸런서

페인 클라이언트와 히스트릭스 폴백을 살펴봤으므로 이제 스프링 클라우드에서 다음으로 중요한 구성 요소인 리본Ribbon을 도입할 적절한 시기다. 리본은 HTTP와 TCP 클라이언트의 동작을 추가로 제어할 수 있는 클라이언트 측 로드밸런서다. 페인은 내부적으로 이미 리본을 사용하고 있으므로 리본을 이해하는 것이 중요하다.

로드밸런싱은 2개 이상의 마이크로서비스 간에 들어오는 요청을 분산한다. 마이크로서비스 애플리케이션은 내결함성을 달성할 수 있다. 로드밸런싱은 리소스 사용을 최적화하고, 처리량을 최대화하고, 응답 시간을 최소화하며 단일 마이크로서비스의 과부하를 방지하는 것을 목표로 한다. 단일 인스턴스 대신 로드밸런싱과 함께 동일한 서비스의 여러 마이크로서비스 인스턴스를 사용하면 중복 비용으로 안정성과 가용성을 높일 수 있다.

리본은 연결 시간 초과, 재시도, 재시도 알고리듬(지수, 제한적 백오프), 로드밸런싱, 내결함성, 다중 프로토콜(HTTP, TCP, UDP) 지원, 비동기와 리엑티브reactive 모델 지원, 캐싱, 배치와 같은 구성 옵션을 제공한다.

리본 클라이언트 시나리오 디자인

'페인 클라이언트' 관련 절에서 사용한 것과 동일한 디자인을 사용한다. 그러나 내부적으로 리본을 활용하도록 페인 클라이언트를 개선한다. 디자인은 그림 8-10에서 보여준다.

앞 절에서 사용한 것과 동일한 상품 서버 마이크로서비스 모듈을 사용한다. 앞 절에서는 상품 서버 대체 마이크로서비스 모듈도 사용했다. 그러나 이 절에서는 상품 서버 마이크로서비스 모듈이라는 하나의 모듈로 두 인스턴스를 실행한다. 이는 상태 비저장, 멱등성 등과 같은 다른 디자인 측면을 처리했다면 마이크로서비스를 여러 개로 인스턴스화해 수평 확장할 수 있음을 보여주고 싶기 때문에 중요하다.

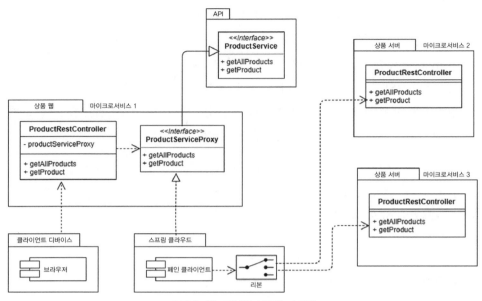

그림 8-10. 리본을 사용한 디자인

리본 클라이언트를 사용한 코드

이 절의 모든 코드 예제는 ch08\ch08-04 폴더에 있다. 리본 의존성에 대한 명시적인 언급을 보려면 pom.xml을 확인한다. 리스트 8-13을 참고한다.

리스트 8-13. 리본 의존성(ch08\ch08-04\ProductWeb\pom.xml)

```
<dependency>
  <groupId>org.springframework.cloud</groupId>
  <artifactId>spring-cloud-starter-ribbon</artifactId>
</dependency>
```

리본의 중심 개념은 클라이언트에 이름을 지정하는 개념이다. 각 로드밸런서는 요청 시 원격 서버에 연결하고자 함께 작동하는 구성 요소의 일부며, 이 조합에는 리스트 8-14와 같이 애플리케이션 개발자(예, @FeignClient 애노테이션 사용)가 지정한 이름이 있다.

리스트 8-14. 리본의 명명된 클라이언트(ch08\ch08-04\ProductWeb\src\main\java\com\
acme\ecom\product\client\ProductServiceProxy.java)

```
@FeignClient(name="product-proxy")
public interface ProductServiceProxy extends ProductService{

}
```

이제 리본에 구성 값을 제공해야 한다. 이 작업은 ch08\ch08-04\ProductWeb\
src\main\resources\application.properties에서 수행한다.

```
product-proxy.ribbon.listOfServers=localhost:8080,localhost:8081
```

이것으로 필요한 모든 준비 작업이 끝났다.

리본 클라이언트 빌드와 테스트

리본 시연에 필요한 전체 코드는 ch08-04 폴더에 있다. 몽고DB가 실행 중인지
확인한다. 그런 후 다음과 같은 순서로 3가지 마이크로서비스를 빌드, 패키징,
실행할 수 있다.

```
cd ch08\ch08-04\ProductServer
D:\binil\gold\pack03\ch08\ch08-04\ProductServer>make
D:\binil\gold\pack03\ch08\ch08-04\ProductServer>mvn -Dmaven.test.skip=true
D:\binil\gold\pack03\ch08\ch08-04\ProductServer>run1
D:\binil\gold\pack03\ch08\ch08-04\ProductServer>java -jar -Dserver.port=8080
.\target\Ecom-Product-Microservice-0.0.1-SNAPSHOT.jar

cd ch08\ch08-04\ProductServer
```

```
D:\binil\gold\pack03\ch08\ch08-04\ProductServer>run2
D:\binil\gold\pack03\ch08\ch08-04\ProductServer>java -jar -Dserver.port=8081
.\target\Ecom-Product-Microservice-0.0.1-SNAPSHOT.jar

cd ch08\ch08-03\ProductWeb
D:\binil\gold\pack03\ch08\ch08-04\ProductWeb>make
D:\binil\gold\pack03\ch08\ch08-04\ProductWeb>mvn -Dmaven.test.skip=true
clean package
D:\binil\gold\pack03\ch08\ch08-04\ProductWeb>run
D:\binil\gold\pack03\ch08\ch08-04\ProductWeb>java -jar -Dserver.port=8082
.\target\Ecom-Product-Microservice-0.0.1-SNAPSHOT.jar
```

마지막 명령은 8082 포트에서 상품 웹을 실행한다. 상품 서버 마이크로서비스의 두 인스턴스가 8080와 8081 포트에서 실행되고 있음을 확인해야 한다. 이것이 다음과 같은 구성을 사용한 이유다.

```
product-proxy.ribbon.listOfServers=localhost:8080,localhost:8081
```

이제 크롬 브라우저에서 이 HTML 유틸리티를 열 수 있다.

```
ch08\ch08-04\ProductWeb\src\main\resources\product.html
```

브라우저 클라이언트는 상품 웹의 8082 포트에 대한 요청을 시작한다. 그러면 페인 클라이언트 프록시로 상품 서버 마이크로서비스의 한 인스턴스에 호출을 위임한다.

브라우저 새로 고침을 반복하면 상품 웹 마이크로서비스의 호출이 상품 서버 마이크로서비스 인스턴스 중 하나로 로드밸런싱되며, 상품 서버 마이크로서비스의 명령 창에서 발생하는 로그를 보고 확인할 수 있다. 상품 서버 마이크로서비스 중 하나를 종료하고 브라우저를 새로 고치면 호출이 실행 중인 다른 상품 서버 인스턴스로 이동하는 것을 볼 수 있다. 이전에 중단한 상품 서버 마이크로 서비스를 복원하면 리본 로드밸런싱이 다시 작동해 상품 웹 마이크로서비스에서 상품 서버 마이크로서비스의 두 인스턴스로 호출을 번갈아가며 호출한다.

유레카: 서비스 레지스트리

유레카^{Eureka}는 특히 AWS 클라우드에서 퍼블릭 클라우드 기반 배포에 주로 사용되는 REST 기반 레지스트리 서비스다. 유레카를 사용하면 로드밸런싱과 장애 조치를 위한 마이크로서비스를 쉽게 찾을 수 있다. 유레카는 스프링 클라우드의 서비스 레지스트리로 마이크로서비스의 전화번호부 역할을 한다. 각 마이크로서비스는 서비스 레지스트리에 등록돼 레지스트리에 있는 위치(호스트, 노드 이름, 포트 등)와 서비스별 메타데이터를 알려준다. 유레카는 유레카 서버와 클라이언트 구성 요소인 유레카 클라이언트의 두 부분으로 구성돼 레지스트리 서비스와의 상호작용을 훨씬 쉽게 한다. 클라이언트에는 기본 라운드로빈 로드밸런싱을 수행하는 로드밸런서도 내장하고 있다.

유레카와 같은 서비스 레지스트리에는 서비스 소비자에게 하나 이상의 부가 기능을 제공한다. 즉, 서비스 소비자가 논리적인 서비스 이름을 사용해 레지스트리를 조회할 수 있으며, 이 논리적인 서비스 이름은 실제 주소 항목이 매핑된 다른 실제 배포 서비스에 매핑할 수 있다. 따라서 실제 서비스 세부 사항 또는 물리적 배포 환경에서 발생하는 모든 변경으로부터 서비스 소비자를 보호한다. '리본' 절에서 설명한 예제에서 다음과 같이 서비스 URL에 하드 코딩된 값을 발견할 수 있다.

```
localhost:8080,localhost:8081
```

이것은 좋은 방법이 아니다. 도메인 네임 시스템^{DNS, Domain Name System}은 유사한 문제를 해결하는 데 사용된다. 그러나 엔터프라이즈 애플리케이션 내에서 수백 개의 마이크로서비스를 고려할 때 DNS는 상대적으로 무겁다. 또한 방화벽이나 DMZ 외부에 마이크로서비스의 서버 세부 정보를 노출하고 싶지 않을 것이다. 일반적으로 마이크로서비스 기반 엔터프라이즈 애플리케이션의 서비스 소비자는 다른 마이크로서비스다. 따라서 이러한 마이크로서비스는 서비스 토폴로지("사용 가능한 '상품 서비스'가 있는가?") 및 서비스 기능("A, B, C를 처리할 수 있을까?")과 같은 질문을 해야 한다. 바로 유레카와 컨설Consul 같은 서비스 레지스트리가 필요한 이유다. 유레카는 프로토콜이나 통신 방법에 어떠한 제한도 두지 않으므로 유레카를 사용해 드리프트thrift[2], http(s), 기타 RPC 메커니즘과 같은 프로토콜을 사용할 수 있다.

AWS 일래스틱Elastic 로드밸런서와 AWS 라우트 53을 비롯해 이미 많은 소프트웨어와 하드웨어 로드밸런서가 있으므로 유레카의 필요성을 의심할 수 있다. AWS 일래스틱 로드밸런서는 일반적으로 최종 사용자 웹 트래픽에 연결되는 에지 서비스를 노출하는 데 사용되는 반면 유레카는 미드레인지 로드밸런싱 또는 마이크로서비스 등록과 로드밸런싱에 필요하다. 라우트 53은 AWS가 아닌 데이터 센터에서도 DNS 레코드를 호스팅할 수 있는 DNS 서비스와 유사하므로 트래픽이 정상 상태가 아닐 수도 있고 존재하지 않을 수도 있는 서버로 라우팅할 수 있는 기존 DNS 기반 로드밸런싱 솔루션의 단점을 그대로 갖고 있다. 이는 자동 확장을 위해 AWS와 같은 퍼블릭 클라우드 기반에 배포된 경우 매우 일반적이다. 마이크로서비스는 상태 비저장non-sticky을 권장하기 때문에 유레카는 사용 가능한 서버 정보가 클라이언트에 캐시되므로마이크로서비스가 로드밸런서(또는 유레카)의 중단에 탄력적일 수 있으므로 훨씬 더 나은 확장성 모델을 지원한다. 이렇게 하려면 적은 양의 메모리가 필요하지만 향상된 회복 탄력성은 전체 리소스 문제에 많은 불이익을 주지는 않는다.

---

2. Thrift는 페이스북에서 개발한 바이너리 통신 프로토콜로 다양한 언어를 지원하는 RPC 프레임워크다. 예외 처리와 비동기 모드 등을 지원한다. 유사한 것으로 구글의 gRPC가 있다. – 옮긴이

유레카 사용 시나리오 디자인

그림 8-11과 같이 몇 가지 새로운 구성 요소를 도입해 디자인을 수정한다. 여기서 ProductServiceProxy를 RestTemplate으로 바꾼다. 즉, 상품 웹 마이크로서비스는 이제 RestTemplate을 사용해 상품 서버 마이크로서비스의 인스턴스를 사용한다. RestTemplate은 HTTP 서버와의 통신을 단순화하며, 7장의 'RESTful 웹 서비스 개발' 절에서 RestTemplate을 사용해 RestController와 통신하는 방법을 이미 설명했다. 여기에서는 좀 더 확장한다. RestTemplate을 사용하는 또 다른 이유는 RestTemplate이 클래스 경로에 있고 LoadBalancerClient 빈이 정의돼 있으면 리본을 사용하는 이전 예제를 빌드할 때 자동 구성된 RestTemplate으로 간접적으로 리본을 사용할 수 있다는 것이다.

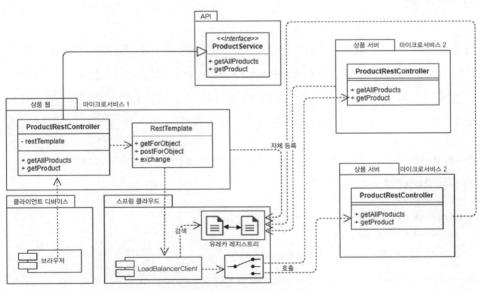

그림 8-11. 유레카 사용 디자인

유레카 레지스트리가 활성화되면 모든 마이크로서비스가 시작될 때 레지스트리에 자체 등록된다. 또한 이전 예제에서는 동일한 상품 서버 마이크로서비스를 2번 이상 인스턴스화해 이중화를 가져오는 방법을 살펴봤다. 서비스 레지스트리 수준에서도 이중화가 있도록 유레카에 대해 동일한 패턴을 따른다.

유레카 사용 코드

이 절의 모든 코드 예제는 ch08\ch08-05 폴더에 있다. 유레카 서버 의존성에 대한 명시적인 언급을 보려면 pom.xml을 확인한다. 리스트 8-15를 참고한다.

리스트 8-15. 유레카 의존성(ch08\ch08-05\Eureka\pom.xml)

```
<dependency>
  <groupId>org.springframework.cloud</groupId>
  <artifactId>spring-cloud-starter-eureka-server</artifactId>
</dependency>
```

다음으로 다른 마이크로서비스가 통신할 수 있는 레지스트리를 구축하려면 스프링 클라우드의 @EnableEurekaServer가 필요하다. 이는 서비스 레지스트리를 활성화하고자 일반 스프링 부트 애플리케이션 기본 클래스에 하나의 애노테이션을 추가해 수행된다. 리스트 8-16을 참고한다.

리스트 8-16. 유레카 서버 활성화(ch08\ch08-05\Eureka\src\main\java\com\acme\ecom\infra\EurekaRegistryApplication.java)

```
@EnableEurekaServer
@SpringBootApplication
public class EurekaRegistryApplication {
  public static void main(String[] args) {
    SpringApplication.run(EurekaRegistryApplication.class, args);
  }
}
```

유레카가 실행되면 자체 등록을 시도하므로 비활성화해야 한다. 리스트 8-17을 참고한다.

리스트 8-17. 유레카 구성(ch08\ch08-05\Eureka\src\main\resources\application.properties)

```
spring.application.name=eureka-registry
server.port=8761
eureka.client.registerWithEureka=false
eureka.client.fetchRegistry=true
eureka.client.server.waitTimeInMsWhenSyncEmpty=0
eureka.client.serviceUrl.defaultZone=http://localhost:8761/eureka/,http://
localhost:8762/eureka/
eureka.server.enableSelfPreservation=false
```

이 속성 파일 하나를 사용해 유레카 레지스트리의 여러 인스턴스를 기동시키려면 적어도 2개의 매개변수를 재정의해야 한다. 다음 두 스크립트로 수행한다.

```
ch08\ch08-05\Eureka\run1.bat

java -jar -Dserver.port=8761 -Dspring.application.name=eureka-registry1
.\target\Ecom-Product-Microservice-0.0.1-SNAPSHOT.jar

ch08\ch08-05\Eureka\run2.bat

java -jar -Dserver.port=8762 -Dspring.application.name=eureka-registry2
.\target\Ecom-Product-Microservice-0.0.1-SNAPSHOT.jar
```

HAL 기반 JSON 데이터를 처리 중이므로 상품 웹 마이크로서비스에서 사용할 REST 템플릿을 구성해 상품 서버 마이크로서비스에서 호출해 HAL 형식 데이터를 처리하려 한다. 리스트 8-18을 참고한다.

리스트 8-18. HAL JSON 형식을 처리하기 위한 REST 템플릿 구성(ch08\ch08-05\ProductWeb\ src\main\java\com\acme\ecom\product\controller\RestTemplateConfiguration.java)

```java
@Configuration
public class RestTemplateConfiguration{

  @LoadBalanced
  @Bean
  public RestTemplate restTemplate() {

    return new RestTemplate(getRequiredMessageConvertors());
  }

  private List<HttpMessageConverter getRequiredMessageConvertors(){

    ObjectMapper mapper = new ObjectMapper();
    mapper.configure(DeserializationFeature.
        FAIL_ON_UNKNOWN_PROPERTIES,false);
    mapper.registerModule(new Jackson2HalModule());
    MappingJackson2HttpMessageConverter converter = new
        MappingJackson2HttpMessageConverter();
    converter.setSupportedMediaTypes(MediaType.parseMediaTypes(
        "application/hal+json, application/json"));
    converter.setObjectMapper(mapper);
    return Arrays.asList(converter);
  }
}
```

상품 서버 마이크로서비스와 상품 웹 마이크로서비스는 레지스트리에 자체 등록되고 자신의 호스트와 포트를 레지스트리에서 조회하고자 스프링 클라우드의 DiscoveryClient 추상화를 사용한다. @EnableEurekaClient를 사용해 넷플릭스 유레카의 DiscoveryClient 인터페이스를 활성화할 수 있다. 특히 @Enable EurekaClient는 클라이언트가 유레카 디스커버리 구성을 활성화하기 위한 편리한 애노테이션이다. 이 애노테이션은 디스커버리를 활성화하고 자동 구성이 가능한 경우 유레카 클래스를 찾을 수 있게 한다. 리스트 8-19를 참고한다.

리스트 8-19. 유레카 클라이언트 활성화(ch08\ch08-05\ProductServer\src\main\java\com\acme\ecom\product\EcomProductMicroserviceApplication.java)

```
@SpringBootApplication
@EnableEurekaClient
public class EcomProductMicroserviceApplication {

    public static void main(String[] args) {

        SpringApplication.run(EcomProductMicroserviceApplication.class, args);
    }
}
```

유레카 의존성에 대한 명시적인 언급을 보려면 pom.xml을 확인한다. 리스트 8-20을 참고한다.

리스트 8-20. 유레카 의존성(ch08\ch08-05\ProductServer\pom.xml)

```
<dependency>
    <groupId>org.springframework.cloud</groupId>
    <artifactId>spring-cloud-starter-eureka</artifactId>
</dependency>
```

ProductRepository를 사용해 데이터베이스에서 상품 데이터를 검색할 때 7장의 'RESTful 웹 서비스 개발' 절에서 ProductController 코드를 살펴봤으므로 상품 서버 마이크로서비스에서 ProductController를 다시 설명하지 않겠다. 그러나 상품 웹 마이크로서비스에서 사용하는 ProductController의 전체 코드를 확인해야 한다. 이 코드는 HATEOAS 기반 HTTP 응답을 완전히 분해하고 다시 조립해 HATEOAS 기반 HTTP 응답을 생성해 반환하는 방법을 보여준다. 리스트 8-21은 getAllProducts()의 코드를 보여준다.

리스트 8-21. getAllProducts의 HAL JSON 데이터 분해와 조립(ch08\ch08-05\

ProductWeb\src\main\java\com\acme\ecom\product\controller\ProductRestController.java)

```java
@CrossOrigin
@RestController
public class ProductRestController implements ProductService{

  @Autowired
  RestTemplate restTemplate;

  private static String PRODUCT_SERVICE_URL =
      "http://product-service/products";

  @Autowired
  public ProductRestController(RestTemplate restTemplate){

    this.restTemplate = restTemplate;
  }

  @RequestMapping(value = "/productsweb", method = RequestMethod.GET, produces
      = {MediaType.APPLICATION_JSON_VALUE})
  public ResponseEntity<Resources<Resource<Product>>> getAllProducts() {

    ParameterizedTypeReference<PagedResources<Product>>responseTypeRef =
        new ParameterizedTypeReference<PagedResources<Product>>() {};
    ResponseEntity<PagedResources<Product>> responseEntity =
        restTemplate.exchange(PRODUCT_SERVICE_URL, HttpMethod.GET,
        (HttpEntity<Product>) null, responseTypeRef);
    PagedResources<Product> resources = responseEntity.getBody();
    Collection<Product> products = resources.getContent();
    List<Product> productList = new ArrayList<Product>(products);

    Link links[] = {linkTo(methodOn(ProductRestController.class.
        getAllProducts()).withSelfRel(),linkTo(methodOn(
        ProductRestController.class).getAllProducts()).
        withRel("getAllProducts")};
    if(products.isEmpty()){
      return new ResponseEntity<Resources<Resource<Product>>>(
          HttpStatus.NOT_FOUND);
```

```
    }

    List<Resource<Product>> list = new ArrayList<Resource<Product>> ();
    for(Product product:products){
      list.add(new Resource<Product>(product,linkTo(methodOn(
          ProductRestController.class).getProduct(product.getId())).
          withSelfRel()));
    }

    Resources<Resource<Product>> productResponse = new
        Resources<Resource<Product>>(list, links) ;
    return new ResponseEntity<Resources<Resource<Product>>>(
        productResponse, HttpStatus.OK);
  }
}
```

리스트 8-21은 검색한 상품 엔티티를 하나씩 분해해 HAL 형식의 데이터가 되
도록 추가하고 이를 다시 조립해 클라이언트에 응답하는 방법을 보여준다. 리
스트 8-22는 단일 상품 검색 사례에 대한 유사한 코드를 보여준다.

리스트 8-22. getProduct의 HAL JSON 데이터 분해와 조립

```
public class ProductRestController implements ProductService{

  @RequestMapping(value = "/productsweb/{id}", method = RequestMethod.GET,
      produces = MediaType.APPLICATION_JSON_VALUE)
  public ResponseEntity<Resource<Product>> getProduct(@PathVariable("id")
      String id) {

    Product product = restTemplate.getForObject(PRODUCT_SERVICE_URL + "/" +
        id, Product.class);
    if (product == null) {
      return new ResponseEntity<Resource<Product>>(HttpStatus.NOT_FOUND);
    }
    Resource<Product> productResponse = new Resource<Product>(product,
        linkTo(methodOn(ProductRestController.class).getProduct(
```

```
        product.getId())).withSelfRel());
    return new ResponseEntity<Resource<Product>>(productResponse,
        HttpStatus.OK);
    }
}
```

나머지 코드는 이전 예제에서 본 것과 거의 동일하므로 설명하지 않겠다.

유레카 예제 빌드와 테스트

유레카 레지스트리를 보여주는 데 필요한 전체 코드는 ch08-05 폴더에 있다. 몽고DB가 실행 중인지 확인한다. 그런 후 다음과 같은 순서로 다양한 마이크로 서비스를 빌드, 패키징, 실행할 수 있다.

먼저 유레카 레지스트리 마이크로서비스를 실행한다.

```
cd ch08\ch08-05\Eureka
D:\binil\gold\pack03\ch08\ch08-05\Eureka>make
D:\binil\gold\pack03\ch08\ch08-05\Eureka>mvn -Dmaven.test.skip=true clean
package
D:\binil\gold\pack03\ch08\ch08-05\Eureka>run1
D:\binil\gold\pack03\ch08\ch08-05\Eureka>java -jar -Dserver.port=8761
-Dspring.application.name=eureka-registry1
.\target\Ecom-ProductMicroservice-0.0.1-SNAPSHOT.jar
```

첫 번째 유레카가 시작되면 레지스트리가 연결할 복제본 노드를 찾을 수 없기 때문에 명령 창에는 이에 관련된 스택이 나타난다. 운영 환경에서는 둘 이상의 레지스트리 인스턴스가 필요하다. 예제 목적으로 유레카 인스턴스를 하나 더 실행한다.

```
D:\binil\gold\pack03\ch08\ch08-05\Eureka>run2
D:\binil\gold\pack03\ch08\ch08-05\Eureka>java -jar -Dserver.port=8762
-Dspring.application.name=eureka-registry2 .\target\Ecom-Product
Microservice-0.0.1-SNAPSHOT.jar
```

유레카 콘솔에서 두 인스턴스가 서로 동기화된다는 점에 유의한다. 이 동기화를 확인하려면 몇 초 정도 기다려야 할 수도 있다. 또한 레지스트리 등록, 조회, 동기화 모두 지연이 거의 없기 때문에 이러한 지연은 이 예제의 시연 단계마다 다르다(구성 조정을 통해 제어할 수 있음).

이제 레지스트리가 모두 설정됐으므로 다음에 애플리케이션 마이크로서비스를 실행할 수 있다.

```
cd ch08\ch08-05\ProductServer
D:\binil\gold\pack03\ch08\ch08-05\ProductServer>make
D:\binil\gold\pack03\ch08\ch08-05/ProductServer>mvn -Dmaven.test.skip=true
clean package

D:/binil/gold/pack03/ch08/ch08-05/ProductServer>run1
D:/binil/gold/pack03/ch08/ch08-05/ProductServer>java -Dserver.port=8080
-Dspring.application.name=product-service
-Deureka.client.serviceUrl.defaultZone=http://localhost:8761/eureka/,http:/
/localhost:8762/eureka/ -jar ./target/Ecom-Product-Microservice-0.0.1-
SNAPSHOT.jar
```

리스트 8-23은 마이크로서비스를 시작할 때 유레카 콘솔에서 일어나는 일을 간략하게 보여준다.

리스트 8-23. 유레카에 등록되는 마이크로서비스

```
D:\binil\gold\pack03\ch08\ch08-05\Eureka>run1
D:\binil\gold\pack03\ch08\ch08-05\Eureka>java -jar -Dserver.port=8761
```

```
-Dspring.application.name=eureka-registry1
.\target\Ecom-ProductMicroservice-0.0.1-SNAPSHOT.jar
2019-02-21 19:09:38.836 INFO 16672 --- [        main] s.c.a.Annota
tionConfigApplicationContext : Refreshing org.springframework.context.
annotation.AnnotationConfigApplicationContext@28ba21f3: startup date [Thu Feb
21 19:09:38 IST 2019]; root of context hierarchy

  .   ____          _            __ _ _
 /\\ / ___'_ __ _ _(_)_ __  __ _ \ \ \ \
( ( )\___ | '_ | '_| | '_ \/ _` | \ \ \ \
 \\/  ___)| |_)| | | | | || (_| |  ) ) ) )
  '  |____| .__|_| |_|_| |_\__, | / / / /
 =========|_|==============|___/=/_/_/_/
 :: Spring Boot ::        (v1.5.4.RELEASE)
2019-02-21 19:10:59.615 INFO 16672 --- [freshExecutor-0] com.netflix.
discovery.DiscoveryClient     : Getting all instance registry info from the
eureka server
2019-02-21 19:10:59.633 INFO 16672 --- [freshExecutor-0] com.netflix.
discovery.DiscoveryClient: The response status is 200
2019-02-21 19:10:59.646 INFO 16672 --- [a-EvictionTimer] c.n.e.registry.
AbstractInstanceRegistry  : Running the evict task with compensationTime 0ms
2019-02-21 19:11:08.318 INFO 16672 --- [nio-8761-exec-4] c.n.e.registry.
AbstractInstanceRegistry  : Registered instance PRODUCT-SERVICE/
tiger:product-service:8080 with status UP (replication=true)
2019-02-21 19:11:29.675 INFO 16672 --- [freshExecutor-0] com.netflix.
discovery.DiscoveryClient : The response status is 200
2019-02-21 19:11:41.187 INFO 16672 --- [nio-8761-exec-8] c.n.e.registry.
AbstractInstanceRegistry  : Registered instance PRODUCT-SERVICE/
tiger:product-service:8081 with status UP (replication=true)
2019-02-21 19:11:59.647 INFO 16672 --- [a-EvictionTimer] c.n.e.registry.
AbstractInstanceRegistry : Running the evict task with compensationTime 0ms

cd ch08\ch08-05\ProductServer
D:\binil\gold\pack03\ch08\ch08-05\ProductServer>run2
D:\binil\gold\pack03\ch08\ch08-05\ProductServer>java -Dserver.port=8081
-Dspring.application.name=product-service
```

```
-Deureka.client.serviceUrl.defaultZone=http://localhost:8761/eureka/,http:/
/localhost:8762/eureka/ -jar
.\target\Ecom-Product-Microservice-0.0.1-SNAPSHOT.jar
```

유레카 인스턴스와 달리 상품 서버 마이크로서비스는 동일한 애플리케이션 이름으로 모든 인스턴스를 시작했다. 이는 두 인스턴스가 실제로 동일한 마이크로서비스를 가리키고 있음을 레지스트리에 명확히 하기 위한 것이다. 이렇게 하면 유레카가 이 마이크로서비스에 대해 조회할 때 이러한 인스턴스 중 하나로 라우팅하는 데 도움이 된다.

다음으로 상품 웹 마이크로서비스를 실행한다.

```
cd ch08\ch08-05\ProductWeb
D:\binil\gold\pack03\ch08\ch08-05\ProductWeb>make
D:\binil\gold\pack03\ch08\ch08-05\ProductWeb>mvn -Dmaven.test.skip=true
clean package
D:\binil\gold/pack03/ch08/ch08-05/ProductWeb>run
D:/binil/gold/pack03/ch08/ch08-05/ProductWeb>java -Dserver.port=8082
-Dspring.application.name=product-web
-Deureka.client.serviceUrl.defaultZone=http://localhost:8761/eureka/,http:/
/localhost:8762/eureka/ -jar
./target/Ecom-Product-Microservice-0.0.1-SNAPSHOT.jar
```

마지막 명령은 8082 포트에서 상품 웹이 실행된다.

레지스트리 서비스가 실행 중인 다음 URL을 웹 브라우저로 호출하면 유레카 콘솔을 확인할 수 있다.

```
http://localhost:8761/
http://localhost:8762/
```

그림 8-12를 참고한다.

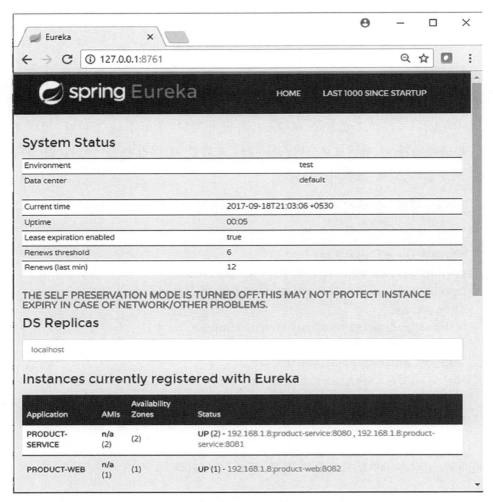

그림 8-12. 유레카 콘솔

이제 크롬 브라우저에서 다음 HTML 유틸리티를 열 수 있다.

```
ch08\ch08-05\ProductWeb\src\main\resources\product.html.
```

브라우저 클라이언트는 상품 웹의 8082 포트에 대한 요청을 시작해 상품 서버 마이크로서비스의 한 인스턴스에 호출을 위임한다.

브라우저 새로 고침을 반복하면 상품 웹 마이크로서비스 호출이 상품 서버 마이크로서비스 인스턴스로 로드밸런싱되며, 상품 서버 마이크로서비스의 명령 창에서 발생하는 로그를 보고 확인할 수 있다. 상품 서버 마이크로서비스 중 하나를 종료하고 브라우저를 새로 고치면 호출이 항상 실행 중인 다른 상품 서버 인스턴스로 이동하는 것을 볼 수 있다. 이는 RestTemplate에 @LoadBalanced 를 사용했기 때문이며, 이는 리스트 8-18에 나와 있는 것처럼 상품 웹 마이크로서비스에서 상품 서버 마이크로서비스를 사용하는 데 이용된다. 이전에 실행한 상품 서버 마이크로서비스를 다시 실행하면 리본 로드밸런싱이 다시 작동해 상품 웹 마이크로서비스에서 상품 서버 마이크로서비스의 두 인스턴스로 번갈아가며 호출한다. 마찬가지로 유레카 마이크로서비스 중 하나를 중단해 테스트할 수도 있다. 유레카 클라이언트는 유레카 팜에서 하나 이상의 유레카 노드 장애를 처리하게 만들어졌다. 유레카 클라이언트는 캐싱된 레지스트리 정보를 갖고 있기 때문에 사용 가능한 모든 유레카 노드가 다운되더라도 적절히 잘 작동할 수 있다.

부트스트랩 서버

이제 마이크로서비스 기반 엔터프라이즈 애플리케이션의 모든 서비스 인스턴스를 유레카 레지스트리에 등록할 수 있으며, 이것이 유레카 레지스트리 인스턴스임을 이해해야 한다. 한 가지 예외가 있다. API 게이트웨이는 다음 절에서 살펴볼 텐데, 그때까지는 이 예외를 무시하자. 유레카 레지스트리는 관심 있는 서비스 소비자를 위한 서비스 디렉터리라고 말했으므로 서비스 소비자가 레지스트리에 어떻게든 접근할 수 있다면 원하는 서비스 이름으로 레지스트리에서 해당 서비스에 접근하기 위한 정보(호스트, 포트 등)를 얻을 수 있다. 이제 가장 중요한 질문은 서비스 소비자가 어떻게 레지스트리에 접근하는가 하는 것이다. 즉,

유레카 레지스트리는 어떤 마이크로서비스라도 자체적으로 부트스트랩하고 광고하는 것을 도울 것이다. 하지만 유레카 레지스트리는 어떻게 자체적으로 광고할 수 있을까? 부트스트랩 서버는 어떻게 자체적으로 부트스트랩할까?!

유레카 서버는 식별 가능한 표준 주소가 필요하다. 하나의 메커니즘은 내부 DNS 또는 유사한 서비스를 갖는 것이다. 그러나 이러한 고정 IP 주소는 기존의 LAN 환경에서만 작동한다. AWS와 같은 퍼블릭 클라우드에서 배포하는 순간 이야기는 달라진다. AWS와 같은 클라우드에서는 인스턴스가 고정적이지 않다. 즉, 표준 호스트 이름이나 IP 주소로 유레카 서버를 고정할 수 없다. 여기서 AWS EC2 일래스틱 IP 주소와 같은 메커니즘을 사용해야 한다. 일래스틱 IP 주소는 동적 클라우드 컴퓨팅을 위해 디자인된 정적 IPv4 주소다. 일래스틱 IP 주소를 사용하면 계정의 다른 인스턴스에 주소를 빠르게 다시 매핑해 마이크로 서비스의 장애를 숨길 수 있다. 클러스터의 모든 유레카 서버에 대해 하나의 일래스틱 IP가 필요하다. 일래스틱 IP 주소 목록으로 유레카 서버를 구성하면 유레카 서버는 사용되지 않는 일래스틱 IP를 찾는 번거로움을 해결하고 시작할 때 이를 자신에게 바인딩한다.

주울: API 게이트웨이

어떤 서비스든 잘 알려진 주소를 사용해 좀 더 정확하게 접근할 필요가 있다. www.google.com 또는 www.apple.com과 같은 주소가 대표적인 예다. 마찬가지로 엔터프라이즈 애플리케이션을 호스팅할 때는 주소, 특히 홈페이지 URL이 필요하다. 이러한 URL을 브라우저에 입력하면 웹 사이트의 랜딩 리소스로 요청이 전달된다. 일반적으로 이러한 이름이나 잘 알려진 URL은 DNS가 확인되고 물리적 IP나 물리적 IP 조합을 전달한다. 확장성을 위해 클러스터나 서버 팜에 애플리케이션을 배포하면 먼저 요청이 시작된 후 서버 팜의 한 인스턴스로 부하가 분산되는 역방향 프록시 역할을 하는 로드밸런서가 필요하다. 아파치

HTTP 서버와 F5는 유사한 디바이스다. AWS ELB^{Elastic Load Balancer}는 AWS 클라우드에서 최종 사용자 트래픽에 노출된 웹 서비스를 위한 로드밸런싱 솔루션이다. 이러한 모든 경우 로드밸런서의 공용 IP를 알려주면 네트워크와 배포 세부 정보를 비롯한 엔터프라이즈 애플리케이션의 내부 세부 정보가 외부 세계로부터 숨겨진다. 이는 권장되는 패턴이며 마이크로서비스 애플리케이션에서도 동일하게 적용된다.

부트스트랩 URL

앞 절에서는 모든 마이크로서비스 유레카 레지스트리에 자체 등록할 수 있음을 확인했다. 소비자가 레지스트리에서 해당 서비스로 이동할 수 있게 말이다. 레지스트리의 위치를 검색하려면 레지스트리에 대해 잘 알려진 고정 주소를 사용한다. 이러한 레지스트리에는 내부 마이크로서비스에 대한 경로 매핑만 포함된다. 외부에서 액세스할 수 있는 리소스와 주소는 일반적으로 레지스트리에서 색인화되지 않는다. 대신 다른 방법을 사용해 노출해야 한다. DNS는 그러한 메커니즘 중 하나다. 그러나 공개적으로 액세스할 수 있는 리소스(홈페이지와 기타 많은 페이지의 AJAX 호출)에서 발생하는 후속 쿼리나 요청에서 이러한 마이크로서비스에 액세스해야 한다는 것도 안다. 이러한 작업을 수행하려면 API 게이트웨이와 같은 메커니즘이 필요하다. API 게이트웨이를 사용해 경계 외부의 클라이언트에 마이크로서비스를 노출할 수 있지만 노출하지 않는 나머지 마이크로서비스는 여전히 노출되지 않은 상태로 유지할 수 있다. 따라서 API 게이트웨이는 클라이언트가 공개적으로 마이크로서비스에 액세스하는 URL을 노출하는 부트스트랩 메커니즘이 된다.

그림 8-13은 온프레미스 배포에서 API 게이트웨이를 설정하는 방법을 보여준다. 4장의 '메시 앱과 서비스 아키텍처' 절에서는 메시 앱과 서비스 아키텍처를 설명했으며, MASA의 개념을 API 게이트웨이에 맞게 확장할 것이다. 모든 엔터프라이즈 애플리케이션의 API 게이트웨이 시점에서 해결해야 할 많은 문제가

있으며 보안도 그런 문제 중 하나다. 게이트웨이가 엔터프라이즈 애플리케이션 환경에서 하나의 관문 역할을 하므로 API 게이트웨이에서 이 모든 문제를 해결할 수 있다.

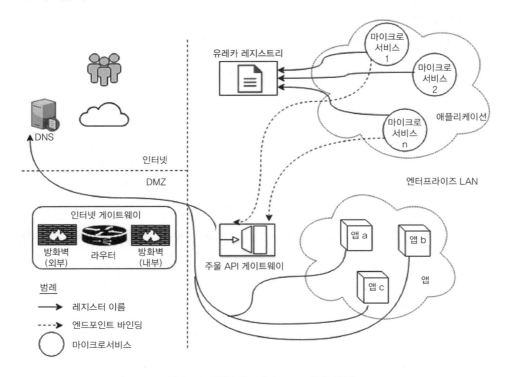

그림 8-13. 주울: 온프레미스 API 게이트웨이

API 게이트웨이를 사용할 때 다음 사항에 유의해야 한다.

- 공용 서비스만 API 게이트웨이에 바인딩된다. 이는 엔터프라이즈 DMZ 외부에서 주소를 지정할 수 있는 모든 마이크로서비스 API가 API 게이트웨이에 바인딩됨을 의미한다.

- 외부에서 액세스할 필요가 없는 마이크로서비스의 경우 API 게이트웨이에 이를 노출할 필요가 없다.

그림 8-13에서 모든 마이크로서비스가 유레카에 등록되는 것을 볼 수 있다. 그런 다음 외부에서 액세스할 수 있는 모든 마이크로서비스도 API 게이트웨이에 바인딩된다. 그러나 마이크로서비스 2와 같이 외부에서 반드시 액세스할 필요가 없는 마이크로서비스는 API 게이트웨이에 바인딩되지 않는다. 다음으로 주목할 만한 점은 API 게이트웨이 자체가 외부에 주소 지정이 가능해야 한다는 것이다. 모든 앱의 경우도 마찬가지다. 앱은 클라이언트 디바이스에서 직접 액세스할 수 있어야 하기 때문이다. 그림 8-13에서는 일반적으로 DMZ 외부에서 주소를 지정하고 액세스할 수 있는 모든 구성 요소를 배치하는 앱 도메인을 볼 수 있다. 일반적으로 이 도메인은 웹 앱, 모바일 앱, IoT 디바이스용 에이전트 등으로 구성된다. 앱과 API 게이트웨이를 적절한 외부 이름 지정 서비스에 등록하면 이를 가능하게 하며, 이를 수행하는 한 가지 방법이 DNS다. 이와 같이 공개적으로 액세스할 수 있는 모든 리소스는 공개 DNS에 등록되므로 해당 주소는 DNS 조회로 확인할 수 있다. DNS 조회가 성공하면 클라이언트 디바이스가 리소스를 요청하고 응답을 받을 수 있게 리소스의 실제 URL이 클라이언트 디바이스에 제공해 렌더링된다. 이는 그림 8-14를 참고한다.

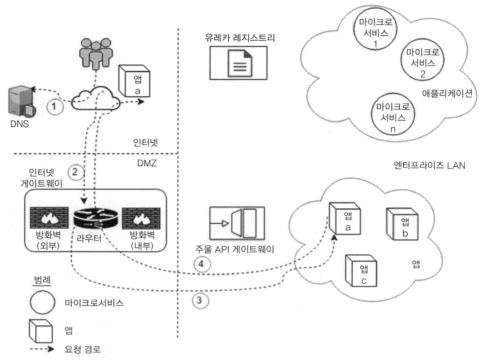

그림 8-14. 마이크로서비스 애플리케이션에 대한 URL 부트스트랩

앱 콘텐츠(기존 웹 앱 컨텍스트의 홈페이지)를 수신하고 디바이스에서 동일한 내용이 렌더링되면 이후부터 클라이언트 디바이스에서 서버로 전달되는 모든 요청은 하나이상의 컨텍스트 루트 URL로 라우팅될 수 있다. 즉, 그림 8-15와 같이 클라이언트 디바이스의 앱에서 보내는 모든 요청이 API 게이트웨이에 도달한다. 이는 다이어그램에서 레이블로 나와 있다. 또한 API 게이트웨이는 공개적으로 노출되기 때문에 DNS와 같은 이름 지정 서비스로 IP를 확인하거나 클라이언트 앱자체가 API 게이트웨이의 IP를 기억하고(레이블 7) 있을 수 있다. API 게이트웨이는 먼저 레지스트리 조회(레이블 9)를 수행한 후 요청을 대상 마이크로서비스(레이블 10)로 라우팅한다. 주울^{Zuul}은 기본적으로 리본을 사용해 디스커버리(예, 여기서는 유레카)하고 요청을 전달할 인스턴스를 찾는다. 따라서 서비스가 유레카에 등록된 경우 주울은 인스턴스 조회를 처리하고 로드밸런싱된 요청을 전달할 수도 있다.

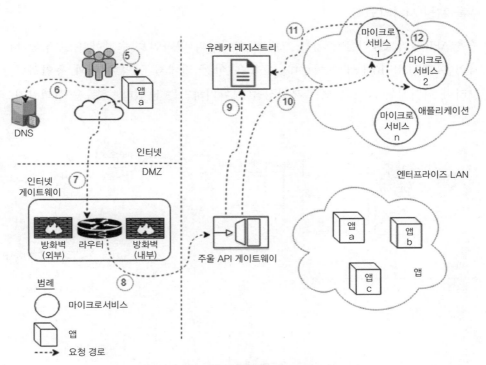

그림 8-15. 클라이언트 앱에서 마이크로서비스로 요청

이 시나리오를 한 단계 더 확장해보자. 마이크로서비스 1이 내부적으로 마이크로서비스 2의 일부 기능에 액세스하려고 호출해야 한다고 가정하자. 그림 8-13은 마이크로서비스 2가 항상 내부적으로 액세스할 수 있는 마이크로서비스이기 때문에 API 게이트웨이에 바인딩되지 않음을 보여주지만 유레카에 이름으로도 등록돼 있다. 그런 다음 마이크로서비스 1은 페인 클라이언트나 유사한 메커니즘을 사용해 유레카 조회를 수행할 수 있으며 호출을 마이크로서비스 2(레이블 12)로 라우팅할 수 있게 리본 기반 로드밸런싱을 수행할 수 있다.

여기에 설명된 배포 아키텍처는 일반적인 아키텍처이며 엔터프라이즈 요구 사항에 따라 다양한 변형이 있을 수 있다.

주울 지원 시나리오 디자인

주울 API 게이트웨이를 도입해 그림 8-13에서의 디자인을 수정한다. 수정된 디자인은 그림 8-16에서 보여준다. 흐름은 이전 절에서 설명한 것과 동일하다. 그러나 여기서는 DNS의 모든 복잡성을 이야기하지는 않겠다. 흐름을 살펴보자.

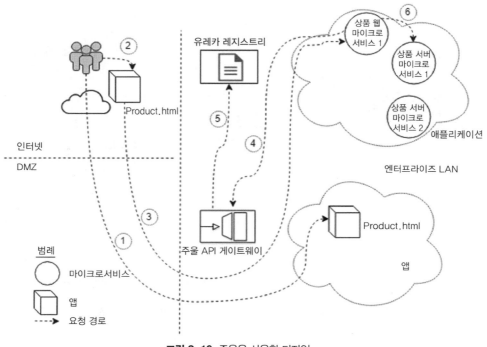

그림 8-16. 주울을 사용한 디자인

브라우저인 클라이언트 디바이스는 product.html(레이블 1)을 렌더링하는 데 사용된다. product.html이 브라우저에 읽혀지면 상품 웹 마이크로서비스에 대한 요청이 실행된다. 상품 웹 마이크로서비스를 간단하게 유지하고자 API 게이트웨이에 바인딩하지 않으므로 상품 서버 마이크로서비스만 API 게이트웨이에 바인딩할 수 있다. 따라서 클라이언트 디바이스에서 상품 웹 마이크로서비스로의 요청은 API 게이트웨이(레이블 3)를 통하지 않고 직접 호출된다.

이제 상품 웹 마이크로서비스는 요청을 상품 서버 마이크로서비스에 위임해야 하며, 이를 위해 API 게이트웨이(레이블 4)로 요청을 라우팅한다. API 게이트웨이는 레지스트리 조회(레이블 5)를 수행하고 상품 서버 마이크로서비스가 다시 호스팅되는 서버 세부 정보를 상품 웹 마이크로서비스의 리본 클라이언트에 반환한다. 상품 웹 마이크로서비스는 이 정보를 가져와 상품 서버 마이크로서비스의 인스턴스(레이블 6) 중 하나에 요청을 로드밸런싱한다. 2개의 상품 서버 마이크로서비스 인스턴스가 호스팅되기 때문이다.

주울 사용 코드

이 절의 모든 코드 예제는 ch08\ch08-06 폴더에 있다. 주울 의존성에 대한 명시적 언급은 pom.xml을 확인한다. 리스트 8-24를 보자.

리스트 8-24. 주울 의존성(ch08\ch08-06\ProductApiZuul\pom.xml)

```xml
<dependency>
  <groupId>org.springframework.cloud</groupId>
  <artifactId>spring-cloud-starter-zuul</artifactId>
</dependency>

<dependency>
  <groupId>org.springframework.cloud</groupId>
  <artifactId>spring-cloud-starter-eureka</artifactId>
</dependency>
```

주울은 그 자체로 마이크로서비스이므로 다른 일반 마이크로서비스와 마찬가지로 레지스트리에 등록해야 한다. 따라서 주울은 리스트 8-25처럼 유레카 의존성도 필요하다.

그런 다음 다른 마이크로서비스가 바인딩할 수 있는 API 게이트웨이를 빌드하려면 스프링 클라우드의 @EnableZuulProxy가 필요하다. 이는 주울 게이트웨이를 활성화하고자 일반 스프링 부트 애플리케이션 기본 클래스에 하나의 애노테이션을 추가한다.

리스트 8-25. 주울 활성화(ch08\ch08-06\ProductApiZuul\src\main\java\com\acme\ecom\infra\ProductServerApiApplication.java)

```java
@EnableZuulProxy
@EnableDiscoveryClient
@SpringBootApplication
public class ProductServerApiApplication {

  public static void main(String[] args) {

    SpringApplication.run(ProductServerApiApplication.class, args);
  }
}
```

이제 application.yml에 수행할 API 게이트웨이의 경로를 정의해야 한다. 리스트 8-26을 보자.

리스트 8-26. 주울 게이트웨이(ch08\ch08-06\ProductApiZuul\src\main\resources\application.yml)

```yaml
spring:
  application:
    name: product-service-api
server:
  port: 8082
zuul:
  routes:
    product-api:
      path: /api/**
      service-id: product-service
eureka:
  client:
```

```
    serviceUrl:
      defaultZone: http://localhost:8761/eureka/
hystrix:
  command:
    default:
      execution:
        isolation:
          thread:
            timeoutInMilliseconds: 2000
```

주울은 이제 product-service-api라는 이름으로 유레카에 등록된다. 또한 주울로 들어오는 /api/** 패턴의 URL은 상품 서비스로 라우팅된다.

상품 서버 마이크로서비스 코드는 몽고DB 의존성을 제거하고 대신 상품 데이터의 간단한 인메모리 표현을 사용해 예제를 단순화한다는 점을 제외하면 '유레카 사용 코드' 절에서 본 코드와 유사하다. 그러나 상품 웹 마이크로서비스 코드는 주울 API 게이트웨이를 조회해 상품 서버 마이크로서비스에 요청을 위임하는 곳에 있으므로 설명이 필요하다. 리스트 8-27을 보자.

리스트 8-27. API 게이트웨이로 다른 마이크로서비스 호출(ch08\ch08-06\ProductWeb\src\main\java\com\acme\ecom\product\controller\ProductRestController.java)

```java
@RestController
public class ProductRestController implements ProductService{

  @Autowired
  RestTemplate restTemplate;

  private static String PRODUCT_SERVICE_URL =
      "http://product-service-api/api/products";

  @Autowired
  public ProductRestController(RestTemplate restTemplate){

    this.restTemplate = restTemplate;
```

```
    }

    @RequestMapping(value = "/productsweb", method = RequestMethod.GET ,
        produces = {MediaType.APPLICATION_JSON_VALUE})
    public ResponseEntity<Resources<Resource<Product>>> getAllProducts() {

        ResponseEntity<PagedResources<Product>> responseEntity =
            restTemplate.exchange(PRODUCT_SERVICE_URL, HttpMethod.GET,
            (HttpEntity<Product>) null, responseTypeRef);
        // 기타 코드를 여기에...
    }
}
```

다른 모든 코드는 '유레카 사용 코드' 절에서 본 것과 유사하지만 변경 사항은 URL에서 확인할 수 있다. http://product-service-api/api/products URL의 product-service-api 부분은 주울 API 게이트웨이의 주소를 참조하므로 호출이 먼저 게이트웨이에 도달한다. API 게이트웨이에서 주울로 들어오는 /api/** 패턴의 URL이 상품 서비스로 라우팅되게 구성했다. 따라서 전체 URL은 상품 서버 마이크로서비스의 상품 엔드포인트로 변환된다.

주울 예제 빌드와 테스트

유레카 레지스트리를 보여주는 데 필요한 전체 코드는 ch08-06 폴더에 있다. 이 예제는 몽고DB가 필요하지 않다. 다음의 순서로 다양한 마이크로서비스를 빌드, 패키징, 실행할 수 있다. 먼저 유레카 레지스트리 마이크로서비스를 실행한다.

```
cd ch08\ch08-06\Eureka
D:\binil\gold\pack03\ch08\ch08-06\Eureka>make
D:\binil\gold\pack03\ch08\ch08-06\Eureka>mvn -Dmaven.test.skip=true clean
```

```
package
D:\binil\gold\pack03\ch08\ch08-06\Eureka>run
D:\binil\gold\pack03\ch08\ch08-06\Eureka>java -jar -Dserver.
port=8761 -Dspring.application.name=eureka-registry -Deureka.
client.registerWithEureka=false -Deureka.client.fetchRegistry=true
-Deureka.client.server.waitTimeInMsWhenSyncEmpty=0 -Deureka.client.
serviceUrl.defaultZone=http://localhost:8761/eureka/ -Deureka.server.
enableSelfPreservation=false .\target\Ecom-Product-Microservice-0.0.
1SNAPSHOT.jar
```

다음으로 주울 API 게이트웨이를 실행한다.

```
D:\binil\gold\pack03\ch08\ch08-06\ProductApiZuul>make
D:\binil\gold\pack03\ch08\ch08-06\ProductApiZuul>mvn -Dmaven.test.skip=true
clean package
D:\binil\gold\pack03\ch08\ch08-06\ProductApiZuul>run
D:\binil\gold\pack03\ch08\ch08-06\ProductApiZuul>java -Dserver.port=8082
-Dspring.application.name=product-service-api -Deureka.client.serviceUrl.
defaultZone=http://localhost:8761/eureka/ -jar ./target/Ecom-Product-
Microservice-0.0.1-SNAPSHOT.jar
```

이제 레지스트리와 API 게이트웨이가 모두 설정됐으므로 다음에 애플리케이션 마이크로서비스를 불러올 수 있다.

```
cd ch08\ch08-06\ProductServer
D:\binil\gold\pack03\ch08\ch08-06\ProductServer>make
D:\binil\gold\pack03\ch08\ch08-06\ProductServer>mvn -Dmaven.test.skip=true
clean package
D:\binil\gold\pack03\ch08\ch08-06\ProductServer>run1
D:\binil\gold\pack03\ch08\ch08-06\ProductServer>java -Dserver.port=8080
-Dspring.application.name=product-service -Deureka.client.serviceUrl.
```

```
defaultZone=http://localhost:8761/eureka/ -jar .\target\Ecom-Product-
Microservice-0.0.1-SNAPSHOT.jar

cd ch08\ch08-06\ProductServer
D:\binil\gold\pack03\ch08\ch08-06\ProductServer>run2
D:\binil\gold\pack03\ch08\ch08-06\ProductServer>java -Dserver.port=8081
-Dspring.application.name=product-service -Deureka.client.serviceUrl.
defaultZone=http://localhost:8761/eureka/ -jar .\target\Ecom-Product-
Microservice-0.0.1-SNAPSHOT.jar
```

다음으로 상품 웹 마이크로서비스를 실행한다.

```
cd ch08\ch08-06\ProductWeb
D:\binil\gold\pack03\ch08\ch08-06\ProductWeb>make
D:\binil\gold\pack03\ch08\ch08-06\ProductWeb>mvn -Dmaven.test.skip=true
clean package
D:\binil\gold\pack03\ch08\ch08-06\ProductWeb>run
D:\binil\gold\pack03\ch08\ch08-06\ProductWeb>java -Dserver.port=8084
-Dspring.application.name=product-web -Deureka.client.serviceUrl.
defaultZone=http://localhost:8761/eureka/ -jar .\target\Ecom-Product-
Microservice-0.0.1-SNAPSHOT.jar
```

마지막 명령은 8084 포트에서 상품 웹을 실행한다.

웹 브라우저로 레지스트리 서비스가 실행 중인 다음 URL(http://localhost:8761/)을 요
청해 유레카 콘솔을 확인할 수 있다. 그림 8-17을 보자.

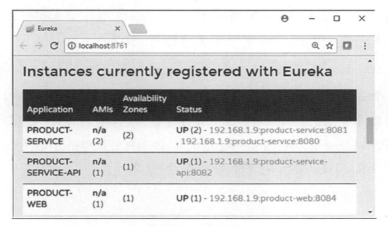

그림 8-17. 유레카 콘솔

이제 크롬 브라우저에서 다음 HTML 유틸리티를 열 수 있다.

```
ch08\ch08-06\ProductWeb\src\main\resources\product.html
```

브라우저 클라이언트는 상품 웹의 8084 포트에 요청을 보내 상품 서버 마이크로서비스의 모든 인스턴스에 호출을 위임한다. 이제 상품 웹 마이크로서비스는 요청을 상품 서버 마이크로서비스에 위임해야 하며, 이를 위해 요청을 API 게이트웨이로 라우팅한다. API 게이트웨이는 레지스트리 조회를 수행하고 상품 서버 마이크로서비스가 호스팅되는 서버 세부 정보를 상품 웹 마이크로서비스의 리본 클라이언트로 반환한다. 상품 웹 마이크로서비스는 이 정보를 가져와 상품 서버 마이크로서비스의 인스턴스 중 하나로 요청을 로드밸런싱한다.

구성 서버

구성 매개변수를 외부화하는 것은 마이크로서비스의 중요한 특성이다. 이는 애플리케이션 매개변수와 인프라 매개변수 모두에 해당된다. 마이크로서비스가 많은 경우 구성 매개변수를 외부적으로 유지하는 것은 중요하며, 스프링 클라우드의 구성 서버를 통해 문제를 해결할 수 있다.

스프링 구성 서버는 SVN이나 깃^{Git}과 같은 버전 제어 저장소에 구성 매개변수를 저장할 수도 있다. 다시 말하지만 저장소는 로컬 또는 원격일 수 있으며 고가용성을 위해 단일 노드 또는 다중 노드로 구성될 수 있다. 구성 매개변수는 버전을 제어한 다음 운영 서버에서 직접 참조할 수 있으므로 잘못된 값 등으로 인한 런타임 오류 시나리오는 완전히 방지할 수 있다.

구성 시나리오 디자인

다른 마이크로서비스를 많이 변경하지 않고 예제에 구성 서버를 도입한다. 디자인에서는 다른 모든 마이크로서비스에 사용할 수 있지만 상품 서버 마이크로서비스에 대해서만 구성 서버를 사용한다. 그림 8-18에서 보여주는 것처럼 상품 서버 마이크로서비스는 스프링 클라우드 구성 서버를 사용해 구성 매개변수 중 하나의 값을 관리한다.

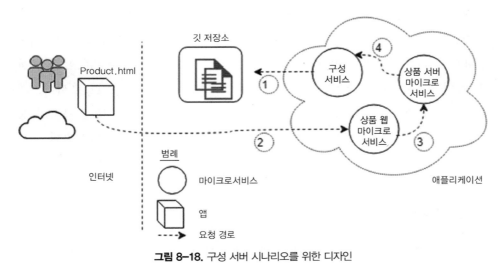

그림 8-18. 구성 서버 시나리오를 위한 디자인

292

구성 서버 사용 코드

이 절의 모든 코드 예제는 ch08/ch08-07 폴더에 있다. 구성 서버 의존성에 대한 명시적인 언급을 보려면 pom.xml을 확인한다. 리스트 8-28을 보자.

리스트 8-28. 구성 서버 의존성(ch08\ch08-07\ConfigServer\pom.xml)

```
<dependency>
  <groupId>org.springframework.cloud</groupId>
  <artifactId>spring-cloud-config-server</artifactId>
</dependency>
```

다음으로 @EnableConfigServer를 애플리케이션 클래스에 추가한다(리스트 8-29 참고).

리스트 8-29. 구성 서버 활성화(ch08\ch08-07\ConfigServer\src\main\java\com\acme\ecom\product\EcomProductConfigApplication.java)

```
@SpringBootApplication
@EnableConfigServer
public class EcomProductConfigApplication {

  public static void main(String[] args) {

    SpringApplication.run(EcomProductConfigApplication.class, args);

  }

}
```

다음으로 깃 URL을 구성 서버에 설정한다. 리스트 8-30을 보자.

리스트 8-30. 스프링 클라우드 구성 서버 구성(ch08\ch08-07\ConfigServer\src\main\resources\bootstrap.yml)

```
server:
  port: 8888
```

```
spring:
  cloud:
    config:
    server:
      git:
        uri: file://D:/binil/gold/pack03/ch08/ch08-07/ConfigServer/
        config-repo
```

여기서 8888 포트는 구성 서버의 기본 포트이므로 **server.port**를 명시적으로 언급하지 않아도 구성 서버는 8888에 바인드된다. 다음으로 깃 URL을 지정한다. 이 저장소에 다른 마이크로서비스의 모든 구성 파일을 저장한다.

다음으로 마이크로서비스가 구성 서버에 액세스할 수 있게 설정해야 한다. 리스트 8-31에 나와 있는 메이븐 의존성을 확인한다.

리스트 8-31. 구성 서버 클라이언트(ch08\ch08−07\ProductServer\pom.xml)

```
<dependency>
  <groupId>org.springframework.boot</groupId>
  <artifactId>spring-boot-starter-actuator</artifactId>
</dependency>

<dependency>
  <groupId>org.springframework.cloud</groupId>
  <artifactId>spring-cloud-starter-config</artifactId>
</dependency>
```

상품 서버 마이크로서비스는 구성 서버의 클라이언트 역할을 한다. 이것은 **spring-cloud-starter-config** 의존성으로 활성화한다. 구성 서버에서 매개변수가 변경될 때 구성 매개변수를 새로 고치는 데 필요한 액추에이터 의존성도 추가해야 한다. 다음으로 리스트 8-32에 나와 있는 마이크로서비스 구성 파일을 확인한다.

리스트 8-32. 상품 서버 마이크로서비스 구성(ch08\ch08-07\ProductServer\src\main\resources\application.yml)

```
server:
  port: 8081

spring:
  application:
    name: productservice
  cloud:
    config:
      server:
        uri: http://localhost:8888

management:
  security:
    enabled: false
```

중요한 구성 매개변수는 다음과 같다.

```
spring.application.name=productservice
spring.cloud.config.uri=http://localhost:8888
```

여기서 **productservice**는 상품 서버 마이크로서비스에 부여된 논리적 이름이며 서비스 ID로도 사용된다. 구성 서버는 저장소에서 productservice.yml을 찾아 애플리케이션 구성 매개변수를 분석한다. 리스트 8-33을 보자.

리스트 8-33. 상품 서버 구성 매개변수(ch08\ch08-07\ConfigServer\config-repo\productservice.yml)

```
page:
  size: 3
```

다음 절의 리스트 8-33에서 구성 매개변수의 관련성을 확인할 수 있다. 이제 리스트 8-34의 상품 서버 마이크로서비스 코드를 확인해보자.

리스트 8-34. 구성 서버 클라이언트(ch08\ch08-07\ProductServer\src\main\java\com\ acme\ecom\product\controller\ProductRestController.java)

```java
@RestController
@RefreshScope
public class ProductRestController {

    @Value("${page.size}")
    private int size = 0;
    // 기타 코드는 여기에...
}
```

매개변수의 중앙 집중식 구성과 변경 사항 전파를 보여주고자 구성 파일에 **page.size**란 이름으로 참조되는 애플리케이션 매개변수 **size**를 추가했다. 애플리케이션 코드에서 이 매개변수를 사용해 누군가가 클라이언트에서 상품에 액세스할 때 반환되는 상품의 줄 수를 제어할 수 있다.

구성 서버 빌드와 테스트

구성 서버를 보여주는 데 필요한 전체 코드는 ch08-07 폴더에 있다. 이 예제에는 몽고DB가 필요하지 않다. 다음의 순서로 다양한 마이크로서비스를 빌드, 패키징, 실행할 수 있다.

먼저 구성 서버 마이크로서비스를 실행한다.

```
cd ch08\ch08-07\ConfigServer
D:\binil\gold\pack03\ch08\ch08-07\ConfigServer>make
D:\binil\gold\pack03\ch08\ch08-07\ConfigServer>mvn -Dmaven.test.skip=true
```

```
clean package
D:\binil\gold\pack03\ch08\ch08-07\ConfigServer>run
D:\binil\gold\pack03\ch08\ch08-07\ConfigServer>java -Dserver.port=8888
-Dspring.application.name=productservice -jar .\target\Ecom-Product-
Microservice-0.0.1-SNAPSHOT.jar
```

구성 서버가 실행되면 리스트 8-33에 나열된 productservice.yaml의 구성 매개변수는 http://localhost:8888/productservice/default로 접속해 확인할 수 있다.

URL의 첫 번째 부분은 마이크로서비스 이름이다. 여기서 마이크로서비스 이름은 productservice다. 마이크로서비스 이름은 스프링 부트(상품 서버) 애플리케이션의 application.yml에 있는 spring.application.name 속성을 사용해 애플리케이션에 부여된 논리적 이름이다. 각 애플리케이션에는 고유한 이름이 있어야 한다. 구성 서버는 이 이름을 사용해 구성 서버 저장소에서 적절한 .yml 또는 .properties 파일을 확인하고 읽는다. 애플리케이션 이름은 서비스 ID라고도 한다. 그림 8-19를 보자.

그림 8-19. 구성 서버 검사

다음으로 애플리케이션 마이크로서비스를 실행한다.

```
cd ch08\ch08-07\ProductServer
```

```
D:\binil\gold\pack03\ch08\ch08-07\ProductServer>make
D:\binil\gold\pack03\ch08\ch08-07\ProductServer>mvn -Dmaven.test.skip=true
clean package
D:\binil\gold\pack03\ch08\ch08-07\ProductServer>run
D:\binil\gold\pack03\ch08\ch08-07\ProductServer>java -Dserver.port=8081
-Dspring.application.name=productservice -jar .\target\Ecom-Product-
Microservice-0.0.1-SNAPSHOT.jar

cd ch08\ch08-07\ProductWeb
D:\binil\gold\pack03\ch08\ch08-07\ProductWeb>make
D:\binil\gold\pack03\ch08\ch08-07\ProductWeb>mvn -Dmaven.test.skip=true
clean package
D:\binil\gold\pack03\ch08\ch08-07\ProductWeb>run
D:\binil\gold\pack03\ch08\ch08-07\ProductWeb>java -Dserver.port=8080
-Dspring.application.name=productweb -jar .\target\Ecom-Product-
Microservice-0.0.1-SNAPSHOT.jar
```

가급적 크롬 브라우저로 다음 HTML 유틸리티를 연다.

```
ch08\ch08-07\ProductWeb\src\main\resources\product.html
```

브라우저 클라이언트는 상품 웹의 8080 포트에 요청을 전송해 상품 서버 마이크로서비스에 대한 호출을 위임한다. 클라이언트 브라우저에 나열된 productservice.yml에 구성된 만큼의 상품 줄을 볼 수 있다.

다음 단계로 productservice.yml 파일의 **page.size** 값을 3에서 2 또는 4로 변경하고 파일을 저장한다. 브라우저에 구성 서버 URL **http://localhost:8888/ productservice/default**를 입력해 구성 서버에서 이 변경 사항을 확인할 수 있어야 한다.

이제 브라우저 클라이언트를 새로 고칠 수 있다. 그러나 변경 사항은 상품 서버 마이크로서비스에 반영되지 않을 수 있다. 상품 서버 마이크로서비스가 구성 매개변수를 다시 가져오도록 강제하려면 상품 서버 마이크로서비스의 /refresh 엔드포인트를 호출한다. 이는 액추에이터의 새로 고침을 위한 엔드포인트다. 다음 명령은 /refresh 엔드포인트에 빈 POST를 보낸다.

```
curl -d {} localhost:8081/refresh
```

또는 Postman을 사용해 빈 POST 요청을 보낼 수도 있다. 브라우저 클라이언트를 다시 새로 고치면 변경 사항이 반영된 것을 확인할 수 있다. /refresh 엔드포인트는 상품 서버 마이크로서비스의 로컬에 캐싱된 구성 매개변수를 구성 서버의 새로운 값으로 다시 가져온다.

요약

8장에서는 스프링 클라우드의 주요 구성 요소를 살펴봤다. 스프링 클라우드는 간단하고 사용하기 쉬운 스프링 친화적인 API를 제공하고, 스프링의 '구성보다 관례CoC, Convention over Configuration,[3] 접근법을 기반으로 만들어졌기 때문에 스프링 클라우드는 모든 구성을 기본값으로 설정하고 빠르게 시작하는 데 도움이 된다. 많은 스프링 클라우드 기능이 이후 장에서 전자상거래 예제 애플리케이션을 만드는 데 사용되므로 8장에서 제공하는 입문 수준의 지식은 여러 마이크로서비스를 연결하고 전체 그림을 시각화하는 데 필수적이다. 짐작하겠지만 많은 스프링 클라우드 구성 요소는 기본적으로 장애 안전성과 고가용성의 특성을 염두에 두고 구축됐다. 이는 마이크로서비스 시나리오의 외부 아키텍처 복잡성이 증가함에 따라 우선시돼 9장에서 다양한 필수 고가용성 측면과 기능에 대한 종단 간 분석을 수행할 것이다.

스프링 클라우드 버스Bus는 여기에서 다루지 않지만 인스턴스 수 또는 그 위치

---

3. 개발자들의 구성할 수 있는 개수를 줄여서 개발이 용이하게 하는 것을 말한다. – 옮긴이

를 알지 못해도 여러 인스턴스에 걸쳐 구성을 새로 고칠 수 있는 쉽고 자동화된 메커니즘을 제공한다.

09 고가용성과 마이크로서비스

고가용성^{HA, High Availability}은 소프트웨어 서비스를 사용할 수 있는 기간과 이러한 시스템이 사용자의 요청에 응답하는 데 필요한 시간을 나타낸다. 서비스 중단을 유발할 수 있는 인프라의 단일 장애 지점^{SPOF, Single Points Of Failure}을 제거하는 것이 HA 시스템 디자인의 핵심이다. 모든 계층과 모든 단계에서 구성 요소의 이중화를 디자인하거나 복제하는 것이 중요하다. 4장의 '외부 아키텍처 관점' 절에서는 마이크로서비스 아키텍처의 외부 아키텍처 문제를 설명했다. 8장의 다양한 절과 예제는 4장의 해당 절에 대한 몇 가지 문제를 해결할 수 있는 구체적인 솔루션을 제공했다. 마이크로서비스의 인스턴스를 2개 이상 생성하는 방법을 살펴봤다. 또한 8장에서 하나 이상의 유레카 인스턴스를 실행했다. 9장에서는 일반적인 고가용성과 특히 마이크로서비스의 고가용성에 대한 자세한 내용을 살펴본다. 또한 마이크로서비스 아키텍처의 종단 간 고가용성을 보여주는 포괄적인 예제를 살펴본다.

9장에서 다루는 내용은 다음과 같다.

- 고가용성의 정의와 측정
- DNS 조회에서 스토리지 백업까지 모든 계층에서 고가용성 분해
- 마이크로서비스의 맥락에서 고가용성 측면 검토
- 마이크로서비스와 스프링 클라우드를 사용하는 고가용성 코드 시연

고가용성

고가용성 계획에는 비즈니스 연속성을 위해 사용해야만 하는 서비스가 포함된다. 각 서비스를 구성하는 구성 요소를 식별하고 이러한 시스템에 대해 가능한 실패 지점의 목록을 작성해야 한다. 각 장애 허용 기준선을 설정하고 장애 조치 전략을 디자인해야 한다.

고가용성 측정

소프트웨어 가용성은 연간 가동 시간의 백분율로 표시한다. 100% 가용성은 거의 달성할 수 없는 이상적인 기준이기 때문에 최고 수준의 서비스 가용성 목표는 '파이브 나인', 즉 99.999% 가용성으로 간주한다.

중단 시간(일반적으로 연간 중단 시간(분)으로 표시됨)은 가용성을 표현하는 또 다른 방법이다. 표 9-1은 다양한 수준의 가용성을 비교한 것이다.

표 9-1. 가용성 수준

가용성	비가용성	파이브 나인	연간 다운타임
0.9	0.1	1	36일
0.99	0.01	2	87.7시간
0.999	0.001	3	8시간 46분
0.9999	0.0001	4	52.5분
0.99999	0.00001	5	5분 16초
0.999999	0.000001	6	32초

가용성 수준을 설명하거나 달성하기 위한 구체적인 방법을 알아보지는 않겠다. 수십 년 동안 이를 설명하고 실천해왔으며, 이를 설명하는 별도의 책(www.amazon.com/Blueprints-High-Availability-Evan-Marcus/dp/0471430269)과 참고 문헌(http://highscalability.com/)

이 있기 때문이다. 이는 마이크로서비스 고가용성 논의와 관련시키기에 충분한 배경일 것이다.

고가용성 기준 설정

고가용성 기준은 다음과 같은 2가지 매개변수를 기반으로 정의할 수 있다.

- **복구 시간 목표**^{RTO, Recovery Time Objective}: 시스템이 가용성 없이 업무가 수행될 수 있는 시간
- **복구 지점 목표**^{RPO, Recovery Point Objective}: 시스템이 복구될 때 데이터가 얼마나 오래된 것인지

소프트웨어 구성 요소는 RTO와 RPO 기준 목표와 더불어 사용 가능한 예산, 액세스 가능한 기술, 비즈니스 중요도와 사용 가능한 기술 전문 지식을 기반으로 필요한 수준의 가용성을 달성하도록 디자인해야 한다.

고가용성 분해

로드밸런서 뒤에 2개의 동일한 이중화된 웹 서버로 구성된 인프라가 있으면 클라이언트 디바이스에서 오는 부하를 웹 서버 간에 균등하게 분산할 수 있다. 그러나 서버 중 하나가 작동 중단되면 로드밸런서는 모든 부하를 나머지 동작 중인 서버로 전달한다. 이는 신중하게 확장될 다양한 요소에 대한 고가용성을 디자인하는 데 활용할 수 있는 간단한 메커니즘이다.

인터넷, 내부 네트워크, 네트워크 디바이스, 소프트웨어 구성 요소는 모두 종단 간 고가용성 연결고리의 기본 고리다. 이 장의 끝 부분에서 설명할 개념과 예제가 이해가 될 수 있게 필요한 필수 링크를 살펴본다. 또한 이 장에서는 사내 또는 프라이빗 데이터 센터의 맥락에서 여러 측면을 설명한다. 16장에서 고급

고가용성 패턴을 설명할 때 퍼블릭 클라우드의 컨텍스트에서 프라이빗과 퍼블릭 클라우드의 컨텍스트에서 고가용성을 어떻게 바라봐야 하는지 좀 더 폭넓게 이해할 수 있게 할 것이다.

DNS 이중화

8장의 '부트스트랩 URL' 절에서는 마이크로서비스 아키텍처에 DNS^{Domain Name System}를 도입했다. DNS는 사람에게 친숙한 컴퓨터 호스트 이름을 IP 주소로 변환하는 인터넷 전화번호부 역할을 하므로 인터넷을 통한 대부분의 소프트웨어 관련 작업에 대한 부트스트랩 메커니즘 역할을 한다. 이 시점부터 가용성을 이해하는 것이 좋다. 이는 DNS 이중화에 대한 메커니즘을 이해해야 함을 의미한다.

구성 오류, 인프라 장애, DDoS 공격으로 인해 DNS 중단이 발생할 수 있다. DNS 이중화는 이러한 시나리오에 대한 안전한 솔루션 또는 백업 메커니즘이다. DNS 서버가 처리할 수 있는 것보다 더 많은 요청으로 과부하되거나 앞의 이유 중 하나로 인해 중단되거나 응답이 느리면 DNS 네트워크 지연이 발생해 확인 프로세스가 느려지고 결국 대부분의 사용자는 DNS 서버를 사용할 수 없게 된다. 사용 가능한 DNS 서버의 수 또는 선택 항목을 확장해 DNS 조회에 응답하는 DNS 서버(named 서버)가 더 많아지게 해서 단일 서버 아키텍처에 DNS 이중화를 적용할 수 있다. 그림 9-1은 각 DNS 서버가 DNS 조회에 응답하는 주 서버 역할을 할 수 있는 일반적인 DNS 이중화 설정을 보여준다.

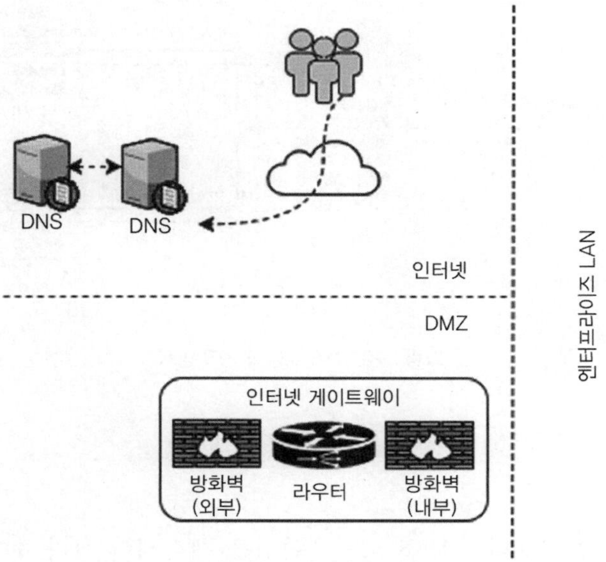
DNS
DNS
인터넷
DMZ
인터넷 게이트웨이
방화벽
(외부)
라우터
방화벽
(내부)
엔터프라이즈 LAN

그림 9-1. DNS 이중화

자세한 내용은 그림 9-2를 보자. DNS 이중화를 설정할 때 서버를 주primary, 보조secondary 또는 주primary, 주primary[1] 서버로 설정할 수 있다.[2] 여러 DNS 공급자를 유지하고 동기화를 유지하는 것은 복잡한 프로세스지만 DNS 제공자가 지원하는 고급 DNS 기능을 손상시키지 않고 더 높은 가용성을 보장한다. 다중 DNS 네트워크의 여러 DNS 제공자를 평가할 때 제공자의 글로벌 PoPPoint of Presence[3]를 고려해 별도의 네트워크에 있는 이러한 제공자가 API를 사용해 원활하게 통합할 수 있는지 확인한다.

1. 액티브-액티브 또는 액티브-스탠바이를 의미한다. - 옮긴이
2. 기본 DNS 서버는 사람이 읽을 수 있는 호스트 이름을 IP 주소로 변환해야 하는 브라우저, 애플리케이션, 디바이스의 첫 번째 위치 정보다. 기본 DNS 서버에는 호스트 이름에 대한 올바른 IP 주소가 있는 DNS 레코드가 포함돼 있다. 주 DNS 서버를 사용할 수 없으면 디바이스는 동일한 DNS 레코드의 최신 복사본을 포함하는 보조 DNS 서버에 연결한다.
3. 인터넷 사용자가 인터넷 서비스 공급자를 만나는 접점을 의미한다. - 옮긴이

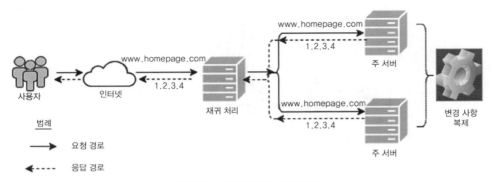

범례

———▶ 요청 경로

◀- - - - 응답 경로

그림 9-2. DNS 이중화 동작 방식

DNS 로드밸런싱

DNS 이중화가 처리됐다면 DNS 로드밸런싱을 생각해야 한다. DNS 로드밸런서는 서버 목록을 검토하고 차례로 각 서버에 1개의 연결을 전송한다. DNS 변경이 발생하면 ISP(인터넷 서비스 공급자) 수준에서 변경이 저장돼야 한다. ISP는 TTL^Time^To Live 주기마다 한 번씩 DNS 캐시를 새로 고친다. 이는 캐시가 업데이트될 때까지 ISP가 변경된 내용을 인식하지 못하고 부하를 계속해서 잘못된 서버로 전달할 수도 있다는 것을 의미한다.

로컬 로드밸런싱 대신 글로벌 로드밸런싱을 선택할 수도 있다. 글로벌 DNS 로드밸런싱은 여러 데이터 센터에 부하를 분산시켜 성능과 가용성을 향상시키지만 여러 지역에 호스팅이 액티브-액티브로 활성 상태인 경우에 글로벌 로드밸런싱을 선택할 수 있다. 특정 시간에 지리적으로 분산된 사이트 간의 연결 품질을 모니터링할 수 있는 솔루션과 이를 기반으로 한 실제 요청자의 지리적 위치, 부하를 모니터링할 수 있는 솔루션이 있다. 그림 9-3을 보자.

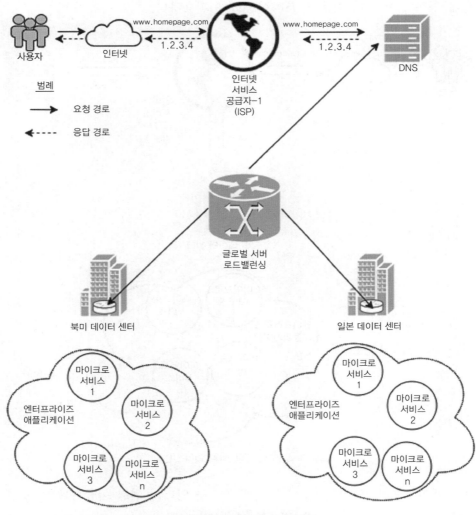

그림 9-3. 글로벌 서버 로드밸런싱

ISP 이중화

ISP는 기업에게 인터넷 연결을 위한 라인을 제공한다_(그림 9-4). 이 라인 또는 경로
가 중단되면 네트워크 연결에 영향을 미치고 엔터프라이즈 애플리케이션 가용

성에 영향을 미치기 때문에, ISP 이중화가 필요하다.

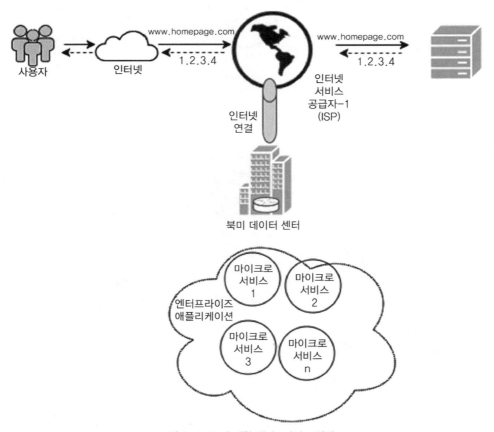

그림 9-4. ISP에 대한 엔터프라이즈 연결

경계 게이트웨이 프로토콜^{BGP, Border Gateway Protocol}는 인터넷 연결 이중화를 위해 사용하는 주요 프로토콜 중 하나다. 둘 이상의 ISP에 네트워크를 연결하는 것을 멀티홈잉^{Multihoming}이라 한다. 멀티홈잉[4]은 이중화와 네트워크 최적화를 제공한다. 리소스에 가장 적합한 경로를 제공하는 ISP를 선택한다. 세부 사항을 자세히 살펴보자.

---

4. 멀티홈잉은 호스트나 컴퓨터 네트워크를 둘 이상의 네트워크에 연결하는 방법이다. 이는 안정성이나 성능을 높이고자 수행할 수 있다.

인터넷 자율 시스템^AS, Autonomouse System^부터 이해해야 한다. 자율 시스템은 인터넷에 공통적으로 명확하게 정의된 라우팅 정책을 제공하는 단일 관리 엔티티 또는 도메인을 대신해 하나 이상의 네트워크 운영자의 제어하에 연결된 인터넷 프로토콜^IP, Internet Protocol^ 라우팅 접두사다. ISP는 공식적으로 등록된 자율 시스템 번호^ASN, Autonomous System Number^를 갖고 있어야 한다. ISP는 여러 개의 자율 시스템을 지원할 수 있지만 인터넷은 ISP의 라우팅 정책만 볼 수 있다. ASN은 인터넷 할당 번호 관리 기관^IANA, Internet Assigned Numbers Authority^에서 지역 인터넷 레지스트리^RIR, Regional Internet Registries^에 블록 단위로 할당된다. 그런 다음 적절한 RIR은 지정된 영역 내의 엔티티에 AS 번호를 할당한다. AS 내의 네트워크는 내부 게이트웨이 프로토콜^IGP, Interior Gateway Protocol^을 사용해 라우팅 정보를 서로 전달한다. AS는 BGP를 사용해 다른 사용자와 라우팅 정보를 공유한다. 앞으로 BGP는 OSI 도메인 간 라우팅 프로토콜^IDRP, Inter-Domain Routing Protocol^로 대체될 것으로 예상된다.

사업자 중립적 데이터 센터^Carrier-neutral data centers[5]^는 여러 ISP에 의해 서비스를 제공한다. 2개의 ISP를 사용하면 하나의 ISP가 중단되더라도 속도 저하 없이 부하를 처리할 수 있게 서로 충분한 대역폭을 얻을 수 있다. ISP가 3개 이상일 경우, 한 ISP가 중단될 경우 속도 저하 없이 실행할 수 있는 것과 한 ISP를 제외한 모든 ISP가 중단될 경우 실행 상태를 유지할 수 있는 것 중에서 선택할 수 있다.

그림 9-5는 여러 ISP에 연결하는 방법을 보여준다. 전형적인 모습이라는 것을 명심하자. 여러 가지 대안이 가능하다. 중복 경로, 스위치, 액세스 포트, 라우터는 경로 또는 구성 요소의 장애가 발생하더라도 여전히 다른 경로를 사용할 수 있게 보장한다.

---

5. Carrier-neutral 데이터 센터는 Network-neutral 데이터 센터라고도 한다. - 옮긴이

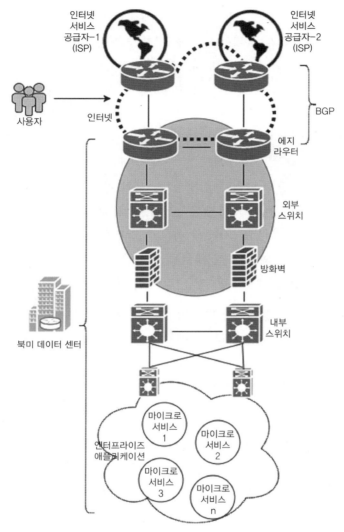

그림 9–5. 다중 로컬 라우터를 통한 멀티홈밍 부하 ISP에 공유

애플리케이션 아키텍처 이중화

앞 절에서 설명한 것처럼 인터넷 접속 경계 라우터는 ISP로 직접 연결된다. 웜, 바이러스, 서비스 거부^{DoS, Denial-of-Service} 트래픽 등으로부터 보호하는 침입 방지

어플라이언스와 웹 보안 어플라이언스^{WSA, Web Security Appliances}는 네트워크의 이 부분에 있다. 방화벽은 상태 저장 방화벽 규칙 애플리케이션 수준 검사를 구현하고 적용해 경계에서 기능들을 보호한다. DMZ는 HTTP 기반 및 전자상거래 애플리케이션을 위한 기본적인 보안을 제공한다.

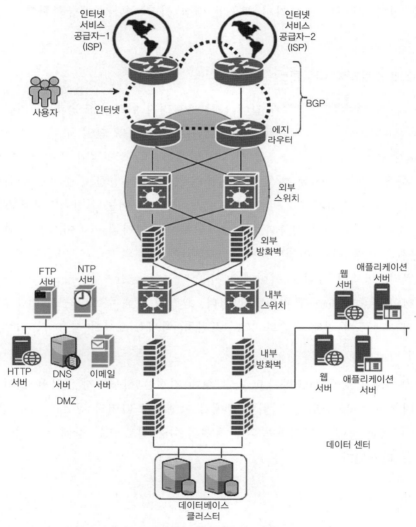

그림 9-6. 고가용성 애플리케이션 배포 아키텍처

그림 9-6에서 라우터와 스위치가 교차 연결돼 중복 경로를 제공하는 것을 볼수 있다. 마찬가지로 앱 계층 스위치는 웹 서버 간에 부하 공유와 장애 조치를 제공한다. 그림은 일반적인 것이며 기업의 요구 사항에 따라 달라질 수 있다.

DMZ에 배포된 공용 서비스는 단일 서버로 표시했지만 이중화 서비스로도 배포할 수 있다. 데이터 스토리지 계층의 핵심 서버는 다시 이중화된다.

데이터와 스토리지 이중화

데이터는 SAN^{Storage Area Network}과 같이 블록 스토리지 어레이 또는 파일 기반 어레이(NASLL 네트워크 연결 스토리지 어레이라고도 함)에 저장된다. 어레이의 단일 구성 요소(디스크 드라이브, 컨트롤러, SAN 또는 LAN 액세스 포트 등)에 장애가 발생하더라도 설정이 완전히 손상되지 않고 사용자가 데이터에 계속 액세스할 수 있도록 다양한 수준의 이중화를 제공한다. x86 아키텍처를 기반으로 하는 서버 하드웨어는 일반적으로 SAN과 이더넷 네트워크에 대한 이중화 연결로 구성된다. 이기종 디바이스에 대한 이러한 연결은 이중 포트 어댑터를 사용하거나 여러 개의 (단일 포트) 어댑터를 사용해 수행된다. 어댑터 옵션은 서버에서 사용 가능한 공간(즉, I/O 확장 슬롯 수)과 필요한 하드웨어 이중화 수준에 따라 달라진다. 간단히 말해 인프라는 네트워크와 스토리지 리소스에 대해 이중화 경로, 스위치, 액세스 포트를 사용하는 방식으로 설정된다.

그림 9-7은 경로가 이중화되고 단일 실패 지점을 허용하지 않음을 보여준다. 이더넷 또는 SAN 경로 중 하나에 장애가 발생해도 나머지 경로로 계속 연결이 된다. 이러한 장애가 발생하면 일부 유형의 다중 경로 또는 장애 조치 소프트웨어가 트리거된다.

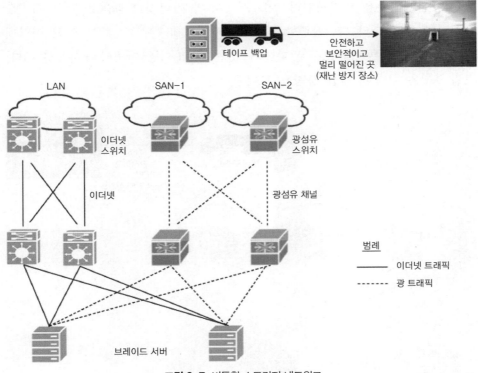

그림 9-7. 비통합 스토리지 네트워크

운영체제의 네트워크 인터페이스 카드^{NIC, Network Interface Card} 드라이버가 2개 이상의 네트워크 카드와 연결할 수 있으므로 두 경로에서 네트워크 부하를 분산할수 있다. 물리적 네트워크 카드, 케이블 또는 일부 다른 네트워크 구성 요소에장애가 발생하면 동일한 드라이버가 장애로부터 페일오버^{failover}된다. 또한 스토리지 어레이 공급업체는 운영체제와 스토리지 어댑터 사이에 있는 소프트웨어를 제공해 그림 9-7과 같이 사용 가능한 호스트 버스 어댑터^{HBA, Host Bus Adapter} 간에부하를 분산할 수 있다. HBA, 경로 또는 디바이스에 장애가 발생하면 이중화요소로 장애 조치가 발생한다.

그림 9-7에서 수많은 네트워크 포트, 스토리지 포트, 어댑터, 케이블의 이중화를 시각화했다. 이러한 구성 요소가 많은 대규모 데이터 센터는 데이터 센터

설정과 운영비용을 증가시킨다. 여기서 SAN과 이더넷 트래픽을 단일 케이블 유형의 통합 네트워크로 실행할 필요가 있다. FCoE^Fiber Channel over Ethernet는 이더넷 과 광섬유 채널 부하를 모두 통과할 수 있는 FCoE 가능 어댑터를 사용한 예다. 그림 9-8은 이러한 개선 사항을 보여준다.

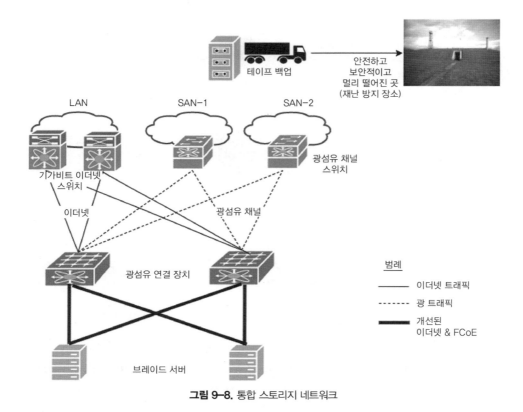

그림 9-8. 통합 스토리지 네트워크

그림 9-8은 그림 9-7에서 요구하는 것과 동일하거나 더 나은 이중화와 장애 조치를 위해 필요한 네트워크 포트, 스토리지 포트, 어댑터, 케이블의 수가 줄어 들었다.

그림 9-9는 여러 지역에 걸쳐 데이터 센터를 복제할 수 있는 방법을 보여준다. 그림 9-9에 표시된 SAN-1과 SAN-2는 멀리 떨어진 지역에서도 설정할 수 있다.

그런 다음 사이트 중 하나를 재해 복구[DR, Disaster Recovery] 사이트로 간주할 수 있다. 솔루션 공급업체는 블록 수준의 증분 복제와 세분화된 스냅샷 기능과 함께 동기식과 비동기식 복제 기능을 제공할 수 있다. 광섬유 채널과 IP의 기능을 결합하는 FCIP[Fibre Channel over IP]는 먼 거리에 있는 분산 SAN을 연결하는 데 사용된다. FCIP는 광섬유 채널을 캡슐화해 TCP 소켓을 통해 전송하므로 IP 네트워크를 통해 지리적으로 분리된 SAN 간에 투명한 지점 간 연결을 만드는 터널링 프로토콜이다. FCIP는 근거리 통신망[LAN, Local Area Network], 도시 통신망[MAN, Metropolitan Area Network], 광역 통신망[WAN, Wide Area Network]을 통해 원격 SAN 간의 연결을 설정하고자 TCP/IP 서비스를 사용한다.

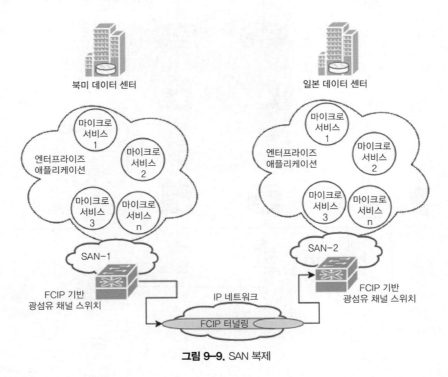

그림 9-9. SAN 복제

마지막으로 스토리지 계층에서 저장된 바이트는 내구성이 없는 수단으로 아카이브되고 보조 또는 DR 사이트로 전송될 수 있으며, 이 경우 둘 이상의 서비스 공급업체가 안전성을 향상시킬 수 있다.

마이크로서비스의 고가용성

이제 '애플리케이션 아키텍처 이중화' 절에서 설명한 애플리케이션 배포 아키텍처를 앞에서 설명한 메시 앱과 서비스 아키텍처에 맞게 확장할 수 있다. 이는 그림 9-10에 나와 있다.

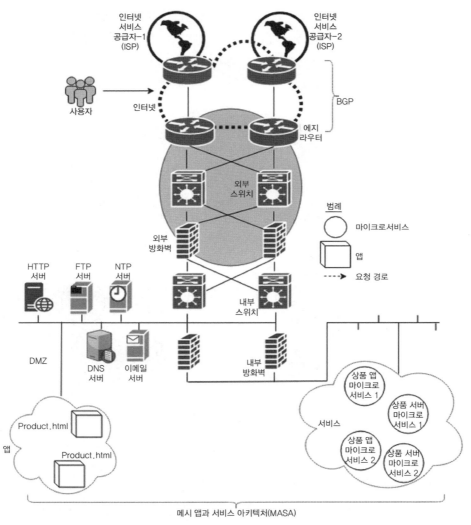

그림 9-10. MASA 방식 배포를 위한 고가용성

MASA 방식에서 웹 앱, 네이티브 모바일 앱, IoT 앱 등의 앱은 클라이언트 디바이스에서 실행된다. 그러나 방화벽 뒤의 핵심 데이터 센터 내에서 이러한 데이터를 나타내는 데 아무런 문제가 없다. 이는 서버 측 실행 기능도 있는 대부분의 웹 앱에 해당한다. 앱이 모바일 앱인 경우 일반적으로 앱 스토어(예, Playstore 등)에 있다. 또한 서버 측 실행 기능이 없고 클라이언트 디바이스에서만 실행되는 앱의 경우 클라이언트 디바이스에 쉽게 배포할 수 있도록 DMZ 또는 경계에 더 가깝게 애플리케이션을 호스팅할 수도 있다. 이러한 경우 8장의 API 계층에 의해 보안 문제와 기타 유사한 문제를 해결할 수 있다.

그림 9-10에서 주목해야 할 다음 사항은 앱과 서비스가 특히 마이크로서비스로 디자인된 경우 이중화 상태로 호스팅될 수 있다는 것이다. 이러한 개념을 이해하기 어렵더라도 걱정하지 마라. 이 장의 끝 부분에서 할 예제에서 모든 것이 명확해질 것이다.

스프링 클라우드 마이크로서비스 고가용성 시연

이전 절에서는 배포 관점에서 마이크로서비스 아키텍처가 고가용성 레퍼런스 아키텍처 모델에 어떻게 적합한지 설명했다. 이 절에서는 마이크로서비스 관점에서 이미 논의한 고가용성의 여러 측면을 시험하는 실제 시나리오를 살펴볼 것이다. 마이크로서비스 시나리오에서 필수적인 고가용성 구성요소를 시험할 것이지만, 이 장의 앞부분에서 설명한 인프라 수준의 고가용성의 나머지 일반 원칙은 잘 입증됐고 마이크로서비스에 적용될 때도 다르지 않으므로 여기서 입증하지는 않을 것이다.

마이크로서비스 고가용성 시나리오 디자인

마이크로서비스 고가용성 시나리오 시연 목적으로 8장에서 사용한 유레카와
주울 구성을 활용할 것이다. 시나리오의 디자인은 그림 9-11에서 보여준다.

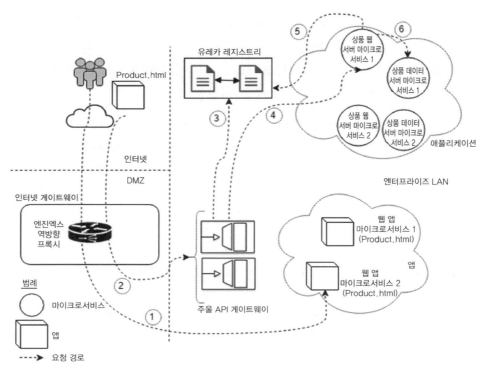

그림 9-11. 마이크로서비스를 위한 고가용성 시연

주울과 유레카는 각각 2개의 인스턴스가 있다. 다음으로 애플리케이션 구성
요소를 다른 3가지 마이크로서비스로 나눈다.

- **웹 앱 마이크로서비스:** MASA 방식의 앱 구성 요소다. 예제에서는 HTML
  페이지만 호스팅하므로 이 HTML이 서버에서 브라우저로 읽게 되면
  HTML 앱에서 서버로의 모든 상호작용이 API 게이트웨이를 통해 발생
  한다.

318

- **상품 웹 서버 마이크로서비스:** 이 마이크로서비스는 방화벽 외부의 모든 요청을 클라이언트로부터 수신한다고 가정했다. 이 구성 요소는 주요 데이터 작업을 수행하지 않고 상품 데이터 서버 마이크로서비스에 요청을 위임한다.

- **상품 데이터 서버 마이크로서비스:** 이 마이크로서비스는 CRUD 작업을 시뮬레이션한다. 시연을 간단하게 하고자 데이터베이스에 대한 실제 CRUD 작업을 수행하지 않고 대신 메모리 내의 데이터 저장소에서 동작한다.

위의 모든 마이크로서비스도 여러 개의 인스턴스를 가질 수 있으므로 언제든지 이중화할 수 있다.

다음으로 nginx 서버의 인스턴스를 사용해 역방향 프록시를 만든다. 이 역방향 프록시는 다음 구성 요소 계층으로 로드밸런싱을 조정할 수 있도록 로드밸런싱 모드로 구성한다.

nginx 프록시 구성과 관련해 다음과 같은 2가지 측면에 유의해야 한다.

- **웹 앱 마이크로서비스:** 웹 앱 마이크로서비스는 먼저 클라이언트 디바이스에 다운로드해야 하는 앱이다. 따라서 애플리케이션의 부트스트랩 주소에서는 이 앱을 클라이언트 브라우저에 다운로드하고 렌더링해야 한다. 요컨대 이 구성 요소는 클라이언트 디바이스에서 직접 주소를 지정하고 액세스할 수 있어야 하므로 nginx는 클라이언트에서 마이크로서비스로의 요청에 대해 역방향 프록시 역할을 한다.

- **주울 API 게이트웨이:** 웹 앱 마이크로서비스가 클라이언트 디바이스에서 렌더링되면 이 앱에서 서버로의 요청은 API 게이트웨이를 통해서만 발생해야 한다. 따라서 주울 API 게이트웨이 인스턴스는 nginx 역방향 프록시에도 구성돼야 한다.

구성이 일반적인 배포와 다르지 않으므로 시연에서 DNS, 방화벽 등을 제거했다. 따라서 향후에 네트워크 설계자가 이 작업을 도와줄 것이다.

마이크로서비스의 고가용성을 보여주는 코드

이 절의 모든 코드 예제는 ch09\ch09-01 폴더에 있다. 이전 장의 예제, 특히 8장의 유레카와 주울 예제를 만들었으므로 이 예제를 실행하기 전에 먼저 해당 예제의 개요를 확인하자. 이 예제를 건너뛰더라도 이 예제를 실행하고 이해할 수 있어야 한다. 그림 9-12를 참고한다.

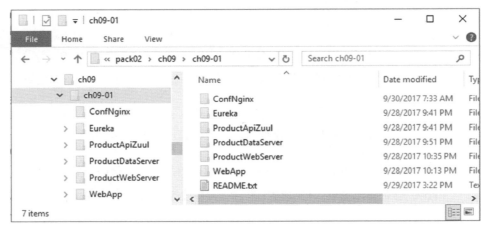

그림 9-12. 마이크로서비스의 고가용성을 보여주는 구성 요소

이 예제의 구성 요소 대부분은 8장에서 설명했으므로 반복하지 않겠다. 대신 8장의 코드에서 이 설정 부분이 점진적으로 변경되는 것을 설명한다.

먼저 리스트 9-1의 nginx 구성 파일에 있는 nginx 역방향 프록시 구성을 살펴보자.

리스트 9-1. 고가용성 시연을 위한 nginx 구성(ch09\ch09-01\ConfNginx\nginx.conf)

```
http {
```

```
upstream myapp1 {
   server localhost:8082;
   server localhost:8083;
}

upstream myapp2 {
   server localhost:9001;
   server localhost:9002;
}

server {
   listen      8090;
   server_name tiger;

   location / {
      proxy_pass http://myapp2;
   }
}

server {
   listener     8090;
   server_name localhost;

   location / {
      proxy_pass http://myapp1;
   }
}
}
```

> **참고** 리스트 9-1의 호스트 이름인 **tiger**를 개발 환경에 맞게 바꿔야 한다.

이 파일은 일반적으로 nginx 배포판 안에서 찾을 수 있다. 내 컴퓨터에 있는 nginx 배포판 내의 다음 위치 nginx-1.13.5\conf에 있는 nginx.conf 파일을 편집해 변경 사항을 반영한다.

nginx에 익숙해지려면 부록 C를 참고하면 된다.

서로 다른 사이트를 반영해 서로 다른 이름을 사용하는 올바른 방법은 로컬 DNS 서버를 사용한 다음, DNS에서 일부 CNAME을 만들고 nginx 구성에서 참조 하는 것이다. 그러나 여기서는 간단한 수정 방법을 사용해 작업을 빠르게 진행 할 수 있다. 내 윈도우 시스템의 호스트 이름은 `tiger`이며 `localhost`도 이 시스 템을 참조하므로 nginx 구성에서 이 2개의 다른 이름을 참조하게 해서 2개의 서로 다른 역방향 프록시 설정을 구성할 수 있다. 따라서 `http://myapp1`과 `http://myapp2`는 2개의 역방향 프록시 설정으로 `http://myapp1`은 API 게이트 웨이를 참조하는 반면 `http://myapp2`는 애플리케이션의 기본 홈페이지가 있는 웹 앱 서버 팜을 참조한다.

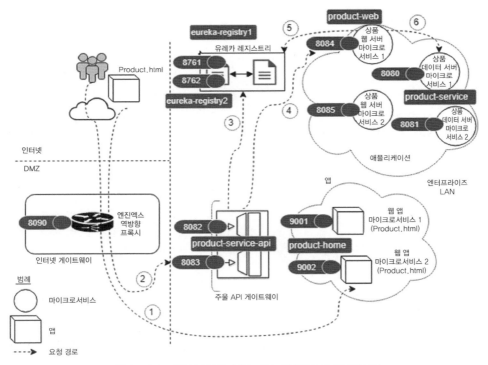

그림 9-13. 고가용성 시연을 위한 마이크로서비스의 이름과 포트

nginx 로그에 오류 없이 시작되도록 API 게이트웨이와 웹 앱 서버를 실행한 이후에만 시작하자.

더 많은 인스턴스를 가져올 수 있으므로 디자인을 다시 살펴보자. 그러나 다른 포트와 마이크로서비스의 이름에 중점을 두어 관련 코드를 설명하면 쉽게 이해할 수 있다. 이러한 세부 사항은 그림 9-13을 보자.

8장에서 설명한 것과 같은 유레카 구성은 변화가 없다. 주울 API 게이트웨이에서 유일한 차이점은 애플리케이션 구성이다. 리스트 9-2를 보자.

리스트 9-2. 주울 API 게이트웨이 경로 구성(ch09\ch09-01\ProductApiZuul\src\main\resources\application.yml)

```
spring:
  application:
    name: product-service-api

zuul:
  routes:
    product-api:
      path: /myapp1/api/**
      service-id: product-service
    product-webapi:
      path: /myapp1/web/**
      service-id: product-web
```

구성은 자동으로 설명할 수 있다. API 게이트웨이의 애플리케이션 이름은 **product-service-api**라고 한다. 또한 **/myapp1/api/**** 패턴의 모든 URL은 상품 서비스 마이크로서비스로 전달되고 **/myapp1/web/**** 패턴의 모든 URL은 **product- web** 마이크로서비스로 전달된다.

상품 데이터 서버 마이크로서비스는 8장의 '주울 사용 코드' 절에서 본 상품 서버 마이크로서비스와 유사하므로 설명이 가능할 것이다.

마찬가지로 상품 웹 서버 마이크로서비스는 8장의 '히스트릭스의 새로운 디자인으로 코딩' 절에서 본 상품 웹 마이크로서비스와 유사하므로 여기에서는 설명하지 않는다.

그러나 웹 앱 마이크로서비스는 이러한 마이크로서비스 구성을 처음하기 때문에 약간의 설명이 필요하다. 웹 앱 마이크로서비스는 제일 중요한 마이크로서비스다. 그러나 그 목적은 클라이언트 디바이스에 정적 콘텐츠만을 제공하는 것이다. 예제에서 콘텐츠는 클라이언트 디바이스에서 렌더링되는 HTML 파일과 자바스크립트다. 따라서 첫 번째 단계로 마이크로서비스를 스프링 웹 애플리케이션으로 모델링해야 하며, 이를 위해 spring-boot-starter-web 의존성을 사용한다. 리스트 9-3을 보자.

리스트 9-3. 스프링 부트 MVC 의존성(ch09\ch09-01\WebApp\pom.xml)

```xml
<dependency>
  <groupId>org.springframework.boot</groupId>
  <artifactId>spring-boot-starter-web</artifactId>
</dependency>
```

spring-boot-starter-web은 RESTful을 포함한 웹, 스프링 MVC를 사용하는 애플리케이션을 만들기 위한 스타터며, 톰캣을 기본 내장 컨테이너로 사용한다. spring-boot-starter-web은 톰캣을 위한 spring-boot-starter-tomcat을 제공하지만 설정을 변경해 springboot-starter-jetty나 spring-boot-starter-undertow를 대신 사용할 수도 있다.

웹 앱 마이크로서비스는 리스트 9-4처럼 하나의 자바 클래스만 있다.

리스트 9-4. 웹 앱 마이크로서비스 애플리케이션(ch09\ch0901\WebApp\src\main\java\com\acme\ecom\product\EcomProductHomeMicroserviceApplication.java)

```java
@SpringBootApplication
```

```
@EnableEurekaClient
public class EcomProductHomeMicroserviceApplication {

  public static void main(String[] args) {

    SpringApplication.run(EcomProductHomeMicroserviceApplication.class,
        args);
  }
}
```

앱의 나머지 아티팩트는 ch09\ch09-01\WebApp\src\main\resources 폴더에 있다. 웹 앱에 필요한 앵귤러 JS^{Angular JS} 기반 파일이다. 이 책의 범위에서 앵귤러나 프로그래밍의 웹 측면을 자세히 알아보는 것이 아니라 마이크로서비스 측면만 다루기 때문에 더 이상 이 앱을 자세히 살펴보거나 설명하지는 않겠다. 여기에서는 2개의 파일만 언급한다.

```
ch09\ch09-01\WebApp\src\main\resources\static\index.html
```

이것은 브라우저에 부트스트랩 URL(http://tiger:8090)을 입력할 때 클라이언트 디바이스가 보게 되는 시작 페이지다. 이는 nginx에 **myapp2**로 연결되고, 리스트 9-5에 있는 다음 리스너 소켓 중 하나로 로드밸런싱된다.

리스트 9-5. 역방향 프록시 구성

```
upstream myapp2 {
  server localhost:9001;
  server localhost:9002;
}
```

그림 9-13을 다시 보면 9001과 9002 포트가 웹 앱 마이크로서비스의 이중화 인스턴스를 호스팅한다는 것을 알 수 있다. 이제 HTML이 다운로드돼 클라이언

트 디바이스에서 렌더링되는 동안 관련 스크립트와 다음 파일도 디바이스로 다운로드되고 실행된다. 리스트 9-6을 보자.

리스트 9-6. API 게이트웨이에 연결하는 웹 앱(ch09\ch09-01\WebApp\src\main\resources\static\js\service\product_service.js)

```javascript
App.factory('ProductService', ['$http', '$q', function($http, $q){

  return {

    getApplication: function() {
      return $http.get('http://localhost:8090/myapp1/web/productsweb/').then(
        function(response){
          return response.data._embedded.products;
        },
        function(errResponse){
          console.error('Error while fetching application');
          return $q.reject(errResponse);
        }
      );
    }
  };
}]);
```

주목해야 할 중요한 것은 http://localhost:8090/myapp1/web/productsweb/ URL이며, 다음과 같이 동작한다.

- http://localhost:8090/myapp1/

```
upstream myapp1 {
  server localhost:8082;
  server localhost:8083;
}
```

이 URL은 nginx에서 8082와 8083 포트로 동작 중인 API 게이트웨이의 이중화 인스턴스로 전달된다.

- 다음으로 /web/**는 API 게이트웨이를 통해 **product-web** 마이크로서비스로 확인된다.

```yaml
zuul:
  routes:
    product-webapi:
      path: /myapp1/web/**
      service-id: product-web
```

- /productsweb/은 **product-web** 마이크로서비스에서 RestController 함수를 가리킨다.

```java
@RequestMapping(value = "/productsweb", method = RequestMethod.GET,
    produces = {MediaType.APPLICATION_JSON_VALUE})
public ResponseEntity<Resources<Resource<Product>>>getAllProducts() {

  return productServiceProxy.getAllProducts();

}
```

마지막으로 **product-web** 마이크로서비스는 **product-service** 마이크로서비스에 요청을 위임한다. 이는 리스트 9-7의 **product-web** 마이크로서비스의 Rest Controller에서 발생한다.

리스트 9-7. 상품 웹 마이크로서비스 RestController(ch09\ch09-01\ProductWebServer\src\main\java\com\acme\ecom\product\controller\ProductRestController.java)

```java
@EnableFeignClients(basePackageClasses = ProductServiceProxy.class)
@CrossOrigin
```

```
@RestController
public class ProductRestController implements ProductService{

  private ProductServiceProxy productServiceProxy;

  @Autowired
  public ProductRestController(ProductServiceProxy productServiceProxy){

    this.productServiceProxy = productServiceProxy;
  }

  @RequestMapping(value = "/productsweb", method = RequestMethod.GET,
      produces = {MediaType.APPLICATION_JSON_VALUE})
  public ResponseEntity<Resources<Resource<Product>>> getAllProducts() {

    return productServiceProxy.getAllProducts();
  }
}
```

실제 라우팅은 리스트 9-8에 나와 있는 페인 클라이언트 프록시에서 발생한다.

리스트 9-8. 페인 클라이언트 프록시(ch09\ch09—01\ProductWebServer\src\main\java\com\acme\ecom\product\client\ProductServiceProxy.java)

```
@FeignClient("product-service")
public interface ProductServiceProxy extends ProductService{

}
```

상품 서비스는 최종적으로 유레카를 통해 상품 데이터 마이크로서비스로 연결되고 전체 흐름이 종료된다.

마이크로서비스 고가용성 빌드와 테스트

유레카 레지스트리를 시연하는 데 필요한 전체 코드는 ch09\ch09-01 폴더에

328

있다. 이 예제에는 몽고DB가 필요하지 않다. 다음의 순서로 여러 마이크로서비스를 빌드, 패키징, 실행할 수 있다.

먼저 유레카 마이크로서비스 인스턴스 2개를 실행한다.

```
cd ch09\ch09-01\Eureka
D:\binil\gold\pack03\ch09\ch09-01\Eureka>make
D:\binil\gold\pack03\ch09\ch09-01\Eureka>mvn -Dmaven.test.skip=true clean
package
D:\binil\gold\pack03\ch09\ch09-01\Eureka>run1
D:\binil\gold\pack03\ch09\ch09-01\Eureka>java -jar -Dserver.
port=8761 -Dspring.application.name=eureka-registry1 -Deureka.client.
registerWithEureka=false -Deureka.client.fetchRegistry=true -Deureka.
client.server.waitTimeInMsWhenSyncEmpty=0-Deureka.client.serviceUrl.
defaultZone=http://localhost:8761/eureka/,http://localhost:8762/eureka/
-Deureka.server.enableSelfPreservation=false .\target\Ecom-Product-
Microservice-0.0.1-SNAPSHOT.jar

cd ch09\ch09-01\Eureka
D:\binil\gold\pack03\ch09\ch09-01\Eureka>run2
D:\binil\gold\pack03\ch09\ch09-01\Eureka>java -jar -Dserver.
port=8762 -Dspring.application.name=eureka-registry2 -Deureka.client.
registerWithEureka=false -Deureka.client.fetchRegistry=true -Deureka.
client.server.waitTimeInMsWhenSyncEmpty=0-Deureka.client.serviceUrl.
defaultZone=http://localhost:8761/eureka/,http://localhost:8762/eureka/
-Deureka.server.enableSelfPreservation=false .\target\Ecom-Product-
Microservice-0.0.1-SNAPSHOT.jar
```

여기서 몇 가지 측면을 주목해야 한다.

- eureka.client.registerWithEureka=false 설정은 유레카 자체 등록을 명시적으로 비활성화한다.

- 각 유레카는 동일한 eureka.client.serviceUrl.defaultZone 값을 가진 인스턴스의 정보를 갖고 있다.

- 동일한 마이크로서비스의 다른 모든 인스턴스와 달리 유레카의 각 인스턴스에 서로 다른 이름을 지정했다.[6]

다음으로 주울 API 게이트웨이 인스턴스 2개를 실행한다.

```
cd ch09\ch09-01\ProductApiZuul
D:\binil\gold\pack03\ch09\ch09-01\ProductApiZuul>make
D:\binil\gold\pack03\ch09\ch09-01\ProductApiZuul>mvn -Dmaven.test.skip=true
clean package
D:\binil\gold\pack03\ch09\ch09-01\ProductApiZuul>run1
D:\binil\gold\pack03\ch09\ch09-01\ProductApiZuul>java -Dserver.port=8082
-Dspring.application.name=product-service-api -Deureka.client.serviceUrl.
defaultZone=http://localhost:8761/eureka/,http://localhost:8762/eureka/
-jar .\target\Ecom-Product-Microservice-0.0.1-SNAPSHOT.jar

cd ch09\ch09-01\ProductApiZuul
D:\binil\gold\pack03\ch09\ch09-01\ProductApiZuul>run2
D:\binil\gold\pack03\ch09\ch09-01\ProductApiZuul>java -Dserver.port=8083
-Dspring.application.name=product-service-api -Deureka.client.serviceUrl.
defaultZone=http://localhost:8761/eureka/,http://localhost:8762/eureka/
-jar .\target\Ecom-Product-Microservice-0.0.1-SNAPSHOT.jar
```

나중에 주울 인스턴스가 유레카에 등록되는 것을 볼 수 있다.

이제 유레카 레지스트리와 주울 API 게이트웨이가 모두 설정됐으므로 애플리케이션 마이크로서비스를 하나씩 불러올 수 있다.

먼저 상품 데이터 서버 마이크로서비스 인스턴스 2개를 실행한다.

```
cd ch09\ch09-01\ProductDataServer
D:\binil\gold\pack03\ch09\ch09-01\ProductDataServer>make
D:\binil\gold\pack03\ch09\ch09-01\ProductDataServer>mvn -Dmaven.test.
```

---

6. spring.application.name으로 eureak-registry1과 eureka-regisry2로 지정했다. - 옮긴이

```
skip=true clean package
D:\binil\gold\pack03\ch09\ch09-01\ProductDataServer>run1
D:\binil\gold\pack03\ch09\ch09-01\ProductDataServer>java -Dserver.port=8080
-Dspring.application.name=product-service -Deureka.client.serviceUrl.
defaultZone=http://localhost:8761/eureka/,http://localhost:8762/eureka/
-jar .\target\Ecom-Product-Microservice-0.0.1-SNAPSHOT.jar

cd ch09\ch09-01\ProductDataServer
D:\binil\gold\pack03\ch09\ch09-01\ProductDataServer>run2
D:\binil\gold\pack03\ch09\ch09-01\ProductDataServer>java -Dserver.port=8081
-Dspring.application.name=product-service -Deureka.client.serviceUrl.
defaultZone=http://localhost:8761/eureka/,http://localhost:8762/eureka/
-jar .\target\Ecom-Product-Microservice-0.0.1-SNAPSHOT.jar
```

다음으로 상품 웹 마이크로서비스 인스턴스 2개를 실행한다.

```
cd ch09\ch09-01\ProductWebServer
D:\binil\gold\pack03\ch09\ch09-01\ProductWebServer>make
D:\binil\gold\pack03\ch09\ch09-01\ProductWebServer>mvn -Dmaven.test.
skip=true clean package
D:\binil\gold\pack03\ch09\ch09-01\ProductWebServer>run1
D:\binil\gold\pack03\ch09\ch09-01\ProductWebServer>java -Dserver.
port=8084 -Dspring.application.name=product-web -Deureka.client.serviceUrl.
defaultZone=http://localhost:8761/eureka/,http://localhost:8762/eureka/
-jar .\target\Ecom-Product-Microservice-0.0.1-SNAPSHOT.jar

cd ch09\ch09-01\ProductWebServer
D:\binil\gold\pack03\ch09\ch09-01\ProductWebServer>run2
D:\binil\gold\pack03\ch09\ch09-01\ProductWebServer>java -Dserver.port=8085
-Dspring.application.name=product-web -Deureka.client.serviceUrl.
defaultZone=http://localhost:8761/eureka/,http://localhost:8762/eureka/
-jar .\target\Ecom-Product-Microservice-0.0.1-SNAPSHOT.jar
```

마지막으로 웹 앱 마이크로서비스 인스턴스 2개를 실행한다.

```
cd ch09\ch09-01\WebApp
D:\binil\gold\pack03\ch09\ch09-01\WebApp>make
D:\binil\gold\pack03\ch09\ch09-01\WebApp>mvn -Dmaven.test.skip=true clean
package
D:\binil\gold\pack03\ch09\ch09-01\WebApp>run1
D:\binil\gold\pack03\ch09\ch09-01\WebApp>java -Dserver.port=9001
-Dspring.application.name=product-home -Deureka.client.serviceUrl.
defaultZone=http://localhost:8761/eureka/,http://localhost:8762/eureka/
-jar .\target\Ecom-Product-Microservice-0.0.1-SNAPSHOT.jar

cd ch09\ch09-01\WebApp
D:\binil\gold\pack03\ch09\ch09-01\WebApp>run2
D:\binil\gold\pack03\ch09\ch09-01\WebApp>java -Dserver.port=9002
-Dspring.application.name=product-home -Deureka.client.serviceUrl.
defaultZone=http://localhost:8761/eureka/,http://localhost:8762/eureka/
-jar .\target\Ecom-Product-Microservice-0.0.1-SNAPSHOT.jar
```

이제 모든 마이크로서비스가 동작하는지 유레카 콘솔에서 확인할 수 있다.

```
http://localhost:8761 또는 http://localhost:87612
```

그림 9-14를 보자.

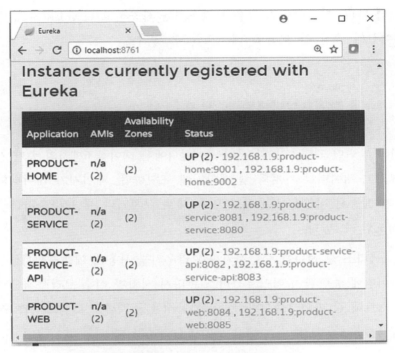

그림 9-14. 유레카 콘솔의 고가용성 마이크로서비스

외부에서 사용 가능한 마이크로서비스가 등록되는 것을 알 수 있다. 즉, 웹 앱 마이크로서비스(product-home)는 유레카에 등록할 필요가 없고 조회하지 않더라도 유레카에 등록된다. 또한 API 게이트웨이도 유레카에 등록된 것으로 보인다. 이것 또한 필수는 아니다. 그러나 이러한 변화는 특정 요구 사항에 따라 달라질 수 있다.

마지막 단계로 nginx 역방향 프록시를 실행한다. 필요한 구성은 이미 완료했다고 가정하고 다음 위치에서 시작할 수 있다.

```
cd D:\Applns\nginx\nginx-1.13.5
D:\Applns\nginx\nginx-1.13.5>nginx
```

준비가 다 됐다. 가급적이면 크롬 브라우저를 사용하고 다음 URL을 입력해 애플리케이션의 종단 간 흐름을 테스트할 수 있다.

```
http://tiger:8090/
<< "tiger"를 본인의 호스트 이름으로 바꾼다 >>
```

모든 것이 잘되면 그림 9-13과 같이 레이블 1에서 레이블 6까지의 종단 간 흐름이 실행되고 데이터를 가져와 웹 페이지에 표시한다. 페이지가 데이터와 함께 표시되면 제공된 버튼을 사용해 화면을 새로 고치거나 새 브라우저를 사용해 다시 시도할 수 있다.

마이크로서비스 중 하나를 중단시키고 브라우저를 사용해 애플리케이션을 테스트하고 이전에 중단된 마이크로서비스를 다시 시작한 이후 브라우저를 사용해 다시 테스트해 각 마이크로서비스의 고가용성을 구체적으로 테스트할 수 있다.

이 종단 간 시연은 여러 개의 동작하는 부분이 관련돼 있고 고가용성 시나리오의 유효성을 검사하고자 '몽키monkey 테스트'[7]를 수행하는 경우 항상 마이크로서비스에 충분한 복구 시간을 제공하고 레지스트리와 동기화를 포함해 서로 다시 동기화할 수 있는 충분한 시간을 제공해 마이크로서비스를 고려해야 한다.

데이터 로드를 다시 테스트하고자 제공하는 **새로 고침** 버튼도 GUI 화면에 있다.

요약

체인은 가장 약한 고리만큼 강하며 고가용성의 여러 측면에서도 마찬가지다. 데이터가 생성된 클라이언트 브라우저에서 시작해 웹과 애플리케이션 서버, 데

---

7. 주로 안드로이드 개발에서 에뮬레이터나 기기에서 실행되는 프로그램으로 시스템 이벤트 및 사용자 클릭, 터치 동작과 같은 사용자 이벤트를 생성해 애플리케이션을 반복 가능한 랜덤 방식으로 테스트를 진행할 수 있다.
   - 옮긴이

이터 관리와 데이터 스토리지 계층, 아카이브 또는 DR 부분에 이르기까지 고가용성과 이중화가 종단 간 배포의 모든 단계에서 어떻게 보이는지 전체 그림을 제공했다.

16장에서는 엄격한 $ACID$[8] 규정 준수에 따라 기존 모놀리스 방식의 아키텍처를 따르던 좀 더 완화된 ACID 규정 준수를 갖춘 새로운 시대의 마이크로서비스 아키텍처를 따르던 상관없이 사용자가 생성한 모든 데이터의 정합성이 종단 간 의도된 데이터 일관성 규칙에 따라 유지되게 하고자 고가용성을 개선하는 고급 아키텍처와 패턴을 살펴본다.

고가용성과 다른 관련된 측면을 프로비저닝하려면 노드와 네트워크 경로를 처리하는 데 이중화가 필요하지만 마이크로서비스 기반 아키텍처에서 네트워크 홉 또는 스레드와 프로세스 수준의 컨텍스트 전환수가 이에 비해 증가할 수 있다. 따라서 10장에서는 전체 마이크로서비스 애플리케이션의 성능뿐 아니라 개별 마이크로서비스의 성능을 해결하기 위한 모든 노력을 기울일 것이다.

---

8. 컴퓨터 과학에서 ACID(원자성(Atomicity), 일관성(Consistency), 격리성(Isolation), 지속성(Durability))는 장애, 정전 등의 경우에도 유효성을 보장하기 위한 데이터베이스 트랜잭션의 속성들이다. 데이터베이스 측면에서 ACID 속성을 만족시키는 일련의 데이터베이스 작업(데이터에 대한 단일 논리 작업으로 인식될 수 있음)을 트랜잭션이라고 한다.

10

마이크로서비스 성능

기존의 3계층 또는 n계층 아키텍처에서 마이크로서비스 아키텍처로 전환할 때 볼 수 있는 한 가지 주요 특징은 마이크로서비스 프로세스 간의 상호작용 횟수가 증가한다는 것이다. 한때 완전한 단일 프로세스 내에서 수행했던 연산이 이제 여러 프로세스 전반에 걸쳐 있는 마이크로 연산으로 분할될 수 있다. 이는 프로세스 간 통신 횟수, 컨텍스트 전환 횟수, 관련 I/O 작업 수 등을 증가시킨다. 따라서 이러한 측면을 좀 더 자세히 살펴보는 것이 좋다. 10장에서는 마이크로서비스의 성능 측면에서 고려해야 할 몇 가지를 살펴보고 다음과 같은 내용을 알아본다.

- 동기와 비동기 HTTP
- 비동기 HTTP용 서블릿 3.0 사양
- 브라우저와 마이크로서비스 간의 비동기 HTTP를 보여주는 코드
- 마이크로서비스 간의 비동기 HTTP를 보여주는 코드
- 구글 프로토콜 버퍼
- 마이크로서비스 간 구글 프로토콜 버퍼를 사용하는 코드

외부 아키텍처를 통한 커뮤니케이션

4장의 '외부 아키텍처 관점' 절에서는 마이크로서비스의 외부 아키텍처를 소개했다. 여기서는 마이크로서비스 기반 아키텍처로 전환할 때 일반적인 모놀리스 아키텍처의 내부 복잡성이 어떻게 바깥으로 드러나는지 확인했다. 한 가지 분명한 변화는 단일 또는 소수의 연산 프로세스를 비슷하지만 더 작은 연산 집약적 프로세스로 분할하는 것이다. 이 변화 사항은 그림 10-1에서 더 자세히 보여준다.

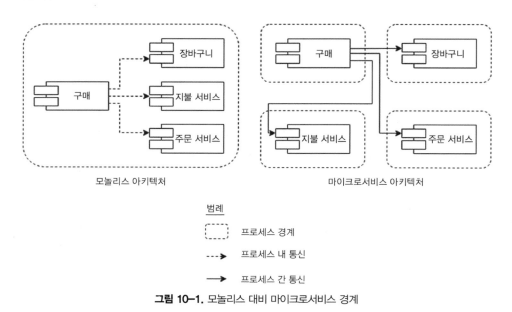

그림 10-1. 모놀리스 대비 마이크로서비스 경계

전통적인 모놀리스에서는 서비스 구현의 구성 요소를 형성하는 여러 구성 요소가 하나의 컨테이너 프로세스에서 실행된다. 이러한 구성 요소 간의 메서드 호출 또는 메시징은 '로컬' 또는 '프로세스 내에서' 이뤄진다. 이렇게 하면 컨테이너 관리 프로세스나 단순한 자바 애플리케이션 프로세스가 많은 계산과 최적화를 수행하고 실행을 완료할 수 있다. 그러나 동일한 서비스를 모놀리스에서 마이크로서비스 아키텍처로 디자인을 다시하면 구현이 분할돼 둘 이상의 프로세스로 배포된다. 이는 그림 10-1에서 보여준다.

프로세스 간 통신은 프로세스 내 통신에 비해 무겁다. 여기에는 더 많은 컨텍스트 전환, 네트워크 대기, I/O 작업, 데이터 마샬링과 언마샬링 등이 포함된다. 이는 마이크로서비스 아키텍처의 외부 아키텍처 공간과 관련된 복잡성을 증가시킨다.

또한 모든 마이크로서비스는 들어오는 부하를 수신하는 소켓 리스너가 있다. 따라서 기존 모놀리스와 비교해 마이크로서비스 아키텍처에는 더 많은 소켓 리스너, 즉 수신 부하를 처리하기 위한 관련 스레드 등을 필요로 한다. 이러한 몇 가지 우려 사항의 세부 사항을 살펴보고 이를 해결하기 위한 옵션을 분석하면 전체 환경을 충분히 파악할 수 있다.

비동기 HTTP

6장에서 마이크로서비스 간의 동기식 통신 방식과 비동기식 통신 방식 간의 차이점을 간략히 살펴봤다. 메시징은 마이크로서비스가 비동기식으로 통신할 수 있는 최고 수준의 기술임을 확인했으며 여러 비동기 메시지 전송의 상관관계를 분석해 하나의 종단 간 요청/응답 주기의 일부를 엮을 수 있는 방법을 예제로 확인했다. 그러나 8장에 있는 모든 예제의 마이크로서비스 간의 상호통신은 HTTP 프로토콜을 사용했다. 이 절에서는 이러한 커뮤니케이션의 특성을 더 자세히 살펴본다.

HTTP의 부족한 부분과 좋지 않은 부분

앞에서 이야기한 것과 같이 8장에 있는 모든 예제의 마이크로서비스 간의 상호통신에 HTTP 프로토콜을 사용했다. 이러한 상호작용을 다시 살펴보면 대부분 동기식 HTTP 호출임을 알 수 있다. 이러한 통신을 면밀히 살펴보면 소비자 마이크로서비스에서 공급자 마이크로서비스 서버로 들어오는 요청이 하나의 서블릿에 연결하고 원격 서비스가 소비자 마이크로서비스에 응답을 보내기 전까지 블로킹^{blocking} 호출을 수행한다는 것을 알 수 있다. 동작은 하지만 동시에 클라이언트가 많은 경우 효과적으로 확장되지 않는다. 동기식 HTTP는 클라이언트 애플리케이션을 사용하는 사용자에게 즉각적인 피드백이나 응답을 받는 데 가장 적합하지만 서버 측 처리와 관련해서는 그렇지 않다.

비동기 HTTP 처리를 위한 API

아파치 톰캣과 같은 애플리케이션 서버의 일반 컨테이너는 클라이언트 요청당 하나의 서버 스레드를 사용한다. 부하가 증가하면 모든 클라이언트 요청을 처리하고자 컨테이너는 많은 양의 스레드가 필요하다. 이는 메모리 부족 또는 컨테이너 스레드 풀이 소진될 수 있어 확장성을 제한한다. 자바 EE는 서블릿 3.0 사양부터 서블릿과 필터에 대한 비동기식 처리를 지원한다. 요청을 처리할 때 잠재적으로 블로킹 작업을 하게 되면 서블릿이나 필터는 비동기 실행 컨텍스트에 작업을 할당한 후 응답 생성을 기다리지 않고 요청 스레드를 컨테이너에 즉시 반환할 수 있다. 블로킹 작업은 나중에 다른 스레드의 비동기 실행 컨텍스트에서 완료될 수 있으며, 응답을 생성하거나 요청을 다른 서블릿으로 전달할 수 있다. `javax.servlet.AsyncContext` 클래스는 서비스 메서드 내에서 비동기 처리를 수행하는 데 필요한 기능을 제공하는 API다. 서비스 메서드의 `HttpServletRequest` 객체에 있는 `startAsync()` 메서드는 요청을 비동기 모드로 전환하고 서비스 메서드를 종료한 후에도 응답이 커밋되지 않게 한다. 브로킹 작업이 완료되거나 다른 서블릿으로 전달한 후 비동기 컨텍스트에서 응답을 생성한다.

프로그래밍 모델은 간단하다. 먼저 컨트롤러 클래스의 기존 프로그래밍 모델에 대한 의사 코드^{pseudo code}를 살펴보면서 차이점을 이해하자. 리스트 10-1을 보자.

리스트 10-1. 동기 컨트롤러에 대한 의사 코드

```java
@RestController
public class ProductRestController{

  @RequestMapping(value = "/products", method = RequestMethod.GET,
      produces = {MediaType.APPLICATION_JSON_VALUE})
  public List<Product> getAllProducts() {
    // 모든 상품 카테고리 반환;
  }
}
```

스프링을 사용할 때 컨트롤러의 메서드는 비동기적으로 처리를 완료하고자 java.util.concurrent.Callable을 리턴할 수 있다. 스프링 MVC는 TaskExecutor 의 도움으로 별도의 스레드에서 Callable을 호출한다. TaskExecutor는 작업의 비동기 실행과 스케줄링을 위한 스프링의 추상화다. 다시 작성된 의사 코드는 리스트 10-2에 있다.

리스트 10-2. Callable을 사용하는 비동기식 컨트롤러의 의사 코드

```java
@RestController
public class ProductRestController{

  @RequestMapping(value = "/products", method = RequestMethod.GET,
      produces = {MediaType.APPLICATION_JSON_VALUE})
  public Callable<List<Product>> getAllProducts() {

    return new Callable<List<Product>>() {
      public Object call() throws Exception {
        //...
        // 모든 상품 카테고리 반환;
      }
    };
  }
}
```

스프링 3.2는 org.springframework.web.context.request.async.DeferredResult를 도입했으며, 이는 컨트롤러 클래스로 다시 반환될 수 있다. DeferredResult는 비동기 요청 처리를 위해 Callable을 사용하는 것에 대한 대안을 제공한다. Callable이 애플리케이션을 대신해 동시에 실행되며 DeferredResult를 사용해 애플리케이션이 선택한 스레드에서 결과를 생성할 수 있다. 여기서 메시징 채널에서 응답을 받는 것과 유사하게 스프링 MVC에서는 알려지지 않은 스레드에서 처리가 발생할 수 있다. 따라서 DeferredResult를 사용하면 컨트롤러 핸들러 메서드를 종료한 후에도 요청 처리가 완료되지 않는다. 대신 스프링 MVC(서블릿 3.0 기능 사용)는 응답을 유지하면서 유휴 HTTP 연결을 유지한다. HTTP 워커 스레드Worker Thread가 더 이상 사용되지 않더라도 HTTP 연결은 여전히 열려 있다. 나중에 다른 스레드에 일부 값을 할당해 DeferredResult를 처리한다. 스프링 MVC는 즉시 이 이벤트를 선택하고 클라이언트에 응답을 보내 요청 처리를 완료한다.

DeferredResult를 사용하는 비동기 시나리오의 의사 코드는 리스트 10-3에 있다.

리스트 10-3. DeferredResult를 사용하는 비동기 컨트롤러에 대한 의사 코드

```
@RestController
public class ProductRestController{

  @RequestMapping(value = "/products", method = RequestMethod.GET,
      produces = {MediaType.APPLICATION_JSON_VALUE})
  public DeferredResult<List<Product>> getAllProducts() {

    DeferredResult<List<Product>> deferredResult = new
        DeferredResult<List<Product>> ();
    // 대기열이나 맵과 같은 내부 메모리 홀더에 deferredResult 추가
    return deferredResult;
  }
  // 다른 스레드에서
```

```
    deferredResult.setResult(data);
    // 내부 메모리 홀더에서 deferredResult 를 삭제
}
```

자바 8은 java.util.concurrent.CompletableFuture를 도입했으며 스프링과 함께 다른 작업을 수행하고자 요청 스레드를 비슷하게 해제하는 비동기 엔드포인트를 생성할 수 있다. 이 경우 DeferredResult.setResult는 CompletableFuture.complete로 간단히 대체될 수 있다. CompletableFuture는 java.util.concurrent.Future다. Future는 비동기 연산의 결과를 나타내는 반면 CompletableFuture는 명시적으로 완료된 값과 상태 설정을 할 수 있는 Future며 완료할 때 트리거되는 종속 함수와 작업을 지원하는 CompletionStage를 사용할 수 있다. Completable Future를 사용하면 복잡한 비동기 프로그래밍을 더 쉽게 처리할 수 있다. 또한 비동기 호출을 결합하고 계단식으로 배열할 수 있으며 수동 스레드 생성을 추상화하고자 정적 유틸리티 메서드 runAsync와 supplyAsync를 제공한다. 리스트 10-4를 보자.

리스트 10-4. CompletableFuture를 사용하는 비동기 컨트롤러의 의사 코드

```
@RestController
public class ProductRestController{

    @RequestMapping(value = "/products", method = RequestMethod.GET,
        produces = {MediaType.APPLICATION_JSON_VALUE})
    public CompletableFuture<List<Product>> getAllProducts() {

        Future<List<Product>> future = new CompletableFuture<List<Product>>();
        return CompletableFuture.supplyAsync(() -> "in the background");
    }
}
```

마이크로서비스 간 비동기 HTTP 시연 시나리오 디자인

이전 예제에 사용된 것과 동일한 구성 요소의 축소된 버전을 사용할 것이다. 따라서 여기에 있는 예제는 그림 10-2와 같이 HTML 기반 클라이언트 앱과 2개의 마이크로서비스에서 3가지 주요 구성 요소로 구성된다. 비동기 HTTP에만 집중할 수 있도록 HATEOAS 및 모든 데이터 저장소와 같은 복잡성을 제거했다. 디자인과 이를 구현하는 데 사용된 주요 구성 요소를 이해하면 다른 복잡한 비즈니스 시나리오에도 유사한 패턴을 사용할 수 있다.

다음 디자인에서 클라이언트 앱은 HTTP 프로토콜로 상품 웹 마이크로서비스와 통신하지만 클라이언트는 비동기 HTTP 모델로 통신하기를 원한다. 마찬가지로 상품 웹 마이크로서비스는 다시 HTTP 프로토콜을 사용해 상품 서버 마이크로서비스와 통신하며 이 마이크로서비스 간 통신은 비동기 HTTP 모델을 사용해 디자인한다.

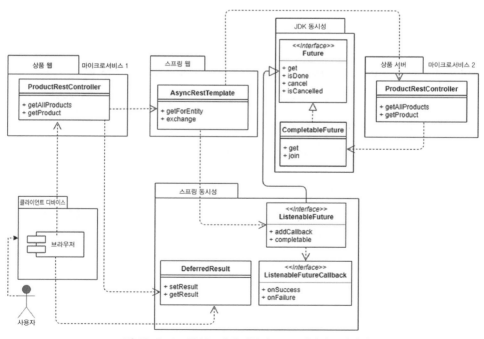

그림 10-2. 스프링 부트에서 비동기 HTTP 시나리오 디자인

코드 조각들을 참고해 좀 더 상세하게 디자인을 살펴보자. 그래야 개념이 더 명확해질 것이다.

스프링 부트에서 비동기 HTTP를 사용한 코드

이 절의 모든 코드 예제는 ch10\ch10-01 폴더에 있다. 상품 서버 마이크로서비스에 대한 **spring-boot-starter-web** 의존성에 대한 명시적 언급을 보려면 pom.xml을 확인한다. 리스트 10-5를 보자.

리스트 10–5. 스프링 부트에 spring-boot-starter-web 추가(ch10\ch10–01\ ProductServer\pom.xml)

```
<dependency>
    <groupId>org.springframework.boot</groupId>
    <artifactId>spring-boot-starter-web</artifactId>
</dependency>
```

spring-boot-starter-web은 상품 서버 마이크로서비스에 톰캣과 스프링 MVC를 추가한다.

다음으로 리스트 10-6에 표시된 부트 애플리케이션 클래스를 살펴보자.

리스트 10–6. 비동기가 활성화된 스프링 부트 애플리케이션(ch10\ch1001\ProductServer\src\ main\java\com\acme\ecom\product\EcomProductMicroserviceApplication.java)

```
@SpringBootApplication
@EnableAsync
public class EcomProductMicroserviceApplication {

   public static void main(String[] args) {

      SpringApplication.run(EcomProductMicroserviceApplication.class, args);

   }
```

```
    }
```

@EnableAsync 애노테이션은 백그라운드 스레드 풀에서 @Async 메서드를 실행하는 스프링의 기능을 활성화한다. 또한 이 클래스는 스레드 풀을 지원하는 Executor를 사용자 정의한다. 기본적으로 SimpleAsyncTaskExecutor가 사용된다. SimpleAsyncTaskExecutor는 스레드를 재사용하지 않는다. concurrencyLimit 빈 bean 속성으로 동시 스레드 제한을 지원하지만 기본적으로 동시 스레드 수는 제한되지 않는다. 심각한 애플리케이션의 경우 스레드 풀인 TaskExecutor 구현을 고려해야 한다.

다음으로 리스트 10-7에 나와 있는 비동기 처리 로직을 구현하는 서비스 구성 요소를 살펴보자.

리스트 10-7. 비동기 처리를 구현하는 서비스 구성 요소(ch10\ch10-01\ProductServer\src\main\java\com\acme\ecom\product\service\ProductService.java)

```java
@Service
public class ProductService{

  @Async
  public CompletableFuture<List<Product>> getAllProducts() throws
      InterruptedException{

    List<Product> products = getAllTheProducts();
    if (products.size() == 0) {
      LOGGER.debug("No Products Retreived from the repository");
    }
    LOGGER.debug(Thread.currentThread().toString());
    Thread.sleep(2000L);  // 장시간 실행 중인 작업처럼 동작하도록 시간 지연
    return CompletableFuture.completedFuture(products);
  }
}
```

클래스는 **@Service** 애노테이션으로 스프링의 구성 요소 스캔으로 자동 감지 돼 애플리케이션 컨텍스트에 추가할 수 있다. 다음으로 **getAllProducts** 메서드에 스프링의 **@Async** 애노테이션으로 별도의 스레드에서 실행됨을 나타낸다. 메서드의 반환 유형은 비동기 서비스의 요구 사항인 **<List<Product>>** 대신 **CompletableFuture<List<Product>>**다. 이 코드는 **completedFuture** 메서드를 사용해 **CompletableFuture** 인스턴스를 반환한다. 이 인스턴스는 리포지터리에 쿼리해 이미 완료된 결과(완료하는 데 상당한 시간이 소요되는 것으로 추정되는 처리 로직)다.

이제 리스트 10-8에 나와 있는 상품 서버 마이크로서비스의 **RestController**를 살펴보자.

리스트 10-8. 비동기를 지원하는 상품 서버 RestController(ch10\ch1001\ProductServer\ src\main\java\com\acme\ecom\product\controller\ProductRestController.java)

```
@RestController
public class ProductRestController {

  private final ProductService productService;

  @Autowired
  public ProductRestController(ProductService productService) {

    this.productService = productService;

  }

  @RequestMapping(value = "/products", method = RequestMethod.GET,
      produces = {MediaType.APPLICATION_JSON_VALUE})
  public CompletableFuture<List<Product>> getAllProducts() throws
      InterruptedException, ExecutionException{

  LOGGER.debug(Thread.currentThread().toString());

  return productService.getAllProducts()
      .thenApply(products -> {

    products.forEach(item->LOGGER.debug(item.toString()));
    LOGGER.debug(Thread.currentThread().toString());
```

```
        return products;
    });
  }
}
```

productService.getAllProducts()에서 반환된 CompletableFuture 응답을 사용하면 Future가 반환하는 순간을 수동으로 제어하고 프로세스의 출력을 변환할 수 있다. 그런 다음 간단한 CompletableFuture를 thenApply()의 도움으로 필요한 형식으로 변환한다. 그러면 현재 스레드에 대한 일부 데이터를 기록할 수 있다. 즉, 작업을 완료하는 스레드가 작업을 시작한 스레드인지 확인할 수 있다. RestController도 상품 컬렉션^{collection}을 또 다른 CompletableFuture<List<Product>>로 다시 한 번 반환하므로 스프링 MVC는 HTTP 메서드를 비동기 방식으로 스마트하게 구현해 실행하는 마이크로서비스가 된다. 이 서비스는 독립적인 마이크로서비스다. 다음으로 디자인에 나와 있는 대로 이 독립적인 마이크로서비스에 의존하는 종속 마이크로서비스를 살펴보자.

종속 마이크로서비스는 상품 웹 마이크로서비스다. 주요 코드는 리스트 10-9에 표시된 Controller 클래스에 있다.

리스트 10-9. 다른 마이크로서비스에서 비동기 HTTP를 호출하는 마이크로서비스(ch10\ch10-01\ProductWeb\src\main\java\com\acme\ecom\product\controller\ProductRestController.java)

```
@RestController
public class ProductRestController{

    private final AsyncRestTemplate asyncRestTemplate = new AsyncRestTemplate();
    private static String PRODUCT_SERVICE_URL = "http://localhost:8080/products/";

    @RequestMapping(value = "/productsweb", method = RequestMethod.GET,
        produces = {MediaType.APPLICATION_JSON_VALUE})
    public DeferredResult<List<Product>> getAllProducts() {
```

```
LOGGER.debug(Thread.currentThread().toString());
DeferredResult<List<Product>> deferredResult = new DeferredResult<>();

ParameterizedTypeReference<List<Product>> responseTypeRef = new
    ParameterizedTypeReference<List<Product>>() {};
ListenableFuture<ResponseEntity<List<Product>>> entity =
    asyncRestTemplate.exchange(PRODUCT_SERVICE_URL, HttpMethod.GET,
    (HttpEntity<Product>) null, responseTypeRef);
entity.addCallback(new
    ListenableFutureCallback<ResponseEntity<List<Product>>>() {

  @Override
  public void onFailure(Throwable ex) {

    LOGGER.debug(Thread.currentThread().toString());
    LOGGER.error(ex.getMessage());
  }

  @Override
  public void onSuccess(ResponseEntity<List<Product>> result) {

    List<Product> products = result.getBody();
    products.forEach(item->LOGGER.debug(item.toString()));
    LOGGER.debug(Thread.currentThread().toString());
    deferredResult.setResult(products);
  }
});

  LOGGER.debug(Thread.currentThread().toString());
  return deferredResult;
  }
}
```

여기서 PRODUCT_SERVICE_URL은 독립 마이크로서비스를 나타낸다. 상품 웹 마이크로서비스는 상품 서버 마이크로서비스를 호출해야 한다. 이미 상품 서버 마이크로서비스 메서드를 비동기식으로 만들었다. 이제 상품 웹 마이크로서비스 메서드도 비동기로 만들어 이러한 마이크로서비스를 호스팅하는 모든 컨테이너가 비동기 특성을 구현해 런타임 모델에 컨테이너 리소스를 더 잘 활용할 수 있게 한다. 아직 모든 게 완료된 것은 아니다. 상품 서버 마이크로서비스도 비동기 모드로 호출해 마이크로서비스 구현과 마이크로서비스 간의 통신이 모두 스마트한 비동기 모드에 있게 하자.

org.springframework.web.client.AsyncRestTemplate은 비동기 클라이언트 측 HTTP 액세스를 위한 스프링의 주요 클래스다. RestTemplate과 유사한 메서드를 노출하지만 구체적인 결과가 아닌 ListenableFuture 래퍼를 반환한다. 기본적으로 AsyncRestTemplate은 표준 JDK 기능을 사용해 HTTP 연결을 설정한다. 여기서 다시 AsyncClientHttpRequestFactory를 갖는 생산자를 사용해 아파치 HttpComponents, Netty, OkHttp와 같은 다른 HTTP 라이브러리로 바꿀 수 있다. AsyncRestTemplate은 ListenableFuture를 제공하므로 컨테이너 스레드는 응답이 다시 수신될 때까지 기다리지 않고 다음 처리 단계를 계속한다. Listenable Future에는 완료 콜백을 수락하는 기능이 있으므로 실패와 성공 시나리오에 대해 콜백을 추가한다. 성공하면 결과를 DeferredResult 바디로 설정한다. 스프링 MVC는 유휴 HTTP 연결을 통해 응답을 유지하므로 결과를 Deferred Result로 설정하자마자 클라이언트가 이를 수신한다.

product_service.js에는 앵귤러 JS 클라이언트가 상품 웹 마이크로서비스를 호출하는 데 사용할 코드가 있다. 리스트 10-10을 보자.

리스트 10-10. 비동기 HTTP를 호출하는 웹 클라이언트(ch10\ch10-01\ProductWeb\src\main\resources\static\js\service\product_service.js)

```
App.factory('ProductService', ['$http', '$q', function($http, $q){

  return {

    getApplication: function() {
      return $http.get('http://localhost:8081/productsweb/')
          .then(
          function(response){
```

```
            return response.data;
        },
        function(errResponse){
            console.error('Error while fetching application');
            return $q.reject(errResponse);
        }
    );
  }
 };
}]);
```

마이크로서비스 간 비동기 HTTP 빌드와 테스트

마이크로서비스 간 비동기 HTTP를 보여주는 데 필요한 전체 코드는 ch10\
ch10-01 폴더에 있다. 이 예제에서는 몽고DB가 필요하지 않다. 다음의 순서대
로 다양한 마이크로서비스를 빌드, 패키징, 실행할 수 있다.

먼저 상품 서버 마이크로서비스를 실행한다.

```
cd ch10\ch10-01\ProductServer
D:\binil\gold\pack03\ch10\ch10-01\ProductServer>make
D:\binil\gold\pack03\ch10\ch10-01\ProductServer>mvn -Dmaven.test.skip=true
clean package
D:\binil\gold\pack03\ch10\ch10-01\ProductServer>run
D:\binil\gold\pack03\ch10\ch10-01\ProductServer>java -jar -Dserver.
port=8080 .\target\Ecom-Product-Microservice-0.0.1-SNAPSHOT.jar
```

cURL이나 Postman에 대한 소개를 보려면 부록 D를 참고한다. 이러한 도구 중
하나를 사용해 http://localhost:8080/products/를 호출하면 위의 마이크로
서비스를 테스트할 수 있다.

다음으로 상품 웹 마이크로서비스를 실행한다.

```
cd ch10\ch10-01\ProductWeb
D:\binil\gold\pack03\ch10\ch10-01\ProductWeb>make
D:\binil\gold\pack03\ch10\ch10-01\ProductWeb>mvn -Dmaven.test.skip=true
clean package
D:\binil\gold\pack03\ch10\ch10-01\ProductWeb>run
D:\binil\gold\pack03\ch10\ch10-01\ProductWeb>java -jar -Dserver.
port=8081 .\target\Ecom-Product-Microservice-0.0.1-SNAPSHOT.jar
```

cURL이나 Postman을 다시 사용해 http://localhost:8081/productsweb/을 호출하면 상품 웹 마이크로서비스를 테스트할 수 있다.

또는 크롬 브라우저에서 HTML 유틸리티를 열 수 있다.

```
ch10\ch10-01\ProductWeb\src\main\resources\product.html
```

브라우저 클라이언트는 8081 수신 포트의 상품 웹에 대한 요청을 실행한다. 그러면 8080 수신 포트의 상품 서버 마이크로서비스에 대한 요청을 위임한다. 요청 경로에 관한 한 현재까지는 모든 것이 양호하다. 실제로 클라이언트와 상품 웹 마이크로서비스 간 또는 상품 웹 마이크로서비스와 상품 서버 마이크로서비스 간의 HTTP 연결은 열린 상태로 유휴 상태를 유지하며 두 마이크로서비스의 컨테이너 스레드는 컨텍스트 전환에 사용할 수 있도록 반환된다. 따라서 Postman 클라이언트나 HTML 유틸리티 클라이언트는 유휴 HTTP 연결을 계속 기다린다. 서버 측에서는 다른 스레드에서 처리되며 결과를 사용할 수 있는 즉시 열린 HTTP 연결에 결과를 전송한다.

마이크로서비스 콘솔 로그를 주의 깊게 보면 스레드의 동적 수행을 이해할 수 있다. 리스트 10-11은 호출된 상품 서버 마이크로서비스의 콘솔 출력을 보여준다.

리스트 10-11. 호출된 상품 서버 마이크로서비스의 콘솔 로그

```
D:\binil\gold\pack03\ch10\ch10-01\ProductServer>run

D:\binil\gold\pack03\ch10\ch10-01\ProductServer>java -jar -Dserver.port=8080
.\target\Ecom-Product-Microservice-0.0.1-SNAPSHOT.jar

  .   ___          _            __ _ _
 /\\ / ___'_ __ _ _(_)_ __  __ _ \ \ \ \
( ( )\___ | '_ | '_| | '_ \/ _` | \ \ \ \
 \\/  ___)| |_)| | | | | || (_| |  ) ) ) )
  '  |____| .__|_| |_|_| |_\__, | / / / /
 =========|_|==============|___/=/_/_/_/
 :: Spring Boot ::        (v1.5.4.RELEASE)

2019-02-23 10:11:33 INFO    StartupInfoLogger.logStarting:48 - Starting
2019-02-23 10:11:40 INFO    StartupInfoLogger.logStarted:57 - Started
EcomProductMicroserviceApplication in 8.231 seconds (JVM running for 9.827)
2019-02-23 10:13:34 INFO    ProductRestController.getAllProducts:94 - Start
2019-02-23 10:13:34 DEBUG   ProductRestController.getAllProducts:95
Thread[http-nio-8080-exec-10,5,main]
2019-02-23 10:13:34 INFO    ProductService.getAllProducts:78 - Start
2019-02-23 10:13:34 DEBUG   ProductService.getAllProducts:79 - Fetching all
the products from the repository
2019-02-23 10:13:34 INFO    ProductService.getAllTheProducts:109 - Start
2019-02-23 10:13:34 INFO    ProductService.getAllTheProducts:136 - Ending...
2019-02-23 10:13:34 DEBUG   ProductService.getAllProducts:86
Thread[SimpleAsyncTaskExecutor-1,5,main]
2019-02-23 10:13:34 INFO    ProductService.getAllProducts:87 - Ending
2019-02-23 10:13:36 DEBUG   ProductRestController.lambda$null$1:100 - Product
[productId=1, ...]
2019-02-23 10:13:36 DEBUG   ProductRestController.lambda$null$1:100 - Product
[productId=2, ...]
2019-02-23 10:13:36 DEBUG   ProductRestController.lambda$getAllProducts$2:101
Thread[SimpleAsyncTaskExecutor-1,5,main]
```

리스트 10-11은 ProductRestController가 Thread[http-nio-8080-exec-10,5, main] 컨텍스트에서 실행되는 것을 보여주며 ProductService의 경우도 마찬가지다. ProductService에서 ProductService.getAllTheProducts:136 - Ending ... 로그가 발생한 직후 다음 두 줄의 코드가 실행 스레드를 해제한다.

```
Thread.sleep(2000L);  // 장시간 실행 중인 작업처럼 동작하도록 시간 지연
return CompletableFuture.completedFuture(products);
```

2줄의 코드를 구분해야 하며, 이를 살펴보면 다음과 같다.

1. 첫 번째 줄은 호출자(아래에 복제한 상품 웹 마이크로서비스의 ProductRestController 코드 줄)가 호출된 마이크로서비스의 처리를 인식하도록 지연시킨다.

```
ListenableFuture <ResponseEntity<List<Produc >>> entity =
    asyncRestTemplate.exchange(PRODUCT_SERVICE_URL, HttpMethod.GET,
    (HttpEntity <Product>) null, responseTypeRef);
```

2. 코드의 두 번째 줄은 실제로 실행 스레드를 반환하므로 Thread[http-nio-8080-exec-10,5, main]은 내장된 웹 컨테이너의 HTTP 풀로 다시 반환된다.

나중에 CompletableFuture.completedFuture(products)가 재개되면 다른 스레드 컨텍스트(리스트 10-11과 같이 Thread[SimpleAsyncTaskExecutor-1,5, main])에서 실행된다.

마찬가지로 리스트 10-12는 호출하는 상품 웹 마이크로서비스의 콘솔 출력을 보여준다.

리스트 10-12. 호출하는 상품 웹 마이크로서비스의 콘솔 로그

```
D:\binil\gold\pack03\ch10\ch10-01\ProductWeb>run
```

```
D:\binil\gold\pack03\ch10\ch10-01\ProductWeb>java -jar -Dserver.port=8081
.\target\Ecom-Product-Microservice-0.0.1-SNAPSHOT.jar

  .   ____          _            __ _ _
 /\\ / ___'_ __ _ _(_)_ __  __ _ \ \ \ \
( ( )\___ | '_ | '_| | '_ \/ _` | \ \ \ \
 \\/  ___)| |_)| | | | | || (_| |  ) ) ) )
  '  |____| .__|_| |_|_| |_\__, | / / / /
 =========|_|==============|___/=/_/_/_/
 :: Spring Boot ::        (v1.5.4.RELEASE)

2019-02-23 10:12:33 DEBUG StartupInfoLogger.logStarting:51 - Running with
Spring Boot v1.5.4.RELEASE, Spring v4.3.9.RELEASE
2019-02-23 10:12:38 INFO    StartupInfoLogger.logStarted:57 - Started
EcomProductMicroserviceApplication in 6.804 seconds (JVM running for 8.494)
2019-02-23 10:13:34 INFO    ProductRestController.getAllProducts:87 - Start
2019-02-23 10:13:34 DEBUG   ProductRestController.getAllProducts:88
Thread[http-nio-8081-exec-7,5,main]
2019-02-23 10:13:34 DEBUG   ProductRestController.getAllProducts:113
Thread[http-nio-8081-exec-7,5,main]
2019-02-23 10:13:37 DEBUG   ProductRestController$2.lambda$onSuccess$0:107
Product [productId=1, ...]
2019-02-23 10:13:37 DEBUG   ProductRestController$2.lambda$onSuccess$0:107
Product [productId=2, ...]
2019-02-23 10:13:37 DEBUG   ProductRestController$2.onSuccess:108
Thread[SimpleAsyncTaskExecutor-1,5,main]
```

리스트 10-11과 10-12는 SimpleAsyncTaskExecutor의 백그라운드 스레드에서
동작하는 반면 httpnio-*.* 형식의 컨테이너 스레드는 이미 트랜잭션의 요청
부분을 완료했으며 풀에 반환됐다. 이는 서버 측에서 수행되는 비동기식 논블
로킹 처리와 RESTful 인터페이스의 동기식 블로킹 패러다임을 연결하는 강력한
방법이다.

스프링 부트 마이크로서비스 간 구글 프로토콜 버퍼

앞 절에서는 HTTP 연결 및 스레드와 같은 마이크로서비스의 서버 리소스를 효과적으로 활용하는 방법을 살펴봤다. 마이크로서비스 간 통신에는 가능한 다른 최적화도 마찬가지로 중요하다. 마이크로서비스는 프로세스 경계에 분산되기 때문에 마이크로서비스로 전송되는 데이터의 양이 중요하다. 이는 마이크로서비스 전반에 걸친 데이터 구조의 마샬링과 언마샬링으로 귀결된다. 이번 절의 예제에서 이를 살펴본다.

프로토콜 버퍼

프로토콜 버퍼Protocol buffer는 구조화된 데이터를 마샬링과 언마샬링[1]하기 위한 구글의 플랫폼 중립적이고 언어 중립적인 메커니즘이다. 프로토콜 버퍼를 사용하려면 데이터를 구조화하는 방법을 정의해야 하며, 생성된 소스코드를 여러 플랫폼과 언어로 다양한 데이터 스트림에서 구조화된 데이터를 쉽게 쓰고 읽을 수 있다. 프로토콜 버퍼를 사용하면 기존 형식으로 이미 컴파일돼 배포된 애플리케이션 코드를 중단하지 않고도 데이터 구조를 업데이트할 수도 있다. 이는 향후 요구 사항 변경에 적응하거나 진화할 수 있는 애플리케이션을 디자인하는 데 특히 중요하다.

이제 프로토콜 버퍼를 사용하는 역학 관계를 살펴보자. 먼저 직렬화할 정보를 .proto 파일에서 구조화하는 방법을 지정해야 한다. 이때 프로토콜 버퍼 메시지 유형을 사용한다. 각 프로토콜 버퍼 메시지는 일련의 이름-값 쌍을 포함하는 정보의 논리적 그룹이다. 리스트 10-13은 이전의 모든 예제에서 사용한 상품에 대한 정보를 포함하는 메시지를 정의한 .proto 파일의 예제다.

---

1. 한 객체의 메모리에서 표현 방식을 다른 언어나 플랫폼에 데이터를 주고받고자 저장 또는 전송에 적합한 다른 형태로 변형하는 것을 말한다. 하지만 마샬링과 직렬화는 엄연히 구분된다. 직렬화는 바이트 스트림으로 변환하는 것을 말하며 마샬링은 이런 변환하는 일련의 과정을 말한다. - 옮긴이

리스트 10-13. 예제 .proto 파일

```
message Product {

    string productId = 1;

    string name = 2;

    string code = 3;

    string title = 4;

    string description = 5;

    string imgUrl = 6;

    double price = 7;

    string productCategoryName = 8;

}
```

각 메시지(예제의 메시지 상품) 유형에는 하나 이상의 고유 번호 필드가 있으며 각 필드에는 이름과 값 유형이 있다. 여기서 값 유형은 숫자(정수 또는 부동소수점), 불리언, 문자열 또는 원시 바이트일 수 있다. 상품 인스턴스 컬렉션을 보관하고자 리스트 10-14에 정의된 컨테이너 메시지에 표시된 것처럼 프로토콜 버퍼 메시지 유형도 다른 것일 수 있다.

리스트 10-14. 다른 .proto 유형 컬렉션에 대한 .proto 파일

```
message Products {

    repeated Product product = 1;

}
```

상품 메시지에 나와 있는 대로 필드를 optional, required, repeated로 지정할 수 있다.

메시지를 정의하면 .proto 파일에서 선택한 애플리케이션의 프로그래밍 언어에 대한 프로토콜 버퍼 컴파일러를 실행해 엔티티 클래스를 생성할 수 있다. 이러한 엔티티 클래스는 **code()**와 **set_code()** 같은 각 필드에 대한 간단한 접근자

와 원시 바이트로 전체 구조를 직렬화/파싱하는 메서드를 제공한다. 시나리오에서 선택한 언어가 자바인 경우 앞 예제에서 컴파일러를 실행하면 Product라는 클래스가 생성된다. 애플리케이션에서 이 엔티티 클래스를 사용해 상품 프로토콜 버퍼 메시지를 마샬링과 언마샬링할 수 있다. 코드는 리스트 10-15와 비슷하다.

리스트 10-15. .proto 유형 마샬링과 언마샬링

```
Product product =
  Product.newBuilder().setProductId(id)
    .setName("Kamsung D3")
    .setCode("KAMSUNG-TRIOS")
    .setTitle("Kamsung Trios 12 inch , black , 12 px ....")
    .setDescription("Kamsung Trios 12 inch with Touch")
    .setImgUrl("kamsung.jpg")
    .setPrice(12000.00)
    .setProductCategoryName("Mobile").build();

// 쓰기
FileOutputStream output = new FileOutputStream("D:/Product.ser");
product.writeTo(output);
output.close();

// 읽기
Product productFromFile = Product.parseFrom(new
    FileInputStream("D:/Product.ser"));
```

이전 버전과의 호환성을 깨지 않고 메시지 형식에 새 필드를 추가할 수 있다. 오래된 프로그램 이진 파일은 구문 분석할 때 새 필드를 무시한다. 따라서 프로토콜 버퍼를 데이터 형식으로 사용하면 기존 코드에 영향을 주지 않고 메시지 프로토콜을 확장할 수 있다.

구글의 프로토콜 버퍼 설명서에는 다음과 같이 프로토콜 버퍼를 사용할 때의 장점이 나와 있다.

- 더 간단함
- 3~10배 더 작음
- 20~100배 더 빠름
- 덜 모호함
- 프로그래밍 방식으로, 사용하기 더 쉬운 데이터 액세스 클래스 생성

특히 두 번째와 세 번째 주요 항목은 중요한 엔터프라이즈급 애플리케이션에서 수많은 마이크로서비스 간의 수많은 통신을 디자인하려면 특히 중요하다.

이제 마이크로서비스 간 프로토콜 버퍼 사용을 설명하는 완전한 예제를 살펴보자.

마이크로서비스 간의 프로토콜 버퍼를 시연하는 시나리오

이전 시연에서 사용한 것과 동일한 예제를 수정해 프로토콜 버퍼를 활용한다. 8장에서 사용된 동일한 구성 요소의 축소된 버전을 사용할 것이다. 따라서 여기 예제는 그림 10-3에 나와 있는 것처럼 HTML 기반 클라이언트 앱과 2개의 마이크로서비스의 3가지 주요 구성 요소로 구성된다. 여기서도 프로토콜 버퍼 사용에 집중할 수 있게 HATEOAS와 데이터 저장소의 모든 복잡성을 제거했다.

이 예제 디자인에서는 엔티티를 지정하는 .proto 파일을 사용한다. 다음 단계는 .proto 파일에서 애플리케이션의 프로그래밍 언어(여기서는 자바)에 대한 프로토콜 버퍼 컴파일러를 실행해 유사한 클래스를 생성하는 것이다. 이제 생성된 엔티티 클래스에 대해 종속 및 독립 마이크로서비스를 프로그래밍할 수 있으므로 프로토콜 버퍼를 사용해 마이크로서비스 간 통신을 간단하게 할 수 있다.

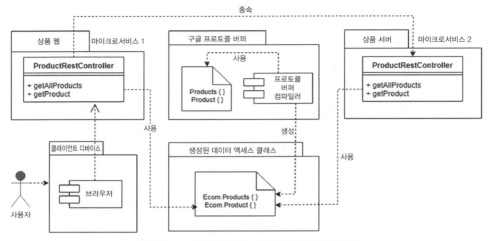

그림 10-3. 마이크로서비스 간에 프로토콜 버퍼 사용

스프링 부트에서 프로토콜 버퍼를 사용하는 코드

이 절의 모든 코드 예제는 ch10\ch10-02 폴더에 있다. 먼저 독립 마이크로서비스인 상품 서버 마이크로서비스에 대한 코드를 살펴본다. 상품 서버 마이크로서비스에 대한 **protobuf-java**와 **protobuf-java-format** 의존성에 대한 명시적인 언급을 보려면 pom.xml을 확인한다. 리스트 10-16을 보자.

리스트 10-16. 메이븐 빌드(ch10\ch10-02\ProductServer\pom.xml)

```xml
<project>
  <properties>
    <protobuf-java.version>3.1.0</protobuf-java.version>
    <protobuf-java-format.version>1.4</protobuf-java-format.version>
  </properties>

  <dependencies>
    <dependency>
      <groupId>com.google.protobuf</groupId>
      <artifactId>protobuf-java</artifactId>
```

```xml
        <version>${protobuf-java.version}</version>
      </dependency>
      <dependency>
        <groupId>com.googlecode.protobuf-java-format</groupId>
        <artifactId>protobuf-java-format</artifactId>
        <version>${protobuf-java-format.version}</version>
      </dependency>
      <dependency>
        <groupId>org.springframework.boot</groupId>
        <artifactId>spring-boot-starter-web</artifactId>
      </dependency>
    </dependencies>

    <build>
      <plugins>
        <plugin>
          <groupId>org.springframework.boot</groupId>
          <artifactId>spring-boot-maven-plugin</artifactId>
        </plugin>
        <plugin>
          <groupId>com.github.os72</groupId>
          <artifactId>protoc-jar-maven-plugin</artifactId>
          <version>3.1.0</version>
          <executions>
            <execution>
              <phase>generate-sources</phase>
              <goals>
                <goal>run</goal>
              </goals>
              <configuration>
                <protocVersion>3.1.0</protocVersion>
                <includeStdTypes>true</includeStdTypes>
                <includeDirectories>
                  <include>
                      src/main/resources
```

```
                    </include>
                </includeDirectories>
                <inputDirectories>
                    <include>
                        src/main/protobuf
                    </include>
                </inputDirectories>
            </configuration>
          </execution>
        </executions>
      </plugin>
    </plugins>
  </build>
</project>
```

protoc-jar-maven-plugin은 다중 플랫폼 실행 파일 protoc-jar를 사용해 protobuf 코드 생성을 수행한다. 메이븐 플러그인은 빌드할 때 플랫폼을 자동으로 감지하고 protoc-jar에 내장된 protoc 컴파일러를 실행해 .proto 파일을 컴파일할 수 있으며, 주요 플랫폼(리눅스, 맥/OSX, 윈도우)에 대한 이식성을 제공한다. 앞의 pom.xml에서 컴파일러는 .proto 파일을 컴파일하고 google.protobuf 표준 유형을 포함해 생성된 파일을 target/generated-sources에 저장하고 필요한 추가 가져오기를 수행한다.

protobuf-java 메이븐 아티팩트는 자바에서 생성된 메시지 객체를 직렬화하는데 필요한 자바 API를 제공한다. 따라서 프로토콜 버퍼의 런타임 역할을 한다.

컴파일러 버전은 자바 API 버전과 동일해야 한다. 예제에서는 3.1.0 버전을 사용한다.

protobuf-java-format 메이븐 아티팩트는 구글의 protobuf 메시지를 기반으로 다양한 형식의 직렬화와 역직렬화를 제공한다. 바이트 배열이 기본 형식이지만 XML, JSON, HTML과 같은 텍스트 기반 형식으로 재정의할 수 있다.

이제 리스트 10-17에 나와 있는 다양한 프로토콜 버퍼 유형 선언을 살펴보자.

리스트 10-17. product.proto(ch10\ch10—02\ProductServer\src\main\resources\product.proto)

```
syntax = "proto3";

package binildas;

option java_package = "com.acme.ecom.product.model";
option java_outer_classname = "ECom";

message Products {
  repeated Product product = 1;
}
message Product {

  string productId = 1;
  string name = 2;
  string code = 3;
  string title = 4;
  string description = 5;
  string imgUrl = 6;
  double price = 7;
  string productCategoryName = 8;
}
```

프로토콜 버퍼 컴파일러와 프로토콜 버퍼 언어 런타임은 모두 버전 3을 사용하므로 .proto 파일에서 syntax = "proto3"으로 선언해 시작해야 한다. 대신 버전 2 컴파일러를 사용하면 이 선언은 생략한다.

다음으로 .proto 파일에는 패키지 선언이 있어야 하며, 이는 서로 다른 프로젝트에서 서로 다른 유형 선언 간의 이름 지정 충돌을 방지하는 데 도움이 된다. 자바에서는 이와 같이 java_package를 명시적으로 지정하지 않은 경우 이 패키지 이름은 자바 패키지 이름으로도 사용된다.

다음은 java_package와 java_outer_classname의 2가지 자바 관련 옵션이다.

java_package 옵션은 생성된 클래스의 자바 패키지를 지정한다. 이를 명시적으로 지정하지 않으면 패키지 선언에 지정된 패키지 이름과 일치하게 된다. java_outer_classname 옵션은 유형 정의 파일에서 생성된 모든 클래스를 포함해야 하는 컨테이너 클래스 이름을 정의한다.

다음으로 직렬화하려는 각 데이터 구조에 대한 메시지를 추가한 다음 메시지의 각 필드에 대한 이름과 유형을 지정한다. 메시지는 데이터 유형이 지정된 필드 세트를 포함하는 에그리게이트aggregate다. bool, int32, float, double, string을 포함한 많은 단순 표준 데이터 유형을 필드 유형으로 사용할 수 있다. 다른 메시지 유형을 필드 유형으로 추가할 수도 있다. 여기 예제에서 Product 메시지에는 상품 메시지가 포함된다. = 1, = 2, = 3 등은 필드가 이진 인코딩에서 사용하는 고유한 '태그'를 식별하기 위한 각 요소의 마커다.

필드에는 다음 수정자 중 하나의 애노테이션을 달 수 있다.

- **required:** 반드시 필드 값을 제공해야 함을 나타낸다. 그렇지 않으면 메시지가 '초기화되지 않은' 것으로 간주된다.

- **optional:** 필드가 설정되거나 설정되지 않을 수 있음을 나타낸다. 선택적 필드 값이 설정되지 않은 경우 숫자 유형은 0, 문자열은 빈 문자열, 불리언은 false 등의 기본값을 사용한다.

- **repeated:** 필드가 여러 번 반복될 수 있음을 나타낸다(0번 포함). 반복되는 값의 순서는 프로토콜 버퍼에 보존된다.

다음으로 리스트 10-18의 상품 서버 컨트롤러를 살펴보자.

리스트 10-18. 프로토콜 버퍼를 노출하는 상품 RestController(ch10\ch1002\ProductServer\src\main\java\com\acme\ecom\product\controller\ProductRestController.java)

```
package com.acme.ecom.product.controller;
```

```
import com.acme.ecom.product.model.ECom.Product;
import com.acme.ecom.product.model.ECom.Products;

@RestController
public class ProductRestController {

  @RequestMapping(value = "/products", method = RequestMethod.GET)
  public Products getAllProducts() {

    List<Product> products = getAllTheProducts();
    if(products.isEmpty()){
      LOGGER.debug("No products retreived from repository");
    }
    products.forEach(item->LOGGER.debug(item.toString()));
    Products productsParent =
        Products.newBuilder().addAllProduct(products).build();
    return productsParent;
  }
}
```

외부 컨테이너 클래스인 ECom 내에 정의된 상품과 상품 자바 유형을 가져와야 한다는 사실을 제외하고는 RestController에 눈에 띄는 차이가 없다.

이제 프로토콜 버퍼 형식으로 직렬화와 역직렬화하는 데 필요한 라이브러리를 사용해 마이크로서비스 런타임을 확인해야 한다. 스프링의 ProtobufHttpMessage Converter는 구글 라이브러리를 내부적으로 활용하는 데 편리하다. 이 컨버터는 공식 com.google.protobuf:protobuf-java 라이브러리와 함께 기본적으로 application/x-protobuf와 text/plain을 지원한다. 다른 형식도 클래스 경로의 추가 라이브러리를 사용해 지원할 수 있다. 구성^{Configuration} 클래스에서 이 빈^{Bean}을 인스턴스화한다. 리스트 10-19를 보자.

리스트 10-19. 프로토콜 버퍼 메시지 컨버터 구성(ch10\ch1002\ProductServer\src\main\
java\com\acme\ecom\product\controller\ProductRestControllerConfiguration.java)

```java
import org.springframework.http.converter.protobuf.
ProtobufHttpMessageConverter;

@Configuration
public class ProductRestControllerConfiguration{

  @Bean
  ProtobufHttpMessageConverter protobufHttpMessageConverter() {
    return new ProtobufHttpMessageConverter();
  }
}
```

이것이 상품 서버 마이크로서비스의 전부다. 이제 상품 웹 마이크로서비스에
대한 코드를 살펴본다. 지금까지 살펴본 모든 코드 조각과 상품 서버 마이크로
서비스에 대해 작성한 설명은 여전히 유효하므로 여기서는 반복하지 않겠다.
대신 추가 요구 사항을 살펴본다.

상품 웹 마이크로서비스는 상품 서버 마이크로서비스에 요청을 위임해야 한다.
이 위임이 작동하게 하려면 구성 클래스에 등록할 RestTemplate 유형의 빈이
필요하다. 이 RestTemplate은 수신된 프로토콜 버퍼 메시지를 자동으로 변환하
는 데 도움이 되는 ProtobufHttpMessageConverter 유형의 다른 빈과 함께 주입
된다. 이는 리스트 10-20에 나와 있다.

리스트 10-20. 프로토콜 버퍼를 호출하기 위한 RestTemplate(ch10\ch10-02\ProductWeb\
src\main\java\com\acme\ecom\product\controller\ProductRestControllerConfiguration.java)

```java
@Configuration
public class ProductRestControllerConfiguration{

  @Bean
  RestTemplate restTemplate(ProtobufHttpMessageConverter hmc) {
```

```
    return new RestTemplate(Arrays.asList(hmc));
  }

  @Bean
  ProtobufHttpMessageConverter protobufHttpMessageConverter() {
    return new ProtobufHttpMessageConverter();
  }
}
```

다음으로 상품 웹 마이크로서비스용 RestController는 앞의 RestTemplate을
활용해 리스트 10-21에 나와 있는 것처럼 상품 서버 마이크로서비스에 호출을
위임한다.

리스트 10-21. 마이크로서비스의 RestTemplate은 호출을 프로토콜 버퍼에 위임함(ch10\
ch10-02\ProductWeb\src\main\java\com\acme\ecom\product\controller\
ProductRestController.java)

```
@RestController
public class ProductRestController{

  @Autowired
  RestTemplate restTemplate;

  private static String PRODUCT_SERVICE_URL = "http://localhost:8081/products/";

  @Autowired
  public ProductRestController(RestTemplate restTemplate){

    this.restTemplate = restTemplate;
  }

  @RequestMapping(value = "/productsweb", method = RequestMethod.GET,
      produces = {MediaType.APPLICATION_JSON_VALUE})
  public Products getAllProducts() {

    Products products = restTemplate.getForObject(PRODUCT_SERVICE_URL,
        Products.class);
```

```
        List<Product> productsList = products.getProductList();
        Products productsParent =
            Products.newBuilder().addAllProduct(productsList).build();
        return productsParent;
    }
}
```

마이크로서비스 간 프로토콜 버퍼 빌드와 테스트

메시지 구조가 .proto 파일에 정의되면 이 언어 중립적 콘텐츠를 자바 코드로 변환하기 위한 protoc 컴파일러가 필요하다. 적절한 버전의 컴파일러를 사용하려면 프로토콜 버퍼 저장소(https://github.com/google/protobuf)의 지침을 따른다. 또는 메이븐 중앙 저장소에서 com.google을 검색해 사전 빌드된 바이너리 컴파일러를 다운로드할 수 있다. protobuf:protoc 아티팩트를 만든 다음 플랫폼에 적합한 버전을 선택한다.

그런 다음으로 컴파일러를 실행해 .proto 파일을 검색할 경로, 생성된 코드를 이동할 대상 디렉터리와 .proto의 절대 경로를 지정해야 한다. 예제는 다음과 같다.

```
D:\Applns\Google\ProtocolBuffer\protoc-3.4.0-win32\bin\protoc --proto_path
.\src\main\resources --java_out .\src\main\java .\src\main\resources\
product.proto
```

자바 클래스를 원하기 때문에 --java_out 옵션을 사용한다. 그러나 지원되는 다른 언어에도 유사한 옵션이 제공된다.

위의 단계는 편리하지만 메이븐 빌드와 통합하는 것은 간단하지 않다. 이것이 바로 리스트 10-16의 pom.xml에서 protoc-jar-maven-plugin을 사용한 이유다. 멀티플랫폼 실행 protoc-jar를 사용해 protobuf 코드 생성을 수행한다. 따라서 예제를 빌드하고 실행하는 데 수작업이 필요하지 않으므로, 바로 시작할 수 있다.

프로토콜 버퍼를 사용해 마이크로서비스 간 통신을 시연하는 데 필요한 전체 코드는 ch10\ch10-02 폴더에 있다. 이 예제에는 몽고DB가 필요하지 않다. 다음의 순서대로 다양한 마이크로서비스를 빌드하고, 패키징하고, 실행할 수 있다.

먼저 상품 서버 마이크로서비스를 실행한다.

```
cd ch10\ch10-02\ProductServer
D:\binil\gold\pack03\ch10\ch10-02\ProductServer>make
D:\binil\gold\pack03\ch10\ch10-02\ProductServer>rem D:\Applns\Google\
ProtocolBuffer\protoc-3.4.0-win32\bin\protoc --proto_path .\src\main\
resources --java_out .\src\main\java .\src\main\resources\product.proto
D:\binil\gold\pack03\ch10\ch10-02\ProductServer>mvn -Dmaven.test.skip=true
clean package
D:\binil\gold\pack03\ch10\ch10-02\ProductServer>run
D:\binil\gold\pack03\ch10\ch10-02\ProductServer>java -jar -Dserver.
port=8080 .\target\Ecom-Product-Microservice-0.0.1-SNAPSHOT.jar
```

위의 명령은 8080 수신 포트에 상품 서버 마이크로서비스를 실행한다. 또한 네트워크로 전달되는 메시지의 형식을 검사하려고 함으로써 아파치 TCPMon을 프록시로 사용한다. TCPMon을 프록시로 시작하려면 부록 E를 참고한다.

```
cd D:\Applns\apache\TCPMon\tcpmon-1.0-bin\build
D:\Applns\apache\TCPMon\tcpmon-1.0-bin\build>tcpmon 8081 127.0.0.1 8080
```

그러면 TCPMon이 실행되는 호스트(여기서는 localhost)에서 8081 포트에 도달하는 모든 요청이 호스트 127.0.0.1의 8080 포트로 전달되는 것으로 보인다. 그림 10-4를 보자.

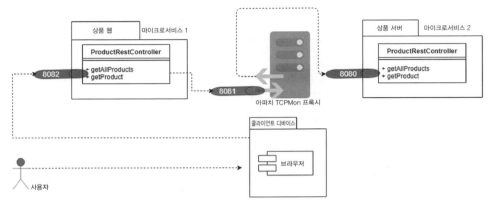

그림 10-4. 요청과 응답을 모니터링하게 설정된 TCPMon 프록시

다음으로 상품 웹 마이크로서비스를 실행한다.

```
cd ch10\ch10-02\ProductWeb
D:\binil\gold\pack03\ch10\ch10-02\ProductWeb>make
D:\binil\gold\pack03\ch10\ch10-02\ProductWeb>mvn -Dmaven.test.skip=true
clean package
D:\binil\gold\pack03\ch10\ch10-02\ProductWeb>run
D:\binil\gold\pack03\ch10\ch10-02\ProductWeb>java -Dserver.port=8082 -jar
.\target\Ecom-Product-Microservice-0.0.1-SNAPSHOT.jar
```

이제 URL을 호출하고 HTML 기반 클라이언트 앱을 검색하는 방식으로 애플리케이션을 테스트할 수 있다(가급적이면 크롬 브라우저를 사용).

```
http://localhost:8082/
```

브라우저 클라이언트는 8082 수신 포트의 상품 웹에 요청을 보내 8081 수신 포트의 아파치 TCPMon에 요청을 위임한다. TCPMon이 실행 중인 호스트(localhost)의 8081 포트에 도달한 이 요청은 다시 상품 서버 마이크로서비스가 수신 중인 localhost의 8080 포트로 전달된다. 모든 것이 계획대로 진행된다면 웹 페이지에 나열된 상품을 볼 수 있다. TCPMon 프록시 콘솔을 검사하면 두 마이크로서 비스 간의 통신이 HTTP 기반 REST 호출을 처리할 때 프로토콜 버퍼를 통신 프로토콜로 사용하는지 확인할 수 있다.

프로토콜 버퍼 사용의 영향

마이크로서비스 간 통신을 위해 프로토콜 버퍼를 사용하면서 응답 콘텐츠 길이 를 비교하고자 3가지 시나리오를 살펴보자.

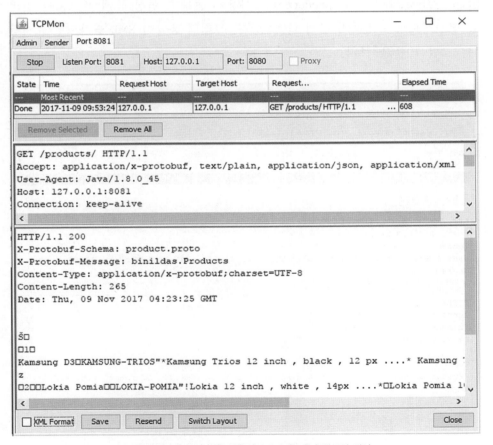

그림 10-5. TCPMon을 사용해 프로토콜 버퍼 인코딩 검사

프로토콜 버퍼 인코딩

앞 절의 예제 시연에서는 마이크로서비스 간 통신에 프로토콜 버퍼를 사용하는 방법을 설명했다. TCPMon 프록시 콘솔을 볼 수 있으며, 여기서 두 마이크로서비스 간의 통신이 프로토콜 버퍼를 사용하는지 확인할 수 있다. 또한 응답 내용 길이(Content-Length)가 265임을 알려준다. 그림 10-5를 보자.

XML 인코딩

크롬 브라우저를 사용하고 TCPMon 프록시에 직접 연결하면 클라이언트가 URL http://localhost:8081/products/를 사용해 콘텐츠 협상 중에 프로토콜 버퍼를 명시적으로 요청하지 않게 할 수 있다. 그러면 응답이 XML 형식으로 표시된다. 그림 10-6을 보자.

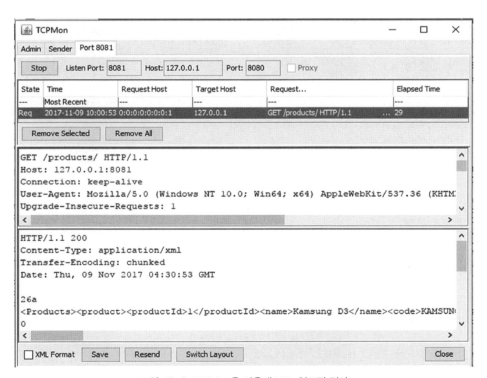

그림 10-6. TCPMon을 사용해 XML 인코딩 검사

다양한 도구를 사용해 콘텐츠 크기를 검사할 수 있다(그림 10-7은 마이크로소프트 워드 사용).

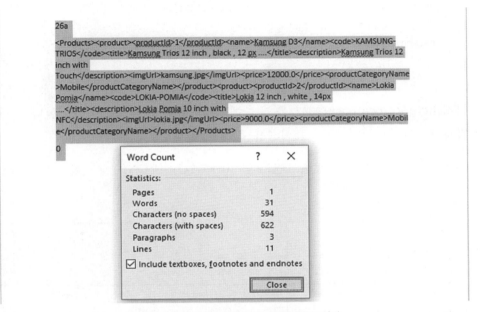

그림 10-7. XML을 사용해 인코딩한 콘텐츠 길이

JSON 인코딩

마이크로서비스 호출 간에 JSON 인코딩을 강제하는 쉬운 방법 중 한 가지는 상품 서버 마이크로서비스에서 애플리케이션 코드를 약간 변경하는 것이다. 리스트 10-22를 보자.

리스트 10-22. JSON 인코딩 적용(ch10\ch10-02\ProductServer\src\main\java\com\ acme\ecom\product\controller\ProductRestController.java)

```
@RequestMapping(value = "/products", method = RequestMethod.GET,
    produces = {MediaType.APPLICATION_JSON_VALUE})
//@RequestMapping(value = "/products", method = RequestMethod.GET)
public Products getAllProducts() {
```

```
    List<Product> products = getAllTheProducts();
    Products productsParent = Products.newBuilder().
        addAllProduct(products).build();
    return productsParent;
}
```

이제 `http://localhost:8082/`를 호출해 상품 서버 마이크로서비스를 다시 시작하고 클라이언트 애플리케이션을 다시 실행할 수 있다.

TCPMon 프록시 콘솔을 살펴보면 그림 10-8과 같이 JSON 인코딩이 선택됐음을 알 수 있다.

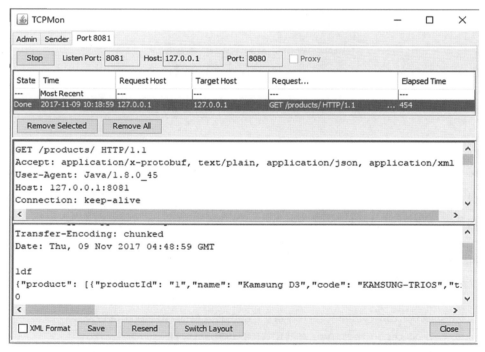

그림 10-8. TCPMon을 사용해 JSON 인코딩 검사

다양한 도구를 사용해 콘텐츠 크기를 다시 검사할 수 있다(그림 10-9 참고).

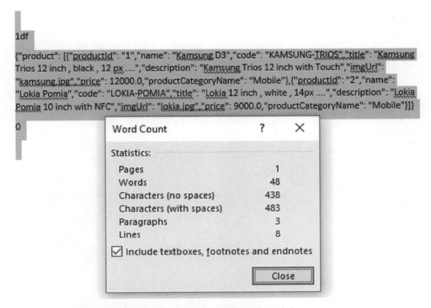

1df

{"product": [{"productId": "1","name": "Kamsung D3","code": "KAMSUNG-TRIOS","title": "Kamsung Trios 12 inch , black , 12 px .....","description": "Kamsung Trios 12 inch with Touch","imgUrl": "kamsung.jpg","price": 12000.0,"productCategoryName": "Mobile"},{"productId": "2","name": "Lokia Pomia","code": "LOKIA-POMIA","title": "Lokia 12 inch , white , 14px ....","description": "Lokia Pomia 10 inch with NFC","imgUrl": "lokia.jpg","price": 9000.0,"productCategoryName": "Mobile"}]}

0

Word Count	?	X
Statistics:		
Pages		1
Words		48
Characters (no spaces)		438
Characters (with spaces)		483
Paragraphs		3
Lines		8
☑ Include textboxes, footnotes and endnotes		
		Close

그림 10–9. JSON을 사용해 인코딩한 콘텐츠 길이

이제 이 3가지 시나리오를 비교해 마이크로서비스 간 통신에 프로토콜 버퍼를 사용한 응답 크기의 변화를 파악할 수 있다.

요약

마이크로서비스는 양날의 검과 같다. 마이크로서비스는 여러 가지 장점을 제공하지만 주의해서 사용해야 한다. 이는 주로 4장에서 다룬 아키텍처의 역전 때문이다. 마이크로서비스 아키텍처에 도입해 성능에 더 큰 영향을 미칠 수 있는 2가지 리팩토링 프로세스를 살펴봤다. 더 많은 최적화 사항이 있지만 10장에서 다룬 2가지로 제한할 것이다. 이 책의 나머지 부분에서는 HTTP 대신 기본적으로 주로 메시징을 사용해 마이크로서비스 간 통신의 비동기적 특성을 활용하는 이벤트 기반 마이크로서비스를 설명한다. 11장에서 이러한 측면을 살펴본다.

11

이벤트와 결과적 일관성

동료 중 한 명과 악수를 하면 악수를 했다는 느낌이 즉시 되돌아온다. 포옹이나 연인과의 키스를 하는 경우도 비슷하다. 즉시 같은 반응을 얻을 수 있다. 앞에서 설명한 상황에서 연인이 근처에 없지만 여전히 비슷하게 인사를 하고 싶다면 어떻게 해야 할까? 오늘날 사용 가능한 모든 종류의 디지털 미디어로 이메일이나 메시지를 보내면 된다. 연인이 메시지를 수신하고(바로 또는 나중에) 응답할 수 있다. 결과적인 효과는 연인이 근처에 없거나 심지어 당신이 제스처를 시작하는 정확한 시간에 당신의 말을 듣고 있지 않더라도 조만간 응답 제스처를 받을 수 있다는 것이다. 이러한 시나리오와 제스처는 마이크로서비스 애플리케이션의 전형적인 형태다. 애플리케이션을 도메인 경계에 따라 마이크로서비스로 분할하면 다른 마이크로서비스와 무관하게 자체적으로 배치, 동작, 운영할 수 있다. 또한 이러한 마이크로서비스는 상대 마이크로서비스와 관계없이 계속 기능을 제공할 수 있어야 한다. 이것이 이벤트 기반 아키텍처EDA, Event Driben Architecture의 중요성이다. 11장에서는 일반적인 EDA와 몇 가지 우려 사항을 살펴본다. 마지막으로 이벤트와 EDA를 평가할 수 있게 되며 마이크로서비스 간 비동기 이벤트를 원하는지 아니면 동기식 요청/응답 방식의 상호작용을 원하는지 결정할 수 있을 것이다.

11장에서 다루는 내용은 다음과 같다.

- EDA 소개
- 다양한 방식의 EDA
- 마이크로서비스 아키텍처의 진화에서 EDA의 관련성
- 서로 다른 마이크로서비스를 결과적으로 일관되게 만드는 데 있어 EDA의 역할
- 스케일 큐브^{Scale Cube}와 분할 작업의 필요성
- CAP 정리와 CAP 피라미드
- BASE 트랜잭션

이벤트 기반 아키텍처

이벤트 기반 아키텍처는 이벤트에 대한 생산, 탐지, 소비, 반응을 촉진하는 소프트웨어 아키텍처 패턴이다. 이벤트 기반 시스템은 일반적으로 이벤트 생산자(또는 에이전트), 이벤트 소비자(또는 싱크), 이벤트가 전파되는 이벤트 채널로 구성된다. 이러한 구성 요소를 자세히 살펴보자.

이벤트

이벤트는 특정 시스템이나 도메인 내에서 발생한 일을 뜻하며 그 영역에서 발생했거나 발생한 것으로 간주되는 것을 의미한다.

이벤트는 상태 변경으로 정의할 수 있다. 예를 들어 주문이 배송되면 주문 상태가 'pending'에서 'shipped'로 변경된다. 전자상거래 마이크로서비스 아키텍처는 이 상태 변경을 아키텍처 내의 다른 마이크로서비스 또는 마이크로서비스 경계 외부의 다른 구성 요소도 알 수 있게 이벤트로 처리할 수 있다. 공식적인 관점에서 생성, 게시, 전파, 탐지 또는 소비되는 것은 이벤트 자체가 아니라 이벤트 알림이라고 하는 일반적으로 비동기식 메시지다. 이벤트는 메시지 생산자

가 트리거한 상태 변경이다. 이벤트는 이동하는 것이 아니라 단지 발생하는 것이다. 그러나 '이벤트'와 '이벤트 알림'이라는 용어는 종종 알림 메시지 자체를 나타내고자 같은 의미로 사용된다.

EDA 구성 요소

EDA 기반 애플리케이션은 일반적으로 이벤트 생산자(소스 또는 에이전트), 이벤트 소비자(싱크), 이벤트 채널로 구성된다. 이벤트 생산자는 이벤트를 생성, 탐지, 수집, 전송할 책임이 있다. 이때 이벤트 생산자는 이벤트의 소비자를 알 수 없고 소비자가 존재하는지조차 알 수 없으며, 존재하면 추가 처리를 위해 언제, 어디서, 어떻게 사용되는지도 알 수 없다. 이벤트 소비자는 관심 있는 이벤트가 탐지되는 즉시 반응할 책임이 있다. 싱크에서 제공하는 반응은 완전하거나 부분적일 수 있다. 반응이 부분적인 경우 동일한 이벤트가 다른 싱크에도 관심이 있을 수 있으며 반응을 추가할 수 있다.

이벤트 채널은 이벤트가 이벤트 소스에서 이벤트 싱크까지 전송되는 통로다. 이벤트를 올바른 싱크로 올바르게 배포하는 데 필요한 정보는 이벤트 채널에만 있다. 그러나 배포 지식을 가진 이러한 이벤트 채널은 주소 지정 측면에서 다소 엄격하고 물리적 측면에서 종종 메시지 대기열로 표시되는 경우가 많다. 다시 말해 이러한 이벤트 채널의 물리적 구현은 일반적으로 메시지 대기열로 표시되는 지점 간 통신을 사용하는 메시지 기반 미들웨어와 같은 전통적인 구성 요소를 기반으로 할 수 있다.

그림 11-1은 일반적으로 메시지 대기열을 활용하는 지점 간 이벤트 처리 유형을 나타낸다. 대기열을 사용하면 이벤트 소스와 싱크가 밀접하게 결합돼 있으며, 이는 그림 11-1에 나와 있다. 더 나은 접근 방식은 이러한 통로를 나타내는 토픽topic을 갖는 것이다. 여기서 이벤트 채널은 이벤트를 어디에 배포해야 하는지에 대한 정보가 거의 없다. 오히려 관심 있는 이벤트 채널에 연결해 흥미로운

이벤트가 사용 가능할 때마다 알림을 받는 것은 이벤트 싱크의 몫이다.

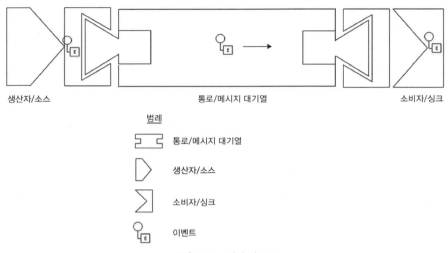

그림 11-1. 지점 간 EDA

후자의 접근 방식은 마이크로서비스 애플리케이션의 확장성 측면에서 더 유연하며, 곧 자세한 내용을 볼 것이다. 그림 11-2는 메시지 통로(여기서는 메시지 토픽)에 대한 이벤트 소스와 싱크의 관계가 상대적으로 유연하다는 것을 보여준다.

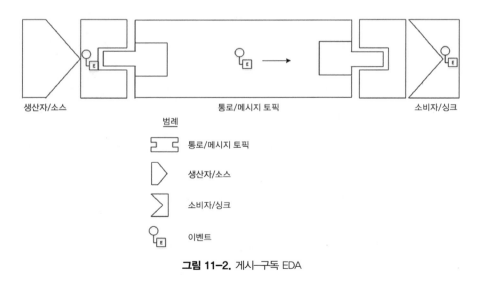

그림 11-2. 게시―구독 EDA

그림 11-2에서 대기열은 토픽[1]으로 대체됐다. 메시지 토픽은 게시자라 불리는 메시지 생산자가 구독자라 불리는 특정 수신자에게 직접 메시지를 보내도록 프로그래밍하지 않고 게시된 메시지를 어떤 구독자가 있는지 알지 못하는 상태에서 클래스로 분류하는 게시-구독 메시징 패턴을 제공한다. 또한 구독자는 하나 이상의 클래스에 관심을 표시한 다음 어떤 게시자가 존재하는지 알지 못해도 관심 있는 메시지를 수신한다. 이는 그림 11-3과 같이 아키텍처에서 소스(게시자)와 싱크(구독자)를 즉시 추가하거나 제거할 수 있는 옵션을 제공한다.

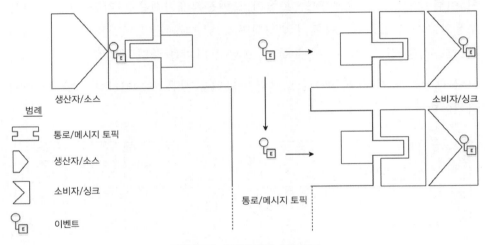

그림 11-3. 유연한 게시-구독 EDA

그림 11-3과 같이 게시-구독 패턴을 따르면서도 통로 자체는 개방적이며, 향후 더 많은 싱크를 즉시 수용할 수 있다는 점에서 연속적이다.

마이크로서비스와 이벤트 기반 아키텍처

EDA의 지점 간 게시-구독 패턴을 살펴봤으므로 이제 유연한 게시-구독 패턴으

---

1. 그림 11-1의 비교적 단단한 '비둘기 꼬리' 모양의 커넥터는 그림 11-2의 유연한 '슬라이드인 앤 슬라이드아웃' 커넥터로 대체된다는 점에 유의하자.

로 마이크로서비스를 디자인할 때 직면하게 될 몇 가지 우려 사항을 살펴본다.

마이크로서비스의 진화

대부분의 소프트웨어 애플리케이션은 처음부터 여러 가지 요구 사항을 염두에 두고 만들어지며 몇 년에 걸쳐 자연스럽게 진화한다. 변경 요청과 새로운 요구 사항을 통합하는 작업은 애플리케이션이 최종적으로 폐기될 때까지 수년에 걸쳐 이뤄질 것이다. 기존 또는 모놀리스 애플리케이션은 이러한 변경 사항을 수용하고자 소스코드 수준에서 변경되며, 그런 다음 전체 애플리케이션을 회귀 테스트, 성능 검증, 재배포해야 한다. 또한 불가피한 중단 시간도 있을 것이다.

그림 11-4는 게시-구독 마이크로서비스 패턴을 사용하는 전자상거래 애플리케이션이다.

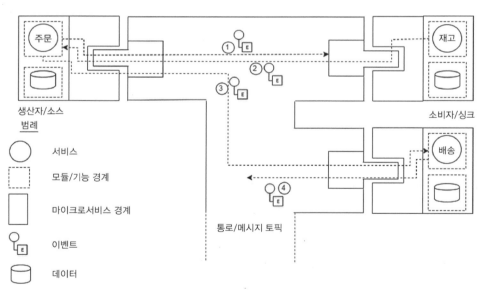

그림 11-4. 게시-구독 마이크로서비스

그림 11-4를 참고하면 마이크로서비스는 다음과 같이 상호작용한다.

1. 주문 서비스는 보류 상태의 주문을 생성하고 OrderCreated 이벤트를 게시한다.

2. 재고 서비스는 이벤트를 수신하고 해당 주문을 기반으로 상품 재고에 대한 업데이트를 시도한다. 그런 다음 InventoryUpdated 이벤트 또는 NotEnoughInventory 이벤트를 게시한다.

3. InventoryUpdated 이벤트가 발생하면 주문 상태가 보류에서 확인으로 변경돼야 한다. 그러면 OrderConfirmed 이벤트가 다시 발생한다.

4. 배송 서비스는 OrderConfirmed 이벤트를 수신하고 상품 배송을 준비한다. 준비가 완료되고 상품이 배송되면 OrderShipped 이벤트가 발생한다.

지금까지도 좋았지만 전자상거래 회사는 고객 경험을 향상시키고 싶어 하며 IT 부서는 이메일이나 기타 채널로 고객에게 신속하게 알리도록 애플리케이션을 개선하고자 한다. 해결책은 알림^{Notification} 서비스라는 또 다른 마이크로서비스를 추가하는 것이다. 게시-구독 패턴을 기반으로 애플리케이션을 디자인했으므로 애플리케이션 중단 없이 새 마이크로서비스를 도입할 수 있을 것이다. 즉, 알림 마이크로서비스를 개발, 테스트, 성능 벤치마킹하고, 기존 애플리케이션 인프라에 무중단 배포할 수 있어야 한다. 일단 배포되면 알림 마이크로서비스는 OrderConfirmed 이벤트를 구독하고 고객에게 주문이 확인됐음을 즉시 알린다. 마찬가지로 OrderShipped 이벤트를 사용해 고객에게 주문이 배송됐음을 즉시 알릴 수도 있다. 그림 11-5에서 이를 보여준다.

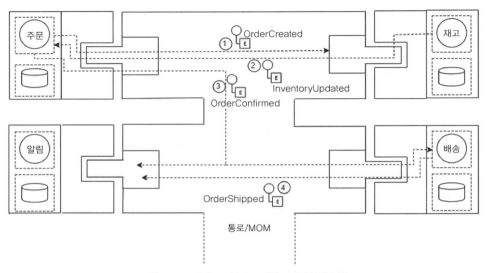

그림 11-5. 마이크로서비스 애플리케이션의 진화

이것이 매끄러운 진화다. 기존 마이크로서비스를 만지거나 중단하는 일 없이, 점점 더 많은 마이크로서비스를 연결하거나 애플리케이션 동작 또는 기능을 크게 변경할 수 있다. 이제 그림 11-6에 다시 나온 3장의 '마이크로서비스 확장성' 절에 언급된 벌집 비유를 더 잘 이해해야 한다.

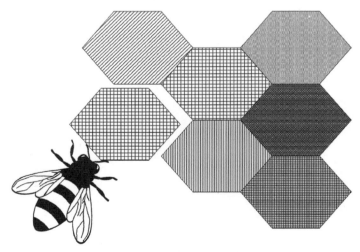

그림 11-6. 마이크로서비스 벌집 비유

그림 11-6은 벌이 벌집을 만드는 방법을 보여준다. 첫 번째 셀을 만드는 것으로 시작해 벌집에 점점 더 많은 셀을 추가한다. 따라서 벌집은 일정 기간 동안 계속 커진다. 셀을 만드는 데 사용되는 재료는 동일하지 않을 수 있다. 해당 셀을 만들 때 사용할 수 있는 재료에 따라 다르다. 그러나 각각의 새로운 셀은 전체 벌집과 잘 어울리며 전체적으로 벌집은 중단 없이 기능을 계속 제공한다. 마찬가지로 주문 상태에 대한 이메일과 SMS 기반 알림을 전송하는 앞의 알림 마이크로서비스와 같은 새로운 기능을 만들어 기존 마이크로서비스 애플리케이션의 중단 없이 이 향상된 기능을 애플리케이션에 원활하게 추가할 수 있다.[2]

결과적 일관성과 마이크로서비스

이제 마이크로서비스의 흥미로운 복잡성을 알아보자. 모놀리스 애플리케이션은 일반적으로 하나의 관계형 데이터베이스를 사용한다. 관계형 데이터베이스를 사용하면 애플리케이션이 ACID 트랜잭션을 활용할 수 있다는 것이 장점이다. 그림 11-7은 일반적인 모놀리스 애플리케이션을 보여준다.

도메인의 여러 엔티티는 단일 관계형 데이터베이스에 있는 스키마에서 별도의 테이블로 나타낼 수 있다. 현재 예제에서 Order, Item, Inventory는 이러한 엔티티다. 고객은 장바구니에 여러 상품을 추가하고 마지막으로 한 번의 버튼 클릭으로 결제한다. 이 경우 새 주문을 나타내는 새 행이 Order 테이블에 생성된다. 이 주문 ID를 외래 키^{foreign key}로 사용하면 장바구니에 상품이 있는 만큼 상품 테이블에 많은 행을 작성할 수 있다. 또한 Item 테이블에서 생성된 각 행에 대해 각 행의 수량 값이 Inventory 테이블에서 감소돼야 한다. 단일 관계형 데이터베이스를 사용하면 위의 모든 작업을 ACID 준수 방식[3]으로 커밋하거나 롤백할 수 있다.

---

2. 2장의 그림 2-5를 다시 참고해 '애플리케이션'과 '마이크로서비스'에 대한 개념과 이 둘 사이의 관계를 환기시킨다.
3. 하나의 트랜잭션으로 데이터의 정합성을 보장한다. – 옮긴이

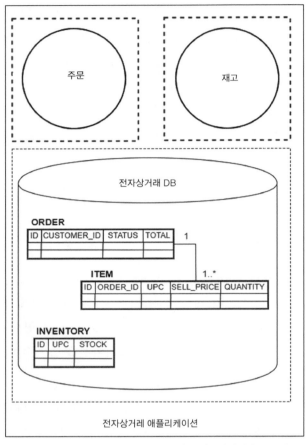

그림 11-7. 전자상거래 모놀리스 애플리케이션

그림 11-8은 마이크로서비스의 도움으로 구현된 동일한 비즈니스 사용 사례를 보여준다. 주문과 재고가 서로 다른 2개의 마이크로서비스라고 가정하자. 이제 두 사용자가 거의 동시에 동일한 상품에 대해 작업을 시도하는 복잡한 시나리오를 분석해보자. 이러한 시나리오는 비즈니스 애플리케이션에서는 일반적이며, 다음과 같은 몇 가지 시나리오가 있다.

- 항공사 예약 애플리케이션의 마지막 남은 자리
- 환자 예약 포털의 마지막 병실

- 전자상거래 애플리케이션에서 특정 상품의 마지막 상품

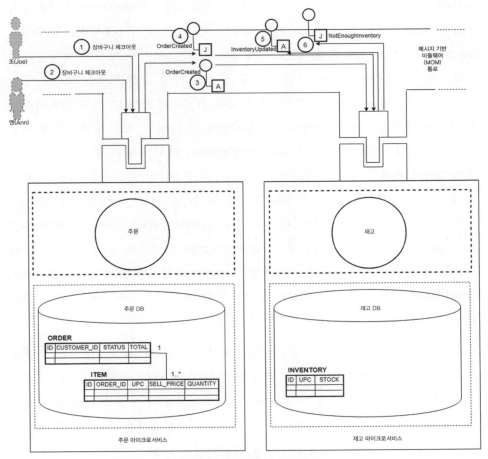

그림 11-8. 마이크로서비스 경쟁 조건

조[Joe]와 앤[Ann]이 지구상의 서로 다른 두 곳에 앉아 전자상거래 사이트에서 할인된 가격으로 제공되는 이전 버전의 맥북 프로에 관심이 있다고 가정하자. 또한 전자상거래 사이트에서는 이 상품 하나만 남아 있다고 가정하자. 조와 앤은 모두 이 상품을 검색하고 검토한 후 마지막으로 장바구니에 추가했다. 이제 둘 다 구매 확인 버튼(그림 11-8의 레이블 1과 2)을 거의 동시에 클릭한다고 가정하자. EDA 기반 마이크로서비스 아키텍처(그림 11-8 참고)를 사용하면 조와 앤을 대신해

주문 마이크로서비스에서 주문을 생성할 수 있으며 OrderCreated 이벤트가 생성된다. 두 주문의 상태는 이제 'New'다. 추가로 2개의 OrderCreated 이벤트가 동시에 제출됐다고 가정할 수 있다(레이블 3과 4). 재고 마이크로서비스는 OrderCreated 이벤트를 사용한다. 다시 말하자면 이벤트 소비가 동시에 발생한다고 가정하자. 두 OrderCreated 이벤트 모두 상품의 단일 상품을 참조하므로 마이크로서비스가 OrderCreated 이벤트를 동시에 처리하려고 해도 재고 데이터베이스 관리 수준에서 이러한 OrderCreated 이벤트 중 하나만 재고 업데이트가 허용되므로 재고가 0으로 줄어들고 InventoryUpdated 이벤트가 발생한다(레이블 5). 다른 OrderCreated 이벤트를 처리하는 재고 마이크로서비스는 사용 가능한 재고가 충분하지 않기 때문에 재고 처리가 성공할 수 없으므로 NotEnoughInventory 이벤트를 생성한다. 주문 마이크로서비스는 OrderCreated 이벤트와 NotEnoughInventory 이벤트를 모두 사용한다. OrderCreated 이벤트를 구독할 때 주문 마이크로서비스는 해당 주문의 상태를 'Confirmed'로 변경한다. 그러나 NotEnoughInventory 이벤트를 구독하면 해당 주문의 상태가 'New'에서 'Cancelled' 또는 'Cannot be Fulfilled' 등으로 변경된다.

여기에 설명하는 시나리오는 지극히 정상적이고 수용 가능한데, 무엇이 문제일까? 주의 깊게 살펴보면 조와 앤이 생성한 주문 모두 일정 기간 동안 'New' 또는 'Created' 상태에 있다. 현재 두 사용자는 자신의 주문이 성공할 것이라는 피드백을 받지만 그중 한 명은 나중에 실망할 것이다. 시스템은 '사실적인' 스냅샷 대신 '일상적인' 스냅샷을 사용자에게 제공한다(단, 상품을 받지 못한 경우 전액 환불해준다).

그림 11-7에 설명된 아키텍처로 되돌아가면 조와 앤이 마지막 상품을 구매하려고 하면 그중 하나의 트랜잭션이 성공하고 다른 하나의 트랜잭션은 전부 원자적으로 롤백된다는 것을 알 수 있다. 모든 단계(성공으로 이어지는 모든 단계 또는 롤백으로 이어지는 모든 단계)를 하나의 단위로 구성하면 언제든지 시스템이 일관성을 유지하며 나중에 실망할 일이 없어진다. 실망이나 행복은 결과적이지 않고 즉각적이다. 이제 가장 중요한 질문은 다음과 같다. 아키텍처가 그림 11-7에서 그림 11-8의 아키텍처로 변경될

때 이러한 결과가 비즈니스에 적합할까?

마이크로서비스와 CAP 정리

이 논의는 분산 컴퓨팅에서 CAP 정리라고 하는 또 다른 흥미로운 제약으로 이어지며, 이 절에서는 마이크로서비스 맥락에서 살펴본다.

스케일 큐브[4]

트랜잭션이 많은 시스템은 단위 시간당 수백만 개의 요청을 처리해야 하며 이러한 시스템의 TPS(초당 트랜잭션)는 높다. 웹 스케일 아키텍처에 대해 이야기할 때 특히 그렇다. 요청을 처리하는 노드의 컴퓨팅 성능을 높이면 처리량을 늘릴 수 있다. 이를 수직 확장이라고 한다. 그러나 컴퓨팅 성능의 증가가 동일한 노드에서 비례적으로 나오지 않는 한계가 있으며, 이는 그림 11-9에서 보여준다.

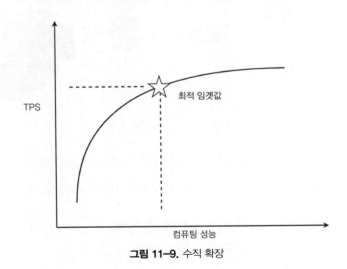

그림 11-9. 수직 확장

---

4. 크리스 리차드슨(Chris Richardson)의 『The Art Of Scalability』라는 책에서 규모 확장성 모델을 이야기하면서 스케일 큐브를 설명하고 있다. https://microservices.io/articles/scalecube.html에서 확인할 수 있다. – 옮긴이

수평적 확장 기법으로 처리량을 더욱 높일 수 있다. 여기서 웹 스케일로 소프트웨어를 운영하려면 소프트웨어 런타임의 많은 복사본을 배포해야 한다. 이는 또한 많은 노드에 분산된 데이터 세트의 복사본이 많다는 것을 의미한다.

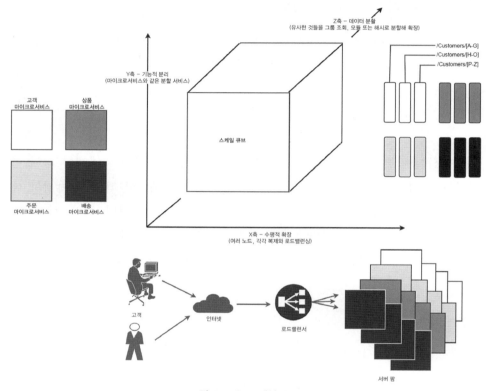

그림 11-10. 스케일 큐브

3축 확장과 관련된 스케일 큐브를 살펴보자. 그림 11-10은 각 축이 서로 다른 수준에서 애플리케이션 확장을 나타내는 3축 확장을 보여준다.

- **X축(수평적 확장):** 여기서는 동일한 마이크로서비스의 여러 인스턴스를 복제하고 로드밸런서를 사용해 부하를 분산한다.

- **Y축(기능적 분리):** 마이크로서비스는 기능을 기반으로 애플리케이션 구

성 요소를 분할하는 Y축 확장 방법 중 하나다.

- **Z축(데이터 분할):** 여기서 각 마이크로서비스 또는 기능은 일부 기준에 따라 추가로 분할할 수 있다. 웹 스케일 애플리케이션은 부하를 분산할 수 있으므로 A에서 G로 시작하는 모든 이름은 서버 팜 X로, H에서 O는 서버 팜 Y로, P에서 Z는 서버 팜 Z로 이동한다. 이러한 기술을 샤딩 Sharding이라고 한다.

이러한 각 확장 방법은 데이터 일관성 문제를 해결해야 한다. 엔터프라이즈 애플리케이션에는 마스터 데이터, 조회 데이터, 트랜잭션 데이터가 있다. 마스터 데이터는 다소 정적인 반면 트랜잭션 데이터는 트랜잭션과 함께 상태를 계속 변경한다. X, Y, Z축 확장은 분산 서비스가 데이터를 공유하기 위한 네트워크에 따라 달라진다.

따라서 데이터와 서비스를 각 축에 배포해 확장성을 높이거나 호스팅 서비스를 둘 이상의 노드를 사용해 가용성을 높일 수 있다. 둘 이상의 노드가 있으면 상호 연결을 위한 네트워크가 필요하므로 네트워크가 분할 허용 범위를 제공한다. 또한 데이터 또는 코드(서비스 런타임)의 복사본이 2개 이상인 경우 데이터 일관성을 해결해야 한다. 다음 절에서 더 자세히 설명한다.

CAP 정리

CAP 정리에서 상호 의존성과 함께 연결되는 3가지 아키텍처 속성은 다음과 같다.

- 일관성
- 가용성
- 분할 내성

CAP 정리는 3가지 속성 중 2가지를 보장할 수 있어야 한다. 이러한 속성 중 하나를 추가하거나 늘리면 다른 속성 중 하나(또는 둘 다)를 제거함으로써 이 작업을 수행할 수 있다. 즉, 고가용성^{HA}과 일관성 있는 시스템은 분할 가능성은 낮을 수 있다. 반면 고가용성과 분할 가능한 시스템은 일관성을 포기해야 할 수 있다.

그림 11-11은 CAP 정리를 그림으로 보여준다. C, A, P 목록에서 2개를 선택할 수 있지만 동시에 3개를 모두 달성할 수는 없다. 그것이 무엇을 의미하는지 더 잘 이해해보자. 먼저 CAP 정리에서 C, A, P의 정의를 살펴본다.

- **일관성:** 모든 마이크로서비스 노드는 동일한 데이터 보기를 가진다.
- **가용성:** 모든 마이크로서비스는 항상 다른 마이크로서비스를 읽거나 쓸 수 있다.
- **분할 내성:** 마이크로서비스 간의 물리적 네트워크 분할에도 불구하고 전체적으로 마이크로서비스 애플리케이션이 잘 작동한다.

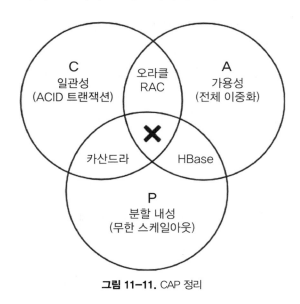

그림 11-11. CAP 정리

오라클^{Oracle}과 같은 관계형 데이터베이스는 ACID 속성에 초점을 맞추고 트랜잭션 격리를 미세하게 제어함으로써 일관성을 제공하며, 따라서 일관성 제공에 탁월해 이전 전자상거래 예에서 고객인 조가 특정 상품의 마지막 재고 구매를 확인하는 동시에 감소시킨다. 재고가 있는 모든 중간 상태는 고객 앱으로부터 격리되며, 데이터 저장소가 일관성을 유지하는 동안 RDBMS 테이블 또는 행 잠금이 해제될 때까지 몇 밀리초 또는 마이크로초를 기다려야 한다.

가용성은 트랜잭션과 관련된 한 서비스가 완전히 작동할 수 있다는 것을 의미한다. 엔터프라이즈 애플리케이션에서 클러스터 인식 프록시나 클라이언트 스텁은 서비스의 특정 인스턴스가 중단된 경우 이중화 인스턴스로 가고자 사용된다. 오라클 RAC$^{\text{Real Application Cluster}}$는 런타임 프로세스에서 DBMS 서비스의 가용성과 디스크의 데이터 정합성을 제공하겠다는 확고한 약속 때문에 여기서 주목할 만하다. 9장의 '데이터와 스토리지 이중화' 절에 언급된 기술을 사용해 데이터 비트를 디스크 수준까지 전송할 수 있게 되면 데이터가 충분히 내구성이 있게 만들 수 있다. 그러나 이 절에서 언급한 기술은 분할이 형성될 확률을 높일 것이다.

SQL 클라이언트를 사용하고 오라클 데이터베이스를 실행하는 동일한 노드에서 'Select for Update'[5] 또는 유사한 명령을 실행하면 노드는 전체적으로 작동하거나 또는 작동하지 않는다는 점에서 일종의 원자성 프로세서 역할을 수행한다(예, 충돌한 경우 사용할 수 없지만 데이터 불일치를 일으키지는 않는다). 확장성이나 가용성을 위해 서로 다른 노드 주변의 데이터로부터 처리 로직을 분리와 분산하기 시작하면 분할이 형성될 위험이 있다. 분할은 예를 들어 네트워크 스위치가 오작동하거나, 네트워크 케이블이 분리되거나, 정전으로 인해 다른 노드를 사용할 수 없으면 발생한다.

CAP 정리로 생긴 한계를 해결하고자 마이크로서비스를 디자인할 때 아키텍처 절충이 이뤄져야 한다. 네트워크 장애를 방지해야 하는 경우 파티션이 없는 시스템을 디자인할 수 있다. 이를 위해서는 해당 트랜잭션과 관련된 모든 것을 하나의 기계에 배치하거나 단일 랙처럼 원자적으로 실패하는 디바이스에 넣어야 한다. 아, 익숙하게 들리는가? 여기서 마이크로서비스를 말하는 것 같지 않

---

5. SELECT FOR UPDATE문을 사용하면 커서 결과의 레코드를 잠글 수 있다. 이 구문을 사용하고자 레코드를 변경할 필요는 없다. 레코드 잠금은 다음 커밋 또는 롤백 문이 실행될 때 해제된다.

은가? 마이크로서비스는 정의상 자체 데이터를 소유하고 관리하는, 독립적으로 배포할 수 있는 독립된 단위라는 것을 이미 알고 있을 것이다. 다음은 랙에도 부분 고장이 발생할 수 있다는 경고다. 또한 마이크로서비스 자체가 확장돼야 하므로 이중화를 고려해야 한다. 또한 단일 마이크로서비스의 수평 계층이 SLA 를 해결하고자 가장 잘 구축돼야 한다면 파티션을 분할할 필요성이 다시 대두된다. 여러분은 디자인 사고방식에 있어서 원을 그리며 나아가고 있으며, 애플리케이션의 특성, 비즈니스의 맥락 그리고 많은 기술적, 문화적 요소들도 고려해야 한다. 마이크로서비스 아키텍처가 앞의 원형 연속체에서 어디가 최적지인지 결정해야 한다.

BASE 시스템

CAP 정리를 보고 익숙하고 완벽하게 일관된 ACID 트랜잭션에 대해 잘 알고 있다고 가정하면 ACID에 대한 대안으로 BASE를 살펴보자. BASE는 ACID 원칙과 정반대되는 Basically Available, Soft state, Eventually consistency(기본적으로 사용 가능, 소프트 상태, 결과적으로 일관성이 있는)의 약어다. ACID는 모든 운영 종료 시 비관적 가정을 기반으로 하고 모든 작업이 끝날 때 일관성을 강제하는 반면 BASE는 낙관적 가정을 기반으로 하며 데이터베이스 일관성이 비즈니스 트랜잭션에 허용되는 수준까지 유동적인 상태에 있음을 인정한다. BASE 디자인은 다음과 같은 방식으로 시스템을 디자인하도록 장려한다.

- 애플리케이션의 일부가 다운되거나 제대로 작동하지 않더라도 애플리케이션의 다른 기능은 여전히 작동해야 한다.

- 일부 노드의 고객 데이터베이스 장애가 해당 호스트에 있는 고객 30%만 영향을 미치는 경우에도 나머지 고객은 여전히 시스템을 사용할 수 있어야 한다.

- 기타

시스템 또는 서비스 조정을 위한 속성을 다음과 같이 정의하면 앞의 특성 전부 또는 대부분을 현실적으로 충족할 수 있다.

- 시스템은 기본적으로 부분 장애를 지원할 때 사용할 수 있으며 전체 시스템 장애보다 높이 평가될 수 있다.

- 시스템 상태는 다른 파티션에서 아직 진행 중이기 때문에 더 이상 업데이트가 수행되지 않는 경우에도 시간이 지남에 따라 변경될 수 있다는 점에서 유연하다.

- 시스템에 대한 새로운 업데이트가 더 이상 이뤄지지 않을 경우 시스템은 결론적 일관성을 갖게 된다.

CAP 피라미드

CAP 피라미드는 그림 11-12에 표시된 것처럼 반대쪽 면(기초)이 피벗 평면(지면)과 평행하게 유지되고 정점에서 회전하는 역사면체[6]다.

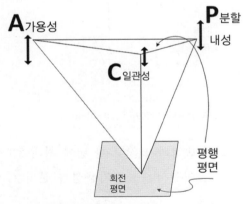

그림 11-12. 불안정한 평형 상태의 CAP 피라미드

---

6. 4면체는 4면 피라미드(밑면과 3면)다. 4면체는 4개의 삼각형 면이 모두 합동이라는 매우 흥미로운 특성을 가진다. 밑면은 삼각형(4면 중 하나가 밑면으로 간주될 수 있음)이므로 4면체는 '삼각형 피라미드'라고도 한다. 이집트 피라미드는 정사각형 바닥과 4개의 삼각형 면을 가진다.

일관성, 가용성, 분할 내성을 나타내는 CAP 피라미드 윗면의 각 피벗 평면에서 높이를 가정하면 항상 평형 상태(BASE 상태)에서 이 3가지 특성 간에 균형을 유지하게 된다. BASE 상태에서 3가지 특성은 모두 너무 낮거나 너무 높지 않다. 대신 CAP 피라미드를 불안정한 평형 상태로 유지하고자 명목상 수준에 있다.[7]

CAP 정리에 따르면 일관성, 가용성, 분할 내성에서 2가지를 선택할 수 있지만 동시에 3가지를 모두 달성할 수는 없다.

그림 11-13에서 피라미드는 기울어진 지점 근처의 모서리가 피벗 평면에 가까워지게 기울어져 있어 기울어진 지점 반대쪽 모서리가 피벗 평면에서 더 위로 올라간다.

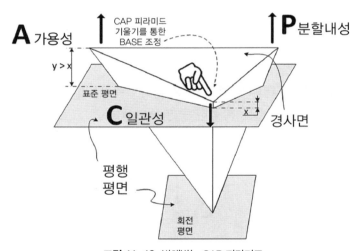

그림 11-13. 방해받는 CAP 피라미드

그림 11-13과 같이 피벗 점을 변경하지 않고 한 번에 최대 2개가 증가하는 경향이 있다. 여기서 일관성을 줄이면서(레이블 x) 가용성과 분할 내성을 증가시키려 한다(레이블 'y > x').

---

7. 불안정한 평형은 신체의 평형 상태(지지점에서 바로 위쪽에 서 있는 진자)로, 몸이 약간 움직일 때 원래 위치에서 더 멀리 가는 상태를 말한다.

BASE 상태의 불안정한 평형을 방해할 경우 다음 2가지 특성을 원하는 대로 개선할 수 있다.

- 시스템은 기본적 사용 가능에서 99.999% 사용 가능으로 변경할 수 있다.

- 시스템 상태는 모든 업데이트가 원자적으로 적용되기 때문에 시간이 지남에 따라 변경되지 않는다는 점에서 부드럽지 않고, 아직 진행 중인 업데이트가 더 이상 없을 것으로 예상된다.

- 새로운 업데이트가 없을 것으로 예상되므로 시스템은 항상 일관적이다.

이제 이를 마이크로서비스 아키텍처의 핵심 디자인 원칙과 관련시킬 수 있다. 예를 들어 주문 마이크로서비스가 제대로 작동하지 않더라도 고객은 상품 카테고리와 상품 세부 정보 페이지를 검색하고 찾아볼 수 있어야 한다. 따라서 BASE가 여러 개의 분할된 마이크로서비스를 활용해 (부분적) 가용성을 허용하면 일관성을 완화할 수 있는 것을 식별해야 한다. 이러한 완화된 일관성은 사용자 경험의 관점에서 완전히 숨길 수 없는 것이 사실이다. 좀 더 명확하게 말하면 주문 마이크로서비스와 재고 마이크로서비스가 분할됐을 때 조[Joe]의 마지막 재고 상품이 구매를 위해 주문 확인된 후에도 앤[Ann]은 여전히 동일한 상품을 장바구니에 추가하고 체크아웃을 확인할 수 있다. 그녀는 결국 이 특정 상품이 더 이상 재고가 없다는 것을 알게 될 것이다. 마이크로서비스 디자인 관점에서 이는 시간적 불일치이며, 결과적 일관성이 있기 때문에 앤의 일시적인 불행은 결제 전에 시스템에서 상품을 더 이상 사용할 수 없다는 알림을 받기 때문에 결국 행복으로 전환될 것이다. 또는 사용할 수 없는 상품에 대해 이미 결제한 최악의 경우 환불이 시작된다.

실제 시스템 디자인과 구현을 수행할 때 더 복잡한 작업이 있지만 트랜잭션에 대한 13장까지 설명을 미뤄둔다.

요약

아키텍처는 절충에 관한 것이며, 현명한 절충은 마이크로서비스 아키텍처에서 더욱 중요하다. 4장의 마이크로서비스의 맥락에서 아키텍처의 역전을 살펴봤는데, 외부 아키텍처의 복잡성이 기하급수적으로 증가했다. 이로 인해 네트워크는 불가피하게 분할 내성을 달성하기 위한 기술을 사후 고려가 아닌 디자인 단계에서부터 아키텍처에 반영돼야 한다. 분할 내성은 애플리케이션의 가용성과 일관성에 영향을 미치며, 이 3가지 특성 간의 균형을 결정하는 것은 마이크로서비스 애플리케이션을 디자인하는 데 중요하다. 5장에서는 CQRS 패턴으로 애플리케이션의 명령과 조회 부분을 분리했으며, 이는 아키텍처에 분할을 도입하는 좋은 예다. 이제 12장으로 넘어가 몇 가지 코드를 통해 이러한 개념을 설명하겠다.

12

CQRS 아키텍처를 위한 Axon

11장에서는 이벤트와 이벤트 기반 아키텍처를 살펴봤으며, EDA 애플리케이션이 작동할 수 있는 이론과 제약 조건도 살펴봤다. 마이크로서비스 아키텍처는 본질적으로 분할을 가져오므로 분할 내성을 이루기 위한 구체적인 메커니즘이 매우 중요하다. 12장에서는 Axon의 도움으로 그렇게 할 것이다. Axon은 CQRS 패턴에 따라 애플리케이션을 개발하는 데 도움이 되는 경량 프레임워크다. Axon 프레임워크는 아파치 2 라이선스에 따라 라이선스가 부여되므로 모든 애플리케이션에서 무료로 프레임워크를 사용할 수 있다. 하지만 Axon 관련 전문 서비스는 암스테르담에 기반을 둔 AxonIQ B.V.에서 제공한다.

Axon은 CQRS 기반 시스템을 구축하는 데 필수는 아니며, 이는 Axon을 사용해 시스템을 구축해야 하는 CQRS 패턴도 마찬가지다. 그러나 새로운 프레임워크는 애플리케이션 스택의 추가 계층이므로 애플리케이션에서 Axon을 사용하는 주요 이유 중 하나는 애플리케이션 개발에서 CQRS 패턴을 따르고 싶기 때문이다. 다시 말하지만 CQRS는 마이크로서비스를 디자인하기 위한 필수 전제 조건이 아니다. 그러나 CQRS는 분산 엔터프라이즈 소프트웨어 시스템의 확장성 문제를 해결할 수 있는 영향력을 제공하므로 Axon과 마이크로서비스가 함께 사용된다.

7장과 8장에서 스프링 부트와 스프링 클라우드에 대해 충분히 깊이 살펴봤고, 12장에서는 Axon을 사용하면서 이 2가지를 광범위하게 활용하게 될 것이다.

이러한 CQRS와 스프링 클라우드의 결합은 두 세계에서 가장 강력한 도구의 조합으로 여러분을 무장시켜줄 것이다.

12장에서 다루는 내용은 다음과 같다.

- 자바 CQRS 프레임워크 Axon 소개
- Axon 구성 요소 이해
- CQRS 입문을 위한 예제 빌드와 실행
- 완전히 분산된 CQRS 마이크로서비스 예제 빌드와 실행

CQRS 프레임워크 Axon 소개

오픈소스 커뮤니티와 상용 환경에서 자바^{Java}와 닷넷^{.net} 플랫폼 모두에서 CQRS 기반 솔루션을 디자인할 수 있는 프레임워크가 상당히 많다. 오픈소스 라이선스의 자유로운 특성과 자바 및 스프링을 포함한 다른 주류 언어와 플랫폼과의 통합 기능으로 Axon을 선택했다.

이 절에서는 Axon과 스프링 부트를 사용한 예제를 살펴본다. 예제를 소개하면서 필수 개념과 API를 다룰 것이다. 여기서 Axon 문서를 복사해서 보여주지는 않을 것이므로 프레임워크 사용에 대한 자세한 내용은 Axon 문서를 참고하는 것이 좋다. 대신 핵심 개념을 예제와 함께 소개하면서 속도를 높일 수 있게 할 것이다. 예제에서는 2가지 버전의 Axon을 사용한다. 먼저 Axon 2.4.1을 사용한다. 이 버전은 애노테이션이나 XML 구성을 사용해 구성 요소를 명시적으로 연결해야 한다. 또한 Axon 2.4.1 예제는 스프링 부트 1.3.5.RELEASE 버전을 활용한다. 이 책의 뒷부분에서 스프링 부트 1.5.3.RELEASE 버전을 사용하는 Axon 3.0.5의 예제도 살펴본다. Axon 3.0.5에서는 Axon이 스프링 애플리케이션 컨텍스트를 사용해 구성 요소의 특정 인터페이스를 찾고 거기에 없는 것들에 대한 기본값을 제공하기 때문에 많은 명시적 연결을 피할 수 있다. 이것이

개발자의 삶을 편하게 해줄지라도 경험이 풍부한 Axon 개발자가 아니라면 내부에서 일어나는 일을 이해하지 못할 수도 있다. Axon 2.4.1에서는 이러한 연결의 대부분이 명시적이므로 코드에서 애노테이션이나 구성이 XML로 표시되므로 내부 동작을 더 잘 이해할 수 있다. 따라서 Axon 2.4.1 버전[1]을 사용해 예제를 시작한다. 하지만 다음 Axon 버전[2]에 대해서도 동일한 예제를 제공해 쉬운 로드맵을 제공할 것이다.[3]

Axon은 무엇일까?

Axon 프레임워크는 개발자가 CQRS 아키텍처 패턴을 적용하고 모듈식 SOA 기반 솔루션을 구축할 수 있게 지원한다. 전통적인 SOA 아키텍처는 소프트웨어 아키텍처의 몇 가지 주요 문제를 해결한다. 그러나 Axon은 지난 20년 동안 SOA를 사용한 경험에서 발견된 차이를 메워준다. Axon은 에그리게이트^{aggregates}, 리포지터리, 이벤트 버스(이벤트의 전송 메커니즘)와 같은 가장 중요한 구성 요소를 구현할 수 있다. 에그리게이트는 상하 계층에서 그룹 엔티티를 관리하고 데이터 일관성과 동기화 측면에서 루트^{Root} 엔티티의 생명주기를 관리하고자 루트를 모으는 명확한 책임을 규정한다. 이벤트 버스를 사용하면 애플리케이션의 여러 부분 간의 상관관계 ID를 생성, 유지 관리 및 추적하는 데 필요한 모든 세부 사항을 처리할 수 있다. Axon은 올바른 이벤트 수신자에게 이벤트를 전달하고 의도된 순서뿐만 아니라 병렬로 이벤트를 처리한다. 다음으로 Axon은 자바 애노테이션을 지원하므로 코드를 Axon별 특정 로직에 두지 않더라도 에그리게이트와 이벤트 수신자를 빌드할 수 있다.

---

1. Axon 프레임워크 2.4 참조 가이드: https://legacy-docs.axoniq.io/reference-guide/v/2.4/
2. Axon 프레임워크 2.4 API 문서: https://apidocs.axoniq.io/2.4/index.html?org/axonframework/repository/Repository.html
3. 번역 당시인 2021년 1월 Axon의 최신 버전은 4.4다. – 옮긴이

Axon을 사용할 수 있는 곳

Axon은 무료 오픈소스이며 경영진의 관심을 오랫동안 유지할 수 있을 만큼 충분한 CQRS(여러 사람들이 무슨 뜻인지 이해하고자 여전히 인터넷을 검색하고 있음)라는 특징을 갖고 있다. 따라서 새로 빌드하는 모든 애플리케이션에서 사용한다면 어떨까? 불행히도 CQRS는 전통적인 일대일 및 동기식 아키텍처 방식에 비해 단순하거나 간단하지 않다. 아키텍처 디자인 시작 단계에서 미래의 복잡성을 어느 정도 이해해야 한다. 또한 기존 SOA 또는 CQRS가 없는 마이크로서비스에 비해 더 많은 시나리오, 상태, 흐름의 조합을 수용하고 발전시켜야 한다. 하지만 이해하고 시도하면 그 노력은 여러 가지 방법으로 보상받을 것이다. 다음은 CQRS에 더 적합한 몇 가지 시나리오다.

- **확장 가능한 아키텍처:** 일반적인 애플리케이션은 10년, 20년 또는 50년(아직 어셈블리나 메인 프레임에서 프로그래밍하면)과 같은 수명을 염두에 두고 구축되지만 이 기간 동안 많은 애플리케이션이 더 많은 기능으로 확장될 가능성이 높다. 현재 클라우드와 컨테이너에 빌드되는 애플리케이션도 마찬가지다. 그러나 비즈니스 연속성이 가장 중요하며, 시스템 기능과 품질^{QoS} 측면에서 시스템 중단 없이 확장해야 한다. 할 수 있을까? 이 기대가 현실적일까? 아니면 여전히 신화적일까? 글쎄, 해답은 단독으로 사용할 수 있는 기술과 프레임워크에 달려있지 않다. 이를 데브옵스^{DevOps}의 다른 모든 발전은 제쳐두더라도 아키텍처적인 생각과 결합해야 한다.

- **높은 읽기-쓰기 비율:** 5장에서 조회 후 예약$^{look-to-book}$ 비율에 대해 얘기한 것을 기억해보자. 시스템은 하나의 쓰기 트랜잭션을 처리하기 전에 수백 또는 수천 개의 읽기 트랜잭션을 처리해야 한다. 쓰기 트랜잭션과 비슷한 읽기 트랜잭션의 운영 QoS를 구축하는 것은 오늘날의 엔터프라이즈 소프트웨어 패러다임, 특히 모든 CPU 사이클, 저장 또는 전송되는 모든 비트가 비용을 가중시키는 클라우드 네이티브 시나리오에서는 재앙이 될 것이다. 읽기 트랜잭션은 LEAD 트랜잭션이고 쓰기 트랜잭션은

LAG 트랜잭션이다.[4] 첫 번째는 '의도'를 '구매 결정'으로 변환하는 반면 두 번째는 '재고'를 '실현된 이윤'으로 변환한다. 둘 다 중요하다. 그러나 중요성은 다르다. 기능이나 시스템 문제로 인해 실패한 쓰기 트랜잭션은 매우 중요한 반면 실패한 읽기 트랜잭션은 재시도하거나 무시할 수 있기 때문에 영향을 덜 받으며 손실된 가치는 실패한 쓰기 트랜잭션에 비해 상당히 낮다. 쿼리용 데이터 소스는 명령 실행에 사용되는 것과 다르게 조정돼야 하며 리소스 잠금이 완화된 빠른 쿼리를 위해 최적화돼야 한다. 하지만 쓰기 트랜잭션의 경우 여행자가 비행기의 마지막 좌석을 성공적으로 구입하더라도 나중에 그저 그런 이유로 좌석을 사용할 수 없으므로 환불을 받게 될 것이라는 이메일을 보내는 일 없이 해당 구매를 존중할 모든 수단을 갖출 수 있도록 데이터 소스는 엄격한 ACID 준수를 보장해야 한다.

- **단일 진실 공급원, 많은 보기**: '리소스'는 웹에서 URL로 식별되는 문서나 파일로 처음 정의됐다. 그러나 오늘날에는 웹에서 어떤 식이든 식별, 이름 지정, 주소 지정, 처리 가능한 모든 엔티티를 포함하는 훨씬 더 일반적이고 추상적인 정의를 가진다. RESTful 웹 서비스에서 URI에 대한 리소스 요청은 CSV, XML, HTML, JSON 또는 기타 형식일 수 있는 응답을 요구한다. 애플리케이션의 동일한 데이터는 여러 가지 방식으로 표시될 수 있으며 일부는 빠른 검색에 최적화되고 다른 일부는 최대 응답성을 위해 캐시된 상태에 있고 다른 일부는 엑셀^{Excel}이나 PDF 파일과 같은 미리 준비된 보고서 형식으로 나타난다. 이는 존재하는 많은 보기 리소스의 단일 진실 공급원에 대한 애플리케이션 수준의 현실이다. CQRS는 이 요구 사항을 명시적으로 해결하고 이벤트 발생 형태로 변경이 발생할 때마다 단일 진실 공급원과 동기화된 다양한 보기를 유지하게 도와준다.

---

4. leads and lags는 주로 국제 금융에서 예상되는 환율 변동으로 인해 외환 거래에서 지급 또는 수령의 결제를 신속하게 처리하거나 지연시키는 것을 의미한다. – 옮긴이

- **다양한 상호작용을 하는 애플리케이션:** 일부 애플리케이션은 시스템과 다양한 수준의 상호작용을 하는 사용자를 갖는다. 예를 들어 전자상거래 애플리케이션은 최종 사용자나 고객이 소매 구매를 하는 것을 사용자 기반으로 갖고 있으며 그 수는 엄청날 것이다. 또한 이러한 고객은 몇 초 미만의 빠른 응답 시간을 원할 것이다. 그다음으로 재고를 관리하는 백오피스 상점 주인으로, 그 숫자는 제한돼 있고 소프트웨어가 때때로 더디거나 느려서 고통을 겪는다. 마지막으로 몇 개의 알려진 IP 주소 형태로 공급망과 연결되는 B2B 인터페이스이며, 인터페이스가 몇 분 동안 중단된 경우 나중에 다시 시도해야 하기 때문에 문제가 된다. 상호작용 당사자의 유형과 이러한 당사자를 대신해 트랜잭션의 전반적인 가치와 중요도에 따라 동일한 애플리케이션 내의 소프트웨어 서비스는 서로 다른 수준의 액세스, 보안, 성능 등을 보여야 할 수 있다. 여기에서 마이크로서비스 아키텍처가 도움이 될 것이며 CQRS를 채택해 활용함으로써 이러한 이기종 상호작용을 처리할 수 있다.

- **자율 인터페이스가 있는 애플리케이션:** IoT와 WoT는 는 소프트웨어 설계자에게 새로운 여러 가지 과제를 제기하는 현재의 소프트웨어 패러다임이다. 명령과 이벤트를 사용해 애플리케이션의 API를 엄격하게 정의하면 사물과 기기의 이러한 인터페이스를 쉽게 통합할 수 있다. 모든 인터페이스는 명령을 전송하거나 호스트 인터페이스에서 생성된 이벤트를 수신할 수 있다.

이 목록은 CQRS가 부가가치를 부여하는 문제 특성의 일반적인 목록만 제공했다. 이 목록은 결코 완전하지 않다.

Axon을 실행할 때 필요한 것

Axon 프레임워크는 자바 6으로 빌드되고 테스트됐으며, 거의 유일한 요구 사항이다.[5] 빌드에 그레들gradle이나 메이븐maven을 사용할 수 있으며 원하는 IDE를 사용할 수도 있다. Axon은 자체적으로 연결이나 스레드를 생성하지 않으므로 애플리케이션 서버에서 실행해도 안전하다. Axon은 실행자Executor로 모든 비동기 동작을 추상화해 각 작업이 실행되는 방법의 메커니즘으로부터 작업을 분리했다. 예를 들어 컨테이너 관리 스레드 풀을 쉽게 전달할 수도 있다. 애플리케이션 서버(예, 톰캣, 제티 또는 독립 실행형 앱)를 사용하지 않으면 Executors 클래스 또는 스프링 프레임워크를 사용해 스레드 풀을 만들고 구성할 수 있다.

이제 몇 가지 구체적인 예제를 살펴보고 Axon 코드가 작동하는 것을 살펴본다.

동일한 JVM에서 명령과 이벤트 처리

Axon의 첫 번째 예제를 간단하게 살펴보자. 이보다 더 간단할 수는 없다. Axon을 알려면 먼저 Axon 방식으로 간단한 시나리오를 이해한 다음 Axon에서 각 단계가 의미하는 바를 자세히 살펴봐야 한다.

예제 시나리오

첫 번째 Axon 예제는 전자상거래 애플리케이션의 단일 마이크로서비스다. 도메인에는 주문과 상품이라는 2개의 엔티티가 있다. 사용자는 상품을 구매할 수 있고, 이는 새로운 주문을 만들 것이다. 새 주문이 생성되면 상품 재고량이 줄어든다. 이게 전부다. 그림 12-1은 전체 흐름을 레이블로 표시한 아키텍처를 보여준다.

---

5. 최신 버전인 4.4의 경우 JDK 8이나 11에서 동작한다. – 옮긴이

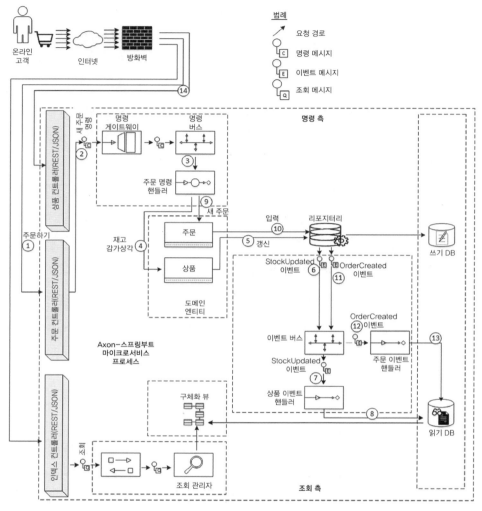

그림 12-1. 동일한 JVM에서 Axon 명령과 이벤트 처리

5장의 '이벤트 기반 CQRS 디자인을 위한 메타모델' 절에서는 CQRS 기반 아키텍처에 대한 메타모델을 살펴봤다. 그림 12-1은 5장의 그림 5-5와 같이 추상 메타모델을 구체화한 것이다.

이제 다음과 같이 다이어그램에 나타난 전체 흐름을 살펴본다.

1. 브라우저에서 Order One Now! 버튼을 누르면 REST/JSON 요청이 주문 컨트롤러에 도달한다.

2. 주문 컨트롤러는 요청을 쓰기 요청으로 해석하고 새 주문 명령을 생성해 명령 게이트웨이로 전송한 다음 명령 버스로 전송한다.

3. 명령 버스는 명령을 수신해 주문 명령 핸들러로 라우팅한다.

4. 주문 명령 핸들러는 해당 상품을 검색하고 재고를 감가상각한다.

5. 상품의 재고가 감가상각되면 상품 엔티티에 업데이트를 보내 상품 저장소에 변경 사항이 적용되며, 이는 쓰기 DB에 유지된다.

6. 이 리포지터리 변경은 이벤트 버스에 StockUpdated 이벤트를 발생시키고, 이벤트 버스는 관심 있는 모든 이벤트 수신자에 이벤트를 전달한다.

7. 상품 이벤트 핸들러는 StockUpdated 이벤트를 구독했으므로 재고 업데이트에 대한 세부 정보와 함께 알림을 받는다.

8. StockUpdated 이벤트에 언급된 세부 사항을 기반으로 상품 이벤트 핸들러는 상품의 읽기 모델을 변경한다.

9. 4단계에서 주문 명령 핸들러가 상품 재고를 감가상각했음을 확인했다. 또한 수신한 새 주문 명령에 언급된 세부 정보를 기반으로 새 주문을 생성했다.

10. 새 주문이 생성되면 새 주문 엔티티를 입력해 주문 리포지터리에 적용되며, 이후 쓰기 DB에 유지된다.

11. 이 리포지터리 입력은 OrderCreated 이벤트를 발생시키고, 이벤트 버스는 관심 있는 모든 이벤트 수신자에 이벤트를 전달한다.

12. 주문 이벤트 핸들러가 OrderCreated 이벤트를 구독했으므로 새로 생성된 주문에 대한 세부 정보와 함께 알림을 받는다.

13. OrderCreated 이벤트에 언급된 세부 정보를 기반으로 주문 이벤트 핸들러는 주문의 읽기 모델을 변경한다.

14. 브라우저는 엔티티의 읽기 모델을 조회해 업데이트된 보기를 유지하도록 새로 고쳐 볼 수 있다.

예제 시나리오 코딩

이 절의 모든 코드 예제는 ch12\ch12-01 폴더에 있다. Axon 의존성에 대한 명시적인 언급을 보려면 pom.xml을 확인한다. 리스트 12-1을 보자.

리스트 12-1. Axon 메이븐 의존성(ch12\ch12-01\Ax2-Commands-EventsSame-JVM\pom.xml)

```
<dependency>
  <groupId>org.axonframework</groupId>
  <artifactId>axon-core</artifactId>
  <version>2.4.1</version>
</dependency>
```

이 첫 번째 Axon 예제는 스프링 부트의 첫 번째 클래스며 애플리케이션 클래스에는 특별한 것이 없지만 리스트 12-2의 코드를 확인할 수 있다.

리스트 12-2. 스프링 부트 애플리케이션 클래스(ch12\ch12-01\Ax2-CommandsEvents-Same-JVM\src\main\java\com\acme\ecom\EcomApplication.java)

```java
@SpringBootApplication
public class EcomApplication {

  public static void main(String[] args) {

    SpringApplication.run(EcomApplication.class, args);

  }

}
```

다음은 모든 Axon 구성 요소의 설정을 수행하는 이 예제의 가장 중요한 클래스다. 리스트 12-3을 보자.

리스트 12-3. 스프링 Axon 구성(ch12\ch12-01\Ax2-CommandsEvents-Same-JVM\src\main\java\com\acme\ecom\EcomAppConfiguration.java)

```
@Configuration
public class EcomAppConfiguration {

  @PersistenceContext
  private EntityManager entityManager;

  @Bean
  public SimpleCommandBus commandBus() {

    return new SimpleCommandBus();
  }

  @Bean
  public SimpleEventBus eventBus() {

    return new SimpleEventBus();
  }

  @Bean
  AnnotationCommandHandlerBeanPostProcessor
      annotationCommandHandlerBeanPostProcessor() {

    AnnotationCommandHandlerBeanPostProcessor handler = new
        AnnotationCommandHandlerBeanPostProcessor();
    handler.setCommandBus(commandBus());
    return handler;
  }

  @Bean
  AnnotationEventListenerBeanPostProcessor
      annotationEventListenerBeanPostProcessor() {

    AnnotationEventListenerBeanPostProcessor listener = new
        AnnotationEventListenerBeanPostProcessor();
```

```
        listener.setEventBus(eventBus());
        return listener;
    }

    @Bean
    public DefaultCommandGateway commandGateway() {

        return new DefaultCommandGateway(commandBus());
    }

    @Bean
    @Qualifier("productRepository")
    public GenericJpaRepository<Product> productJpaRepository() {

        SimpleEntityManagerProvider entityManagerProvider = new
            SimpleEntityManagerProvider(entityManager);
        GenericJpaRepository<Product> genericJpaRepository = new
            GenericJpaRepository(entityManagerProvider, Product.class);
        genericJpaRepository.setEventBus(eventBus());
        return genericJpaRepository;
    }

    @Bean
    @Qualifier("orderRepository")
    public GenericJpaRepository<Order> orderJpaRepository() {

        SimpleEntityManagerProvider entityManagerProvider = new
            SimpleEntityManagerProvider(entityManager);
        GenericJpaRepository<Order> genericJpaRepository = new
            GenericJpaRepository(entityManagerProvider, Order.class);
        genericJpaRepository.setEventBus(eventBus());
        return genericJpaRepository;
    }
}
```

이제 Axon 구성 요소를 살펴보자. `SimpleCommandBus`는 명령을 전달하는 스레드에서 명령을 직접 처리한다. 명령이 처리되면 수정된 에그리게이트가 저장되고 생성된 이벤트가 동일한 스레드에 게시된다.

에그리게이트는 항상 일관된 상태로 유지되는 엔티티나 엔티티 그룹이다. 에그리게이트 루트는 이 일관된 상태를 유지 관리하는 에그리게이트 트리의 맨 위에 있는 객체다. 예를 들어 주문 에그리게이트는 상품과 배송 주소와 같은 항목이 포함될 수 있다. 전체를 일관된 상태로 유지하고자 이 주문의 배송지 주소 변경은 주소 엔티티에 직접 액세스하지 않고 주문 에그리게이트를 통해 이뤄져야 한다.

`SimpleCommandBus`는 게시된 각 명령에 대한 작업 단위^{UoW, Unit of Work} 개념을 유지한다. 모든 명령 처리가 동일한 스레드에서 수행되기 때문에 이 구현은 단일 JVM 경계로 제한된다.

작업 단위는 에그리케이트를 수정해야 하는 집합이다. 명령 실행은 일반적으로 작업 단위 범위 내에서 수행된다. 명령 핸들러가 실행을 완료하면 UoW가 커밋되고 모든 작업이 완료된다. 즉, 모든 리포지터리는 에그리게이트의 상태 변경에 대해 알림을 받고 게시 예정된 이벤트가 이벤트 버스로 전송된다. 이는 여러 에그리게이트가 처리되기 전에 개별 이벤트가 게시되는 것을 방지하는 데 도움이 되는 편리한 그룹화 개념이다. 뒤에 있는 리포지터리가 전체 트랜잭션의 잠금과 같은 리소스를 관리할 수 있다. 예를 들어 잠금은 작업 단위가 커밋되거나 롤백될 때만 해제된다.

작업 단위는 전통적인 ACID 방식의 트랜잭션을 대체하지 않는다. 변경 내용을 그룹화하고 임시 보관하는 버퍼일 뿐이다. 작업 단위가 커밋되면 모든 단계적 변경 사항이 커밋될 뿐이다. 그러나 이 커밋은 원자성이 아니다. 즉, 커밋이 실패할 경우 몇 가지 변경 사항이 이미 저장됐을 수 있지만 다른 변경 사항은 저장되지 않을 수 있다. 따라서 Axon 모범 사례에서는 명령이 항상 하나의 행동을 포함해야 한다. 작업 단위^{UoW}에 더 많은 행동을 수행할 경우 Axon 문서에서 참조할 수 있는 작업 단위 커밋에 트랜잭션을 추가하는 것을 고려해야 한다.

`SimpleEventBus`는 이름에서 알 수 있듯이 이벤트 버스 인터페이스의 매우 기본적인 구현이며 구독된 이벤트 소비자에 이벤트를 전달하는 데 사용되는 메커니

즘이다. 이벤트 전달이 동기식과 로컬로 (즉, 단일 JVM에서) 수행될 때는 쉽다. 구독된 이벤트 소비자를 관리하고 수신된 모든 이벤트를 구독한 모든 수신자로 전달한다. 이벤트 소비자가 이벤트를 수신하려면 이벤트 버스에 명시적으로 등록돼야 한다. 등록 절차는 스레드로부터 안전하며 수신자는 언제든지 이벤트를 등록하고 취소할 수 있다. 이벤트 소비자가 예외를 발생시키면 이벤트 전달이 중지되고 예외는 이벤트를 게시하는 구성 요소로 전달된다.

AnnotationCommandHandlerBeanPostProcessor는 명령 핸들러 메서드(즉, @Command Handler 애노테이션이 달린 메서드)를 포함하는 클래스를 명령 버스에 자동으로 등록한다.

- 빈 포스트 프로세서는 애플리케이션 컨텍스트의 모든 빈^{bean}에 대해 @CommandHandler 애노테이션이 있는지 메서드를 확인한다.

- 이러한 모든 명령 핸들러는 자동으로 인식되고 명령 버스에 등록된다.

AnnotationEventListenerBeanPostProcessor는 애플리케이션 컨텍스트에서 이벤트 핸들러 메서드(즉, @EventHandler 애노테이션이 달린 메서드)를 포함하는 클래스를 자동으로 등록하고 이벤트 버스에 자동으로 연결한다.

- 빈^{bean} 포스트 프로세서는 애플리케이션 컨텍스트의 모든 빈에 대해 @EventHandler 애노테이션이 있는 메서드를 확인한다.

- 이러한 모든 이벤트 소비자는 자동으로 인식되고 이벤트 버스에 등록된다.

명령 게이트웨이는 명령 전송 메커니즘을 위한 편리한 인터페이스다. 명령을 전송하기 위한 게이트웨이 사용은 선택 사항이지만 일반적으로 가장 쉬운 방법이다. CommandGateway는 인터페이스고 DefaultCommandGateway는 Axon에서 제공하는 기본 구현체다. 게이트웨이는 명령을 보내고 결과를 동기적으로 처리하거나, 시간 초과 또는 비동기적으로 기다릴 수 있는 여러 메서드를 제공한다.

GenericJpaRepository는 JPA와 호환되는 에그리게이트를 저장할 수 있는 리포지터리 구현체다. 리포지터리에 저장되는 실제 에그리게이트 유형(상품과 주문)을 지정하는 지속성과 클래스를 관리하는 EntityManager로 구성된다. 모든 JPA 애노테이션이 달린 에그리게이트는 에그리게이트 루트를 구현하고 적절한 JPA 애노테이션이 있어야 한다. 리포지터리는 잠금 체계로 구성할 수 있다. 리포지터리는 항상 영구 백업 저장소에서 낙관적 잠금^{optimistic lock}[6]을 강제 적용한다. 리포지터리에 대해 선택적 잠금을 구성할 수 있으며, 이 경우 낙관적 잠금 외에도 잠금이 설정된다. 한 리포지터리 인스턴스의 잠금은 다른 리포지터리 인스턴스와 공유되지 않는다. 이 리포지터리가 에그리게이트에 대한 변경 사항을 유지하게 요청하면 EntityManager도 플러시되며, 그동안 데이터베이스 제약 조건과 낙관적 잠금 검사를 수행한다. 이제 에그리게이트 루트 엔티티를 살펴본다. 리스트 12-4를 보자.

리스트 12-4. 주문 에그리게이트 엔티티(ch12\ch12-01\Ax2-Commands-EventsSame-JVM\src\main\java\com\acme\ecom\order\model\Order.java)

```
import org.axonframework.domain.AbstractAggregateRoot;

@Entity
@Table(name="ECOM_ORDER")
@Data
@EqualsAndHashCode(exclude = { "id" })
public class Order extends AbstractAggregateRoot<Integer> {

    @Id
    private Integer id;

    @Column(name="PRICE")
    private Double price;

    @Column(name="NUMBER")
    private Integer number;
```

---

6. JPA에서는 데이터 업데이트 시 또는 충돌 시 충돌이 발생하지 않을 것이라고 낙관적으로 보고 잠금을 거는 기법을 말한다. 반대 의미로 비관적 잠금(pessimistic lock)이 있다. - 옮긴이

```
@Column(name="ORDER_STATUS")
@Enumerated(EnumType.STRING)
private OrderStatusEnum orderStatus; ;

@ManyToOne(fetch=FetchType.LAZY)
@JoinColumn(name="PRODUCT_ID")
private Product product;

@Override
public Integer getIdentifier() {
  return id;
}

public Order(Integer id, Double price, Integer number, OrderStatusEnum
    orderStatus, Product product) {

  super();
  this.id = id;
  this.price = price;
  this.number = number;
  this.orderStatus = orderStatus;
  this.product = product;
  registerEvent(new OrderCreatedEvent(id, price, number,
      product.getDescription(), orderStatus.toString()));
  }
}
```

Order는 AggregateRoot 인터페이스의 기본적인 구현인 AbstractAggregateRoot
를 확장한다. 이는 커밋되지 않은 모든 이벤트를 추적할 수 있는 메커니즘을
제공하고 생성된 이벤트 수에 따라 버전 번호를 유지하며 커밋하는 동안 유효
성 검사에 사용할 수 있다. 또한 Order 엔티티는 registerEvent 메서드를 사용
해 에그리게이트를 저장할 때 게시할 이벤트도 등록한다. 다음으로 리스트
12-5의 상품 에그리게이트를 보자.

리스트 12-5. 상품 에그리게이트 엔티티(ch12\ch12-01\Ax2-Commands-EventsSame-JVM\src\main\java\com\acme\ecom\product\model\Product.java)

```java
@Entity
@Table(name="ECOM_PRODUCT")
@Data
@EqualsAndHashCode(exclude = { "id" })
public class Product extends AbstractAggregateRoot<Integer> {

  @Id
  private Integer id;

  @Column(name="PRICE")
  private Double price;

  @Column(name="STOCK")
  private Integer stock;

  @Column(name="DESCRIPTION")
  private String description;

  @Override
  public Integer getIdentifier() {

    return id;
  }

  public void depreciateStock(int count) {

    if(this.stock >= count){
      this.stock = this.stock - count;
      registerEvent(new StockUpdatedEvent(id, stock));
    }else{
      throw new RuntimeException("Out of stock");
    }
  }
}
```

상품 에그리게이트는 주문 에그리게이트의 구조와 함수가 유사하므로 반복해서 설명하지는 않겠다.

다음으로 명령을 살펴본다. 리스트 12-6에 표시된 것처럼 직접적인 DTO와 같은 클래스다.

리스트 12-6. 새 주문 명령(ch12\ch12-01\Ax2-CommandsEvents-Same-JVM\src\main\java\com\acme\ecom\order\api\command\NewOrderCommand.java)

```java
import lombok.Data;

@Data
public class NewOrderCommand {

    private final Double price;
    private final Integer number;
    private final Integer productId;
}
```

명령은 이름으로 의도를 표현하는 것이 좋다. 따라서 자바 클래스 이름을 사용해 수행해야 할 작업을 파악할 수 있으며 명령 객체의 필드에는 명령에 따라 작동하는 데 필요한 정보가 나와 있어야 한다.

이제 명령이 생성된 것을 볼 수 있다. 브라우저에서 Order One Now! 버튼을 누르면 REST/JSON 요청이 리스트 12-7에 표시된 것처럼 주문 컨트롤러에 도달한다.

리스트 12-7. 주문 REST 컨트롤러(ch12\ch12-01\Ax2-Commands-EventsSame-JVM\src\main\java\com\acme\ecom\web\controller\OrderController.java)

```java
@RestController
public class OrderController {

    @Autowired
    private DataSource dataSource;

    @Autowired
    private CommandGateway commandGateway;
```

```
@RequestMapping(value = "/orders", method = RequestMethod.POST)
@Transactional
public ResponseEntity<Void> addNewOrder(@RequestBody OrderDTO orderDTO) {

    commandGateway.sendAndWait(new NewOrderCommand(orderDTO.getPrice(),
        orderDTO.getNumber(), orderDTO.getProductId()));
    return new ResponseEntity<>( HttpStatus.OK);
  }
}
```

Controller 메서드는 새 명령을 만들고 명령 버스로 전송한 후 실행될 때까지 기다린다. 실행 결과는 사용 가능한 때 반환된다. 이 sendAndWait 메서드는 결과를 사용할 수 있거나 현재 스레드가 중단될 때까지 무기한 차단된다. 스레드가 중단되면 이 메서드는 null을 반환한다. 처리 중에 예외가 발생하면 Command ExecutionException이 발생한다.

리스트 12-8은 CommandHandler를 보여준다.

리스트 12-8. Axon 주문 명령 핸들러(ch12\ch12-01\Ax2-CommandsEvents-Same-JVM\ src\main\java\com\acme\ecom\order\commandhandler\OrderCommandHandler.java)

```
@Component
public class OrderCommandHandler {

    @Autowired
    @Qualifier("orderRepository")
    private Repository<Order> orderRepository;

    @Autowired
    @Qualifier("productRepository")
    private Repository<Product> productRepository;

    @CommandHandler
    public void handle(NewOrderCommand newOrderCommand){

        Product product = productRepository.load(newOrderCommand.getProductId());
```

```
    product.depreciateStock(newOrderCommand.getNumber());
    Order order = new Order(new Random().nextInt(),
        newOrderCommand.getPrice(),
        newOrderCommand.getNumber(), OrderStatusEnum.NEW, product);
    orderRepository.add(order);
  }
}
```

@CommandHandler 애노테이션은 OrderCommandHandler의 핸들 메서드를 Command Handler로 표시한다. 애노테이션이 달린 첫 번째 메서드의 매개변수는 해당 메서드에서 처리하는 명령이다. 명령 핸들러는 작업 단위 유형의 두 번째 매개변수를 선택적으로 지정할 수 있다. 해당 매개변수가 제공되면 활성 작업 단위가 전달된다. 명령 유형은 한 유형의 명령 핸들러로만 처리할 수 있다. 따라서 주문 명령 핸들러 인스턴스는 새 주문 명령을 처리하게 되며, 이러한 명령이 도착하면 도메인 객체인 Product(에그리게이트)를 리포지터리에서 찾고 해당 도메인 객체에서 메서드를 실행해 상태를 변경한다(재고를 감가상각하고 새로운 주문을 생성한다). 에그리게이트는 일반적으로 실제 비즈니스 로직을 포함하므로 변경 사항을 유지할 책임이 있다. 에그리게이트의 상태 변경으로 인해 도메인 이벤트가 생성된다. 코드에서 상품 재고 감가상각과 새 주문을 생성할 때 이벤트가 생성된다. 도메인 이벤트와 에그리게이트는 모두 도메인 모델을 구성한다.

이제 생성된 이벤트에 대한 코드를 살펴본다. 이벤트는 단순한 데이터 캡슐화된 POJO 클래스다. 리스트 12-9와 리스트 12-10을 보자.

리스트 12-9. OrderCreate 이벤트(ch12\ch12-01\Ax2-CommandsEvents-Same-JVM\ src\main\java\com\acme\ecom\order\api\event\OrderCreatedEvent.java)

```
public class OrderCreatedEvent {

  private final Integer id;
  private final Double price;
```

```
    private final Integer number;

    private final String productDescription;

    private final String orderStatus;

}
```

리스트 12-10. StockUpdate 이벤트(ch12\ch12-01\Ax2-CommandsEvents-Same-JVM\
src\main\java\com\acme\ecom\product\api\event\StockUpdatedEvent.java)

```
public class StockUpdatedEvent {

    private final Integer id;

    private final Integer stock;

}
```

이제 이벤트를 처리할 수 있는 이벤트 핸들러를 살펴본다. 명령 처리를 위해
명령 유형을 기억한다면 명령 핸들러는 한 가지 유형만 처리할 수 있다. 그러나
이벤트 처리를 위해 이벤트 유형은 0개 이상의 이벤트 핸들러로 처리될 수 있
다. 이는 둘 이상의 구독자가 메시지를 사용할 수 있는 메시지 토픽를 사용하는
게시-구독 패턴과 같은 의미다. 이는 나중에 자세히 설명한다. 이제 리스트
12-11의 이벤트 핸들러에 대한 코드를 보자.

리스트 12-11. 주문 이벤트 핸들러(ch12\ch12-01\Ax2-CommandsEvents-Same-JVM\
src\main\java\com\acme\ecom\order\eventhandler\OrderEventHandler.java)

```
@Component
public class OrderEventHandler {

    @Autowired
    DataSource dataSource;

    @EventHandler
    public void handleOrderCreatedEvent(OrderCreatedEvent event) {

        JdbcTemplate jdbcTemplate = new JdbcTemplate(dataSource);
```

```
    jdbcTemplate.update("INSERT INTO ecom_order_view VALUES(?,?,?,?,?)", new
        Object[]{event.getId(), event.getPrice(), event.getNumber(),
        event.getProductDescription(), event.getOrderStatus()});
    }
}
```

주문 이벤트 핸들러는 새 주문이 생성된 후 **OrderCreated** 이벤트를 수신한다. 따라서 남은 작업은 위 코드로 수행되는 주문 읽기 DB를 업데이트하는 것이다. 나머지 이벤트 핸들러는 리스트 12-12에 표시된 상품 이벤트 핸들러다.

리스트 12-12. 상품 이벤트 핸들러(ch12\ch12-01\Ax2-CommandsEvents-Same-JVM\ src\main\java\com\acme\ecom\product\eventhandler\ProductEventHandler.java)

```
@Component
public class ProductEventHandler {

    @Autowired
    DataSource dataSource;

    @EventHandler
    public void handleProductStockUpdatedEvent(StockUpdatedEvent event) {

        JdbcTemplate jdbcTemplate = new JdbcTemplate(dataSource);
        jdbcTemplate.update("UPDATE ecom_product_view SET stock=? WHERE ID=?",
            new Object[]{event.getStock(), event.getId()});
    }
}
```

상품 이벤트 핸들러는 상품 재고의 변화를 상품 읽기 DB에 업데이트한다. 이런 방식으로 새로운 모든 주문 생성은 주문과 상품 쓰기 DB를 변경하고 이런 모든 변경 사항은 결론적으로 읽기 DB에도 적용된다.

예제 시나리오 빌드와 테스트

간단한 Axon 예제를 보여주는 데 필요한 전체 코드는 ch12\ch12-01 폴더에 있다. 먼저 환경에 맞게 구성 파일을 업데이트한다.

```
ch12\ch12-01\Ax2-Commands-Events-Same-JVM\src\main\resources\application.
properties
spring.datasource.url=jdbc:mysql://localhost/ecom01
spring.datasource.username=root
spring.datasource.password=rootpassword
```

MySQL이 실행 중인지 확인한다. MySQL을 시작하려면 부록 H를 참고한다.

먼저 MySQL 서버를 실행한다.

```
D:\Applns\MySQL\mysql-8.0.14-winx64\bin>mysqld --console
```

이제 MySQL 프롬프트를 실행한다.

```
D:\Applns\MySQL\mysql-8.0.14-winx64\bin>mysql -u root -p

mysql> use ecom01;
Database changed
mysql>
```

비어 있는 테이블로 시작하려면 예제에 사용할 이름의 테이블을 먼저 삭제한다.

```
mysql> drop table ecom_order;
mysql> drop table ecom_product;
mysql> drop table ecom_order_view;
mysql> drop table ecom_product_view;
```

이제 마이크로서비스가 시작될 때 ecom_order와 ecom_product 테이블이 생성된다. 그러나 읽기 DB 테이블은 명시적으로 생성해야 한다.

```
mysql> create table ecom_product_view(id INT , price DOUBLE, stock INT
,description VARCHAR(255));
mysql> create table ecom_order_view(id INT , price DOUBLE, number INT
,description VARCHAR(225),status VARCHAR(50));
```

이제 Axon 마이크로서비스에 대한 실행 파일을 빌드, 패키징하고 서버를 실행한다. MySQL 서버(부록 H 참고)를 실행하는 동안 mysql-8.0.14-winx64.zip 아카이브를 사용했으므로 메이븐 빌드 스크립트 pom.xml에서 버전 8.0.14의 **mysql-connectorjava** 메이븐 아티팩트를 사용해야 한다. 폴더에는 ch12\ch12-01\Ax2-Commands-Events-Same-JVM\make.bat 유틸리티 스크립트가 있다.

```
cd D:\binil\gold\pack03\ch12\ch12-01\Ax2-Commands-Events-Same-JVM
D:\binil\gold\pack03\ch12\ch12-01\Ax2-Commands-Events-Same-JVM>make
D:\binil\gold\pack03\ch12\ch12-01\Ax2-Commands-Events-Same-JVM>mvn clean
install
```

이제 여러 가지 방법으로 Axon 스프링 부트 애플리케이션을 실행할 수 있다. 간단한 방법은 다음 명령으로 JAR 파일을 실행하는 것이다.

```
D:\binil\gold\pack03\ch12\ch12-01\Ax2-Commands-Events-Same-JVM>run
D:\binil\gold\pack03\ch12\ch12-01\Ax2-Commands-Events-Same-JVM>mvn spring
boot:run
```

그러면 8080 수신 포트로 Axon 스프링 부트 서버가 실행된다. ecom_order와 ecom_product 테이블은 이미 생성됐을 것이다. 몇 가지 초기 데이터로 ecom_product와 ecom_product_view 테이블을 채워야 한다.

```
mysql> insert into ecom_product(id,description,price,stock,version)
values(1,'Shirts',100,5,0);
mysql> insert into ecom_product(id,description,price,stock,version)
values(2,'Pants',100,5,0);
mysql> insert into ecom_product(id,description,price,stock,version)
values(3,'T-Shirt',100,5,0);
mysql> insert into ecom_product(id,description,price,stock,version)
values(4,'Shoes',100,5,0);

mysql> insert into ecom_product_view(id,description,price,stock)
values(1,'Shirts',100,5);
mysql> insert into ecom_product_view(id,description,price,stock)
values(2,'Pants',100,5);
mysql> insert into ecom_product_view(id,description,price,stock)
values(3,'T-Shirt',100,5);
mysql> insert into ecom_product_view(id,description,price,stock)
values(4,'Shoes',100,5);
```

브라우저(가급적 크롬)를 사용하고 http://localhost:8080/을 요청한다. 이제 그림 12-2의 버튼 중 하나를 클릭해 예제를 시험할 수 있다.

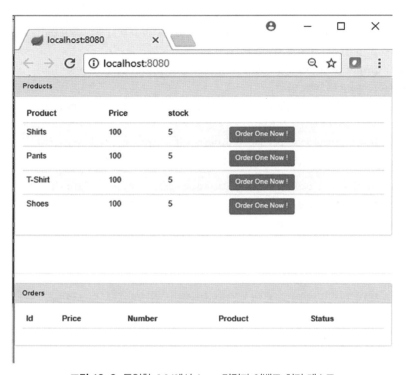

그림 12-2. 동일한 JVM에서 Axon 명령과 이벤트 처리 테스트

클릭하면 주문 쓰기 DB에 새 주문이 생성된다. 결국 주문 읽기 DB는 새 주문으로 업데이트된다. 또한 해당 상품 재고는 상품 쓰기 DB에서 1개씩 감소한다. 이 변경 사항은 상품 읽기 DB에서도 최종적으로 업데이트된다. 변경 사항은 그림 12-3에 반영돼 있다.

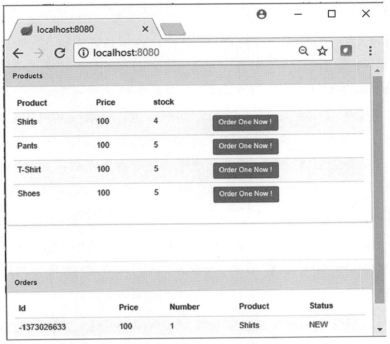

그림 12-3. 상품 쓰기 데이터와 동기화된 상품 보기

분산 명령과 이벤트 처리

엔터프라이즈급 애플리케이션은 작업을 여러 컴퓨팅 노드와 여러 프로세스로 분산해 멀티코어 프로세서의 전체 성능을 활용하고 병렬 처리를 극대화해 전반적인 성능을 향상시킨다. 마이크로서비스 아키텍처도 예외는 아니며, 이 예제에서는 JVM에 서로 다른 Axon 구성 요소를 배포할 것이다. 이 예제는 프로세스 간에 배포되지만 노드 간에 실제로 배포할 수도 있다. 그러나 단순성을 위해 단일 노드(내 경우에는 내 개인 노트북)에서 주요 Axon 구성 요소로 예제를 실행한다.

예제 시나리오

앞 절과 동일한 시나리오를 사용한다. 이전 예제는 단일 마이크로서비스로 구현됐지만 이 예제에서는 동일한 기능을 4개의 다른 마이크로서비스로 분할하고 다른 마이크로서비스도 추가한다. 이 새로운 다섯 번째 마이크로서비스는 이벤트 핸들러 감사 마이크로서비스다. 이벤트 핸들러 감사 마이크로서비스에는 이벤트 핸들러 AuditEventHandler가 있으며, 이 핸들러도 OrderCreated 이벤트를 구독하고 있다. 이제 2개의 이벤트 핸들러 유형이 있는 2개의 마이크로서비스(이벤트 핸들러 감사 마이크로서비스와 이벤트 핸들 코어 마이크로서비스)가 있으며, 둘 다 동일한 순서로 생성된 이벤트에 관심이 있다. 그림 12-4는 그 디자인을 보여준다.

5장의 '이벤트를 사용한 명령 조회 분리' 절은 이벤트 기반 CQRS 아키텍처의 메타모델을 나타낸다. 그림 12-4는 5장의 그림 5-6과 같이 추상 메타모델의 구체화다.

아키텍처의 명령과 이벤트 흐름도 앞의 예제와 유사하다. 그러나 미묘한 차이가 있다. 다이어그램에서 다음과 같이 표시된 종단 간 흐름을 다시 살펴보자.

1. 브라우저에서 Order One Now! 버튼을 누르면 REST/JSON 요청이 주문 컨트롤러에 도달한다.

2. 명령 생성 REST 컨트롤러 마이크로서비스의 주문 컨트롤러는 요청을 쓰기 요청으로 해석하고 새 주문 명령을 생성해 명령 게이트웨이로 전송한 다음 명령을 분산 명령 버스로 전달한다.

3. 분산 명령 버스는 JVM 간에 걸쳐 명령 버스 구현 사이에 브리지를 형성한다. 각 JVM의 분산 명령 버스를 세그먼트라고 한다.

4. 명령 버스는 명령을 수신해 주문 명령 핸들러로 라우팅하며, 두 명령 모두 명령 핸들과 이벤트 생성 마이크로서비스에 있다.

5. 주문 명령 핸들러는 해당 상품을 검색하고 재고를 감가상각한다.

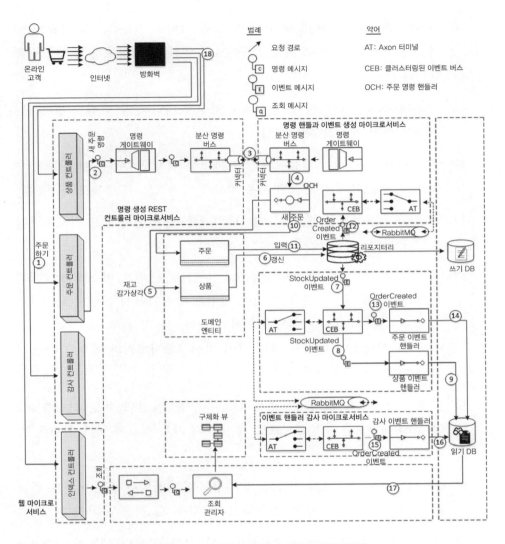

그림 12-4. Axon의 분산 명령과 이벤트 처리 디자인

6. 상품의 재고가 감가상각되면 상품 엔티티에 업데이트를 보내 상품 저장
   소에 변경 사항이 적용되며, 이는 쓰기 DB에 유지된다.

7. 이 리포지터리 변경은 이벤트 버스에 StockUpdated 이벤트를 발생시키
   고, 이벤트 버스는 관심 있는 모든 이벤트 수신자에 이벤트를 전달한다.

8. 이벤트 핸들 코어 마이크로서비스의 상품 이벤트 핸들러는 StockUpdated 이벤트를 구독했으므로 재고 업데이트에 대한 세부 정보와 함께 알림을 받는다.

9. StockUpdated 이벤트에 언급된 세부 사항에 따라 상품 이벤트 핸들러는 상품의 읽기 모델을 변경한다.

10. 5단계에서 주문 명령 핸들러가 상품 재고를 감가상각했다. 이와 함께 수신한 새 주문 명령에 언급된 세부 정보를 기반으로 새 주문도 생성했다.

11. 새 주문이 생성되면 새 주문 엔티티의 입력을 전송해 주문 리포지터리에 적용되며, 이후 쓰기 DB에 유지된다.

12. 이 리포지터리 입력은 OrderCreated 이벤트를 이벤트 버스에 발생시키고, 이벤트 버스는 관심 있는 모든 이벤트 수신자에게 이벤트를 전달한다. 2개의 관심 있는 이벤트 수신자가 있다. 둘 다 외부(다른 프로세스 또는 노드) 마이크로서비스인 이벤트 핸들 코어 마이크로서비스와 이벤트 핸들러 감사 마이크로서비스에 있다.

13. 이벤트 핸들 코어 마이크로서비스의 주문 이벤트 핸들러는 OrderCreated 이벤트를 구독했으므로 새 주문의 세부 정보와 함께 알림을 받는다.

14. OrderCreated 이벤트에 언급된 세부 정보를 기반으로 주문 이벤트 핸들러는 주문의 읽기 모델을 변경하고 이 경우 새 행을 추가한다.

15. 이벤트 핸들러 감사 마이크로서비스의 감사 이벤트 핸들러도 OrderCreated 이벤트를 구독했으므로 생성된 새 주문의 세부 정보와 함께 알림을 받는다.

16. 이벤트 생성 순서에 언급된 세부 정보를 기반으로 감사 이벤트 핸들러는 감사 읽기 모델을 변경한다.

17. 브라우저는 새로 고쳐서 엔티티의 읽기 모델을 조회해 뷰를 업데이트할 수 있다.

18. 사용자는 브라우저에서 변경 사항을 볼 수 있다.

예제 시나리오 코딩

간단한 Axon 예제를 설명하는 데 필요한 전체 코드는 ch12\ch12-02 폴더에 있다. 코딩할 마이크로서비스는 5개며 하나씩 살펴보자.

마이크로서비스 1: O1-Ecom-web

이 마이크로서비스는 Axon 구성 요소가 없는 일반적인 스프링 부트 웹 애플리케이션이므로 그에 대해 언급하지 않겠다.

마이크로서비스 2: O2-Ecom-CreateCommandRestController

axon-distributed-commandbus 의존성을 보려면 pom.xml을 확인한다. 리스트 12-13을 보자.

리스트 12-13. Axon 분산 명령 버스 메이븐 의존성(ch12\ch12-02\Ax2-Commands-Multi-Event-Handler-Distributed\02-EcomCreateCommandRestController\pom.xml)

```
<dependency>
  <groupId>org.axonframework</groupId>
  <artifactId>axon-distributed-commandbus</artifactId>
  <version>2.4.1</version>
</dependency>
```

이 예제 코드의 주요 부분은 이전 예제와 유사하므로 여기서 반복하지 않고 대신 이전 예제에서 변경된 코드와 함께 새로운 코드를 살펴보자. 이 예제에서 가장 중요한 클래스는 리스트 12-14에 표시된 모든 분산 Axon 구성 요소의 설정을 수행하는 부분이다.

리스트 12-14. 분산 명령 버스 구성(ch12\ch12-02\Ax2-Commands-Multi-Event-Handler-Distributed\02-EcomCreateCommandRestController\src\main\java\com\acme\ecom\EcomAppConfiguration.java)

```java
@Configuration
public class EcomAppConfiguration {

  @Bean
  public XStreamSerializer xstreamSerializer() {

    return new XStreamSerializer();
  }

  @Bean
  @Qualifier("distributedCommandGateway")
  public CommandGatewayFactoryBean<CommandGateway> commandGatewayFactoryBean() {

    CommandGatewayFactoryBean<CommandGateway> factory = new
        CommandGatewayFactoryBean<>();
    factory.setCommandBus(distributedCommandBus());
    return factory;
  }

  @Bean
  public JGroupsConnector getJGroupConnector() {

    JGroupsConnector connector = new JGroupsConnector( new
        JChannel("udp_config.xml"), "myCluster", localSegment(),
        xstreamSerializer());
    connector.connect(100);
    return connector;
  }

  @Bean
  @Qualifier("distributedCommandBus")
  public DistributedCommandBus distributedCommandBus() {

    DistributedCommandBus distributedCommandBus = new
```

```
            DistributedCommandBus(getJGroupConnector());
    return distributedCommandBus;
}

@Bean
@Qualifier("localCommandBus")
public SimpleCommandBus localSegment() {

    SimpleCommandBus simpleCommandBus = new SimpleCommandBus();
    simpleCommandBus.setDispatchInterceptors(Arrays.asList( new
        BeanValidationInterceptor()));
    return simpleCommandBus;

}
}
```

DistributedCommandBus는 JVM에서 명령 버스 구현 간에 브리지를 형성한다. 이 경우 이전 마이크로서비스가 최신 마이크로서비스에서 처리할 명령을 생성하므로 02-Ecom-CreateCommandRestController 마이크로서비스와 03-EcomHandle CommandAndCreateEvent 마이크로서비스를 연결하려고 한다. 따라서 각 JVM의 DistributedCommandBus 인스턴스는 세그먼트^{segment}라고 하며 그림 12-5에 표시된 것처럼 코드에서 localCommandBus라는 이름으로 규정된다.

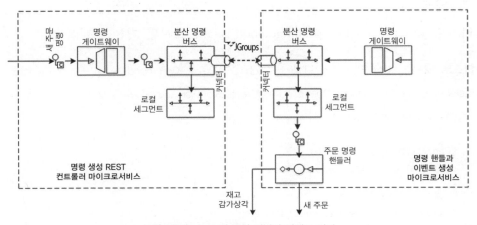

그림 12-5. Axon의 분산 명령과 이벤트 처리

DistributedCommandBus는 JVM 간의 통신 프로토콜을 구현하는 CommandBus Connector에 의존한다. 이 경우 JGroups를 사용해 네트워크의 다른 JGroups Connector를 검색하고 연결할 수 있다. 제공된 채널의 구성에 따라 이 구현에서는 동적 검색과 새 구성원 추가를 허용한다. 구성원의 연결이 끊어지면 처리할 부분이 나머지 구성원에게 분할된다. 노드, JVM 또는 마이크로서비스의 동적 추가와 축소는 소프트웨어의 필수 확장성에 매우 중요하다. 이는 2장의 첫 번째 절에서 설명했다.

Ecom-CreateCommandRestController 마이크로서비스에 대한 코드와 관련해 이 구성 외에 다른 변경 사항은 없지만 이 마이크로서비스의 나머지 코드에 대한 설명을 보려면 이전 예제의 해당 절을 확인할 수 있다.

마이크로서비스 3: O3-Ecom-HandleCommandAndCreateEvent

이 마이크로서비스는 02-Ecom-Create CommandRestController 마이크로서비스에서 생성된 명령을 처리해 원격 JVM에서 DistributedCommandBus를 통해 전달해야 한다. 또한 이 마이크로서비스는 원격 JVM 또는 외부 마이크로서비스의 분산 이벤트 핸들러에 의해 소비돼야 하는 이벤트를 생성한다. 따라서 이러한 모든 커넥터와 라우팅을 수용하고자 이 마이크로서비스의 구성은 약간 복잡해질 것이다.

리스트 12-15의 EcomAppConfiguration.java에 표시된 기본 구성을 보자.

리스트 12-15. 분산 명령 버스 구성(ch12\ch12-02\Ax2-Commands-Multi-Event-Handler-Distributed\03-EcomHandleCommandAndCreateEvent\src\main\java\com\acme\ecom\EcomAppConfiguration.java)

```
@Configuration
public class EcomAppConfiguration {

  @PersistenceContext
  private EntityManager entityManager;
```

```java
@Qualifier("transactionManager")
@Autowired
protected PlatformTransactionManager txManager;

@Bean
@Qualifier("distributedCommandGateway")
public CommandGatewayFactoryBean<CommandGateway>
    commandGatewayFactoryBean() {

  CommandGatewayFactoryBean<CommandGateway> factory = new
      CommandGatewayFactoryBean<>();
  factory.setCommandBus(distributedCommandBus());
  return factory;
}

@Bean
@Qualifier("localCommandGateway")
public CommandGatewayFactoryBean<CommandGateway>
    localCommandGatewayFactoryBean() {

  CommandGatewayFactoryBean<CommandGateway> factory = new
      CommandGatewayFactoryBean<>();
  factory.setCommandBus(localSegment());
  return factory;
}

@Bean
public JGroupsConnector getJGroupConnector() {

  JGroupsConnector connector = new JGroupsConnector( new
      JChannel("udp_config.xml"), "myCluster", localSegment(),
      xstreamSerializer());
  connector.connect(100);
  return connector;
}

@Bean
@Qualifier("distributedCommandBus")
public DistributedCommandBus distributedCommandBus() {
```

```
    DistributedCommandBus distributedCommandBus = new
        DistributedCommandBus(getJGroupConnector());
    return distributedCommandBus;
}

@Bean
@Qualifier("localCommandBus")
public SimpleCommandBus localSegment() {

    SimpleCommandBus simpleCommandBus = new SimpleCommandBus();
    SpringTransactionManager transcationMgr = new
        SpringTransactionManager(txManager);
    simpleCommandBus.setTransactionManager(transcationMgr);
    simpleCommandBus.setDispatchInterceptors(Arrays.asList new
        BeanValidationInterceptor()));
    return simpleCommandBus;
}

@Bean
public AnnotationCommandHandlerBeanPostProcessor
    annotationCommandHandlerBeanPostProcessor() {

    AnnotationCommandHandlerBeanPostProcessor processor = new
        AnnotationCommandHandlerBeanPostProcessor();
    processor.setCommandBus(distributedCommandBus());
    return processor;
}
}
```

이미 리스트 12-14의 분산 명령 버스 구성을 설명했으므로 이제 리스트 12-15의 분산 명령 처리 인프라를 설명한다. 이벤트 인프라로 넘어가자. 리스트 12-16을 보자.

리스트 12-16. 클러스터링 된 이벤트 버스 구성

```
@Configuration
```

```java
public class EcomAppConfiguration {

  @PersistenceContext
  private EntityManager entityManager;

  @Qualifier("transactionManager")
  @Autowired
  protected PlatformTransactionManager txManager;

  @Bean
  public ConnectionFactory connectionFactory() {

    CachingConnectionFactory connectionFactory = new
        CachingConnectionFactory();
    connectionFactory.setAddresses(rabbitMQAddress);
    connectionFactory.setUsername(rabbitMQUser);
    connectionFactory.setPassword(rabbitMQPassword);
    connectionFactory.setVirtualHost(rabbitMQVhost);
    connectionFactory.setConnectionTimeout(500000);
    connectionFactory.setRequestedHeartBeat(20);
    return connectionFactory;
  }

  @Bean
  public FanoutExchange eventBusExchange() {

    return new FanoutExchange(rabbitMQExchange, true, false);
  }

  @Bean
  public Queue eventBusQueue() {

    return new Queue(rabbitMQQueue, true, false, false);
  }

  @Bean
  public Binding binding() {

    return BindingBuilder.bind(eventBusQueue()).to(eventBusExchange());
  }
```

```java
@Bean
public EventBus eventBus() {

  ClusteringEventBus clusteringEventBus = new ClusteringEventBus( new
      DefaultClusterSelector(simpleCluster()), terminal());
  return clusteringEventBus;
}

@Bean
public DefaultAMQPMessageConverter defaultAMQPMessageConverter() {

  return new DefaultAMQPMessageConverter(xstreamSerializer());
}

@Bean
ListenerContainerLifecycleManager listenerContainerLifecycleManager() {

  ListenerContainerLifecycleManager listenerContainerLifecycleManager =
      new ListenerContainerLifecycleManager();
  listenerContainerLifecycleManager.setConnectionFactory(
      connectionFactory());
  return listenerContainerLifecycleManager;
}

@Bean
public AnnotationEventListenerBeanPostProcessor
annotationEventListenerBeanPostProcessor() {

  AnnotationEventListenerBeanPostProcessor processor = new
      AnnotationEventListenerBeanPostProcessor();
  processor.setEventBus(eventBus());
  return processor;
}

@Bean
public EventBusTerminal terminal() {

  SpringAMQPTerminal terminal = new SpringAMQPTerminal();
  terminal.setConnectionFactory(connectionFactory());
  terminal.setSerializer(xstreamSerializer());
```

```
        terminal.setExchangeName(rabbitMQExchange);
        terminal.setListenerContainerLifecycleManager(
            listenerContainerLifecycleManager());
        terminal.setDurable(true);
        terminal.setTransactional(true);
        return terminal;
    }

    SimpleCluster simpleCluster() {

        SimpleCluster simpleCluster = new SimpleCluster(rabbitMQQueue);
        return simpleCluster;
    }
}
```

ClusteringEventBus는 여러 시스템에 걸쳐 이벤트를 이벤트 핸들러에 전달한
다. ClusteringEventBus는 등록된 각 EventListeners에 대해 클러스터 인스턴
스를 선택하는 ClusterSelector와 관련 클러스터 인스턴스에 이벤트를 발송하
는 EventBusTerminal로 구성돼야 한다. 위의 코드에서 항상 동일한 클러스터를
선택하는 ClusterSelector로 DefaultClusterSelector를 사용한다. 이 구현은
특정 클러스터에 속하지 않는 이벤트 수신기의 다른 클러스터 선택기의 위임
역할을 할 수 있다. DefaultClusterSelector는 이벤트가 게시될 때 클러스터의
각 구성원을 호출하는 간단한 클러스터 구현을 차례로 사용한다. 다음으로 중
요한 구성 요소는 클러스터링된 이벤트 버스를 연결하는 메커니즘인 EventBus
Terminal이다. 터미널은 이벤트 버스에서 사용 가능한 모든 클러스터(로컬 또는 원격)
와 함께 게시된 이벤트를 전달하는 역할을 한다. 터미널은 일반적으로 단일
이벤트 버스 인스턴스에 바인딩되지만 이러한 이벤트 버스 사이에 브리지를
형성하고자 여러 인스턴스가 있다는 것을 알 수 있다. 이벤트 메시지를 전달하
고자 AMQP 0.9 호환 메시지 브로커를 사용하는 EventBusTerminal 구현인
SpringAMQPTerminal을 사용한다. 이는 분산 이벤트 채널에 대한 백본을 제공하
는 메시지 대기열 제공자로 AMQP 호환 가능한 RabbitMQ를 사용하고 있기 때

문이다. 게시된 모든 메시지는 구성된 익스체인지^{exchange[7]}로 전송된다. 이 터미널은 자체 AMQP 대기열을 수신하고자 각 클러스터에 의존하기 때문에 내부적으로 이벤트를 전달하지 않는다. 다시 말하지만 코드에서 볼 수 있듯이 터미널은 메시지를 보낼 연결과 채널을 제공하는 **ConnectionFactory**로 구성된다. 비록 이해하기에 너무 복잡하기는 하지만 Axon이 이러한 복잡성의 대부분을 추상화하고 그림 12-6과 같이 전체 설정을 시각화할 수 있다는 장점이 있다.

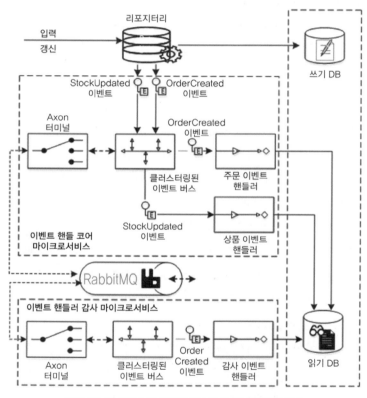

그림 12-6. 클러스터 이벤트 버스에서 분산 이벤트 처리

앞의 예제를 이해했다면 이 마이크로서비스에는 전혀 새로운 것이 없다.

---

7. 익스체인지는 RabbitMQ에서 게시자로부터 수신한 메시지를 대기열에 분배하는 라우터 역할을 한다. - 옮긴이

마이크로서비스 4: 04-Ecom-EventHandleCore

다시 한 번 앞의 예제를 봤다면 이 마이크로서비스 4에는 새로운 것이 없기 때문에 코드를 확인하지 않겠다. 마이크로서비스 이름에서 알 수 있듯이 2개의 기본 이벤트 핸들러인 OrderEventHandler와 ProductEventHandler가 포함돼 있으며 기능과 코드는 이전 예제와 유사하다.

마이크로서비스 5: 05-Ecom-EventHandlerAudit

이는 새로운 마이크로서비스다. Axon 기반 CQRS 아키텍처의 확장성을 보여주기 위한 목적으로 향후 기존 이벤트를 구독하고 애플리케이션의 기존 기능에 새로운 기능을 추가하려면 실행 중인 기존 애플리케이션의 중단 없이 이를 수행할 수 있어야 한다.

리스트 12-17은 새로 추가된 이벤트 핸들러의 코드를 보여주며, 이전에 처리한 이벤트에 대한 알림을 받게 될 것으로 예상된다.

리스트 12-17. 새로운 마이크로서비스의 이벤트 핸들러(ch12\ch12-02\Ax2-Commands-Multi-Event-Handler-Distributed\05-Ecom-EventHandlerAudit\src\main\java\com\acme\ecom\order\eventhandler\AuditEventHandler.java)

```java
@Component
public class AuditEventHandler {

  @Autowired
  DataSource dataSource;

  @EventHandler
  public void handleOrderCreatedEvent(OrderCreatedEvent event) {

    JdbcTemplate jdbcTemplate = new JdbcTemplate(dataSource);
    jdbcTemplate.update("INSERT INTO ecom_order_audit VALUES(?,?,?)", new
        Object[]{event.getId(), event.getOrderStatus(), new Date()});
  }
}
```

예제 시나리오 빌드와 테스트

첫 번째 단계로 RabbitMQ 서버를 실행해야 한다. RabbitMQ 서버를 시작하려면 부록 B를 참고한다.

```
D:\Applns\RabbitMQ\rabbitmq_server-3.6.3\sbin>D:\Applns\RabbitMQ\rabbitmq_
server-3.6.3\sbin\rabbitmq-server.bat
```

MySQL이 실행 중인지 확인한다. MySQL을 시작하려면 부록 H를 참고한다. 빈 테이블로 시작하려면 다음 예제에서 사용할 이름이 있는 테이블을 삭제한다.

```
mysql> drop table ecom_order;
mysql> drop table ecom_product;
mysql> drop table ecom_order_view;
mysql> drop table ecom_product_view;
mysql> drop table ecom_order_audit;
```

필요한 테이블을 새로 만든다. 이제 마이크로서비스가 시작될 때 ecom_order 테이블과 ecom_product 테이블이 생성된다. 그러나 읽기 DB 테이블과 감사 테이블을 명시적으로 만들어야 한다.

```
mysql>create table ecom_product_view(id INT , price DOUBLE, stock INT,
description VARCHAR(255));
mysql>create table ecom_order_view(id INT , price DOUBLE, number
INT,description VARCHAR(225),status VARCHAR(50));
mysql>create table ecom_order_audit(id INT ,status VARCHAR(50),date
TIMESTAMP);
```

이 예제의 다른 모든 마이크로서비스에서 사용하는 공통 클래스가 포함된 메이븐 모듈이 있다. 따라서 이 기능을 먼저 빌드해야 한다.

```
cd D:\binil\gold\pack03\ch12\ch12-02\Ax2-Commands-Multi-Event-
HandlerDistributed\06-Ecom-common
D:\binil\gold\pack03\ch12\ch12-02\Ax2-Commands-Multi-Event-
HandlerDistributed\06-Ecom-common>make
D:\binil\gold\pack03\ch12\ch12-02\Ax2-Commands-Multi-Event-
HandlerDistributed\06-Ecom-common>mvn clean install
```

다음으로 5개의 마이크로서비스를 빌드하고 하나씩 실행한다.

마이크로서비스 1: 01-Ecom-web

먼저 환경에 맞게 구성 파일을 업데이트한다.

```
ch12\ch12-02\Ax2-Commands-Multi-Event-Handler-Distributed\01-Ecom-web\src\
main\resources\application.properties
server.port=8080
```

여기서는 어떠한 변경도 하지 않는다.

이제 Ecom-web 마이크로서비스에 대한 실행 파일을 빌드하고 패키징하고 서버를 실행한다. ch12\ch12-02\Ax2-Commands-Multi-EventHandler-Distributed\01-Ecom-web\make.bat에 유틸리티 스크립트가 있다.

```
cd D:\binil\gold\pack03\ch12\ch12-02\Ax2-Commands-Multi-Event-
HandlerDistributed\01-Ecom-web
D:\binil\gold\pack03\ch12\ch12-02\Ax2-Commands-Multi-Event-
HandlerDistributed\01-Ecom-web>make
D:\binil\gold\pack03\ch12\ch12-02\Ax2-Commands-Multi-Event-
HandlerDistributed\01-Ecom-web>mvn clean install
```

여러 가지 방법으로 스프링 부트 애플리케이션을 실행할 수 있다. 간단한 방법은 다음 명령으로 JAR 파일을 실행하는 것이다.

```
D:\binil\gold\pack03\ch12\ch12-02\Ax2-Commands-Multi-Event-Handler-
Distributed\01-Ecom-web>run
D:\binil\gold\pack03\ch12\ch12-02\Ax2-Commands-Multi-Event-Handler-
Distributed\01-Ecom-web>java -jar .\target\01-Ecom-web-0.0.1-SNAPSHOT.jar
```

그러면 8080 포트에 **01-Ecom-web** 스프링 부트 서버가 실행된다.

마이크로서비스 2: 02-Ecom-CreateCommandRestController

JGroups 구성은 ch12\ch12-02\Ax2-Commands-Multi-EventHandler-Distributed\
02-Ecom-CreateCommandRestController\src\main\resources\udp_config.xml
에서 제공된다.

그러나 지금은 이 파일의 내용에 대해 너무 걱정하지 마라.

환경에 맞게 구성 파일을 업데이트한다.

```
ch12\ch12-02\Ax2-Commands-Multi-Event-Handler-Distributed\02-EcomCreate-
CommandRestController\src\main\resources\application.properties
server.port=8081
spring.datasource.url=jdbc:mysql://localhost/ecom01
spring.datasource.username=root
spring.datasource.password=rootpassword
```

이제 마이크로서비스를 빌드한다.

```
cd D:\binil\gold\pack03\ch12\ch12-02\Ax2-Commands-Multi-Event-Handler-
Distributed\02-Ecom-CreateCommandRestController
```

```
D:\binil\gold\pack03\ch12\ch12-02\Ax2-Commands-Multi-Event-Handler-
Distributed\02-Ecom-CreateCommandRestController>make
D:\binil\gold\pack03\ch12\ch12-02\Ax2-Commands-Multi-Event-Handler-
Distributed\02-Ecom-CreateCommandRestController>mvn clean install
```

02-Ecom-CreateCommandRestController Axon 스프링 부트 애플리케이션을 여러 가지 방법으로 실행할 수 있다. 간단한 방법은 다음 명령으로 JAR 파일을 실행하는 것이다.

```
D:\binil\gold\pack03\ch12\ch12-02\Ax2-Commands-Multi-Event-Handler-
Distributed\02-Ecom-CreateCommandRestController>run
D:\binil\gold\pack03\ch12\ch12-02\Ax2-Commands-Multi-Event-Handler-
Distributed\02-Ecom-CreateCommandRestController>java -jar .\target\02-Ecom-
CreateCommandRestController-0.0.1-SNAPSHOT.jar
```

그러면 8081 포트에 02-Ecom-CreateCommandRestController Axon 스프링 부트 서버가 실행된다.

마이크로서비스 3: 03-Ecom-HandleCommandAndCreateEvent

환경에 맞게 구성 파일을 업데이트한다.

```
ch12\ch12-02\Ax2-Commands-Multi-Event-Handler-Distributed\03-EcomHandle-
CommandAndCreateEvent\src\main\resources\application.properties
server.port=8082
spring.datasource.url=jdbc:mysql://localhost/ecom01
spring.datasource.username=root
spring.datasource.password=rootpassword
ecom.amqp.rabbit.address= 127.0.0.1:5672
ecom.amqp.rabbit.username= guest
ecom.amqp.rabbit.password= guest
```

```
ecom.amqp.rabbit.vhost=/
ecom.amqp.rabbit.exchange=Ecom-02
ecom.amqp.rabbit.queue=Ecom-createcommand

cd D:\binil\gold\pack03\ch12\ch12-02\Ax2-Commands-Multi-Event-Handler-
Distributed\03-Ecom-HandleCommandAndCreateEvent
D:\binil\gold\pack03\ch12\ch12-02\Ax2-Commands-Multi-Event-Handler-
Distributed\03-Ecom-HandleCommandAndCreateEvent>make
D:\binil\gold\pack03\ch12\ch12-02\Ax2-Commands-Multi-Event-Handler-
Distributed\03-Ecom-HandleCommandAndCreateEvent>mvn clean install
```

03-Ecom-HandleCommandAndCreateEvent Axon 스프링 부트 애플리케이션을 여러 가지 방법으로 실행할 수 있다. 간단한 방법은 다음 명령으로 JAR 파일을 실행하는 것이다.

```
D:\binil\gold\pack03\ch12\ch12-02\Ax2-Commands-Multi-Event-Handler-
Distributed\03-Ecom-HandleCommandAndCreateEvent>run
D:\binil\gold\pack03\ch12\ch12-02\Ax2-Commands-Multi-Event-Handler-
Distributed\03-Ecom-HandleCommandAndCreateEvent>java -jar .\target\03-Ecom-
HandleCommandAndCreateEvent-0.0.1-SNAPSHOT.jar
```

그러면 8082 포트에 02-Ecom-CreateCommandRestController Axon 스프링 부트 서버가 실행된다.

마이크로서비스 4: 04-Ecom-EventHandleCore

환경에 맞게 구성 파일을 업데이트한다.

```
ch12\ch12-02\Ax2-Commands-Multi-Event-Handler-Distributed\04-EcomEvent-
HandleCore\src\main\resources\application.properties
server.port=8083
spring.datasource.url=jdbc:mysql://localhost/ecom01
```

```
spring.datasource.username=root
spring.datasource.password=rootpassword
ecom.amqp.rabbit.address=127.0.0.1:5672
ecom.amqp.rabbit.username=guest
ecom.amqp.rabbit.password=guest
ecom.amqp.rabbit.vhost=/
ecom.amqp.rabbit.exchange=Ecom-02
ecom.amqp.rabbit.queue=Ecom-event-core

cd D:\binil\gold\pack03\ch12\ch12-02\Ax2-Commands-Multi-Event-Handler-
Distributed\04-Ecom-EventHandleCore
D:\binil\gold\pack03\ch12\ch12-02\Ax2-Commands-Multi-Event-Handler-
Distributed\04-Ecom-EventHandleCore>make
D:\binil\gold\pack03\ch12\ch12-02\Ax2-Commands-Multi-Event-Handler-
Distributed\04-Ecom-EventHandleCore>mvn clean install
```

04-Ecom-EventHandleCore Axon 스프링 부트 애플리케이션을 여러 가지 방법으로 실행할 수 있다. 간단한 방법은 다음 명령으로 JAR 파일을 실행하는 것이다.

```
D:\binil\gold\pack03\ch12\ch12-02\Ax2-Commands-Multi-Event-Handler-
Distributed\04-Ecom-EventHandleCore>run
D:\binil\gold\pack03\ch12\ch12-02\Ax2-Commands-Multi-Event-Handler-
Distributed\04-Ecom-EventHandleCore>java -jar .\target\04-Ecom-
EventHandleCore-0.0.1-SNAPSHOT.jar
```

그러면 8083 포트에 **04-Ecom-EventHandleCore** Axon 스프링 부트 서버가 실행된다.

마이크로서비스 5: 05-Ecom-EventHandlerAudit

이는 이 예제에서 가져오려는 마지막 마이크로서비스다. 환경에 맞게 구성 파일을 업데이트한다.

```
ch12\ch12-02\Ax2-Commands-Multi-Event-Handler-Distributed\05-EcomEvent-
HandlerAudit\src\main\resources\application.properties
server.port=8084
spring.datasource.url=jdbc:mysql://localhost/ecom01
spring.datasource.username=root
spring.datasource.password=rootpassword
ecom.amqp.rabbit.address=127.0.0.1:5672
ecom.amqp.rabbit.username=guest
ecom.amqp.rabbit.password=guest
ecom.amqp.rabbit.vhost=/
ecom.amqp.rabbit.exchange=Ecom-02
ecom.amqp.rabbit.queue=Ecom-event-history

cd D:\binil\gold\pack03\ch12\ch12-02\Ax2-Commands-Multi-Event-Handler-
Distributed\05-Ecom-EventHandlerAudit
D:\binil\gold\pack03\ch12\ch12-02\Ax2-Commands-Multi-Event-Handler-
Distributed\05-Ecom-EventHandlerAudit>make
D:\binil\gold\pack03\ch12\ch12-02\Ax2-Commands-Multi-Event-Handler-
Distributed\05-Ecom-EventHandlerAudit>mvn clean install
```

05-Ecom-EventHandlerAudit Axon 스프링 부트 애플리케이션을 여러 가지 방법
으로 다시 실행할 수 있다. 간단한 방법은 다음 명령으로 JAR 파일을 실행하는
것이다.

```
D:\binil\gold\pack03\ch12\ch12-02\Ax2-Commands-Multi-Event-Handler-
Distributed\05-Ecom-EventHandlerAudit>run
D:\binil\gold\pack03\ch12\ch12-02\Ax2-Commands-Multi-Event-Handler-
Distributed\05-Ecom-EventHandlerAudit>java -Dserver.port=8084 -Dspring.
application.name=product-audit-01 -jar .\target\05-Ecom-EventHandlerAudit0-
.0.1-SNAPSHOT.jar
```

그러면 8084 포트에 05-Ecom-EventHandlerAudit Axon 스프링 부트 서버가 실
행된다.

ecom_product과 ecom_product_view 테이블에 몇 가지 초기 데이터를 넣는다.

```
mysql> insert into ecom_product(id,description,price,stock,version)
values(1,'Shirts',100,5,0);
mysql> insert into ecom_product(id,description,price,stock,version)
values(2,'Pants',100,5,0);
mysql> insert into ecom_product(id,description,price,stock,version)
values(3,'T-Shirt',100,5,0);
mysql> insert into ecom_product(id,description,price,stock,version)
values(4,'Shoes',100,5,0);
mysql> insert into ecom_product_view(id,description,price,stock)
values(1,'Shirts',100,5);
mysql> insert into ecom_product_view(id,description,price,stock)
values(2,'Pants',100,5);
mysql> insert into ecom_product_view(id,description,price,stock)
values(3,'T-Shirt',100,5);
mysql> insert into ecom_product_view(id,description,price,stock)
values(4,'Shoes',100,5);
```

브라우저(가급적 크롬브라우저)를 사용하고 http://localhost:8080/을 요청한다.

이제 그림 12-7의 버튼 중 하나를 클릭해 예제를 테스트할 수 있다. 클릭하면 주문 쓰기 DB에 새 주문이 생성된다. 결국 주문 읽기 DB는 이 새 주문으로 업데이트된다. 또한 해당 상품 재고는 상품 쓰기 DB에서 1개씩 감소될 것이다. 이 변경 사항은 상품 읽기 DB에도 결과적으로 업데이트된다.

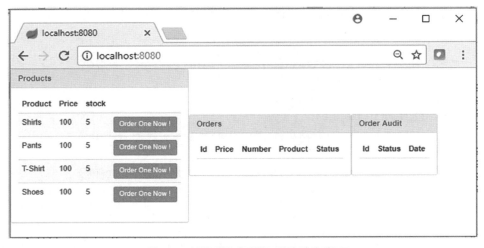

그림 12-7. 분산 명령과 이벤트 처리 예제 테스트

여기서 주목해야 할 또 다른 측면이 있다. 이 예제에서 추가한 새 마이크로서비스는 감사 로그 항목을 담당하므로 감사 읽기 DB가 레코드로 업데이트된다. 화면을 새로 고치면 변경 사항이 그림 12-8과 같이 반영된다(변경 사항이 반영되지 않으면 브라우저 세션을 닫고 새 브라우저 인스턴스를 만들어 앞의 URL을 호출할 수 있다. 다시 말하지만 이 책의 UI는 완벽하지 않으며 마이크로서비스에 집중하려 하기 때문에 책의 예제와 함께 제공된 GUI에 약간의 문제가 있을 수 있다).

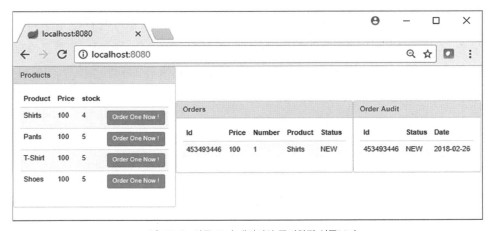

그림 12-8. 상품 쓰기 데이터와 동기화된 상품보기

앞 절의 예제와 다른 점은 현재 예제에서 동일한 이벤트 OrderCreatedEvent가 2개의 이벤트 핸들러에서 사용된다는 것이다. 이것은 아키텍처의 확장성을 입증한다. 명확히 하고자 동일한 이벤트에 대한 새 이벤트 핸들러를 사용해 여섯 번째 마이크로서비스를 생성할 수 있으며, 기존 5개의 마이크로서비스를 방해하지 않고 실행할 수 있다면 다음 명령부터는 새로 연결된 여섯 번째 마이크로서비스에서도 이벤트가 사용된다.

요약

12장의 예제를 실행하면서 이 책의 주요 이정표에 도달했다. 이 예제는 실제 코드며 지금까지 이 책에서 다룬 많은 개념을 설명하기 때문이다. 익숙한 스프링 부트 프레임워크에서 CQRS 애플리케이션이 어떻게 생겼는지 살펴봤고, 여러 마이크로서비스로 배포하고, 메시징 미들웨어로 이벤트를 사용해 다른 마이크로서비스와 통신하는 방법도 확인했다. 지금까지는 그런대로 잘됐다. 그러나 이제 사탄[8]을 아키텍처에 도입할 것이다. 바로 파티션이다. 첫 번째 예제의 단일 JVM CQRS 애플리케이션을 두 번째 예제의 여러 마이크로서비스로 분할하는 기능을 도입함으로써 이제 11장의 CAP 정리를 통해 알아본 일관성 측면을 해결해야 한다. 이 점에 대해 자세히 알아보려면 먼저 마이크로서비스의 맥락에서 일관성의 기초를 알아야 하므로 13장으로 넘어간다.

---

8. 사탄은 기독교인과 유대인이 악마를 부르는 이름이다(강력한 악의 세력이자 하나님의 적).

13

분산 트랜잭션

12장에서는 다양한 CQRS 패턴의 시나리오를 Axon 프레임워크로 구현하는 방법을 살펴봤다. 13장에서는 연산이 오래 걸리는 작업을 포함해, 마이크로서비스 맥락에서 추가 시나리오를 위해 Axon을 좀 더 살펴본다. 이를 효과적으로 수행하고자 트랜잭션을 포함한 몇 가지 기본 사항으로 시작한다. 단순한 형태의 트랜잭션은 엔티티 간의 값을 변경하거나 교환하는 것이다. 단일 엔티티 또는 둘 이상의 엔티티와 관련될 수 있다. 관련된 것이 단일 엔티티인 경우 일반적으로 트랜잭션은 로컬 트랜잭션이다. 둘 이상이 관련된 경우 트랜잭션은 관련된 엔티티의 특성과 위치에 따라 로컬 트랜잭션 또는 분산 트랜잭션으로 분류될 수 있다.

트랜잭션에는 하나 또는 여러 단계가 포함될 수 있다. 하나의 단계이든 여러 단계이든 트랜잭션은 이러한 각 단계를 구현하는 하나의 작업 단위다. 트랜잭션을 성공적으로 완료하려면 관련된 각 개별 단계가 성공해야 한다. 개별 단계 중 하나라도 실패하면 트랜잭션은 해당 트랜잭션 내에서 이미 수행한 이전 단계의 결과를 취소해야 한다.

먼저 트랜잭션, 특히 분산 트랜잭션의 세부 사항을 살펴본다. 트랜잭션의 본질만 다루고, 특히 마이크로서비스 맥락에서의 실질적인 영향 측면에 더 많은 시간을 할애할 것이다. 트랜잭션을 더 심도 있게 자세히 설명하는 것만으로도

한 권의 책이 필요할 정도이므로 여기에서는 마이크로서비스에 대한 논의와 신뢰할 수 있는 마이크로서비스를 빌드하는 데 사용할 수 있는 몇 가지 실용적인 도구로 내용을 제한한다.

13장에서 다루는 내용은 다음과 같다.

- 컴퓨터 네트워크의 비결정적 특성
- 일반적인 트랜잭션 측면
- 분산 트랜잭션과 로컬 트랜잭션
- ACID와 BASE 트랜잭션 비교
- 여러 리소스 관리자를 사용해 분산 트랜잭션을 보여주는 전체 예제

두 장군의 역설

컴퓨터 네트워킹(특히 전송 제어 프로토콜 관련) 문헌에 따르면 TCP는 엔드포인트 간의 상태 일관성을 완전하게 보장할 수 없다. 이는 신뢰할 수 없는 링크를 통해 통신을 시도하면서 함정과 연결된 디자인 문제를 설명하는 사고 실험인 두 장군의 역설Two Generals Paradox(두 장군 문제, 두 군대 문제, 조정된 공격 문제라고도 함)[1]로 설명된다.

두 장군의 역설은 임의의 통신 장애는 해결할 수 없지만 동일한 문제가 분산 일관성 프로토콜에 대한 현실적인 기대의 기반을 제공한다. 따라서 이 문제를 이해하려면 관련된 비결정론을 이해해야 한다. 이는 트랜잭션에 대해 더 많이 알 수 있는 완벽한 비유를 제공할 것이다.

---

1. 많이 알려진 일반화된 문제인 비잔티움 장군 문제가 있으며, 비트코인이나 분산 시스템의 합의 알고리듬을 이야기 할 때 많이 인용된다. − 옮긴이

두 장군의 역설 설명

이 절에서는 고전적인 예제 시나리오와 함께 두 장군의 역설을 살펴본다. 그림 13-1은 중앙에서 요새화된 도시를 공격하고자 공동으로 준비하는 서로 다른 장군이 이끄는 두 군대를 나타낸다. 두 군대는 도시 근처에 진을 쳤지만 서로 다른 계곡에 진을 치고 있다. 세 번째 계곡은 두 장군이 차지하는 계곡을 두 언덕으로 갈라놓는데, 두 장군이 의사소통할 수 있는 유일한 방법은 세 번째 계곡을 가로 질러 전령을 보내는 것이다. 세 번째 계곡은 도시의 수비수가 점령하고 있기 때문에 계곡으로 보낸 전령들이 모두 붙잡힐 가능성이 있다.

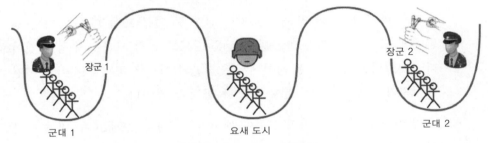

그림 13-1. 두 장군의 역설 설명

두 장군은 공격하는 데 동의했다. 그러나 공격 시기는 아직 동의하지 않았다. 공격은 두 군대가 동시에 도시를 공격하는 경우에만 성공할 수 있으며, 혼자 공격할 경우 군대는 이 도시를 공격하다가 죽을 것이다. 따라서 장군들은 서로 의사소통해 공격할 시간을 결정하고 그 시간에 함께 공격하기로 동의해야 한다. 각 장군은 그들이 공동으로 공격 계획에 동의한 사실을 다른 장군도 알고 있다는 것을 알아야 한다. 메시지 수신 확인은 원본 메시지 자체만큼 쉽게 손실될 수 있으므로 (거의) 합의에 도달하려면 잠재적으로 무한한 일련의 메시지가 필요하다. 두 장군은 항상 마지막 전령이 도착했는지 궁금할 것이다.

솔루션 접근법

컴퓨터 네트워크는 분산 시스템의 근간이다. 그러나 모든 네트워크의 신뢰성은 조사해야 한다. 소프트웨어 시스템의 확장성과 유연성을 해결하려면 분산형 시스템이 필요하므로 네트워크는 필요악이다. 계획은 네트워크의 불확실성을 수용해야 하며 제거하려고 시도해서는 안 된다. 오히려 허용 가능한 수준으로 완화해야 한다.

두 장군의 문제에서는 다음과 같이 여러 메커니즘을 생각할 수 있다.

- 첫 번째 장군은 50명의 전령을 보낼 수 있으며 50명이 모두 잡힐 확률이 낮다고 예상한다. 이 장군은 50명의 전령 중 일부 또는 다수가 다른 장군에게 도달할 수 있는 충분한 시간을 갖도록 공격 시간을 수정할 것이다. 그런 다음 그는 어떤 상황에서든 전달된 시간에 공격할 것이고 어떤 메시지가 수신되면 두 번째 장군도 공격할 것이다.

- 두 번째 접근법은 첫 번째 장군이 메시지 스트림을 보내고 두 번째 장군이 수신된 각 메시지에 대해 승인을 보내면 받은 메시지 수에 따라 각 장군의 안도감이 증가하는 것이다.

- 세 번째 접근법에서 첫 번째 장군은 각 메시지에 해당 메시지가 n개 중 1개, n개 중 2개, n개 중 3개 등이라는 표시를 할 수 있다. 여기서 두 번째 장군은 채널이 얼마나 신뢰성이 있는지 추정하고 적절한 수의 메시지를 다시 보내 적어도 하나의 메시지가 수신될 가능성이 높은지 확인할 수 있다. 네트워크의 신뢰성이 높으면 메시지 하나로 충분하고 추가 메시지는 도움이 되지 않는다. 그렇지 않은 경우 마지막 메시지는 첫 번째 메시지만큼 손실될 가능성이 있다.

장군으로서의 마이크로서비스

"그 후 함께 행복하게 살다."라는 모놀리스 상태에서 "그 후에 따로 행복하게 살다." 상태로 나누면 군대를 한 장군에서 여러 장군으로 나누게 된다. 각 마이크로서비스마다 장군을 갖거나 그 자체로 장군이 될 수도 있고, 유용한 기능을 조정하고자 둘 이상의 장군이 필요할 수 있다. 다중 언어를 채택함으로써 각 마이크로서비스는 데이터베이스든 파일 저장소든 각자의 리소스를 갖게 된다. 네트워크는 이러한 마이크로서비스가 조정하고 통신할 수 있는 유일한 방법이다. 마이크로서비스 간 리소스의 변경 효과는 일관성이 있어야 한다. 이러한 일관성은 변경을 수행하고자 명령을 조정하고 전달하고자 선택한 스키마나 프로토콜과 마이크로서비스 간의 변경 사항에 영향을 주는 동의서 역할을 하는 승인에 따라 다르다.

TCP/IP, 장군 사이의 계곡

인터넷 프로토콜^{IP}은 신뢰할 수 없다. 지연되거나 삭제되거나 중복된 데이터가 오거나 원래 의도와 다른 순서로 데이터가 올 수 있다. 전송 제어 프로토콜^{TCP,} $^{Transmission\ Control\ Protocol}$은 IP보다 안정적인 계층을 추가한다. TCP는 누락된 패킷을 재전송하고, 중복을 제거하고, 송신자가 전송하려는 순서대로 패킷을 조합할 수 있다. 그러나 TCP는 패킷 손실, 복제, 재정렬을 숨길 수는 있지만 패킷 교환이기 때문에 네트워크 지연을 제거할 수는 없다. 기존의 유선전화 네트워크는 매우 안정적이며, 오디오 프레임 지연이나 통화 끊김은 매우 드물다. 이는 네트워크에서 두 발신자 간의 전체 경로를 따라 고정되고 보장된 대역폭이 할당되기 때문이다. 이를 회로 전환$^{circuit\ switch}$이라고 한다. 그러나 데이터 센터 네트워크와 인터넷은 회로가 전환되지 않는다. 이들의 백본인 이더넷과 IP는 패킷 교환 프로토콜로 대기열에 문제가 있어 네트워크에서 무한한 지연이 발생할 수 있다. 각 마이크로서비스는 지속성과 저장을 위한 연산과 리소스용 자체 메모리 공간을 갖고 있으며, 하나의 마이크로서비스는 (노출된 API로 네트워크를 통해 다른 마이크로서비스에 요청하는 것을 제외하고) 다른 마이크로서비스의 메모리나 리소스에 접근할 수 없다. 이더넷으로 돼 있는 데이터 센터의 인터넷과 대부분의 내부 네트워크는 앞에 설명한 특성을 갖고 있으며, 이러한 네트워크는 마이크로서비스가 조정하고 통신할 수 있는 유일한 방법이 된다. 이러한 종류의 네트워크에서 하나의 마이크로서비스는 다른 마이크로서비스에 메시지를 보낼 수 있지만 네트워크는 메시지가 언제 도착할지 또는 전혀 도착하지 않을지 보장하지 않는다. 요청을 보내고 응답을 기대한다면 그 사이에 많은 일이 잘못될 수 있다.

송신 마이크로서비스는 요청이나 메시지가 전달됐는지조차 알 수 없다. 차선책은 수신 마이크로서비스가 응답 메시지를 보내는 것이며, 이 메시지는 손실되거나 지연될 수도 있다. 비동기식 네트워크에서는 이러한 문제를 구별할 수 없다. 하나의 마이크로서비스가 다른 마이크로서비스에 요청을 보내고 응답을 받지 못하면 이유를 알 수 없다. 이러한 문제를 처리하는 일반적인 방법은 시간 초과^{timeout}를 사용하는 것이다. 시간이 지나면 대기를 포기하고 응답이 도착하지 않을 것으로 가정한다. 그러나 시간 초과가 발생하면 원격 마이크로서비스가 요청을 받았는지 여부를 알 수 없으며, 요청이 여전히 어딘가의 대기열에 있으면서도 여전히 수신 마이크로서비스에 전달될 가능성이 있다. 송신 마이크로서비스가 이전 요청을 포기하고 요청을 재전송하면 중복 요청이 발생할 수 있다. 이 문제에 대한 고급 솔루션은 참고 자료에 나와 있다.[2]

트랜잭션

트랜잭션을 사용하면 읽기 목적이든 쓰기 목적이든 관계없이 동일한 데이터 세트에 대한 액세스 권한이 부여되는 방식을 제어할 수 있다. 변경 상태의 데이

---

2. 아토미코스(Atomikos) 마이크로서비스 트랜잭션 패턴 온라인 코스: https://atomikos.teachable.com/p/microservice-transaction-patterns

터는 일관성이 없을 수 있으므로 다른 읽기나 쓰기는 상태가 'changing'에서 'committed' 또는 'rolled back'으로 전환되는 동안 대기해야 한다. 이제 트랜잭션과 관련된 세부 내용을 살펴본다.

트랜잭션의 핵심에 있는 하드웨어 지침

단일 데이터베이스 노드에서 트랜잭션의 경우 원자성은 스토리지 수준에서 구현된다. 트랜잭션이 커밋되면 데이터베이스는 트랜잭션의 쓰기를 지속성(일반적으로 미리 쓰기 로그[3]에 있음)로 만들고, 이후 디스크의 로그에 커밋 레코드를 추가한다. 따라서 디스크 드라이브의 쓰기를 처리하는 컨트롤러는 쓰기가 발생했음을 알리는 데 중요한 역할을 한다.

커밋된 트랜잭션은 취소할 수 없다. 커밋된 후에는 마음을 바꿔 트랜잭션을 소급해 취소할 수 없다. 데이터가 커밋되면 다른 트랜잭션에도 데이터가 표시되므로 다른 트랜잭션이 이미 해당 데이터에 의존하기 시작했을 수 있기 때문이다.

트랜잭션의 ACID

트랜잭션 사양을 준수하려면 ACID(원자성, 일관성, 격리성, 내구성) 특성을 나타내야 한다. 하나씩 살펴보면 다음과 같다.

- **원자성**[Atomicity]: 트랜잭션의 결과는 커밋인 경우 모든 트랜잭션 쓰기가 단일 작업 단위로 지속성이 있게 된다. 중단된 경우(즉, 실행 취소나 삭제됨) 트랜잭션의 모든 쓰기가 하나의 작업 단위로 롤백된다. 앞 절에서 코어에 위치

---

3. WAL(Write-ahear logging)은 데이터베이스 시스템에서 원자성과 내구성(ACID 특성 중 두 가지)을 제공하기 위한 기술이다. 변경 사항이 데이터베이스에 기록되기 전에 안정적인 스토리지에 기록돼야 하는 로그에 변경 사항이 먼저 기록된다.

하고 커밋 또는 롤백을 결정하는 것은 특정 디스크 드라이브의 단일 컨트롤러라고 설명한 경우 단일 워드의 쓰기이든 여러 워드[4]의 쓰기이든 사용 가능한 지원이라는 점을 이해해야 한다. 단일 작업 단위의 쓰기 작업으로 함께 사용할 수 있도록 하드웨어 수준에서 제공된다.

- **일관성**Consistency: 이 속성은 트랜잭션이 커밋됐는지 롤백됐는지에 관계없이 트랜잭션이 데이터를 일관성 있게 유지하도록 보장한다. 이 '일관성이 있는 상태'가 의미하는 바를 이해하려면 데이터베이스의 제약 조건 또는 규칙의 준수를 참조하자. 데이터베이스 무결성 제약 조건에서 비즈니스 규칙 제약 조건을 모델링하는 것이 일반적이다. 따라서 일관성을 유지하는 것은 리소스 관리자와 애플리케이션 모두의 노력이다. 애플리케이션이 키, 참조 무결성 등의 관점에서 일관성을 보장하는 동안 트랜잭션 관리자는 트랜잭션의 원자성, 격리성, 내구성을 보장한다. 예를 들어 동일한 항공편을 동시에 예약하는 두 명의 여행자 중 한 명에게 비행기의 마지막 좌석을 할당하는 트랜잭션의 경우 한 좌석이 남아 있다면 좌석 목록에서 제거하고, 한 명의 승객에게만 배정되고 동시에 동일한 좌석이 배정되지 않은 것으로 나타난다면 트랜잭션은 일관될 것이다. 또는 동시에 예약을 시도하는 다른 여행자에게 더 이상 할당되지 않음을 보여준다.

- **격리성**Isolation: 격리성은 트랜잭션에서 진행 중인 변경 사항이 다른 트랜잭션에서 액세스한 데이터에 영향을 주지 않도록 보장한다. 이러한 격리는 더 세밀하게 제어할 수 있으며 '트랜잭션 격리 메커니즘' 절에서 설명한다.

- **내구성**Durability: 이 속성은 트랜잭션이 커밋될 때 트랜잭션의 데이터에 적

---

4. 64비트 컴퓨팅은 데이터 경로 너비, 정수 크기, 메모리 주소 너비가 64비트(8옥텟)인 프로세서를 사용하는 것이다. 또한 중앙 처리 장치(CPU)와 산술 논리 장치(ALU)용 64비트 컴퓨터 아키텍처는 해당 크기의 프로세서 레지스터, 주소 버스, 데이터 버스를 기반으로 한다.

용한 모든 변경 사항을 영구적으로 기록해야 함을 의미한다. 트랜잭션이 커밋될 때 데이터베이스는 트랜잭션의 쓰기를 지속성(일반적으로 미리 쓰기 로그)있게 한 다음 디스크에 커밋 레코드를 추가한다. 이러한 과정 중에 데이터베이스 장애가 발생해 데이터베이스가 다시 시작될 때 로그에서 트랜잭션을 복구할 수 있다. 장애 발생 전에 커밋 레코드가 이미 디스크에 기록된 경우 트랜잭션이 커밋된 것으로 간주된다. 그렇지 않은 경우 해당 트랜잭션의 쓰기가 롤백된다. 따라서 디스크가 커밋 레코드 쓰기를 마치는 순간이 커밋해야 할 단일 결정 지점이다. 커밋되기 전 (장애로 인해) 여전히 중단이 가능하지만 그 순간 이후에는 데이터베이스가 장애가 나더라도 트랜잭션이 커밋된다. 따라서 커밋을 원자적으로 만드는 것은 쓰기를 처리하는 디스크 드라이브 컨트롤러다. 즉, 프로세스 중에 오류나 충돌이 발생하면 앞의 로그를 사용해 데이터 변경 사항을 재구성하거나 다시 만들 수 있다.

트랜잭션 모델

트랜잭션 모델은 폐쇄적인 트랜잭션의 맥락에서 개별 트랜잭션의 조정이 어떻게 구성되는지를 나타낸다. 주요 트랜잭션 모델은 다음과 같다.

- **플랫 트랜잭션**: 플랫 트랜잭션의 단계 중 하나가 실패하면 전체 트랜잭션이 롤백된다. 플랫 트랜잭션에서 트랜잭션은 다음 단계로 넘어가기 전에 각 단계를 완료한다. 각 단계는 해당 리소스에 순차적으로 액세스한다. 트랜잭션에서 잠금을 사용하면 한 번에 하나의 객체만 처리할 수 있다.

- **중첩 트랜잭션**: 중첩 트랜잭션에서 작은 트랜잭션은 다른 트랜잭션에 포함된다. 최상위 트랜잭션은 하위 트랜잭션을 열 수 있으며 각 하위 트랜잭션은 추가 하위 트랜잭션을 열 수 있으며 이 중첩은 계속될 수 있다.

포함된 각 트랜잭션은 상위 트랜잭션에 영향을 주지 않는다. 부모가 중단되면 모든 하위 트랜잭션이 중단된다. 그러나 하위 트랜잭션이 중단되면 부모가 중단할지 여부를 결정할 수 있다. 중첩 트랜잭션에서 하위 트랜잭션은 다른 중첩 트랜잭션 또는 플랫 트랜잭션일 수 있다.

- **체인 트랜잭션**: 체인 트랜잭션에서 각 트랜잭션은 이전 트랜잭션의 결과와 리소스에 의존한다. 체인 트랜잭션은 직렬 트랜잭션이라고도 한다. 여기서 구별되는 특징은 트랜잭션이 커밋될 때 커서와 같은 리소스가 유지되고 체인의 다음 트랜잭션에 사용할 수 있다는 것이다. 따라서 체인 내부의 트랜잭션은 체인 내에서 이전 커밋의 결과를 볼 수 있다. 그러나 체인 외부의 트랜잭션은 체인 내의 트랜잭션으로 영향을 받는 데이터를 보거나 변경할 수 없다. 트랜잭션 중 하나가 실패하면 해당 트랜잭션만 롤백되고 이전에 커밋된 트랜잭션은 롤백되지 않는다.

- **사가**Saga: 사가는 중첩 트랜잭션과 유사하다. 그러나 각 트랜잭션에 상응하는 보상 트랜잭션이 있다. 사가 트랜잭션 중 하나가 실패하면 이전에 성공적으로 실행된 각 트랜잭션에 대한 보상 트랜잭션이 호출된다.

EJB와 스프링의 트랜잭션 속성 비교

스프링과 EJB는 모두 사용자에게 프로그래밍 방식이나 선언적 트랜잭션 관리를 선택할 수 있는 자유를 제공한다. 프로그래밍 방식의 트랜잭션 관리를 위해서는 JDBC와 JTA API를 기준으로 코딩해야 한다. 선언적 접근법을 사용하면 트랜잭션 제어를 구성 파일로 만들 수 있다. 또한 필요한 방식으로 동작하게 하려면 사용할 트랜잭션 속성을 선택해야 한다. EJB 사양은 6개의 기본 트랜잭션 속성을 정의한다. 결과적으로 스프링은 6개의 트랜잭션 속성에 상응하는 대응책을 갖고 있다. 실제로 스프링에는 더 많은 것이 있다.

- **PROPAGATION_REQUIRED(EJB의 REQUIRED)**: 현재 트랜잭션을 지원한다. 존

재하지 않으면 새로 만든다.

- **PROPAGATION_REQUIRES_NEW**(EJB의 **REQUIRES_NEW**): 새 트랜잭션을 생성한다. 존재하면 현재 트랜잭션을 일시 중단한다.

- **PROPAGATION_NOT_SUPPORTED**(EJB의 **NOT_SUPPORTED**): 비트랜잭션 방식으로 실행된다. 현재 트랜잭션이 존재하면 해당 트랜잭션을 일시 중단한다.

- **PROPAGATION_SUPPORTS**(EJB의 **SUPPORTS**): 현재 트랜잭션을 지원한다. 존재하지 않으면 비트랜잭션 방식으로 실행된다.

- **PROPAGATION_MANDATORY**(EJB의 **MANDATORY**): 현재 트랜잭션을 지원한다. 존재하지 않으면 예외가 발생한다.

- **PROPAGATION_NEVER**(EJB의 **NEVER**): 비트랜잭션 방식으로 실행한다. 트랜잭션이 존재하면 예외가 발생한다.

- **PROPAGATION_NESTED**(EJB에는 **없음**): 현재 트랜잭션이 있으면 중첩 트랜잭션 내에서 실행되거나 PROPAGATION_REQUIRED처럼 동작한다. EJB에는 유사한 기능이 없다. 중첩 트랜잭션의 실제 생성은 특정 트랜잭션 관리자에서만 작동한다. 기본적으로 이는 JDBC 3.0 드라이버에서 작업할 때만 JDBC DataSourceTransactionManager에 적용된다. 일부 JTA 공급자는 중첩 트랜잭션을 지원할 수도 있다.

트랜잭션 격리 메커니즘

트랜잭션 격리는 여러 개의 트랜잭션이 동시에 발생할 때 동일한 데이터 세트에 대해 다른 트랜잭션의 영향으로부터 트랜잭션을 보호하는 것을 의미한다. 트랜잭션 관리자는 트랜잭션을 격리하고자 다음과 같은 2가지 메커니즘에 의존한다.

- **잠금**: 잠금은 특정 데이터 세트에 대한 트랜잭션 액세스를 제어한다. 읽

기 잠금은 배타적이지 않으며 여러 트랜잭션이 동시에 데이터를 읽을 수 있게 한다. 그러나 쓰기 잠금은 배타적 잠금이며 단일 트랜잭션만 데이터를 업데이트할 수 있다.

- **직렬화:** 여러 트랜잭션이 동시에 발생하면 직렬화는 동시에 실행되는 것이 아니라 순차적으로 실행되는 것처럼 보장하는 메커니즘이다. 잠금은 직렬화를 적용하는 수단이다.

트랜잭션 격리 수준

사용되는 직렬화 및 잠금 유형과 영향을 받는 범위에 따라 트랜잭션이 실행되는 격리 수준이 결정된다. 자바 엔터프라이즈 에디션은 `java.sql.Connection` 인터페이스에 정의된 대로 다음 유형의 격리 수준을 지정한다.

- **TRANSACTION_NONE:** 트랜잭션이 지원되지 않음을 나타낸다.

- **TRANSACTION_READ_COMMITTED:** 더티 읽기[5]가 방지됨을 나타낸다. 반복 불가능한 읽기 및 팬텀 읽기[6]가 발생할 수 있다.

- **TRANSACTION_READ_UNCOMMITTED:** 더티 읽기, 비반복 읽기, 팬텀 읽기가 발생할 수 있음을 나타낸다. 이 수준에서는 한 트랜잭션에서 변경된 행을 해당 행의 변경 사항이 커밋되기 전에 다른 트랜잭션에서 읽을 수 있다(더티 읽기). 변경 사항이 롤백되면 다른 트랜잭션에서 잘못된 행을 검색하게 된다.

- **TRANSACTION_REPEATABLE_READ:** 더티 읽기, 비반복 읽기가 방지됨을 나타낸다. 팬텀 읽기가 발생할 수 있다.

- **TRANSACTION_SERIALIZABLE:** 더티 읽기, 비반복 읽기, 팬텀 읽기가 방지

---

5. 아직 커밋되지 않은 수정 중인 데이터를 다른 트랜잭션에서 읽을 때 발생한다. — 옮긴이
6. 팬텀 읽기는 트랜잭션 과정에서 다른 트랜잭션이 읽고 있는 레코드에 새 행을 추가하거나 제거할 때 발생한다.

됨을 나타낸다. 이 수준은 한 트랜잭션이 WHERE 조건을 충족하는 모든 행을 읽고 두 번째 트랜잭션이 해당 WHERE 조건을 충족하는 행을 추가하며 첫 번째 트랜잭션이 동일한 조건에 대해 다시 읽기 때문에 두 번째 읽기에서는 추가 팬텀 행을 검색하는 상황을 방지한다.

완화 수준 또는 직렬화와 잠금 적용의 엄격성은 애플리케이션이 데이터 안정성과 관련해 허용할 수 있는 동시성 유형에 따라 결정된다. 다음 절에서는 이 개념을 살펴본다.

트랜잭션 동시성

여러 개의 동시 트랜잭션이 종종 동일한 데이터 세트에서 발생하면 한 트랜잭션의 효과가 애플리케이션이 허용할 수 있는 동시성 수준으로 다른 트랜잭션의 영향을 제어할 수 있다. 수준은 다음과 같다.

- **더티 읽기:** 트랜잭션이 다른 트랜잭션에서 기록했지만 아직 커밋되지 않은 데이터를 읽을 때 더티 읽기가 발생한다.

- **비반복 읽기:** 트랜잭션이 데이터를 읽는 경우와 동일한 트랜잭션 내에서 동일한 데이터를 다시 읽을 때 다른 결과를 얻는 경우 비반복 읽기다.

- **팬텀 읽기:** 단일 트랜잭션이 동일한 데이터 세트에 대해 두 번 이상 읽으면 다른 트랜잭션이 들어와 데이터를 추가할 때 팬텀 읽기가 발생한다.

트랜잭션 격리 제어 방법

트랜잭션 격리가 엄격하면 부정적인 성능 시나리오가 발생할 수 있으며, 이러한 경우 잠금에 대한 2가지 일반적인 접근법이 있다.

- **낙관적 잠금:** 낙관적 잠금은 실용적인 접근법을 취하며 클라이언트가 데

이터를 사용하는 동안 데이터가 변경되지 않고 동일한 데이터에 동시에 액세스할 수 있도록 '낙관적'이 되게 한다. 어떤 이유로든 특정 클라이언트를 대신하는 트랜잭션이 업데이트를 원하면 클라이언트에 원래 제공된 데이터가 데이터베이스의 현재 데이터와 동일한 경우에만 업데이트가 커밋된다. 이 방법은 비교에 자주 실패하기 때문에 핫스팟 데이터에 적합하지 않다.

- **비관적 잠금:** 비관적 잠금은 세마포어semaphore[7]나 이전에 이야기한 트랜잭션 메커니즘 중 하나를 사용할 수 있다. 모든 읽기에는 읽기 잠금이 필요하고 모든 쓰기에는 쓰기 잠금이 필요하다. 읽기 잠금은 배타적이지 않지만 쓰기 잠금은 배타적이다. 다음과 유사한 쿼리를 수행하면 일반적인 읽기 잠금을 얻을 수 있다.

```
SELECT * FROM QUOTES_TABLE WHERE QUOTES_ID=5 FOR UPDATE;
```

두 잠금은 데이터 사용이 완료돼야 해제된다. 다른 트랜잭션이 쓰기 잠금을 유지하지 않으면 요청에 따라 트랜잭션에 읽기 잠금을 제공할 수 있다. 트랜잭션을 업데이트하려면 쓰기 잠금이 필요하며, 트랜잭션이 쓰기 잠금을 유지하는 동안 다른 트랜잭션은 읽기 잠금이 필요하지 않은 경우에만 데이터를 읽을 수 있다. 또한 트랜잭션이 쓰기를 하면 해당 변경 사항이 커밋될 때까지 다른 트랜잭션이 변경된 데이터를 읽는 것을 허용하지 않을 것이다.

---

7. 세마포어는 멀티태스킹 운영체제와 같은 동시 시스템에서 여러 프로세스가 공통 리소스에 대한 액세스를 제어하는 데 사용되는 변수나 추상 데이터 유형이다. 세마포어는 프로그래머가 정의한 조건에 따라 변경되는(예, 증가, 감소, 토글) 일반 변수다.

엔터프라이즈 트랜잭션 범주

트랜잭션은 사용하는 상황에 따라 의미가 다르다. 모놀리스 시스템 내에서 여러 작업 컨텍스트, 여러 모놀리스 또는 마이크로서비스의 컨텍스트, 공통(또는 상충되는) 이해관계를 가진 엔터프라이즈에서의 여러 컨텍스트가 있을 수 있다. 이러한 컨텍스트에서 다양한 트랜잭션 범주를 간략하게 살펴본다.

ACID 트랜잭션

ACID 트랜잭션은 여러 단계 또는 연산이 모두 함께 성공하거나 하나 이상의 단계의 실패로 모두 이전 상태로 되돌리는 의도로 실행되는 원자적 트랜잭션과 관련이 있다. 앞 절에서 다룬 주요 부분은 ACID 트랜잭션에 관한 것이므로 이미 충분히 설명했다. 이제 ACID 트랜잭션 처리[TP, Transaction Processing] 시스템의 아키텍처를 살펴본다. 그림 13-2는 여러 리소스 관리자로 구성된 일반적인 아키텍처를 보여준다.

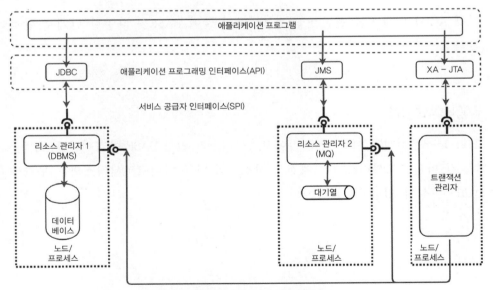

그림 13-2. 여러 리소스가 있는 분산 ACID 트랜잭션

BASE = ACID를 조각으로 나누기

ACID는 데이터 일관성을 보장할 수 있는 유일한 방식이다. 그러나 분산 시스템에 ACID 트랜잭션을 사용할 경우 모든 것이 잠금 단계 모드에서 수행돼야 한다. 이를 위해서는 모든 구성 요소를 사용할 수 있어야 하며 데이터 잠금 시간도 늘려야 한다. BASE는 단순히 전반적으로 이상적인 ACID 트랜잭션을 더 작은 조각으로 자르는 것만으로 이러한 요구 사항을 완화하는 아키텍처 방식이며, 각각은 여전히 ACID다.

메시징은 각 변경 사항이 ACID 트랜잭션에 의해 이상적으로 처리되는 시스템 전반에 걸쳐 변경 사항을 반영하는 데 사용된다. 메시지는 동기식이 아니라 비동기식이므로 이는 BASE 시스템에서 첫 번째와 마지막 ACID 트랜잭션 사이에 지연이 있음을 의미한다.

이것이 바로 이 방식이 '결과적 일관성'을 나타내는 이유다. 모든 메시지가 시스템에 전파될 때까지 기다렸다가 적절한 때에 적용되기 때문이다. 11장의 '결과적 일관성과 마이크로서비스' 절에서 이를 자세히 설명했다.

이제 ACID 트랜잭션 범위를 점점 더 많이 줄여 BASE를 다양한 단계로 살펴본다.

BASE 트랜잭션

그림 13-3은 4개의 서로 다른 마이크로서비스가 있는 BASE 아키텍처를 보여준다. 각 마이크로서비스에는 여전히 시스템의 다른 마이크로서비스와는 무관한 ACID 속성이 있다.

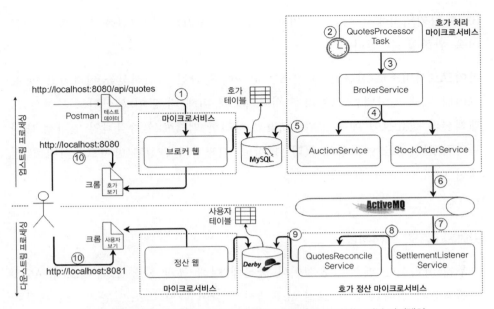

그림 13-3. 각 마이크로서비스가 XA 트랜잭션으로 ACID를 보장하는 기본 아키텍처

이것은 ACID 방식으로 메시지를 송수신하는 BASE 방식의 마이크로서비스 생태계의 시스템 아키텍처다. '분산 트랜잭션 예제' 절의 '예제 시나리오 디자인'에서 각 마이크로서비스의 기능을 살펴봤다. 그러나 당분간은 여기에 설명된 기술 구성 요소에 유의한다. ActiveMQ로 메시지가 어디로 보내지는지 또는 어디에서 왔는지 알지 못하거나 신경 쓰지 않기 때문에 BASE다. 호가 처리와 호가 정산 사이에서 확인되는 것은 대기열뿐이다. 반면에 고전적인 ACID 아키텍처는 호가 정산과 호가 처리를 하나의 큰 ACID 트랜잭션으로 생성한다. JTA/XA를 사용해 메시지가 손실되거나 중복되지 않도록 정확히 한 번 처리되게 할 수 있다. 대기열에서 받은 메시지는 중간에 사고가 있더라도 데이터베이스에 전달된다. 전송된 메시지는 중간에 사고가 있더라도 데이터베이스에서 도메인 객체 상태가 업데이트되게 보장한다.

데이터 일관성에 대한 강력한 보장이 필요한 시스템의 경우 이는 좋은 솔루션이다. 다른 시스템에서는 강력한 데이터 일관성이 그다지 중요하지 않으며

BASE 아키텍처에서 훨씬 더 미세한 범위의 ACID 트랜잭션을 사용해 작업을 더욱 완화할 수 있다.

마이크로서비스로 전환할 때 시스템 전체에 분산된 트랜잭션을 피하려고 한다. 그러나 실제 데이터는 모놀리스 시나리오에 비해 더 많이 분산되므로 분산 트랜잭션의 필요성이 매우 크다. 그리고 이러한 맥락에서 즉각적인 일관성 대신 결과적 일관성을 얘기하고 있다. 11장의 '결과적 일관성과 마이크로서비스' 절에서 이를 자세히 설명했다.

완화된 BASE 트랜잭션

경우에 따라서는 메시지 손실이나 중복에 대해 크게 신경 쓰지 않으며, ACID 트랜잭션의 범위를 순수 로컬 트랜잭션과 같이 단일 리소스 관리자로 제한할 수 있다. 이는 더 많은 성능을 제공하지만 비용이 든다. 지금까지 BASE 시스템은 결과적 일관성을 유지했지만 이 아키텍처는 더 이상 이를 기본적으로 보장하지 않는다.

14장에서 볼 수 있듯이 일정 수준의 일관성을 얻으려면 애플리케이션 개발자가 훨씬 더 많은 작업을 수행해야 한다. 어떤 경우에는, 특히 메시지 손실의 경우 결과적 일관성이 불가능할 수도 있다.

그림 13-4는 완화된 BASE 트랜잭션에서 여러 리소스 관리자로 구성된 일반적인 아키텍처를 보여준다.

마이크로서비스 리소스는 노드에 분산돼 있다. 노드 간에 리소스를 잠그면 시스템 확장성이 저하되므로 분산 트랜잭션을 피해야 한다. 또한 결과적 일관성에 대해서는 괜찮지만 완벽하게 달성할 수 없어도 상관하지 않는다. 그렇다면 그림 13-4는 완화된 BASE 모델을 따르는 방법을 보여준다. 애플리케이션은 관련 리소스 관리자 중 하나 이상과 직접 상호작용하거나 일반적으로 들어오는 요청을 동일한 책임과 기능을 가진 리소스 관리자 풀에 배포하는 일부 로드밸런서 또는 게이트웨이와 상호작용한다. 요청은 하나 이상의 리소스 관리자가 처리하며 변경 사항은 이후에 하나 이상의 다른 리소스 관리자에게 전파된다. 관련된 리소스 관리자의 수는 11장의 '스케일 큐브' 절에서 다뤘던 샤딩 모델과 단일 노드(단일 복제본)에서 이론적으로 주어진 데이터 레코드의 모든 복제본에 이르는 시스템 구성에 따라 달라진다.

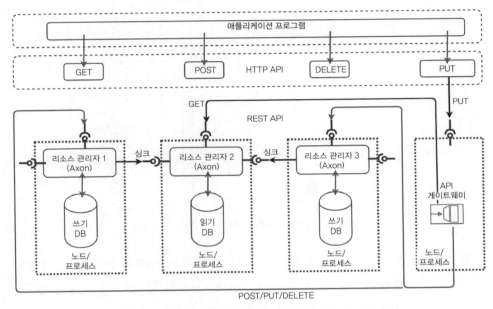

그림 13-4. 여러 리소스를 사용해 분산되고 완화된 BASE 트랜잭션

Axon은 분산 트랜잭션 관리자 또는 트랜잭션 코디네이터를 사용하지 않고도 리소스 관리자 간에 BASE 트랜잭션을 확장할 수 있는 많은 기능을 제공한다. 다시 말해 BASE 트랜잭션에는 분산 트랜잭션 관리자 또는 트랜잭션 조정자가 없지만 트랜잭션은 일정 수준의 결과적 일관성을 갖도록 여러 리소스 관리자에 전파될 수 있다. 그림 13-5는 Axon의 주요 구성 요소를 보여주는 시나리오다.

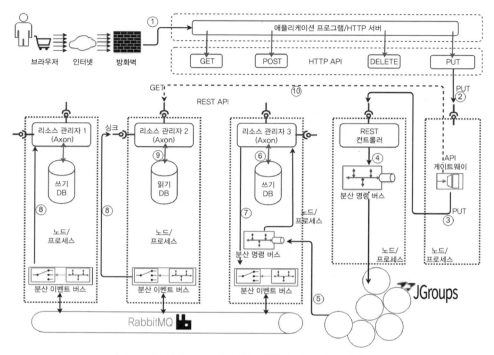

그림 13-5. BASE 트랜잭션을 지원하는 Axon 구성 요소

그림 13-5를 참고해 일반적인 완화된 BASE 트랜잭션 단계를 살펴보자. 브라우저의 쓰기 요청은 HTTP 서버 또는 로드밸런서에 HTTP PUT으로 표시된다.

1. 요청이 API 게이트웨이로 라우팅된다.

2. API 게이트웨이는 이 요청을 프론트 REST 컨트롤러인 Axon 애플리케이션의 요청을 첫 번째 접점으로 라우팅한다.

3. REST 컨트롤러는 요청을 확인하고 이를 엔티티 변경 요청으로 해석하고 CQRS 패턴에 따라 명령을 생성한다. 이 명령은 로컬 트랜잭션을 시작하는 분산 명령 버스로 전송된다.

4. 분산 명령 버스는 이 명령을 각 명령 핸들러가 포함된 노드(리소스 관리자 3)로 전송한다.

5. 명령 핸들러는 쓰기 DB의 저장소를 사용해 엔티티에 쓰기를 수행한다.

6. 또한 앞의 저장소 변경은 이벤트를 트리거하고(12장의 '동일한 JVM에서 명령과 이벤트 처리' 절의 '예제 시나리오 디자인'에서 자세한 설명을 했다) 이 이벤트는 클러스터링된 이벤트 버스로 전송된다.

7. 그림 13-5에서 2개의 서로 다른 이벤트 핸들러(리소스 관리자 1과 리소스 관리자 2)가 이전 이벤트에 관심이 있으며 상태 변경 사항을 지시하는 작업을 수행할 수도 있다.

8. 리소스 관리자 2가 실제로 시스템의 흥미로운 변경 사항을 자체적으로 읽기 DB 및 동기화하고 있음을 알 수 있다.

9. 모든 후속 쿼리(HTTP GET)에도 이러한 변경 사항을 확인한다. 결국 모든 사람이 변화를 보게 된다.

ACID와 BASE 비교

이러한 비교는 사과와 오렌지를 비교하는 것과 같다. 서로를 대체하기 위한 것이 아니며 둘 다 똑같이 자신의 목적을 위해 장단점이 있다. 이것은 쉽게 말한 것이지만 어떤 CTO에게는 이러한 직접적인 설명으로는 부족할 것이다. 하지만 이러한 차이를 이해하는 것이 '마이크로서비스 마스터링'의 핵심이다. 이러한 차이점을 이해한다면 이 책의 주요 의도는 충족된 것이다.

BASE 트랜잭션은 ACID 트랜잭션에서 벗어나려는 마이크로서비스 아키텍처 기반이다. 하지만 대개 그들은 다른 목적으로 사용된다. 둘 다 직교 문제, 즉 CAP 정리가 중요한 이유를 해결하므로 서로에 대해 토론할 필요가 없다. 그렇다면 ACID 트랜잭션을 완전히 제쳐두고 싶은가? 그것은 마치 전투기 기장으로서 좌석 탈출 버튼을 직접 제어해야 할지 아니면 직접 손이 닿지 않더라도 괜찮은지 묻는 것과 같다. 직접 접근할 수는 없는 대신 부기장이 당신의 명령으로 그것을 작동시킬 것이다. 전자의 경우 갑작스런 필요가 생길 때 자신의 의지에 따라 즉시 탈출할 수 있다고 확신한다. 후자의 경우 여전히 탈출할 수 있을 것이라고 거의 확신하지만 부기장이 명령을 실행하는 데 시간이 걸리거나 부기장이 자신을 움직일 위치에 있지 않은 불행한 경우 탈출이 즉각적일지 지연될지에 대해 회의적인 비율이 있다. 다시 말하면 전자는 상대적으로 더 결정적인 ACID 트랜잭션과 같은 의미인 반면 후자는 결과적으로 발생할 수 있는 BASE 트랜잭션과 같다.

항상은 아니지만 ACID가 필요하다.

이제 BASE로 넘어가서 여전히 적절한 수준(그림 13-3 참고)에서 ACID를 사용한다면 모든 것이 쉬워진다. 반면에 훨씬 더 완화된 BASE 접근법은 여러분의 삶을 완화시키지 못할 것이다. 사실 완화된 BASE는 ACID보다 훨씬 더 많은 복잡성을 줄 것이다.

따라서 BASE 트랜잭션과 관련된 복잡성을 이해하고 평가하는 한 가지 방법은 ACID 트랜잭션 자체를 이해하는 것이므로 다음 절에서 설명한다.

분산 트랜잭션 재검토

구체적인 예제를 살펴보기 전에 봐야 할 예제의 컨텍스트를 설정하는 몇 가지 개념을 이해해야 한다.

로컬 트랜잭션

일반적인 리소스 관리자를 사용하면 일반적으로 필수적이 아닐 수도 있지만 해당 단일 리소스는 단일 호스트나 노드로 제한된다. 이러한 단일 리소스로 제한된 작업은 로컬 트랜잭션이며 하나의 트랜잭션 리소스에만 영향을 미친다.

단일 노드 내에는(또는 실제 고려를 위해) 비결정적 작업이 더 적기 때문에 단일 노드에 전송된 명령은 결정적이라고 간주돼야 하며 장애 발생 시 로컬 복구 메커니즘이 있어야 한다. 이러한 리소스에는 자체 트랜잭션 API가 있으며 트랜잭션 개념은 종종 세션의 개념으로 나타나며 이 개념은 버퍼링된 작업이 언제 기본 리소스에 커밋돼야 하는지를 리소스에 알리고자 API를 구분하는 작업 단위로 캡슐화할 수 있다. 따라서 개발자 관점에서 로컬 트랜잭션의 트랜잭션을 관리하는 것이 아니라 '연결'만을 관리한다.

java.sql.Connection 인터페이스는 데이터베이스를 래핑할 수 있는 트랜잭션 리소스다. 기본적으로 Connection 객체는 자동 커밋 모드에 있다. 즉, 각 구문을 실행한 후 자동으로 변경 사항을 커밋한다. 자동 커밋 모드가 비활성화된 경우 변경 사항을 커밋하려면 commit 메서드를 명시적으로 호출해야 한다. 그렇지 않으면 데이터베이스 변경 사항이 저장되지 않는다. 2개 이상의 관련 구문이 있으면 여러 개의 관련 구문을 배치에 넣고 모두 커밋하거나 전혀 커밋하지 않는 것이 좋다. 먼저 Connection의 setAutoCommit() 메서드를 false로 설정하고 나중에 일괄 처리가 끝날 때 명시적으로 Connection.commit() 또는 Connection.rollback()을 호출해 이를 수행한다. 리스트 13-1을 보자.

리스트 13-1. 로컬 트랜잭션 예제

```
try{
  connection.setAutoCommit(false);
  Statement statement = conn.createStatement();

  String insertString = "insert into " + dbName + ".SHIPPING VALUES ("+ orderId
      + ", 'NEW')";
  statement.executeUpdate(insertString);

  String updateString = "update " + dbName + ".ORDERS set STATUS = 'PROCESSED'
      where ORDER_ID = " + orderId;
  statement.executeUpdate(updateString);

  connection.commit();
```

```
}catch(SQLException se){
   connection.rollback();
}
```

리스트 13-1에서는 두 쿼리문이 함께 커밋되거나 함께 롤백된다. 그러나 분산 트랜잭션이 아니라 로컬 트랜잭션이다.

분산 트랜잭션

일반적으로 분산 트랜잭션 시나리오가 존재하려면 2개 이상의 리소스 관리자에 걸쳐 있어야 한다. IBM의 CICS, BEA의 턱시도^{Tuxedo}, SAP 자바 커넥터^{Java} ^{Connector}, 시블^{Siebel} 시스템과 같은 데이터베이스, 메시지 대기열, 트랜잭션 처리^{TP} 모니터는 일반적인 트랜잭션 리소스며, 트랜잭션을 배포해야 하는 경우에는 이러한 리소스 몇 개에 걸쳐 있어야 하는 경우가 많다. 분산 트랜잭션은 서로 다른 물리적 위치에 분산돼 있는 여러 관련 리소스 간에 동기화(또는 ACID 속성 제공)돼야 하는 원자적 작업으로 볼 수 있다.

오라클 웹로직$^{Oracle\ Weblogic}$과 IBM 웹스피어^{Websphere} 같은 자바 EE 애플리케이션 서버는 기본적으로 JTA를 지원하며 다음과 같은 다른 독립 실행형 JTA 구현도 있다.

- **JOTM:** JOTM은 자바로 구현된 오픈소스 트랜잭션 관리자다. 다양한 미들웨어 플랫폼(J2EE, 코바^{CORBA}, 웹 서비스, OSGi)을 사용하는 클라이언트에 대한 트랜잭션을 지원하는 여러 트랜잭션 모델과 사양을 지원한다.

- **나라야나^{Narayana}:** 이전에 제이보스TS^{JBossTS}와 아르주나^{Arjuna} 트랜잭션 서비스로 알려진 나라야나는 JTA와 JTS API를 모두 지원하는 매우 강력한 기능을 제공한다. 중첩된 최상위 트랜잭션, 중첩 트랜잭션, 사가 기반의 보상 모델의 3가지 확장 트랜잭션 모델을 지원한다. 또한 웹 서비스와

RESTful 트랜잭션도 지원한다. 스프링 프레임워크와의 수동 통합이 필요하지만 스프링 부트와는 바로 통합해 사용할 수 있다.

- **아토미코스**^{Atomikos} **TransactionsEssentials**: JTA API를 넘어서는 복구와 일부 이국적인 기능도 지원하는 완전한 구현체다. 데이터베이스와 JMS 리소스 모두에 대해 바로 사용 가능한 스프링 통합과 연결 풀링을 지원한다.

- **비트로닉스**^{Bitronix} **JTA**: 비트로닉스는 트랜잭션 복구를 지원할 뿐만 아니라 일부 상용 상품보다 더 우수하다고 주장한다. 비트로닉스는 연결 풀링과 세션 풀링도 제공한다.

자바에서 분산 트랜잭션

여러 리소스에 걸친 트랜잭션의 조정은 **opengroup**의 X/Open 표준으로 지정된다. 자바는 JTA^{Java Transaction API}와 JTS^{Java Transaction Service}의 2가지 인터페이스를 제공해 X/Open 표준을 지원한다. 그림 13-2와 같이 JTA는 애플리케이션 개발자가 트랜잭션 관리자와 통신하고자 사용한다. 서로 다른 플랫폼과 프로그래밍 언어를 따르는 여러 공급업체가 리소스를 제공할 수 있으므로 이러한 모든 리소스를 조정해야 한다면 X/Open 표준에 동의해야 한다. 여기서 코바 OTS^{Object Transaction Service}를 따르는 JTS는 분산 리소스를 사용하는 서로 다른 트랜잭션 관리자 간에 필요한 상호 운용성을 제공한다.

분산 트랜잭션의 '분산 특성'을 살펴봤다. 2단계 커밋 프로토콜은 여러 리소스 관리자에서 트랜잭션을 조정하는 데 사용된다.

MySQL, ActiveMQ, Derby, 아토미코스를 사용한 분산 트랜잭션 예제

특히 여러 리소스 관리자가 관여하는 경우 많은 데이터 일관성 문제를 해결하는 가장 쉬운 방법은 그림 13-3과 같이 BASE에서도 XA 또는 분산 트랜잭션을 사용하는 것이다. 그러나 훨씬 더 완화된 BASE 마이크로서비스로 전환하려면 XA 트랜잭션 관리자가 없고 그들이 모든 힘든 작업을 수행했을 것이므로 디자인 메커니즘에 더 내결함성을 갖춰야 한다. 예를 들어 주요 일관성 문제 시나리오를 살펴보자. 예에서 분산 트랜잭션을 사용하지 않고도 바로 우려 시나리오를 설명할 수 있었지만 독자가 이런 방식으로 일관성 문제를 이해하기 쉽기 때문에 그 반대로 XA 트랜잭션을 사용해 완벽한 시나리오를 설명하고 ACID 범위를 더 줄여서 다양한 장애 조건을 시뮬레이션해보겠다. XA 트랜잭션을 통해 다음을 수행할 수 있다. 트랜잭션 속성을 '남용'해 트랜잭션 범위를 평소보다 작게 만들 수 있다. 즉, 동일한 코드를 재사용해 완화된 BASE의 변칙성을 점진적으로 설명할 수 있다.

예제 시나리오

이 예제는 그림 13-3과 같이 사소한 것이 아니므로 시나리오에 약간의 설명이 필요하다. 예제 시나리오는 간단한 주식 거래 처리 시스템이다. 구성 요소는 다음과 같다.

1. 주식 거래에 대한 새로운 호가를 브로커 웹 마이크로서비스로 등록할 수 있다. 새 호가는 'New' 상태로 MySQL 데이터베이스에 있는 호가 테이블에 추가된다.

2. 호가 처리 작업은 퀴츠^{Quartz} 스케줄러 작업이며 'New' 상태의 새 호가에 대해 MySQL 데이터베이스의 호가 테이블을 읽는다.

3. 'New' 상태의 새 호가가 발견되면 항상 트랜잭션과 함께 브로커 서비스의 processNewQuote 메서드를 호출해 새 호가에 대한 고유 식별자를 호가 테이블에 전달한다.

4. 브로커 서비스는 다른 거래 서비스인 경매 서비스와 주식 주문 서비스를 사용하며 둘 다 실행은 원자적이어야 한다.

5. 경매 서비스는 거래 내에서 호가 상태를 'Confirmed'로 변경해 수신된 호가를 확인한다.

6. 주식 주문 서비스는 새 호가에 포함된 정보에서 JMS 메시지를 생성하고 위의 5 트랜잭션 내에서 호가 정산을 위해 ActiveMQ 대기열로 전송한다.

7. 호가 정산 리스너 서비스는 확인된 새 호가에 대해 ActiveMQ 대기열에서 수신한다. ActiveMQ 대기열에 도달할 때 확인된 모든 호가는 트랜잭션 내에서 호가 정산 리스너 서비스의 onMessage로 처리된다.

8. 호가 정산 리스너 서비스는 위의 7 트랜잭션 내에서 호가 조정을 위해 호가 조정 서비스를 호출한다.

9. 호가 조정 서비스는 위의 7 트랜잭션 내에서 판매자와 구매자의 각 사용자 계좌에 거래된 주식의 가치를 조정해야 한다.

10. 브로커 웹 마이크로서비스와 호가 정산 웹 마이크로서비스는 호가 테이블과 사용자 테이블의 운영 데이터에 대한 대시보드 보기로 라이브 뷰를 제공하기 위한 유틸리티다.

높은 수준의 비즈니스 예제 시나리오를 확인했으므로 이제 아키텍처의 다른 인프라 측면에 주목해보자. 호가 처리 마이크로서비스는 MySQL과 ActiveMQ라는 두 리소스에 원자적 작업을 수행해야 한다. 여기에 분산 트랜잭션 관리자가 필요하다. 마찬가지로 호가 정산 마이크로서비스는 Derby와 ActiveMQ라는 두

리소스에 걸쳐 원자적 작업을 수행해야 한다. 여기에도 분산 트랜잭션 관리자
가 필요하다.

예제 시나리오 코딩

분산 트랜잭션 예제를 보여주는 데 필요한 전체 코드는 ch13\ch13-01 폴더에
있다. 코딩할 마이크로서비스는 4개이다. 그것들을 하나씩 살펴보자.

마이크로서비스 1: 호가 처리(Broker-MySQL-ActiveMQ)

아토미코스 분산 트랜잭션 관리자 의존성을 보려면 pom.xml을 확인한다. 리스
트 13-2를 참고한다.

리스트 13-2. 분산 트랜잭션 예제를 위한 MySQL과 ActiveMQ 메이븐 의존성(ch13\ch13-01\
XA-TX-Distributed\Broker-MySQLActiveMQ\pom.xml)

```xml
<dependencies>

  <dependency>
    <groupId>javax.transaction</groupId>
    <artifactId>jta</artifactId>
    <version>1.1</version>
  </dependency>

  <dependency>
    <groupId>com.atomikos</groupId>
    <artifactId>transactions</artifactId>
    <version>3.9.3</version>
  </dependency>

  <dependency>
    <groupId>com.atomikos</groupId>
    <artifactId>transactions-hibernate3</artifactId>
    <version>3.9.3</version>
  </dependency>
```

```xml
	<dependency>
		<groupId>com.atomikos</groupId>
		<artifactId>transactions-api</artifactId>
		<version>3.9.3</version>
	</dependency>

	<dependency>
		<groupId>com.atomikos</groupId>
		<artifactId>transactions-jms</artifactId>
		<version>3.9.3</version>
	</dependency>

	<dependency>
		<groupId>com.atomikos</groupId>
		<artifactId>transactions-jdbc</artifactId>
		<version>3.9.3</version>
	</dependency>

	<dependency>
		<groupId>com.atomikos</groupId>
		<artifactId>transactions-jta</artifactId>
		<version>3.9.3</version>
	</dependency>

	<dependency>
		<groupId>org.apache.activemq</groupId>
		<artifactId>activemq-core</artifactId>
		<version>5.7.0</version>
	</dependency>

	<dependency>
		<groupId>mysql</groupId>
		<artifactId>mysql-connector-java</artifactId>
		<version>8.0.14</version>
	</dependency>

</dependencies>
```

이러한 라이브러리 의존성은 구성을 자세히 살펴보면 더욱 명확해진다. 그 전에 아키텍처의 주요 구성 요소를 살펴보자. 먼저 정해진 간격으로 process NewQuotes()가 트리거되게 구성된 간격으로 시간 초과되는 퀴츠^{Quartz} 스케줄러인 QuotesProcessorTask를 살펴본다. 리스트 13-3을 보자.

리스트 13-3. 새 호가 처리를 위한 예약 작업(ch13\ch13-01\XATX-Distributed\Broker-MySQL-ActiveMQ\src\main\java\com\acme\ecom\schedule\QuotesProcessorTask.java)

```java
public class QuotesProcessorTask {

  @Autowired
  @Qualifier("brokerServiceRequired_TX")
  BrokerService brokerServiceRequired_TX;

  public void processNewQuotes() {

    List<QuoteDTO> newQuotes = brokerServiceRequired_TX.findNewQuotes();
    newQuotes.forEach(item->{
      if(((QuoteDTO) item).getStatus().equals(Quote.NEW)){
        brokerServiceRequired_TX.processNewQuote(((QuoteDTO) item).getId());
      }
    });
  }
}
```

새 호가가 발견되면 스케줄러는 발견된 새 호가의 ID를 전달하는 브로커 서비스의 processNewQuote() 메서드를 각 새 호가에 대해 한 번씩 호출한다. 이 메서드 호출은 트랜잭션 내에서 발생하며, 이 트랜잭션 구성은 곧 확인할 것이다. 다음으로 리스트 13-4에서 브로커 서비스를 살펴보자.

리스트 13-4. 새 호가 처리를 조정하는 브로커 서비스(ch13\ch13-01\XA-TX-Distributed\Broker-MySQL-ActiveMQ\src\main\java\com\acme\ecom\service\BrokerServiceImpl.java)

```java
public class BrokerServiceImpl implements BrokerService{
```

```java
private static volatile boolean flipFlop = false;

@Autowired
@Qualifier("auctionServiceRequired_TX")
AuctionService auctionServiceRequired_TX;

@Autowired
@Qualifier("stockOrderServiceRequired_TX")
StockOrderService stockOrderServiceRequired_TX;

@Autowired
@Qualifier("auctionServiceRequiresNew_TX")
AuctionService auctionServiceRequiresNew_TX;

@Autowired
@Qualifier("stockOrderServiceRequiresNew_TX")
StockOrderService stockOrderServiceRequiresNew_TX;

private static synchronized void flipFlop() throws QuotesBaseException{

    if(flipFlop){
       flipFlop = false;
    }
    else{
       flipFlop = true;
    }

    if(flipFlop){
       throw new QuotesBaseException("Explicitly thrown by Broker Application
          to Roll Back!");
    }
}

@Override
public List<QuoteDTO> findNewQuotes(){

    List<QuoteDTO> newQuotes = auctionServiceRequired_TX.findNewQuotes();
    return newQuotes;
}

@Override
```

```java
public void processNewQuote(Long id)throws QuotesBaseException{

    Optional<QuoteDTO> quoteQueried =
        auctionServiceRequired_TX.findQuoteById(id);
    QuoteDTO quoteDTO = (QuoteDTO) quoteQueried.get();
    Integer testCase = quoteDTO.getTest();
    If((testCase == 1) || (testCase == 5) || (testCase == 6) || (testCase == 7)){
        auctionServiceRequired_TX.confirmQuote(quoteDTO);
        stockOrderServiceRequired_TX.sendOrderMessage(quoteDTO);
    }
    else if(testCase == 2){
        auctionServiceRequired_TX.confirmQuote(quoteDTO);
        stockOrderServiceRequired_TX.sendOrderMessage(quoteDTO);
        flipFlop();
    }
    else if(testCase == 3){
        auctionServiceRequired_TX.confirmQuote(quoteDTO);
        try{
            stockOrderServiceRequiresNew_TX.sendOrderMessage(quoteDTO);
        }
        catch(QuotesMessageRollbackException quotesMessageRollbackException){
            LOGGER.error(quotesMessageRollbackException.getMessage());
        }
    }
    else if(testCase == 4){
        try{
            auctionServiceRequiresNew_TX.confirmQuote(quoteDTO);
        }
        catch(QuotesConfirmRollbackException quotesConfirmRollbackException){
            LOGGER.error(quotesConfirmRollbackException.getMessage());
        }
        stockOrderServiceRequired_TX.sendOrderMessage(quoteDTO);
    }
    else if(testCase == 8){
        try{
```

```
            auctionServiceRequiresNew_TX.confirmQuote(quoteDTO);
            // PROPAGATION_REQUIRES_NEW
            // QuoteProcessorTask 작업 중에 이 호가를 가져오지 않아야 하기 때문이다
        }
        catch(QuotesConfirmRollbackException quotesConfirmRollbackException){
            LOGGER.error(quotesConfirmRollbackException.getMessage());
        }

        stockOrderServiceRequired_TX.sendOrderMessage(quoteDTO);
    }
    else{
        LOGGER.debug("Undefined Test Case");
    }
  }
}
```

브로커 서비스 내의 경매 서비스와 주식 주문 서비스에 대한 참조를 자동 구성한다. 각 서비스에 대한 참조는 2가지다. 이것은 검증할 다양한 테스트 시나리오를 위한 값일 뿐이다. 분명하게 말하자면 auctionServiceRequired_TX와 auctionServiceRequiresNew_TX라는 이름의 경매 서비스에 대한 2개의 참조가 있다. 이름에서 알 수 있듯이 auctionServiceRequired_TX의 쓰기 메서드는 PROPAGATION_REQUIRED 컨텍스트에서 실행되는 반면 auctionServiceRequiresNew_TX 의 쓰기 메서드는 PROPAGATION_REQUIRES_NEW 컨텍스트에서 실행된다. 나머지 코드는 실행 중인 테스트 시나리오(테스트 케이스)를 식별하고자 전송된 표시기(정수값)의 수신 매개변수를 확인한다. 일반적으로 상위 서비스와 하위 서비스 간에 트랜잭션을 전파하려면 PROPAGATION_REQUIRED를 사용하고, 오류 조건을 명시적으로 생성할 때마다 PROPAGATION_REQUIRES_NEW를 사용한다. 이는 오류가 해당 서비스 메서드의 컨텍스트에만 제한되게 try-catch를 사용하는 것으로, 다른 실행 흐름이 발생할 수 있다. 다시 말하지만 이는 고정된 값으로 시연을 목적으로 하기 위한 것이다.

실제 운영 시나리오에서는 모든 테스트 시나리오가 준비되는 것을 원치 않으므로 서비스 전반에서 PROPAGATION_REQUIRED를 사용하려면 (testCase == 1) 시나리오만 사용해 모든 것을 구성한다.

브로커 서비스에 정의된 flipFlop()[8]이라는 또 다른 유틸리티 메서드가 있다. 이 메서드는 2번 연속으로 실행할 때 오류 생성 시뮬레이션을 한 번 실행하므로 한 번의 메서드 실행에서 오류를 시뮬레이션한 경우 동일한 메서드의 다음 실행에서 오류가 시뮬레이션되지 않는다. 이렇게 해서 오류 시나리오에 대한 유효성을 검사하는 테스트를 한번에 실행할 경우 동일한 흐름이 오류 시나리오 없이 실행될 경우 불변성이 어떻게 되는지도 확인할 수 있다. 이 기능은 재시도할 때 다음 단계에서 실패 없이 발생하게 해 첫 번째 단계에서 메시지 수신이 실패하는지를 확인하려는 경우에 유용하다. 이렇게 하면 결과를 쉽게 테스트하고 시각화할 수 있다. 우선 여기까지만 확인한다. 테스트를 실행하면 더 명확해질 것이다.

다음으로 리스트 13-5의 경매 서비스를 살펴보자.

리스트 13-5. MySQL DB의 새 호가를 확인하는 경매 서비스(ch13\ch13-01\XA-TX-Distributed\Broker-MySQL-ActiveMQ\src\main\java\com\acme\ecom\service\AuctionServiceImpl.java)

```java
@Service
public class AuctionServiceImpl implements AuctionService{

    @Autowired
    private QuoteRepository quoteRepository;

    @Override
    public QuoteDTO confirmQuote(QuoteDTO quoteDTO) throws
        QuotesConfirmRollbackException{

    Integer testCase = quoteDTO.getTest();
    Optional quoteQueried = quoteRepository.findById(quoteDTO.getId());
```

---

8. 플립플롭(flip-flop)은 이진 데이터를 저장하는 데 사용할 수 있는 2개의 안정된 상태를 가진 전자 회로다. - 옮긴이

```
      Quote quote = null;
      Quote quoteSaved = null;
      if(quoteQueried.isPresent()){
        quote = (Quote) quoteQueried.get();
        quote.setStatus(Quote.CONFIRMED);
        quote.setUpdatedAt(new Date());
        quoteSaved = quoteRepository.save(quote);
      }
      if(testCase == 4){
        flipFlop();
      }
      return getQuoteDTOFromQuote((Quote) quoteQueriedAgain.get());
  }
}
```

경매 서비스는 새 호가의 상태를 'Confirmed'로 변경한다.

경매 서비스를 실행한 후 브로커 서비스는 주식 주문 서비스를 호출한다. 주식
주문 서비스는 JMS 메시지 생산자며 리스트 13-6에 있다.

리스트 13-6. 확인된 호가에 대해 ActiveMQ에 메시지를 보내는 주식 주문 서비스(ch13\ch13-
01\XA-TX-Distributed\Broker-MySQL-ActiveMQ\src\main\java\com\acme\ecom\
messaging\StockOrderServiceImpl.java)

```
public class StockOrderServiceImpl implements StockOrderService{

  private JmsTemplate jmsTemplate;
  public void setJmsTemplate(JmsTemplate jmsTemplate) {

    this.jmsTemplate = jmsTemplate;
  }

  public void sendOrderMessage(final QuoteDTO quoteDTO) throws
      QuotesMessageRollbackException{
```

```
        Integer testCase = quoteDTO.getTest();

        jmsTemplate.send(new MessageCreator() {

            public Message createMessage(Session session) throws JMSException {
                return session.createObjectMessage(quoteDTO);
            }
        });

        if(testCase == 3){
            throw new QuotesMessageRollbackException("Explicitly thrown by Message
                Sender to Roll Back!");
        }
    }
}
```

코드 완성을 위해 리스트 13-7은 호가 모델 클래스를 보여준다.

리스트 13-7. 호가 엔티티(ch13\ch13-01\XA-TX-Distributed\Broker-MySQLActiveMQ\src\main\java\com\acme\ecom\model\quote\Quote.java)

```
@Entity
@Table(name = "quote")
@Data
@EqualsAndHashCode(exclude = { "id" })
public class Quote{

    public static final String NEW = "New";
    public static final String CONFIRMED = "Confirmed";

    @Id
    @GeneratedValue(strategy = GenerationType.AUTO)
    private Long id;

    @NotBlank
    @Column(name = "symbol", nullable = false, updatable = false)
    private String symbol;
```

```
    @Column(name = "sellerid", nullable = false, updatable = false)
    private Long sellerId;

    @Column(name = "buyerid", nullable = false, updatable = false)
    private Long buyerId;

    @Column(name = "amount", nullable = false, updatable = false)
    private Float amount;

    @Column(name = "status", nullable = false, updatable = true)
    private String status;

    @Column(name = "test", nullable = true, updatable = true)
    private Integer test;

    @Column(name = "delay", nullable = true, updatable = true)
    private Integer delay = 0;

    @Column(name = "createdat", nullable = true, updatable = false)
    @Temporal(TemporalType.TIMESTAMP)
    private Date createdAt;

    @Column(name = "updatedat", nullable = true, updatable = true)
    @Temporal(TemporalType.TIMESTAMP)
    private Date updatedAt;
}
```

이것이 모든 주요 예제 자바 파일이다. 위의 클래스를 아토미코스 XA 트랜잭션 관리자와 연결하는 주요 구성은 리스트 13-8의 springsender-mysql.xml 파일에서 수행된다.

리스트 13-8. MySQL, ActiveMQ, 아토미코스를 사용한 분산 트랜잭션을 위한 스프링 연결 예제 (ch13\ch13-01\XA-TX-Distributed\Broker-MySQLActiveMQ\src\main\resources\spring-sender-mysql.xml)

```
<beans>
  <bean id="stockOrderTarget"
```

```
       class="com.acme.ecom.messaging.StockOrderServiceImpl">
   <property name="jmsTemplate" ref="jmsTemplate"/>
</bean>

<bean id="stockOrderServiceRequired_TX"class="org.springframework.
       transaction.interceptor.TransactionProxyFactoryBean">
   <property name="transactionManager">
     <ref bean="transactionManager" />
   </property>
   <property name="target">
     <ref bean="stockOrderTarget" />
   </property>
   <property name="transactionAttributes">
     <props>
       <prop key="sendOrderMessage?">
         PROPAGATION_REQUIRED,
         -QuotesMessageRollbackException,
         +QuotesNoRollbackException
       </prop>
     </props>
   </property>
</bean>

<bean id="stockOrderServiceRequiresNew_TX" class="org.springframework.
       transaction.interceptor.TransactionProxyFactoryBean">
   <property name="transactionManager">
     <ref bean="transactionManager" />
   </property>
   <property name="target">
     <ref bean="stockOrderTarget" />
   </property>
   <property name="transactionAttributes">
     <props>
       <prop key="sendOrderMessage?">
         PROPAGATION_REQUIRES_NEW,
         -QuotesMessageRollbackException,
```

```xml
            +QuotesNoRollbackException
        </prop>
      </props>
    </property>
</bean>

<bean id="auctionTarget" class=
    "com.acme.ecom.service.AuctionServiceImpl">
</bean>

<bean id="auctionServiceRequired_TX" class="org.springframework.
    transaction.interceptor.TransactionProxyFactoryBean">
  <property name="transactionManager">
    <ref bean="transactionManager" />
  </property>
  <property name="target">
    <ref bean="auctionTarget" />
  </property>
  <property name="transactionAttributes">
    <props>
      <prop key="confirm?">
        PROPAGATION_REQUIRED,
        -QuotesConfirmRollbackException,
        +QuotesNoRollbackException
      </prop>
      <prop key="find?">PROPAGATION_SUPPORTS, readOnly</prop>
    </props>
  </property>
</bean>

<bean id="auctionServiceRequiresNew_TX" class="org.springframework.
    transaction.interceptor.TransactionProxyFactoryBean">
  <property name="transactionManager">
    <ref bean="transactionManager" />
  </property>
  <property name="target">
    <ref bean="auctionTarget" />
```

```xml
        </property>
        <property name="transactionAttributes">
          <props>
            <prop key="confirm?">
              PROPAGATION_REQUIRES_NEW,
              -QuotesConfirmRollbackException,
              +QuotesNoRollbackException
            </prop>
            <prop key="find?">PROPAGATION_SUPPORTS, readOnly</prop>
          </props>
        </property>
      </bean>

      <bean id="brokerTarget" class= "com.acme.ecom.service.BrokerServiceImpl">
      </bean>

      <bean id="brokerServiceRequired_TX" class="org.springframework.
          transaction.interceptor.TransactionProxyFactoryBean">
        <property name="transactionManager">
          <ref bean="transactionManager" />
        </property>
        <property name="target">
          <ref bean="brokerTarget" />
        </property>
        <property name="transactionAttributes">
          <props>
            <prop key="process?">
              PROPAGATION_REQUIRED,
              -QuotesBaseException,
              +QuotesNoRollbackException
            </prop>
            <prop key="find?">PROPAGATION_SUPPORTS, readOnly</prop>
          </props>
        </property>
      </bean>
    </beans>
```

앞서 '분산 트랜잭션 재검토' 절에서 로컬 트랜잭션을 언급했으며 스프링의 PlatformTransactionManager는 JDBC, JMS, AMQP, 하이버네이트^{Hibernate}, JPA, JDO, 기타 여러 사용 시나리오에서 로컬 트랜잭션을 지원한다. XA 트랜잭션을 사용하고자 할 때 org.springframework.transaction.jta.JtaTransactionManager를 사용할 수 있다. JtaTransactionManager는 백엔드 JTA 제공자에게 위임하는 JTA용 PlatformTransactionManager 구현이다. 이것은 일반적으로 오라클 WebLogicJtaTransactionManager 또는 IBM WebSphereUowTransactionManager 와 같은 자바 EE 서버의 트랜잭션 코디네이터에 위임하는 데 사용되지만 아토 미코스와 같이 애플리케이션 내에 포함된 로컬 JTA 공급자로 구성될 수도 있다. 내장 트랜잭션 관리자는 완전한 애플리케이션 서버를 사용하지 않을 자유를 제공한다. 독립 실행형 JVM 애플리케이션의 애플리케이션 서버로부터 얻을 수 있는 것과 유사한 XA 트랜잭션 지원의 상당 부분을 여전히 얻을 수 있다.

현재 예제에서 2개의 리소스 관리자에 트랜잭션이 있는 작업이 있다.

- `AuctionService.confirmQuote()`
- `StockOrderService.sendOrderMessage()`

첫 번째는 JPA 저장소를 사용해 엔티티의 변경된 상태를 기본 저장소에 병합한 다음 영구 백업 저장소에 병합한다. 두 번째는 JMS를 사용해 ActiveMQ 대기열에 메시지를 보낸다. 위의 두 작업 모두 원자성으로 만들려고 하므로 둘 다 성공하거나 둘 다 롤백해야 한다. 제어를 쉽게 하려면 위의 두 트랜잭션 메서드를 세 번째 메서드로 묶는다.

- `BrokerService.processNewQuote()`

`org.springframework.transaction.interceptor.TransactionProxyFactoryBean` 을 활용한다. 트랜잭션 프록시로 싱글톤^{singleton}의 대상 객체를 감싸는 대상이 구현하는 모든 인터페이스를 프록시함으로써 선언적 트랜잭션의 일반적인 예제에서 사용되게 디자인됐다. 이 작업은 XML 구성으로 끝난다. 그런 다음 3개의

메서드에 필요한 트랜잭션 유형도 설정한다.

- AuctionService.confirmQuote()
  - <prop key="confirm*">PROPAGATION_REQUIRED</prop>
- StockOrderService.sendOrderMessage()
  - <prop key="sendOrderMessage*">PROPAGATION_REQUIRED</prop>
- BrokerService.processNewQuote()
  - <prop key="process*">PROPAGATION_REQUIRED</prop>

또한 스프링 프레임워크의 트랜잭션 인프라에 트랜잭션 작업을 롤백해야 함을 나타내는 권장 방법은 현재 트랜잭션 컨텍스트에서 실행 중인 코드에서 예외를 발생시키는 것이다. 스프링 프레임워크의 트랜잭션 인프라 코드는 호출 스택을 버블업할 때 처리되지 않은 예외를 모두 포착하고 트랜잭션을 롤백 대상으로 표시한다.

비즈니스 구성 요소를 연결하는 데 필요한 것은 이것뿐이다. 이제 위의 3가지 방법 중 하나에 오류가 있으면 XA 트랜잭션에 있는 기본 리소스 관리자의 3가지 비즈니스 방법에 의해 영향을 받는 상태 변경 사항을 롤백한다.

이제 인프라 내부 연동에 집중할 수 있다. JMS 리소스와 JDBC 리소스라는 2가지 리소스를 구성해야 한다. XA JMS 리소스는 리스트 13-9를 보자.

리스트 13-9. ActiveMQ와 아토미코스를 사용한 분산 트랜잭션 예제의 XA JMS 리소스에 대한 스프링 연결(ch13\ch13-01\XA-TX-Distributed\Broker-MySQL-ActiveMQ\src\main\resources\spring-sender-mysql.xml)

```
<beans>

  <bean id="XaFactory"
      class="org.apache.activemq.ActiveMQXAConnectionFactory">
    <property name="brokerURL" value="tcp://127.0.0.1:61616"/>
  </bean>
```

```xml
    <bean id="connectionFactory"
        class="com.atomikos.jms.AtomikosConnectionFactoryBean">
      <property name="uniqueResourceName" value="JMS-Producer"/>
      <property name="xaConnectionFactory" ref="XaFactory"/>
      <property name="localTransactionMode" value="false"/>
    </bean>

    <bean id="jmsTemplate" class="org.springframework.jms.core.JmsTemplate">
      <property name="connectionFactory" ref="connectionFactory"/>
      <property name="defaultDestinationName" value="notification.queue"/>
      <property name="deliveryPersistent" value="true"/>
      <property name="sessionTransacted" value="true"/>
      <property name="sessionAcknowledgeMode" value="0"/>
    </bean>
  </beans>
```

StockOrderService에서 사용하는 JmsTemplate은 com.atomikos.jms를 사용한다. AtomikosConnectionFactoryBean은 JTA 사용 JMS 작업을 위한 아토미코스의 JMS 1.1 연결 팩토리다. 이 클래스의 인스턴스를 사용해 저수준의 XA 호출을 직접 게시하지 않고도 JMS가 JTA 트랜잭션에 참여하게 할 수 있다. 기본값은 false인 localTransactionMode 속성을 사용해 로컬 트랜잭션이 필요한지 여부를 설정한다. 로컬 트랜잭션에서는 XA가 수행되지 않는다. 대신 애플리케이션은 세션 수준 JMS 커밋이나 롤백을 수행해야 한다. 이 기능을 사용하려면 JMS 공급자인 ActiveMQ의 지원도 필요하다. xaConnectionFactory 속성은 ActiveMQ 브로커에 연결을 캡슐화하는 기본 연결 팩토리다. 예제에서의 빈Bean은 Active MQXAConnectionFactory 유형의 인스턴스로, XA 트랜잭션을 지원하고 ActiveMQ 브로커에 연결할 때 사용해야 하는 특수 연결 팩토리 클래스다.

XA JDBC 리소스에 대해서는 리스트 13-10을 보자.

리스트 13-10. MySQL와 아토미코스를 사용한 분산 트랜잭션 예제의 XA JDBC 리소스의 스프링 연결(ch13\ch13-01\XA-TX-Distributed\Broker-MySQL-ActiveMQ\src\main\resources\spring-sender-mysql.xml)

```xml
<beans>
  <bean id="datasourceAtomikos-01"
      class="com.atomikos.jdbc.AtomikosDataSourceBean">
    <property name="uniqueResourceName">
      <value>JDBC-1</value>
    </property>
    <property name="xaDataSource">
      <ref bean="xaDataSourceMySQL-01" />
    </property>
    <property name="xaProperties">
      <props>
        <prop key="maxPoolSize">4</prop>
        <prop key="uniqueResourceName">xads1</prop>
      </props>
    </property>
    <property name="poolSize">
      <value>4</value>
    </property>
  </bean>

  <bean id="xaDataSourceMySQL-01" class="com.mysql.cj.jdbc.
      MysqlXADataSource">
    <property name="url">
      <value>jdbc:mysql://localhost:3306/ecom01</value>
    </property>
    <property name="pinGlobalTxToPhysicalConnection">
      <value>true</value>
    </property>
    <property name="user">
      <value>root</value>
    </property>
```

```xml
    <property name="password">
      <value>rootpassword</value>
    </property>
  </bean>

  <bean id="atomikosTransactionManager"
      class="com.atomikos.icatch.jta.UserTransactionManager">
    <property name="forceShutdown">
      <value>true</value>
    </property>
  </bean>

  <bean id="atomikosUserTransaction"
      class="com.atomikos.icatch.jta.UserTransactionImp">
    <property name="transactionTimeout">
      <value>300</value>
    </property>
  </bean>

  <bean id="transactionManager" class="org.springframework.
      transaction.jta.JtaTransactionManager">
    <property name="transactionManager">
      <ref bean="atomikosTransactionManager" />
    </property>
    <property name="userTransaction">
      <ref bean="atomikosUserTransaction" />
    </property>
  </bean>

  <bean id="springJtaPlatformAdapter"
      class="com.acme.ecom.AtomikosJtaPlatform">
    <property name="jtaTransactionManager" ref="transactionManager" />
  </bean>

  <bean id="hibernateJpaVendorAdapter" class="org.springframework.
      orm.jpa.vendor.HibernateJpaVendorAdapter"/>
  <bean id="quoteEntityManager"class="org.springframework.
      orm.jpa.LocalContainerEntityManagerFactoryBean">
```

```
      <property name="dataSource" ref="datasourceAtomikos-01"/>
      <property name="jpaVendorAdapter" ref="hibernateJpaVendorAdapter"/>
      <property name="jpaProperties">
        <props>
          <prop key="hibernate.transaction.jta.platform">com.acme.
              ecom.AtomikosJtaPlatform</prop>
          <prop key="javax.persistence.transactionType">JTA</prop>
        </props>
      </property>
      <property name="packagesToScan" value="com.acme.ecom.model.quote"/>
      <property name="persistenceUnitName" value="quotePersistenceUnit" />
    </bean>

    <jpa:repositories base-package="com.acme.ecom.repository.quote"
        entity-manager-factory-ref="quoteEntityManager"/>
  </beans>
```

아토미코스 JTA 지원 연결 풀링을 사용하려면 com.atomikos.jdbc.Atomikos DataSourceBean 클래스의 인스턴스를 사용할 수 있다. 인스턴스를 구성하고 필요한 속성을 설정해야 하며, 결과 빈이 트랜잭션 서비스에 자동으로 등록되고 활성 트랜잭션에 포함된다. 이 클래스에서 받은 연결로 수행된 모든 SQL은 JTA 트랜잭션에 등록된다. Connector/J 5.0.0부터 javax.sql.XADataSource 인터페이스는 com.mysql.jdbc.jdbc2.optional.MysqlXADataSource 클래스를 사용해 구현되며, MySQL 서버 버전 5.0 이상과 함께 사용할 때 XA 분산 트랜잭션을 지원한다. MysqlXADataSource의 인스턴스를 AtomikosDataSourceBean 클래스의 xaDataSource 속성으로 설정한다.

LocalContainerEntityManagerFactoryBean은 JPA EntityManagerFactory를 생성하는 스프링의 FactoryBean이며, 의존성 주입으로 JPA 기반 DAO로 전달할 수 있다. 스프링 3.1부터는 더 이상 persistence.xml이 필요하지 않으며, LocalContainerEntityManagerFactoryBean은 @Entity 클래스를 확인할 패키지를 지정할 수 있는 packagesToScan 속성을 지원한다.

하이버네이트를 아토미코스 트랜잭션에 포함시키는 방법은 먼저 hibernate.transaction.manager_lookup_class라는 속성을 설정하는 것이다. 하지만 하이버네이트 4.3에서는 더 이상 사용되지 않는 TransactionManagerLookup을 제거했다. 하이버네이트 4는 아토미코스와 함께 작동하는 것을 알지 못한다. JTA 공급자는 스프링 구성의 JtaTransactionManager 구현체에서 JTA UserTransaction과 TransactionManager를 정하고자 org.hibernate.engine.transaction.jta.platform.spi.JtaPlatform을 구현해야 한다. JTA 플랫폼의 추상 구현은 이미 하이버네이트의 org.hibernate.engine.transaction.jta.platform.internal.AbstractJtaPlatform을 사용할 수 있다. 이를 사용하면 아토미코스용 JTA 플랫폼을 쉽게 만들 수 있다. 이 클래스를 구현하고 hibernate.transaction.jta.platform 속성을 명시적으로 설정해야 한다. 리스트 13-11을 보자.

리스트 13-11. JTA UserTransaction과 TransactionManager 귀결(ch13\ch13-01\XA-TX-Distributed\Broker-MySQL-ActiveMQ\src\main\java\com\acme\ecom\AtomikosJtaPlatform.java)

```
import javax.transaction.TransactionManager;
import javax.transaction.UserTransaction;

import org.hibernate.engine.transaction.jta.platform.internal.
    AbstractJtaPlatform;
import org.springframework.transaction.jta.JtaTransactionManager;

@SuppressWarnings("serial")
public class AtomikosJtaPlatform extends AbstractJtaPlatform {

  static TransactionManager transactionManager;
  static UserTransaction userTransaction;

  @Override
  protected TransactionManager locateTransactionManager() {

    Assert.notNull(transactionManager, "TransactionManager has not been
        setted");
```

```
      return transactionManager;
   }

   @Override
   protected UserTransaction locateUserTransaction() {

      Assert.notNull(userTransaction, "UserTransaction has not been setted");
      return userTransaction;
   }
   public void setJtaTransactionManager(JtaTransactionManager
         jtaTransactionManager) {

      transactionManager = jtaTransactionManager.getTransactionManager();
      userTransaction = jtaTransactionManager.getUserTransaction();
   }

   public void setTransactionManager(TransactionManager transactionManager) {

      this.transactionManager = transactionManager;
   }

   public void setUserTransaction(UserTransaction userTransaction) {

      this.userTransaction = userTransaction;
   }
}
```

전체 구성을 살펴본 후 리스트 13-9와 리스트 13-10을 참조해 인프라 구성에 대한 자세한 정보도 살펴보자.

LocalContainerEntityManager FactoryBean의 데이터 소스 속성을 JPA 지속성 공급자가 데이터베이스 액세스에 사용할 JDBC 데이터 소스로 설정해야 한다. 여기에 전달된 데이터 소스는 PersistenceProvider에 전달된 PersistenceUnitInfo의 nonJtaDataSource로 사용된다. 이러한 변형은 일반적으로 JTA 트랜잭션 관리에서도 효과가 있으며, 그렇지 않은 경우 명시적 속성 jtaDataSource를 대신 사용하는 것을 고려할 수 있다. 이 속성을 설정하려면 앞에서 설명한

AtomikosDataSourceBean을 사용한다.

다음으로 스프링의 EntityManagerFactory에 공급업체별 기능을 연결할 수 있는 서비스 공급자 인터페이스 구현이 필요하다. HibernateJpaVendorAdapter는 하이버네이트 EntityManager를 위한 구현이다. 그것은 다른 기능과 함께 애노테이션이 있는 패키지 탐지를 지원한다. 스프링 데이터의 JPA 모듈은 리포지터리 빈을 정의할 수 있는 커스텀 네임 스페이스 <jpa:repositories>[9]를 포함한다. 또한 JPA에 특화된 특정 기능과 요소 특성도 포함돼 있다. 일반적으로 JPA 리포지터리는 리포지터리 요소를 사용해 설정할 수 있다. 이 예제에서 스프링은 리포지터리나 하위 인터페이스 중 하나를 확장하는 인터페이스에 대해 com.acme.ecom.repository.quote와 모든 하위 패키지를 확인하도록 지시를 받는다. 발견된 각 인터페이스에 대해 인프라는 지속성 기능별 FactoryBean을 등록해 쿼리 메서드의 호출을 처리하기 위한 적절한 프록시를 만든다. 각 빈은 인터페이스 이름에서 파생된 빈 이름으로 등록되므로 QuoteRepository의 인터페이스는 quoteRepository에 등록된다. entity-manager-factory-ref는 리포지터리 요소로 탐지되는 리포지터리와 함께 사용할 EntityManagerFactory를 명시적으로 연결하는 데 도움이 된다. 이 속성은 일반적으로 애플리케이션 내에서 여러 EntityManagerFactory 빈이 사용되는 경우에 사용된다. 명시적으로 구성되지 않은 경우 스프링은 ApplicationContext에 구성된 단일 EntityManagerFactory를 자동으로 조회한다.

이것으로 두 XA 리소스의 구성이 완료됐다. 다음으로 XA 트랜잭션 관리자를 구성해야 한다.

PlatformTransactionManager의 구현인 org.springframework.transaction.jta.JtaTransactionManager가 필요하다. JtaTransactionManager를 생성하려면 javax.transaction.TransactionManager와 javax.transaction.UserTransaction을 구현해야 한다.

---

9. XML 구성을 통해 정의할 때 사용한다. 또는 애노테이션으로 구성할 수도 있다. - 옮긴이

javax.transaction.UserTransaction 인터페이스는 애플리케이션에 트랜잭션 경계를 프로그래밍 방식으로 제어하는 기능을 제공한다. 이 인터페이스는 자바 클라이언트 프로그램이나 엔터프라이즈 자바 빈[EJB, Enterprise Java Beans]에서 사용할 수 있다. UserTransaction.begin() 메서드는 전역 트랜잭션을 시작하고 트랜잭션을 호출 스레드와 연결한다. 트랜잭션-스레드 연결은 트랜잭션 관리자로 투명하게 관리된다. 따라서 UserTransaction은 사용자용 API다.

com.atomikos.icatch.jta.UserTransactionManager는 javax.transaction.TransactionManager를 설정 없이 사용할 수 있는 구현이다. 독립형 자바 애플리케이션은 이 클래스의 인스턴스를 사용해 트랜잭션 관리자에 대한 핸들을 가져오고, 처음 사용할 때 트랜잭션 서비스를 자동으로 시작하거나 복구할 수 있다. com.atomikos.icatch.jta.UserTransactionImp는 독립형 자바 애플리케이션에 사용할 수 있는 아토미코스의 javax.transaction.UserTransaction 구현이다. 이 클래스는 자동으로 재시작되고 처음 사용할 때 트랜잭션 서비스를 복구한다.

org.springframework.transaction.jta.JtaTransactionManager는 백엔드 JTA 제공자에게 위임하는 JTA용 PlatformTransactionManager 구현이다. 일반적으로 자바 EE 서버의 트랜잭션 코디네이터에 위임하는 데 사용하지만 여기서는 애플리케이션 내에 포함된 아토미코스 JTA 공급자로 구성했다.

마이크로서비스 2: 브로커 웹

이 마이크로서비스는 REST 컨트롤러로 간단하게 구현된다. 이 마이크로서비스에 HTTP 요청을 보내 테스트 사례를 호출할 수 있다. 테스트의 효과를 시각화할 수 있도록 호가 테이블에 대한 보기를 제공하는 대시보드를 계속 볼 수도 있다. 그림 13-6은 브로커 웹 마이크로서비스와 다양한 상호작용을 수행할 수 있는 방법을 보여준다.

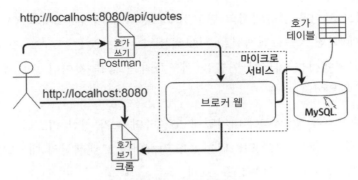

그림 13-6. 브로커 웹 콘솔

마이크로서비스 3: 호가 정산(Settlement-ActiveMQ-Derby)

아토미코스 분산 트랜잭션 관리자 의존성을 보려면 pom.xml을 확인한다. 마이크로서비스 1, Broker-MySQL-ActiveMQ 마이크로서비스에 이미 모든 의존성이 설명돼 있다. 하지만 아키텍처 다이어그램에 설명된 대로 클라이언트 호가 정산을 위해 MySQL 대신 Derby 데이터베이스를 사용한다. 이미 살펴본 의존성은 반복 설명하지 않을 것이다. 리스트 13-12는 Derby 클라이언트 하나에 대한 의존성을 보여준다.

리스트 13-12. Derby 클라이언트에 대한 메이븐 의존성(ch13\ch13-01\XA-TXDistributed\Settlement-ActiveMQ-Derby\pom.xml)

```xml
<dependencies>
  <dependency>
    <groupId>org.apache.derby</groupId>
    <artifactId>derbyclient</artifactId>
    <version>10.14.1.0</version>
  </dependency>
</dependencies>
```

MySQL 대신 Derby 데이터베이스를 사용하려는 의도는 XA 호환 리소스와 Derby 데이터베이스를 추가로 사용해 XA 트랜잭션을 편안하게 사용할 수 있게 하는 것이므로 이후 연습에서의 단일 XA 트랜잭션 내에서 2개의 XA 호환 데이터베이스에 걸친 XA 트랜잭션을 시도해볼 수 있는 모든 도구를 갖추게 된다. 그러나 이 책에서는 이러한 연습을 시도하지는 않을 것이다. 이 책의 범위를 벗어나기 때문이다.

새 호가 메시지가 ActiveMQ 대기열에 도달하면 호가 정산 리스너가 즉시 메시지를 처리한다. 호가 정산 리스너는 JMS 리스너며 트랜잭션의 대기열에서 메시지를 소비한다. 리스트 13-13을 보자.

리스트 13-13. 트랜잭션된 메시지 수신기의 메시지 소비와 호가 정산 조작(ch13\ch13-01\XA-TX-Distributed\Settlement-ActiveMQDerby\src\main\java\com\acme\ecom\messaging\SettlementListener.java)

```java
public class SettlementListener implements MessageListener {

  @Autowired
  @Qualifier("quotesReconcileServiceRequired_TX")
  QuotesReconcileService quotesReconcileServiceRequired_TX;

  @Autowired
  @Qualifier("quotesReconcileServiceRequiresNew_TX")
  QuotesReconcileService quotesReconcileServiceRequiresNew_TX;

  public void onMessage(Message message) {
    try {
      reconcile((QuoteDTO) objectMessage.getObject());
    }
    catch (JMSException e) {
      throw new RuntimeException(e);
    }
    catch (QuotesBaseException e) {
      throw new RuntimeException(e);
    }
  }
}
```

```java
private void reconcile(QuoteDTO quoteDTO)throws QuotesBaseException{

    Integer testCase = quoteDTO.getTest();

    if(testCase.equals(1) || testCase.equals(2) || testCase.equals(4) ||
        testCase.equals(8)){
      quotesReconcileServiceRequired_TX.reconcile(quoteDTO);
    }
    else if(testCase.equals(5)){

      try{
        quotesReconcileServiceRequiresNew_TX.reconcile(quoteDTO);
      }
      catch(QuotesBaseException quotesBaseException){
        LOGGER.error(quotesBaseException.getMessage());
      }
      flipFlop();
    }
    else if(testCase.equals(6)){

      try{
        quotesReconcileServiceRequiresNew_TX.reconcile(quoteDTO);
      }
      catch(QuotesBaseException quotesBaseException){
        LOGGER.error(quotesBaseException.getMessage());
      }
    }
    else if(testCase.equals(7)){

      try{
        quotesReconcileServiceRequired_TX.reconcile(quoteDTO);
      }
      catch(QuotesBaseException quotesBaseException){
        LOGGER.error(quotesBaseException.getMessage());
      }
      flipFlop();
    }
    else{
```

```
        LOGGER.debug("Undefined Test Case");
    }
  }
}
```

메시지를 수신하면 호가 정산 리스너는 QuotesReconcileService. reconcile(QuoteDTO) 메서드를 호출해 다시 트랜잭션에서 호가를 조정하고 정산한다. 리스트 13-14를 보자.

리스트 13-14. 호가 정산 조정을 수행하는 Quotes 조정 서비스(ch13\ch13-01\XA-TX-Distributed\ Settlement-ActiveMQ-Derby\src\main\java\com\acme\ecom\service\QuotesReconcile ServiceImpl.java)

```
public class QuotesReconcileServiceImpl implements QuotesReconcileService{

    @Autowired
    private UserRepository userRepository;

    @Override
    public void reconcile(QuoteDTO quoteDTO)throws QuotesBaseException{

        Integer testCase = quoteDTO.getTest();

        Optional sellerQueried =
            userRepository.findById(quoteDTO.getSellerId());
        Optional buyerQueried =
            userRepository.findById(quoteDTO.getBuyerId());
        User seller = null;
        User buyer = null;
        User sellerSaved = null;
        User buyerSaved = null;
        Date updatedDate = null;

        seller = (User) sellerQueried.get();
        buyer = (User) buyerQueried.get();
        updatedDate = new Date();
```

```
        seller.setAmountSold(seller.getAmountSold() + quoteDTO.getAmount());
        seller.setUpdatedAt(updatedDate);
        seller.setLastQuoteAt(quoteDTO.getCreatedAt());
        sellerSaved = userRepository.save(seller);

        buyer.setAmountBought(buyer.getAmountBought() + quoteDTO.getAmount());
        buyer.setUpdatedAt(updatedDate);
        buyer.setLastQuoteAt(quoteDTO.getCreatedAt());
        buyerSaved = userRepository.save(buyer);

        if(testCase.equals(6)){
            throw new QuotesReconcileRollbackException("Explicitly thrown by
                Reconcile Application to Roll Back!");
        }
        if(testCase.equals(7)){
            flipFlop();
        }
    }
}
```

조정 중에 판매자와 구매자의 **amountSold**와 **amountBought** 속성을 각각 업데이트하므로 이 두 속성은 코드 리스트 13-14의 총계를 나타낸다. 논의의 완전성을 위해 리스트 13-15의 User 엔티티를 살펴보자.

리스트 13-15. User 엔티티(ch13\ch13–01\XA–TX–Distributed\SettlementActiveMQ–Derby\src\main\java\com\acme\ecom\model\user\User.java)

```
@Entity
@Table(name = "stockuser")
@Data
@EqualsAndHashCode(exclude = { "id" })
public class User {

    @Id
    @Column(name = "id", nullable = false, updatable = false)
```

```
    private Long id;

    @Column(name = "name", nullable = false, updatable = false)
    private String name;

    @Column(name = "amountsold", nullable = true, updatable = true)
    private Double amountSold;

    @Column(name = "amountbought", nullable = true, updatable = true)
    private Double amountBought;

    @Column(name = "lastquoteat", nullable = true, updatable = true)
    @Temporal(TemporalType.TIMESTAMP)
    private Date lastQuoteAt;

    @Column(name = "createdat", nullable = false, updatable = false)
    @Temporal(TemporalType.TIMESTAMP)
    private Date createdAt;

    @Column(name = "updatedat", nullable = false, updatable = true)
    @Temporal(TemporalType.TIMESTAMP)
    private Date updatedAt;
}
```

이것이 마이크로서비스의 모든 주요 자바 파일이다. 위의 클래스를 아토미코스 XA 트랜잭션 관리자와 연결하는 주요 구성은 리스트 13-16에 표시된 spring-listener-derbyl.xml 파일에서 수행된다.

리스트 13-16. Derby, ActiveMQ, 아토미코스를 사용한 분산 트랜잭션의 스프링 연결 예제 (ch13\ch13-01\XA-TX-Distributed\SettlementActiveMQ-Derby\src\main\resources\spring-listener-derbyl.xml)

```
<beans>
  <bean id="datasourceAtomikos-02"
      class="com.atomikos.jdbc.AtomikosDataSourceBean>
    <property name="uniqueResourceName"><value>JDBC-2</value></property>
```

```xml
    <property name="xaDataSourceClassName"
        value="org.apache.derby.jdbc.ClientXADataSource" />
    <property name="xaProperties">
      <props>
        <prop key="databaseName">
            D:/Applns/apache/Derby/derbydb/exampledb
        </prop>
        <prop key="serverName">localhost</prop>
        <prop key="portNumber">1527</prop>
      </props>
    </property>
</bean>

<bean id="atomikosTransactionManager"
      class="com.atomikos.icatch.jta.UserTransactionManager">
    <property name="forceShutdown"><value>true</value></property>
</bean>

<bean id="atomikosUserTransaction"
      class="com.atomikos.icatch.jta.UserTransactionImp">
    <property name="transactionTimeout"><value>300</value></property>
</bean>

<bean id="transactionManager"
      class="org.springframework.transaction.jta.JtaTransactionManager">
    <property name="transactionManager">
      <ref bean="atomikosTransactionManager" />
    </property>
    <property name="userTransaction">
      <ref bean="atomikosUserTransaction" />
    </property>
</bean>

<bean id="springJtaPlatformAdapter"
      class="com.acme.ecom.AtomikosJtaPlatform">
    <property name="jtaTransactionManager" ref="transactionManager" />
</bean>
```

```xml
<bean id="hibernateJpaVendorAdapter" class="org.springframework.
    orm.jpa.vendor.HibernateJpaVendorAdapter"/>

<bean id="userEntityManager" class="org.springframework.
    orm.jpa.LocalContainerEntityManagerFactoryBean">
  <property name="dataSource" ref="datasourceAtomikos-02"/>
  <property name="jpaVendorAdapter" ref="hibernateJpaVendorAdapter"/>
  <property name="jpaProperties">
    <props>
      <prop key="hibernate.transaction.jta.platform">
          com.acme.ecom.AtomikosJtaPlatform
      </prop>
      <prop key="javax.persistence.transactionType">JTA</prop>
    </props>
  </property>
  <property name="packagesToScan" value="com.acme.ecom.model.user"/>
  <property name="persistenceUnitName" value="userPersistenceUnit" />
</bean>

<jpa:repositories base-package="com.acme.ecom.repository.user"
    entity-manager-factory-ref="userEntityManager"/>

<bean id="XaFactory"
    class="org.apache.activemq.ActiveMQXAConnectionFactory">
  <property name="brokerURL"
      value="failover:(tcp://127.0.0.1:61616)?timeout=10000"/>
</bean>

<bean id="connectionFactory"
    class="com.atomikos.jms.AtomikosConnectionFactoryBean">
  <property name="uniqueResourceName" value="JMS-Consumer"/>
  <property name="xaConnectionFactory" ref="XaFactory"/>
  <property name="localTransactionMode" value="false"/>
</bean>

<bean id="notificationListenerContainer" class="org.springframework.
    jms.listener.DefaultMessageListenerContainer">
  <property name="messageListener" ref="notificationListener"/>
```

```xml
      <property name="receiveTimeout" value="10000"/>
      <property name="connectionFactory" ref="connectionFactory"/>
      <property name="destinationName" value="notification.queue"/>
      <property name="transactionManager" ref="transactionManager"/>
      <property name="sessionTransacted" value="true"/>
      <property name="sessionAcknowledgeMode" value="0"/>
</bean>

<bean id="notificationListener"
      class="com.acme.ecom.messaging.SettlementListener">
   <property name="quotesReconcileServiceRequired_TX">
      <ref bean="quotesReconcileServiceRequired_TX" />
   </property>
   <property name="quotesReconcileServiceRequiresNew_TX">
      <ref bean="quotesReconcileServiceRequiresNew_TX" />
   </property>
</bean>

<bean id="quotesReconcileServiceTarget"
      class="com.acme.ecom.service.QuotesReconcileServiceImpl">
</bean>

<bean id="quotesReconcileServiceRequired_TX" class="org.springframework.
      transaction.interceptor.TransactionProxyFactoryBean">
   <property name="transactionManager">
      <ref bean="transactionManager" />
   </property>
   <property name="target">
      <ref bean="quotesReconcileServiceTarget" />
   </property>
   <property name="transactionAttributes">
      <props>
         <prop key="reconcile?">
               PROPAGATION_REQUIRED,
               -QuotesReconcileRollbackException,+QuotesNoRollbackException
         </prop>
         <prop key="find?">PROPAGATION_SUPPORTS, readOnly</prop>
```

```
        </props>
      </property>
    </bean>

    <bean id="quotesReconcileServiceRequiresNew_TX"
        class="org.springframework.transaction.interceptor.
        TransactionProxyFactoryBean">
      <property name="transactionManager">
        <ref bean="transactionManager" />
      </property>
      <property name="target">
        <ref bean="quotesReconcileServiceTarget" />
      </property>
      <property name="transactionAttributes">
        <props>
          <prop key="reconcile?">
              PROPAGATION_REQUIRES_NEW,
              -QuotesReconcileRollbackException,
              +QuotesNoRollbackException
          </prop>
          <prop key="find?">PROPAGATION_SUPPORTS, readOnly</prop>
        </props>
      </property>
    </bean>
  </beans>
```

DefaultMessage를 제외한 모든 구성은 이미 설명했다. ListenerContainer.
DefaultMessageListenerContainer는 일반 JMS 클라이언트 API를 사용한다. 특
히 지속적으로 MessageConsumer.receive()를 호출하는 메시지 리스너 컨테이
너의 변형이며 XA 트랜잭션 관리자에 등록될 때 메시지를 트랜잭션으로 수신
할 수 있게 한다. 이는 자바 EE 환경뿐만 아니라 기본 JMS 환경에서도 작동하게
디자인됐다. 먼저 메시지를 SettlementListener.onMessage()에서 선택할 수
있게 표준 JMS 메시지 소비자인 호가 정산 리스너를 설정한다.

마이크로서비스 4: 호가 정산 웹

이 마이크로서비스도 마찬가지로 REST 컨트롤러로 간단하다. 테스트의 효과를 시각화할 수 있게 사용자 테이블에 대한 보기를 제공하는 대시보드를 계속 볼 수도 있다. 또한 이 마이크로서비스를 사용해 테스트 목적으로 시스템에 몇 명의 초기 사용자를 생성한다. 그림 13-7은 호가 정산 웹 마이크로서비스와 다양한 상호작용을 수행할 수 있는 방법을 보여준다.

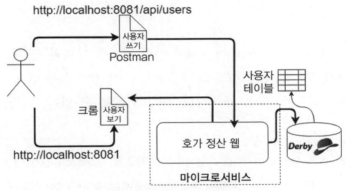

그림 13-7. 호가 정산 웹 콘솔

spring-sender-mysql.xml에서 빈[bean] 정의를 가져와 주 테스트 애플리케이션을 대기 모드로 전환해 스케줄러가 미리 정의한 간격으로 수신된 새 호가를 확인하고자 시간 초과를 수행할 수 있는 junit **Test** 클래스가 있다. 리스트 13-17을 보자.

리스트 13-17. 호가 프로세서의 마지막에 있는 주 테스트 클래스(ch13\ch13-01\XA-TX-Distributed\Broker-MySQL-ActiveMQ\src\test\java\com\acme\ecom\test\BrokerServiceTest.java)

```
@RunWith(SpringJUnit4ClassRunner.class)
@ContextConfiguration(locations="classpath:spring-sender-mysql.xml")
public class BrokerServiceTest {
```

```
    @Autowired
    @Qualifier("brokerServiceRequired_TX")
    BrokerService brokerService;

    @Test
    public void testSubmitQuote() throws Exception{

        Thread.sleep(1000 * 60 * 60);
    }
}
```

마찬가지로 spring-listener-derby.xml에서 빈 정의를 가져와 주 테스트 애플리
케이션을 대기 모드로 설정하는 또 다른 junit Test 클래스가 있다. 그러면 JMS
리스너가 ActiveMQ의 수신 메시지를 계속 수신할 수 있다. 리스트 13-18을
보자.

리스트 13-18. 호가 정산의 마지막에 있는 또 다른 테스트 클래스(ch13\ch13-01\XA-TX-
Distributed\Settlement-ActiveMQ-Derby\src\test\java\com\acme\ecom\test\Settlement
ListenerServiceTest.java)

```
    @RunWith(SpringJUnit4ClassRunner.class)
    @ContextConfiguration(locations="classpath:spring-listener-derby.xml")
    public class SettlementListenerServiceTest {

        @Test
        public void testSettleQuote() throws Exception{

            Thread.sleep(1000 * 60 * 60);
        }
    }
```

예제의 정상 흐름 빌드와 테스트

첫 번째 단계로 ActiveMQ 서버를 실행해야 한다. ActiveMQ를 시작하려면 부록 F를 참고한다.

업스트림과 다운스트림 처리 사이의 브리지 역할을 할 대기열을 구성한다. 리스트 13-19의 activemq.xml은 대기열을 구성한다.

리스트 13-19. ActiveMQ 대기열 구성(D:\Applns\apache\ActiveMQ\apache-activemq-5.13.3\conf\activemq.xml)

```xml
<beans>
  <broker>
    <destinations>
      <queue physicalName="notification.queue" />
    </destinations>
  </broker>
</beans>
```

이제 ActiveMQ 서버를 실행한다.

```
cd D:\Applns\apache\ActiveMQ\apache-activemq-5.13.3\bin
D:\Applns\apache\ActiveMQ\apache-activemq-5.13.3\bin>activemq start
```

다음으로 MySQL이 실행되고 있는지 확인한다. MySQL을 시작하려면 부록 H를 참고한다.

```
D:\Applns\MySQL\mysql-5.7.14-winx64\bin>mysqld --console
```

이제 MySQL 프롬프트를 연다.

```
D:\Applns\MySQL\mysql-5.7.14-winx64\bin>mysql -u root -p

mysql> use ecom01;
Database changed
mysql>
```

깨끗한 테이블로 시작하려면 예제에 사용할 이름을 가진 테이블을 삭제한다.

```
mysql> drop table quote;
```

다음으로 이 예제에 필요한 스키마로 테이블을 만든다.

```
mysql> create table quote (id BIGINT PRIMARY KEY AUTO_INCREMENT, symbol
VARCHAR(4), sellerid BIGINT, buyerid BIGINT, amount FLOAT, status VARCHAR(9),
test INTEGER, delay INTEGER, createdat DATETIME, updatedat DATETIME);
```

다음으로 Derby 데이터베이스가 네트워크 모드에서 실행되고 있는지 확인한다. Derby를 시작하려면 부록 G를 참고한다.

```
D:\Applns\apache\Derby\db-derby-10.14.1.0-bin\bin>startNetworkServer
```

Derby ij 도구를 사용해 exampledb 데이터베이스를 생성하고 내장 드라이버를 사용해 이미 생성된 데이터베이스에 대한 연결을 다음 명령을 사용해 열 수도 있다.

```
D:\Applns\apache\Derby\derbydb>ij
ij> connect 'jdbc:derby://localhost:1527/D:/Applns/apache/Derby/derbydb/
exampledb;create=false';
```

여기서 다시 깨끗한 테이블로 시작한다. 예제에 사용할 이름을 가진 테이블을 삭제한다.

```
ij> drop table stockuser;
```

다음으로 이 예제에 필요한 스키마로 테이블을 만든다.

```
ij> create table stockuser (id bigint not null, amountbought double, amountsold
double, createdat timestamp not null, lastquoteat timestamp, name varchar(10)
not null, updatedat timestamp not null, primary key (id));
ij> CREATE SEQUENCE hibernate_sequence START WITH 1 INCREMENT BY 1;
```

이것으로 예제를 빌드하고 실행하는 데 필요한 인프라가 완료됐다.

다음으로 4개의 마이크로서비스를 빌드하고 실행할 수 있다. 하나씩 할 것이다.

마이크로서비스 1: 호가 처리 마이크로서비스

리스트 13-9를 참고해 ActiveMQ를 위한 구성을 수정한다.

```
ch13\ch13-01\XA-TX-Distributed\Broker-MySQL-ActiveMQ\src\main\resources\spr
ing-sender-mysql.xml
<property name="brokerURL" value="tcp://127.0.0.1:61616"/>
```

또한 MySQL을 위한 구성을 조정해야 한다.

```xml
<bean id="xaDataSourceMySQL-01" class="com.mysql.cj.jdbc.MysqlXADataSource">
  <property name="url">
    <value>jdbc:mysql://localhost:3306/ecom01</value>
  </property>
  <property name="user"><value>root</value></property>
  <property name="password"><value>rootpassword</value></property>
</bean>
```

이제 호가 처리 마이크로서비스에 대한 실행 파일을 빌드, 패키징하고 예약된 프로세서를 실행한다. 쉽게 실행할 수 있는 ch13\ch13-01\XA-TX-Distributed\ Broker-MySQLActiveMQ\make.bat 유틸리티 스크립트가 제공된다.

```
cd D:\binil\gold\pack03\ch13\ch13-01\XA-TX-Distributed\Broker-MySQL-ActiveMQ
D:\binil\gold\pack03\ch13\ch13-01\XA-TX-Distributed\Broker-MySQL-ActiveMQ>make
D:\binil\gold\pack03\ch13\ch13-01\XA-TX-Distributed\Broker-MySQL-
ActiveMQ>mvn -Dmaven.test.skip=true clean install
```

이제 제공된 스크립트를 사용해 junit 테스트를 실행할 수 있다.

```
D:\binil\gold\pack03\ch13\ch13-01\XA-TX-Distributed\Broker-MySQL-ActiveMQ>run
D:\binil\gold\pack03\ch13\ch13-01\XA-TX-Distributed\Broker-MySQL-
ActiveMQ>mvn -Dtest=BrokerServiceTest#testSubmitQuote test
```

마이크로서비스 2: 브로커 웹 마이크로서비스

먼저 환경에 맞게 구성 파일을 업데이트한다.

```
ch13\ch13-01\XA-TX-Distributed\Broker-Web\src\main\resources\application.
properties
```

```
server.port=8080
spring.datasource.url = jdbc:mysql://localhost:3306/ecom01?autoReconnect=true&
useUnicode=true&characterEncoding=UTF-8&allowMultiQueries=true&useSSL=false
spring.datasource.username = root
spring.datasource.password = rootpassword
spring.jpa.properties.hibernate.dialect = org.hibernate.dialect.
MySQL5Dialect
spring.jpa.hibernate.ddl-auto = update
spring.freemarker.cache=false
```

이제 브로커 웹 마이크로서비스의 실행 파일을 빌드, 패키징하고 서버를 불러올 수 있다. ch13\ch13-01\XA-TXDistributed\Broker-Web\make.bat 유틸리티 스크립트가 제공된다.

```
cd D:\binil\gold\pack03\ch13\ch13-01\XA-TX-Distributed\Broker-Web
D:\binil\gold\pack03\ch13\ch13-01\XA-TX-Distributed\Broker-Web>make
D:\binil\gold\pack03\ch13\ch13-01\XA-TX-Distributed\Broker-Web>mvn
-Dmaven.test.skip=true clean package
```

여러 가지 방법으로 스프링 부트 애플리케이션을 실행할 수 있다. 간단한 방법은 다음 명령으로 JAR 파일을 실행하는 것이다.

```
D:\binil\gold\pack03\ch13\ch13-01\XA-TX-Distributed\Broker-Web>run
D:\binil\gold\pack03\ch13\ch13-01\XA-TX-Distributed\Broker-Web>java -jar
-Dserver.port=8080 .\target\quotes-web-1.0.0.jar
```

그러면 8080 포트의 브로커 웹 스프링 부트 서버가 실행된다.

브라우저(가급적 크롬)를 사용하고 다음 http://localhost:8080/ URL을 요청하면 새롭게 수신된 모든 호가 처리를 계속 모니터링할 수 있다.

마이크로서비스 3: 호가 정산 마이크로서비스

ActiveMQ를 위한 구성을 조정하려면 리스트 13-16을 보자.

```
ch13\ch13-01\XA-TX-Distributed\Settlement-ActiveMQ-Derby\src\main\resources
\spring-listener-derby.xml

<property name="brokerURL" value="failover:(tcp://127.0.0.1:61616)?
timeout=10000"/>
```

또한 Derby를 위한 구성을 조정해야 한다.

```
<property name="xaProperties">
  <props>
    <prop key="databaseName">D:/Applns/apache/Derby/derbydb/exampledb</prop>
    <prop key="serverName">localhost</prop>
    <prop key="portNumber">1527</prop>
  </props>
</property>
```

이제 호가 정산 마이크로서비스를 빌드, 패키징하고 메시지 리스너를 실행한다. ch13\ch13-01\XA-TX-Distributed\Settlement-ActiveMQ-Derby\make.bat 유틸리티 스크립트를 제공한다.

```
cd D:\binil\gold\pack03\ch13\ch13-01\XA-TX-Distributed\Settlement-ActiveMQ-
Derby
D:\binil\gold\pack03\ch13\ch13-01\XA-TX-Distributed\Settlement-ActiveMQ-
Derby>make
D:\binil\gold\pack03\ch13\ch13-01\XA-TX-Distributed\Settlement-ActiveMQ-
Derby>mvn -Dmaven.test.skip=true clean install
```

이제 제공된 스크립트를 사용해 junit 테스트를 실행할 수 있다.

```
D:\binil\gold\pack03\ch13\ch13-01\XA-TX-Distributed\Settlement-ActiveMQ-
Derby>run
D:\binil\gold\pack03\ch13\ch13-01\XA-TX-Distributed\Settlement-ActiveMQ-
Derby>mvn -Dtest=SettlementListenerServiceTest#testSettleQuote test
```

마이크로서비스 4: 호가 정산 웹 마이크로서비스

먼저 환경에 맞게 구성 파일을 업데이트한다.

```
ch13\ch13-01\XA-TX-Distributed\Settlement-Web\src\main\resources\
application.properties

server.port=8081
spring.datasource.url=jdbc:derby://localhost:1527/D:/Applns/apache/Derby/
derbydb/exampledb;create=false
spring.datasource.initialize=false
spring.datasource.driver-class-name=org.apache.derby.jdbc.ClientDriver
spring.jpa.properties.hibernate.dialect=org.hibernate.dialect.
DerbyTenSevenDialect
spring.freemarker.cache=false
```

이제 호가 정산 웹 마이크로서비스 실행 파일을 빌드, 패키징하고 서버를 실행
한다. ch13\ch13-01\XA-TXDistributed\Settlement-Web\make.bat 유틸리티 스
크립트가 제공된다.

```
cd D:\binil\gold\pack03\ch13\ch13-01\XA-TX-Distributed\Settlement-Web
D:\binil\gold\pack03\ch13\ch13-01\XA-TX-Distributed\Settlement-Web>make
D:\binil\gold\pack03\ch13\ch13-01\XA-TX-Distributed\Settlement-Web>mvn
-Dmaven.test.skip=true clean package
```

여러 가지 방법으로 스프링 부트 애플리케이션을 실행할 수 있다. 간단한 방법은 다음 명령으로 JAR 파일을 실행하는 것이다.

```
D:\binil\gold\pack03\ch13\ch13-01\XA-TX-Distributed\Settlement-Web>run
D:\binil\gold\pack03\ch13\ch13-01\XA-TX-Distributed\Settlement-Web>java
-jar´-Dserver.port=8081 .\target\user-web-1.0.0.jar
```

그러면 8080 포트의 호가 정산 웹 스프링 부트 서버가 실행된다.

브라우저(가급적 크롬)를 사용해 http://localhost:8081/ URL을 요청하면 사용자의 실행 계좌 상태와 수신 호가가 정산될 때마다 계좌 잔액이 어떻게 변경되는지 계속 모니터링할 수 있다.

예제를 검증하고자 하나씩 실행할 8개의 테스트 케이스가 있다. 그림 13-8을 보자.

Test Case	Broker	Auction (DB Update)	Delay (s)	Stock Order (Send Message)	Settlement Listener (Receive Message)	Record User Transaction (DB Update)	Comments
1	No Error	No Error	2	No Error	No Error	No Error	Happy Flow - All Good
2	Error Error	No Error No Error		No Error No Error	No Error	No Error	New Quote gets Processed only in the second run
3	No Error	No Error	2	Error			Message Lost, Quote Never Settled
4	No Error No Error	Error No Error	2 2	No Error No Error	No Error No Error	No Error No Error	Duplicate Message send, 2nd time only Quote marked processed; Hence, Quote Settled twice
5	No Error	No Error	2	No Error	Error No Error	No Error No Error	Duplicate settlement caused by message consumed more than once. Quote Settled twice
6	No Error	No Error	2	No Error	No Error	Error	Quote Processed, however Quote Never Settled
7	No Error	No Error	2	No Error	Error No Error	Error No Error	Message ReDelivery comes to rescue - Quote Settled second chance
8	No Error No Error	No Error No Error	1st: 120 2nd: 2	No Error No Error	No Error No Error	No Error No Error	Message Received out of order!

그림 13-8. 테스트 케이스

진정한 의미에서 예제를 검증하는 테스트 케이스는 세 가지뿐이며 첫 번째, 두 번째, 일곱 번째 테스트 케이스다. 다른 모든 테스트 케이스는 다양한 실패 조건을 시뮬레이션하거나 서비스 메서드에 적용된 트랜잭션 시맨틱[10]을 조정해

---

10. 대개 상태와 메시지가 상태 전이 등을 통해 시맨틱스를 정의할 수 있다. - 옮긴이

예제를 테스트한다. 분산 트랜잭션 환경에서 발생할 수 있는 가능한 실패 시나리오를 이해하고자 그렇게 한다.

이 절에서는 종단 간 흐름에서 엄격한 ACID 준수 트랜잭션을 보여주는 첫 번째 테스트 사례를 살펴본다. 즉, 리소스의 모든 상태 변경이 승인되거나 모두 롤백된다. 나머지 테스트 케이스는 다음 절에서 하나씩 실행한다.

첫 번째 단계로 시스템에 두 명의 테스트 사용자를 만든다. Postman을 사용해 다음과 같이 두 명의 테스트 사용자를 만든다(그림 13-9 참고).

```
http://localhost:8081/api/users
METHOD: POST; BODY: Raw JSON

{ "id" : 11, "name" : "Sam", "amountSold" : 1000.0, "amountBought" : 1000.0 }
{ "id" : 21, "name" : "Joe", "amountSold" : 5000.0, "amountBought" : 5000.0 }
```

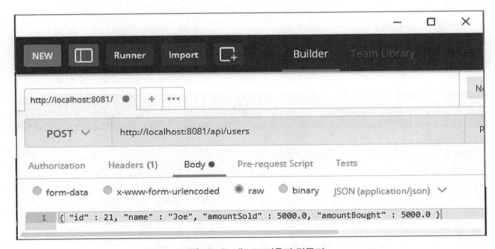

그림 13-9. 테스트 사용자 만들기

테스트 사용자가 생성되면 그림 13-10과 같이 호가 정산 콘솔에 표시된다.

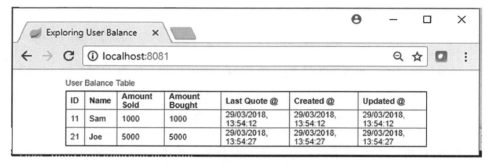

그림 13–10. 테스트 사용자 콘솔

첫 번째 테스트 케이스를 시작하려면 Postman을 사용해 그림 13–11의 새 호가를 작성한다.

```
http://localhost:8080/api/quotes
METHOD: POST; BODY: Raw JSON

{ "symbol" : "AAPL", "sellerId" : 11, "buyerId" : 21, "amount" : 100,
"test" : 1, "delay" : 2 }
```

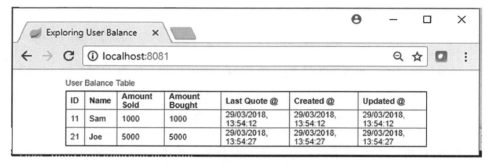

그림 13–11. 새 호가 작성

브로커 웹 서비스와 호가 정산 웹 서비스의 콘솔을 함께 살펴보자. 그림 13-11과 같이 새 호가가 생성되면 그림 13-12와 같이 브로커 웹 콘솔에 즉시 반영된다.

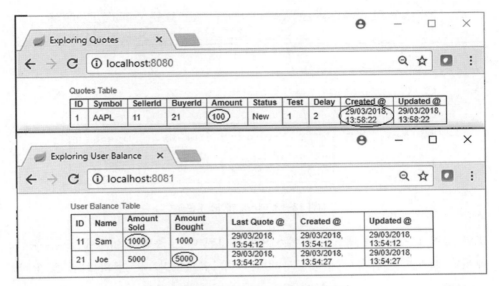

그림 13-12. 테스트 케이스 1에 대한 새 호가

몇 분 안에 호가가 업스트림 마이크로서비스에서 처리되고 이후에 다운스트림 마이크로서비스에서 정산된다. 자세히 관찰하면 브로커 웹 콘솔에서 호가 상태가 'New'에서 'Confirmed'으로 변경되고 사용자의 실행 잔액이 호가 정산 웹 콘솔에서도 호가 금액에 따라 변경된다는 것을 알 수 있다(그림 13-13 참고).

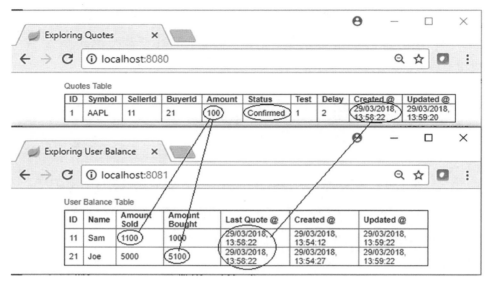

그림 13-13. 테스트 케이스 1 콘솔

또한 그림 13-13에서 테스트 케이스 8과 관련된 다른 측면을 이후에 '오류 수신 메시지 테스트 시나리오'에서 주목해야 한다. 업스트림 시스템의 최신 호가 생성 시간은 각 사용자 계좌가 업데이트될 때마다 사용자의 마지막 호가 시간으로 업데이트된다.

앞 절에서 코드의 모든 세부 사항을 이미 살펴봤으므로 내부에서 일어나는 일을 자세히 살펴보지는 않을 것이다. 대신 이제 트랜잭션 시맨틱 체계에 집중한다.

그림 13-14와 같이 모든 서비스 메서드에 `TX_REQUIRED` 트랜잭션 시맨틱을 적용했다. 즉, 리소스의 상태 변경이 모두 수행되거나 모두 롤백된다. 현재 테스트 사례에서는 오류 또는 실패 조건을 시뮬레이션하지 않았으므로 모든 트랜잭션이 성공했다.

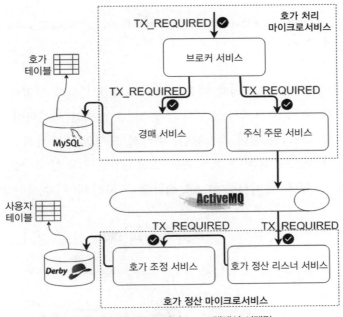

그림 13-14. 테스트 케이스 1 트랜잭션 시맨틱

다음 테스트 사례에서는 엔터프라이즈 시나리오에서 가능한 오류 조건을 더 잘 이해하고자 오류 조건을 시뮬레이션할 것이다. 이런 가능한 모든 실패 조건을 철저히 이해하면 분산 트랜잭션에서 멀리 떨어져서 '진정한 마이크로서비스'를 디자인할 때 필요한 더 나은 통찰력을 얻을 수 있다.

트랜잭션 롤백 시나리오 테스트

트랜잭션 롤백 테스트 케이스를 테스트하려면 Postman을 다시 가져와 그림 13-11의 다른 새 호가를 작성한다.

```
http://localhost:8080/api/quotes
METHOD: POST; BODY: Raw JSON
```

```
{ "symbol" : "AMZN", "sellerId" : 11, "buyerId" : 21, "amount" : 200,
  "test" : 2, "delay" : 2 }
```

그림 13-3에서 업스트림 처리와 다운스트림 처리가 분리돼 있었다. 이 두 도메인에는 엄격한 '슈퍼 트랜잭션 조정자'가 없다. 트랜잭션 시멘틱이 그림 13-3에 적용되면 그림 13-15와 같이 표시된다. 따라서 도메인 내에서 (업스트림 단독 또는 다운스트림 단독) 여러 리소스에 걸쳐 트랜잭션을 조정하기로 결정할 수 있으며, 이러한 도메인 간의 조정에 관해서는 BASE 접근법을 고려해야 할 수 있다.

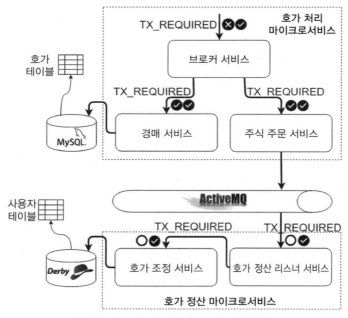

그림 13-15. 테스트 케이스 2 트랜잭션 시멘틱

그림 13-15에서 볼 수 있듯이 TX_REQUIRED 트랜잭션 시멘틱은 모든 서비스 메서드에 적용됐다. 즉, 리소스의 상태 변경이 모두 수행되거나 모두 롤백된다.

호가 처리 작업이 처리할 새 호가를 선택할 때 첫 번째 실행 단계에서 브로커 서비스 내의 오류를 시뮬레이션한다. 이것은 그림 13-15에서 X 기호로 표시된

526

다. 따라서 경매 서비스와 주식 주문 서비스의 해당 트랜잭션이 ✔ 기호로 표시된 것처럼 커밋할 준비가 됐지만 둘 다 오류를 시뮬레이션하는 브로커 서비스의 상위 트랜잭션 컨텍스트 내에서 호출됐기 때문에 롤백된다. 이는 그림 13-16의 호가 처리 마이크로서비스 콘솔에 나와 있다.

또한 첫 번째 단계에서 트랜잭션이 롤아웃한 이후 ActiveMQ에 대한 새 호가 메시지 전달이 커밋되지 않았으므로 호가 정산 마이크로서비스에서 어떤 작업도 수행되지 않는다(그림 13-16 참고). 이는 간략하게 그림 13-15의 첫 번째 단계에서 빈 원으로 표시된다.

```
2018-03-28 10:53:52 DEBUG c.a.e.s.QuotesProcessorTask.lambda$processNewQuotes$0:
35 - New
2018-03-28 10:53:52 INFO  c.a.e.s.BrokerServiceImpl.processNewQuote:67 - Start
2018-03-28 10:53:52 INFO  c.a.e.s.AuctionServiceImpl.findQuoteById:93 - Start
2018-03-28 10:53:52 DEBUG c.a.e.s.AuctionServiceImpl.findQuoteById:98 - Quote Qu
eried : 3
2018-03-28 10:53:52 INFO  c.a.e.s.AuctionServiceImpl.findQuoteById:106 - return
2018-03-28 10:53:52 DEBUG c.a.e.s.BrokerServiceImpl.processNewQuote:78 - Quote Q
ueried : 3
2018-03-28 10:53:52 DEBUG c.a.e.s.BrokerServiceImpl.processNewQuote:86 - Test Ca
se : 2
2018-03-28 10:53:52 INFO  c.a.e.s.AuctionServiceImpl.confirmQuote:45 - Start
2018-03-28 10:53:52 DEBUG c.a.e.s.AuctionServiceImpl.confirmQuote:54 - Quote Que
ried : Quote<id=3, symbol=AMZN, sellerId=11, buyerId=21, amount=200.0, status=Ne
w, test=2, delay=2, createdAt=2018-03-28 10:52:57.0, updatedAt=2018-03-28 10:52:
57.0>
2018-03-28 10:53:52 DEBUG c.a.e.s.AuctionServiceImpl.confirmQuote:61 - Quote Que
ried Again : Quote<id=3, symbol=AMZN, sellerId=11, buyerId=21, amount=200.0, sta
tus=Confirmed, test=2, delay=2, createdAt=2018-03-28 10:52:57.0, updatedAt=Wed M
ar 28 10:53:52 IST 2018>
2018-03-28 10:53:52 INFO  c.a.e.s.AuctionServiceImpl.confirmQuote:69 - return
2018-03-28 10:53:52 INFO  c.a.e.m.StockOrderService.sendOrderMessage:29 - Start
2018-03-28 10:53:52 DEBUG c.a.e.m.StockOrderService.sendOrderMessage:34 - Sleepi
ng for : 2 seconds
2018-03-28 10:53:54 DEBUG c.a.e.m.StockOrderService.sendOrderMessage:41 - Waking
 up after : 2 seconds
2018-03-28 10:53:54 INFO  c.a.e.m.StockOrderService.createMessage:48 - Inside cr
eateMessage
2018-03-28 10:53:54 INFO  c.a.e.m.StockOrderService.sendOrderMessage:57 - End
2018-03-28 10:53:54 INFO  c.a.e.s.AuctionServiceImpl.findQuoteById:93 - Start
2018-03-28 10:53:54 DEBUG c.a.e.s.AuctionServiceImpl.findQuoteById:98 - Quote Qu
eried : 3
2018-03-28 10:53:54 INFO  c.a.e.s.AuctionServiceImpl.findQuoteById:106 - return
2018-03-28 10:53:54 DEBUG c.a.e.s.BrokerServiceImpl.processNewQuote:93 - Quote Q
ueried again : QuoteDTO(id=3, symbol=AMZN, sellerId=11, buyerId=21, amount=200.0
, status=Confirmed, test=2, delay=2, createdAt=2018-03-28 10:52:57.0, updatedAt=
Wed Mar 28 10:53:52 IST 2018>
2018-03-28 10:53:54 WARN  c.a.j.AbstractConnectionProxy.logWarning:12 - Forcing
close of pending statement: com.mysql.jdbc.jdbc2.optional.JDBC42PreparedStatemen
tWrapper@5afb26e1
2018-03-28 10:53:54 ERROR c.a.e.s.QuotesProcessorTask.lambda$processNewQuotes$0:
40 - Explicitly thrown by Broker Application to Roll Back!
```

그림 13-16. 테스트 케이스 2 처리 첫 번째 단계

그림 13-17에 표시된 다음 예약 트리거에서 호가 처리 작업의 상태가 여전히 'New'이므로 이전 호가를 다시 가져올 때까지 기다린다.

그림 13-17. 테스트 케이스 2에 대한 새 호가 도착

호가 처리 작업을 실행하는 두 번째 단계에서는 처리를 위해 테스트 케이스 2에 해당하는 새 호가를 다시 선택한다. 두 번째 단계에서는 그림 13-15의 ✔ 기호로 나타나는 대로 오류 조건을 시뮬레이션하지 않는다. 따라서 ✔ 기호로 나타나는 대로 커밋할 준비가 된 경매 서비스와 주식 주문 서비스의 트랜잭션이 커밋된다. 두 트랜잭션 모두 커밋된 브로커 서비스의 상위 트랜잭션 컨텍스트 내에서 호출됐기 때문이다. ActiveMQ에 대한 새 호가 메시지 전달이 커밋됐으므로 호가 정산 마이크로서비스는 호가 정산을 위해 호가 메시지를 수신한다. 그림 13-15의 호가 정산 리스너 서비스와 레코드 사용자 트랜잭션 서비스에 대한 이 두 번째 패스에서 ✔ 기호로 호가 정산 마이크로서비스 내의 전체 트랜잭션이 커밋된다. 이는 그림 13-18의 콘솔에 반영된다.

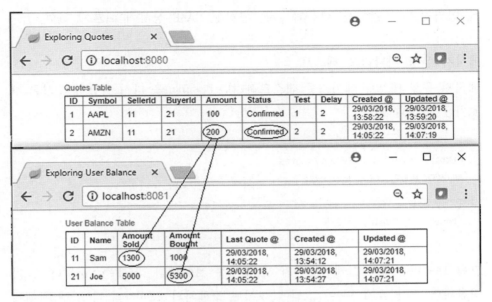

그림 13-18. 테스트 케이스 2 콘솔

주의 독자로서 이 장에서 언급된 테스트의 실행을 정확히 따르면 여기에 제공된 설명과 스크린샷을 바탕으로 효과를 시각화하고 이해하기 쉽다. 따라서 지시한 대로 정확히 따르는 것이 좋다. 또한 이 설정은 자동으로 첫 번째 단계는 실패하고 두 번째 단계는 몇 가지 테스트 사례에 대해 성공한다. 이 메커니즘은 테스트 실행 중에 독자의 개입을 최소화하게 디자인됐다. 그러나 테스트 단계를 단일 테스트 클라이언트(Postman 브라우저 클라이언트)로 테스트 케이스를 실행하는 경우에만 작동한다. 따라서 동시 테스트 클라이언트(예, 몽키 테스트)[11]로 예제를 테스트하지 마라. 나중에 설명된 대로 테스트를 실행하고 제공된 설명을 따를 수 있을 때 코드와 테스트 단계를 조정해 추가 시나리오를 테스트할 수 있다.

완화된 BASE 이상 시뮬레이션

지금까지 적절한 수준의 ACID 트랜잭션을 가진 BASE 시스템을 구현해 결과적 일관성이 유지되게 했다. 이제 트랜잭션 속성을 변경해 ACID 트랜잭션의 범위

---

11. 몽키 테스트는 랜덤으로 클릭하거나 데이터를 생성해 테스트하는 방법이다. - 옮긴이

를 인위적으로 '줄여서' 다음과 같은 완화된 BASE 상황에 이르게 한다.

메시지 유실 시나리오 테스트

메시지 유실 테스트 케이스를 테스트하려면 Postman을 다시 사용하고 다른 새호가를 작성한다.

```
http://localhost:8080/api/quotes
METHOD: POST; BODY: Raw JSON

{ "symbol" : "GOOG", "sellerId" : 11, "buyerId" : 21, "amount" : 300,
"test" : 3, "delay" : 2 }
```

그림 13-19는 테스트 케이스 3의 새 호가를 보여준다. 상태는 'New'다. 호가정산되면 호가 금액 300이 그림에 표시된 구매자와 판매자의 각 실행 잔액에추가된다.

그림 13-19. 첫 테스트 케이스 3 콘솔

이제 트랜잭션 시멘틱을 살펴본다. 그림 13-20을 보자.

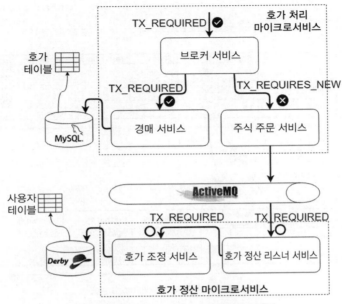

그림 13-20. 테스트 케이스 3 트랜잭션 시멘틱

여기서 호가 처리 작업을 처리할 새 호가를 선택한다. 주식 주문 서비스 내에서 오류를 시뮬레이션할 수 있다. 이는 그림 13-19에서 X 기호로 표시된다. 경매 서비스의 피어 트랜잭션은 성공해야 하므로 ✔ 기호로 표시된다. 브로커 서비스의 상위 트랜잭션도 성공해야 한다. 즉, 주식 주문 서비스의 오류가 브로커 서비스의 상위 트랜잭션이나 경매 서비스의 피어 트랜잭션에 영향을 주지 않아야 하므로 주식 주문 서비스에 TX_REQUIRES_NEW 시멘틱을 적용한다. 결론적으로 호가가 'Confirmed'로 나타난다는 것이다. 그러나 ActiveMQ에 대한 새 호가 메시지는 실패한다. 호가가 이미 'Confirmed'로 나타나 있으므로 호가 처리 작업은 다음 예약된 트리거에서 다시 처리하고자 이 호가를 선택하지 않는다. 결론적으로 이 호가는 그림 13-21에 표시된 다운스트림 호가 정산 마이크로서비스에서 절대로 정산되지 않는다는 것이다. 메시지가 손실됐다.

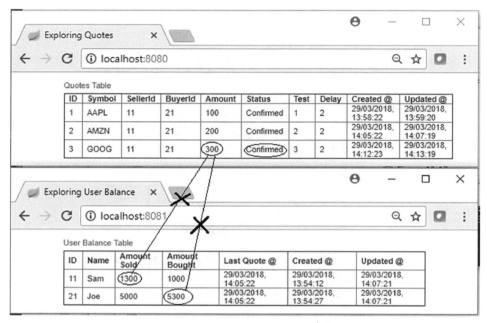

그림 13-21. 최종 테스트 케이스 3 콘솔

메시지 중복 전송 시나리오 테스트

메시지 중복 전송 테스트 케이스를 검증하려면 Postman을 다시 사용하고 다른 새 호가를 작성한다.

```
http://localhost:8080/api/quotes
METHOD: POST; BODY: Raw JSON

{ "symbol" : "NFLX", "sellerId" : 11, "buyerId" : 21, "amount" : 400,
"test" : 4, "delay" : 2 }
```

그림 13-22는 테스트 케이스 4의 새 호가를 보여준다. 상태는 'New'다. 호가가 정산되면 그림과 같이 호가 금액 400이 구매자와 판매자의 각 실행 잔액에 추가돼야 한다.

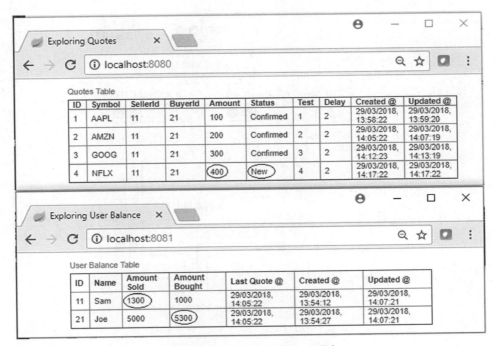

Quotes Table

ID	Symbol	SellerId	BuyerId	Amount	Status	Test	Delay	Created @	Updated @
1	AAPL	11	21	100	Confirmed	1	2	29/03/2018, 13:58:22	29/03/2018, 13:59:20
2	AMZN	11	21	200	Confirmed	2	2	29/03/2018, 14:05:22	29/03/2018, 14:07:19
3	GOOG	11	21	300	Confirmed	3	2	29/03/2018, 14:12:23	29/03/2018, 14:13:19
4	NFLX	11	21	(400)	(New)	4	2	29/03/2018, 14:17:22	29/03/2018, 14:17:22

User Balance Table

ID	Name	Amount Sold	Amount Bought	Last Quote @	Created @	Updated @
11	Sam	(1300)	1000	29/03/2018, 14:05:22	29/03/2018, 13:54:12	29/03/2018, 14:07:21
21	Joe	5000	(5300)	29/03/2018, 14:05:22	29/03/2018, 13:54:27	29/03/2018, 14:07:21

그림 13-22. 초기 테스트 케이스 4 콘솔

이제 그림 13-23의 트랜잭션 시멘틱을 살펴본다.

여기서 호가 처리 작업은 처리할 새 호가를 선택한다. 경매 서비스 내에서 오류를 시뮬레이션한다. 이는 그림 13-23에서 X 기호로 표시된다. 주식 주문 서비스의 피어 트랜잭션은 성공해야 하므로 ✔ 기호로 표시된다. 브로커 서비스의 상위 트랜잭션도 성공해야 한다. 즉, 경매 서비스의 오류가 중개인 서비스의 상위 트랜잭션이나 주식 주문 서비스의 피어 트랜잭션에 영향을 주지 않아야 하므로 경매 서비스에 `TX_REQUIRES_NEW` 시멘틱을 적용한다. 결론적으로 'Confirmed'로 표시된 호가 상태가 롤백된다는 것이다. 그러나 ActiveMQ에 대한 새 호가 메시지는 성공한다.

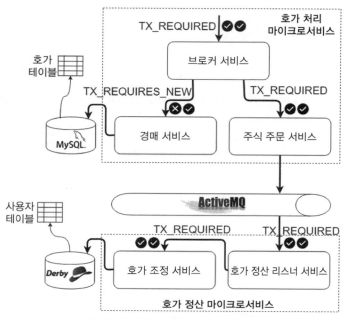

그림 13-23. 테스트 케이스 4 트랜잭션 의미

ActiveMQ에 대한 새 호가 메시지 전달이 커밋됐으므로, 호가 정산 마이크로서비스는 호가 정산을 위해 호가 메시지를 수신한다. 그림 13-23의 호가 정산 리스너 서비스와 레코드 사용자 트랜잭션 서비스에 대한 첫 번째 단계의 ✔ 기호로 호가 정산 마이크로서비스 내의 전체 트랜잭션이 커밋된다. 이는 그림 13-24의 콘솔에 반영된다.

놀랍게도 그림 13-24와 같이 호가 정산이 발생하고 호가 금액 400이 구매자와 판매자 각각의 실행 잔액에 추가되는 것을 볼 수 있다. 그러나 업스트림 시스템에서 호가는 아직 'Confirmed'로 표시되지 않는다. 호가를 'Confirmed'로 나타낸 경매 서비스가 롤백됐기 때문이다.

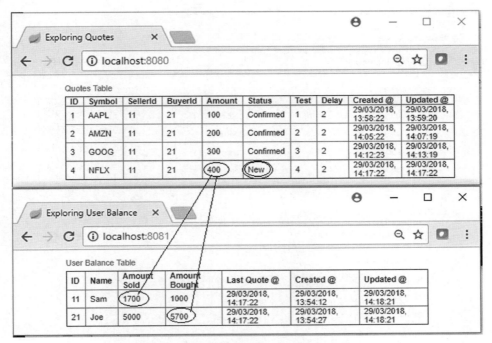

그림 13-24. 중간 단계의 테스트 케이스 4 콘솔

그 효과는 다음번에 `QuotesProcessor` 태스크가 두 번째 처리를 위해 새 호가를 선택하는 것이다. 테스트 실행에서 이번에는 경매 서비스 내의 오류를 시뮬레이션하지 않는다. 따라서 두 번째로 이 호가의 종단 간 처리가 반복되고 그림 13-25가 결과를 반영한다.

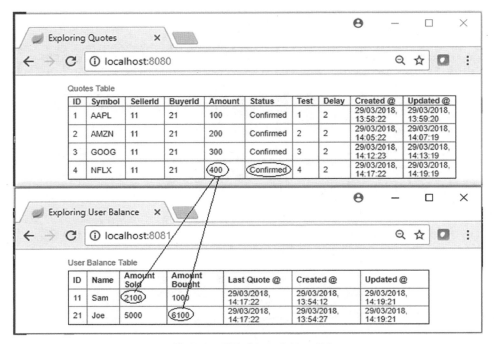

그림 13-25. 최종 테스트 케이스 4 콘솔

이는 의도된 것이 아니다. 메시지 중복으로 인해 호가의 중복 정산이 발생했다.

메시지 중복 소비 시나리오 테스트

메시지 중복 소비 테스트 케이스를 테스트하려면 Postman을 다시 사용하고 다른 새 호가를 작성한다.

```
http://localhost:8080/api/quotes
METHOD: POST; BODY: Raw JSON

{ "symbol" : "TSLA", "sellerId" : 11, "buyerId" : 21, "amount" : 500,
"test" : 5, "delay" : 2 }
```

그림 13-26은 테스트 케이스 5의 새 호가를 보여준다. 상태는 'New'다. 호가

정산되면 호가 금액 500이 그림과 같이 구매자와 판매자의 각 실행 잔액에 추가돼야 한다.

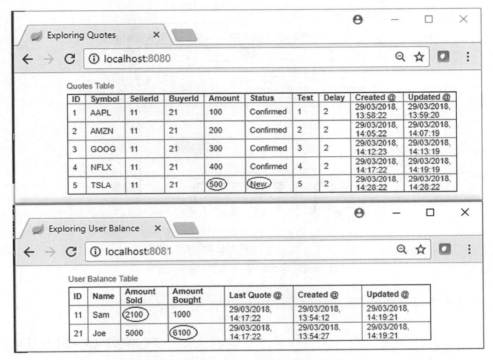

그림 13-26. 초기 테스트 케이스 5 콘솔

이제 그림 13-27의 트랜잭션 시멘틱을 살펴본다.

여기서는 업스트림 처리 시 시뮬레이션된 오류가 없으므로 호가 상태가 'New'에서 'Confirmed'로 변경되고 ActiveMQ로의 새 호가 메시지 전달도 성공적이므로 호가 정산 마이크로서비스는 다음에 대한 호가 메시지를 수신한다. 호가 정산 리스너 서비스는 메시지를 수신한 후 호가 정산을 위해 호가 조정 서비스를 호출한다. 호가 정산은 구매자와 판매자의 잔액이 업데이트되는 동안 발생한다. 그러나 호가 조정 서비스가 끝나면 그림 13-27과 같이 호가 정산 리스너 서비스의 첫 번째 단계에서 X 기호로 오류가 시뮬레이션된다.

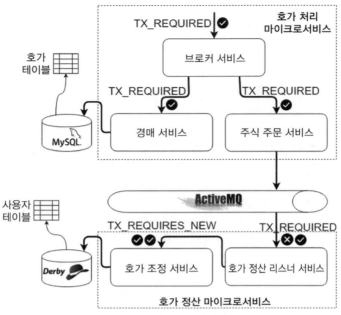

그림 13-27. 테스트 케이스 5 트랜잭션 시멘틱

여기에서 주목해야 할 몇 가지 사항이 있다.

- 호가 조정 서비스에 의해 수행된 호가 정산은 **TX_REQUIRES_NEW** 트랜잭션 컨텍스트 내에서 이뤄지므로 동종 또는 상위 트랜잭션(호가 정산 리스너 서비스의 트랜잭션)에서 오류가 발생해도 호가 조정 서비스의 트랜잭션에 영향을 미치지 않는다. 따라서 합의의 효과는 커밋된다.

- 호가 정산 리스너 서비스가 ActiveMQ에서 메시지를 읽었음에도 **TX_REQUIRED** 트랜잭션 컨텍스트에 있는 메시지 리스너 메서드는 ActiveMQ에서 읽은 메시지를 커밋하지 않는다. 따라서 ActiveMQ의 경우 메시지 전달이 성공하지 못했으므로 메시지 전달을 다시 시도한다.

메시지 전달을 다시 시도하는 동안(즉, 두 번째 단계에서 메시지 리스너 처리를 하는 동안) 오류를 시뮬레이션하지 않으며, 이는 그림 13-27의 두 서비스에서 ✔ 부호로 나타난다.

따라서 호가 정산 리스너 서비스와 호가 조정 서비스에 의한 거래는 모두 성공적이고 커밋된다. 그러나 더 큰 문제가 있다. 호가가 다시 정산돼 구매자와 판매자의 계좌에서 각각 이중으로 추가되거나 공제가 발생한다. 그림 13-28을 보자.

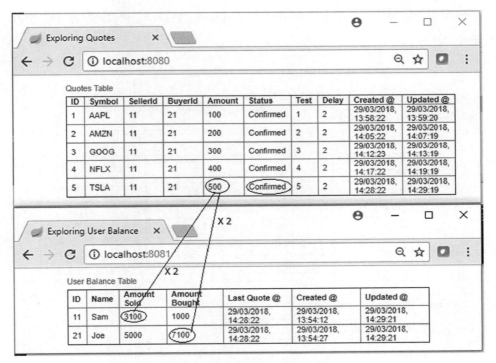

그림 13-28. 최종 테스트 케이스 5 콘솔

메시지 소비와 처리 실패 시나리오 테스트

메시지 소비와 처리 실패 시나리오 테스트 케이스를 테스트하려면 Postman을 다시 사용하고 다른 새 호가를 작성한다.

```
http://localhost:8080/api/quotes
METHOD: POST; BODY: Raw JSON

{ "symbol" : "MSFT", "sellerId" : 11, "buyerId" : 21, "amount" : 600,
```

```
  "test" : 6, "delay" : 2 }
```

그림 13-29는 테스트 케이스 6의 새 호가를 보여준다. 상태는 'New'다. 호가가
정산되면 그림과 같이 호가 금액 600이 구매자와 판매자의 각 실행 잔액에 추가
돼야 한다.

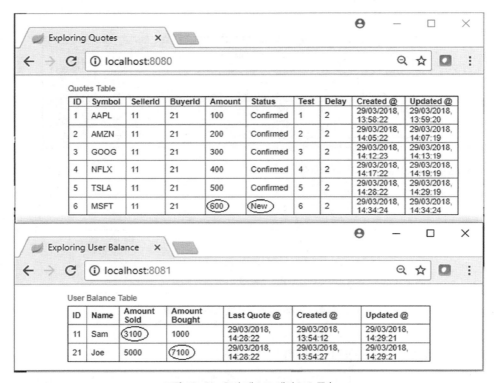

그림 13-29. 초기 테스트 케이스 6 콘솔

이제 그림 13-30에 표시된 트랜잭션 시멘틱을 살펴본다.

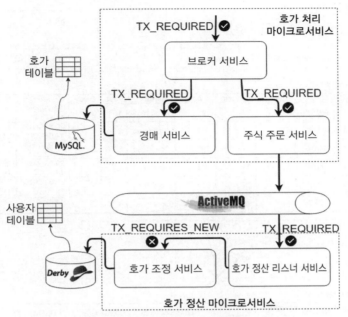

그림 13-30. 테스트 케이스 6 트랜잭션 시멘틱

여기서도 모든 업스트림 처리에서 시뮬레이션된 오류가 없으므로 호가 상태가 'New'에서 'Confirmed'로 변경되고 ActiveMQ로 새 호가 메시지 전달도 성공적이기 때문에 호가 정산 마이크로서비스는 다음에 대한 호가 메시지를 수신한다. 호가 정산 리스너 서비스는 메시지를 수신한 후 호가 정산을 위해 호가 조정 서비스를 호출한다. 호가 정산은 구매자와 판매자의 잔액을 업데이트하는 동안 발생한다. 그러나 그림 13-30에서 X 기호로 표시된 것처럼 호가 조정 서비스 트랜잭션 내에서 오류가 시뮬레이션된다. 호가 조정 서비스 트랜잭션이 **TX_REQUIRES_NEW** 시맨틱으로 구성됐으므로 호가 정산이 롤백된다. 메시지 수신이 성공했기 때문에 결론적으로 호가가 다운스트림 시스템에서 영원히 불안정한 상태로 남아 있다는 것이다. 그림 13-31을 보자.

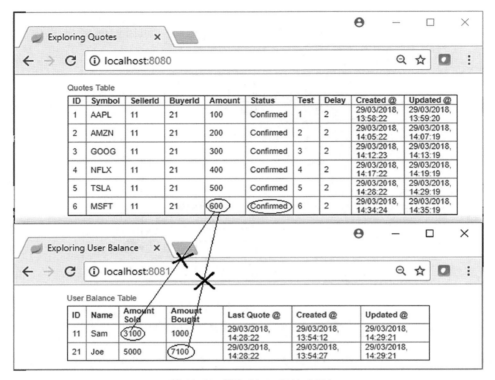

그림 13-31. 최종 테스트 케이스 6 콘솔

메시지 재전송 시나리오 테스트

JMS는 메시지 전달에 대한 순서 보장을 제공하지 않으므로 먼저 보낸 메시지는 나중에 보낸 메시지 이후에 도착할 수 있다. 이는 XA 트랜잭션 사용 여부에 관계없이 유지된다.

메시지 재전송 테스트 케이스를 테스트하려면 Postman을 다시 사용하고 다른 새 호가를 작성한다.

```
http://localhost:8080/api/quotes
METHOD: POST; BODY: Raw JSON
```

542

```
{ "symbol" : "ORCL", "sellerId" : 11, "buyerId" : 21, "amount" : 700,
"test" : 7, "delay" : 2 }
```

그림 13-32는 테스트 케이스 7의 새 호가를 보여준다. 상태는 'New'다. 호가
정산되면 그림과 같이 호가 금액 700이 구매자와 판매자의 각 실행 잔액에 추가
돼야 한다.

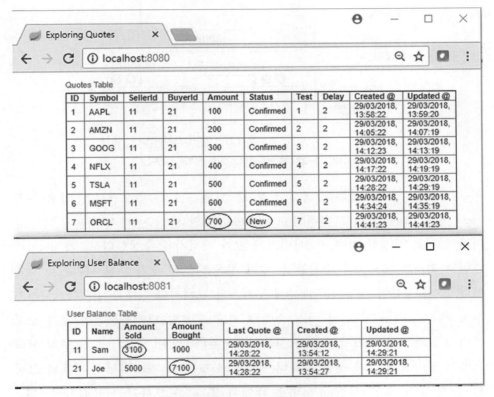

그림 13-32. 초기 테스트 케이스 7 콘솔

이제 그림 13-33에 표시된 트랜잭션 시멘틱을 살펴본다.

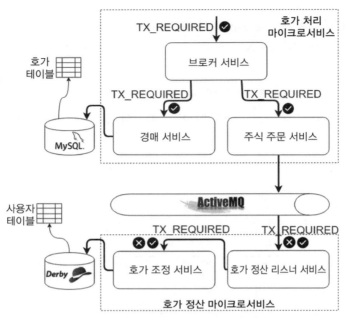

그림 13-33. 테스트 케이스 7 트랜잭션 시멘틱

이 경우에도 업스트림 처리에서 시뮬레이션된 오류가 없으므로 호가 상태가 'New'에서 'Confirmed'로 변경되고 ActiveMQ로의 새 호가 메시지 전달도 성공적이므로 호가 정산 마이크로서비스가 호가 메시지를 수신한다. 호가 정산 리스너 서비스는 메시지를 수신한 후 호가 정산을 위해 호가 조정 서비스를 호출한다. 호가 정산이 발생했기 때문에 구매자와 판매자의 잔액을 업데이트하려고 시도한다. 그러나 첫 번째 패스 중에 X 기호로 그림 13-33과 같이 호가 조정 서비스 트랜잭션 내에서 오류가 시뮬레이션된다. 또한 제어가 호가 조정 서비스에서 돌아오면 호가 정산 리스너 서비스의 첫 번째 패스에서 X 기호로 그림 13-33의 호가 정산 리스너 서비스 내에서 또 다른 오류가 시뮬레이션된다.

호가 정산 리스너 서비스가 ActiveMQ에서 메시지를 읽더라도 **TX_REQUIRED** 트랜잭션 컨텍스트에 있는 메시지 리스너 메서드는 ActiveMQ에서 읽은 메시지를 커밋하지 않는다. 따라서 ActiveMQ의 경우 메시지 전달이 성공하지 못했으므로 메시지 전달을 다시 시도한다. 재시도하는 동안(즉, 메시지 리스너 처리의 두 번째 단계) 오

544

류를 시뮬레이션하지 않으며 이는 두 서비스 모두에 ✔ 기호로 표시된다. 따라서 호가 정산 리스너 서비스와 호가 조정 서비스에 의한 거래는 모두 성공적으로 커밋된다. 그리고 결론적으로 두 번째 단계에서 호가가 올바르게 정산된다. 그림 13-34를 참고한다.

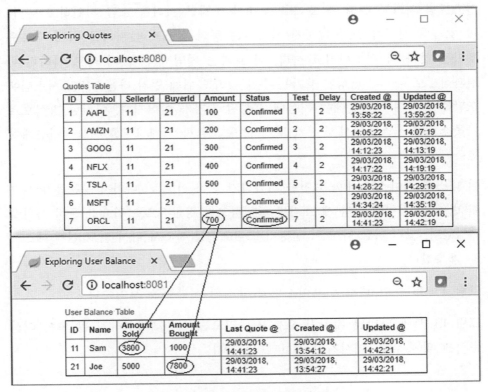

그림 13-34. 최종 테스트 케이스 7 콘솔

일반적인 메시징 함정

이 절에서는 시스템을 주의 깊게 디자인하지 않은 경우 분산 시나리오에서 발생할 수 있는 몇 가지 일반적인 메시징 함정을 설명한다.

메시지 순서에 맞지 않게 수신된 메시지 시나리오 테스트

이 시나리오에 대한 테스트는 테스트 단계에 따라 각 작업의 타이밍을 조정해야 하기 때문에 약간 까다롭다. 이 테스트 단계를 기반으로 설명할 것이며 예제 구성을 변경하지 않은 경우에도 작동할 것이다.

업스트림 처리를 위해 새 호가를 보내야 하지만 처리를 조금 지연하고 싶다. 이 호가의 지연이 끝날 때까지 기다리는 동안 업스트림 처리를 위해 새로운 호가를 하나 더 실행하려고 한다. 이 호가는 지연 없이 거의 바로 처리된다. 결과적으로 나중에 생성된 호가는 추가 처리를 위해 먼저 다운스트림 시스템에 도달해야 하며 그다음에는 처음에 생성된 호가가 이어진다. 이러한 방식으로 다운스트림 시스템에서 순서가 맞지 않게 도착하는 메시지를 시뮬레이션해야 한다.

이 테스트 케이스에 대한 요청을 시작하기 전에 이 절의 나머지 부분을 끝까지 한 번 읽고 지침에 따라 새 호가를 실행하고자 정신적으로 필요한 준비 사항을 파악한다. 그런 다음 다시 이 설명의 요점으로 돌아와서 다시 읽고 실제 테스트를 계속한다.

그림 13-35는 이 테스트 케이스의 트랜잭션 시맨틱을 보여준다.

그림 13-35에 나타난 것처럼 오류 시나리오는 시뮬레이션하지 않는다. 대신 순서에 맞지 않는 메시지만 시뮬레이션한다.

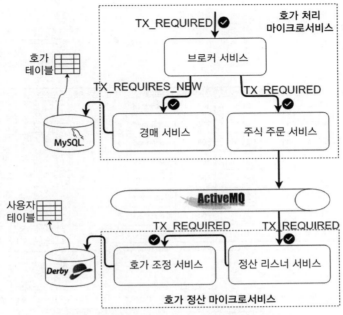

그림 13-35. 테스트 케이스 8 트랜잭션 의미론

이 테스트 케이스를 테스트하려면 Postman을 다시 사용하고 새 호가를 작성한다.

```
http://localhost:8080/api/quotes
METHOD: POST; BODY: Raw JSON

{ "symbol" : "QCOM", "sellerId" : 11, "buyerId" : 21, "amount" : 800,
"test" : 8, "delay" : 90}
```

그림 13-36과 같이 테스트 요청 페이로드와 함께 90초의 지연 시간을 되돌리고 있다는 점을 유념해야 한다.

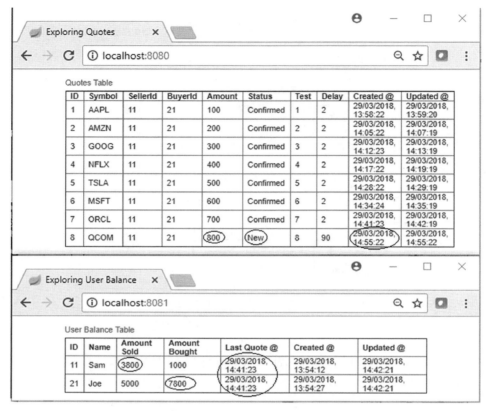

그림 13-36. 테스트 케이스 8 콘솔, 첫 번째 호가 작성

업스트림 마이크로서비스 콘솔(명령 화면)을 계속 지켜본다. 호가 프로세서 태스크
가 시간 초과되면 이 새 호가를 가져와 상태를 'New'에서 'Confirmed'로 변경하
지만 종단 간 트랜잭션을 완료하기 전에 90초 지연 동안 대기 상태가 된다.
이것은 그림 13-37에 나와 있다.

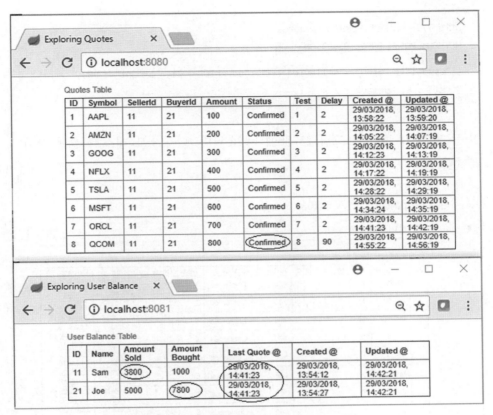

그림 13-37. 지연을 보여주는 테스트 케이스 8 콘솔

이 90초는 다음 60초 내에 호가 프로세서 작업의 시간 초과가 발생하며, 해당 시간 초과 동안 이미 처리 상태(호가 상태가 'New'가 아니다)에 있기 때문에 이 호가를 가져오면 안 된다는 점에서 의미가 있다.

여기에 요령이 있다. 호가 처리 작업이 처리할 호가를 선택하고 제공된 90초의 지연 시간 동안 대기 모드로 되는 전환되는 10 ~ 20초 이내에 즉시 다른 새 호가를 실행해야 한다. 다른 Postman 세션으로 다음과 같은 데이터를 준비하는 것이 이상적이다.

```
http://localhost:8080/api/quotes
METHOD: POST; BODY: Raw JSON

{ "symbol" : "GILD", "sellerId" : 11, "buyerId" : 21, "amount" : 900,
"test" : 8, "delay" : 2 }
```

이 두 번째 새 호가는 그림 13-38에 나와 있다. 이상으로 테스트 실행 단계가
끝났다.

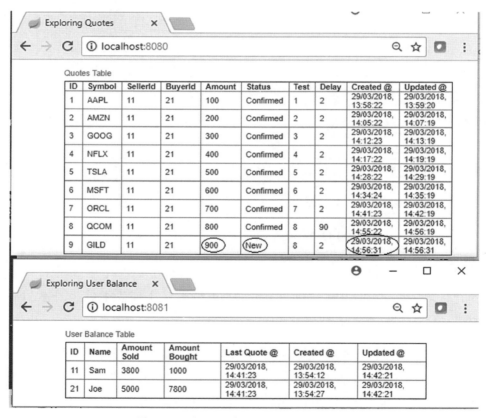

그림 13-38. 테스트 케이스 8 콘솔, 두 번째 호가 작성

다음에 호가 처리 작업이 시간 초과되면 이 두 번째 새 호가만 가져온다. 이는

첫 번째 호가가 업스트림 시스템에서 아직 처리 중이지만 그림 13-38과 같이 호가의 상태가 이미 'Confirmed'로 업데이트됐기 때문이다. 이는 그림 13-35에서 알 수 있듯이 테스트 시연 목적으로 경매 서비스의 트랜잭션은 TX_REQUIRES_NEW로 나타난다.

두 번째 새 호가의 경우 무시할 정도의 처리 지연이 있으며, 업스트림 처리에서 나오고 ActiveMQ로 추가 처리를 위해 다운스트림에 도달한다. 첫 번째 호가는 여전히 업스트림 시스템의 프로세스 단계에 있을 것으로 예상한다. 이렇게 하면 다운스트림 시스템에서 메시지의 순서가 맞지 않다. 이는 그림 13-39처럼 해결된다.

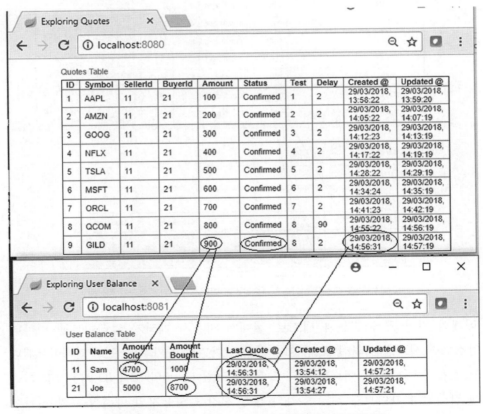

그림 13-39. 테스트 케이스 8 콘솔, 두 번째 호가가 먼저 정산됨

브라우저 콘솔을 계속 주시한다. 곧 다운스트림 시스템에서 사용자의 현재 잔액이 변경되는 것을 볼 수 있다. 이는 그림 13-40과 같이 업스트림 처리가 지연된 첫 번째 호가의 결과다. 따라서 다운스트림 시스템에 순서 없이 도달하고 최종적으로 호가가 정산된다.

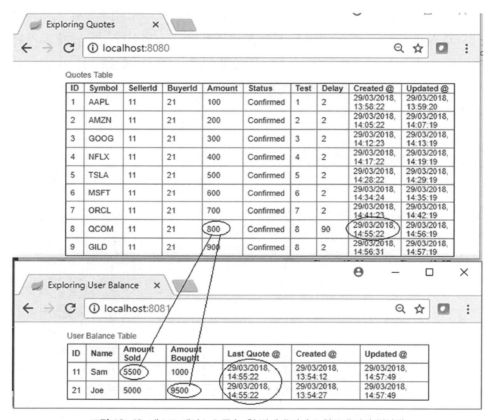

그림 13-40. 테스트 케이스 8 콘솔, 첫 번째 호가가 2 위로 호가가 정산됨

'예제의 정상 흐름 빌드와 테스트' 절에서 사용자 계좌가 업데이트될 때마다 업스트림 시스템의 최신 호가 생성 시간이 마지막 호가 시간으로 업데이트된다는 것을 알 수 있다. 이러한 논리로 볼 때 그림 13-40의 호가 ID 9는 가장 최근에 작성된 호가이므로 해당 호가의 생성 시간은 사용자의 마지막 호가 시간이

어야 한다. 그러나 호가 ID 8과 호가 ID 9가 다운스트림 시스템에 잘못 도달했기 때문에 이 데이터 속성 규칙이 잘못됐다.

요약

트랜잭션은 다이내믹한 엔터프라이즈급 애플리케이션을 위한 기본 요소다. 로컬 트랜잭션은 좋지만 분할된 도메인의 분산 트랜잭션은 좋지만은 않다. 모놀리스 기반 아키텍처에서 마이크로서비스 기반 아키텍처로 전환해도 여전히 트랜잭션이 필요하다. 하지만 파티션 전체의 도메인에 대한 ACID 트랜잭션 대신 BASE 트랜잭션을 사용하는 것이 더 좋으며, 파티션이나 도메인 내에서 ACID나 XA 준수 트랜잭션을 유지하는 것이 좋다. 13장에서는 분산된 엔터프라이즈 시스템에서 가능한 한 많은 오류 시나리오를 살펴봤고, ACID 트랜잭션을 사용하면 이러한 오류 시나리오를 피할 수 있는 방법도 확인했다. 모놀리스에서 마이크로서비스 기반 아키텍처로 전환할 때 오류 시나리오가 줄어들지 않는다. 대신 마이크로서비스 기반 아키텍처의 분포 정도가 여러 배로 증가하기 때문에 이러한 오류 시나리오가 크게 증가한다. 14장에서는 분산 시스템을 디자인하는 데 이러한 오류 시나리오로부터 보호하고자 사용할 수 있는 기술을 볼 수 있으므로 계속 읽기 바란다.

14

트랜잭션과 마이크로서비스

13장에서는 분산 트랜잭션을 광범위하게 다뤘다. 이제 분산 트랜잭션을 명확하게 이해했으므로 신중하게 사용할 수 있다. 분명하게는 파티션과 도메인 간의 마이크로서비스 환경에서 가능한 한 분산 트랜잭션을 피하려고 한다. 분산 트랜잭션을 마이크로서비스 아키텍처에서 완전히 사용하지 말아야 한다는 것이 아니다. 신뢰성과 느슨한 결합의 트랜잭션을 사용하고자 하는 영역이 있기 때문이다. 그러나 본질은 교차 파티션과 교차 도메인을 활용해 실제로는 분산 트랜잭션을 사용하지 않고도 대부분의 디자인을 수행할 수 있다는 것이다. 14장에서 이런 작업을 수행하는 방법을 자세히 살펴본다.[1] 14장의 예제는 13장의 예제를 계속 사용하므로 예제를 실행하기 전에 먼저 13장을 읽고 이해하는 것이 좋다.

14장에서 다루는 내용은 다음과 같다.

- 마이크로서비스 전반에서의 분산 데이터 효과
- 글로벌 트랜잭션과 로컬 트랜잭션 구분
- 내결함성을 갖도록 13장의 예제 개선
- 실제 마이크로서비스 작업에 사용할 수 있는 추가 디자인 리팩토링 탐색

---

1. 자세한 내용은 https://atomikos.teachable.com/p/microservice-transaction-patterns의 온라인 과정을 참고한다.

파티셔닝과 마이크로서비스

일관성을 최대화하는 가장 좋은 방법은 분할을 피하는 것이다. 분할이 없다는 것은 모든 처리를 단일 소프트웨어 프로세스가 수행하고 있음을 의미한다. 시간이 지남에 따라 소프트웨어 프로세스에는 한계가 있으며 수직적 확장은 특정 한계 이후에는 기하급수적으로 증가하지 않고 선형적으로 증가할 수 없다. 이는 1장의 '스케일 큐브' 절에서 다뤘다. 이러한 맥락에서 확장성을 개선하고자 수평적 확장법을 사용한다. 둘 이상의 소프트웨어 프로세스로 처리하도록 확장하는 순간 분할의 가능성이 생기므로 분할이 많을수록 일관성이 떨어진다. 마이크로서비스도 예외는 아니다. 모놀리스 애플리케이션을 마이크로서비스 기반 아키텍처로 분할하면 처리 로직을 분할한 노드나 소프트웨어 프로세스 수가 증가해 네트워크를 사용해서 처리 작업을 조정해야 한다. 네트워크 또는 프로세스 경계는 관련된 모든 복잡성과 불확실성을 가져오며 종단 간 소프트웨어 처리가 완료되는 방법과 시점을 더 이상 확신할 수 없다. 이러한 맥락에서 불확실성을 줄이고자 2단계 커밋 프로토콜을 활용한다.

2단계 커밋 프로토콜의 일부로 요청을 실행하는 소프트웨어 프로세스는 트랜잭션이 커밋될 때 작업을 조정하고자 서로 통신할 수 있어야 한다. 2단계 커밋 프로토콜의 첫 번째 단계에서 일반적으로 트랜잭션을 시작하는 프로세스인 코디네이터는 모든 참여자에게 커밋할 준비가 됐는지 묻는다. 두 번째 단계에서 코디네이터는 트랜잭션을 커밋(또는 중단)하도록 지시한다. 참가자 리소스 관리자가 트랜잭션의 일부를 커밋할 수 있으면 변경 사항(리소스에 대한)과 해당 상태를 영구 저장소에 기록하고 커밋할 준비가 되는 즉시 동의한다. 따라서 2단계 커밋 프로토콜은 투표 단계와 완료 단계로 구성된다. 이러한 모든 추가 단계는 주요 처리 명령에 추가되며, 이러한 방식을 거쳐 2단계 커밋 프로토콜은 로컬 트랜잭션에 비해 완료하는 데 더 많은 시간이 걸리기 때문에 상대적으로 비용이 많이 든다.

2단계 커밋 프로토콜조차도 완전히 오류가 없는 것은 아니다. 2단계 커밋 프로토콜이 종료될 때 모든 참가자가 커밋에 동의한 후 커밋이 완료되지 않을 경우 일부 리소스의 순서가 맞지 않을 수 있다. 그러나 프로토콜은 디자인에 따라 이러한 오류(서버 충돌, 네트워크 오류 또는 메시지 손실)를 허용할 수 있으며 완료될 시간제한을 지정할 수는 없지만 수동 개입 여부에 관계없이 결과적으로 완료되게 보장된다.

마이크로서비스와 분산 데이터

일반적인 모놀리스 애플리케이션은 전체 또는 대부분의 데이터를 단일 데이터 베이스에 갖고 있으며, 이는 일관성 측면에서 애플리케이션에 대한 단순성과 많은 제어 옵션을 제공한다. 예를 들어 13장에 소개된 2개의 데이터 테이블(그림 14-1)을 살펴보자.

User Balance Table

ID	Name	Amount Sold	Amount Bought	Last Quote @	Created @	Updated @
11	Sam	1000	1000	29/03/2018, 13:54:12	29/03/2018, 13:54:12	29/03/2018, 13:54:12
21	Joe	5000	5000	29/03/2018, 13:54:27	29/03/2018, 13:54:27	29/03/2018, 13:54:27

그림 14-1. 사용자 잔액 테이블

그림 14-1은 사용자에 대한 현재 잔액을 집계한 사용자 잔액 테이블을 보여준다. 그림 14-2는 거래 내역을 유지하는 호가 테이블을 보여준다.

Quotes Table

ID	Symbol	SellerId	BuyerId	Amount	Status	Test	Delay	Created @	Updated @
1	AAPL	11	21	100	Confirmed	1	2	29/03/2018, 13:58:22	29/03/2018, 13:59:20
2	AMZN	11	21	200	Confirmed	2	2	29/03/2018, 14:05:22	29/03/2018, 14:07:19
3	GOOG	11	21	300	Confirmed	3	2	29/03/2018, 14:12:23	29/03/2018, 14:13:19

그림 14-2. 호가 테이블

새 호가가 생성되면 상태가 'New'라는 것을 알 수 있다. 호가가 처리되고 정산되면 해당 상태가 'Confirmed'로 업데이트되고 동시에 호가의 값이 사용자 잔액

테이블의 구매자와 판매자 모두의 실행 잔액에 추가된다. 이 두 작업은 원자적
이어야 하며 모놀리스 시스템인 경우 로컬 트랜잭션 범위 내에서 작업을 원자
적으로 만들 수 있다. 리스트 14-1을 보자.

리스트 14-1. 모놀리스 애플리케이션의 트랜잭션

```
로컬 트랜잭션 시작
    호가 상태 업데이트
    사용자 잔액 증가 또는 감소
로컬 트랜잭션 종료
```

마이크로서비스 디자인 원칙에 따라 처리를 둘 이상의 마이크로서비스로 분할
하면 각 마이크로서비스가 자체 데이터를 관리한다. 즉, 호가 처리 마이크로서
비스는 호가 테이블을 소유하고 관리하는 반면 호가 정산 마이크로서비스는
사용자 잔액 테이블을 소유하고 관리한다. 2단계 커밋 글로벌 트랜잭션을 사용
하면 동작은 리스트 14-2와 같다.

리스트 14-2. 마이크로서비스의 글로벌 트랜잭션

```
글로벌 거래 시작
    호가 상태 업데이트
    사용자 잔액 증가 또는 감소
글로벌 거래 종료
```

리스트 14-2에 설명된 작업에 대해 2단계 커밋 트랜잭션을 사용하지 않으면
두 작업은 두 마이크로서비스로 개별적으로 수행돼야 하며, 이는 이 두 작업
간의 원자성을 완화해야 함을 의미한다. 리스트 14-3을 보자.

리스트 14-3. 마이크로서비스의 로컬 트랜잭션

```
로컬 트랜잭션 시작
```

```
    호가 상태 업데이트
로컬 트랜잭션 종료
로컬 트랜잭션 시작
    사용자 잔액 증가 또는 감소
로컬 트랜잭션 종료
```

호가 상태가 'New'에서 'Confirmed'로 변경될 경우 이 변경 직후에 구매자와 판매자에게 호가의 가치를 사용자 잔액 테이블에 추가로 차감하지 않는 문제가 발생할 가능성이 있으므로 호가 정산을 누락하게 된다. 리스트 14-4를 보자.

리스트 14-4. 마이크로서비스 오류 시나리오의 로컬 트랜잭션

```
로컬 트랜잭션 시작
    호가 상태 업데이트
로컬 트랜잭션 종료
로컬 트랜잭션 시작
    사용자 잔액 증가 또는 감소
로컬 트랜잭션 종료 !오류
```

이 상태가 애플리케이션에 허용되는지 여부는 사용자 잔액 테이블에서 위의 작업을 놓친 경우 미치는 영향에 따라 달라진다. 사용자 잔액 테이블의 데이터 업데이트가 누락되더라도 호가 테이블에서는 이미 동일한 데이터가 다른 형식으로 추적된다. 이 예제에서 요약 보기로 보여주는 사용자 잔액 테이블의 데이터는 각 사용자에 대해 집계된 총계에 해당하는 일종의 캐시다.

이는 시스템에서 각 사용자의 거래 잔액을 더 빠르게 조회하기 위한 것이다. 애플리케이션이 호가 테이블의 데이터를 사용해 정확한 값을 항상 확인할 수 있는 사용자를 위한 이러한 잔액을 추정치만으로 가정하면 앞에서 설명한 것처럼 사용자 잔액 테이블에 있는 구매자와 판매자에 대한 호가 값을 추가하지 못할 경우 오차가 발생한다. 이러한 시나리오에서 사용자 잔액 테이블에 있는 데이터는 100% 정확하지 않을 수 있다.

13장의 '메시지 유실 시나리오 테스트' 절에서는 호가 상태가 'New'에서 'Confirmed'로 성공적으로 변경되는 이와 같은 오류 시나리오를 시뮬레이션했다. 그러나 업스트림에서 다운스트림 마이크로서비스로 전송된 메시지가 도달하지 못했기 때문에 다운스트림 호가 정산이 누락됐다. 두 마이크로서비스 간의 메시징 미들웨어를 브리지로 도입해 마이크로서비스가 느슨하게 결합됐다. 이렇게 마이크로서비스를 분리했을 때 하나의 마이크로서비스와 메시징 미들웨어에서 일관성을 관리하는 또 다른 골칫거리가 생겼다. 이러한 시나리오는 애플리케이션에 많은 마이크로서비스가 있을 때 흔히 발생한다. 나중에 '글로벌 대 로컬 리소스' 절에서 메시징 미들웨어에 관련된 복잡성을 살펴본다. 하지만 당분간은 염두에 두지 마라.

멱등성 운영과 마이크로서비스

리스트 14-4의 오류 시나리오를 쉽게 처리할 수 있는 한 가지 방법은 단순히 트랜잭션 순서를 바꾸는 것이다. 리스트 14-5를 보자.

> **참고** 이러한 트랜잭션 순서 전환은 이 특정 시나리오에서 효과가 있다. 다른 경우에는 다른 접근법이 필요할 수 있다.

리스트 14-5. 마이크로서비스 시나리오의 로컬 트랜잭션의 반전

```
로컬 트랜잭션 시작
    사용자 잔액 증가 또는 감소
로컬 트랜잭션 종료
로컬 트랜잭션 시작
    호가 상태 업데이트
로컬 트랜잭션 종료
```

앞에 나열된 트랜잭션 순서를 반대로 적용했을 때 사용자 잔액 업데이트가 성공적이라고 확신하는 경우에만 호가 상태를 변경하려고 시도할 수 있다. 이러한 방식으로 호가 상태를 'New'에서 'Confirmed'로 변경해 호가 처리가 완료되면 사용자 잔액 테이블에서 해당 항목을 변경해 호가가 이미 확실하게 호가가 정산됐는지 확인할 수 있다.

그때 새로운 시나리오가 발생한다. 사용자 잔액 테이블에서 호가가 정산된 후 호가 처리에 실패하면 어떻게 될까? 여기서 사용자 잔액이 업데이트되지만 호가는 리스트 14-6에 나타난 것처럼 'New' 상태로 유지된다.

리스트 14-6. 마이크로서비스 시나리오의 로컬 트랜잭션 반전 오류

```
로컬 트랜잭션 시작
    사용자 잔액 증가 또는 감소
로컬 트랜잭션 종료
로컬 트랜잭션 시작
    호가 상태 업데이트
로컬 트랜잭션 종료 !오류
```

그렇다면 예약된 타이머인 호가 처리 작업이 다음에 시간 초과될 때 호가 상태가 여전히 'New'이므로 동일한 호가를 다시 처리하려고 시도한다. 이로 인해 사용자 잔액에 중복 거래가 발생한다. 13장의 '메시지 중복 전송 시나리오 테스트' 절과 '메시지 중복 소비 시나리오 테스트' 절은 이와 같은 시뮬레이션 오류 시나리오다. 첫 번째 경우 첫 번째 단계에서 호가 상태가 'New'에서 'Confirmed'로 변경되지 않았으므로 중복 메시지가 다운스트림 호가 정산 마이크로서비스로 전송됐다. 두 번째 경우에는 메시지 중복 소비 시나리오가 시뮬레이션돼 사용자 잔액에 중복 트랜잭션이 발생했다.

중복 트랜잭션의 효과는 트랜잭션이 멱등적이면 무효화될 수 있다. 멱등성 운영은 부작용 없이 반복적으로 적용할 수 있는 작업이다. 조치 자체의 특성에서 알 수 있듯이 증가와 감소는 멱등성이 아니다. 단일 스레드 환경에서 단순히

값을 설정하는 업데이트 작업은 멱등적이다. 그러나 동시성이 있는 다중 스레드 환경에서는 이러한 업데이트 작업도 멱등성이 아니다. 이는 이러한 업데이트 작업의 전제 조건으로 가정된 컨텍스트가 다른 동시 스레드로 변경됐을 수 있기 때문이다. 또는 그러한 업데이트의 적용이 원하는 순서대로 발생할 수 있다. 이러한 경우를 처리할 수 있는 메커니즘이 필요하며, 이 장 뒷부분에서 살펴본다. 일반적으로 참고 문헌[2]에 설명된 것처럼 멱등성 소비자 구현은 까다로울 수 있다.

글로벌 대 로컬 리소스

13장에서는 ACID 트랜잭션을 설명했으며 그림 13-2에서는 2개의 개별 리소스 (하나는 데이터베이스 리소스이고 다른 하나는 메시지 미들웨어 리소스)의 일반적인 시나리오를 보여줬다. 메시지 미들웨어 자원의 대기열은 이동 중인 엔티티, 노드, 프로세스에서 일시적으로 엔티티의 상태를 저장하기 위한 가장 중요한 부분이다. 모놀리스 호가 애플리케이션을 2개의 마이크로서비스인 호가 처리 마이크로서비스와 호가 정산 마이크로서비스로 분할할 때 두 마이크로서비스 간에 통신 메커니즘이 필요하다. 동기식 REST 호출보다 이 통신에 반응형 또는 이벤트 기반 접근법을 선호하면 메시지 미들웨어 리소스를 선택하는 것이 좋다. 이것이 그림 13-2에 나와 있다. 그러나 이 그림은 모든 리소스 관리자와 트랜잭션 관리자가 네트워크에서 전체적으로 완전히 분산된 아키텍처를 보여준다. 따라서 ACID 방식의 2단계 커밋 작업을 적용해야 하면 전체 글로벌 트랜잭션이 필요하다.

대기열에 내결함성이 있어야 하는 경우 대기열은 영구적이어야 한다. 영구 대기열은 일반적으로 데이터베이스 자체에서 적절한 지속 메커니즘을 사용해 백업돼야 한다. 따라서 글로벌 트랜잭션의 영구 대기열을 나타내고자 그림 13-2를 다시 그리면 그림 14-3과 같다.

---

2. www.atomikos.com/Blog/IdempotentJmsConsumerPitfalls

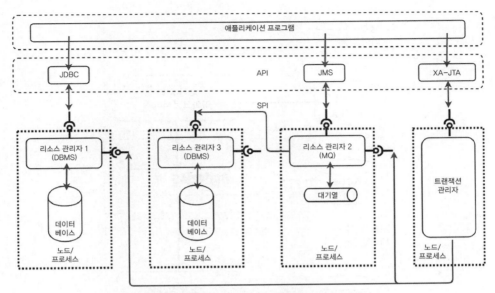

그림 14-3. 분산된 리소스가 있는 분산된 ACID 트랜잭션

그림 14-3은 그림 13-2의 리소스 관리자 1과 리소스 관리자 2를 유지하지만 리소스 관리자 3으로 표시되는 JMS 리소스(리소스 관리자 2)에 대한 백업 저장소를 보여준다. 그런 다음 그림 14-4와 유사한 마이크로서비스 아키텍처를 나타낼 수 있다.

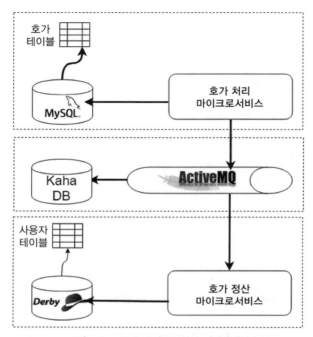

그림 14-4. 호가 마이크로서비스 아키텍처

미들웨어 공급업체는 데이터베이스 솔루션과 메시지 미들웨어 솔루션을 함께 제공하는 것이 일반적이다. 그렇게 하면 그림 14-3에 표시된 아키텍처에 대해 하나의 최적화를 수행할 수 있으며, 이는 그림 14-5에 나와 있다.

마이크로소프트, IBM, 오라클뿐만 아니라 많은 미들웨어 전문업체는 동일한 스택의 솔루션을 제공한다.

하지만 여전히 몇 가지 문제가 있다. 앞 절에서 다룬 문제는 단일 트랜잭션 내에서 마이크로서비스와 메시지 대기열에 작업을 가져오는 경우에만 해결할 수 있다. 이렇게 하면 대기열의 백업 지속성 데이터베이스와 마이크로서비스에서 사용하는 데이터베이스가 서로 다른 리소스이므로 글로벌 2단계 트랜잭션이 필요하다.

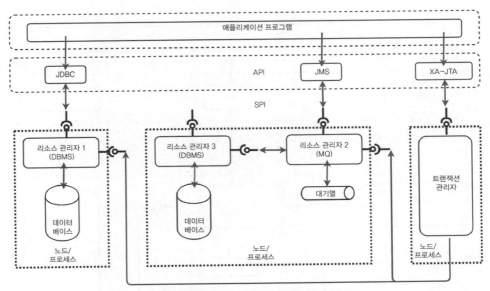

그림 14-5. 부분 최적화를 통한 분산 ACID 트랜잭션

앞의 문제를 해결하고자 그림 14-5의 아키텍처를 더욱 최적화할 수 있다. 그림 14-6을 보자.

이 기술은 그림 14-6에 표시된 것처럼 백업 지속성이 데이터베이스와 동일한 리소스에 있는지 확인하는 것이다. 그림 14-6의 트랜잭션이 XA-JTA에서 TX-Local로 변경됐다. 또한 분할을 하지 않으면 네트워크 수준에서 발생하는 통신을 최소화하거나 방지할 수 있다. 이것도 그림 14-6에 나와 있다. 그림 14-3이나 그림 14-5와 비교해 트랜잭션 관리자, 리소스 관리자, 백업 리소스는 모두 동일한 서버나 노드에 있다. 모두 동일한 벤더에서 제공한 경우 게시된 API를 우회하고 게시된 또는 게시되지 않은 SPI(서비스 공급자 인터페이스)를 통해 최적화된 호출을 하는 등과 같이 긴밀한 통합 옵션을 사용해 최적화할 수 있다.

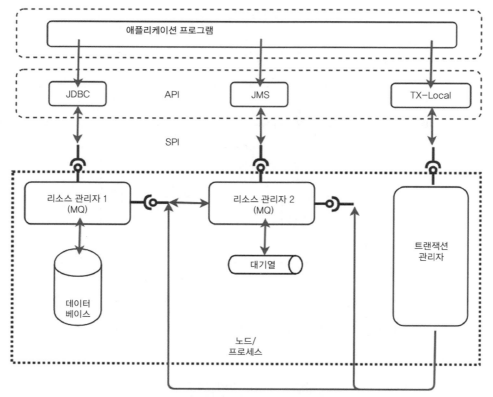

그림 14-6. 로컬 트랜잭션에 최적화된 분산 트랜잭션

이제 이러한 리소스 공유 설정으로 가능한 마이크로서비스 아키텍처를 살펴본다. 그림 14-7에 표시된 아키텍처 옵션은 그림 14-4에 나타난 것보다 분명 즉흥적이다. 그러나 주의 깊게 관찰하면 글로벌 2단계 트랜잭션을 완전히 사용해야하는 요구 사항을 피하지 않았음을 알 수 있다. 대기열의 리소스는 두 마이크로서비스 중 하나의 애플리케이션 트랜잭션 데이터베이스 리소스와 공유할 수있다. 따라서 다른 마이크로서비스와 대기열에는 여전히 2단계 커밋 트랜잭션문제가 있다.

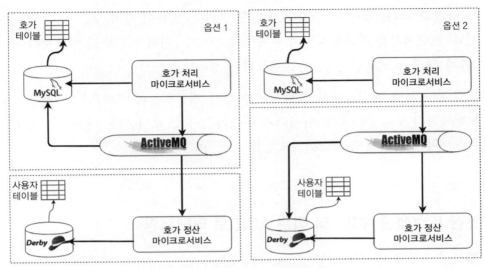

그림 14-7. 마이크로서비스 아키텍처 옵션

여기서 관련된 비즈니스에 따라 아키텍처의 균형을 맞춰야 한다. 호가 처리 마이크로서비스로 제한되는 새 호가를 원하는 만큼 처리하려면 옵션 1이 더 좋다. 호가의 상태를 'New'에서 'Confirmed'로 변경해 새 호가에 대한 업데이트와 동일한 트랜잭션 내에서 지속적인 메시지를 대기열에 추가함으로써 외부 마이크로서비스의 사용자 잔액 테이블에서 실행 중인 잔액을 업데이트하는 데 필요한 정보를 안전하게 얻을 수 있다. 트랜잭션은 단일 데이터베이스 인스턴스에 포함되므로 트랜잭션을 로컬로 제한해 최대 처리량을 얻을 수 있다. 이는 트랜잭션이 완료되면 디바이스나 브라우저에 응답을 제공해야 하는 호가 처리 마이크로서비스와 상호작용하는 사용자가 있다고 가정하는 경우에도 바람직하다(13장의 예제에는 사람이 대기하지 않더라도 대신 예약된 작업을 사용해 호가를 처리한다).

아키텍처에 대해 옵션 1을 선택한 경우 호가 정산 마이크로서비스에 의한 호가 정산을 위해 대기열에서 메시지를 빼면 여전히 2단계 트랜잭션 문제가 발생한다. 호가 정산을 순수한 백오피스 프로세스로 간주하면 2단계 커밋 트랜잭션을 계속 진행할 수 있는 한 가지 이유는 백오피스 마이크로서비스에 대한 상대적으로 낮은 응답성과 고객 대면 마이크로서비스의 처리량을 최대화하고 가용성을 극대화한다는 것이다. 금융 도메인에 관련된 '비용이 많이 드는' 또는 '높은 결과' 트랜잭션을 처리하려는 경우도 마찬가지다. 이익이 관련된 비용보다 큰 2단계 커밋 트랜잭션을 계속 진행하려는 경우다.

그림 14-7처럼 옵션 2에서와 같이 디자인이 재구성된다. 그러나 2단계 커밋 트랜잭션의 필요성을 완전히 피하지 못했다는 것만 보여준다. 대신 그것은 다운스트림에서 업스트림으로 필요성을 이동시켰다.

분산 트랜잭션 예제: 더 적은 ACID로 리팩토링

'멱등성 운영과 마이크로서비스' 절에서 엔터프라이즈 시스템의 부분적 오류로 인해 발생하는 문제를 확인했다. ACID 제약 조건을 완화할 때 다음을 포함한 다양한 시나리오를 처리할 메커니즘이 있어야 한다.

- 부분 실패
- 메시지 분실
- 메시지 중복
- 재시도
- 메시지 재전송
- 비순차적 메시지

위의 모든 시나리오는 13장에서 다뤘다. 최종 목표는 관련된 사용 사례의 성격과 맥락에 따라 분산 트랜잭션과 로컬 트랜잭션 중 하나를 선택하는 것이다. 그러나 그림 14-7은 모놀리스 애플리케이션의 경우 로컬 트랜잭션만으로도 동작할 수 있음을 보여준다. 모놀리스를 마이크로서비스로 분할하는 순간 아키텍처에 분할이 생기고 거기서 서로 교환해야 한다. 그림 14-7의 옵션 1은 사람과 상호작용하는 마이크로서비스와 같이 높은 응답성을 필요로 하는 마이크로서비스의 분산 트랜잭션은 피한다. 그리고 마이크로서비스 아키텍처의 일부에 분산 트랜잭션을 사용하는 것을 정당화하는 다른 마이크로서비스의 분산 트랜잭션은 유지하는 것이 좋다. 응답성이 상대적으로 낮은 백오피스 마이크로서비스이기 때문에 상대적으로 낮은 응답성이 필요하다.

지금까지는 그런대로 잘됐다. 마이크로서비스에서 분산 트랜잭션 또는 2단계 트랜잭션이 단순히 허용되지 않으면 어떻게 될까? 이 문제가 해결될 수 있을까? 13장의 예제를 다시 살펴본다.

완화된 BASE를 향해: 메시지 중복과 비순차적 메시지 처리를 위한 디자인 다시하기

이 절의 목표는 분산 트랜잭션을 즉시 중단하는 것이 아니다. 대신 13장의 디자인을 완화하고 실패 시나리오를 시뮬레이션하며 13장에서 나타난 단점을 극복할 수 있는지 확인하는 것이다. 이 개선된 디자인을 이해하면 좀 더 탄력적이고 내결함성이 있는 분산 시스템을 디자인하는 데 있어 기본 사항을 잘 이해할 수 있다. 도구에 이러한 기본 사항이 있으면 내결함성 마이크로서비스를 디자인하는 데 있어 아키텍처의 창의성이 중요하다.

여기서 소개하는 주요 디자인 변화는 그림 14-8에 표시된 것처럼 다운스트림 시스템에 QuotesTX라는 이름의 새 테이블을 만드는 것이다.

Transactions Table

ID	Quote ID	Symbol	Seller	Buyer	Amount	Status	Quote Created @	Test
123	1	AAPL	11	21	100	Settled	10/04/2018, 16:22:13	1
124	2	AMZN	11	21	200	Settled	10/04/2018, 16:23:27	2

그림 14-8. 호가 트랜잭션(QuotesTX) 테이블

메시징 미들웨어에서 수신한 호가가 정산됐고 아직 미결 상태인 호가를 추적하는 방법이 필요하다. QuotesTX 테이블에 대한 트랜잭션은 StockTransaction이라는 시스템의 새 엔티티로 처리됐으며 이 엔티티에 대한 모든 조치는 새 트랜

잭션 구성 요소 서비스인 `QuotesTransactionService`를 갖고 있다. 향상된 아키텍처는 그림 14-9에 나와 있다.

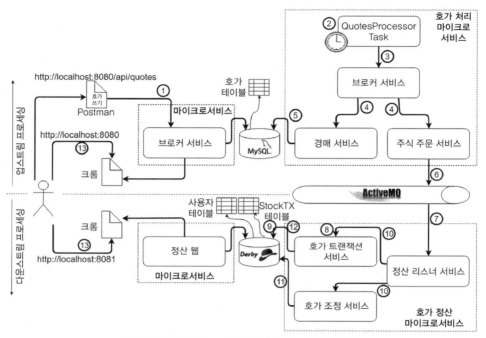

그림 14-9. 완화된 XA 트랜잭션을 위한 아키텍처 예제

새로운 구성 요소를 설명하는 완화된 디자인 예제의 비즈니스 흐름은 다음과 같다.

1. 주식 트랜잭션에 대한 새로운 호가를 브로커 웹 마이크로서비스로 푸시할 수 있다. 새 호가는 'New' 상태로 MySQL DB에 있는 호가 테이블에 등록된다.

2. 호가 처리 작업은 쿼츠 스케줄러 작업이며, 'New' 상태의 호가에 대해 MySQL DB의 호가 테이블을 주기적으로 읽는다.

3. 상태가 'New'인 호가가 발견되면 항상 트랜잭션과 함께 브로커 서비스의 `processNewQuote` 메서드를 호출해 호가 테이블에 새 호가에 대한 고

유 식별자를 전달한다.

4. 브로커 서비스는 경매 서비스와 주식 주문 서비스의 2가지 다른 트랜잭션 서비스를 사용한다. 둘 다 실행은 원자적이어야 한다.

5. 경매 서비스는 트랜잭션에서 호가 상태를 'Confirmed'로 변경해 수신된 호가를 확인한다.

6. 주식 주문 서비스는 새 호가에 포함된 정보에서 JMS 메시지를 생성하고 앞의 트랜잭션에서 다시 호가 정산을 위해 ActiveMQ 대기열로 전송된다.

7. 호가 정산 리스너 서비스는 확인된 새 호가에 대해 ActiveMQ 대기열에서 수신한다. ActiveMQ 대기열에 도달할 때 확인된 모든 호가는 트랜잭션 내에서 호가 정산 리스너 서비스의 onMessage로 보낸다.

8. 호가 정산 리스너 서비스는 시스템이 수신한 모든 호가를 기록하고자 호가 트랜잭션 서비스를 호출한다. 동봉된 상위 트랜잭션 내의 피어 트랜잭션에서 다른 처리와 관계없이 이 레코드가 발생하게 하려면 이 기록 작업에 대한 트랜잭션 시멘틱은 REQUIRES_NEW다. 이 레코드 작업은 수신된 중복 항목을 찾을 때 오류를 발생시키지 않는다.

9. 호가 트랜잭션 서비스는 다운스트림 마이크로서비스가 메시징 브리지로 수신하는 모든 호가 트랜잭션을 안전하게 기록하려고 한다.

10. 호가 정산 리스너 서비스는 2개의 다른 트랜잭션 서비스인 호가 조정 서비스와 호가 트랜잭션 서비스를 다시 사용한다. 두 서비스 모두 원자적이어야 한다.

11. 호가 조정 서비스는 트랜잭션에서 판매자와 구매자의 각 사용자 계좌에 호가 정산된 주식의 가치를 조정해야 한다.

12. 동시에 호가 트랜잭션 서비스는 해당 상태를 'New'에서 'Settled'로 변경

해 QuotesTX 테이블에 호가 정산된 호가 트랜잭션 항목을 표시한다.

13. 브로커 웹 마이크로서비스와 호가 정산 웹 마이크로서비스는 실시간 보기를 제공하고자 호가 테이블, 사용자 테이블, QuotesTX 테이블에서 운영 데이터의 대시보드 보기를 제공하는 유틸리티일 뿐이다.

새로운 디자인에 대해 좀 더 살펴볼 필요가 있다. 새로운 디자인에서 Stock Transaction 엔티티는 마이크로서비스가 수신하는 메시지의 복사본에 불과하다. 메시징과 분산 시스템에서는 하위 시스템에서 송수신되는 내용을 기록하는 것이 가장 좋은 방법이다. 그러면 나중에 트랜잭션 중에 발생한 일을 추적해야할 때 작업 시간과 엔티티 상태를 서로 연관시킬 수 있다. 이 작업의 단점은 데이터 복제 측면에서 더 많은 저장 공간을 차지한다는 것이다. 그러나 마이크로서비스의 또 다른 기본 원칙을 보면 마이크로서비스는 서비스에 필요한 모든 것을 외부 의존성 없이 제공해야 한다.

이러한 방식으로 필요한 데이터를 복제하고 이를 마이크로서비스에 캐싱하는 작업이 특정 시나리오에서 수행돼야 한다. 또한 이는 12장에서 소개한 CQRS 아키텍처의 여파 중 하나로, 하나의 마이크로서비스 엔티티에 대한 '쓰기' 거버넌스를 갖고 있지만 '읽기' 모델에 관심이 있는 다른 많은 마이크로서비스가 있을 수 있다. 여기에서도 관심 있는 마이크로서비스와 함께 데이터를 복제하고 첨부할 수 있다. 이러한 마이크로서비스가 외부 의존성 없이 자체적으로 작동할 수 있다는 것을 의미한다.

다음 측면은 StockTX 테이블이 다운스트림 마이크로서비스가 메시징 미들웨어를 통해 들어오는 중복 메시지를 식별하는 메커니즘이라는 것이다. 이는 트랜잭션 ID 패턴을 사용해 수행된다. 또한 StockTX 테이블은 메시지 페이로드와 함께 생산자 마이크로서비스가 보낸 트랜잭션 ID도 기록한다. 생산자와 수신자 마이크로서비스는 2개의 서로 다른 메시지가 동일한 트랜잭션 ID를 갖지 않으면서 공통 스키마에 고유한 트랜잭션 ID를 갖게 한다. 이 경우 수신자 마이크로서비스는 메시지와 함께 이 트랜잭션 ID를 기록할 수 있다. 이렇게 하면 수신자 마이크로서비스가 메시지를 수신할 때마다 중복 메시지인지 확인할 수 있으며 중복된 메시지인 경우 이를 무시할 수 있다.

마이크로서비스의 경계 수준은 내부 처리와 격리된 상태에서 수행돼야 하며 또한 더 많은 내결함성 디자인 패턴으로 수행돼야 한다. 이는 마이크로서비스 경계가 네트워크, I/O 등과 같은 시스템 리소스의 의존성을 가지므로 오류가 발생하기 쉽기 때문이다. 따라서 다운스트림 마이크로서비스가 메시지 네트워크에서 메시지를 수신할 때 '새 메시지 기록' 작업을 독립적으로 만들고 추가 내부 마이크로서비스 처리와 분리하는 것이 목표여야 한다. 내부 마이크로서비스 처리는 해당 마이크로서비스만 제어하므로 이전에 언급한 것과 같은 외부 리소스 오류가 발생한 경우 다시 시도할 수 있다. 이는 새로운 메시지 기록 작업에 대한 트랜잭션 시맨틱을 REQUIRES_NEW로 만들어 피어 트랜잭션이나 상위 트랜잭션의 결과에 관계없이 새로운 디자인에서 성공하게 한다.

완화된 예제 시나리오 코딩

완화된 BASE 이상 징후를 위해 향상된 복원력으로 분산 트랜잭션 예제를 입증하는 데 필요한 전체 코드는 ch14\ch14-01에 있다. 13장에서 살펴본 업스트림 마이크로서비스의 코드는 큰 변화가 없으므로 여기에서 코드를 다시 확인하지는 않는다. 다운스트림 마이크로서비스는 기존 코드를 업데이트하고 새로운 코드를 적용했으므로 여기에서 모두 설명한다. 주요 변경 사항은 호가 정산 다운스트림 마이크로서비스에 있다.

마이크로서비스 3: 호가 정산(Settlement-ActiveMQ-Derby)

새 호가 메시지가 ActiveMQ 대기열에 도달하면 호가 정산 리스너가 즉시 메시지를 확인한다. 호가 정산 리스너 코드는 13장에서 살펴본 코드에서 바뀌었으니 리스트 14-7을 보자.

```java
public class SettlementListener implements MessageListener {

  @Autowired
  @Qualifier("quotesTransactionServiceRequired_TX")
  QuotesTransactionService quotesTransactionServiceRequired_TX;

  @Autowired
  @Qualifier("quotesTransactionServiceRequiresNew_TX")
  QuotesTransactionService quotesTransactionServiceRequiresNew_TX;

  @Autowired
  @Qualifier("quotesReconcileServiceRequired_TX")
  QuotesReconcileService quotesReconcileServiceRequired_TX;

  @Autowired
  @Qualifier("quotesReconcileServiceRequiresNew_TX")
  QuotesReconcileService quotesReconcileServiceRequiresNew_TX;

  public void onMessage(Message message) {

    QuoteDTO quoteDTO = null;
    try {
      quoteDTO = (QuoteDTO) ((ObjectMessage) message).getObject();
    }
    catch (JMSException e) {
      throw new RuntimeException(e);
    }

    quotesTransactionServiceRequiresNew_TX.
        insertUniqueNoErrorOnDuplicate(quoteDTO);

    try {
      reconcile(quoteDTO);
    }
    catch (QuotesBaseException e) {
      throw new RuntimeException(e);
    }
```

```
    }
}
```

리스트 14-7에서처럼 메시지를 사용할 때 호가 정산 리스너는 바로 다음 인스턴스에서 수신 호가 메시지를 영구 리소스로 백업하고자 기록하려고 시도한다. 동일한 상위 트랜잭션 내의 피어 트랜잭션에서 다른 처리의 결과가 성공 또는 실패에 관계없이 이 레코드가 발생하게 하려면 이 기록 작업에 대한 트랜잭션 시멘틱은 REQUIRES_NEW여야 한다. 이 레코드 작업은 수신된 중복 항목을 찾을 때 오류를 발생시키지 않는다. 다음으로, 리스너는 받은 호가와 유사한 호가가 이미 정산됐는지 확인한다. 이 문제는 중복 메시지의 경우에 발생한다. 리스트 14-8을 보자.

리스트 14-8. 호가 정산 리스너 조정(ch14\ch14-01\XA-TXResilient\Settlement-ActiveMQ-Derby\src\main\java\com\acme\ecom\messaging\SettlementListener.java)

```
public class SettlementListener implements MessageListener {

  private void reconcile(QuoteDTO quoteDTO) throws QuotesBaseException{

    User seller = null;
    User buyer = null;
    StockTransaction stockTransaction = null;
    Integer testCase = quoteDTO.getTest();

    if(!quotesTransactionServiceRequired_TX.isNotSettled(quoteDTO.getId())){
      LOGGER.debug("Quote will not be attempted to be settled again");
      return;
    }

    if(testCase.equals(1) || testCase.equals(2) || testCase.equals(4) ||
        testCase.equals(8)){
      try{
        quotesReconcileServiceRequired_TX.reconcile(quoteDTO);
        quotesTransactionServiceRequired_TX.markSettled(
```

```java
            quoteDTO.getId());
        }
        catch(QuotesBaseException quotesBaseException){
            LOGGER.error(quotesBaseException.getMessage());
        }
    }
    else if(testCase.equals(5)){
        try{
            quotesReconcileServiceRequiresNew_TX.reconcile(quoteDTO);
            quotesTransactionServiceRequiresNew_TX.
                markSettled(quoteDTO.getId());
        }
        catch(QuotesBaseException quotesBaseException){
            LOGGER.error(quotesBaseException.getMessage());
        }
        flipFlop();
    }
    else if(testCase.equals(6)){
        try{
            quotesReconcileServiceRequiresNew_TX.reconcile(quoteDTO);
            quotesTransactionServiceRequired_TX.
                markSettled(quoteDTO.getId());
        }
        catch(QuotesBaseException quotesBaseException){
            LOGGER.error(quotesBaseException.getMessage());
        }
    }
    else if(testCase.equals(7)){
        try{
            quotesReconcileServiceRequired_TX.reconcile(quoteDTO);
            quotesTransactionServiceRequired_TX.
                markSettled(quoteDTO.getId());
        }
        catch(QuotesBaseException quotesBaseException){
            LOGGER.error(quotesBaseException.getMessage());
```

```
        }
        flipFlop();
    }
    else{
        LOGGER.debug("Undefined Test Case");
    }
  }
}
```

호가가 중복되지 않은 경우 리스트 14-8과 같이 조정이 시도된다. 마지막 단계로 리스너는 StockTX 테이블의 주식 트랜잭션을 'Settled'로 표시해 같은 호가에 대해 추가 중복 메시지가 도착할 경우 리스너가 이를 다시 호가 정산하지 않게 할 것이다. 리스트 14-9는 주식 트랜잭션을 보여준다.

리스트 14-9. 주식 트랜잭션 엔티티(ch14\ch14-01\XA-TX-Resilient\Settlement-ActiveMQ-Derby\src\main\java\com\acme\ecom\model\trade\StockTransaction.java)

```
@Entity
@Table(name = "stocktx")
@Data
@EqualsAndHashCode(exclude = { "id" })
public class StockTransaction {

    public static final String NEW = "New";
    public static final String SETTLED = "Settled";

    @Id
    @GeneratedValue(strategy = GenerationType.AUTO)
    private Long id;

    @Column(name = "stocksymbol", nullable = false, updatable = false)
    private String stockSymbol;

    @Column(name = "sellerid", nullable = false, updatable = false)
    private Long sellerId;
```

```
    @Column(name = "buyerid", nullable = false, updatable = false)
    private Long buyerId;

    @Column(name = "amount", nullable = false, updatable = false)
    private Float amount;

    @Column(name = "quoteid", nullable = false, updatable = false, unique=true)
    private Long quoteId;

    @Column(name = "status", nullable = false, updatable = true)
    private String status;

    @Column(name = "quotecreated", nullable = false, updatable = false)
    @Temporal(TemporalType.TIMESTAMP)
    private Date quoteCreated;

    @Column(name = "test", nullable = true, updatable = true)
    private Integer test;

    @Column(name = "createdat", nullable = false, updatable = false)
    @Temporal(TemporalType.TIMESTAMP)
    private Date createdAt;

    @Column(name = "updatedat", nullable = true, updatable = true)
    @Temporal(TemporalType.TIMESTAMP)
    private Date updatedAt;
}
```

리스트 14-9의 StockTransaction 엔티티에 대한 필드는 이후 절에서 필요한 테스트를 위해 선택했다. 이제 리스트 14-10에서 주식 트랜잭션 엔티티 생명주기를 관리하는 QuotesTransactionService를 살펴본다.

리스트 14-10. 호가 트랜잭션 서비스(ch14\ch14−01\XA−TX−Resilient\Settlement−ActiveMQ−Derby\src\main\java\com\acme\ecom\service\QuotesTransactionServiceImpl.java)

```
public class QuotesTransactionServiceImpl implements
QuotesTransactionService{
```

```
@Autowired
private StockTransactionRepository stockTransactionRepository;

@Override
public boolean insertUniqueNoErrorOnDuplicate(QuoteDTO quoteDTO){

    StockTransaction stockTransaction = null;
    StockTransaction stockTransactionSaved = null;
    boolean inserted = false;
    Optional stockTransactionQueried =

stockTransactionRepository.findOptionalByQuoteId(quoteDTO.getId());

    if(!stockTransactionQueried.isPresent()){

        stockTransaction = convertQuoteToStockTransaction(quoteDTO);
        stockTransaction.setStatus(StockTransaction.NEW);
        Date now = new Date();
        stockTransaction.setCreatedAt(now);
        stockTransaction.setUpdatedAt(now);
        stockTransactionSaved =
            stockTransactionRepository.save(stockTransaction);
        inserted = true;
    }
    else{
        LOGGER.debug("Stock Transaction with quoteId : {} exist; Cannot insert
            duplicate", quoteDTO.getId());
        // 아무것도 하지 않음 - 중복된 메시지임
    }
    return inserted;
    }
}
```

리스트 14-10에서 주목할 만한 점은 중복 메시지를 무시하는 자동 방식이다.
또한 isNotSettled나 markSettled 유틸리티 메서드도 리스트 14-11에 있다.

```java
public class QuotesTransactionServiceImpl implements
QuotesTransactionService{

  @Autowired
  private StockTransactionRepository stockTransactionRepository;

   @Override
  public void markSettled(Long quoteId){

    StockTransaction stockTransaction = null;
    StockTransaction stockTransactionSaved = null;
    Optional stockTransactionQueried =
        stockTransactionRepository.findOptionalByQuoteId(quoteId);
    if(stockTransactionQueried.isPresent()){
      stockTransaction = (StockTransaction) stockTransactionQueried.get();
      stockTransaction.setStatus(StockTransaction.SETTLED);
      stockTransaction.setUpdatedAt(new Date());
      stockTransactionSaved =
          stockTransactionRepository.save(stockTransaction);
    }
    else{
      LOGGER.debug("Stock Transaction cannot be tracked");
    }
  }

  @Override
  public boolean isNotSettled(Long quoteId){

    boolean isNotSettled = true;
    StockTransaction stockTransaction = null;
    Optional stockTransactionQueried =
        stockTransactionRepository.findOptionalByQuoteId(quoteId);
    if(stockTransactionQueried.isPresent()){
      stockTransaction = (StockTransaction) stockTransactionQueried.get();
      if(stockTransaction.getStatus().equals(StockTransaction.SETTLED)){
```

```
            isNotSettled = false;
        }
    }
    return isNotSettled;
}

public Optional<StockTransaction> findOptionalByQuoteId(Long quoteId){

    return stockTransactionRepository.findOptionalByQuoteId(quoteId);

    }
}
```

호가 조정 서비스는 13장에서 살펴본 내용에서 순서가 맞지 않는 메시지를 처리하고자 업데이트됐다. 순서가 맞지 않는 메시지를 처리하는 메서드를 이해하려면 리스트 14-12의 코드를 살펴보자.

리스트 14-12. 향상된 호가 조정 서비스 코드(ch14\ch14-01\XA-TXResilient\Settlement-ActiveMQ-Derby\src\main\java\com\acme\ecom\service\QuotesReconcileServiceImpl.java)

```
public class QuotesReconcileServiceImpl implements QuotesReconcileService{

    @Autowired
    private UserRepository userRepository;

    @Override
    public void reconcile(QuoteDTO quoteDTO)throws QuotesBaseException{

        Integer testCase = quoteDTO.getTest();
        Optional sellerQueried =
            userRepository.findById(quoteDTO.getSellerId());
        Optional buyerQueried = userRepository.findById(quoteDTO.getBuyerId());
        User seller = null;
        User buyer = null;
        User sellerSaved = null;
        User buyerSaved = null;
        Date updatedDate = null;
```

```
            if(sellerQueried.isPresent() && buyerQueried.isPresent()){
                seller = (User) sellerQueried.get();
                buyer = (User) buyerQueried.get();
                updatedDate = new Date();
                seller.setAmountSold(seller.getAmountSold() + quoteDTO.getAmount());
                seller.setUpdatedAt(updatedDate);
                if(quoteDTO.getCreatedAt().after(seller.getLastQuoteAt())){
                    seller.setLastQuoteAt(quoteDTO.getCreatedAt());
                }
                sellerSaved = userRepository.save(seller);
                buyer.setAmountBought(buyer.getAmountBought() +
                        quoteDTO.getAmount());
                buyer.setUpdatedAt(updatedDate);
                if(quoteDTO.getCreatedAt().after(buyer.getLastQuoteAt())){
                    buyer.setLastQuoteAt(quoteDTO.getCreatedAt());
                }
                buyerSaved = userRepository.save(buyer);
                if(testCase.equals(6)){
                    throw new QuotesReconcileRollbackException("Explicitly thrown by
                            Reconcile Application to Roll Back!");
                }
                if(testCase.equals(7)){
                    flipFlop();
                }
            }
            else{
                LOGGER.debug("Reconciliation Not Done");
            }
        }
    }
```

호가 조정 서비스에는 리스트 14-13에 표시된 것처럼 사용자 세부 정보를 검색하는 도우미 메서드가 있다.

리스트 14-13. 향상된 호가 조정 서비스 도우미 메서드

```
public class QuotesReconcileServiceImpl implements QuotesReconcileService{

  @Autowired
  private UserRepository userRepository;

  @Override
  public Optional findUserById(Long id){
    return userRepository.findById(id);
  }
}
```

순서 없이 도착하는 호가 메시지를 처리하는 방법은 리스트 14-14에 있는 것처럼 확인하는 것이다.

리스트 14-14. 순서가 맞지 않는 메시지 처리

```
if(quoteDTO.getCreatedAt().after(seller.getLastQuoteAt())){
  seller.setLastQuoteAt(quoteDTO.getCreatedAt());
}

if(quoteDTO.getCreatedAt().after(buyer.getLastQuoteAt())){
  buyer.setLastQuoteAt(quoteDTO.getCreatedAt());
}
```

이러한 확인은 업스트림 마이크로서비스에서 기록한 원래 호가 메시지의 생성 타임스탬프가 각 구매자나 판매자에 대한 마지막 호가의 현재 타임스탬프보다 늦은 경우에만 구매자나 판매자에 대한 마지막 호가 타임스탬프를 업데이트한다.

메시지 중복 전송 시나리오 빌드와 테스트

이 예제는 13장에 있는 예제의 연속이므로 시나리오를 자세히 설명하지는 않는다. 대신 마이크로서비스 아키텍처에서 메시지를 더 효율적으로 디자인할 수

있게 중복 메시지와 순서가 맞지 않는 메시지를 관리하는 방법을 이해하는 것이 목표다. 따라서 그림 14-10과 같이 3가지 테스트 사례를 자세히 살펴본다.

Test Case	Broker	Auction (DB Update)	Delay (s)	Stock Order (Send Message)	Settlement Listener (Receive Message)	Record User Transaction (DB Update)	Comments
1	No Error	No Error	2	No Error	No Error	No Error	Happy Flow - All Good
2	Error No Error	No Error No Error	2 2	No Error No Error	No Error	No Error	New Quote gets Processed only in the second run
3	No Error	No Error	2	Error			Message Lost, Quote Never Settled
4	No Error No Error	Error No Error	2 2	No Error No Error	No Error No Error	No Error No Error	Duplicate Message send, 2nd time only Quote marked processed; However, Quote NOT Settled twice
5	No Error	No Error	2	No Error	Error No Error	No Error No Error	Duplicate settlement caused by message consumed more than once. However, Quote NOT Settled twice
6	No Error	No Error	2	No Error	No Error	Error	Quote Processed, however Quote Never Settled
7	No Error	No Error	2	No Error	Error No Error	Error No Error	Message ReDelivery comes to rescue - Quote Settled second chance
8	No Error No Error	No Error No Error	1st: 90 2nd: 2	No Error No Error	Error No Error	No Error No Error	Message Received out of order! However, Original order taken care

그림 14-10. XA 트랜잭션 회복 탄력성 테스트 사례

관심 있는 테스트 사례는 다음과 같다.

- 테스트 사례 4: 메시지 중복 전송
- 테스트 사례 5: 메시지 중복 소비
- 테스트 사례 8: 순서가 잘못된 메시지

이 절에서는 테스트 사례 4를 살펴보고 다음 두 절에서는 다른 두 테스트 사례를 살펴본다.

13장에서 설명한 것과 유사한 단계를 수행해야 하지만 몇 가지 추가 단계가 있다. 따라서 예제를 실행하기 위한 전체 단계는 여기서 다시 설명한다. 또한 이러한 테스트 사례를 실행하기 위한 전제 조건으로 13장에 설명된 테스트 시나리오를 실행한 경험이 있다고 가정한다.

첫 번째 단계로 ActiveMQ 서버를 실행한다. ActiveMQ 서버를 시작하려면 부록 F를 참고한다.

업스트림과 다운스트림 처리 사이의 브리지 역할을 할 대기열을 구성한다. 리스트 14-15는 activemq.xml에서 수행할 수 있는 대기열을 구성한다.

리스트 14-15. ActiveMQ 대기열 구성(D:\Applns\apache\ActiveMQ\apache-activemq-5.13.3\conf\activemq.xml)

```xml
<beans>
  <broker>
    <destinations>
      <queue physicalName="notification.queue" />
    </destinations>
  </broker>
</beans>
```

이제 ActiveMQ 서버를 실행한다.

```
cd D:\Applns\apache\ActiveMQ\apache-activemq-5.13.3\bin
D:\Applns\apache\ActiveMQ\apache-activemq-5.13.3\bin>activemq start
```

다음으로 MySQL이 실행되고 있는지 확인한다. MySQL을 시작하려면 부록 H를 참고한다.

먼저 MySQL 서버를 시작한다.

```
D:\Applns\MySQL\mysql-5.7.14-winx64\bin>mysqld --console
```

이제 MySQL 프롬프트를 연다.

```
D:\Applns\MySQL\mysql-5.7.14-winx64\bin>mysql -u root -p

mysql> use ecom01;
Database changed
mysql>
```

깨끗한 테이블로 시작하려면 예제에 사용할 이름을 가진 테이블을 삭제한다.

```
mysql> drop table quote;
```

다음으로 이 예제에 필요한 스키마를 사용해 테이블을 만든다.

```
mysql> create table quote (id BIGINT PRIMARY KEY AUTO_INCREMENT, symbol
VARCHAR(4), sellerid BIGINT, buyerid BIGINT, amount FLOAT, status VARCHAR(9),
test INTEGER, delay INTEGER, createdat DATETIME, updatedat DATETIME);
```

다음으로 Derby 데이터베이스가 네트워크 모드에서 실행되고 있는지 확인한다. Derby를 시작하려면 부록 G를 참고한다.

```
D:\Applns\apache\Derby\db-derby-10.14.1.0-bin\bin>startNetworkServer
```

Derby ij 도구를 사용해 exampledb라는 데이터베이스를 만들고 다음 명령으로 내장 드라이버를 사용해 이미 생성된 데이터베이스에 연결한다.

```
D:\Applns\apache\Derby\derbydb>ij
ij> connect 'jdbc:derby://localhost:1527/D:/Applns/apache/Derby/derbydb/
exampledb;create=false';
```

> **참고** 데이터베이스가 Derby 설치 위치와 다른 위치에 있다고 가정하고 Derby 설치와는 다른 기본 위치에서 ij 도구를 사용하는 것이 좋다. 새 데이터베이스를 만드는 방법에 대한 자세한 내용은 부록 G를 참고한다.

여기서 다시 깨끗한 테이블로 시작한다. 예제에 사용할 이름을 가진 테이블을 삭제한다.

```
ij> drop table stockuser;
ij> drop table stocktx;
```

다음으로 이 예제에 필요한 스키마를 사용해 테이블을 만든다.

```
ij> create table stockuser (id bigint not null, amountbought double, amountsold
double, createdat timestamp not null, lastquoteat timestamp, name varchar(255)
not null, updatedat timestamp not null, primary key (id));
ij> create table stocktx (id bigint generated by default as identity, amount
float not null, buyerid bigint not null, createdat timestamp not null,
quotecreated timestamp not null, quoteid bigint not null, sellerid bigint not
null, status varchar(255) not null, stocksymbol varchar(255) not null, test
integer, updatedat timestamp, primary key (id));
ij> alter table stocktx add constraint stocktx_001 unique (quoteid);
ij> CREATE SEQUENCE hibernate_sequence START WITH 1 INCREMENT BY 1;
```

이것으로 예제를 빌드하고 실행하는 데 필요한 인프라가 완료된다.

이 예제에서는 4개의 마이크로서비스를 빌드하고 실행한다. 하나씩 해보자.

마이크로서비스 1: 호가 처리 마이크로서비스

spring-sender-mysql.xml에서 ActiveMQ 관련 구성을 조정한다.

```
ch14\ch14-01\XA-TX-Resilient\Broker-MySQL-ActiveMQ\src\main\resources\
spring-sender-mysql.xml
<property name="brokerURL" value="tcp://127.0.0.1:61616"/>
```

또한 MySQL 관련 구성을 조정한다.

```
<bean id="xaDataSourceMySQL-01" class="com.mysql.cj.jdbc.MysqlXADataSource">
```

```
    <property name="url">
      <value>jdbc:mysql://localhost:3306/ecom01</value>
    </property>
    <property name="pinGlobalTxToPhysicalConnection">
      <value>true</value>
    </property>
    <property name="user"><value>root</value></property>
    <property name="password"><value>rootpassword</value></property>
  </bean>
```

이제 호가 처리 마이크로서비스에 대한 실행 파일을 빌드한 후 패키징하고 미리 정의한 프로세서를 실행한다. ch14\ch14-01\XA-TX-Resilient\Broker-MySQL-ActiveMQ\make.bat 유틸리티 스크립트가 있다.

```
cd D:\binil\gold\pack03\ch14\ch14-01\XA-TX-Resilient\Broker-MySQL-ActiveMQ
D:\binil\gold\pack03\ch14\ch14-01\XA-TX-Resilient\Broker-MySQLActiveMQ>make
D:\binil\gold\pack03\ch14\ch14-01\XA-TX-Resilient\Broker-MySQL-ActiveMQ>mvn
-Dmaven.test.skip=true clean install
```

이제 제공된 스크립트를 사용해 junit 테스트를 실행할 수 있다.

```
D:\binil\gold\pack03\ch14\ch14-01\XA-TX-Resilient\Broker-MySQL-ActiveMQ>run
D:\binil\gold\pack03\ch14\ch14-01\XA-TX-Resilient\Broker-MySQL-ActiveMQ>mvn
-Dtest=BrokerServiceTest#testSubmitQuote test
```

마이크로서비스 2: 브로커 웹 마이크로서비스
먼저 환경에 맞게 구성 파일을 수정한다.

```
ch14\ch14-01\XA-TX-Resilient\Broker-Web\src\main\resources\application.
```

```
properties

server.port=8080
spring.datasource.url =
jdbc:mysql://localhost:3306/oauth2?autoReconnect=true
&useUnicode=true&characterEncoding=UTF-8&allowMultiQueries=true&useSSL=false
spring.datasource.username = root
spring.datasource.password = rootpassword
spring.jpa.properties.hibernate.dialect = org.hibernate.dialect.
MySQL5Dialect
spring.jpa.hibernate.ddl-auto = update
spring.freemarker.cache=false
```

여기서는 어떠한 변경도 하지 않는다.

이제 브로커 웹 마이크로서비스에 대한 실행 파일을 빌드와 패키징하고 서버를 실행한다. ch14\ch14-01\XA-TX-Resilient\BrokerWeb\make.bat 유틸리티 스크립트가 있다.

```
cd D:\binil\gold\pack03\ch14\ch14-01\XA-TX-Resilient\Broker-Web
D:\binil\gold\pack03\ch14\ch14-01\XA-TX-Resilient\Broker-Web>make
D:\binil\gold\pack03\ch14\ch14-01\XA-TX-Resilient\Broker-Web>mvn
-Dmaven.test.skip=true clean package
```

여러 가지 방법으로 스프링 부트 애플리케이션을 실행할 수 있다. 간단한 방법은 다음 명령으로 JAR 파일을 실행하는 것이다.

```
D:\binil\gold\pack03\ch14\ch14-01\XA-TX-Resilient\Broker-Web>run
D:\binil\gold\pack03\ch14\ch14-01\XA-TX-Resilient\Broker-Web>java -jar
-Dserver.port=8080 .\target\quotes-web-1.0.0.jar
```

그러면 8080 포트에 브로커 웹 스프링 부트 서버가 실행된다.

브라우저(가급적 크롬)를 사용해 http://localhost:8080/ URL을 호출해 모든 새롭게 수신된 호가 처리를 계속 모니터링할 수 있다.

마이크로서비스 3: 호가 정산 마이크로서비스

ch13\ch13-01\XA-TX-Distributed\Settlement-ActiveMQ-Derby\src\main\resources\spring-listener-derby.xml에서 ActiveMQ 관련 구성을 조정한다.

```
<property name="brokerURL"
    value="failover:(tcp://127.0.0.1:61616)?timeout=10000"/>
```

또한 Derby 구성을 조정해야 한다.

```
<property name="xaProperties">
  <props>
    <prop key="databaseName">D:/Applns/apache/Derby/derbydb/exampledb</prop>
    <prop key="serverName">localhost</prop>
    <prop key="portNumber">1527</prop>
  </props>
</property>
```

이제 호가 정산 마이크로서비스에 대한 실행 파일을 빌드한 후 패키징하고 메시지 리스너를 실행한다. ch14\ch14-01\XA-TX-Resilient\Settlement-ActiveMQ-Derby\make.bat 유틸리티 스크립트가 제공된다.

```
cd D:\binil\gold\pack03\ch14\ch14-01\XA-TX-Resilient\Settlement-ActiveMQ-
Derby
D:\binil\gold\pack03\ch14\ch14-01\XA-TX-Resilient\Settlement-ActiveMQ-
Derby>make
D:\binil\gold\pack03\ch14\ch14-01\XA-TX-Resilient\Settlement-ActiveMQ-
Derby>mvn -Dmaven.test.skip=true clean install
```

이제 제공된 스크립트를 사용해 junit 테스트를 실행할 수 있다.

```
D:\binil\gold\pack03\ch14\ch14-01\XA-TX-Resilient\Settlement-ActiveMQ-
Derby>run
D:\binil\gold\pack03\ch14\ch14-01\XA-TX-Resilient\Settlement-ActiveMQ-
Derby>mvn -Dtest=SettlementListenerServiceTest#testSettleQuote test
```

마이크로서비스 4: 호가 정산 웹 마이크로서비스

먼저 환경에 맞게 구성 파일을 수정한다.

```
ch14\ch14-01\XA-TX-Resilient\Settlement-Web\src\main\resources\application.
properties

server.port=8081
spring.datasource.url=jdbc:derby://localhost:1527/D:/Applns/apache/Derby/
derbydb/exampledb;create=false
spring.datasource.initialize=false
spring.datasource.driver-class-name=org.apache.derby.jdbc.ClientDriver
spring.jpa.properties.hibernate.dialect=org.hibernate.dialect.
DerbyTenSevenDialect
spring.freemarker.cache=false
```

여기서 어떠한 변경도 하지 않는다.

이제 호가 정산 웹 마이크로서비스에 대한 실행 파일을 빌드한 후 패키징하고 서버를 실행한다. ch13\ch13-01\XA-TXDistributed\Settlement-Web\make.bat 유틸리티 스크립트가 제공된다.

```
cd D:\binil\gold\pack03\ch14\ch14-01\XA-TX-Resilient\Settlement-Web
D:\binil\gold\pack03\ch14\ch14-01\XA-TX-Resilient\Settlement-Web>make
D:\binil\gold\pack03\ch14\ch14-01\XA-TX-Resilient\Settlement-Web>mvn
```

```
-Dmaven.test.skip=true clean package
```

여러 가지 방법으로 스프링 부트 애플리케이션을 실행할 수 있다. 간단한 방법은 다음 명령으로 JAR 파일을 실행하는 것이다.

```
D:\binil\gold\pack03\ch14\ch14-01\XA-TX-Resilient\Settlement-Web>run
D:\binil\gold\pack03\ch14\ch14-01\XA-TX-Resilient\Settlement-Web>java -jar
-Dserver.port=8081 .\target\user-web-1.0.0.jar
```

그러면 8081 포트에서 호가 정산 웹 스프링 부트 서버가 실행된다.

브라우저(가급적 크롬)를 사용해 http://localhost:8081/ URL을 호출해 사용자의 실행 중인 계좌 상태와 새로운 수신 호가가 정산될 때마다 계좌 잔액이 어떻게 변경되는지 계속 모니터링할 수 있다.

동일한 콘솔에 새로 도입된 테이블인 트랜잭션 테이블도 표시된다.

테스트 케이스 실행을 시작하기 전에 시스템에 두 명의 테스트 사용자를 생성하려고 한다. Postman을 사용해 표시된 두 명의 테스트 사용자를 생성한다.

```
http://localhost:8081/api/users
METHOD: POST; BODY: Raw JSON

{ "id" : 11, "name" : "Sam", "amountSold" : 1000.0, "amountBought" : 1000.0 }
{ "id" : 21, "name" : "Joe", "amountSold" : 5000.0, "amountBought" : 5000.0 }
```

앞서 언급했듯이 테스트 케이스 4를 실행하는 것이 목적이지만 13장의 테스트 케이스 실행과 관련시키고자 테스트 케이스 1부터 모든 테스트 케이스를 실행한다.

첫 번째 테스트 케이스를 테스트하려면 다음과 같이 Postman을 사용하고 새 호가를 작성한다.

```
http://localhost:8080/api/quotes
METHOD: POST; BODY: Raw JSON

{ "symbol" : "AAPL", "sellerId" : 11, "buyerId" : 21, "amount" : 100,
"test" : 1, "delay" : 2 }
```

3개의 콘솔을 모두 계속 지켜본다. 테스트 케이스 1이 완료됐는지 확인한 후 다음과 같이 Postman을 다시 사용하고 다른 새 호가를 작성해 두 번째 테스트 케이스를 실행한다.

```
{ "symbol" : "AMZN", "sellerId" : 11, "buyerId" : 21, "amount" : 200,
"test" : 2, "delay" : 2 }
```

테스트 케이스 2가 완전히 처리되면 세 번째 테스트 케이스를 실행한다.

```
{ "symbol" : "GOOG", "sellerId" : 11, "buyerId" : 21, "amount" : 300,
"test" : 3, "delay" : 2 }
```

정확하게 따라했다면 테스트 케이스 3이 완료되면 그림 14-11 및 그림 14-12처럼 콘솔이 표시된다.

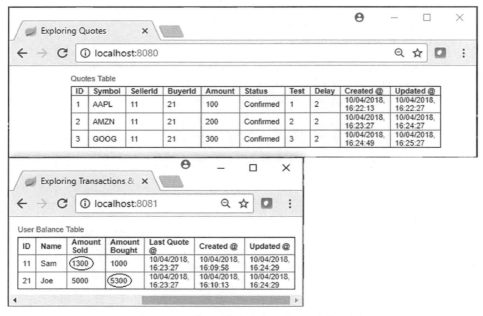

그림 14-11. 호가와 사용자 테이블, 테스트 사례 4 이전

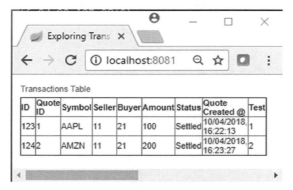

그림 14-12. 주식 트랜잭션 테이블, 테스트 사례 4 이전

그림 14-12에서 업스트림 마이크로서비스에서 3개의 새 호가가 처리됐지만 주식 트랜잭션 테이블에 기록된 트랜잭션은 2개뿐이라는 점에 주목할 수 있다. 이는 테스트 사례 3의 호가 메시지가 업스트림에서 손실돼 다운스트림 마이크로서비스에 도달하지 않았기 때문이다. 같은 이유로 그림 14-11에 표시된 것처

럼 테스트 케이스 3의 호가 금액 300도 구매자와 판매자에게 추가되지 않았다.

이제 원하는 테스트 케이스를 실행하고 디자인의 복원력을 검증해보자. 중복 메시지 전송 테스트 케이스를 테스트하려면 Postman을 다시 가져와서 다음과 같이 다른 새 호가를 작성한다.

```
http://localhost:8080/api/quotes
METHOD: POST; BODY: Raw JSON

{ "symbol" : "NFLX", "sellerId" : 11, "buyerId" : 21, "amount" : 400,
"test" : 4, "delay" : 2 }
```

그림 14-13은 테스트 케이스 4의 새 호가를 보여준다. 상태는 'New'다. 호가 정산되면 그림 14-11에 표시된 것처럼 호가 금액 400이 구매자와 판매자의 각 실행 잔액에 추가돼야 한다.

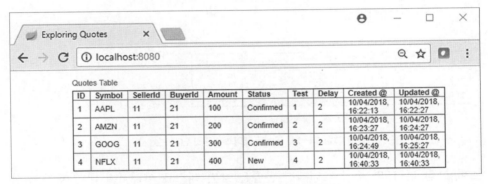

그림 14-13. 테스트 케이스 4 초기 단계 콘솔

실행 중인 테스트 시나리오에 대한 자세한 설명은 13장의 '메시지 중복 전송 시나리오 테스트' 절을 참고하며, 업스트림 마이크로서비스에서 전송되는 중복 호가 메시지를 시뮬레이션했다. 해당 절에서 호가가 2번 정산돼 바람직하지 않은 것을 볼 수 있었다.

이 절에서 실행하는 테스트 케이스에서는 업스트림 마이크로서비스에서 전송하는 중복 호가 메시지를 시뮬레이션한다. 시뮬레이션은 메시지를 성공적으로 전송하고 호가의 상태 업데이트를 'New'에서 'Confirmed'로 변경하는 데 실패하게 하는 방식으로 수행된다. 이는 그림 14-14에 나와 있다. 여기에서 호가 금액은 다운스트림 마이크로서비스의 호가 정산 중에 이미 추가됐다.

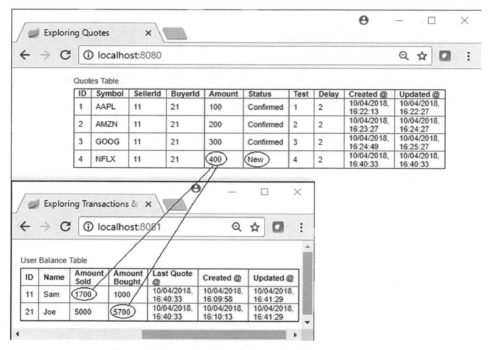

그림 14-14. 테스트 케이스 4 중간 단계 콘솔

또한 그림 14-15의 주식 트랜잭션 콘솔을 보면 테스트 사례 4에 대한 호가 정산이 기록된 것을 볼 수 있다.

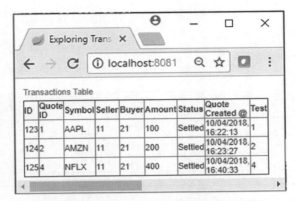

그림 14-15. 테스트 사례 4 중 주식 트랜잭션 테이블

업스트림 마이크로서비스의 호가 처리 작업의 다음 단계에서는 처리를 위해 두 번째로 동일한 테스트 사례 4 호가를 선택한다. 이번에는 다운스트림 마이크로서비스에도 호가 메시지를 보낸다. 그러나 호가 상태를 'New'에서 'Confirmed'로 업데이트하는 동안 오류를 시뮬레이션하지 않는다. 이 호가 메시지가 중복으로 다운스트림 마이크로서비스에 도달하면 솔루션의 향상된 디자인으로 인해 다운스트림 마이크로서비스는 이제 주식 트랜잭션 테이블(그림 14-15)에서 이 호가 메시지가 중복돼 정산되지 않는다는 것을 충분히 이해할 수 있다. 이 모든 것이 그림 14-16에 나와 있다.

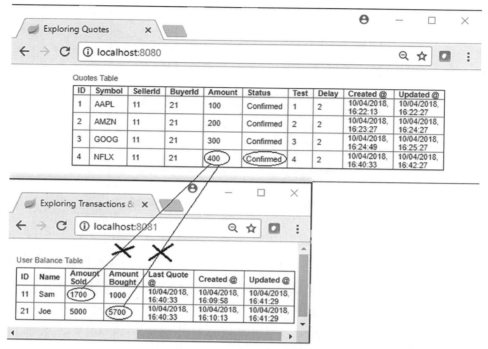

그림 14-16. 테스트 케이스 4 완료 시 콘솔

메시지 중복 소비 시나리오 테스트

메시지 중복 소비 테스트 케이스를 테스트하려면 Postman을 다시 가져와서 다음과 같이 다른 새 호가를 작성한다(그림 14-17 참고).

```
http://localhost:8080/api/quotes
METHOD: POST; BODY: Raw JSON

{ "symbol" : "TSLA", "sellerId" : 11, "buyerId" : 21, "amount" : 500,
"test" : 5, "delay" : 2 }
```

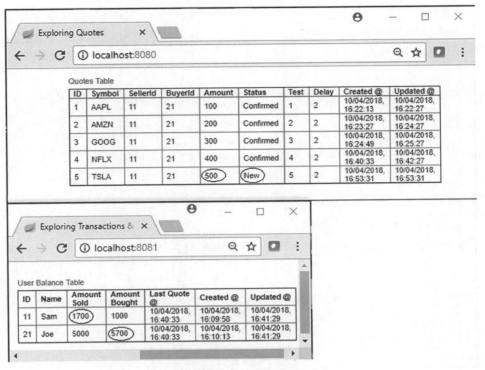

Quotes Table

ID	Symbol	SellerId	BuyerId	Amount	Status	Test	Delay	Created @	Updated @
1	AAPL	11	21	100	Confirmed	1	2	10/04/2018, 16:22:13	10/04/2018, 16:22:27
2	AMZN	11	21	200	Confirmed	2	2	10/04/2018, 16:23:27	10/04/2018, 16:24:24
3	GOOG	11	21	300	Confirmed	3	2	10/04/2018, 16:24:49	10/04/2018, 16:25:27
4	NFLX	11	21	400	Confirmed	4	2	10/04/2018, 16:40:33	10/04/2018, 16:42:27
5	TSLA	11	21	500	New	5	2	10/04/2018, 16:53:31	10/04/2018, 16:53:31

User Balance Table

ID	Name	Amount Sold	Amount Bought	Last Quote @	Created @	Updated @
11	Sam	1700	1000	10/04/2018, 16:40:33	10/04/2018, 16:09:58	10/04/2018, 16:41:29
21	Joe	5000	5700	10/04/2018, 16:40:33	10/04/2018, 16:10:13	10/04/2018, 16:41:29

그림 14-17. 테스트 케이스 5 초기 콘솔

이 테스트 사례에서는 업스트림 마이크로서비스에서 모두 정상적으로 작동한다. 호가 메시지를 다운스트림 마이크로서비스에서 정한 다음 다운스트림 마이크로서비스의 메시지 리스너에서 메시지 읽기 오류를 시뮬레이션한다. 이 시점의 상태는 그림 14-18에 나와 있다.

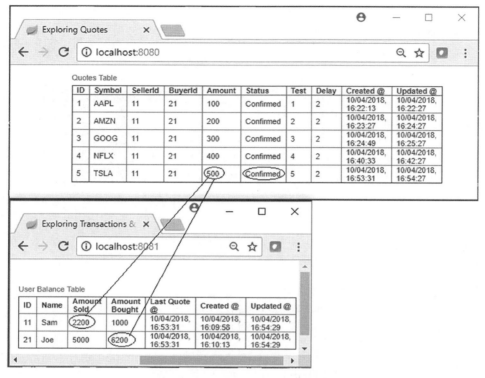

그림 14-18. 테스트 케이스 5 진행 중 콘솔

또한 호가 메시지의 정산은 다운스트림 마이크로서비스로 주식 트랜잭션 테이블에 기록되며 그림 14-19에 나와 있다.

다운스트림 마이크로서비스의 메시지 리스너가 메시지를 읽을 때 오류를 시뮬레이션했으므로 메시지 브로커는 메시지를 다운스트림 마이크로서비스로 재전송한다. 그러나 이 호가 메시지가 다운스트림 마이크로서비스에 중복으로 도달하면 솔루션의 향상된 디자인으로 인해 다운스트림 마이크로서비스는 이제 주식 트랜잭션 테이블(그림 14-19)에서 이 호가 메시지가 중복돼 다시 정산되지 않는다는 것을 충분히 알고 있다. 사용자 잔액의 최종 상태는 그림 14-18과 같이 유지된다.

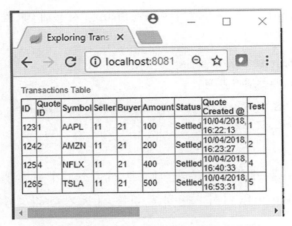

그림 14-19. 테스트 사례 5 중 주식 트랜잭션 테이블

소비자가 메시지를 사용해 데이터베이스에 값을 단순히 쓰기만 하고 덮어 쓰지 않으면 메시지를 2번 이상 받는 것은 정확히 1번 받는 것과 다르지 않다.[3]

이것은 일부 애플리케이션은 해당되지만 모든 애플리케이션에 해당되지는 않는다. 최소한 애플리케이션이 수신 메시지를 적절하게 해석해야 한다. 마이크로서비스에 관한 위의 설명에 대한 메시지 전달은 다른 여러 측면이 있다. 그러나 연결된 측면이 여러 가지이기 때문에 이에 대한 또 다른 교재들을 여기서는 언급하지 않겠다.

메시지 수신 순서가 맞지 않는 시나리오 테스트

이제 테스트 케이스 5까지 실행했다. 순서가 맞지 않는 메시지를 시뮬레이션하고자 테스트 케이스 8을 실행하기 전에 테스트 케이스 6과 테스트 케이스 7을 실행한다. 이미 13장의 해당 절에서 이미 살펴본 내용 외에 추가로 보여주고 싶지 않기 때문에 더 이상 설명하지 않겠다.

---

3. O'Reilly의 『New Designs for Streaming Architecture』

테스트 케이스 6의 경우 다음과 같이 Postman을 사용해 새 호가를 작성한다.

```
http://localhost:8080/api/quotes
METHOD: POST; BODY: Raw JSON

{ "symbol" : "MSFT", "sellerId" : 11, "buyerId" : 21, "amount" : 600,
"test" : 6, "delay" : 2 }
```

3개의 콘솔 모두를 계속 지켜본다. 테스트 케이스 6이 완료됐는지 확인한 후 다음과 같이 Postman을 다시 사용하고 다른 새 호가를 작성해 테스트 케이스 7을 실행한다.

```
{ "symbol" : "ORCL", "sellerId" : 11, "buyerId" : 21, "amount" : 700,
"test" : 7, "delay" : 2 }
```

테스트 케이스 7을 완료했을 때 지시한대로 정확히 따라했다면 콘솔이 그림 14-20 및 그림 14-21과 같이 표시된다.

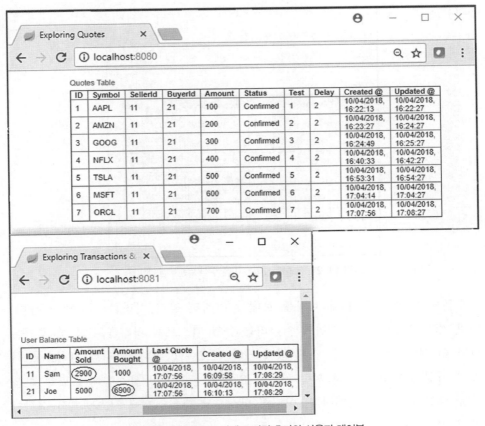

그림 14-20. 테스트 사례 8 이전 호가와 사용자 테이블

이제 엔티티는 이 절에서 검토할 실제 테스트 케이스인 테스트 케이스 8을 실행할 수 있는 상태로 설정된다. 이 시나리오에 대한 테스트는 테스트 픽스처에 따라 각 작업의 타이밍을 조정해야 하기 때문에 약간 까다롭다. 예제 구성을 변경하지 않은 경우에도 작동해야 하는 테스트 픽스처의 구성을 기반으로 설명하겠다.

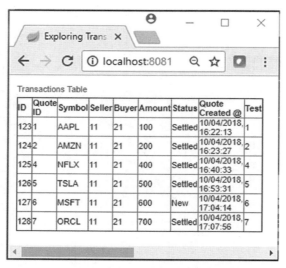

그림 14-21. 테스트 사례 8 이전 주식 트랜잭션 테이블

업스트림 처리를 위해 새 호가를 보내야 하지만 잠시 처리를 지연하고 싶다. 이 호가가 지연이 끝날 때까지 기다리는 동안 업스트림 처리를 위해 새 호가를 하나 더 실행하려고 한다. 지체 없이 거의 바로 처리된다. 이러한 방식으로 나중에 생성된 호가가 먼저 후속 처리를 위해 다운스트림 시스템에 도달한 다음 처음 생성된 호가가 이어진다. 이러한 방식으로 다운스트림 시스템에서 순서가 맞지 않는 메시지를 시뮬레이션한다.

이 테스트 케이스에 대한 요청을 시작하기 전에 이 절을 완전히 한 번 읽고 지침에 따라 새 호가를 실행하기 위한 준비 사항을 미리 파악하는 것이 좋다. 그런 다음 이 설명 지점으로 돌아와 실제 테스트를 계속한다.

Postman을 다시 가져와 다음과 같이 새 호가를 작성한다.

```
http://localhost:8080/api/quotes
METHOD: POST; BODY: Raw JSON
```

그림 14-22에 표시된 것처럼 테스트 요청 페이로드와 함께 90초 지연 수신된다.

```
{ "symbol" : "QCOM", "sellerId" : 11, "buyerId" : 21, "amount" : 800,
"test" : 8, "delay" : 90}
```

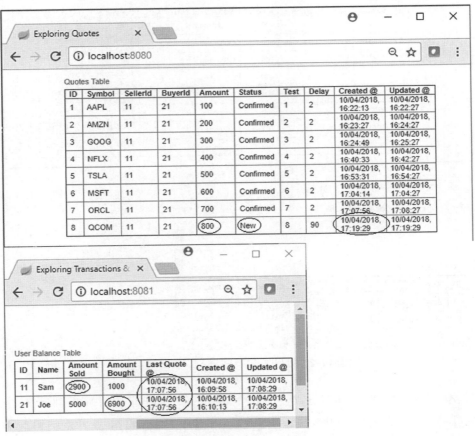

그림 14-22. 첫 번째 호가 작성 테스트 케이스 8 콘솔

업스트림 마이크로서비스 콘솔(명령 프롬프트 콘솔)을 계속 보고 호가 처리 작업이 시간 초과되면 이 새 호가를 가져와서 상태를 'New'에서 'Confirmed'로 변경한다. 하지만 종단 간 트랜잭션을 완료하기 전에 제공한 90초 지연 동안 대기 모드가 된다. 그림 14-23을 보자.

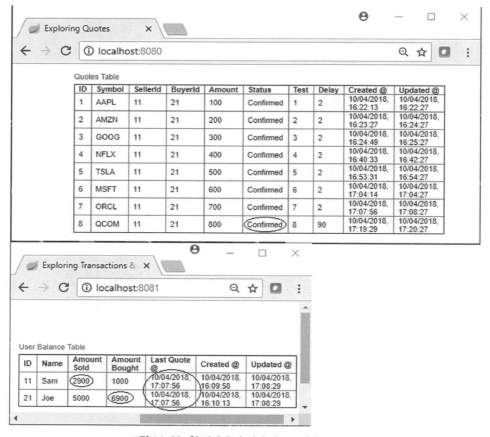

그림 14-23. 첫 번째 호가 처리 테스트 케이스 8 콘솔

이 90초는 다음 60초 내에 호가 처리 작업의 시간 초과가 발생하며 해당 시간 초과 동안 이미 처리 상태(호가 상태가 'New'가 아니다)에 있기 때문에 이 호가를 가져오면 안 된다는 점에서 의미가 있다.

여기에 요령이 있다. 호가 처리 작업이 처리할 호가를 선택하고 제공된 90초 지연 시간 동안 대기 모드로 전환되는 10 ~ 20초 이내에 즉시 추가로 새로운 호가를 실행해야 한다. 다른 Postman 세션으로 다음과 같은 데이터를 준비하는 게 이상적이다.

606

```
http://localhost:8080/api/quotes
METHOD: POST; BODY: Raw JSON

{ "symbol" : "GILD", "sellerId" : 11, "buyerId" : 21, "amount" : 900,
"test" : 8, "delay" : 2 }
```

이 두 번째 새 호가는 그림 14-24에 나와 있다. 이상으로 테스트 실행 단계는
끝났다.

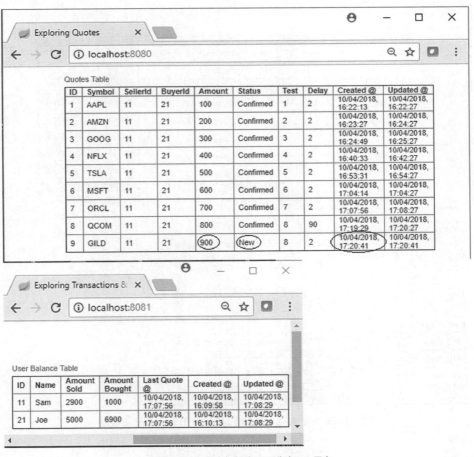

그림 14-24. 두 번째 테스트 케이스 8 콘솔

다음에 호가 처리 작업이 시간 초과되면 이 두 번째 새 호가만 가져온다. 이는 첫 번째 호가가 업스트림 시스템에서 아직 처리 중이지만 그림 14-24에 표시된 것처럼 호가 상태가 이미 'Confirmed'로 업데이트됐기 때문이다. 이는 업스트림 마이크로서비스의 경매 서비스 트랜잭션을 TX_REQUIRES_NEW로 표시함으로써 영향을 받는다.

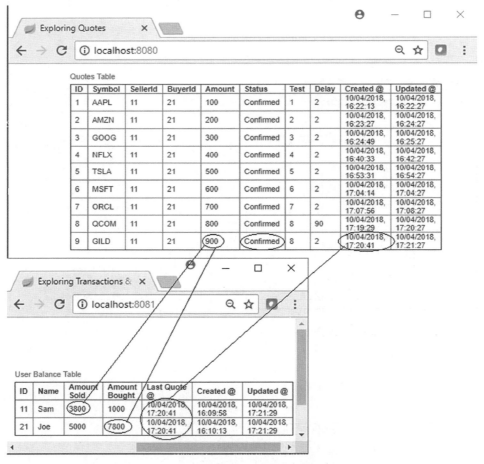

그림 14-25. 두 번째 호가가 먼저 정산되는 테스트 케이스 8 콘솔

두 번째 새 호가의 경우 무시할 수 있는 프로세스 지연이 있으며 업스트림 처리에서 나오고 ActiveMQ로 추가 처리를 위해 다운스트림에 도달한다. 첫 번째 호가가 여전히 업스트림 시스템의 처리 단계에 있다고 예상하면 메시지가 다운스트림 시스템에서 순서가 맞지 않게 된다. 이는 그림 14-25와 같이 해결된다.

또한 그림 14-26은 테스트 케이스 8 동안 두 번째로 생성된 호가가 실제로 주식 트랜잭션 테이블에 기록되고 호가가 정산된 상태에 있다고 이야기한다.

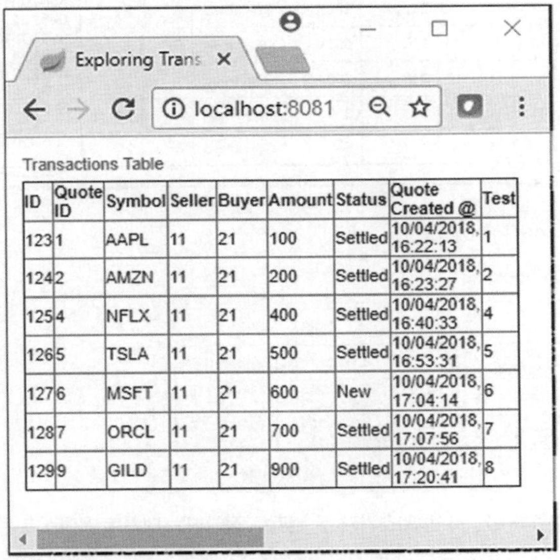

ID	Quote ID	Symbol	Seller	Buyer	Amount	Status	Quote Created @	Test
123	1	AAPL	11	21	100	Settled	10/04/2018, 16:22:13	1
124	2	AMZN	11	21	200	Settled	10/04/2018, 16:23:27	2
125	4	NFLX	11	21	400	Settled	10/04/2018, 16:40:33	4
126	5	TSLA	11	21	500	Settled	10/04/2018, 16:53:31	5
127	6	MSFT	11	21	600	New	10/04/2018, 17:04:14	6
128	7	ORCL	11	21	700	Settled	10/04/2018, 17:07:56	7
129	9	GILD	11	21	900	Settled	10/04/2018, 17:20:41	8

그림 14-26. 테스트 케이스 8 중 주식 트랜잭션 테이블

브라우저 콘솔을 계속 지켜본다. 곧 다운스트림 시스템에서 사용자의 현재 잔액이 변경되는 것을 볼 수 있다. 이는 그림 14-27에 표시된 것처럼 업스트림 처리가 지연돼 다운스트림 시스템에 도달해 최종적으로 정산된 첫 번째 호가의 결과다.

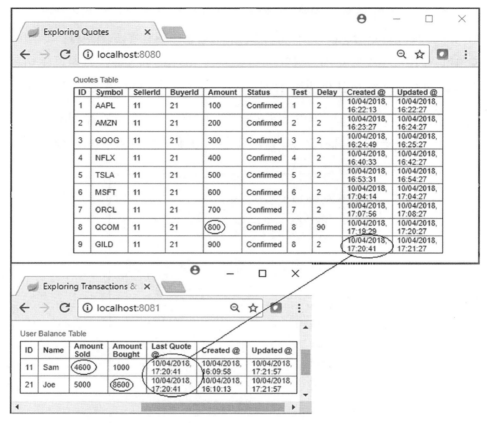

그림 14-27. 첫 번째 호가가 두 번째로 정산되는 테스트 케이스 8 콘솔

13장의 '예제의 정상 흐름 빌드와 테스트' 절에서 사용자 계좌가 업데이트될 때마다 업스트림 시스템의 최신 호가 생성 시간이 마지막 호가 시간으로 업데이트됐음을 확인했다. 여기 시연에서 사용자 계좌의 마지막 호가 시간은 마지막에 생성된 첫 번째 호가에 따라 변경되지 않았다. 이는 맞지만 13장에서는 달성할 수 없었다. 솔루션의 향상된 디자인으로 인해 다운스트림 마이크로서비스는 이제 도착하는 메시지에 대해 도착한 호가 메시지를 자세히 살펴봄으로써 해당 요구 사항을 충족할 수 있을 만큼 똑똑하다. 일반적으로 사용하는 트랜잭션 패러다임에 관계없이 (완화된 BASE 여부에 관계없이) 메시지 순서가 중요할 때 비순차적

610

메시지를 처리하는 코드와 디자인을 추가해 오류 메시지를 해결할 수 있다.

그림 14-28은 원래 호가가 생성된 순서의 관점에서 순서가 잘못된 메시지 기록을 반영하는 주식 트랜잭션 테이블을 보여준다.

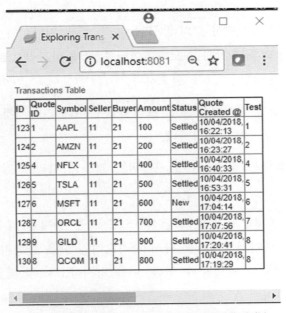

ID	Quote ID	Symbol	Seller	Buyer	Amount	Status	Quote Created @	Test
123	1	AAPL	11	21	100	Settled	10/04/2018, 16:22:13	1
124	2	AMZN	11	21	200	Settled	10/04/2018, 16:23:27	2
125	4	NFLX	11	21	400	Settled	10/04/2018, 16:40:33	4
126	5	TSLA	11	21	500	Settled	10/04/2018, 16:53:31	5
127	6	MSFT	11	21	600	New	10/04/2018, 17:04:14	6
128	7	ORCL	11	21	700	Settled	10/04/2018, 17:07:56	7
129	9	GILD	11	21	900	Settled	10/04/2018, 17:20:41	8
130	8	QCOM	11	21	800	Settled	10/04/2018, 17:19:29	8

그림 14-28. 테스트 케이스 8 이후 주식 트랜잭션 테이블

트랜잭션 옵션 선택

아키텍처에 대해 옵션 1을 선택한 경우 호가 정산 마이크로서비스에 의해 호가 정산되도록 대기열에서 메시지를 가져가더라도 여전히 2단계 트랜잭션 문제가 있음을 해명해 '글로벌 대 로컬 리소스' 절에서 결론을 내렸다. 호가 정산을 순수한 백오피스 프로세스로 간주하면 2단계 트랜잭션을 계속 진행할 수 있는 한 가지 명분은 고객 대면 마이크로서비스의 처리량과 가용성을 극대화하면서 상대적으로 낮은 응답성을 상쇄한다는 것이다.

그러나 2단계 커밋 트랜잭션이 마이크로서비스 아키텍처의 일부에서 허용되지 않으면 어떻게 해야 할까? 앞서 설명한 것처럼 특정 사용 사례에 사용하는 것이 정당하더라도 2단계 커밋 트랜잭션과 관련된 여러 가지 의미가 있다. 다음은 그중 몇 가지다.

- 2단계 커밋 트랜잭션 코디네이터는 단일 실패 지점이다. 이 문제를 해결하려면 상태를 유지하고 코디네이터를 상태 비저장으로 유지하기 위한 분산 및 복제된 로그가 필요하다.[4]

- 2단계 커밋 트랜잭션은 로컬 트랜잭션에 비해 리소스에 대한 이동 횟수가 2배 이상 많이 발생한다.

- 리소스 잠금은 좀 더 오래 지속되는 경우에 따라 확장성을 방해할 수 있다.

- 마지막으로 2단계 커밋 트랜잭션으로 모든 문제를 해결할 수는 없다. 장애에서 데이터베이스를 다시 가져오려면 같은 문제가 발생한 경우에도 수동 작업이 필요할 수 있다. 이를 방지하고자 핫 페일오버 아키텍처가 선호된다.

사례별로 2단계 트랜잭션과 로컬 트랜잭션 중에서 신중하게 선택해야 하며, 향후 개발할 많은 마이크로서비스 아키텍처가 이에 해당된다. 시나리오를 좀 더 구체적으로 표현하고자 그림 14-7에 표시된 아키텍처 옵션 1이 옵션 2보다 더 수용 가능하다고 가정한다. 그렇다면 어떻게 호가 정산 마이크로서비스와 ActiveMQ 메시지 브로커 간의 2단계 트랜잭션을 추가로 방지하고 데이터 무결성을 관리할 수 있을까? 다음 절에서 이 판도라의 상자를 열어본다.

---

4. www.atomikos.com/Documentation/LogCloud는 차세대 코디네이터를 보여준다.

메시지 대기열, 미리보기, 클라이언트 확인

그림 14-7에 표시된 아키텍처 옵션 1을 채택하고 호가 정산 마이크로서비스와 ActiveMQ 메시지 브로커 간의 2단계 커밋 트랜잭션을 방지하려고 한다고 가정하자. 2단계 커밋 트랜잭션을 방지할 때 데이터베이스 작업과 메시지 대기열 작업이 분할된 리소스로 백업되면 원자적으로 영향을 받을 수 없다. 원자적으로 영향을 받을 수 없으면 대기열에서 메시지의 읽기와 읽기 통지가 자동으로 발생하게 캡슐화하지 않고 오히려 클라이언트 프로그램이나 클라이언트 코드가 이를 제어해야 한다. JMS 사양은 2가지 유형의 메시지 전달(영구 및 비영구)을 지원한다. 메시지를 보낼 때 해당 소비자가 실행 중이 아니더라도 메시지가 브로커에 전달된 후 메시지 소비자가 메시지를 항상 사용할 수 있게 하려면 영구 메시지를 사용해야 한다. 메시지 소비자가 메시지를 사용하고 확인하면 일반적으로 브로커의 메시지 저장소에서 삭제된다.

`Javax.jms.Session`은 트랜잭션으로 지정될 수 있다. 트랜잭션할 때 세션은 단일 트랜잭션을 연속으로 지원한다. 각 트랜잭션은 메시지 세트가 송수신하는 메시지 세트를 원자적 작업 단위로 그룹화한다. 실제로 트랜잭션은 세션의 입력 메시지 스트림과 출력 메시지 스트림을 일련의 원자 단위로 구성한다. 트랜잭션이 커밋되면 입력의 원자 단위가 수신 통지되고 관련 출력의 원자 단위가 전송된다. 트랜잭션 롤백을 수행하면 트랜잭션의 전송된 메시지가 삭제되고 세션의 입력이 자동으로 복구된다.

> **참고** XA 트랜잭션과 달리 JMS 트랜잭션은 하나의 연결의 JMS 메시지에만 적용된다. 롤백 또는 커밋은 단일 연결 이상으로 확장되지 않는다.

13장과 14장의 예제에서는 다음 구성을 사용한다.

```
<bean id="jmsTemplate" class="org.springframework.jms.core.JmsTemplate">
```

```
    <property name="sessionTransacted" value="true"/>
  </bean>
```

또는 세션에서 로컬 트랜잭션을 사용하게 지정하고자 SESSION_TRANSACTED 값이 Connection 객체의 createSession(int sessionMode) 메서드에 인수로 전달될 수 있다. 이 옵션을 사용하면 Session.commit()로 수신 확인을 롤업한다.

```
  Session session = connection.createSession(true, Session.SESSION_TRANSACTED);
```

false와 AUTO_ACKNOWLEDGE를 지정해 트랜잭션되지 않은 세션을 만들고 세션이 자동으로 메시지를 수신 통지할 수 있다. receive() 메서드 또는 onMessage() 메서드에서 성공적으로 반환되면 메시지가 자동으로 수신 통지된다. receive() 메서드 또는 onMessage() 메서드 실행 중에 오류가 발생하면 메시지가 자동으로 재전송된다. JMS 제공자는 메시지 재전송을 관리하고 한 번만 전달되는 시멘틱을 보장한다. 그러나 receive()가 반환된 직후 및 메시지를 처리하기 전에 애플리케이션이 충돌하면 메시지가 손실될 수 있다.

```
  Session session = connection.createSession(false, Session.AUTO_ACKNOWLEDGE);
```

수신자의 세션을 만들고 createSession()의 첫 번째 인수로 false를 지정하고 두 번째 인수로 Session.CLIENT_ACKNOWLEDGE를 지정하면 클라이언트 확인 모드에서 세션이 생성된다. 이렇게 하면 트랜잭션되지 않은 세션이 생성되고 메시지를 수신 통지하려면 Message 클래스의 accept() 메서드를 명시적으로 호출해야 한다. 사용된 메시지에 대해 accept()를 호출함으로써 클라이언트는 메시지가 전달된 세션에서 사용된 모든 메시지를 수신 통지한다. 클라이언트는 각 메시지가 소비될 때 개별적으로 확인하거나 애플리케이션 정의 그룹으로 메시지를 확인하게 선택할 수 있다(그룹의 마지막 수신 메시지에서 acknowledge()를 호출해 세션에서 소비한 모든 메시지를 수신 통보하게 수행됨). 수신됐지만 수신 통지되지 않은 메시지가 다시 전달될 수 있다. 이것이 바로 양날의 검이며, 축복이자 저주다. 수신 통지하지 않으면 나중에 메시지가 다시 전달될 것이라는 점에서 축복이다. 동시에 애플리케이션 디자인에 중복 메시지를 처리할 메커니즘이 없으면 중복 처리가 발생해 역효과가 발생한다는 점에서 저주다.

이 측면을 자세히 살펴보겠다. 리스트 14-16을 보자.

리스트 14-16. 2단계 Tx내 ActiveMQ와 Derby

```
2단계 트랜잭션 시작
  ActiveMQ 트랜잭션-01 시작
    ActiveMQ에서 메시지 읽기
    Derby 트랜잭션-01 시작
      Derby에서 받은 호가 기록
    Derby 트랜잭션-01 종료
    Derby 트랜잭션-02 시작
      Derby에서 사용자 잔액 조정
      호가 상태 변경
    Derby 트랜잭션-02 종료
  ActiveMQ 트랜잭션-01 종료
2단계 트랜잭션 종료
```

이 장의 이전 예제 중 다운스트림 처리에서 살펴봤던 ActiveMQ 대기열의 메시지 소비와 Derby 데이터베이스의 데이터베이스 작업은 리스트 14-16에 표시된 것처럼 의사 코딩될 수 있다. 2단계 트랜잭션을 제거하면 리스트 14-17과 동일하게 다시 작성할 수 있다.

리스트 14-17. 2단계 Tx가 없는 ActiveMQ와 Derby

```
ActiveMQ에서 메시지 읽기
Derby 트랜잭션-01 시작
  Derby에서 받은 호가 기록
```

```
Derby 트랜잭션-01 종료
Derby 트랜잭션-02 시작
   Derby에서 사용자 잔액 조정
   호가 상태 변경
Derby 트랜잭션-02 종료
ActiveMQ에서 읽은 메시지 확인
```

이것은 리스트 14-18과 동일하다.

리스트 14-18. 로컬 Tx를 사용하는 ActiveMQ와 Derby

```
ActiveMQ의 Peek 메시지
Derby 트랜잭션-01 시작
   Derby에서 받은 호가 기록
Derby 트랜잭션-01 종료
Derby 트랜잭션-02 시작
   Derby에서 사용자 잔액 조정
   호가 상태 변경
Derby 트랜잭션-02 종료
ActiveMQ에서 메시지 제거
```

리스트 14-18의 의사 코드는 메시지를 제거하지 않고 대기열에 있는 메시지를 엿보고 성공적으로 처리되면 대기열에서 메시지를 제거하는 기능에 따라 다르다. 필요한 경우 의사 코드에 표시된 대로 2개 이상의 독립 트랜잭션으로 수행할 수 있다. 하나는 메시지 대기열에, 다른 하나는 호가 메시지를 기록하기 위한 사용자 데이터베이스에, 다른 하나는 사용자 잔액을 조정하고 호가 상태를 변경하는 것이다. 사용자 잔액 조정과 호가 상태 변경은 원자적으로 커밋된다. 그러나 두 작업이 동일한 로컬 리소스에서 발생하므로 2단계 트랜잭션이 필요하지 않다. 데이터베이스 작업이 성공적으로 커밋되지 않는 한 대기열 작업이 커밋되지 않는다. 데이터베이스 작업 중 부분적인 오류가 발생하면 대기열 작업이 커밋되지 않은 상태로 유지되므로 메시지가 조만간 다시 전달되고 처리가 재시작된다. 이 알고리듬은 이제 부분 실패를 지원하고 트랜잭션 보장을 계속 제공한다. 이 알고리듬이나 메서드는 분산과 2단계 커밋 트랜잭션을 사용하지 않고 분산 마이크로서비스 간에 결론적 일관성을 구현하려는 시도 중 하나다. 여기에 제공된 예제 코드는 앞에서 다룬 방법론의 여러 변형을 구현하게 향상시킬 수 있다. 이는 직접 코딩할 수 있도록 연습으로 남겨둔다. 이를 위해서는 바르게 구현하기 어려운 '멱등성 소비자 패턴'의 구현이 필요하다.[5] 이 장의 기본 테스트 사례 외에 추가 테스트가 필요하므로 가능한 모든 오류 모드를 고려해야 한다.

요약

많은 동료처럼 나도 트랜잭션을 좋아했다. 1999년부터 선언적 트랜잭션 관리를 사용해왔으며, 유럽 항공사의 승객 예약 시스템 운영을 최적화하기 위한 전문가 시스템을 구현하는 과정에서 EJB[Enterprise Java Beans][6] 컨테이너가 포함된 Sun의 J2EE 서버 참조 구현을 다운로드한 최초의 소수에 속하게 돼 기뻤다. 그 이후로 20년이 지났지만 여전히 로컬과 분산 트랜잭션을 좋아한다. 그러나 요점은 분산 트랜잭션과 로컬 트랜잭션 사이의 선택이 관련 마이크로서비스의 맥락, 기능, 중요도에 따라 사례별로 이뤄져야 한다는 것이다. 필수 사항이 아닌 경우 분산 트랜잭션 관리자를 활용하는 시스템을 디자인하면 운영비용이 증가하고 성능에 약간의 영향을 미칠 수 있으므로 비용이 많이 든다. 이 장에서 가능한 모든 오류를 다루지는 않았지만 결과적 일관성이 있어야 하는 내결함성 마이크로서비스를 디자인하는 데 사용할 수 있는 몇 가지 기술을 살펴봤다. 15장에서는 이번 장을 확장해 장기 실행 트랜잭션을 포함해 몇 가지 다른 시나리오를 살펴본다.

---

5. www.atomikos.com/Blog/IdempotentJmsConsumerPitfalls

6. EJB 사양은 원래 1997년 IBM에서 개발한 후 1999년 Sun Microsystems(EJB 1.0 및 1.1)에서 채택했으며 Java Community Process에서 JSR19(EJB 2.0), JSR 153(EJB 2.1), JSR 220(EJB 3.0), JSR 318(EJB 3.1), JSR 345(EJB 3.2)에 따라 향상됐다.

15 마이크로서비스에 최적화된 트랜잭션

13장에서는 실제 동작하는 코드를 사용해 분산 트랜잭션을 다뤘다. 14장에서는 BASE 트랜잭션 지원을 위한 솔루션을 디자인하면서 핵심 세부 사항과 우려 사항을 이해하고자 이러한 예제를 향상된 디자인으로 다시 살펴봤다. 지금까지는 괜찮았지만 문제는 이 2개의 장에서 살펴본 세부 사항을 추상화하고 마이크로서비스 아키텍처에서 필요한 수준의 데이터 일관성을 유지하는 방법이 있냐는 것이다. 이는 15장에서 자세히 살펴본다. 15장의 예제는 13장과 14장에서 다룬 예제가 아니므로 빨리 이해하고 싶다면 앞의 2개 장을 건너뛸 수 있다. 그러나 이 장에서 Axon 프레임워크를 다시 활용할 것이므로 먼저 12장의 Axon에 대한 소개를 살펴봐서 여기의 프로그래밍 패러다임을 이해하는 것이 좋다.

15장에서 다루는 내용은 다음과 같다.

- 사가^{saga} 소개
- 분산형 사가와 마이크로서비스
- Axon 2를 사용한 완전한 사가 예제

마이크로서비스 트랜잭션을 위한 사가

13장의 '트랜잭션 모델' 절에서 사가saga의 개념을 소개했으며 이 절에서는 사가를 자세히 살펴본다.

사가 설명

사가의 개념은 1987년 논문에서 처음 소개됐으며, 이 개념은 마이크로서비스의 맥락에서 주목을 받았다. 사가는 중첩 트랜잭션과 유사하다. 중첩 트랜잭션에서 원자 트랜잭션은 다른 트랜잭션에 포함된다. 사가에서는 이러한 각 트랜잭션에 해당하는 보상 트랜잭션이 있다. 사가의 트랜잭션 중 하나가 실패하면 이전에 성공적으로 실행된 각 트랜잭션에 대한 보상 트랜잭션이 호출돼 이전에 성공한 트랜잭션의 영향을 무효화한다.

사가는 일반적으로 워크플로에 관련된 트랜잭션과 같이 장기간 지속되는 트랜잭션을 모델링하는 데 사용된다. 장기간 동안 리소스를 점유하는 것은 전혀 바람직하지 않으므로 장기 트랜잭션을 제어하고자 2단계 트랜잭션을 사용하는 것은 바람직하지 않다. 마이크로서비스의 맥락에서 사가는 2단계 커밋 트랜잭션에 NO라고 말하려는 이유로 장기간 지속되는 트랜잭션이 포함되지 않을 때에도 관련성이 있다. 2단계 커밋 트랜잭션을 사용할 수 없고 다단계 트랜잭션의 각 단계에서 여전히 제어를 수행하려면 사가가 도움이 될 것이다.

마이크로서비스의 진화 이전에도 사가라는 개념은 매우 대중적이었으며 진정한 의미에서 사가를 사용해 실제 많은 문제를 다뤘다. 장소 또는 신뢰 경계에서 일관성을 유지하는 것은 기존 ACID 모델을 사용해 쉽게 처리할 수 없으며 실제 많은 시나리오에 이러한 복잡성이 수반된다. 한 은행의 계좌에서 다른 은행의 계좌로 송금하는 것은 이러한 은행의 소프트웨어 시스템이 가까이 있거나 함께 있다고 가정할 이유가 없는 전형적인 예다. 그리고 그러한 자금 이체를 할 때 일상적인 경험에서 이것과 연관시킬 수 있다. 모든 면에서 즉각적으로 보일

정도로 실시간에 가까운 송금이 발생하더라도 대부분의 관련 트랜잭션은 2단계 커밋 트랜잭션이 아니라 일종의 사가에서 수행됐을 것이다. 즉, 자금 이체를 수행할 때 대부분의 경우 관련 직불과 신용거래는 2단계 트랜잭션 코디네이터가 아닌 다른 방법으로 조정돼 모든 관련 단계가 수행되거나 모든 관련 단계가 결국에 롤백된다.

또 다른 전형적인 예는 항공기, 호텔, 렌트카를 예약할 때다. 하나의 기업이 이러한 모든 리소스를 소유할 가능성은 거의 없지만 사용자가 단일 트랜잭션으로 이러한 리소스 중 하나 이상을 예약하려고 할 가능성은 높다. 항공기 예약이 승인되지 않은 상황에서 승인된 호텔 예약은 그다지 좋지 않기 때문이다. 또 다른 측면은 이러한 경우 리소스 관리자나 리소스 소유자가 신뢰 경계를 벗어날 수 있으며 많은 경우 경쟁 기업일 수 있다는 것이다. 현재 저자의 회사는 여행과 숙박 산업을 위한 소프트웨어 시스템을 구축하는 데 관여하고 있으며, 유사한 트랜잭션이 결과적으로 일관되게 디자인될 수 있는 소프트웨어 디자인의 많은 사례와 관련이 있다.

그림 15-1은 사가 내에서 개별 트랜잭션이 단계별로 진행되는 방식을 나타내는 상태 다이어그램을 보여준다.

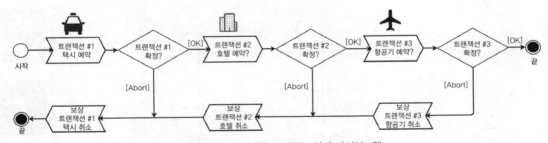

그림 15-1. 사가를 보여주는 상태 다이어그램

그림 15-1과 같이 사가에서는 트랜잭션 중 하나가 실패하면 성공적으로 실행된 이전 트랜잭션에 대한 보상 트랜잭션이 실행된다. 이는 사가 트랜잭션 코디네이터가 조정한다.

분산형 사가

대부분의 워크플로와 BPMN[Business Process Model and Notation] 프레임워크는 장기 실행 트랜잭션을 조정하려는 경우와 동일한 유사점을 사용해 구축되므로 앞 절에서 설명한 사가의 개념은 이해하기 쉽다. 마이크로서비스 환경에서 동일한 작업을 조정하려면 여러 분산 노드와 프로세스를 조정해야 하는데, 이는 사소한 문제가 아니다.

먼저 개념적 수준에서 분산형 사가에 필요한 다양한 구성 요소를 살펴보겠다. 그림 15-2를 보자.

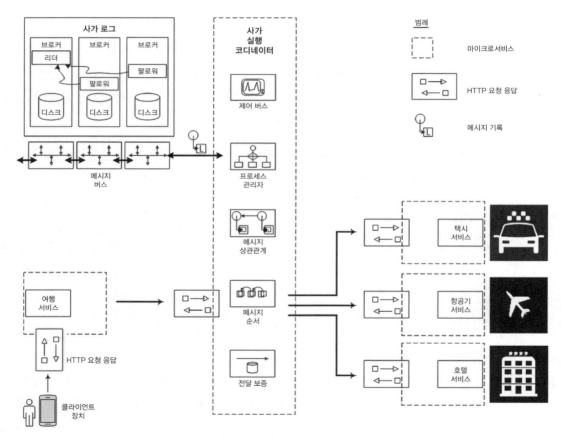

그림 15-2. 그림으로 보는 분산형 사가

622

- **트랜잭션과 보상 트랜잭션**

  마이크로서비스 맥락의 사가 트랜잭션을 요청(HTTP) 또는 이벤트(명령과 이벤트)라고 부르지만 이야기의 단순성을 위해 트랜잭션이라는 용어를 사용할 것이다.

  분산형 사가는 트랜잭션 모음이다.

  T1, T2, ..., Tn

  각 트랜잭션에는 보상 트랜잭션이 있다.

  C1, C2, ..., Cn

  보상 트랜잭션(C_n)은 이전에 완료된 해당 트랜잭션(T_n)을 의미적으로 실행 취소한다.

  분산형 사가는 다음 중 하나를 보장한다.

  T1, T2, ..., Tn

  또는 다음과 같다.

  T1, T2, ..., Ti, Ci, ..., C2, C1

  그림 15-1과 같이 트랜잭션 중 하나가 실패하면 성공적으로 실행된 이전 트랜잭션에 대한 보상 트랜잭션이 실행되게 한다.

- **사가 로그**

  사가 로그는 지정된 사가를 실행하는 동안 모든 트랜잭션/작업의 상태를 유지하는 데 사용되는 분산 로그다. 사가 로그에는 begin saga, end saga, abort saga, begin Ti, end Ti, begin Ci, end Ci와 같은 다양한 상태 변경 작업이 포함된다. 사가 로그는 종종 분산 로그를 사용해 구현되며 카프카Kafka와 같은 시스템이 일반적으로 구현에 사용된다.

- **사가 실행 코디네이터**^{SEC, Saga Execution Coordinator}

  SEC는 전체 로직을 조정하고 사가의 실행을 담당한다. 주어진 사가의 모든 단계는 사가 로그에 기록되고 SEC는 사가 로그를 쓰고 읽고 해석한다. SEC에는 다음과 같은 하위 구성 요소가 있다.

  - **컨트롤 버스:** 컨트롤 버스는 여러 노드와 프로세스에 분산된 메시징 시스템을 효과적으로 관리한다.

  - **프로세스 관리자:** 프로세스 관리자는 순서의 상태를 유지하고 중간 결과에 따라 다음 처리 단계를 결정한다.

  - **메시지 상관관계:** 생산자는 수신한 응답을 원래 보낸 요청과 연관시킨다. 메시지의 `MessageID`와 `CorrelationID` 속성은 요청과 응답 메시지의 상관관계를 나타내는 데 사용된다. 따라서 상관 식별자는 이 응답이 어떤 요청 메시지에 대한 것인지 나타내는 고유 식별자다.

  - **메시지 순서:** 원래 의도에 따라 보낸 메시지 순서를 유지하는 데 필요하다.

  - **전달 보장:** 전달이 보장되면 시스템은 내장된 데이터 저장소를 사용해 메시지를 유지한다. 메시징 시스템이 설치된 각 노드에는 메시지를 로컬에 저장할 수 있게 로컬 데이터 저장소가 있다. 보낸 사람이 메시지를 보낼 때 메시지가 보낸 사람의 데이터 저장소에 안전하게 저장될 때까지 보내기 작업이 성공적으로 완료되지 않는다. 결과적으로 메시지는 다음 데이터 저장소로 성공적으로 전달되고 저장될 때까지 한 데이터 저장소에서 삭제되지 않는다. 이러한 방식으로 생산자가 메시지를 성공적으로 전송하면 메시지가 수신자에게 성공적으로 전달되고 확인될 때까지 항상 적어도 하나 이상의 컴퓨터 디스크에 저장된다.

SEC는 전체 실행을 중앙에서 제어하는 특별한 프로세스가 아니다. 중앙 집중식 런타임으로 동작하지만 런타임은 멍청하고 실행 로직은 분산형 사가 로그의 SEC 외부에 있다. 따라서 SEC에 장애가 발생하면 다른 SEC 인스턴스를 활성화하고 사가 로그를 확인해 계속할 수 있다. SEC가 항상 가동되고 실행 중인지 확인해야 한다. SEC 오류가 발생하면 동일한 분산형 사가 로그를 기반으로 새로운 SEC 프로세스를 시작해야 한다. 분산형 사가 로그도 분산과 복제돼 단일 데이터 손실 지점이 없다.

분산형 사가에 필요한 다양한 구성 요소를 살펴봤으므로 이제 분산형 사가가 어떻게 실행되는지 살펴본다. 그림 15-3을 보자.

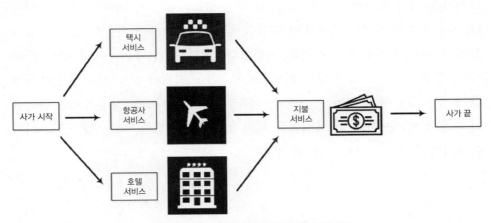

그림 15-3. 방향성 비순환 그래프의 분산형 사가

분산형 사가는 방향성 비순환 그래프^{DAG, Directed Acyclic Graph}이며 SEC의 임무는 이 DAG를 실행하는 것이다. 방향성 비순환 그래프(방향성 그래프 (또는 digraph)는 가장자리로 연결된 정점들로 구성된 그래프며, 가장자리는 방향이 연관돼 있다)는 방향성 사이클이 없는 유한 방향성 그래프[1]다. 즉, 각 가장자리가 한 꼭짓점에서 다른 꼭짓점으로 향하게 해 최종적으로 다시 정점(v)으로 돌아오는 일관성 있는 방향의 가장자리 순서를 따를 수 없

---

1. 방향성 그래프(directed graph, digraph)는 가장자리로 연결된 정점들로 구성된 그래프로, 가장자리에는 방향이 지정돼 있다.

게 많은 꼭짓점과 가장자리(호라고도 함)로 구성된다. 마찬가지로 DAG는 토폴로지 순서가 있는 방향성 그래프며, 모든 가장자리가 순서의 이전에서 이후로 향하게 정점의 순서를 갖는다.

그림 15-2를 참고해 여행 서비스가 예약 요청을 받으면 SEC는 사가를 처리하는 데 필요한 다른 메타데이터와 함께 사가 로그에 기록함으로써 사가를 시작한다. 레코드가 로그에 지속적으로 커밋되면 SEC는 다음 명령을 실행하게 이동할 수 있다. 그런 다음 그림 15-3에서 사가의 DAG를 기반으로 SEC는 항공기, 호텔, 택시 대여 트랜잭션 중 하나를 선택할 수 있다(3가지 모두 병렬로 작동할 수 있음). 항공기 트랜잭션이 먼저 실행된다고 가정하자. 이 경우 SEC는 항공기 시작 트랜잭션 메시지를 사가 로그에 기록한다. 그런 다음 SEC는 항공기 예약 작업을 실행한다. SEC가 항공기 서비스로부터 응답을 받으면 항공기 서비스의 응답과 함께 항공기 종료 트랜잭션 메시지를 커밋한다. 이는 사가 후반부에서 필요할 수 있다. 항공기, 호텔, 택시 대여 서비스에서 3가지 작업을 모두 성공적으로 실행할 때까지 동일한 단계가 계속된다. 마지막으로 모든 것을 성공적으로 완료했기 때문에 SEC는 사가 끝 메시지를 사가 로그에 커밋한다. 이는 성공적인 사가 실행이며 그림 15-4에서 볼 수 있다.

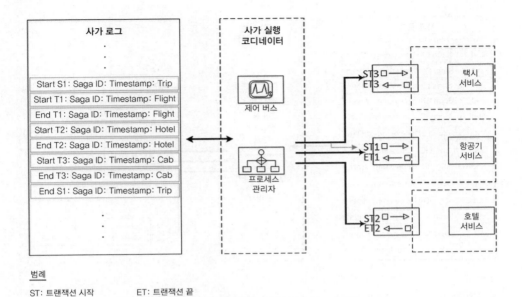

그림 15-4. 성공적인 분산형 사가의 실행 단계

그림 15-5는 사가 실패 사례를 보여준다.

앞에서 설명한 것과 동일한 단계들이지만 이 경우 택시 대여 프로세스가 실패한다(예, 지정된 날짜에 사용할 수 있는 택시가 없음). 특정 하위 트랜잭션(즉, 택시 예약)의 실패를 감지했으므로 지금까지 수행한 다른 모든 하위 트랜잭션을 롤백해야 한다. 따라서 사가 로그에서 시작 택시 대여 로그(Start T3)를 찾을 수 있지만 택시 예약이 실패했다. 이제 지금까지 실행한 사가의 역DAG를 살펴보고 성공하지 못한 사가를 끝내야 한다.

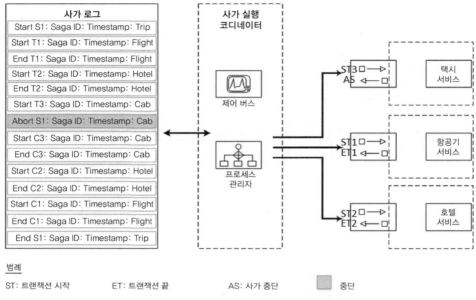

범례

ST: 트랜잭션 시작   ET: 트랜잭션 끝   AS: 사가 중단   ▢ 중단

그림 15–5. 실패한 분산형 사가의 실행 단계

분산형 사가의 몇 가지 흥미로운 측면을 살펴보자. 앞서 SEC는 항공편, 호텔, 택시 대여 트랜잭션 중 하나를 선택할 수 있다고 이야기했다(3가지 모두 병렬로 작동할 수 있다는 점을 고려). 즉, 그림 15-6과 같이 사가 트랜잭션이 병렬로 실행되고 사가 로그가 동시에 추가될 수 있다.

이는 SEC가 사가 로그의 개별 로그 항목 순서에 의존해서는 안 됨을 의미한다. 이러한 시나리오를 처리하는 기술을 살펴본 14장의 '오류 있는 메시지 수신 시나리오 테스트' 절의 설명을 다시 살펴봐야 한다.

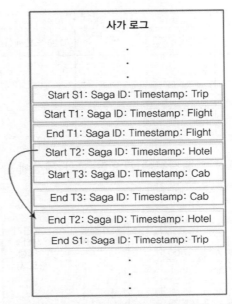

그림 15-6. 트랜잭션을 병렬로 실행하는 분산형 사가

다음으로 분산형 사가의 모든 트랜잭션에 대해 메시징 시멘틱은 다음과 같아야한다.

- **트랜잭션:** 최대 1회

- **보상 트랜잭션:** 최소 1회

이제 14장의 '메시지 중복 전송 시나리오 빌드와 테스트' 절과 '메시지 중복 소비 시나리오 테스트' 절을 다시 확인한다. 이 두 절에서 설명된 기술을 적절히 결합하면 '최대 1회'와 '최소 1회' 시멘틱을 어떻게 전체 솔루션에 맞출 수 있는지 개념화할 수 있다. 동일한 기법을 사용해 표 15-1에 나열된 분산형 사가의 트랜잭션에 필요한 추가 특성도 고려해야 한다.

특성	트랜잭션(T)	보상 트랜잭션 (C)
멱등성	a	a
중단 가능	a	x
교환	NA	a

표 15-1에 설명된 보상 트랜잭션에 필요한 교환 특성에는 약간의 논의가 필요하다. 그림 15-7을 보자.

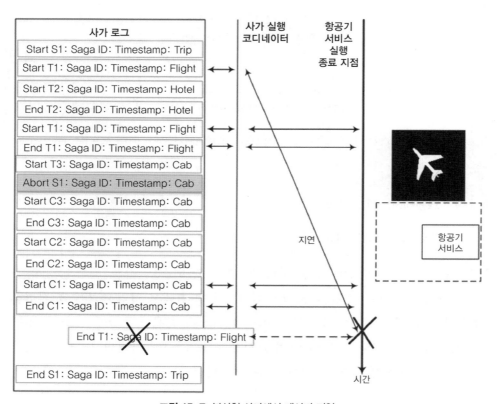

그림 15–7. 분산형 사가에서 메시지 지연

2개의 Start T1 트랜잭션이 있다. 이는 SEC가 수신하지 않은 경우 Start T1을 재생하고 정의된 제한 시간 내에 End T1으로 재생할 수 있기 때문이다. 이러한 지연된 Start T1은 보상 트랜잭션(Start C1, End C1)이 성공적으로 수행된 후 실행할 서비스에 도달할 수 있으며, 이 경우 나중에 도달한 Start T1은 실행을 시도하지 않아야 한다. 따라서 의미론적으로는 다음과 같다.

T1-> C1

또는

C1-> T1

둘 다 동일한 효과를 가져야 한다.

이외에도 더 많은 복잡성이 있지만 지금쯤이면 익숙해졌을 것이다. 이상적으로는 프레임워크가 이러한 복잡성을 모두 추상화해야 한다. 이 글을 쓰면서 이전에 다룬 내용을 실행할 수 있는 완전한 프레임워크를 찾지는 못했지만 결국 그러한 프레임워크가 나타나기를 바란다. 그러한 논의는 이 책의 범위에 포함되지 않으므로 더 이상 다루지는 않을 것이다.

이 주제를 끝내기 전에 그림 15-8에 표시된 Axon CQRS와 이벤트 기반 마이크로서비스의 맥락에서 그림 15-2에 대한 가능한 디자인 대안을 살펴본다.

그림 15-8에 표시된 디자인은 단지 설명을 위한 것이며, 다음 절에서 Axon CQRS가 표시된 디자인에 따라 정확하게 구현되는 것이 아니라 유사한 사가 구현을 한다는 것을 알 수 있다.

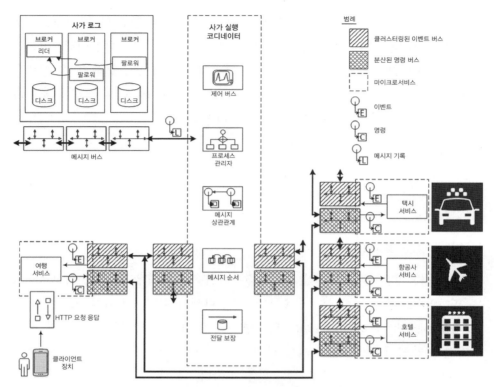

그림 15-8. 그림으로 보는 이벤트 기반 CQRS 컨텍스트의 분산형 사가

Axon을 사용한 사가 예제 코드

12장에서 다룬 전자상거래 애플리케이션의 일부 예제 코드를 확장한다. 도메인에 주문과 상품이라는 2개의 엔티티가 있다. 사용자는 새로운 주문을 생성할 상품을 구매할 수 있다. 새 주문이 생성되면 주문 상태가 'New' 상태가 되고 상품 재고가 감가상각된다. 새 주문을 생성하면 감사 테이블에도 항목이 생성된다. 예제 애플리케이션은 그림 15-9에 나와 있다.

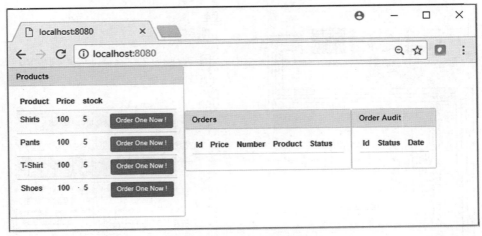

그림 15-9. 사가 예제 애플리케이션

사가 예제 시나리오 디자인

이 예제는 명령 처리와 이벤트 생성 마이크로서비스에 사가 트랜잭션 관리자가 추가된 것을 제외하면 12장의 '분산 명령과 이벤트 처리' 절에서 제시한 예제와 유사하다. 5개의 마이크로서비스가 있다. 이벤트 핸들 코어 마이크로서비스에 는 이벤트 핸들러 OrderEventHandler가 있고 이벤트 핸들러 감사 마이크로서비 스에는 이벤트 핸들러 AuditEventHandler가 있다. 둘 다 OrderCreated 이벤트 를 구독한다. 따라서 2개의 이벤트 핸들러 유형이 있는 2개의 마이크로서비스 (이벤트 핸들러 감사 마이크로서비스와 이벤트 핸들 코어 마이크로서비스)가 있으며, 둘 다 동일한 순서로 생 성된 이벤트에 관심이 있다. 또한 명령 핸들과 이벤트 생성 마이크로서비스에 는 OrderCreated 이벤트에도 관심이 있는 OrderProcessSaga라는 사가가 있다. 그림 15-10은 그 디자인을 보여준다.

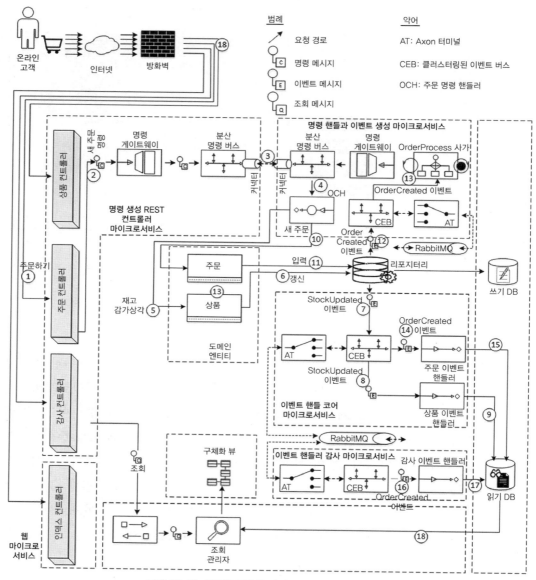

범례

↗ 요청 경로

○—C 명령 메시지

○—E 이벤트 메시지

○—Q 조회 메시지

약어

AT: Axon 터미널

CEB: 클러스터링된 이벤트 버스

OCH: 주문 명령 핸들러

그림 15-10. 새로운 주문을 위해 사가 시작

새 상품을 주문할 때 종단 간 흐름에 대한 아키텍처의 명령과 이벤트 흐름은
다음과 같다.

634

1. 브라우저에서 Order One Now! 버튼을 클릭하면 REST/JSON 요청이 주문 컨트롤러에 적용된다.

2. 명령 생성 REST 컨트롤러 마이크로서비스의 주문 컨트롤러는 쓰기 요청의 요청을 해석하고 새로운 주문 명령을 생성해 명령 게이트웨이로 전송한 다음 명령을 분산 명령 버스로 전송한다.

3. 분산 명령 버스는 JVM에서 명령 버스 구현 사이에 연결을 형성한다. 각 JVM의 분산 명령 버스를 세그먼트라고 한다.

4. 명령 버스는 명령을 수신하고 이를 명령 핸들과 이벤트 생성 마이크로서비스에 있는 주문 명령 핸들러로 전달한다.

5. 주문 명령 핸들러는 해당 상품을 검색하고 재고를 감가상각한다.

6. 상품 재고가 감가상각되면 쓰기 DB에 유지되는 상품 엔티티에 업데이트를 전송해 상품 리포지터리에 변경 사항이 적용된다.

7. 이 리포지터리 변경은 이벤트 버스에 StockUpdate 이벤트를 발생시키고 이벤트 버스는 관심 있는 모든 이벤트 리스너에 이벤트를 전달한다.

8. 이벤트 핸들 코어 마이크로서비스의 상품 이벤트 핸들러가 StockUpdate 이벤트를 구독했으므로 재고 업데이트 세부 정보와 함께 알림을 받는다.

9. StockUpdate 이벤트에 언급된 세부 사항에 따라 상품 이벤트 핸들러는 상품의 읽기 모델을 변경한다.

10. 5단계에서 주문 명령 핸들러는 상품 재고를 감가상각한다. 또한 받은 새 주문 명령에 언급된 세부 정보를 기반으로 새 주문을 생성한다.

11. 그림 15-11과 같이 새 주문이 생성되면 새 주문 엔티티 추가를 전송해 주문 저장소에 새 주문의 상태가 'New'인 상태로 쓰기 DB에 유지된다.

12. 이 리포지터리 추가는 OrderCreated 이벤트를 이벤트 버스에 발생시키고 이벤트 버스는 모든 관심 있는 이벤트 리스너에게 이벤트를 전달한

다. 2개의 외부 마이크로서비스, 이벤트 핸들 코어 마이크로서비스, 이벤트 핸들러 감사 마이크로서비스에 관심이 있는 2개의 이벤트 리스너가 있다. 또한 주문 처리 사가는 OrderCreated 이벤트에도 관심이 있다.

13. OrderCreated 이벤트를 받으면 주문 처리 사가가 새로운 사가를 시작한다.

14. 이벤트 핸들 코어 마이크로서비스의 주문 이벤트 핸들러가 OrderCreated 이벤트를 구독해 생성된 새 주문의 세부 정보를 알려준다.

15. OrderCreated 이벤트에 언급된 세부 정보를 기반으로 주문 이벤트 핸들러는 주문의 읽기 모델을 변경하고 이 경우 새 행을 추가한다.

16. 이벤트 핸들러 감사 마이크로서비스의 감사 이벤트 핸들러도 OrderCreated 이벤트를 구독했으므로 생성된 새 주문의 세부 정보와 함께 알림을 받는다.

17. 이벤트 생성 순서에 언급된 세부 정보를 기반으로 감사 이벤트 핸들러는 감사의 읽기 모델에 새 항목을 만든다.

18. 브라우저 보기가 새로 고침돼 엔티티의 읽기 모델을 조회하지 않게 할 수 있다.

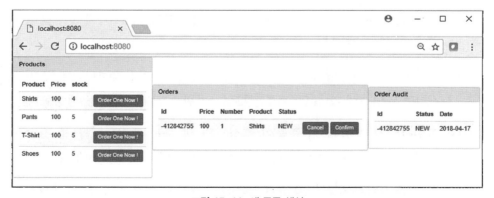

그림 15-11. 새 주문 생성

12장의 리스트 12-11에서 본 것처럼 사가 이벤트 핸들러의 이벤트 처리는 일반 이벤트 리스너의 이벤트 처리와 유사하다. 여기에도 메서드와 매개변수 확인 규칙이 동일하게 적용된다. 그러나 한 가지 차이점이 있다. 모든 수신 이벤트를 처리하는 이벤트 리스너의 단일 인스턴스가 있지만 각 인스턴스는 서로 다른 엔티티 인스턴스의 대상이 되는 이벤트에 관심이 있는 여러 개의 사가 인스턴스가 존재할 수 있다. 명확히 하고자 ID가 x인 주문에 대한 트랜잭션을 관리하는 사가는 ID가 y인 주문을 대상으로 하는 이벤트에 관심이 없으며 그 반대의 경우도 마찬가지다.

이전에 시작된 새로운 사가는 지속성으로 메모리에 백업돼 존재한다. 그림 15-11에 표시된 대로 주문 워크플로는 'New'에서 'Cancelled' 또는 'Confirmed'로 진행될 수 있다. 개별적으로 살펴보자.

먼저 주문을 확인한 결과 'New' 상태에서 'End' 상태로 전환되는 사가를 살펴본다. 그림 15-12를 참고한다.

새 주문을 확인하고자 클릭할 때 종단 간 흐름에 대한 아키텍처의 명령과 이벤트 흐름은 다음과 같다.

1. 이미 생성된 주문을 확인하고자 브라우저에서 확인 버튼을 클릭하면 REST/JSON 요청이 주문 컨트롤러에 도달한다.

2. 명령 생성 REST 컨트롤러 마이크로서비스의 주문 컨트롤러는 요청을 쓰기 요청으로 해석하고 주문 상태 업데이트 명령을 생성해 명령 게이트웨이로 전송한 다음 명령을 분산 명령 버스로 전송한다.

3. 분산 명령 버스는 JVM에서 명령 버스 구현 사이에 연결을 형성한다. 각 JVM의 분산 명령 버스를 세그먼트라고 한다.

4. 명령 버스는 명령을 수신하고 이를 명령 핸들과 이벤트 생성 마이크로서비스에 있는 주문 명령 핸들러로 전달한다.

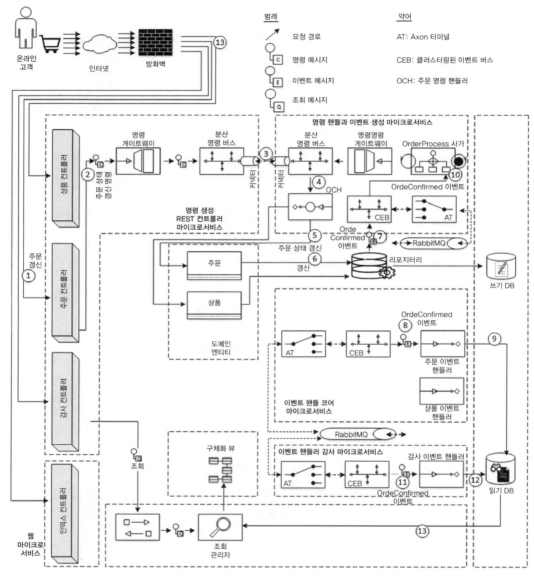

그림 15-12. 주문 확인 후 사가 종료

5. 주문 명령 핸들러는 해당 주문을 검색하고 상태를 'New'에서 'Confirmed'
로 변경한다.

6. 주문 상태를 변경하면 주문 엔티티에 업데이트를 보내 주문 리포지터리에서 변경 사항이 적용되며, 이는 쓰기 DB에 유지된다.

7. 이 리포지터리 변경은 주문 확인 이벤트를 이벤트 버스에 발생시키고 이벤트 버스는 관심 있는 모든 이벤트 리스너로 이벤트를 전달한다.

8. 이벤트 핸들 코어 마이크로서비스의 주문 이벤트 핸들러가 주문 확인 이벤트를 구독했으므로 상태 업데이트에 대한 세부 정보와 함께 알림을 받는다.

9. 주문 확인 이벤트에 언급된 세부 사항을 기반으로 주문 이벤트 핸들러는 주문의 읽기 모델을 변경한다.

10. 언급했듯이 사가도 주문 확정 이벤트에 관심이 있다. 주문 확인 이벤트를 수신하면 사가는 'End Saga' 상태로 전환된다.

11. 이벤트 핸들러 감사 마이크로서비스의 감사 이벤트 핸들러도 주문 확인 이벤트를 구독했으므로 생성된 새 주문의 세부 정보도 함께 알림을 받는다.

12. 주문 확인 이벤트에 언급된 세부 정보를 기반으로 감사 이벤트 핸들러는 감사의 읽기 모델에 새 항목을 만든다.

13. 브라우저 보기가 새로 고침돼 엔티티의 읽기 모델을 쿼리하지 못하게 뷰를 업데이트할 수 있다.

마지막으로 이미 생성된 주문을 취소해 상태가 'New'에서 'End'로 전환되는 사가를 살펴본다. 그림 15-13을 보자.

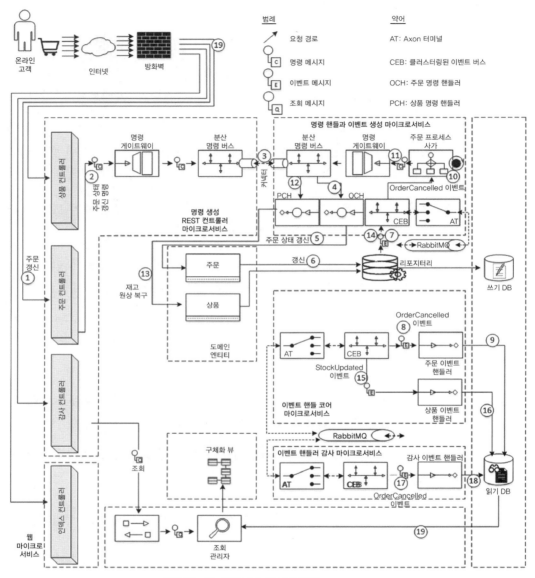

범례

요청 경로
명령 메시지
이벤트 메시지
조회 메시지

약어

AT: Axon 터미널
CEB: 클러스터링된 이벤트 버스
OCH: 주문 명령 핸들러
PCH: 상품 명령 핸들러

그림 15-13. 주문 취소 후 사가 종료

이미 생성된 주문을 취소하고자 클릭할 때 종단 간 흐름에 대한 아키텍처의
명령과 이벤트 흐름은 다음과 같다.

1. 이미 생성된 주문을 취소하고자 브라우저에서 취소 버튼을 클릭하면 REST/JSON 요청이 주문 컨트롤러에 전달한다.

2. 명령 생성 REST 컨트롤러 마이크로서비스의 주문 컨트롤러는 요청을 쓰기 요청으로 해석하고 주문 상태 업데이트 명령을 생성해 명령 게이트웨이로 전송한 다음 명령을 분산 명령 버스로 전송한다.

3. 분산 명령 버스는 JVM에서 명령 버스 구현 사이에 연결을 형성한다. 각 JVM의 분산 명령 버스를 세그먼트라고 한다.

4. 명령 버스는 명령을 수신하고 이를 명령 핸들과 이벤트 생성 마이크로서비스에 있는 주문 명령 핸들러로 전한다.

5. 주문 명령 핸들러는 해당 주문을 검색하고 주문 상태를 'New'에서 'Cancelled'로 변경한다.

6. 주문 상태를 변경하면 주문 엔티티에 업데이트를 보내 주문 리포지터리에서 변경 사항이 적용되며, 이는 쓰기 DB에 유지된다.

7. 이 리포지터리 변경은 이벤트 버스에 OrderCancelled 이벤트를 발생시켜 이벤트를 관심 있는 모든 이벤트 리스너에 전달한다.

8. 이벤트 핸들 코어 마이크로서비스의 주문 이벤트 핸들러가 OrderCancelled 이벤트를 구독했으므로 상태 업데이트에 대한 세부 정보와 함께 알림을 받는다.

9. OrderCancelled 이벤트에 언급된 세부 정보를 기반으로 주문 이벤트 핸들러는 주문의 읽기 모델을 변경한다.

10. 앞서 언급했듯이 사가도 OrderCancelled 이벤트에 관심이 있다. OrderCancelled 이벤트를 수신하면 사가는 'End Saga' 상태로 전환된다.

11. 주문 취소의 결과로 종료 상태로 전환되는 동안 사가는 분산 명령 버스로 신상품 재고 복귀 명령을 내보낸다.

12. 명령 핸들과 이벤트 생성 마이크로서비스의 상품 명령 핸들러는 해당 상품을 검색하고 취소된 주문으로 주문한 항목 수만큼 재고수를 되돌린다.

13. 상품 재고를 되돌리면 쓰기 DB에 유지되는 상품 엔티티에 업데이트를 보내 상품 저장소에 변경 사항이 적용된다.

14. 이 리포지터리 변경은 이벤트 버스에 StockUpdated 이벤트를 발생시키고, 이 이벤트는 관심 있는 모든 이벤트 리스너로 이벤트를 전달한다.

15. 이벤트 핸들 코어 마이크로서비스의 상품 이벤트 핸들러가 StockUpdated 이벤트를 구독했으므로 재고 업데이트 세부 정보와 함께 알림을 받는다.

16. StockUpdated 이벤트에 언급된 세부 사항을 기반으로 상품 이벤트 핸들러는 상품의 읽기 모델을 변경한다.

17. 이벤트 핸들러 감사 마이크로서비스의 감사 이벤트 핸들러도 Order Cancelled 이벤트를 구독했으므로 취소된 주문의 세부 정보와 함께 알림을 받는다.

18. OrderCancelled 이벤트에 언급된 세부 정보에 따라 감사 이벤트 핸들러는 감사의 읽기 모델에 새 항목을 만든다.

19. 브라우저는 엔티티의 읽기 모델을 쿼리하지 못하도록 뷰를 업데이트하거나 새로 고칠 수 있다.

사가 예제 시나리오 코딩

간단한 Axon 예제를 시연하는 데 필요한 전체 코드는 ch15\ch15-01에 있다. 이 예제는 12장의 '분산 명령과 이벤트 처리' 절에 있는 예제의 확장이므로 새로 추가되거나 변경된 코드만 설명하고 나머지 코드에 대한 설명은 해당 절을 다시 참고하기 바란다. 코딩할 마이크로서비스는 5개이며 하나씩 살펴보자.

마이크로서비스 1: 01-Ecom-web

이 마이크로서비스는 Axon 구성 요소가 없는 일반적인 스프링 부트 웹 애플리케이션이므로 더 이상 다루지 않는다.

마이크로서비스 2: 02-Ecom-CreateCommandRestController

HTTP 요청을 처리해 새 주문을 생성하고 주문을 확인하거나 취소하는 주문 컨트롤러로 시작한다. 리스트 15-1을 보자.

리스트 15-1. 주문 컨트롤러(ch15\ch15-01\Ax2-Saga\02-Ecom-CreateCommandRest Controller\src\main\java\com\acme\ecom\web\controller\OrderController.java)

```java
@RestController
public class OrderController {

    @Autowired
    private DataSource dataSource;

    @Autowired
    @Qualifier("distributedCommandGateway")
    private CommandGateway commandGateway;

    @RequestMapping(value = "/orders", method = RequestMethod.GET, produces = {
        MediaType.APPLICATION_JSON_VALUE })
    public ResponseEntity<List<OrderDTO>> getAllOrders() {

        JdbcTemplate jdbcTemplate = new JdbcTemplate(dataSource);
        List<OrderDTO> queryResult = jdbcTemplate.query(
            "SELECT * from ecom_order_view order by id", (rs, rowNum) -> {
            return new OrderDTO(rs.getInt("id"), rs.getDouble("price"),
                rs.getInt("number"), rs.getString("description"),
                rs.getString("status"));
        });
        return new ResponseEntity<>(queryResult, HttpStatus.OK);
    }

    @RequestMapping(value = "/orders", method = RequestMethod.POST)
```

```
@Transactional
public ResponseEntity<Void> addNewOrder(@RequestBody OrderDTO orderDTO) {

    commandGateway.sendAndWait(new NewOrderCommand(orderDTO.getPrice(),
        orderDTO.getNumber(), orderDTO.getProductId()));
    return new ResponseEntity<>( HttpStatus.OK);
}

@RequestMapping(value = "/orders", method = RequestMethod.PUT)
@Transactional
public ResponseEntity<Void> updateOrder(@RequestBody OrderStatusUpdateDTO
    orderStatusUpdateDTO) {

    commandGateway.sendAndWait(
        new OrderStatusUpdateCommand(orderStatusUpdateDTO.getOrderId(),
        orderStatusUpdateDTO.getOrderStatus()));
    return new ResponseEntity<>( HttpStatus.OK);
}
}
```

관심을 가질 주요 메서드는 다음과 같다.

- **addNewOrder:** 새 주문을 생성하는 HTTP POST 메서드다. 그 결과 새 주문 명령도 분산 명령 버스에 전송한다.

- **updateOrder:** 이 HTTP PUT 메서드는 주문 확인과 취소를 모두 처리한다. 주문 상태 업데이트 명령이 시작돼 주문 상태 업데이트를 처리한다.

다른 주요 클래스는 ProductController와 OrderAuditController다. 두 클래스 모두 각 뷰 모델에 대한 뷰를 제공하는 간단한 REST 컨트롤러다.

마이크로서비스 3: O3-Ecom-HandleCommandAndCreateEvent

이 마이크로서비스는 02-EcomCreateCommandRestController 마이크로서비스에서 생성되고 원격 JVM에서 분산 명령 버스로 도달하는 모든 명령을 처리해야 한다. 또한 이 마이크로서비스는 원격 JVM 또는 외부 마이크로서비스의 분산 이벤트 핸들러에서 사용되는 이벤트도 생성한다. 리스트 15-2는 먼저 주문 명령 핸들러를 보여준다.

리스트 15-2. 주문 명령 핸들러(ch15\ch15-01\Ax2-Saga\03-EcomHandleCommandAnd CreateEvent\src\main\java\com\acme\ecom\order\commandhandler\OrderCommand Handler.java)

```
@Component
public class OrderCommandHandler {

    @Autowired
    @Qualifier("orderRepository")
    private Repository<Order> orderRepository;

    @Autowired
    @Qualifier("productRepository")
    private Repository<Product> productRepository;

    @CommandHandler
    public void handleNewOrder(NewOrderCommand newOrderCommand){

        Product product =
            productRepository.load(newOrderCommand.getProductId());
        product.depreciateStock(newOrderCommand.getNumber());
        Integer id = new Random().nextInt();
        Order order = new Order(id, newOrderCommand.getPrice(),
            newOrderCommand.getNumber(), OrderStatusEnum.NEW, product);
        orderRepository.add(order);
        newOrderCommand.getNumber(), product.getId()});
    }

    @CommandHandler
    public void handleUpdateOrder(OrderStatusUpdateCommand
        orderStatusUpdateCommand){
        Order order =
            orderRepository.load(orderStatusUpdateCommand.getOrderId());
```

```
        order.updateOrderStatus(orderStatusUpdateCommand.getOrderStatus());
        orderStatusUpdateCommand.getOrderStatus()}});
    }
}
```

다음 리스트 15-3은 상품 명령 핸들러를 보여준다.

리스트 15-3. 상품 명령 핸들러(ch15\ch15-01\Ax2-Saga\03-EcomHandleCommandAnd
CreateEvent\src\main\java\com\acme\ecom\product\commandhandler\ProductCommand
Handler.java)

```
@Component
public class ProductCommandHandler {

    @Autowired
    @Qualifier("productRepository")
    private Repository<Product> productRepository;

    @CommandHandler
    public void handleNewOrder(ProductStockRevertCommand
        productStockRevertCommand){

      Product product =
          productRepository.load(productStockRevertCommand.getProductId());
      product.revertStock(productStockRevertCommand.getCount());
    }
}
```

주문 명령 핸들러와 상품 명령 핸들러는 설명이 필요 없다. 따라서 이 예제에서
다음으로 가장 중요한 코드인 사가를 살펴본다(리스트 15-4 참고).

리스트 15-4. 주문 처리 사가(ch15\ch15-01\Ax2-Saga\03-EcomHandleCommandAndCreate

Event\src\main\java\com\acme\ecom\saga\OrderProcessSaga.java)

```java
public class OrderProcessSaga extends AbstractAnnotatedSaga {

    private static final long serialVersionUID = -7209131793034337691L;
    private Integer orderId;
    private Integer productId;
    private Integer count;

    @Autowired
    @Qualifier("distributedCommandGateway")
    private transient CommandGateway commandGateway;

    @StartSaga
    @SagaEventHandler(associationProperty = "orderId")
    public void handleOrderCreationEvent(OrderCreatedEvent orderCreated Event) {

        orderId = orderCreatedEvent.getOrderId();
        productId = orderCreatedEvent.getProductId();
        count = orderCreatedEvent.getNumber();
    }

    @SagaEventHandler(associationProperty = "orderId")
    @EndSaga
    public void handleOrderCanceledEvent(OrderCancelledEvent
            orderCancelledEvent) {

        // 이것은 보상 명령이다.
        commandGateway.send(new ProductStockRevertCommand(productId, count));
    }

    @SagaEventHandler(associationProperty = "orderId")
    @EndSaga
    public void handleOrderConfirmationEvent(OrderConfirmedEvent
            orderConfirmedEvent) {
        // 아무것도 하지 않음
    }

    public CommandGateway getCommandGateway() {
```

```
        return commandGateway;
    }
    public void setCommandGateway(CommandGateway commandGateway) {
        this.commandGateway = commandGateway;
    }

    public Integer getProductId() {
        return productId;
    }
    public void setProductId(Integer productId) {
        this.productId = productId;
    }

    public Integer getCount() {
        return count;
    }
    public void setCount(Integer count) {
        this.count = count;
    }

    public Integer getOrderId() {
        return orderId;
    }
    public void setOrderId(Integer orderId) {
        this.orderId = orderId;
    }
}
```

단일 사가 인스턴스는 하나의 사가 트랜잭션을 관리한다. 따라서 주문이 2개면 위의 사가는 2개의 인스턴스가 생긴다. 따라서 새로운 사가는 시스템에서 적합한 기존 사가(동일한 유형)를 찾을 수 없는 경우에만 시작된다.

사가 생명주기의 시작과 끝을 표시해야 한다. 추상 애노테이션이 있는 사가에서는 이벤트 핸들러에 @SagaEventHandler 애노테이션을 추가할 수 있다. 핸들러 메서드가 트랜잭션 시작을 나타내는 경우 동일한 메서드에 @StartSaga라는 다른 애노테이션을 추가한다. 이 애노테이션은 새 사가를 만들고 일치하는 이벤트가 게시될 때 이벤트 핸들러 메서드를 호출한다. 여기에서는 사가를 종료 상태로 만들 수 있는 2가지 경우가 있다. 주문 확인 이벤트가 차단되거나 Order Cancelled 이벤트가 차단되는 경우다. 특정 이벤트가 항상 사가 생명주기의 끝을 나타내는 경우 사가의 해당 이벤트 핸들러에 @EndSaga(OrderCancelled 이벤트와 주문 확인 이벤트 핸들러) 애노테이션을 추가한다. 사가 생명주기는 핸들러 호출 후 종료된다.

사가 이벤트 핸들러 애노테이션은 애노테이션이 달린 메서드가 사가 인스턴스에 대한 이벤트 핸들러 메서드임을 나타낸다. 각 이벤트에 대해 하나의 애노테이션이 있는 메서드만 호출된다. 이 메서드는 다음 설정 순서로 실행된다.

- 먼저 실제 클래스(런타임)의 이벤트 핸들러 메서드를 검색한다.

- 도메인 이벤트를 할당할 수 있는 매개변수가 있는 메서드가 발견되면 적합한 것으로 표시된다.

- 클래스가 평가된 후 (모든 슈퍼 클래스 이전에) 가장 구체적인 이벤트 핸들러 메서드가 호출된다. 즉, 클래스 X에 대한 이벤트 핸들러와 클래스 Y에 대한 이벤트 핸들러가 적합하고 Y가 X의 하위 클래스면 Y 유형의 매개변수가 있는 메서드가 선택된다.

- 실제 클래스에 메서드가 없으면 슈퍼 클래스를 평가한다.

- 여전히 메서드를 찾을 수 없으면 이벤트 리스너는 이벤트를 무시한다.

모든 이벤트를 시스템의 모든 사가 인스턴스에 게시하는 대신 Axon은 사가와 연결된 속성이 포함된 이벤트만 게시한다. 이는 연관 값을 사용해 수행된다. 연관 값은 키와 값으로 구성된다. 키는 사용된 식별자의 유형을 나타낸다(예, 앞 코드의 orderId). 값은 OrderID의 해당 값을 나타낸다. @SagaEventHandler 애노테이션에는 2개의 속성이 있으며, 그중 **associationProperty**가 가장 중요한 속성이다. 연결된 사가를 찾는 데 사용해야 하는 들어오는 이벤트의 속성 이름이다. 속성의 이름은 연관 값의 키이고, 값은 속성의 **getter** 메서드에서 반환된 값이다.

마이크로서비스 4: 04-Ecom-EventHandleCore

마이크로서비스의 이름에서 알 수 있듯이 2개의 주요 이벤트 핸들러인 Order EventHandler와 ProductEventHandler를 포함하며, 그 기능은 다음 이벤트에 대한 응답으로 각각 주문과 상품의 보기를 업데이트하는 것이다.

- OrderCreatedEvent
- OrderConfirmedEvent
- OrderCancelledEvent
- StockUpdatedEvent

리스트 15-5는 주문보기를 업데이트하는 주문 이벤트 핸들러 코드를 보여준다.

리스트 15-5. 주문 이벤트 핸들러(ch15\ch15-01\Ax2-Saga\04-EcomEventHandleCore\ src\main\java\com\acme\ecom\order\eventhandler\OrderEventHandler.java)

```
@Component
public class OrderEventHandler {

  @Autowired
  DataSource dataSource;

  @EventHandler
  public void handleOrderCreatedEvent(OrderCreatedEvent event) {

    JdbcTemplate jdbcTemplate = new JdbcTemplate(dataSource);
    jdbcTemplate.update("INSERT INTO ecom_order_view VALUES(?,?,?,?,?)", new
        Object[]{event.getOrderId(), event.getPrice(), event.getNumber(),
        event.getProductDescription(), NEW});
```

```
    }

    @EventHandler
    public void handleOrderConfirmedEvent(OrderConfirmedEvent event) {

        JdbcTemplate jdbcTemplate = new JdbcTemplate(dataSource);
        jdbcTemplate.update("UPDATE ecom_order_view SET status=? WHERE id =?", new
            Object[]{CONFIRMED, event.getOrderId()});
    }

    @EventHandler
    public void handleOrderCancelledEvent(OrderCancelledEvent event) {

        JdbcTemplate jdbcTemplate = new JdbcTemplate(dataSource);
        jdbcTemplate.update("UPDATE ecom_order_view SET status=? WHERE id =?", new
            Object[]{CANCELLED, event.getOrderId()});
    }
}
```

리스트 15-6은 상품 보기를 업데이트하는 상품 이벤트 핸들러 코드를 보여준다.

리스트 15-6. 상품 이벤트 핸들러(ch15\ch15-01\Ax2-Saga\04-EcomEventHandleCore\
src\main\java\com\acme\ecom\product\eventhandler\ProductEventHandler.java)

```
@Component
public class ProductEventHandler {

    @Autowired
    DataSource dataSource;

    @EventHandler
    public void handleProductStockUpdatedEvent(StockUpdatedEvent event) {

        JdbcTemplate jdbcTemplate = new JdbcTemplate(dataSource);
        jdbcTemplate.update("UPDATE ecom_product_view SET stock=? WHERE ID=?",
            new Object[]{event.getStock(), event.getId()});
    }
}
```

마이크로서비스 5: 05-Ecom-EventHandlerAudit

이 마이크로서비스는 엔티티 도메인에 대해 발생하는 모든 주요 이벤트에 대한 감사 항목을 만든다. 리스트 15-7은 감사 이벤트 핸들러를 보여준다.

리스트 15-7. 감사 이벤트 핸들러(ch15\ch15-01\Ax2-Saga\05-EcomEventHandlerAudit\ src\main\java\com\acme\ecom\order\eventhandler\AuditEventHandler.java)

```java
@Component
public class AuditEventHandler {

  @Autowired
  DataSource dataSource;

  @EventHandler
  public void handleOrderCreatedEvent(OrderCreatedEvent event) {

    JdbcTemplate jdbcTemplate = new JdbcTemplate(dataSource);
    jdbcTemplate.update("INSERT INTO ecom_order_audit VALUES(?,?,?)", new
        Object[]{event.getOrderId(), event.getOrderStatus(), new Date()});
  }

  @EventHandler
  public void handleOrderConfirmedEvent(OrderConfirmedEvent event) {

    JdbcTemplate jdbcTemplate = new JdbcTemplate(dataSource);
    jdbcTemplate.update("INSERT INTO ecom_order_audit VALUES(?,?,?)", new
        Object[]{event.getOrderId(), CONFIRMED, new Date()});
  }

  @EventHandler
  public void handleOrderCancelledEvent(OrderCancelledEvent event) {

    JdbcTemplate jdbcTemplate = new JdbcTemplate(dataSource);
    jdbcTemplate.update("INSERT INTO ecom_order_audit VALUES(?,?,?)", new
        Object[]{event.getOrderId(), CANCELLED, new Date()});
  }
}
```

감사 이벤트 핸들러는 감사 행을 생성하고 주문 상태가 변경되면 해당 행을 업데이트한다.

이것이 모든 주요 클래스다. 추가적으로 명령, 이벤트, 데이터 전송 클래스가 있지만 간단하고 직관적이기 때문에 여기서는 설명하지 않겠다.

사가 예제 빌드와 테스트

첫 번째 단계로 몽고DB를 실행해야 한다. 몽고DB를 시작하려면 부록 A를 참고한다.

```
D:\Applns\MongoDB\Server\3.2.6\bin>mongod.exe --dbpath
D:\Applns\MongoDB\Server\3.2.6\data
```

다음으로 RabbitMQ 서버를 실행해야 한다. RabbitMQ 서버를 시작하려면 부록 B를 참고한다.

```
D:\Applns\RabbitMQ\rabbitmq_server-3.6.3\sbin>D:\Applns\RabbitMQ\rabbitmq_
server-3.6.3\sbin\rabbitmq-server.bat
```

MySQL이 실행되고 있는지 확인한다. MySQL을 시작하려면 부록 H를 참고한다.

MySQL 서버를 실행한다.

```
cd D:\Applns\MySQL\mysql-8.0.14-winx64\bin
D:\Applns\MySQL\mysql-8.0.14-winx64\bin>mysqld --console
```

이제 MySQL 프롬프트를 연다.

```
D:\Applns\MySQL\mysql-8.0.14-winx64\bin>mysql -u root -p

mysql> use ecom01;
Database changed
mysql>
```

깨끗한 테이블로 시작하려면 예제에 사용할 이름을 가진 테이블을 삭제한다.

```
mysql> drop table ecom_order;
mysql> drop table ecom_product;
mysql> drop table ecom_order_view;
mysql> drop table ecom_product_view;
mysql> drop table ecom_order_audit;
```

필요한 테이블을 새로 만든다.

```
mysql> create table ecom_order (id integer not null, last_event_sequence_number
bigint, version bigint, number integer, order_status varchar(255), price double
precision, product_id integer, primary key (id)) ENGINE=InnoDB
mysql> create table ecom_product (id integer not null,
last_event_sequence_number bigint, version bigint, description varchar(255),
price double precision, stock integer, primary key (id)) ENGINE=InnoDB
mysql> alter table ecom_order add constraint FK_f3rnd79i90twafllfhpo1sihi
foreign key (product_id) references ecom_product (id)
mysql> create table ecom_product_view(id INT , price DOUBLE, stock INT,
description VARCHAR(255));
mysql> create table ecom_order_view(id INT , price DOUBLE, number INT
,description VARCHAR(225),status VARCHAR(50));
mysql> create table ecom_order_audit(id INT ,status VARCHAR(50),date
TIMESTAMP);
```

이 예제의 다른 모든 마이크로서비스에서 사용하는 공통 클래스가 포함된 메이븐 모듈이 있다. 따라서 먼저 빌드해야 한다.

```
cd D:\binil\gold\pack03\ch15\ch15-01\Ax2-Saga\06-Ecom-common
D:\binil\gold\pack03\ch15\ch15-01\Ax2-Saga\06-Ecom-common>make
D:\binil\gold\pack03\ch15\ch15-01\Ax2-Saga\06-Ecom-common>mvn clean install
```

다음으로 5개의 마이크로서비스를 하나씩 빌드하고 실행한다.

마이크로서비스 1: 01-Ecom-web

먼저 환경에 맞게 구성 파일을 업데이트한다.

```
ch15\ch15-01\Ax2-Saga\01-Ecom-web\src\main\resources\application.properties
server.port=8080
```

> **참고** 여기서는 아무것도 변경하지 않는 것이 좋다.

이제 Ecom-web 마이크로서비스에 대한 실행 파일을 빌드하고 패키징하고 서버를 실행한다. ch15\ch15-01\Ax2-Saga\01-Ecom-web\make.bat 유틸리티 스크립트가 있다.

```
cd D:\binil\gold\pack03\ch15\ch15-01\Ax2-Saga\01-Ecom-web
D:\binil\gold\pack03\ch15\ch15-01\Ax2-Saga\01-Ecom-web>make
D:\binil\gold\pack03\ch15\ch15-01\Ax2-Saga\01-Ecom-web>mvn clean install
```

이제 스프링 부트 애플리케이션을 실행한다. 간단한 방법은 다음 명령으로 JAR 파일을 실행하는 것이다.

```
D:\binil\gold\pack03\ch15\ch15-01\Ax2-Saga\01-Ecom-web>run
D:\binil\gold\pack03\ch15\ch15-01\Ax2-Saga\01-Ecom-web>java -jar
.\target\01-Ecom-web-0.0.1-SNAPSHOT.jar
```

그러면 8080 포트로 **01-Ecom-web** 스프링 부트 서버가 실행된다.

마이크로서비스 2: 02-Ecom-CreateCommandRestController

JGroups 구성은 다음 파일에 제공된다.

```
ch15\ch15-01\Ax2-Saga\02-Ecom-CreateCommandRestController\src\main\
resources\udp_config.xml
```

그러나 지금은 이 파일의 내용에 대해 너무 걱정하지 말자.

환경에 맞게 다음 구성 파일을 업데이트한다.

```
ch15\ch15-01\Ax2-Saga\02-Ecom-CreateCommandRestController\src\main\
resources\application.properties
server.port=8081
spring.datasource.url=jdbc:mysql://localhost/ecom01
spring.datasource.username=root
spring.datasource.password=rootpassword

cd D:\binil\gold\pack03\ch15\ch15-01\Ax2-Saga\02-Ecom-CreateCommandRest
Controller
D:\binil\gold\pack03\ch15\ch15-01\Ax2-Saga\02-Ecom-CreateCommandRest
Controller>make
D:\binil\gold\pack03\ch15\ch15-01\Ax2-Saga\02-Ecom-CreateCommandRest
Controller>mvn clean install
```

이제 여러 방법으로 **02-Ecom-CreateCommandRestController** Axon 스프링 부트

애플리케이션을 실행할 수 있다. 간단한 방법은 다음 명령으로 JAR 파일을 실행하는 것이다.

```
D:\binil\gold\pack03\ch15\ch15-01\Ax2-Saga\02-Ecom-CreateCommandRest
Controller>run
D:\binil\gold\pack03\ch15\ch15-01\Ax2-Saga\02-Ecom-CreateCommandRest
Controller>java -Dserver.port=8081 -Dlog4j.configurationFile=log4j2-spring.
xml -jar .\target\02-Ecom-CreateCommandRestController-0.0.1-SNAPSHOT.jar
```

그러면 8081 포트로 02-Ecom-CreateCommandRestController Axon 스프링 부트 서버가 실행된다.

마이크로서비스 3: 03-Ecom-HandleCommandAndCreateEvent

환경에 맞게 구성 파일을 업데이트하고 리스트 15-8을 보자.

```
ch12\ch12-02\Ax2-Commands-Multi-Event-Handler-Distributed\03-Ecom-Handle
CommandAndCreateEvent\src\main\resources\application.properties
```

리스트 15-8. 마이크로서비스 3의 구성 매개변수

```
spring.data.mongodb.uri=mongodb://localhost:27017/test

server.port=8082
spring.datasource.url=jdbc:mysql://localhost/ecom01
spring.datasource.username=root
spring.datasource.password=rootpassword

ecom.amqp.rabbit.address= 127.0.0.1:5672
ecom.amqp.rabbit.username= guest
ecom.amqp.rabbit.password= guest
ecom.amqp.rabbit.vhost=/
ecom.amqp.rabbit.exchange=Ecom-02
```

```
ecom.amqp.rabbit.queue=Ecom-createcommand_01
```

> **참고** 몽고DB URL은 마이크로서비스에서 사가를 유지하는 데 사용된다. 테스트 데이터베이스에
> 대한 전체 경로를 제공하더라도 마이크로서비스는 axonframework라는 다른 데이터베이스에서
> 만 사가 관련 컬렉션을 만든다.

```
cd D:\binil\gold\pack03\ch15\ch15-01\Ax2-Saga\03-Ecom-HandleCommandAnd
CreateEvent
D:\binil\gold\pack03\ch15\ch15-01\Ax2-Saga\03-Ecom-HandleCommandAnd
CreateEvent>make
D:\binil\gold\pack03\ch15\ch15-01\Ax2-Saga\03-Ecom-HandleCommandAnd
CreateEvent>mvn clean install
```

03-Ecom-HandleCommandAndCreateEvent Axon 스프링 부트 애플리케이션을 여
러 가지 방법으로 다시 실행할 수 있다. 간단한 방법은 다음 명령으로 JAR 파일
을 실행하는 것이다.

```
D:\binil\gold\pack03\ch15\ch15-01\Ax2-Saga\03-Ecom-HandleCommandAndC
reateEvent>run
D:\binil\gold\pack03\ch15\ch15-01\Ax2-Saga\03-Ecom-HandleCommandAnd
CreateEvent>java -Dserver.port=8082 -Dlog4j.configurationFile=log4j2spring.
xml -jar .target\03-Ecom-HandleCommandAndSaga-0.0.1-SNAPSHOT.jar
```

그러면 8082 포트로 02-Ecom-CreateCommandRestController Axon 스프링 부트
서버가 실행된다.

마이크로서비스 4: 04-Ecom-EventHandleCore

환경에 맞게 구성 파일을 업데이트하고 리스트 15-9를 참고한다.

```
ch15\ch15-01\Ax2-Saga\04-Ecom-EventHandleCore\src\main\resources\
application.properties
```

리스트 15-9. 마이크로서비스 4의 구성 매개변수

```
server.port=8083
spring.datasource.url=jdbc:mysql://localhost/ecom01
spring.datasource.username=root
spring.datasource.password=rootpassword

ecom.amqp.rabbit.address= 127.0.0.1:5672
ecom.amqp.rabbit.username= guest
ecom.amqp.rabbit.password= guest
ecom.amqp.rabbit.vhost=/
ecom.amqp.rabbit.exchange=Ecom-02
ecom.amqp.rabbit.queue=Ecom-event-core_01

cd D:\binil\gold\pack03\ch15\ch15-01\Ax2-Saga\04-Ecom-EventHandleCore
D:\binil\gold\pack03\ch15\ch15-01\Ax2-Saga\04-Ecom-EventHandleCore>make
D:\binil\gold\pack03\ch15\ch15-01\Ax2-Saga\04-Ecom-EventHandleCore>mvn
clean install
```

이제 **04-Ecom-EventHandleCore** Axon 스프링 부트 애플리케이션을 실행할 수 있다. 간단한 방법은 다음 명령으로 JAR 파일을 실행하는 것이다.

```
D:\binil\gold\pack03\ch15\ch15-01\Ax2-Saga\04-Ecom-EventHandleCore>run
D:\binil\gold\pack03\ch15\ch15-01\Ax2-Saga\04-Ecom-EventHandleCore>java
-Dserver.port=8083 -jar .\target\04-Ecom-EventHandlerCore-0.0.1-SNAPSHOT.jar
```

그러면 8083 포트로 **04-Ecom-EventHandleCore** Axon 스프링 부트 서버가 실행된다.

마이크로서비스 5: 05-Ecom-EventHandlerAudit

이 예제에서 호출하려는 마지막 마이크로서비스다. 환경에 맞게 구성 파일을 업데이트하고 리스트 15-10을 보자.

```
ch15\ch15-01\Ax2-Saga\05-Ecom-EventHandlerAudit\src\main\resources\
application.properties
```

리스트 15-10. 마이크로서비스 5의 구성 매개변수

```
server.port=8084
spring.datasource.url=jdbc:mysql://localhost/ecom01
spring.datasource.username=root
spring.datasource.password=rootpassword

ecom.amqp.rabbit.address= 127.0.0.1:5672
ecom.amqp.rabbit.username= guest
ecom.amqp.rabbit.password= guest
ecom.amqp.rabbit.vhost=/
ecom.amqp.rabbit.exchange=Ecom-02
ecom.amqp.rabbit.queue=Ecom-event-history_01

cd D:\binil\gold\pack03\ch15\ch15-01\Ax2-Saga\05-Ecom-EventHandlerAudit
D:\binil\gold\pack03\ch15\ch15-01\Ax2-Saga\05-Ecom-EventHandlerAudit>make
D:\binil\gold\pack03\ch15\ch15-01\Ax2-Saga\05-Ecom-EventHandlerAudit>mvn
clean install
```

이제 여러 가지 방법으로 05-Ecom-EventHandlerAudit Axon 스프링 부트 애플리케이션을 실행할 수 있다. 간단한 방법은 다음 명령으로 JAR 파일을 실행하는 것이다.

```
D:\binil\gold\pack03\ch15\ch15-01\Ax2-Saga\05-Ecom-EventHandlerAudit>run
D:\binil\gold\pack03\ch15\ch15-01\Ax2-Saga\05-Ecom-EventHandlerAudit>java
```

```
-Dserver.port=8084 -Dspring.application.name=product-audit-01 -jar
.\target\05-Ecom-EventHandlerHistory-0.0.1-SNAPSHOT.jar
```

그러면 8084 포트로 **05-Ecom-EventHandlerAudit** Axon 스프링 부트 서버가 실행된다.

몇 가지 초기 데이터를 **ecom_product**와 **ecom_product_view** 테이블에 넣는다.

```
mysql> insert into ecom_product(id,description,price,stock,version) values
(1,'Shirts',100,5,0);
mysql> insert into ecom_product(id,description,price,stock,version) values
(2,'Pants',100,5,0);
mysql> insert into ecom_product(id,description,price,stock,version) values
(3,'T-Shirt',100,5,0);
mysql> insert into ecom_product(id,description,price,stock,version) values
(4,'Shoes',100,5,0);

mysql> insert into ecom_product_view(id,description,price,stock) values
(1,'Shirts',100,5);
mysql> insert into ecom_product_view(id,description,price,stock) values
(2,'Pants',100,5);
mysql> insert into ecom_product_view(id,description,price,stock) values
(3,'T-Shirt',100,5);
mysql> insert into ecom_product_view(id,description,price,stock)
values(4,'Shoes',100,5);
```

브라우저(가급적 크롬)를 사용하고 `http://localhost:8080/`를 요청한다. 그러면 그림 15-9와 같은 화면이 나타난다. 그림 15-9의 상품 중 하나에 대해 Order One Now 버튼을 클릭해 예제를 테스트할 수 있다. 클릭하면 주문 쓰기 DB에 새로운 주문이 생성된다. 결국 주문 읽기 DB는 이 새로운 주문으로 업데이트된다. 또한 해당 상품 재고는 상품 쓰기 DB에서 1개씩 감소한다. 이 변경 사항은 상품 읽기 DB에서도 최종적으로 업데이트된다. 감사 읽기 DB의 레코드도 업데이트된다. 화면을 새로 고치면 그림 15-11과 같이 변경된다.

첫 주문을 생성하는 순간 사가가 시작된다. 이를 확인하고자 리스트 15-11에 표시된 것처럼 콘솔을 사용해 몽고DB의 컬렉션을 확인할 수 있다.

리스트 15-11. 몽고DB 컬렉션에 저장된 사가

```
D:\Applns\MongoDB\Server\3.2.6\bin>D:\Applns\MongoDB\Server\3.2.6\bin\mongo
MongoDB shell version: 3.2.6
connecting to: test
> show dbs
ecom     0.000GB
local    0.000GB
test     0.000GB
> show dbs
axonframework  0.000GB
ecom           0.000GB
local          0.000GB
test           0.000GB
> use axonframework
switched to db axonframework
> show collections
sagas
> db.sagas.find()
{ "_id" : ObjectId("5c7f689a75c90e3adeb78318"), "sagaType" : "com.acme.
ecom.saga.OrderProcessSaga", "sagaIdentifier" : "3aeffc45-4ddd-419b-ab00
d2e32914c9ce", "serializedSaga" : BinData(0,"rO0ABXNyACNjb20uYWNtZS5lY
29tLnNhZ2EuT3JkZXJQcm9jZXNzU2FnYZv0BNRxNqJlAgADTAAFY291bnR0ABNMamF2YS9sYW5n
L0ludGVnZXI7TAAHb3JkZXJJJZHEAfgABTAAJcHJvZHVjdElkcQB+AAF4cgA3b3JnLmF4b25mcmF
tZXdvcmsuc2FnYS5hbm5vdGF0aW9uLkFic3RyYWN0QW5ub3RhdGVkU2FnYSEZTtg8hhaCAgADWg
AIaXNBY3RpdmVMABFhc3NvY2lhdGlvblZhbHVlc3QAKkxvcmcvYXhvbmZyYW1ld29yay9zYWdhL
0Fzc29jaWF0aW9uVmFsdWVzO00wACmlkZW50aWZpZXJ0ABJMamF2YS9sYW5nL1N0cmluZzt4cAF
cgA3b3JnLmF4b25mcmFtZXdvcmsuc2FnYS5hbm5vdGF0aW9uLkFzc29jaWF0aW9uVmFsdWVzSW1
wbHLSJtX04PrCAgABTAAGdmFsdWVzdAAPTGphdmEvdXRpbC9TZXQ7eHBzcgAoamF2YS51dGlsLm
NvbmN1cnJlbnQuQ29weU9uV3JpdGVjnJheVNldEu90JKQFWnXAgABTAACYWx0ACtMamF2YS91d"
```

GlsL2NvbmN1cnJlbnQvQ29weU9uV3JpdGVlcnJheUxpc3Q7eHBzcgApamF2YS51dGlsLmNvbmN1
cnJlbnQuQ29weU9uV3JpdGVlcnJheUxpc3R4XZ/VRquQwwMAAHhwdwQAAAACc3IAJ29yZy5heG9
uZnJhbWV3b3JrLnNhZ2EuUXN1b25pYXRpb25YWx1ZTYTDwHQAy9AgACTAALcHJvcGVydHlLZX
lxAH4ABEwADXByb3BlcnR5VmFsdWVVxAH4ABHhwdAAOc2FnYUlkZW50aWZpZXJ0aWZpZXJ0ACQzYWVmZmM0N
S00ZGRkLTQxOWItYWIwMC1kMmUzMjkxNGM5Y2VzcQBAA50AAdvcmRlcklkAAJNTEwMzc0MTg1e
HEAfgARc3IAEWphdmEubGFuZy5JbnRlZ2VyEuKgpPeBhzgCAAFJAAV2YWx1ZXhyABBqYXZhLmxh
bmcuTnVtYmVyhqyVHQuU4IsCAAB4cAAAAAFzcQB+ABUea7Epc3EAfgAVAAAAAQ==",
"associations" : [{ "key":"sagaIdentifier", "value" : "3aeffc45-4ddd-419b-
ab00-d2e32914c9ce" }, {"key": "orderId", "value" : "510374185" }] }

> **참고** 마이크로서비스가 의도한 대로 응답하지 않으면 RabbitMQ 대기열을 비울 수 있다. 이는 RabbitMQ를 종료하고 데이터 폴더를 삭제한 다음 RabbitMQ를 다시 실행함으로써 쉽게 수행할 수 있다. 관련 세부 사항은 부록 B를 참고한다.

변경 사항이 반영되지 않으면 브라우저 세션을 닫고 새 브라우저 인스턴스를 사용해 위의 URL을 호출한다.

모든 테스트 케이스를 실행할 수 있도록 주문을 2개 더 만든다. 화면을 새로 고치면 그림 15-14와 같이 모든 새 주문과 주문에 대한 감사 로그가 표시된다.

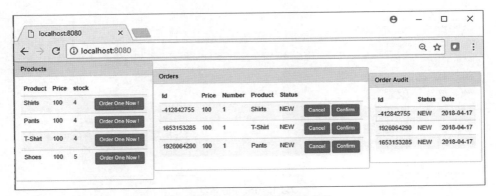

그림 15-14. 3개의 새로운 주문 생성

주문 중 하나에 대해 **취소**(Cancel) 버튼을 클릭하면 해당 주문이 취소되고 사가가 종료된다. 뿐만 아니라 주문이 취소됐기 때문에 해당 상품의 재고에 상품 번호가 다시 추가된다. 취소 작업은 자체 감사 로그를 생성한다. 화면을 다시 새로 고치면 그림 15-15에 표시된 변경 사항을 볼 수 있다.

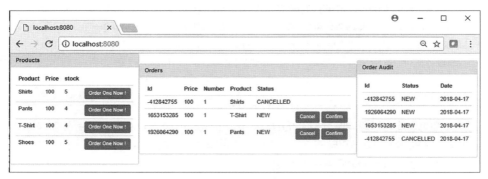

그림 15-15. 주문 취소

주문 중 하나에 대해 **확인**(Confirm) 버튼을 클릭하면 해당 주문을 확인하고 다시 사가가 종료된다. 주문이 확인됐으므로 주문할 때 감소한 상품 재고는 동일하게 유지된다. 확인 작업은 자체 감사 로그를 생성한다. 화면을 다시 새로 고치면 그림 15-16에 표시된 변경 사항을 볼 수 있다.

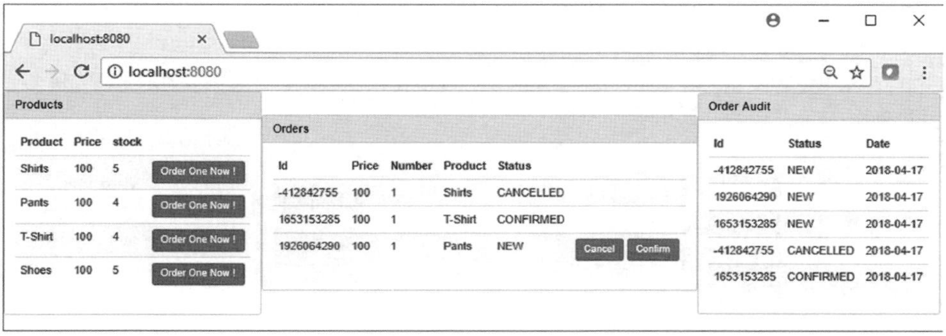

그림 15-16. 주문 확인

마지막으로 'New' 상태로 남아있는 주문을 기록해둔다. 이 주문에서 더 이상 아무것도 하지 않는다면 해당 상태가 유지되며, 이는 또한 사가의 지속적인 특성 때문이다. 이것은 장기간 실행되는 워크플로를 보여준다.

요약

13장과 14장에서 트랜잭션을 자세히 다뤘지만 15장에서는 특히 마이크로서비스의 맥락에서 트랜잭션을 다뤘다. 주어진 트랜잭션을 일련의 하위 트랜잭션과 보상 트랜잭션으로 그룹화해 사가와 분산형 사가를 활용하는 방법을 살펴봤다. 사가의 모든 트랜잭션은 성공적으로 완료되거나 실패한 경우 보상 트랜잭션으로 롤백된다. Axon 2 프레임워크를 사용해 사가를 구현하는 방법에 대한 전체 작업 코드도 확인했다. 트랜잭션을 살펴본 후 16장에서는 CQRS 디자인에 중점을 두고 고가용성과 확장성을 다시 살펴본다.

16

고급 고가용성과 확장성

9장에서 소프트웨어 아키텍처의 고가용성^{HA}을 위한 다양한 요소를 살펴봤다. 대부분은 마이크로서비스 아키텍처와 모놀리스 아키텍처 모두와 관련이 있었다. 프라이빗 클라우드 또는 온프레미스 구축 인프라의 다양한 구성 요소를 살펴보고 HA 측면을 살펴봤다. 16장에서는 CQRS 기반 시스템 디자인에 중요한 영향을 미치는 관심사를 자세히 살펴본다. 이미 알고 있거나 사용해온 개념과 관련성이 있는 것을 간단하게 만들고자 모두에게 익숙한 데이터베이스인 오라클^{Oracle}에서 살펴본다. 개념을 이해한 후에는 다른 공급업체의 솔루션이나 다른 자유 및 오픈소스 솔루션으로 학습 범위를 쉽게 확장할 수 있다. 흥미롭게도 오라클에서 이러한 많은 개념을 살펴보고 절대적으로 필요한 경우에만 이러한 솔루션을 활용할 것이다. 이는 다시 많은 상황에서 대체 솔루션과 저렴한 솔루션이 있다는 핵심 포인트로 이어진다.

16장에서 다루는 내용은 다음과 같다.

- 증가하는 확장성 문제를 해결하는 아키텍처 템플릿
- Axon 2 CQRS를 사용한 HA와 확장성 디자인을 보여주는 코드 예제
- 읽기 확장성과 쓰기 확장성 비교
- 엔티티의 동시 수정을 허용하는 기술
- Axon 2 CQRS를 사용한 엔티티의 동시 수정을 보여주는 코드 예제

오라클 DB를 참고로 하는 고가용성과 확장성 템플릿

앞서 언급했듯이 오라클 데이터베이스 솔루션을 사용해 다양한 HA 템플릿을 살펴본다. 그리고 배포 환경으로 퍼블릭 클라우드인 아마존 웹 서비스^{AWS, Amazon Web Services}도 사용한다. 곧 알겠지만 템플릿에 대한 몇 가지 주의 사항이 있는데, 퍼블릭 클라우드와 관련해 살펴본다.

애플리케이션 아키텍처를 수명 주기로 간주하고, 각 주기의 각 단계는 아키텍처가 시작부터 성숙기에 도달해 규모의 경제와 효율성으로 운영되는 수준까지, 더 나아가 기하급수적 또는 무한한 수준으로 웹 확장이 필요한 단계까지 다양한 성장 단계를 나타낸다.

단순한 초기 아키텍처

단순한 초기 아키텍처는 분산형 또는 마이크로서비스 아키텍처의 가장 간단한 형태며, 개인용 또는 소규모 스타트업용 애플리케이션 서비스 제공에만 적합하다. 기본 형태는 애플리케이션 서비스를 제공하는 중간 계층으로 구성되며, 이 중간 계층은 지속성 서비스를 위해 간단한 단일 데이터베이스 인스턴스에 연결된다. 그림 16-1은 퍼블릭 클라우드인 AWS에 배포했을 때의 모습을 보여준다.

중간 계층 또는 마이크로서비스의 단일 인스턴스가 있고 데이터베이스 서버의 또 다른 단일 인스턴스가 있다. 이 아키텍처의 확장성은 선택한 EC2 인스턴스의 등급에 따라 달라지는 기본 하드웨어 용량에 따라 결정된다. 아마존 일래스틱 컴퓨팅 클라우드^{Amazon EC2, Amazon Elastic Computing Cloud}는 클라우드에서 안전하고 확장 가능한 컴퓨팅 용량을 제공하는 웹 서비스다. 아마존 심플 스토리지 서비스^{Amazon S3, Amazon Simple Storage Service}, 아마존 관계 데이터베이스 서비스^{Amazon RDS, Amazon Relational Database Service}, 아마존 가상 프라이빗 클라우드^{Amazon VPC, Amazon Virtual Private Cloud} 등 대부분의 AWS 서비스와 통합돼 광범위한 응용 분야에서 컴퓨팅, 쿼리 처리, 클라우드 스토리지를 위한 인프라 솔루션을 제공한다.

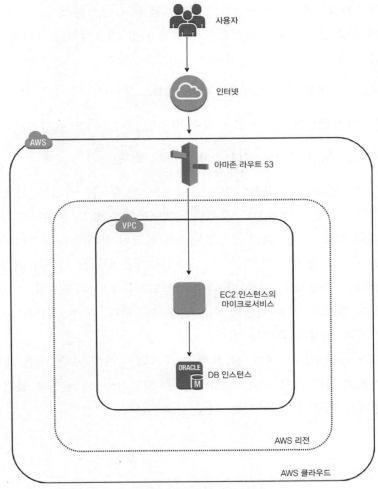

사용자

인터넷

AWS

아마존 라우트 53

VPC

EC2 인스턴스의
마이크로서비스

DB 인스턴스

AWS 리전

AWS 클라우드

그림 16-1. 단순한 초기 아키텍처

애플리케이션과 상호작용하는 사용자 수가 증가하거나 이 아키텍처에서 제공할 동시 트랜잭션 수가 증가하면 스케일아웃 용량을 선택할 있는 EC2 인스턴스의 용량에 따라 달라진다. 이는 제한적이며 이러한 확장성 제한은 아키텍처 접근법의 디자인에 포함돼 있다.

그림 16-1과 관련해 몇 가지 구성 요소는 나중에 언급되니 간단히 살펴보자.

- **가상 프라이빗 클라우드**^{VPC, Vritual Private Cloud}: EC2 인스턴스가 시작되는 전체 AWS 리전에 걸쳐 논리적으로 격리된 가상 네트워크다. VPC는 주로 다음 기능을 사용하도록 설정하는 데 관련된다.

  - 다른 계정의 리소스에서 AWS 리소스 분리

  - 인스턴스와 네트워크 트래픽 라우팅

  - 네트워크 침입과 기타 취약성으로부터 인스턴스 보호

- **AWS 리전과 가용 영역**: AWS 클라우드 인프라는 리전과 가용 영역^{AZ, Availability Zone}을 중심으로 구축된다. AWS 리전은 짧은 지연 시간, 높은 처리량, 고도로 이중화된 네트워킹으로 연결된 물리적으로 분리되고 격리된 여러 가용 영역을 제공한다. 이러한 가용 영역은 기존의 단일 데이터 센터 인프라 또는 다중 데이터 센터 인프라보다 가용성이 높고 내결함성이 있으며 확장 가능한 인프라를 제공한다. AWS 리전은 다른 AWS 리전과 완전히 격리돼 있다.

  AWS 클라우드는 현재 전 세계 18개 리전과 1개 로컬 리전 내의 54개 가용 영역에 걸쳐 있다.[1] AWS 리전은 그림 16-1에 설명돼 있지만 가용 영역은 관련이 있는 다음 절에 나와 있다.

단순하고 확장된 아키텍처

앞 절에서 설명한 단순한 초기 아키텍처는 최소한의 것이며 번거로움이 적은 아키텍처다. 상황이 허락한다면 마음의 평화를 줄 것이기 때문에 이러한 최소한의 아키텍처로 살고 싶을 것이다. 그러나 해당 아키텍처로 비즈니스가 성공하면 확장을 위해 향상된 아키텍처가 필요하게 된다. 성장하는 비즈니스는 최

---

1. 번역 당시에는 훨씬 많은 리전과 가용 영역이 존재했다. 자세한 내용은 https://aws.amazon.com/about-aws/global-infrastructure/regions_az/에서 확인할 수 있다. - 옮긴이

소한의 아키텍처로 서비스를 제공할 수 없기 때문이다. 단순하고 확장된 아키텍처는 그림 16-2에서 보여준다.

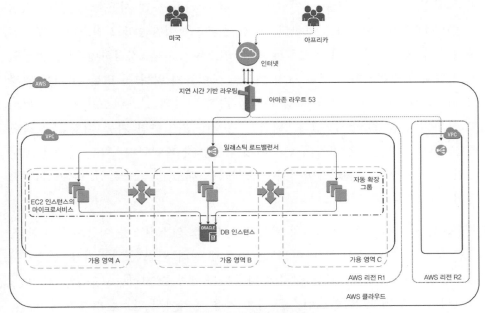

그림 16-2. 단순하고 확장된 아키텍처

단순하고 확장된 아키텍처는 그리 간단하지 않지만 다음에 이야기할 아키텍처에 비해 간단하다. 단순하고 확장된 아키텍처는 리전, 가용 영역, 자동 확장 그룹을 활용한다. 각 리전은 AWS 클라우드에서 별도의 지리적 영역이다. 각 리전에는 가용 영역이라는 격리된 여러 장소가 있다. 아마존 EC2는 인스턴스 및 데이터와 같은 리소스를 여러 장소에 배치하는 기능을 제공한다. 단일 장소에서 모든 인스턴스를 호스팅하면 해당 리전이 심각하게 영향을 받았을 때 인스턴스를 사용할 수 없다. AWS 리전과 가용 영역이 여기에서 도움이 될 것이다. 각 리전은 완전히 독립적이다. 각 가용 영역도 격리되지만 리전 내의 가용 영역은 지연 시간이 짧은 링크로 연결된다. EC2 인스턴스를 시작할 때 가용 영역을 선택하거나 AWS에서 자동으로 선택하게 할 수 있다. EC2 인스턴스를 여러 가용 영역에 배포했고 인스턴스 중 하나가 실패할 때 애플리케이션을 적절하게 디자인했다면 다른 가용 영역의 인스턴스가 여전히 요청을 처리할 수 있다.

자동 확장auto scaling은 애플리케이션의 부하를 처리하는 데 사용할 수 있는 적절한 수의 EC2 인스턴스를 확보한다. 자동 확장 그룹이라는 EC2 인스턴스 모음을 생성할 수 있다. 자동 확장 그룹에 최소 인스턴스 수를 지정하면 자동 확장할 때 그룹의 인스턴스가 지정된 크기 이하로 줄어들지 않는다. 또한 각 자동 확장 그룹의 최대 인스턴스 수를 지정해 자동 확장 그룹의 인스턴스가 지정된 크기를 초과하지 않게 할 수 있다. 원하는 용량을 지정하면 자동 확장을 시작할 때 그룹에 지정된 용량만큼의 인스턴스가 있는지 확인한다. 확장 정책을 지정하면 자동 확장이 애플리케이션에서 요구하는 대로 동적으로 인스턴스를 시작하거나 종료할 수 있다.

확장성을 높이려면 그림 16-1의 마이크로서비스 인스턴스를 이중화해야 한다. 그림 16-2를 보면 동일한 마이크로서비스의 여러 인스턴스가 가용 영역에서 인스턴스화될 수 있다. 가용 영역이 다운되는 경우를 처리하고자 동일한 마이크로서비스의 더 많은 인스턴스를 다른 가용 영역에서 인스턴스화할 수 있다. 마이크로서비스의 동적 확장을 처리하고자 자동 확장 그룹을 디자인할 수 있다. 그리고 이 자동 확장 그룹은 가용 영역에 걸쳐 있을 수 있으므로 동적 확장성과 영역 이중화를 갖는다.

컴퓨팅 노드가 위와 같이 분산된 경우 워크로드도 분산하는 메커니즘이 필요하며 일래스틱 로드밸런서ELB, Elastic Load Balancer는 애플리케이션 부하를 아마존 EC2 인스턴스, 컨테이너, IP 주소와 같은 여러 대상에 자동으로 분산할 수 있다. ELB는 단일 가용 영역이나 여러 가용 영역에서 애플리케이션 트래픽의 다양한 부하를 처리할 수 있다. ELB에는 다음과 같은 3가지 유형이 있다.

- **애플리케이션 로드밸런서**ALB, Application Load Balancer: ALB는 HTTP와 HTTPS 트래픽의 로드밸런싱에 가장 적합하며 OSI 계층 7의 개별 요청 수준에서 작동한다.

- **네트워크 로드밸런서**[NLB, Network Load Balancer]: NLB는 최고의 성능이 필요한 TCP 부하를 로드밸런싱하며 OSI 계층 4의 연결 수준에서 작동한다.

- **전형적 로드밸런서**[CLB, Classic Load Balancer]: CLB는 EC2-Classic 네트워크 내에 구축된 애플리케이션을 위한 것이다. 여러 아마존 EC2 인스턴스에 기본 로드밸런싱을 제공하고 요청 수준과 연결 수준 모두에서 작동한다.

다뤄야 할 또 다른 측면은 여러 가지 이유로 데이터를 전 세계적으로 배포해야 하는 필요성이다. 그중 한 가지 이유는 사용자 기반이 전 세계적으로 분산돼 있어서 사용자의 짧은 지연 시간을 위해 해당 지역 근처에 위치한 마이크로서비스 인스턴스로 연결돼야 하기 때문이다. 또 다른 이유는 일반 데이터 보호 규정[GDPR, General Data Protection Regulation][2]과 같은 요구 사항을 준수하기 위해서일 수 있다. 여러 지역에 위치한 마이크로서비스 인스턴스를 활용하려는 경우 AWS 리전을 활용할 수 있다. 이는 확장되지 않은 상태로 그림 16-2에 나와 있다. 지역 트래픽 라우팅 또는 지연 시간 기반 트래픽 라우팅은 AWS 라우트 53[Route 53]을 사용해 수행할 수 있다. 아마존 라우트 53은 가용성과 확장성이 뛰어난 클라우드 도메인 네임 시스템[DNS, Domain Name System] 웹 서비스다. 라우트 53을 사용하면 지연 시간 기반 라우팅, 지리 DNS, 지리 근접성, 가중치 기반 라운드로빈 등의 다양한 라우팅 유형으로 전 세계적으로 부하를 쉽게 관리할 수 있다. 이 모든 것이 DNS 장애 조치와 결합될 수 있다.

그림 16-2의 단순하고 확장된 아키텍처는 그림 16-1의 단순한 초기 아키텍처보다 개선된 것이다. 그러나 그림 16-2를 주의 깊게 살펴보면 다른 우려와 한계가 드러난다. 첫 번째는 여러 지역의 데이터가 서로 다르고 자동으로 동기화되지 않는다는 것이다. 개인정보 보호와 같이 여러 지역에 애플리케이션을 배포하게 강요한 바로 그 이유 때문일 수 있다. 그러나 한 리전 내에 집중하자. 많은 인스턴스를 포함하도록 마이크로서비스를 디자인할 수 있지만 주요 데이터 저장소

---

2. 일반 데이터 보호 규정은 유럽 연합(EU)과 유럽 경제 지역(EU) 내의 모든 개인에 대한 데이터 보호와 개인정보 보호에 관한 EU 법률 규정이다. 또한 EU와 EEA 지역 외부로의 개인 데이터 수출을 다룬다.

는 여전히 단일 원본인 단일 인스턴스다. 이 단일 데이터베이스 인스턴스에는 여전히 확장성 문제가 있다. 좀 더 개선할 필요가 있다.

데이터베이스 병목 현상을 해결하기 위한 아키텍처

데이터베이스 인스턴스의 확장성 문제를 해결하려면 단순하고 확장 가능한 아키텍처로 개선해야 한다. 오라클 RAC^{Real Application Cluster}는 기존의 비공유와 공유 디스크 접근법의 한계를 극복해 데이터베이스에 높은 확장성과 가용성을 제공하는 공유 캐시 아키텍처를 갖춘 클러스터 데이터베이스다. RAC 환경에서는 데이터베이스 자체가 서버 풀 간에 공유되므로 서버 풀의 서버에 오류가 발생하더라도 데이터베이스는 남아있는 서버에서 계속 실행되므로 단일 실패 지점^{SPOF, Single Point Of Failure}이 발생하지 않는다. 서버 풀이 있기 때문에 클러스터링된 데이터베이스 서버의 결합된 메모리 용량과 처리 능력은 높은 확장성을 제공한다. RAC는 공유 데이터베이스 스토리지가 있는 능동형 분산 아키텍처다. 공유 스토리지는 자동 장애 조치, 데이터 손실 없음, 100% 데이터 일관성, 애플리케이션 다운타임 방지에 있어 중심적인 역할을 한다.

하지만 AWS와 같은 퍼블릭 클라우드에는 문제가 있다. 이 글을 쓰는 시점에서 AWS는 현재 아마존 EC2 또는 아마존 RDS에서 오라클 RAC를 기본적으로 사용하도록 설정하지 않는다. 오라클 RAC에는 AWS에서 직접 사용할 수 없는 다음과 같은 인프라 요구 사항이 있다.

- 클러스터의 모든 노드에서 액세스할 수 있는 고성능 공유 스토리지
- 클러스터의 모든 노드 간 멀티캐스트 지원 네트워크
- **다양한 유형의 부하를 위한 별도의 네트워크:** 클라이언트, 클러스터 상호 연결, 스토리지

그러나 기쁜 소식은 아마존 EC2, 아마존 일래스틱 블록 스토어^{Amazon EBS, Amazon Elastic Block Store}, 아마존 VPC와 같은 AWS 기본 구성 요소를 사용해 AWS에서 오라

클 RAC를 실행할 수 있는 타사 공급업체의 솔루션이 있다는 것이다. 그림 16-3
은 오라클 RAC를 활용해 단순하고 확장된 아키텍처를 개선하는 아키텍처 접근
법을 보여준다.

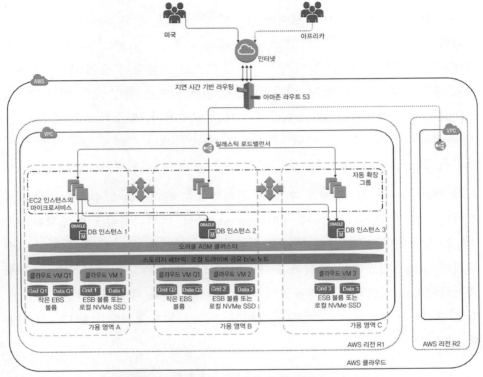

그림 16-3. 데이터베이스 병목 현상을 해결하기 위한 아키텍처

그림 16-3에 표시된 아키텍처를 참조하면 안정성 향상을 위해 2개 또는 3개의
노드 클러스터가 권장된다. 4개 이상의 노드가 있는 클러스터는 추가 HA 또는
성능을 위해 사용할 수도 있다. 여러 개의 2 노드 또는 3 노드 데이터베이스
클러스터를 포함하는 4개 이상의 노드가 있는 그리드 인프라 클러스터가 가능
하다. 클러스터의 노드는 하나의 가용 영역에 있거나 여러 가용 영역에 분산될
수 있다.

대부분의 AWS 리전은 3개의 가용 영역으로 제한된다. 그림 16-3은 3개의 RAC 노드를 보여준다. RAC 노드와 동일한 가용 영역에 쿼럼quorum 노드를 배치하면 예상되는 대부분의 HA 기능을 여전히 얻을 수 있다. 이러한 3노드 클러스터는 데이터베이스 다운타임없이 두 노드의 손실이나 하나의 가용 영역 손실을 허용할 수 있다. 그러나 두 가용 영역이 동시에 손실되면 데이터베이스 가동 중지 시간이 발생한다. EBSElastic Block Storage 볼륨 대신 로컬 NVMe SSD[3]가 사용되는 구성에서는 고중복 ASMAutomatic Storage Management[4] 디스크 그룹을 사용해 추가 데이터 보호 계층을 제공할 수 있다. 이러한 경우 3번째 노드는 쿼럼 노드 대신 NVMe SSD 또는 EBS 볼륨이 있는 스토리지 노드로 구성된다. 인스턴스를 서로 다른 가용 영역에 배치하면 한 리전 내의 여러 데이터 센터 시설에 영향을 미치는 예기치 않은 재해 이벤트를 제외하고 동시 노드 장애 위험이 제거된다.

이와 같이 클러스터를 설정한 후 다음 단계는 RAC 클러스터에 부하를 분산하는 것이다. 이 아키텍처는 오라클 Clusterware, ASM, 데이터베이스에 내장된 HA 기능을 활용한다. 이는 그림 16-3에서 보여준다. 여기서 가용 영역 내의 마이크로서비스 인스턴스에서 발생하는 데이터베이스 호출은 가용 영역 전체 풀의 데이터베이스 인스턴스로 라우팅될 수도 있다. 단점은 네트워크 대기 시간이 길고 노드 간 네트워크 대역폭이 상대적으로 낮다는 것이다. 개선의 여지가 더 있을까?

---

3. NVMe(비휘발성 메모리 익스프레스)는 컴퓨터의 고속 PCIe(Peripheral Component Interconnect express) 버스로 엔터프라이즈와 클라이언트 시스템과 SSD(Solid-State Drive) 간의 데이터 전송을 가속화하고자 생성된 호스트 컨트롤러 인터페이스와 스토리지 프로토콜이다.

4. 자동 스토리지 관리(ASM, Automatic Storage Management)는 오라클 10g(revision 1) 릴리스부터 오라클 데이터베이스 내에서 오라클이 제공하는 기능이다. ASM은 데이터베이스 데이터 파일, 제어 파일, 로그 파일의 관리를 단순화하는 것을 목표로 한다. 이를 위해 데이터베이스 관리자(DBA)가 표준 오라클 환경에서 익숙한 SQL문을 사용해 볼륨과 디스크를 제어할 수 있게 데이터베이스 내에서 직접 파일 시스템과 볼륨을 관리하는 도구를 제공한다. 따라서 DBA는 특정 파일 시스템이나 볼륨 관리자(일반적으로 운영체제 수준에서 작동)에 대한 추가 기술이 필요하지 않다.

효율성 향상을 위한 독립적인 읽기와 쓰기 확장성

앞 절에서는 RAC 기반 아키텍처에서 여러 가용 영역에 걸쳐 RAC를 확장해 추가 이중화를 가져오는 방법을 다뤘다. 이렇게 하면 더 높은 네트워크 대기 시간과 노드 간의 상대적으로 낮은 네트워크 대역폭을 아키텍처적으로 관리할 수도 있다. 그림 16-4에 설명된 아키텍처 변형은 이러한 옵션 중 하나를 보여준다.

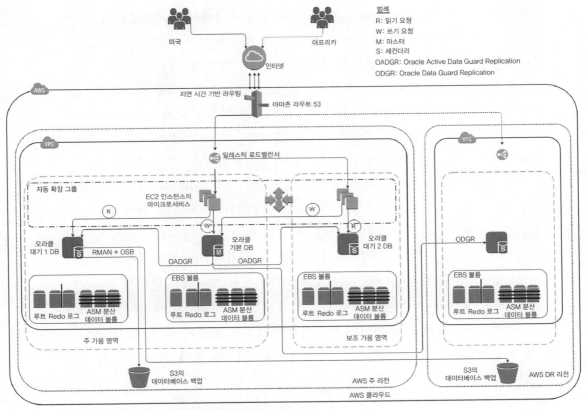

그림 16-4. 읽기 확장성을 향상시킨 데이터 아키텍처

읽기 요청 또는 조회 수가 애플리케이션이 처리해야 하는 총 쓰기 요청 수를 훨씬 초과하는 경우가 많다. 12장에서 조회 후 예약^Look to Book 비율의 양상을 살펴봤다. 그림 16-4의 아키텍처 옵션은 기본 및 대기(보조) 데이터베이스 노드의 개

념을 사용한다. 오라클 데이터 가드 리플리케이션[ODGR, Oracle Data Guard Replication][5]과 오라클 액티브 데이터 가드 리플리케이션[OADGR, Oracle Active Data Guard Replication]을 사용하며, 기본 및 대기 개념을 구현한다. 오라클 액티브 데이터 가드를 사용해 여러 가용 영역에 부하를 분산한다. 액티브 데이터 가드로 복제하면 읽기 전용 부하를 복제된 대기 인스턴스를 사용할 수 있으므로 로드밸런싱이 가능하다. 이는 모든 읽기 요청이 각 가용 영역의 대기 노드로 라우팅되는 그림 16-4에서 분명하게 나온다. 이렇게 하면 기본 노드가 가용 영역 전체에서 마이크로서비스의 모든 읽기 요청을 받지 않는다. 대신 모든 쓰기 요청을 이제 기본 노드로 라우팅할 수 있다. 아키텍처에 표시된 대로 외부 가용 영역의 쓰기 요청도 기본 노드로 라우팅될 수 있다. 또한 기본 인스턴스에 장애가 발생하면 이 아키텍처는 동일한 가용 영역의 2번째 인스턴스로 빠르게 전환해 데이터베이스를 지속적으로 사용할 수 있게 하고 데이터 손실을 방지한다. 기본 가용 영역에 장애가 발생하거나 기본 가용 영역의 기본 및 대기 인스턴스가 모두 실패하는 경우 이 아키텍처는 보조 가용 영역의 세 번째 인스턴스로 전환해 데이터베이스를 계속 사용 가능하게 유지하고 데이터 손실을 방지한다. 복제를 위해 액티브 데이터 가드를 사용하면 2번째와 3번째 인스턴스를 읽기 전용 워크로드에 동시에 사용할 수 있다. 대기 데이터베이스는 처음에 기본 데이터베이스의 백업 복사본에서 생성된 오라클 기본 운영 데이터베이스의 트랜잭션 일관성 복사본이다. 대기 데이터베이스가 생성되고 구성되면 오라클 액티브 데이터 가드는 기본 데이터베이스의 실행 데이터를 대기 시스템으로 전송해 대기 데이터베이스를 자동으로 유지한다. 여기서 다시 실행 데이터는 대기 데이터베이스에 적용된다. 기본 및 대기 데이터베이스 간의 복제는 동기 또는 비동기로 구성할 수 있다.

오라클 데이터 가드는 물리적 대기 데이터베이스가 읽기에 대해 열 수 없는 동시에 기본 데이터베이스의 트랜잭션을 아카이브하는 동안에도 열 수 없으므

---

5. 오라클이 오라클 데이터 가드로 판매하는 소프트웨어는 운영 기본 데이터베이스인 오라클 RDBMS를 확장 구성한다. 데이터 가드는 물리적 대기와 논리적 대기 사이트를 모두 지원한다.

로 읽기 복제본 설정을 지원하지 않는다. 이 트랜잭션은 관리 복구 모드 또는 읽기 전용 모드에서 작동할 수 있지만 동시에 두 모드를 지원하지 않기 때문이다. 오라클 데이터 가드를 기반으로 구축된 오라클 액티브 데이터 가드는 읽기 전용 복제본을 설정할 수 있는 옵션이다. 앞에서 설명한 기능 외에도 오라클 액티브 데이터 가드는 대기 데이터베이스에 대한 읽기 전용 액세스를 가능하게 하는 동시에 기본 데이터베이스에서 트랜잭션을 아카이브해 최신 상태로 유지한다. 이로 대기 인스턴스에서 읽기 조회와 보고서를 실행하고 대기 인스턴스에서 백업을 수행할 수 있다. 아마존 S3에 대한 EBS 스냅샷을 사용하거나 오라클 RMAN^{Recovery Manager}[6]과 Oracle Secure Backup Cloud Module(OSB)을 사용해 이러한 아키텍처에서 데이터 백업을 수행하는 것이 일반적이다.

웹 확장성 아키텍처를 위한 샤딩

쓰기 확장성 관리와 읽기 확장성 관리를 분리했기 때문에 아직 안심할 때가 아니다. 조만간 분리된 읽기 노드 또는 비즈니스가 너무 성공적이면(오늘날 많은 기업들처럼) 쓰기 노드 자체도 처리해야 하는 트랜잭션의 양이 너무 많거나 또는 관리해야 하는 데이터의 양 때문에 여러 번 제한을 받는다고 느끼기 시작할 것이다. 특히 기업이 전 세계적으로 운영돼 전 세계 고객이 사용할 수 있도록 애플리케이션을 개방할 때 더욱 그렇다. 많은 소셜 네트워크 애플리케이션과 메시징 애플리케이션이 웹 확장성의 범주에 속한다. '분할과 점령'은 전략이며 샤딩^{Sharding}은 그러한 접근법 중 하나다. 샤딩은 서비스 계층 또는 데이터 계층에 적용될 수 있다. 그림 16-5의 아키텍처는 이러한 개념 중 하나를 보여준다.

---

6. RMAN(Recovery Manager)은 오라클 데이터베이스용으로 제공되는 백업과 복구 관리자다. 고가용성과 재해 복구 문제를 해결하는 데이터베이스 백업, 복원, 복구 기능을 제공한다.

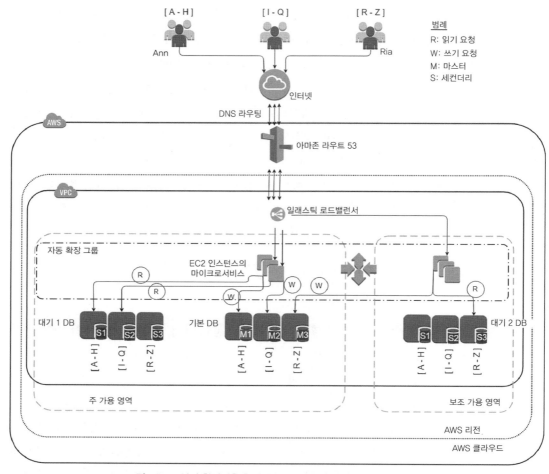

그림 16-5. 읽기 확장성을 향상시키는 데이터 아키텍처

샤딩 아키텍처의 개념은 노드 수가 많고 노드의 전체 또는 일부에 중복 데이터가 있고 각 노드에는 고유한 토큰이 있으며 해당 토큰을 사용해 데이터베이스에 읽을 전체 데이터를 분할한다는 것이다.

그림 16-5를 참고하자. 현재 사용하는 인기 있는 소셜 네트워크 애플리케이션과 예제의 애플리케이션이 유사하다고 가정한다. 시스템에 너무 많은 사용자가 있고 애플리케이션에서 관리해야 하는 사용자 작업이 너무 많다는 것을 안다.

내 딸 앤^{Ann}과 리아^{Ria}가 모두 다른 수백만 명의 사용자와 함께 애플리케이션의 사용자인 경우 토큰을 쉽게 디자인하는 한 가지 방법은 알파벳을 사용해 사용자 이름의 첫 번째 이니셜을 기반으로 노드에 나누는 것이다. 이름이 문자 A-H로 시작하는 사용자에 대한 요청과 데이터를 처리하기 위한 전용 노드나 노드 클러스터가 있으며, 이와 유사하게 이름이 I-Q로 시작하는 사용자에 대한 요청과 데이터를 처리하기 위한 전용 노드나 노드 클러스터가 있다. 데이터뿐만 아니라 트랜잭션이 이러한 노드나 노드 클러스터에 어느 정도 동일하게 분산되며 단일 노드나 단일 노드 클러스터 내에서 확장성을 한 번에 관리하기만 하면 된다. 애플리케이션에 필요한 노드나 클러스터 수를 디자인하고 노드(또는 파티션) 수와 그에 따라 토큰을 디자인할 수 있다. 다른 스키마를 사용해 분할 토폴로지를 디자인할 수 있지만 아이디어는 동일하다. 마이크로서비스 계층과 데이터 계층을 모두 샤딩할 수 있으며 이 경우 ELB는 요청을 적절한 마이크로서비스 인스턴스로 라우팅할 수 있는 조그마한 지능이 있어야 한다.

좋은 아키텍처지만 더 좋고 더 단순한 것이 필요

오라클 데이터베이스에서 사용할 수 있는 다양한 옵션을 데이터베이스 솔루션으로 봤으므로 다른 옵션을 고려해보겠다. 앞에서 살펴본 모든 솔루션 템플릿은 당면한 다양한 문제를 해결하고자 존재하며, 이를 사용할지 여부는 기업의 장기적인 기술 전략을 비롯한 여러 측면을 고려해 결정해야 하는 아키텍처다. 이 책 전반에 걸쳐 폴리글랏(데이터) 아키텍처의 중요성과 자체 데이터를 완벽하게 관리하는 각 마이크로서비스의 중요성을 얘기했다. 또한 특정 공급업체의 비용이 많이 드는 스택에 너무 많이 의존하지 않고 유사한 확장성과 가용성을 제공할 수 있는 아키텍처도 생각해봐야 한다.

마이크로서비스 아키텍처는 그 자체로 시스템을 기능적으로 여러 부분으로 분해해 각 부분의 가용성과 확장성을 독립적으로 관리할 수 있는 방법이다. 그런 다음 볼륨을 추가로 관리하기 위한 샤딩이 있다. 샤딩이 있든 없든 읽기와 쓰기를 분리하는 방법을 살펴볼 수도 있으며 12장에서 소개한 CQRS가 이에 적합하다. 올바른 원칙의 조합은 웹 확장에 도움이 된다.

Axon의 고가용성과 확장 가능한 CQRS 예제

HA 템플릿을 정의할 때 이전 절의 다양한 공급업체 상품을 제쳐두고 12장에서 소개한 Axon CQRS로 돌아간다. 여기서는 JVM에 서로 다른 Axon 구성 요소를 완전히 배포하는 작업 코드를 살펴봤다. 이 예제는 프로세스 간에 분산됐으므로 실제로 노드 간에도 분산할 수 있다. 그러나 단순성을 위해 단일 노드에서 각 Axon 프로세서를 사용해 시연했다. 현재 예제에서는 이를 Axon 구성 요소의 여러 인스턴스에 배포해 이중화, 후속 HA, 확장성을 Axon 기반 CQRS 아키텍처로 가져오는 방법을 검증한다.

예제 시나리오 디자인

12장의 '분산 명령과 이벤트 처리' 절과 동일한 디자인을 따르므로 모든 설명을 반복하지는 않겠다. 도메인에는 주문과 상품이라는 2개의 엔티티가 있다. 사용자는 새로운 주문을 생성할 상품을 구매할 수 있다. 그냥 새 주문이 생성되면 상품 재고가 감가상각된다. 12장의 해당 절을 다시 방문해 여기 예제에서 실행할 비즈니스 시나리오의 아키텍처에 대한 자세한 개요를 확인하자.

12장 예제의 배포 아키텍처를 확장해 이중화를 가져온다. 스프링 클라우드에서 고가용성 개념은 이미 시연한 9장의 '마이크로서비스 고가용성 시나리오 디자인' 절을 참고할 수 있다. 현재 예제에서 유사한 배포 토폴로지를 따르지만 특정 제한 내에서 예제의 전체적인 복잡성을 만들고 Axon CQRS 구성 요소만의 논의 지점, HA, 확장성에만 집중하고자 현재 예제에서 스프링 클라우드 구성 요소를 생략하면 배포 아키텍처는 다음과 같이 그림 16-6에 나와 있다.

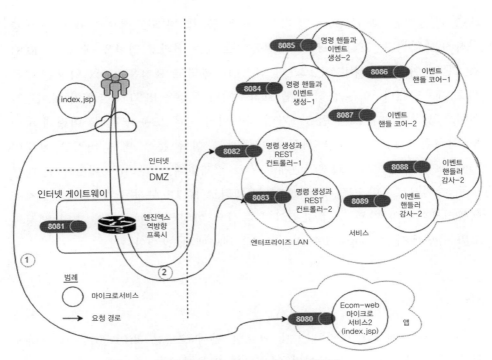

그림 16-6. Axon CQRS의 고가용성 시연

12장의 해당 절에 있는 예제와 현재 배포 아키텍처 주요 변경 사항은 명령 생성, 명령 처리, 이벤트 생성, 이벤트 처리를 호스팅하는 마이크로서비스가 2개 이상 인스턴스화된다는 것이다. 따라서 배포 시스템에는 다음과 같은 특성이 있다.

- 동일한 종류의 이벤트에 관심이 있는 이벤트 핸들러 유형이 2개 이상 있다.

- 동일한 종류의 명령 핸들러와 이벤트 핸들러의 인스턴스가 2개 이상 있다.

그림 16-6에서 웹 앱의 인스턴스가 하나만 있으므로 요청을 nginx를 통해 웹 앱으로 라우팅하는 것은 아니지만 어떤 경우에도 nginx로 더 많은 프록시 요청을 인스턴스화하고 역방향 프록시 요청할 수 있다. 목표는 Axon 구성 요소의

HA만 검증하는 것이므로 시연의 복잡성을 줄이고자 의도적으로 웹 앱을 이중화하지는 않는다. 그러나 HTTP 요청을 가로채는 결과로 명령을 생성하는 REST 컨트롤러 마이크로서비스는 2개가 인스턴스화되고 요청은 nginx 역방향 프록시로 라우팅된다. 이렇게 하면 웹 브라우저의 요청을 REST 컨트롤러 마이크로서비스의 두 인스턴스에 번갈아가며 라우팅하는 데 도움이 된다. 이렇게 하면 두 인스턴스가 모두 명령 생성에 참여하고 이를 분산 명령 버스로 보내면 JGroups 커넥터로 애플리케이션에 추가로 전파한다. 그림 16-6에 표시된 다른 모든 마이크로서비스도 내장 HTTP 커넥터로 HTTP 부하를 수신하고 있지만 애플리케이션의 다른 구성 요소와의 통신은 이벤트뿐만 아니라 명령 생성과 소비 측면에서 JGroups 또는 RabbitMQ 채널에서 발생한다.

예제 시나리오 코딩

간단한 Axon 예제를 시연하는 데 필요한 전체 코드는 ch16\ch16-01 폴더에 있다. 12장의 코드와 큰 차이가 없으므로 반복하지는 않겠다.

고가용성 시나리오 빌드와 테스트

첫 번째 단계로 RabbitMQ 서버를 실행한다. RabbitMQ 서버를 시작하려면 부록 B를 참고한다.

```
D:\Applns\RabbitMQ\rabbitmq_server-3.6.3\sbin>D:\Applns\RabbitMQ\rabbitmq_s
erver-3.6.3\sbin\rabbitmq-server.bat
```

MySQL이 실행되고 있는지 확인한다. MySQL을 시작하려면 부록 H를 참고한다.

먼저 MySQL 서버를 시작한다.

```
D:\Applns\MySQL\mysql-8.0.14-winx64\bin>mysqld --console
```

이제 MySQL 프롬프트를 연다.

```
D:\Applns\MySQL\mysql-8.0.14-winx64\bin>mysql -u root -p
mysql> use ecom01;
Database changed
mysql>
```

깨끗한 테이블로 시작하려면 예제의 원하는 이름을 가진 테이블을 삭제한다.

```
mysql> drop table ecom_order;
mysql> drop table ecom_product;
mysql> drop table ecom_order_view;
mysql> drop table ecom_product_view;
mysql> drop table ecom_order_audit;
```

이제 ecom_order와 ecom_product 테이블이 아직 존재하지 않으면 마이크로서비스가 시작될 때 생성된다. 그러나 읽기 DB 테이블과 감사를 위한 테이블은 명시적으로 만들어야 한다. 여기서는 필요한 모든 테이블을 생성한다.

```
mysql> create table ecom_order (id integer not null, last_event_sequence_number
bigint, version bigint, number integer, order_status varchar(255), price double
precision, product_id integer, primary key (id))
ENGINE=InnoDB;
mysql> create table ecom_product (id integer not null,
last_event_sequence_number bigint, version bigint, description varchar(255),
price double precision, stock integer, primary key (id)) ENGINE=InnoDB;
mysql> alter table ecom_order add constraint FK_f3rnd79i90twafllfhpo1sihi
foreign key (product_id) references ecom_product (id);
```

```
mysql> create table ecom_product_view(id INT , price DOUBLE, stock INT ,
description VARCHAR(255));
mysql> create table ecom_order_view(id INT , price DOUBLE, number INT ,
description VARCHAR(225),status VARCHAR(50));
mysql> create table ecom_order_audit(id INT ,status VARCHAR(50), date
TIMESTAMP);
```

예제의 다른 모든 마이크로서비스에서 사용하는 공통 클래스가 포함된 메이븐 모듈이 있다. 따라서 먼저 빌드해야 한다.

```
cd D:\binil\gold\pack03\ch16\ch16-01\Ax2-Multi-Command-Multi-Event-Handler-
Instance\06-Ecom-common
D:\binil\gold\pack03\ch16\ch16-01\Ax2-Multi-Command-Multi-Event-Handler-
Instance\06-Ecom-common>make
D:\binil\gold\pack03\ch16\ch16-01\Ax2-Multi-Command-Multi-Event-Handler-
Instance\06-Ecom-common>mvn clean install
```

다음으로 마이크로서비스 5개를 빌드하고 하나씩 실행한다.

마이크로서비스 1: 01-Ecom-web

먼저 환경에 맞게 구성 파일을 업데이트한다.

```
ch16\ch16-01\Ax2-Multi-Command-Multi-Event-Handler-Instance\01-Ecom-web\src
\main\resources\application.properties
server.port=8080
```

> **참고** 여기서는 변경하지 않는다.

이제 Ecom-web 마이크로서비스에 대한 실행 파일을 빌드, 패키징하고 서버를 실행한다. ch16\ch16-01\Ax2-Multi-CommandMulti-Event-Handler-Instance\
01-Ecom-web\make.bat 유틸리티 스크립트가 있다.

```
cd D:\binil\gold\pack03\ch16\ch16-01\Ax2-Multi-Command-Multi-Event-Handler-
Instance\01-Ecom-web
D:\binil\gold\pack03\ch16\ch16-01\Ax2-Multi-Command-Multi-Event-Handler-
Instance\01-Ecom-web>make
D:\binil\gold\pack03\ch16\ch16-01\Ax2-Multi-Command-Multi-Event-Handler-
Instance\01-Ecom-web>mvn clean install
```

여러 가지 방법으로 스프링 부트 애플리케이션을 실행할 수 있다. 간단한 방법
은 다음 명령으로 JAR 파일을 실행하는 것이다.

```
D:\binil\gold\pack03\ch16\ch16-01\Ax2-Multi-Command-Multi-Event-Handler-
Instance\01-Ecom-web>run
D:\binil\gold\pack03\ch16\ch16-01\Ax2-Multi-Command-Multi-Event-Handler-
Instance\01-Ecom-web>java -Dserver.port=8080 -jar .\target\01-Ecomweb-
0.0.1-SNAPSHOT.jar
```

그러면 8080 포트로 **01-Ecom-web** 스프링 부트 서버가 실행된다.

마이크로서비스 2: O2-Ecom-CreateCommandRestController

JGroups 구성은 다음 파일에 제공된다.

```
ch16\ch16-01\Ax2-Multi-Command-Multi-Event-Handler-Instance\02-EcomCreate-
CommandRestController\src\main\resources\udp_config.xml
```

그러나 지금은 이 파일의 내용에 너무 신경 쓰지 말자.

환경에 맞게 구성 파일을 업데이트한다.

```
ch16\ch16-01\Ax2-Multi-Command-Multi-Event-Handler-Instance\02-EcomCreate-
CommandRestController\src\main\resources\application.properties
server.port=8082
spring.datasource.url=jdbc:mysql://localhost/ecom01
spring.datasource.username=root
spring.datasource.password=rootpassword

cd D:\binil\gold\pack03\ch16\ch16-01\Ax2-Multi-Command-Multi-Event-Handler-
Instance\02-Ecom-CreateCommandRestController
D:\binil\gold\pack03\ch16\ch16-01\Ax2-Multi-Command-Multi-Event-Handler-
Instance\02-Ecom-CreateCommandRestController>make
D:\binil\gold\pack03\ch16\ch16-01\Ax2-Multi-Command-Multi-Event-Handler-
Instance\02-Ecom-CreateCommandRestController>mvn clean install
```

02-Ecom-CreateCommandRestController Axon 스프링 부트 애플리케이션을 여러 가지 방법으로 실행할 수 있다. 간단한 방법은 다음 명령으로 JAR 파일을 실행하는 것이다.

```
D:\binil\gold\pack03\ch16\ch16-01\Ax2-Multi-Command-Multi-Event-Handler-
Instance\02-Ecom-CreateCommandRestController>run1
D:\binil\gold\pack03\ch16\ch16-01\Ax2-Multi-Command-Multi-Event-Handler-
Instance\02-Ecom-CreateCommandRestController>java -Dserver.port=8082 -jar
.\target\02-Ecom-CreateCommandRestController-0.0.1-SNAPSHOT.jar
```

그러면 8082 포트로 02-Ecom-CreateCommandRestController Axon 스프링 부트 서버가 실행된다.

동일한 마이크로서비스에 대한 다른 인스턴스 복제본을 실행한다.

```
cd D:\binil\gold\pack03\ch16\ch16-01\Ax2-Multi-Command-Multi-Event-Handler-
Instance\02-Ecom-CreateCommandRestController
D:\binil\gold\pack03\ch16\ch16-01\Ax2-Multi-Command-Multi-Event-Handler-
```

```
Instance\02-Ecom-CreateCommandRestController>run2
D:\binil\gold\pack03\ch16\ch16-01\Ax2-Multi-Command-Multi-Event-Handler-
Instance\02-Ecom-CreateCommandRestController>java -Dserver.port=8083 -jar
.\target\02-Ecom-CreateCommandRestController-0.0.1-SNAPSHOT.jar
```

그러면 8083 포트로 02-Ecom-CreateCommandRestController Axon 스프링 부트
서버 인스턴스가 하나 더 실행된다.

마이크로서비스 3: O3-Ecom-HandleCommandAndCreateEvent

환경에 맞게 구성 파일을 업데이트한다. 리스트 16-1을 보자.

리스트 16-1. 마이크로서비스 3 구성(ch16\ch16-01\Ax2-Multi-CommandMulti-Event-
Handler-Instance\03-Ecom-HandleCommandAndCreateEvent\src\main\resources\
application.properties)

```
server.port=8084
spring.datasource.url=jdbc:mysql://localhost/ecom01
spring.datasource.username=root
spring.datasource.password=rootpassword

ecom.amqp.rabbit.address= 127.0.0.1:5672
ecom.amqp.rabbit.username= guest
ecom.amqp.rabbit.password= guest
ecom.amqp.rabbit.vhost=/
ecom.amqp.rabbit.exchange=Ecom-02
ecom.amqp.rabbit.queue=Ecom-createcommand_03

cd D:\binil\gold\pack03\ch16\ch16-01\Ax2-Multi-Command-Multi-Event-Handler-
Instance\03-Ecom-HandleCommandAndCreateEvent
D:\binil\gold\pack03\ch16\ch16-01\Ax2-Multi-Command-Multi-Event-Handler-
Instance\03-Ecom-HandleCommandAndCreateEvent>make
D:\binil\gold\pack03\ch16\ch16-01\Ax2-Multi-Command-Multi-Event-Handler-
Instance\03-Ecom-HandleCommandAndCreateEvent>mvn clean install
```

03-Ecom-HandleCommandAndCreateEvent Axon 스프링 부트 애플리케이션의 두 인스턴스를 여러 가지 방법으로 실행할 수 있다. 간단한 방법은 다음 명령으로 JAR 파일을 실행하는 것이다.

```
D:\binil\gold\pack03\ch16\ch16-01\Ax2-Multi-Command-Multi-Event-Handler-
Instance\03-Ecom-HandleCommandAndCreateEvent>run1
D:\binil\gold\pack03\ch16\ch16-01\Ax2-Multi-Command-Multi-Event-Handler-
Instance\03-Ecom-HandleCommandAndCreateEvent>java -Dserver.port=8084 -jar
.\target\03-Ecom-HandleCommandAndCreateEvent-0.0.1-SNAPSHOT.jar
```

그러면 8084 포트로 02-Ecom-CreateCommandRestController Axon 스프링 부트 서버가 실행된다.

```
cd D:\binil\gold\pack03\ch16\ch16-01\Ax2-Multi-Command-Multi-Event-Handler-
Instance\03-Ecom-HandleCommandAndCreateEvent
D:\binil\gold\pack03\ch16\ch16-01\Ax2-Multi-Command-Multi-Event-Handler-
Instance\03-Ecom-HandleCommandAndCreateEvent>run2
D:\binil\gold\pack03\ch16\ch16-01\Ax2-Multi-Command-Multi-Event-Handler-
Instance\03-Ecom-HandleCommandAndCreateEvent>java -Dserver.port=8085 -jar
.\target\03-Ecom-HandleCommandAndCreateEvent-0.0.1-SNAPSHOT.jar
```

그러면 8085 포트로 02-Ecom-CreateCommandRestController Axon 스프링 부트 서버가 실행된다.

마이크로서비스 4: 04-Ecom-EventHandleCore

리스트 16-2에 표시된 대로 환경에 맞게 구성 파일을 업데이트한다.

리스트 16-2. 마이크로서비스 4 구성(ch16\ch16-01\Ax2-Multi-CommandMulti-Event-Handler-Instance\04-Ecom-EventHandleCore\src\main\resources\application.properties)

```
server.port=8086
spring.datasource.url=jdbc:mysql://localhost/ecom01
spring.datasource.username=root
spring.datasource.password=rootpassword

ecom.amqp.rabbit.address= 127.0.0.1:5672
ecom.amqp.rabbit.username= guest
ecom.amqp.rabbit.password= guest
ecom.amqp.rabbit.vhost=/
ecom.amqp.rabbit.exchange=Ecom-02
ecom.amqp.rabbit.queue=Ecom-event-core_03

cd D:\binil\gold\pack03\ch16\ch16-01\Ax2-Multi-Command-Multi-Event-Handler-
Instance\04-Ecom-EventHandleCore
D:\binil\gold\pack03\ch16\ch16-01\Ax2-Multi-Command-Multi-Event-Handler-
Instance\04-Ecom-EventHandleCore>make
D:\binil\gold\pack03\ch16\ch16-01\Ax2-Multi-Command-Multi-Event-Handler-
Instance\04-Ecom-EventHandleCore>mvn clean install
```

여러 가지 방법으로 04-Ecom-EventHandleCore Axon 스프링 부트 애플리케이션의 두 인스턴스를 다시 실행할 수 있다. 간단한 방법은 다음 명령으로 JAR 파일을 실행하는 것이다.

```
D:\binil\gold\pack03\ch16\ch16-01\Ax2-Multi-Command-Multi-Event-Handler-
Instance\04-Ecom-EventHandleCore>run1
D:\binil\gold\pack03\ch16\ch16-01\Ax2-Multi-Command-Multi-Event-Handler-
Instance\04-Ecom-EventHandleCore>java -Dserver.port=8086 -jar
.\target\04Ecom-EventHandleCore-0.0.1-SNAPSHOT.jar
```

그러면 8086 포트로 04-Ecom-EventHandleCore Axon 스프링 부트 서버가 실행된다.

```
cd D:\binil\gold\pack03\ch16\ch16-01\Ax2-Multi-Command-Multi-Event-Handler-
Instance\04-Ecom-EventHandleCore
D:\binil\gold\pack03\ch16\ch16-01\Ax2-Multi-Command-Multi-Event-Handler-
Instance\04-Ecom-EventHandleCore>run2
D:\binil\gold\pack03\ch16\ch16-01\Ax2-Multi-Command-Multi-Event-Handler-
Instance\04-Ecom-EventHandleCore>java -Dserver.port=8087 -jar
.\target\04Ecom-EventHandleCore-0.0.1-SNAPSHOT.jar
```

그러면 8087 포트로 **04-Ecom-EventHandleCore** Axon 스프링 부트 서버가 실행된다.

마이크로서비스 5: 05-Ecom-EventHandlerAudit

이 예제에서 불러올 마지막 마이크로서비스다. 리스트 16-3의 환경에 맞게 구성 파일을 업데이트한다.

리스트 16-3. 마이크로서비스 5 구성 매개변수(ch16\ch16-01\Ax2Multi-Command-Multi-Event-Handler-Instance\05-Ecom-EventHandlerAudit\src\main\resources\application.properties)

```
server.port=8088
spring.datasource.url=jdbc:mysql://localhost/ecom01
spring.datasource.username=root
spring.datasource.password=rootpassword

ecom.amqp.rabbit.address= 127.0.0.1:5672
ecom.amqp.rabbit.username= guest
ecom.amqp.rabbit.password= guest
ecom.amqp.rabbit.vhost=/
ecom.amqp.rabbit.exchange=Ecom-02
ecom.amqp.rabbit.queue=Ecom-event-history_03

cd D:\binil\gold\pack03\ch16\ch16-01\Ax2-Multi-Command-Multi-Event-Handler-
Instance\05-Ecom-EventHandlerAudit
```

```
D:\binil\gold\pack03\ch16\ch16-01\Ax2-Multi-Command-Multi-Event-Handler-
Instance\05-Ecom-EventHandlerAudit>make
D:\binil\gold\pack03\ch16\ch16-01\Ax2-Multi-Command-Multi-Event-Handler-
Instance\05-Ecom-EventHandlerAudit>mvn clean install
```

여러 가지 방법으로 **05-Ecom-EventHandlerAudit** Axon 스프링 부트 애플리케이션의 두 인스턴스를 실행할 수 있다. 간단한 방법은 다음 명령으로 JAR 파일을 실행하는 것이다.

```
D:\binil\gold\pack03\ch16\ch16-01\Ax2-Multi-Command-Multi-Event-Handler-
Instance\05-Ecom-EventHandlerAudit>run1
D:\binil\gold\pack03\ch16\ch16-01\Ax2-Multi-Command-Multi-Event-Handler-
Instance\05-Ecom-EventHandlerAudit>java -Dserver.port=8088 -Dspring.
application.name=product-audit-01 -jar .\target\05-Ecom-EventHandlerAudit-
0.0.1-SNAPSHOT.jar
```

그러면 8088 포트로 **05-Ecom-EventHandlerAudit** Axon 스프링 부트 서버가 실행된다.

```
cd D:\binil\gold\pack03\ch16\ch16-01\Ax2-Multi-Command-Multi-Event-Handler-
Instance\05-Ecom-EventHandlerAudit
D:\binil\gold\pack03\ch16\ch16-01\Ax2-Multi-Command-Multi-Event-Handler-
Instance\05-Ecom-EventHandlerAudit>run2
D:\binil\gold\pack03\ch16\ch16-01\Ax2-Multi-Command-Multi-Event-Handler-
Instance\05-Ecom-EventHandlerAudit>java -Dserver.port=8089 -Dspring.
application.name=product-audit-02 -jar .\target\05-Ecom-EventHandlerAudit-
0.0.1-SNAPSHOT.jar
```

그러면 8089 포트로 **05-Ecom-EventHandlerAudit** Axon 스프링 부트 서버가 실행된다.

이것으로 모든 마이크로서비스의 시작이 완료됐다.

이제 몇 가지 초기 데이터로 ecom_product와 ecom_product_view 테이블을 미리 채운다.

```
mysql> insert into ecom_product(id,description,price,stock,version)
values(1,'Shirts',100,5,0);
mysql> insert into ecom_product(id,description,price,stock,version)
values(2,'Pants',100,5,0);
mysql> insert into ecom_product(id,description,price,stock,version)
values(3,'T-Shirt',100,5,0);
mysql> insert into ecom_product(id,description,price,stock,version)
values(4,'Shoes',100,5,0);
mysql> insert into ecom_product_view(id,description,price,stock)
values(1,'Shirts',100,5);
mysql> insert into ecom_product_view(id,description,price,stock)
values(2,'Pants',100,5);
mysql> insert into ecom_product_view(id,description,price,stock)
values(3,'T-Shirt',100,5);
mysql> insert into ecom_product_view(id,description,price,stock)
values(4,'Shoes',100,5);
```

다음으로 nginx를 역방향 프록시로 구성해야 한다. ch16\ch16-01\Ax2-Multi-Command-Multi-Event-Handler-Instance\ConfNginx\nginx.conf를 nginx 구성 관련 부분에 적용한다. 리스트 16-4를 참고한다.

리스트 16-4. nginx 구성 매개변수(D:\Applns\nginx\nginx-1.13.5\conf\nginx.conf)

```
http {
  upstream myapp1 {
    server localhost:8082;
    server localhost:8083;
  }
```

```
server {
  listen  8081;
  server_name localhost;

  location / {
    proxy_pass http://myapp1;
    root  html;
    index index.html index.htm;
  }
 }
}
```

nginx를 시작하려면 부록 C를 참고하길 바란다.

위의 구성을 변경한 후 nginx를 실행한다.

```
cd D:\Applns\nginx\nginx-1.13.5
D:\Applns\nginx\nginx-1.13.5>nginx
```

브라우저(가급적 크롬)를 사용하고 http://localhost:8080/을 호출할 수 있다. 변경 사항이 반영되지 않으면 브라우저 세션을 닫고 새 브라우저 인스턴스를 가져와 위의 URL을 요청할 수 있다.

12장의 '분산 명령과 이벤트 처리' 절에 있는 '예제 시나리오 빌드와 테스트' 절에서 설명한 단계에 따라 예제를 테스트할 수 있다. 예제를 테스트하는 동안 콘솔 창을 계속 보면 마이크로서비스 인스턴스의 경우 nginx가 이 두 인스턴스에 대한 요청을 역방향 프록시하기 때문에 HTTP 요청이 CreateCommand RestController 마이크로서비스의 두 인스턴스를 번갈아 가며 요청하는지 확인할 수 있다. 마찬가지로 명령과 이벤트 핸들은 각 마이크로서비스의 두 인스턴스 간에 번갈아가며 나타난다. 또한 잠시 동안 마이크로서비스의 한 인스턴스를 중단할 수도 있다. 그동안 요청을 호출하면서 테스트를 계속하면 해당 처리가 항상 마이크로서비스의 다른 살아있는 인스턴스에서 발생하는 것을 확인할 수 있다. 이전에 중지한 인스턴스를 나중에 다시 불러오면 두 인스턴스에 처리가 다시 고르게 분산되는 것을 볼 수 있다.

Axon CQRS용 쓰기 노드에서 에그리게이트 루트 엔티티 확장

앞 절에서는 명령과 이벤트를 처리하고자 더 많은 노드를 추가해 Axon에서 CQRS 아키텍처를 확장하는 방법을 보여줬다. 쓰기 노드 또는 명령 처리 노드 확장과 관련된 주의 사항을 살펴본다.

동일한 엔티티의 복제 요청을 동시에 수정

'효율성 향상을 위한 독립적인 읽기와 쓰기 확장성' 절에서는 단일 쓰기 노드 또는 모든 쓰기와 다중 읽기 노드를 라우팅하는 기본 데이터베이스 또는 쿼리를 관리하기 위한 보조 데이터베이스가 있는 오라클 기반 아키텍처 템플릿을 확인했다. 이러한 종류의 아키텍처를 선호하는 이유는 쓰기 트랜잭션에 비해 읽기 트랜잭션 수가 훨씬 많은 대부분의 비즈니스 애플리케이션의 높은 조회 후 예약look-to-book 비율 또는 유사한 특성을 관리하기 위함이다.

데이터 지속성 위에 CQRS 계층을 추가할 때 명령과 조회 처리를 데이터 지속성과는 별도로 노드 또는 프로세스로 분할했다. 또한 명령과 조회 처리를 처리하는 마이크로서비스를 여러 인스턴스로 이중화할 때 일반적인 아키텍처는 그림 16-7과 같다.

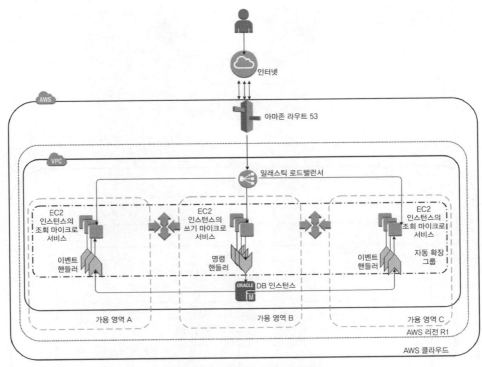

그림 16-7. 확장된 CQRS 아키텍처

그림 16-7을 보면 모든 이벤트 핸들러에 알림이 전송되고 모든 이벤트 핸들러가 모든 작업을 수행해 대부분의 경우 구체화 뷰 또는 캐시를 새로 고칠 수 있으므로 이벤트 핸들러를 확장하는 것은 간단하다. 명령 핸들러의 확장 시나리오를 살펴보면 더 복잡할 수 있다. 그림 16-8은 명령 핸들러를 호스팅하는 마이크로서비스 인스턴스의 많은 시나리오를 보여준다.

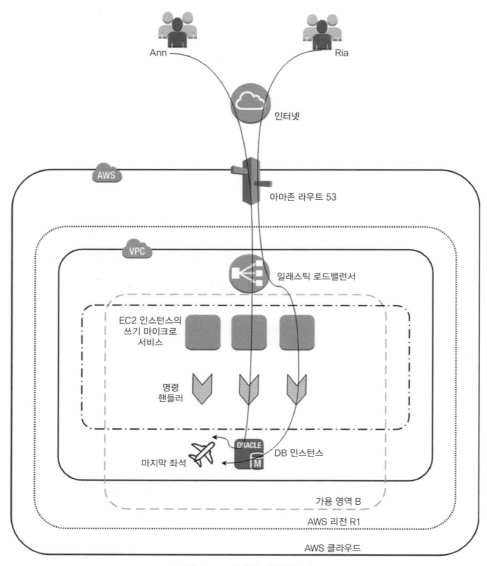

그림 16-8. 확장된 명령 핸들러

사실 그림 16-8은 그림 16-7의 명령 처리 부분을 분해한 것이다. 앤^{Ann}과 리아^{Ria}가 모두 글로벌 온라인 여행사^{OTA, Online Travel Agent} 사이트로 항공편 좌석을 예약하려고 한다고 가정하자. 여행사는 단일 항공사의 여러 항공편 좌석을 판매한다.

또한 OTA는 여러 항공사의 비행 좌석을 판매한다. 비행 좌석에 대한 예약 요청을 보면 애플리케이션에 대한 쓰기 작업이며, CQRS 패턴으로 진행할 경우 명령과 명령 핸들러로 모델링된다.

OTA에는 글로벌 운영체제를 갖추고 있으므로 기간당 발생하는 총 예약 수가 상당하고, 예약 시작을 담당하는 명령 핸들러가 있는 마이크로서비스 인스턴스가 2개 이상 있어야 하는 이유가 있다고 가정해본다. 이것이 그림 16-8에 나와 있다. 다이어그램은 실제 재고와 예약 시스템을 지나치게 단순화한 것이지만 이 절에서 다루려는 핵심 개념을 설명하는 것으로 충분하다.

한 항공사의 마지막 좌석 예약 요청이 두 명 이상의 사용자로부터 동시에 도달하면 시나리오가 복잡해진다. 샤딩, 고정 세션 등과 같은 다른 측면을 잊어버린 경우 항공사의 마지막 좌석을 예약하려는 HTTP 요청이 예약을 시작하는 명령 핸들러가 있는 동일한 마이크로서비스의 다른 인스턴스에 도달한다고 가정할 수 있다. 이러한 다른 명령 핸들러 인스턴스는 먼저 영구 저장소인 단일 데이터베이스에서 비행기의 마지막 단일 좌석인 엔티티를 가져오려고 시도한다. 이러한 상황이 발생하면 영구 저장소의 마지막 자리에 대한 단일 진실 소스가 둘이상의 프로세스 공간(명령 핸들러 마이크로서비스의 다른 인스턴스)에 들어간다. 기본 하드웨어가 멀티코어 아키텍처인 경우 예약 요청 처리가 동일한 마지막 좌석의 서로 다른 복제본에서 어느 정도 동시에 발생하는 시나리오를 상상할 수 있다. 이 시나리오를 어떻게 처리해야 할까?

낙관적 잠금

낙관적 잠금은 여러 트랜잭션이 서로 영향을 주지 않고 완료될 수 있다고 가정하므로 이런 트랜잭션은 영향을 주는 데이터 자원을 잠그지 않고 진행될 수 있다. 그러나 커밋하기 전에 각 트랜잭션은 다른 트랜잭션이 데이터를 수정하지 않았는지 확인한다. 유효성 검사가 충돌하면 커밋 트랜잭션이 롤백된다.

낙관적 잠금은 일반적으로 여러 데이터베이스 트랜잭션에 걸쳐 있는 긴 트랜잭션이나 통신에 사용된다. 그러나 동일한 전략을 짧은 트랜잭션에도 사용할 수 있다. 동일한 엔티티가 둘 이상의 통신으로 업데이트되는 경우 후속 커밋 시도가 충돌을 알리고, 이전 통신 작업을 재정의하지 않게 엔티티에 버전 정보를 저장할 수 있다. 이 접근법은 약간의 격리를 보장하지만 확장성이 뛰어나며 읽기가 자주 발생하는 쓰기 상황에서 특히 잘 작동한다. 하이버네이트^{Hibernate}는 버전 정보를 저장하기 위한 2가지 다른 메커니즘으로 전용 버전 번호나 타임스탬프를 제공한다.

이 예제에서는 지속성 서비스 공급자로 하이버네이트를 사용한다. 따라서 동일한 엔티티에서 하나 이상의 트랜잭션이 진행되는 경우 하이버네이트는 트랜잭션 중 하나가 커밋하게 허용하고(일반적으로 먼저 완료되는 트랜잭션) 다른 트랜잭션은 `org.hibernate.StaleObjectStateException`을 받게 된다. 예외는 실패의 원인이었던 특정 엔티티 인스턴스에 대한 정보를 전달한다. 예외는 다음과 같다.

```
Caused by: org.hibernate.StaleObjectStateException: Row was updated or deleted
by another transaction (or unsaved-value mapping was incorrect) :
[com.axon.concurrency.user.model.User#1]
```

이러한 예외를 수신하면 지속성 공급자는 낙관적 잠금 충돌이 발생했음을 해석하고 `javax.persistence.OptimisticLockException`을 발생시킨다. 이 예외는 API 호출의 일부로, 플러시 또는 커밋 시 발생할 수 있다. 이렇게 하면 현재 트랜잭션(활성 상태인 경우)이 롤백 대상으로 표시된다.

Axon의 충돌 탐지와 해결

변경의 의미를 명시하는 것의 주요 이점 중 하나는 충돌하는 변경을 좀 더 정확하게 감지할 수 있다는 것이다. 일반적으로 이러한 충돌 변경은 두 사용자가 동일한 데이터에 대해 어느 정도 동시에 작업할 때 발생한다. 그림 16-8을 참고하면 앤과 리아 둘 다 특정 버전의 데이터를 보고 있으며, 둘 다 마지막으로 확인한 좌석의 상태가 'Available for Booking'이라고 생각하면 둘 다 데이터를 변경하기로 결정할 수 있다. 둘 다 '이 버전 X 에그리게이트 수행'과 같은 명령을 보낸다. 여기서 X는 변경 사항이 적용될 에그리게이트의 예상 버전이다. 적어도 앤과 리아가 기대하는 것이다. 이 경우 그중 하나는 실제로 예상 버전에 적용된 변경 사항을 갖게 된다. 시스템이 다른 사용자를 대신해 변경 사항을 적용하려고 할 때 변경 사항이 적용될 예상 버전이 변경됐으므로 특정 사용자를 대신해 변경 사항이 적용되지 않는다.

org.axonframework.domain.AggregateRoot<I>는 에그리게이트 루트를 나타내는 엔티티에 대한 계약을 정의하는 인터페이스다. 여기서 I는 이 에그리게이트의 식별자 유형을 나타낸다. AggregateRoot는 Long getVersion()이라는 메서드를 제공한다.

AggregateRoot.getVersion()은 에그리게이트의 현재 버전 번호를 반환하거나 에그리게이트가 새로 생성된 경우 null을 반환한다. 이 버전은 변경 사항이 적용되는 에그리게이트의 버전 번호를 반영해야 한다. 에그리게이트를 수정하고 저장소에 저장할 때마다 버전 번호는 최소 1씩 증가해야 한다. 이 버전 번호는 낙관적 잠금 전략과 충돌하는 동시 수정 감지에 사용할 수 있다.

보통 마지막으로 커밋된 이벤트의 순서 번호가 버전 번호로 사용된다.

편의를 위해 Axon은 AggregateRoot 인터페이스의 매우 기본적인 구현인 org.axonframework.domain.AbstractAggregateRoot<I>도 제공한다. 커밋되지 않은 이벤트를 추적하는 메커니즘을 제공하고 생성된 이벤트 수에 따라 버전 번호를 유지한다. 대부분의 경우 추상 클래스에서 에그리게이트 루트 엔티티를 확장하는 것으로 충분하다.

Axon CQRS에서 낙관적 잠금을 보여주는 예제

이 절에서는 Axon의 낙관적 잠금 전략을 보여주는 작업 예제를 살펴본다. 그림 16-8과 같은 유사한 환경을 설정하지만 클라우드에 배포하지는 않는다. 대신 자신의 PC에서 실행하고 2개의 마이크로서비스에 대한 작업을 시연할 수 있으며 마이크로서비스의 2개 이상 인스턴스를 포함하는 시나리오에서 작동한다고 가정할 수 있으므로 마이크로서비스의 인스턴스는 2개뿐이다.

예제 시나리오 디자인

동시에 동일한 엔티티를 수정하려는 두 사용자를 시뮬레이션한다. 이를 위해 REST 컨트롤러와 명령 핸들러로 구성된 간단한 Axon 마이크로서비스가 제공된다. REST 컨트롤러는 POST와 PUT 요청을 수락해 User 엔티티의 레코드를 만들고 수정할 수 있다. 그림 16-9를 참고한다.

동시 수정 시나리오를 시뮬레이션하는 방식으로 '수정' 작업을 수정해야 한다. 이를 위해 Thread.sleep() 메서드를 사용해 지연을 추가해 첫 번째 수정 작업이 대기 상태에 있는 동안 두 번째 수정 요청을 시작할 수 있는 충분한 시간을 갖게 한다.

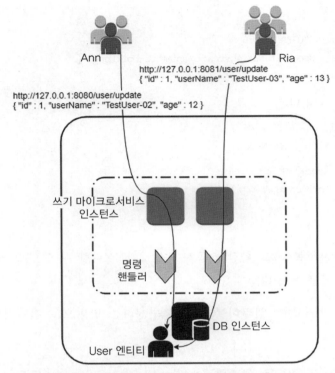

http://127.0.0.1:8081/user/update
{ "id" : 1, "userName" : "TestUser-03", "age" : 13 }

http://127.0.0.1:8080/user/update
{ "id" : 1, "userName" : "TestUser-02", "age" : 12 }

쓰기 마이크로서비스
인스턴스

명령
핸들러

DB 인스턴스

User 엔티티

그림 16-9. 낙관적 잠금을 테스트하기 위한 예제 시나리오 디자인

예제 시나리오 코딩

코드는 간단하지만 예제의 완전성을 위해 여기에 보여준다. 이 절의 모든 코드 예제는 ch16\ch16-02\Ax2-Cuncurrency-Test 폴더에 있다. 먼저 **User** 엔티티 클래스를 살펴본다. 리스트 16-5를 보자.

리스트 16-5. 동시에 수정되는 사용자 엔티티(ch16\ch16-02\Ax2Cuncurrency-Test\src\main\java\com\axon\concurrency\user\model\User.java)

```
import org.axonframework.domain.AbstractAggregateRoot;
```

```java
@Entity
@Table(name = "USER")
public class User extends AbstractAggregateRoot<Long> {

  @Id
  private Long id;

  @Column(name="USER_NAME")
  private String userName;

  @Column(name="AGE")
  private Integer age;
}
```

AbstractAggregateRoot를 확장해 동시 수정을 테스트할 수 있도록 기본 에그리 게이트 엔티티를 만든다.

REST 컨트롤러는 **User** 엔티티를 만들고 수정하는 방법으로 간단하다. 리스트 16-6을 보자.

리스트 16-6. REST 컨트롤러 생성 명령(ch16\ch16-02\Ax2Cuncurrency-Test\src\main\ java\com\axon\concurrency\user\web\UserController.java)

```java
@RestController
public class UserController {

  @Autowired
  private CommandGateway commandGateway;
  @RequestMapping(method = RequestMethod.POST,path="/user/create")
  public void createNewUser(@RequestBody UserDTO userDTO){

    UserCreationCommand command = new UserCreationCommand(userDTO.getId(),
        userDTO.getUserName(), userDTO.getAge());
    try{
      commandGateway.sendAndWait(command);
    }
```

```
      catch(RuntimeException runtimeException){
        LOGGER.error(runtimeException.getMessage());
      }
    }

    @RequestMapping(method = RequestMethod.PUT,path="/user/update")
    public void updateUser(@RequestBody UserDTO userDTO){

    UserModificationCommand command = new
        UserModificationCommand(userDTO.getId(), userDTO.getUserName(),
        userDTO.getAge());
      try{
        commandGateway.sendAndWait(command);
      }
      catch(RuntimeException runtimeException){
        LOGGER.error(runtimeException.getMessage());
      }
    }
  }
```

새로운 사용자 생성을 위해 UserCreationCommand를 생성하고 보낸다. 또한 사용자 수정 요청을 위해서는 UserModificationCommand를 생성하고 보낸다. UserCreationCommand와 UserModificationCommand는 모두 UserCommandHandler에서 처리된다. 리스트 16-7을 보자.

리스트 16-7. Axon 명령 핸들러(ch16\ch16—02\Ax2—CuncurrencyTest\src\main\java\com\axon\concurrency\user\command\handler\UserCommandHandler.java)

```
@Component
public class UserCommandHandler {

  @Autowired
  @Qualifier(value = "userRepository")
  private Repository<User> userRepository;
```

```
@CommandHandler
public void handleUserCreationCommand(UserCreationCommand
    userCreationCommand) {

  User user = new User(userCreationCommand.getId(),
      userCreationCommand.getUserName(), userCreationCommand.getAge());
  userRepository.add(user);
}

@CommandHandler
public void handleUserModifyCommand(UserModificationCommand
    userModificationCommand) {

  User user = userRepository.load(userModificationCommand.getId());
  user.setAge(userModificationCommand.getAge());
  user.setUserName(userModificationCommand.getUserName());

  Long seconds = 60L;
  LOGGER.debug("Thread Sleeping for {} seconds", seconds);
  try{
    Thread.sleep(1000 * seconds);
  }catch(Exception exception){
    LOGGER.error(exception.getMessage());
  }
 }
}
```

이것으로 메인 코드가 완성됐다.

예제 시나리오 빌드와 테스트

첫 번째 단계로 MySQL 서버를 실행한다. MySQL 서버를 시작하려면 부록 H를
참고한다.

```
D:\Applns\MySQL\mysql-8.0.14-winx64\bin>mysqld --console
```

이제 MySQL 프롬프트를 연다.

```
D:\Applns\MySQL\mysql-8.0.14-winx64\bin>mysql -u root -p

mysql> use ecom01;
Database changed
mysql>
```

깨끗한 테이블로 시작하려면 예제의 원하는 이름을 가진 테이블을 삭제한다.

```
mysql> drop table user;
```

환경에 맞게 구성 파일을 업데이트한다. 리스트 16-8을 보자.

리스트 16-8. MySQL 구성(ch16\ch16-02\Ax2-Cuncurrency-Test\src\main\resources\application.properties)

```
server.port: 8080
spring.datasource.url=jdbc:mysql://localhost/ecom01
spring.datasource.username=root
spring.datasource.password=rootpassword
```

참고 여기서는 변경하지 말자.

이제 동시성 테스트를 위한 실행 파일을 빌드하고 패키징한다. 마이크로서비스와 서버의 두 인스턴스를 실행한다. ch16\ch16-02\Ax2-Cuncurrency-Test\make.bat 유틸리티 스크립트가 있다.

```
cd D:\binil\gold\pack03\ch16\ch16-02\Ax2-Cuncurrency-Test
D:\binil\gold\pack03\ch16\ch16-02\Ax2-Cuncurrency-Test>make
D:\binil\gold\pack03\ch16\ch16-02\Ax2-Cuncurrency-Test>mvn clean install
```

여러 가지 방법으로 스프링 부트 애플리케이션을 실행할 수 있다. 간단한 방법은 다음 명령으로 JAR 파일을 실행하는 것이다.

```
D:\binil\gold\pack03\ch16\ch16-02\Ax2-Cuncurrency-Test>run1
D:\binil\gold\pack03\ch16\ch16-02\Ax2-Cuncurrency-Test>java -Dserver.
port=8080 -jar .\target\Axon-Concurrency-test-0.0.1-SNAPSHOT.jar
```

이렇게 하면 8080 포트로 명령 핸들러의 첫 번째 인스턴스가 실행된다. 이 예제에서는 데이터베이스에 필요한 사용자 테이블도 생성된다. Axon이 리스트 16-9에서 AggregateRoot 엔티티를 관리하고자 생성한 추가 필드인 last_event_sequence_number와 version을 기록할 수 있다.

리스트 16-9. AggregateRoot 엔티티에 대한 사용자 테이블

```
mysql> desc user;
+---------------------------+--------------+------+-----+---------+-------+
| Field                     | Type         | Null | Key | Default | Extra |
+---------------------------+--------------+------+-----+---------+-------+
| id                        | bigint(20)   | NO   | PRI | NULL    |       |
| last_event_sequence_number| bigint(20)   | YES  |     | NULL    |       |
| version                   | bigint(20)   | YES  |     | NULL    |       |
| age                       | int(11)      | YES  |     | NULL    |       |
| user_name                 | varchar(255) | YES  |     | NULL    |       |
+---------------------------+--------------+------+-----+---------+-------+
5 rows in set (0.04 sec)
mysql>
```

동일한 Axon 에그리게이트의 서로 다른 복제본에 대한 동시 수정 요청을 시뮬레이션하려면 동일한 마이크로서비스의 인스턴스가 하나 이상 필요하다. 다른 창에서 이 작업을 수행한다.

```
cd D:\binil\gold\pack03\ch16\ch16-02\Ax2-Cuncurrency-Test
D:\binil\gold\pack03\ch16\ch16-02\Ax2-Cuncurrency-Test>run2
D:\binil\gold\pack03\ch16\ch16-02\Ax2-Cuncurrency-Test>java
-Dserver.port=8081 -jar .\target\Axon-Concurrency-test-0.0.1-SNAPSHOT.jar
```

그러면 8081 포트로 명령 핸들러의 두 번째 인스턴스가 실행된다.

도메인에 사용자 엔티티를 만들어야 한다. Postman을 사용해 사용자 데이터를 JSON 형식으로 보내는 HTTP **POST** 요청을 보내 새 사용자를 만든다(그림 16-10 참고). Postman에 대한 자세한 내용은 부록 D를 참고한다.

```
HTTP POST: http://127.0.0.1:8080/user/create
Body: JSON(application/json)
{ "id" : 1, "userName" : "TestUser-01", "age" : 11 }
```

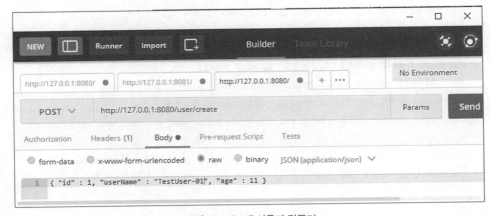

그림 16-10. 새 사용자 만들기

리스트 16-10은 사용자 생성에 대한 로그를 마이크로서비스 콘솔에 보여준다.

리스트 16-10. 사용자 생성을 보여주는 마이크로서비스 콘솔

```
D:\binil\gold\pack03\ch16\ch16-02\Ax2-Cuncurrency-Test>run1

D:\binil\gold\pack03\ch16\ch16-02\Ax2-Cuncurrency-Test>java -Dserver.
port=8080 -jar .\target\Axon-Concurrency-test-0.0.1-SNAPSHOT.jar

  .   ___          _            __ _ _
 /\\ / ___'_ __ _ _(_)_ __  __ _ \ \ \ \
( ( )\___ | '_ | '_| | '_ \/ _` | \ \ \ \
 \\/  ___)| |_)| | | | | || (_| |  ) ) ) )
  '  |____| .__|_| |_|_| |_\__, | / / / /
 =========|_|==============|___/=/_/_/_/
 :: Spring Boot ::        (v1.3.5.RELEASE)
...
2019-03-08 13:53:39 INFO
org.springframework.boot.StartupInfoLogger.logStarted:57 - Started
AxonApplication in 36.376 seconds (JVM running for 39.958)
...
2019-03-08 13:56:32 INFO com.axon.concurrency.user.web.UserController.
createNewUser:67 - Start
2019-03-08 13:56:32 INFO com.axon.concurrency.user.command.handler.
UserCommandHandler.handleUserCreationCommand:69 - Start
2019-03-08 13:56:32 DEBUG com.axon.concurrency.user.command.handler.
UserCommandHandler.handleUserCreationCommand:72 - New User Created : ID : 1;
UserName : TestUser-01; Age : 11; Version : null
2019-03-08 13:56:32 INFO com.axon.concurrency.user.command.handler.
UserCommandHandler.handleUserCreationCommand:73 - End
Hibernate: insert into user (last_event_sequence_number, version, age,
user_name, id) values (?, ?, ?, ?, ?)
2019-03-08 13:56:32 INFO com.axon.concurrency.user.web.UserController.
createNewUser:76 - End
```

리스트 16-11과 같이 MySQL 명령 창에서 MySQL DB 쿼리로 User 엔티티가 생성됐는지 확인할 수 있다.

리스트 16-11. 새로 생성된 사용자 검사

```
mysql> select * from user;
+----+---------------------------+---------+------+-------------+
| id | last_event_sequence_number | version | age  | user_name   |
+----+---------------------------+---------+------+-------------+
| 1  | NULL                      | 0       | 11   | TestUser-01 |
+----+---------------------------+---------+------+-------------+
1 row in set (0.00 sec)
mysql>
```

이제 생성된 사용자를 둘 이상의 클라이언트에서 거의 동시에 수정하도록 대상을 지정해야 한다. 사용자 수정 처리는 60초 지연으로 구성된다. 즉, 첫 번째 수정 요청을 실행한 후 다음 60초에서 좀 더 안전한 시간 이내에 다른 수정 요청도 실행해야 한다.

Postman을 사용해 사용자 데이터를 JSON 형식으로 보내는 HTTP **PUT** 요청을 보내 이전에 생성된 사용자를 업데이트한다(그림 16-11 참고).

```
HTTP PUT http://127.0.0.1:8080/user/update
BODY Raw JSON(application/json)
{ "id" : 1, "userName" : "TestUser-02", "age" : 12 }
```

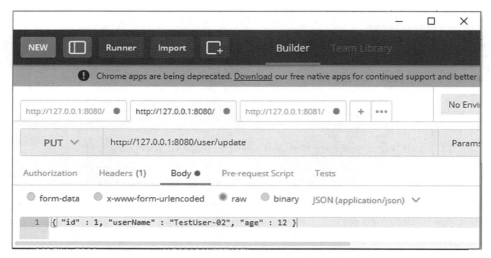

그림 16-11. 첫 번째 클라이언트에서 사용자 업데이트

많은 시간을 허비하지 않고 JSON 형식으로 사용자 데이터를 전송하는 HTTP PUT 요청을 한 번 더 실행해 이전에 생성된 사용자를 약간 다른 데이터로 업데이트해 그림 16-12와 같이 앞의 두 작업으로 영향을 받는 업데이트를 구별할 수 있다.

```
HTTP PUT http://127.0.0.1:8081/user/update
BODY Raw JSON (application / json)
{ "id": 1, "userName": "TestUser-03", "age": 13}
```

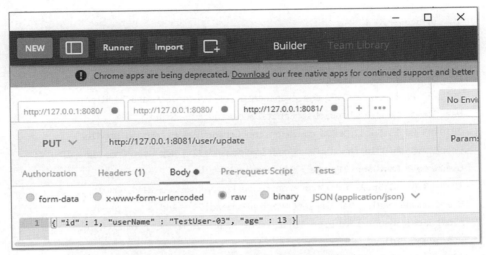

그림 16-12. 두 번째 클라이언트에서 사용자 업데이트

이것으로 테스트가 완료됐다. 마이크로서비스 콘솔을 검사하면 두 클라이언트가 20초 동안 대기 모드에 있는 것을 볼 수 있다. 리스트 16-12는 그림 16-11에 표시된 PUT 메서드의 영향을 받은 마이크로서비스 1의 콘솔을 보여준다.

리스트 16-12. 대기 모드에서 마이크로서비스 1의 업데이트 작업

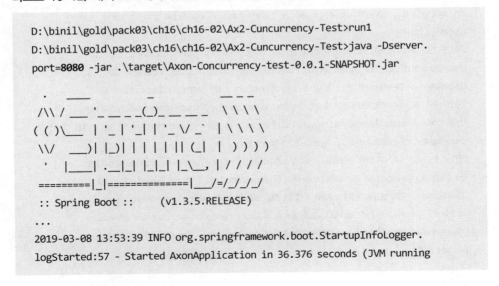

```
for 39.958)
...
2019-03-08 13:56:32 INFO com.axon.concurrency.user.web.UserController.
createNewUser:67 - Start
2019-03-08 13:56:32 INFO com.axon.concurrency.user.command.handler.
UserCommandHandler.handleUserCreationCommand:69 - Start
2019-03-08 13:56:32 DEBUG com.axon.concurrency.user.command.handler.
UserCommandHandler.handleUserCreationCommand:72 - New User Created : ID : 1;
UserName : TestUser-01; Age : 11; Version : null
2019-03-08 13:56:32 INFO com.axon.concurrency.user.command.handler.
UserCommandHandler.handleUserCreationCommand:73 - End
Hibernate: insert into user (last_event_sequence_number, version, age,
user_name, id) values (?, ?, ?, ?, ?)
2019-03-08 13:56:32 INFO com.axon.concurrency.user.web.UserController.
createNewUser:76 - End
2019-03-08 14:00:56 INFO com.axon.concurrency.user.web.UserController.
updateUser:82 - Start
2019-03-08 14:00:56 INFO com.axon.concurrency.user.command.handler.
UserCommandHandler.handleUserModifyCommand:79 - Start
Hibernate: select user0_.id as id1_0_0_, user0_.last_event_sequence_
number as last_eve2_0_0_, user0_.version as version3_0_0_, user0_.age
as age4_0_0_, user0_.user_name as user_nam5_0_0_ from user user0_ where
user0_.id=?
2019-03-08 14:00:56 DEBUG com.axon.concurrency.user.command.handler.
UserCommandHandler.handleUserModifyCommand:82 - User Found : ID : 1;
UserName : TestUser-01; Age : 11; Version : 0; versionInitial : 0
2019-03-08 14:00:56 DEBUG com.axon.concurrency.user.command.handler.
UserCommandHandler.handleUserModifyCommand:85 - User Modified to : ID : 1;
UserName : TestUser-02; Age : 12; Version : 0
2019-03-08 14:00:56 DEBUG com.axon.concurrency.user.command.handler.
UserCommandHandler.handleUserModifyCommand:88 - User Queried : ID : 1;
UserName : TestUser-02; Age : 12; Version : 0; versionQueried : 0.
2019-03-08 14:00:56 DEBUG com.axon.concurrency.user.command.handler.
UserCommandHandler.handleUserModifyCommand:90 - Thread Sleeping for
60 seconds
```

리스트 16-13은 그림 16-12에 표시된 PUT 메서드의 영향을 받은 마이크로서비스 2의 콘솔을 보여준다.

리스트 16-13. 대기 모드에서 마이크로서비스 2의 업데이트 작업

```
D:\binil\gold\pack03\ch16\ch16-02\Ax2-Cuncurrency-Test>run2

D:\binil\gold\pack03\ch16\ch16-02\Ax2-Cuncurrency-Test>java -Dserver.
port=8081 -jar .\target\Axon-Concurrency-test-0.0.1-SNAPSHOT.jar

  .   ___          _            __ _ _
 /\\ / ___'_ __ _ _(_)_ __  __ _ \ \ \ \
( ( )\___ | '_ | '_| | '_ \/ _` | \ \ \ \
 \\/  ___)| |_)| | | | | || (_| |  ) ) ) )
  '  |____| .__|_| |_|_| |_\__, | / / / /
 =========|_|==============|___/=/_/_/_/
 :: Spring Boot ::       (v1.3.5.RELEASE)
...
2019-03-08 13:53:39 INFO org.springframework.boot.StartupInfoLogger.
logStarted:57 - Started AxonApplication in 29.656 seconds
(JVM running for 31.918)
...
2019-03-08 14:01:01 INFO com.axon.concurrency.user.web.UserController.
updateUser:82 - Start
2019-03-08 14:01:01 INFO com.axon.concurrency.user.command.handler.
UserCommandHandler.handleUserModifyCommand:79 - Start
Hibernate: select user0_.id as id1_0_0_, user0_.last_event_sequence_
number as last_eve2_0_0_, user0_.version as version3_0_0_, user0_.age
as age4_0_0_, user0_.user_name as user_nam5_0_0_ from user user0_ where
user0_.id=?
2019-03-08 14:01:01 DEBUG com.axon.concurrency.user.command.handler.
UserCommandHandler.handleUserModifyCommand:82 - User Found : ID : 1;
UserName : TestUser-01; Age : 11; Version : 0; versionInitial : 0
2019-03-08 14:01:01 DEBUG com.axon.concurrency.user.command.handler.
UserCommandHandler.handleUserModifyCommand:85 - User Modified to : ID : 1;
UserName : TestUser-03; Age : 13; Version : 0
```

```
2019-03-08 14:01:01 DEBUG com.axon.concurrency.user.command.handler.
UserCommandHandler.handleUserModifyCommand:88 - User Queried : ID : 1;
UserName : TestUser-03; Age : 13; Version : 0; versionQueried : 0
2019-03-08 14:01:01 DEBUG com.axon.concurrency.user.command.handler.
UserCommandHandler.handleUserModifyCommand:90 - Thread Sleeping for 60 seconds
```

리스트 16-12와 리스트 16-13을 자세히 살펴보면 두 클라이언트가 서로 다른 값을 사용해, 업데이트에 영향을 주려고 시도했다는 사실을 알 수 있다.

이제 13장에서 '트랜잭션 격리 제어 방법' 절을 다시 참고한다. 여기서 낙관적 잠금을 정의했고 실용적인 접근법을 취하며 클라이언트가 데이터를 사용하는 동안 데이터가 변경되지 않도록 '낙관적'으로 유도해 동일한 데이터에 액세스할 수 있게 한다. 대기 모드에 있는 해당 업데이트 처리 중 2가지를 모두 깨우고 업데이트를 완료하고 트랜잭션 커밋할 때까지 기다린다. 클라이언트 중 하나가 성공적으로 업데이트됐음을 알 수 있다.

리스트 16-14는 업데이트 커밋에 성공한 마이크로서비스 1의 콘솔을 보여준다.

리스트 16-14. 커밋된 마이크로서비스 1의 업데이트 작업

```
D:\binil\gold\pack03\ch16\ch16-02\Ax2-Cuncurrency-Test>run1

D:\binil\gold\pack03\ch16\ch16-02\Ax2-Cuncurrency-Test>java
-Dserver.port=8080 -jar .\target\Axon-Concurrency-test-0.0.1-SNAPSHOT.jar

  .   ___          _            __ _ _
 /\\ / ___'_ __ _ _(_)_ __  __ _ \ \ \ \
( ( )\___ | '_ | '_| | '_ \/ _` | \ \ \ \
 \\/  ___)| |_)| | | | | || (_| |  ) ) ) )
  '  |____| .__|_| |_|_| |_\__, | / / / /
 =========|_|==============|___/=/_/_/_/
 :: Spring Boot ::        (v1.3.5.RELEASE)
2019-03-08 13:53:39 INFO org.springframework.boot.StartupInfoLogger.
logStarted:57 - Started AxonApplication in 36.376 seconds (JVM running for
```

```
39.958)
...
2019-03-08 14:00:56 DEBUG
com.axon.concurrency.user.command.handler.UserCommandHandler.handleUserModi
fyCommand:90 - Thread Sleeping for 60 seconds
2019-03-08 14:01:57 DEBUG com.axon.concurrency.user.command.handler.
UserCommandHandler.handleUserModifyCommand:98 - User Queried Again : ID : 1;
UserName : TestUser-02; Age : 12; Version : 0; versionQueriedAgain : 0
2019-03-08 14:01:57 INFO com.axon.concurrency.user.command.handler.
UserCommandHandler.handleUserModifyCommand:99 - End
Hibernate: update user set last_event_sequence_number=?, version=?, age=?,
user_name=? where id=? and version=?
2019-03-08 14:01:57 INFO com.axon.concurrency.user.web.UserController.
updateUser:91 - End
```

리스트 16-15는 두 번째로 깨어난(두 번째로 대기 모드를 시작했기 때문에) 업데이트 커밋에 성공하지 못한 마이크로서비스 2의 콘솔을 보여준다. 리스트 16-15에 나타난 대로 예외가 발생한다. 이는 낙관적 동시 액세스에서 특정 클라이언트를 대신하는 트랜잭션이 어떤 이유로든 업데이트를 원하면 클라이언트에 원래 제공된 데이터가 데이터베이스의 현재 데이터와 동일한 경우에만 업데이트가 커밋되기 때문이다.

리스트 16-15. 롤백된 마이크로서비스 2의 업데이트 작업

```
D:\binil\gold\pack03\ch16\ch16-02\Ax2-Cuncurrency-Test>run2

D:\binil\gold\pack03\ch16\ch16-02\Ax2-Cuncurrency-Test>java
-Dserver.port=8081 -jar .\target\Axon-Concurrency-test-0.0.1-SNAPSHOT.jar

  .   ___          _            __ _ _
 /\\ / ___'_ __ _ _(_)_ __  __ _ \ \ \ \
( ( )\___ | '_ | '_| | '_ \/ _` |  \ \ \ \
 \\/  ___)| |_)| | | | | || (_| |  ) ) ) )
  '  |____| .__|_| |_|_| |_\__, | / / / /
```

```
=========|_|==============|___/=/_/_/_/
 :: Spring Boot ::       (v1.3.5.RELEASE)
 ...
2019-03-08 14:01:01 DEBUG com.axon.concurrency.user.command.handler.
UserCommandHandler.handleUserModifyCommand:90 - Thread Sleeping for 60 seconds
2019-03-08 14:02:01 DEBUG com.axon.concurrency.user.command.handler.
UserCommandHandler.handleUserModifyCommand:98 - User Queried Again : ID : 1;
UserName : TestUser-03; Age : 13; Version : 0; versionQueriedAgain : 0
2019-03-08 14:02:01 INFO com.axon.concurrency.user.command.handler.
UserCommandHandler.handleUserModifyCommand:99 - End
Hibernate: update user set last_event_sequence_number=?, version=?, age=?,
user_name=? where id=? and version=?
2019-03-08 14:02:01 ERROR com.axon.concurrency.user.web.UserController.
updateUser:88 - Command execution resulted in a checked exception that was
not declared on the gateway
org.axonframework.commandhandling.CommandExecutionException: Command
execution resulted in a checked exception that was not declared on the
gateway
     at org.axonframework.commandhandling.gateway.GatewayProxyFactory$Wrap
     NonDeclaredCheckedExceptions.invoke(GatewayProxyFactory.java:524)
...
     at java.lang.Thread.run(Unknown Source)
Caused by: javax.persistence.OptimisticLockException: Row was updated or
deleted by another transaction (or unsaved-value mapping was incorrect) :
[com.axon.concurrency.user.model.User#1]
...
     at org.axonframework.repository.GenericJpaRepository.doSaveWithLock
     (GenericJpaRepository.java:78)
     at org.axonframework.repository.LockingRepository.
     doSave(LockingRepository.java:128)
     at org.axonframework.repository.AbstractRepository$SimpleSave
     AggregateCallback.save(AbstractRepository.java:183)
     at org.axonframework.unitofwork.DefaultUnitOfWork$AggregateEntry.
     saveAggregate(DefaultUnitOfWork.java:322) .
...
```

```
Caused by: org.hibernate.StaleObjectStateException: Row was updated or
deleted by another transaction (or unsaved-value mapping was incorrect) :
[com.axon.concurrency.user.model.User#1]
...
    at org.hibernate.internal.SessionImpl.flush(SessionImpl.java:1258)
    at org.hibernate.jpa.spi.AbstractEntityManagerImpl.
    flush(AbstractEntityManagerImpl.java:1335)
    ... 84 more
2019-03-08 14:02:01 INFO com.axon.concurrency.user.web.UserController.
updateUser:91 - End
```

데이터베이스를 쿼리하면 리스트 16-16과 같이 혼자 성공한 클라이언트가 시도한 업데이트가 영향을 받는지 확인할 수 있다.

리스트 16-16. 한 클라이언트에서만 업데이트 성공

```
mysql> select * from user;
+----+---------------------------+---------+------+-------------+
| id | last_event_sequence_number | version | age  | user_name   |
+----+---------------------------+---------+------+-------------+
| 1  | NULL                      | 1       | 12   | TestUser-02 |
+----+---------------------------+---------+------+-------------+
1 row in set (0.00 sec)
mysql>.
```

요약

HA와 확장성을 위한 프로비저닝은 엔지니어링 활동일 뿐만 아니라 하나의 기술이다. 특정 시나리오에 적합한 디자인이 2개 이상 있을 수 있으며, 미래의 요구 사항을 염두에 두고 올바른 디자인을 선택하는 것은 어려운 작업이다.

이 장에서는 HA 디자인의 단순한 시나리오에서 고급 시나리오에 이르기까지 몇 가지 기술을 다뤘다. 이 과정에서 CQRS 패턴을 다시 살펴보고 읽기와 쓰기 노드를 독립적으로 확장하는 핵심 측면을 분석했다. 읽기 노드를 확장하는 것은 다소 간단하지만 엔티티 상태를 변경하는 동안 동시성 문제를 처리해야 하므로 쓰기 노드를 확장할 때는 그렇지 않다. 그러나 불가능한 것은 없으며, 14장에서 살펴본 트랜잭션 제어의 기본 원칙을 활용해 쓰기 노드를 확장하는 방법에 대한 코드가 작동하는 것을 살펴봤다. 이것으로 이 책의 여정에서 또 다른 이정표에 도달했다. 지금까지 습득한 모든 지식을 축적해 이제 좀 더 심각한 코드를 살펴볼 때다. 17장에서는 완전한 엔터프라이즈급 마이크로서비스 애플리케이션을 살펴본다.

17

Axon CQRS 마이크로서비스 전자상거래

지금까지 스프링 부트, 스프링 클라우드, Axon CQRS 등 여러 프레임워크에서 선택한 기본적인 기술 세부 사항들을 최소한으로 다뤘다. 이제 실제 애플리케이션을 디자인하고 구축할 수 있게 이들이 어떻게 결합되는지 살펴본다. 이를 위해 기본적인 전자상거래 웹 사이트를 디자인하고 구축한다.

지금쯤 여러분이 이해할 수 있듯이 마이크로서비스 아키텍처는 기존 아키텍처나 모놀리스 아키텍처에 비해 단순하거나 간단하지 않으며, 17장에서 구축할 작은 전자상거래 웹 사이트조차도 단순하지 않고 중요한 모든 측면을 이해하도록 시간과 노력 측면에서 헌신이 필요하다. 이를 위해 이전 장들에서 이미 보고 느꼈던 고가용성, 고확장성 등과 같은 측면을 반복하지 않을 것이다. 마이크로서비스의 단일 인스턴스만 갖게 될 것이다. 그러나 동일한 마이크로서비스의 더 많은 인스턴스를 실행해 원하는 방식으로 예제를 사용하는 것을 제한하는 것은 아니다.

17장은 길기 때문에 몇 가지 중요하고 기본적인 흐름만 다룬다. 결제 통합 등과 같은 다른 부분은 생략했다. 코드에 대한 확장을 제한하지 않으며(그 자체로 마이크로서비스의 목표 중 하나) 운영 준비를 위해 더 많은 기능을 추가할 수 있다. 17장에 있는 예제는 최소한으로 구현돼 있으며, 첫 번째 단계에서 이 장에 설명된 대로 예제를 테스트하면 내부에서 일어나는 일을 상당히 잘 이해할 수 있을 것이다. 후속 테스트 통과에서 실패하도록 몽키 테스트를 할 수 있다.

17장에서 다루는 내용은 다음과 같다.

- 전자상거래 애플리케이션을 위한 전통적인 모놀리스 방식 아키텍처
- 마이크로서비스를 사용해 디자인했을 때 동일한 전자상거래 애플리케이션의 모습
- CQRS를 사용하는 마이크로서비스 전자상거래 애플리케이션의 주요 사용 사례에 대한 상세 디자인
- 마이크로서비스 전자상거래 애플리케이션을 위한 완전한 코드
- 전자상거래 애플리케이션을 위한 모든 마이크로서비스를 구성하고 실행하는 방법
- 위에서 언급한 사용 사례를 실행하는 방법

> **참고** 17장에서는 예제 구축을 위해 Axon 2를 사용한다. 19장에서는 최신 버전의 Axon을 사용해 동일한 애플리케이션을 리팩토링한다.

전통적인 전자상거래 애플리케이션 복습

온라인 전자상거래 웹 사이트의 기본 요건부터 살펴본다. 요구 사항을 모두 파악한 후에 기존 모놀리스 접근법으로 디자인해 기본 구성 요소의 일반적인 논리적 아키텍처가 어떻게 보일지 살펴본다. 다음 절에서는 마이크로서비스 기반 접근법을 사용해 디자인을 다시하면 어떤 변화가 필요한지 살펴본다.

전자상거래 비즈니스 요약

예제 전자상거래 기업의 이름은 ACME Shop이다. ACME는 온라인으로 존재하며 고객이나 사용자는 웹 사이트에서 온라인 쇼핑을 할 수 있다. ACME 백오피스 직원도 고객 주문을 처리하고자 동일한 웹 사이트와 상호작용한다.

ACME Shop은 패션 액세서리 판매를 전문으로 하며 상품 카테고리라는 여러 카테고리로 상품 포트폴리오를 분류했다. ACME Shop은 각 상품 카테고리 아래에 판매용 상품들을 나열하고 ^(익명) 사용자가 ACME 홈페이지에 액세스하면 모든 상품 카테고리가 나열되고 기본적으로 카테고리 중 하나의 상품이 확장돼 추가로 나열된다. 사용자는 상품 중 하나를 클릭해 상품 세부 정보를 볼 수 있다. 상품 세부 정보에는 구매 가능한 재고와 목록도 표시된다. 사용자는 선택한 구매할 상품의 수를 추가로 지정해 장바구니에 추가할 수 있다. 장바구니에 추가되면 웹 사이트의 사용자 장바구니 아이콘에 표시된다. 사용자는 장바구니를 선택하고 결제를 할 수 있으며, 다음 단계에서 사용자는 구매를 확정할 수 있다.

구매를 확정하려면 사용자가 로그인해야 한다. 이미 사용자 프로필을 만든 경우 해당 자격증명을 사용해 로그인할 수 있다. 새 사용자는 새 사용자 링크를 클릭해 사용자 프로필을 새로 만들 수 있다. 프로필을 만든 후 사용자는 다시 장바구니를 선택해 결제할 수 있다. 이번에 로그인해 구매를 확인할 수도 있다.

구매가 성공하면 주문이 생성된다. 주문이 생성되면 해당 하위 메뉴 아래의 '나의 주문' 링크에서 볼 수 있다.

사용자는 주문이 처리되기 전에 주문을 취소할 수 있다.

ACME 백오피스 직원은 관리자 자격증명으로 로그인해 동일한 웹 사이트와 상호작용해 고객 주문을 처리한다. 사용자가 주문을 생성하면 다음 작업은 백오피스 직원이 해당 주문을 배송하는 것이다. 주문이 배송된 후에는 사용자가 주문을 취소할 수 없다. 대신 사용자는 '주문'의 '진행 중' 하위 메뉴에서 '배송 상태'를 볼 수 있다.

주문 실행 프로세스의 다음 단계는 주문 배달이다. ACME 백오피스 직원은 '배달' 하위 메뉴로 이동해 조치를 취해야 한다. 성공적인 주문 배달을 시뮬레이션 할지 실패 사례를 시뮬레이션할지에 따라 '배송됨' 또는 '배송 실패'의 2가지 작업이 있다.

전자상거래 아키텍처 복습

앞에서 설명한 비즈니스 애플리케이션의 일반적인 모놀리스 아키텍처는 그림 17-1에서 보여준다.

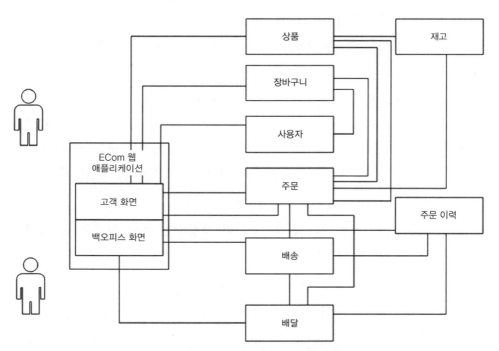

그림 17-1. 모놀리스 전자상거래 논리적 아키텍처

웹 애플리케이션은 일반적으로 단일 웹 아카이브(.war) 파일이다. 웹 애플리케이션의 구성 요소는 미들웨어 계층에서 사용할 수 있는 서비스에 요청을 보낸다. 미들웨어 계층의 논리적 아키텍처는 여러 모듈을 나타내며, 이런 모듈은 일반적으로 요청-응답 방식의 동기식 통신을 사용해 웹과 서로 상호작용한다.

그림 17-2는 모놀리스 아키텍처에서 구성 요소 간의 상호 의존성을 보여준다. 그림 17-1과 17-2는 구성 요소 간의 통신을 설명하기 위한 것으로 전체의 대표적인 일부분이다.

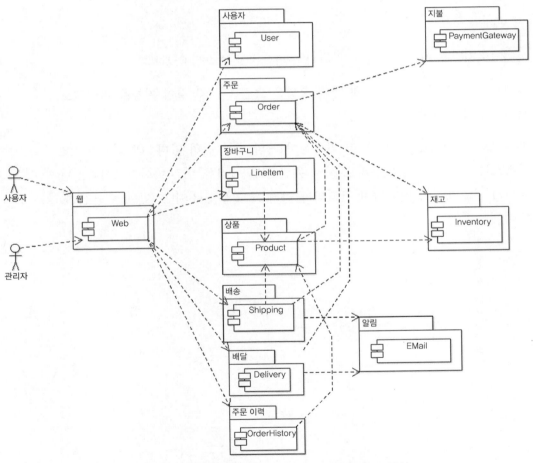

그림 17-2. 모놀리스 전자상거래 구성 요소 의존성

전자상거래 마이크로서비스 애플리케이션

이전 장들에서 마이크로서비스 기반 아키텍처의 필요성를 설명했으므로 다시 반복하지 않는다. 대신 앞 절의 아키텍처를 다시 살펴보고 무엇이 변경되는지 살펴본다.

새 아키텍처에서는 기능뿐만 아니라 비기능까지 유사하거나 향상된 기능이 필요한 것이 분명하다. 동시에 앞 절에서 설명한 아키텍처의 악영향을 줄이고자 할 것이다.

마이크로서비스 기반 전자상거래 아키텍처를 위한 논리적 아키텍처

리팩토링할 때 주의해야 할 첫 번째 측면은 그림 17-3과 같이 기능을 마이크로서비스로 분리하는 것이다.

마이크로서비스 간에 직접적인 의존성이 거의 또는 전혀 없다. 대신 마이크로서비스는 이벤트 기반 인프라로 서로 통신한다. 이러한 모든 마이크로서비스는 별도의 프로세스에 배포되며 별도의 물리적 노드에 있을 수도 있고 아닐 수도 있다.

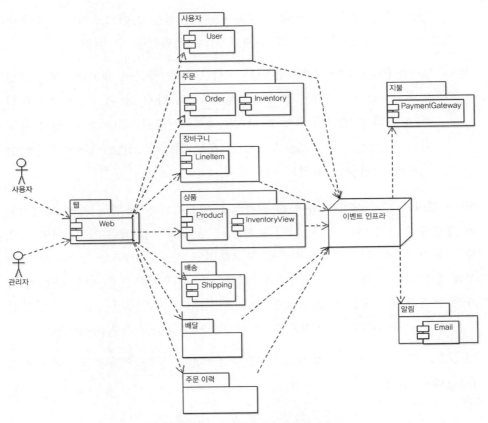

그림 17-3. 전자상거래 마이크로서비스 의존성

BASE 내의 ACID

그림 17-2와 17-3의 아키텍처를 한 번 더 비교한다. 주의 깊게 보면 2가지 주목할 만한 측면이 드러난다.

- **복제된 읽기 모델:** 재고 데이터가 복제되고 둘 이상의 마이크로서비스 수준에서 유지되는 것을 볼 수 있다. 이는 호스트 마이크로서비스가 소유하지 않은 데이터의 조회 요구 사항을 처리하기 위한 것이다. 12장의 CQRS 패턴에서 자세히 살펴봤다. 상품 세부 정보가 표시될 때 사용 가

능한 재고 정보도 화면에 표시되며, 이는 상품 마이크로서비스 수준에서 유지 관리되는 재고의 구체화 뷰에서 확인할 수 있다.

- **일관성 향상을 위한 도메인 선호도:** 그림 17-2는 주문과 재고를 2개의 개별 도메인으로 나타낸다. 그러나 그림 17-3의 다시 한 디자인에서 이러한 두 엔티티 도메인이 모두 합쳐지고 동일한 공간(프로세스 또는 노드)에서 유지 관리되는 것을 볼 수 있다. 주문과 재고 엔티티 도메인 간에 더 강력한 데이터 일관성을 원하기 때문이다.

이 두 엔티티 간에 ACID와 유사한 일관성을 원하지만 노드 간에 분산 트랜잭션이 발생하지 않게 해야 한다. 그러나 여기서 주의해야 할 점이 있다. 어떤 이유로든 모놀리스를 마이크로서비스로 분할하려고 시도하는 경우 동일하게 일관성을 희생하면서 다시 결합하기 위한 제약을 가하고 있다는 것이다. 분할 없이 가장 강력한 일관성을 얻고자 모든 것을 다시 결합하고 싶지는 않지만 당분간 주문과 재고를 유지하고 'BASE 내의 ACID' 시나리오를 유지하게 한다.

Axon 3을 볼 때 19장의 실제 BASE 트랜잭션 특성을 갖는 추가 리팩토링 디자인을 살펴볼 것이다.

전자상거래 마이크로서비스의 디자인

전자상거래 애플리케이션을 위한 비즈니스 도메인 객체 모델BDOM, Business Domain Object Model 또는 공통 정보 모델CIM, Common Information Model을 그림 17-4에서 보여준다.

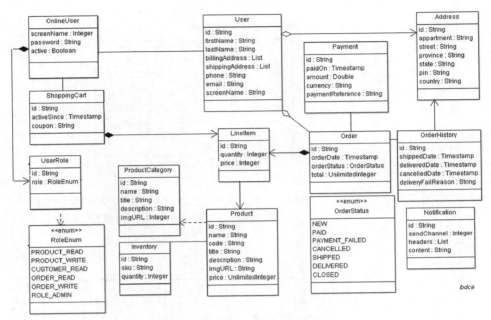

그림 17-4. 전자상거래 도메인 객체 모델

마이크로서비스 아키텍처를 기반으로 전자상거래 애플리케이션을 디자인해야 하지만 BDOM은 기존 UML 클래스 다이어그램 방식을 따른다. 따라서 위의 전자상거래 클래스 다이어그램에 표시된 의존성은 마이크로서비스 경계를 결정할 때 일대일로 매핑되지 않을 수 있다. 대신 도메인 기반 디자인을 기반으로 마이크로서비스 경계를 결정할 때 여기에 표시된 일부 의존성이 마이크로서비스 경계로 분할된다. 이 경우 일부 마이크로서비스는 외부 마이크로서비스가 소유한 데이터의 구체화 뷰를 유지해야 한다.

마이크로서비스 기반 전자상거래 아키텍처를 위한 기술 아키텍처

마이크로서비스 기반 전자상거래 애플리케이션을 디자인할 때 취해야 할 접근법의 이면에 있는 근거를 살펴보면 그림 17-5와 같은 기술 아키텍처의 초기 모습을 확인할 수 있다.

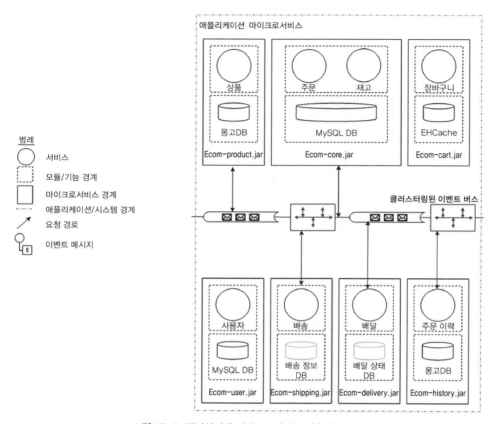

그림 17-5. 전자상거래 마이크로서비스 기술 아키텍처

직접적인 마이크로서비스 간 의존성을 제거하고 이벤트 기반 아키텍처로 모든 마이크로서비스 간 통신을 하려고 한다. Axon의 클러스터링된 이벤트 버스를 사용한다. 데이터 저장을 위해 폴리글랏 지속성을 활용해 개별 마이크로서비스에서 데이터를 사용하는 방식에 따라 여러 데이터 스토리지 기술을 선택할 수 있다. 배송 마이크로서비스와 배달 마이크로서비스의 경우 애플리케이션을 더 간단하게 만들고자 지속성을 사용하지 않으므로 그림 17-5에서 흐리게 표시된다.

전자상거래 마이크로서비스 애플리케이션 디자인과 코딩

디자인과 코딩을 시작하기 전에 예제를 이해할 수 있는 경계를 명확히 해보겠다. 이 책의 범위는 미들웨어 마이크로서비스의 맥락에서 마이크로서비스로 제한된다. 전자상거래 마이크로서비스 애플리케이션의 완전한 작동 예제를 구축하려면 웹 프레임워크 기반의 HTML 기반 화면도 개발해야 한다. 이러한 웹 앱의 모든 요소는 그림 17-5에 나와 있지 않은 마이크로서비스에 포함돼 있다. 다음 절에서 해당 마이크로서비스를 소개한다. HTML 화면과 관련 웹 기술 개발에 대한 자세한 검토나 설명은 이 책의 범위를 벗어난다. 웹 앱을 개발하는 방법의 자세한 설명은 다른 책을 참고하는 것이 좋다. 그러나 웹 앱을 개발할 때 예제와 함께 제공되는 코드는 작은 부분이므로 필요한 부분은 스스로 설명해야 하며, 그것들을 훑어볼 수 있다.

웹 앱을 제외하고 그림 17-5에 나와 있는 대로 7개의 다른 마이크로서비스 애플리케이션이 있다. 다시 말하지만 마이크로서비스 내의 모든 자바 파일을 나열하지는 않는다. 대신 중요한 사용 사례를 하나씩 살펴보고 해당 사용 사례에 필요한 서버 측 또는 마이크로서비스 코드를 설명하겠다.

애플리케이션의 전체 코드는 ch17\ch17-01\Ax2-Ecom-NoSecurity 폴더에 있다.

상품 카테고리와 상품 나열

ACME Shop 홈페이지에 기본적으로 선택된 카테고리 아래에 나열된 상품 카테고리와 상품이 표시된다. 리스트 17-1은 코드의 이 부분을 보여준다.

리스트 17-1. ProductCategoryRepository(ch17\ch17-01\Ax2-Ecom-NoSecurity\Ecom-product\src\main\java\com\acme\ecom\product\repository\ProductCategoryRepository.java)

```
@RepositoryRestResource(collectionResourceRel = "categories", path =
    "categories")
public interface ProductCategoryRepository extends
    MongoRepository<ProductCategory, String> {
}
```

이 저장소는 인터페이스며 **ProductCategory** 객체와 관련된 다양한 작업을 수행할 수 있다. 몽고 전용 리포지터리 인터페이스인 **MongoRepository**를 확장해 이러한 작업을 수행하고 Spring Data Commons에 정의된 **PagingAndSortingRepository** 인터페이스를 확장한다. 런타임에 스프링 데이터 REST는 이 인터페이스의 구현을 자동으로 생성한다. 그런 다음 **@RepositoryRestResource** 애노테이션을 사용해 스프링 MVC가 **/categories**에 RESTful 엔드포인트를 생성한다.

product_service.js는 다음과 같이 모든 상품 카테고리를 검색한다.

```
http.get(sessionStorage.getItem('apiUrl')+'/product/categories/')
```

> **참고** 웹 애플리케이션의 모든 코드는 ch17\ch17-01\Ax2-Ecom-No-Security\Ecom-web\src\main\resources\static 폴더에 있다.

다음으로 리스트 17-2의 코드를 사용해 상품 카테고리 아래의 모든 상품을 검색할 수 있어야 한다.

```java
@RestController
public class ProductRestController {

  @RequestMapping(value = "/productsByCategory", method = RequestMethod.GET,
      produces = { MediaType.APPLICATION_JSON_VALUE })
  public ResponseEntity<Resources<Resource<Product>>>
      getAllProductsByCategory (@RequestParam("category") String category) {

    List<Product> products =
        productRepository.findByProductCategoryName(category);
    Link links[] = { };
    if (products.isEmpty()) {
      return new ResponseEntity<Resources<Resource<Product>>>
          (HttpStatus.NOT_FOUND);
    }
    List<Resource<Product>> list = new ArrayList<Resource<Product>>();
    addLinksToProduct(products, list);
    Resources<Resource<Product>> productRes = new
        Resources<Resource<Product>>(list, links);
    return new ResponseEntity<Resources<Resource<Product>>>(productRes,
        HttpStatus.OK);
  }
}
```

product_service.js는 다음과 같이 상품 카테고리 아래에 나열된 모든 상품을 검색한다.

```
http.get(sessionStorage.getItem('apiUrl')+'/product/productsByCategory?
category='+category)
```

재고 데이터와 함께 상품 세부 정보 나열

다음 주요 사용 사례는 사용자가 특정 상품을 클릭해 상품 세부 정보를 나열할 때 정보를 검색하는 것이다. 상품 세부 정보는 리스트 17-3의 코드를 사용해 검색할 수 있다.

리스트 17-3. 상품 세부 정보 가져오기(ch17\ch17-01\Ax2-Ecom-No-Security\Ecom-product\src\main\java\com\acme\ecom\product\controller\ProductRestController.java)

```java
@RestController
public class ProductRestController {

  @RequestMapping(value = "/products/{id}", method = RequestMethod.GET,
      produces = MediaType.APPLICATION_JSON_VALUE)
  public ResponseEntity<Resource<Product>> getProduct(@PathVariable("id")
      String id) {

    Product product = productRepository.findOne(id);
    if (product == null) {
      return new ResponseEntity<Resource<Product>>(HttpStatus.NOT_FOUND);
    }

    Resource<Product> productRes = new Resource<Product>(product, new
        Link[]{linkTo(methodOn(ProductRestController.class).
        getProduct(product.getId())).withSelfRel(),
        linkTo(ProductRestController.class).slash("productImg").
        slash(product.getImgUrl()).withRel("imgUrl")});
    return new ResponseEntity<Resource<Product>>(productRes, HttpStatus.OK);
  }
}
```

product_service.js는 다음과 같이 상품 카테고리 아래에 나열된 모든 상품을 검색한다.

```javascript
http.get(sessionStorage.getItem('apiUrl')+'/product/products/'+id)
```

사용자가 장바구니에 해당 상품을 추가할 수 있는지 여부를 알 수 있도록 상품 세부 정보는 재고 정보와 함께 보여야 한다. 그림 17-5의 아키텍처는 상품 마이크로서비스 외부에 있는 코어 마이크로서비스에서만 재고 정보를 사용할 수 있음을 보여준다.

브라우저가 상품 마이크로서비스를 요청한 다음 코어 마이크로서비스에 특정 상품에 대한 재고 정보를 검색하도록 요청해 클라이언트 계층에서 데이터와 함께 브라우저가 상품 세부 정보를 검색하도록 아키텍처를 정할 수 있다.

그러나 마이크로서비스의 원칙은 마이크로서비스가 스스로 동작하고 독립적이어야 한다고 말한다. 즉, 상품과 코어 마이크로서비스를 고려할 때 각 마이크로서비스는 다른 서비스가 실행 중인지 여부에 관계없이 독립적으로 동작하고 서비스를 제공할 수 있어야 한다. 코어 마이크로서비스가 동작 중단돼도 ACME 온라인 상점은 사용자가 홈페이지에 접속해 상품 카테고리를 탐색하고, 상품 카테고리 아래에 상품을 나열하고, 선택한 상품의 세부 정보(재고 정보 포함)를 보고, 장바구니에 물품을 선택하고 추가하게 허용함으로써 기능이 축소된 상태로 계속 작동해야 한다. 주문 생성 기능은 코어 마이크로서비스가 가동되고 다시 실행된 후에만 작동할 수 있다. 따라서 상품 마이크로서비스가 재고의 구체화된 뷰(읽기 복제본)를 유지하게 하는 아키텍처 접근법을 따라야 한다.

이 읽기 전용 복제본에서 상품의 재고 세부 정보를 검색하려면 리스트 17-4에 표시된 재고 저장소가 있어야 한다.

리스트 17-4. 재고 읽기 저장소(ch17\ch17-01\Ax2-Ecom-No-Security\Ecom-product\ src\main\java\com\acme\ecom\product\inventory\repository\InventoryRepository.java)

```
@RepositoryRestResource(collectionResourceRel = "inventory", path = "inventory")
public interface InventoryRepository extends MongoRepository<Inventory,
    String> {

  public Inventory findByInventoryId(@Param("inventoryId") Long inventoryId);
```

```
    public Inventory findBySku(@Param("sku") String sku);
}
```

product_service.js는 다음과 같이 상품 카테고리에 나열된 모든 상품을 검색
한다.

```
http.get(sessionStorage.getItem('apiUrl')+'/product/inventory/search/
findBySku?sku='+productCode)
```

이제 위의 두 API 소스와 클라이언트 계층의 데이터를 통합하는 것은 간단하다.

장바구니에 상품 추가

이것은 주문을 위해 선택된 항목을 org.springframework.cache.CacheManager
에 추가하고 다시 검색하는 간단한 구현이므로 여기에 코드 조각을 표시하지
는 않겠다. 코드는 ch17\ch17-01\Ax2-Ecom-No-Security\Ecom-cart 폴더에
있다.

새 주문 생성

마이크로서비스 전반에 걸친 제어 흐름의 방향이 다양하기 때문에 지금부터
살펴볼 사용 사례는 사소한 것이 아니다. 설명한 대로 동기식 마이크로서비스
간 통신을 사용하지 않는다. 대신 Axon CQRS 이벤트 기반 인프라를 활용해
종단 간 제어 흐름을 용이하게 한다. 사용 사례 실행 중 제어 흐름과 상태
변경을 쉽게 이해할 수 있도록 그림 17-6에서 보여주는 것과 유사한 표현을
사용한다.

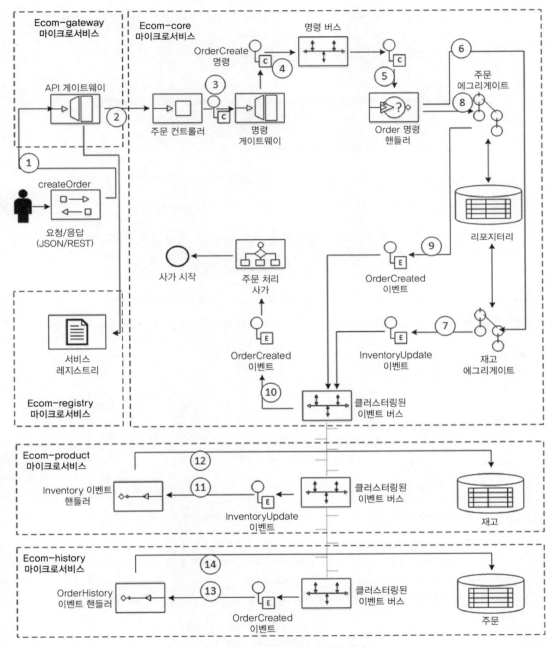

그림 17-6. 새 주문 생성

그림 17-6을 보면 흐름에 레이블이 지정돼 있고 다음과 같다.

1. order_service.js는 HTTP로 REST JSON 요청을 전송해 새 주문을 생성한다.

```
$http.post(sessionStorage.getItem('apiUrl')+'/core/order/',orderDTO)
```

이 요청은 API 게이트웨이에 도달한다.

2. API 게이트웨이는 서비스 레지스트리를 보고 URL을 해석한 후 요청을 Ecom-core 마이크로서비스의 주문 REST 컨트롤러로 보낸다.

3. 주문 REST 컨트롤러는 새로운 OrderCreate 명령을 생성하고 이를 명령 게이트웨이로 보내고 기다린다. 리스트 17-5를 참고한다.

리스트 17-5. 새 주문 생성을 생성하는 주문 컨트롤러(ch17\ch17-01\Ax2Ecom-No-Security\Ecom-core\src\main\java\com\acme\ecom\core\web\OrderController.java)

```java
@RestController
@RequestMapping("/order")
public class OrderController {

  @Autowired
  private CommandGateway commandGateway;

  @RequestMapping(method = RequestMethod.POST)
  @Transactional
  @ResponseBody
  public OrderCreationStatus createOrder(@RequestBody OrderDTO orderDTO) {

    OrderCreateCommand orderCommand = new
        OrderCreateCommand(orderDTO.getUserId(), orderDTO.getLineItems());
    commandGateway.sendAndWait(orderCommand);
    return OrderCreationStatus.SUCCESS;
  }
}
```

4. 명령 게이트웨이는 `OrderCreate` 명령을 명령 버스로 전달한다.

5. `OrderCommandHandler`는 명령 버스에서 `OrderCreate` 명령을 사용한다. 리스트 17-6을 보자.

리스트 17-6. 새 주문을 처리하는 `OrderCommandHandler`(ch17\ch17—01\Ax2—Ecom—No— Security\Ecom—core\src\main\java\com\acme\ecom\core\order\command\handler\ OrderCommandHandler.java)

```java
@Component
public class OrderCommandHandler {

    @Autowired
    @Qualifier(value = "orderRepository")
    private Repository<Order> orderRepository;

    @CommandHandler
    public void handleNewOrder(OrderCreateCommand orderCreatedCommand) {

        Order order = new Order(Long.valueOf(new Random().nextInt()));
        order.setOrderDate(new Date());
        order.setOrderStatus(OrderStatus.PAID);
        order.setUserId(orderCreatedCommand.getUserId());
        double total = 0;

        if (orderCreatedCommand.getLineItems() != null) {
            for (LineItemDTO lineItemDto : orderCreatedCommand.getLineItems()) {
                if (lineItemDto.getInventoryId() != null) {
                    LineItem lineItem = new LineItem(new Random().nextLong(),
                            lineItemDto.getProductId(), lineItemDto.getQuantity(),
                            lineItemDto.getPrice(), lineItemDto.getInventoryId());
                    total = total + lineItemDto.getPrice();
                    order.addLineItem(lineItem);
                    Inventory inventory =
                            inventoryRepository.load(lineItemDto.getInventoryId());
                    inventory.updateProductStock(lineItemDto.getQuantity(),
                            ProductStockOperation.DEPRECIATE);
```

```
            }
        }
    }
    order.setTotal(total);
    order.notifyOrderCreation();
    orderRepository.add(order);
  }
}
```

명령 처리 프로세스는 원자적이므로 완전히 처리되거나 전혀 처리되지 않아야 한다. Axon 프레임워크는 작업 단위[UoW, Unit of Work]를 사용해 명령 핸들러가 수행하는 작업을 추적한다. 명령 핸들러가 완료되면 Axon은 UoW에 등록된 작업을 커밋한다. 여기에는 수정된 에그리게이트를 해당 저장소에 저장하고 이벤트 버스에 이벤트를 게시하는 것이 포함된다. 그러나 UoW는 트랜잭션을 대체하지 않는다. UoW는 명령 핸들러가 성공적으로 실행됐을 때 에그리게이트에 대한 변경 사항이 저장되게 한다. 에그리게이트를 저장하는 동안 오류가 발생하면 이미 저장된 에그리게이트는 롤백되지 않는다. SimpleCommandBus와 DisruptorCommandBus 같은 UoW.CommandBus 구현을 사용하면 트랜잭션 관리자를 구성할 수 있다. 이 트랜잭션 관리자는 명령 프로세스를 관리하는 데 사용되는 UoW에 바인딩할 트랜잭션을 만드는 데 사용된다. 이는 리스트 17-7에 나와 있다.

리스트 17-7. UoW에 트랜잭션 바인딩(ch17\ch17-01\Ax2Ecom-No-Security\Ecom-core\ src\main\java\com\acme\ecom\core\EcomCoreAppConfiguration.java)

```
@Configuration
@RefreshScope
public class EcomCoreAppConfiguration {
```

```
@Bean
public SimpleCommandBus commandBus() {

  SimpleCommandBus simpleCommandBus = new SimpleCommandBus();
  simpleCommandBus.setDispatchInterceptors(Arrays.asList(new
      BeanValidationInterceptor()));
  SpringTransactionManager transcationMgr = new
      SpringTransactionManager(txManager);
  simpleCommandBus.setTransactionManager(transcationMgr);
  return simpleCommandBus;

 }
}
```

여기서 SpringTransactionManager는 PlatformTransactionManager를 기본 트랜잭션 관리자로 사용하는 TransactionManager 구현이다.

단일 트랜잭션에서 2개의 에그리게이트 엔티티(재고와 주문)를 사용하지만 두 에그리게이트 엔티티가 단일 노드의 동일한 리소스 관리자로 관리되므로 여기에 관련된 분산 트랜잭션이 없다.

6. OrderCommandHandler는 먼저 재고 Axon 에그리게이트에서 사용 가능한 재고를 감가상각한다. 리스트 17-8을 보자.

리스트 17-8. 재고 에그리게이트인 updateProductStock(ch17\ch17-01\Ax2Ecom-No-Security\Ecom-core\src\main\java\com\acme\ecom\core\inventory\model\Inventory.java)

```
@Entity
@Table(name = "INVENTORY")
public class Inventory extends AbstractAggregateRoot<Long> {

  public void updateProductStock(Integer count, ProductStockOperation
      stockoperation) {

    if (stockoperation.equals(ProductStockOperation.DEPRECIATE)) {
      if (this.quantity - count >= 0) {
```

```
        this.quantity = this.quantity - count;
      } else {
        throw new OutOfStockException(this.id);
      }
    } else {
      this.quantity = this.quantity + count;
    }
    registerEvent(new InventoryUpdateEvent(id, sku, quantity));
  }
}
```

상품 카테고리 페이지나 상품 세부 정보 페이지를 볼 때 표시되는 재고
는 Ecom-product 마이크로서비스의 재고의 구체화 뷰에 있는 캐시된
데이터에서 가져온 것이다. 그러나 주문을 생성할 때 필요한 재고는 재
고의 쓰기 모델인 재고 에그리게이트 엔티티의 사용 가능한 재고로 검
증돼야 한다. 이와 같은 시나리오는 호텔 객실과 항공편 좌석 판매와
같은 많은 비즈니스 프로세스에서 일반적이다. 호텔 객실이나 항공편
좌석에 대한 쇼핑을 시작할 때 객실이나 좌석의 초기 가용성은 거의 정
확한 근사치며, 캐시나 중간 수요 공급 게이트웨이에서 오는 것일 것이
다. 실제 예약이 완료되면 쓰기 모델인 단일 진실 소스의 실제 가용 여
부에 대해 요청된 좌석이나 객실 수를 즉시 또는 최종적인 유효성 검사
가 항상 이뤄진다.

7. 재고를 감가상각하는 동안 재고 에그리게이트는 클러스터링된 이벤트
   버스에 InventoryUpdateEvent를 등록한다.

8. 5단계에서 OrderCreateCommand를 사용할 때 OrderCommandHandler는 재
   고를 성공적으로 감가상각할 때 새 주문을 생성한다. 리스트 17-9를 참
   고한다.

리스트 17-9. 주문의 notifyOrderCreation(ch17\ch17-01\Ax2-Ecom-No-Security\
Ecom-core\src\main\java\com\acme\ecom\core\order\model\Order.java)

```java
@Entity(name="order")
@Table(name = "CUSTOMER_ORDER")
public class Order extends AbstractAggregateRoot<Long> {

  @OneToMany(cascade = CascadeType.ALL, mappedBy="order", orphanRemoval=true)
  private Set<LineItem> lineItems;
  public void addLineItem(LineItem lineItem){

    if(this.lineItems==null){
      this.lineItems=new HashSet<LineItem>();
    }
    lineItem.setOrder(this);
    this.lineItems.add(lineItem);
  }

  public void notifyOrderCreation() {

    List<LineItemDTO> lineItemDTOs = new ArrayList<LineItemDTO>();
    for (LineItem lineItem : lineItems) {
      lineItemDTOs.add(new LineItemDTO(lineItem.getProduct(),
           lineItem.getPrice(), lineItem.getQuantity(),
           lineItem.getInventoryId()));
    }
    registerEvent(new OrderCreatedEvent(id, userId, orderStatus.name(),
        total, orderDate, lineItemDTOs));
  }
}
```

9. 주문 에그리게이트가 새로운 주문 생성에 대한 알림을 받으면 클러스터링된 이벤트 버스에 OrderCreatedEvent를 등록한다.

10. 모든 새로운 OrderCreatedEvent에 대해 새로운 주문 처리 사가 인스턴스가 리스트 17-10에 나와 있는 것처럼 인스턴스화된다.

리스트 17-10. 새 주문 생성 시 사가 시작(ch17\ch17-01\Ax2-Ecom-NoSecurity\Ecom-core\src\main\java\com\acme\ecom\core\order\saga\handler\OrderProcessSaga.java)

```java
public class OrderProcessSaga extends AbstractAnnotatedSaga {

  private Long orderId;

  @StartSaga
  @SagaEventHandler(associationProperty = "orderId")
  public void handleOrderCreationEvent(OrderCreatedEvent orderCreatedEvent) {

    this.orderId = orderCreatedEvent.getOrderId();

  }
}
```

11. 7단계에서 재고를 감가상각할 때 재고 에그리게이트는 클러스터링된 이벤트 버스에 InventoryUpdateEvent를 등록한다. 이 InventoryUpdateEvent는 Ecom-product 마이크로서비스의 InventoryEventHandler로 사용된다.

12. Ecom-product 마이크로서비스의 InventoryEventHandler는 리스트 17-11에 표시된 것처럼 재고 읽기 모델에 대한 자체 구체화된 뷰를 새로고친다.

리스트 17-11. 상품의 handleInventoryUpdates(ch17\ch17-01\Ax2-Ecom-NoSecurity\Ecom-product\src\main\java\com\acme\ecom\product\inventory\event\handler\InventoryEventHandler.java)

```java
@Component
public class InventoryEventHandler {

  @Autowired
  private InventoryRepository inventoryRepository;

  @EventHandler
  public void handleInventoryUpdates(InventoryUpdateEvent event, Message
      eventMessage, @Timestamp DateTime moment) {
```

```
        Inventory inventory =
            inventoryRepository.findByInventoryId(event.getId());
        if(inventory == null){
          inventory=new Inventory();
          inventory.setInventoryId(event.getId());
          inventory.setSku(event.getSku());
        }else{
          logger.debug("Inventory existing - updating...............");
        }
        inventory.setQuantity(event.getQuantity());
        inventoryRepository.save(inventory);
    }
}
```

13. 9단계에서 주문 에그리게이트에 새 주문 생성이 통보되면 클러스터링된 이벤트 버스에 OrderCreatedEvent를 등록한다. 이 OrderCreatedEvent 는 Ecom-history 마이크로서비스의 OrderHistoryEventHandler에서 사용된다.

14. Ecom-history 마이크로서비스의 OrderHistoryEventHandler는 주문 이력 테이블에 새 레코드를 생성한다. 리스트 17-12를 참고한다.

리스트 17-12. handleOrderCreationEvent(ch17\ch17-01\Ax2-Ecom-NoSecurity\Ecom-history\src\main\java\com\acme\ecom\order\history\event\handler\OrderHistoryEventHandler.java)

```
@Component
public class OrderHistoryEventHandler {

    @Autowired
    private OrderHistoryRepository orderHistoryRepository;

    @EventHandler
    public void handleOrderCreationEvent(OrderCreatedEvent event, Message
```

```
    eventMessage, @Timestamp DateTime moment) {
  Order order =new Order();
  order.setOrderId(event.getOrderId());
  order.setUserId(event.getUserId());
  order.setCreationDate(new Date());
  order.setOrderStatus(event.getOrderStatus());
  List<LineItem> lineItems=new ArrayList<LineItem>();
  if(event.getLineItems()!=null){
    for(LineItemDTO lineItemDTO:event.getLineItems()){
      LineItem lineItem=new LineItem();
      lineItem.setProductId(lineItemDTO.getProductId());
      lineItem.setPrice(lineItemDTO.getPrice());
      lineItem.setQuantity(lineItemDTO.getQuantity());
      lineItems.add(lineItem);
    }
  }
  order.setLineItems(lineItems);
  orderHistoryRepository.save(order);
  }
}
```

나중에 Ecom-core 마이크로서비스의 주문 에그리게이트 상태가 변경될 때마다 이 주문 이력 테이블에서도 동일한 내용이 업데이트되는 것을 볼 수 있다. Ecom-core 마이크로서비스의 주문 에그리게이트와 별도의 마이크로서비스에 있으므로 주문 에그리게이트의 성능에 영향을 미치지 않기 때문에 필요에 따라 이러한 레코드를 통해 BI 또는 분석을 실행할 수 있다.

이것으로 '새 주문 생성' 흐름이 완료됐다. 나중에 '전자상거래 마이크로서비스 사용 사례 테스트' 절의 '새 주문 생성'이라는 하위 절에서 실제 사용 사례의 실행을 살펴본다.

주문 취소

새로 생성된 주문은 주문 처리 과정에서 처리되지 않으면 사용자가 취소할
수 있다. 그림 17-7은 취소 명령이 시작된 후 다른 엔티티의 다양한 상태를
보여준다.

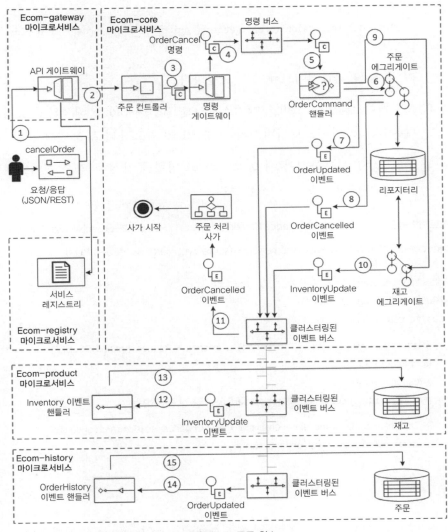

그림 17-7. 주문 취소

그림 17-7을 참고하면 웹 앱에서 주문을 취소하기 위한 REST JSON 요청의 결과로 발생하는 종단 간 흐름을 다음과 같이 요약할 수 있다.

1. order_service.js는 HTTP로 REST JSON 요청을 전송해 새 주문을 생성한다.

```
$http.delete(sessionStorage.getItem('apiUrl')+'/core/order/'+orderId)
```

이 요청은 API 게이트웨이에 도달한다.

2. API 게이트웨이는 서비스 레지스트리를 확인해 URL을 해석하고 요청을 Ecom-core 마이크로서비스의 주문 REST 컨트롤러로 보낸다.

3. 주문 REST 컨트롤러가 새 OrderCancel 명령을 생성해 명령 게이트웨이로 보낸다. 리스트 17-13을 보자.

리스트 17-13. 주문 컨트롤러의 cancelOrder(ch17\ch17-01\Ax2-EcomNo-Security\Ecom-core\src\main\java\com\acme\ecom\core\web\OrderController.java)

```java
@RestController
@RequestMapping("/order")
public class OrderController {

  @RequestMapping(value = "{orderId}", method = RequestMethod.DELETE)
  @Transactional
  @ResponseBody
  public void cancelOrder(@PathVariable Long orderId) {

    OrderCancelCommand orderCommand = new OrderCancelCommand(orderId);
    commandGateway.send(orderCommand);
  }
}
```

4. 명령 게이트웨이는 명령 버스로 OrderCancelCommand를 전달한다.

5. `OrderCommandHandler`는 명령 버스에서 `OrderCreateCommand`를 사용한다. 리스트 17-14를 참고한다.

리스트 17-14. OrderCommandHandler의 handleOrderCancel(ch17\ch17-01\Ax2Ecom-No-Security\Ecom-core\src\main\java\com\acme\ecom\core\order\command\handler\OrderCommandHandler.java)

```java
@Component
public class OrderCommandHandler {

  @CommandHandler
  public void handleOrderCancel(OrderCancelCommand orderCancelCommand) {

    Order order = orderRepository.load(orderCancelCommand.getOrderId());
    order.cancelOrder();
    rollbackInventory(order);
  }

  private void rollbackInventory(Order order){

    for(LineItem lineItem:order.getLineItems()){
      Inventory inventory =
          inventoryRepository.load(lineItem.getInventoryId());
      inventory.updateProductStock(lineItem.getQuantity(),
          ProductStockOperation.ADD);
    }
  }
}
```

6. `OrderCommandHandler`는 저장소에서 각 주문을 검색하고 `cancelOrder`를 호출한다. 선택한 주문 에그리게이트의 상태가 `OrderStatus.CANCELLED`로 변경된다. 리스트 17-15를 참고한다.

리스트 17-15. 주문 에그리게이트의 cancelOrder(ch17\ch17-01\Ax2-Ecom-NoSecurity\ Ecom-core\src\main\java\com\acme\ecom\core\order\model\Order.java)

```java
@Entity(name="order")
@Table(name = "CUSTOMER_ORDER")
public class Order extends AbstractAggregateRoot<Long> {

  public void cancelOrder(){

    this.orderStatus=OrderStatus.CANCELLED;
    registerEvent(new OrderUpdatedEvent(this.id, orderStatus.name(), new
        Date(),null));
    registerEvent(new OrderCancelledEvent(this.id));
  }
}
```

7. 주문 에그리게이트는 클러스터링된 이벤트 버스로 OrderUpdatedEvent 를 보낸다.

8. 주문 에그리게이트는 클러스터링된 이벤트 버스로 OrderCancelledEvent 도 보낸다.

9. 5단계의 결과로 OrderCommandHander는 주문과 연관된 모든 상품의 재고 항목도 검색하고 updateProductStock을 호출한다. 목표는 주문 취소의 결과로 재고를 되돌려 해당 재고를 다시 판매할 수 있게 하는 것이다. 리스트 17-14의 rollbackInventory가 이를 설명한다.

재고 에그리게이트 엔티티에서 updateProductStock 코드를 살펴보려면 리스트 17-8을 보자.

10. 재고를 원복하는 동안 각 재고 에그리게이트는 클러스터링된 이벤트 버스에 InventoryUpdateEvent를 등록한다.

11. 8단계에서 등록한 OrderCancelledEvent는 주문 처리 사가에서 사용된 다. 리스트 17-16을 보자.

리스트 17-16. OrderProcessSaga의 handleOrderCanceledEvent(ch17\ch17-01\Ax2-Ecom-No-Security\Ecom-core\src\main\java\com\acme\ecom\core\order\saga\handler\OrderProcessSaga.java)

```java
public class OrderProcessSaga extends AbstractAnnotatedSaga {

    private Long orderId;
    @EndSaga
    @SagaEventHandler(associationProperty = "orderId")
    public void handleOrderCanceledEvent(
        OrderCancelledEvent orderCancelledEvent) {

        // 아무것도 하지 마세요.
    }
}
```

사가에서 해당 이벤트 핸들러에 @EndSaga 애노테이션을 추가했으므로 사가 생명주기는 handleOrderCanceledEvent 핸들러 호출 후에 종료된다.

이벤트가 발생할 때 사가가 조치를 취하게 하는 것은 쉽다(예, 예제의 OrderCancelledEvent 이벤트). 하지만 오랜 시간이 지나도 아무 일도 일어나지 않을 때 무언가를 하기를 원한다면 어떨까? 이러한 시나리오에서는 기한 Deadline을 사용된다. 신용카드 결제 확인은 몇 초 내에 이뤄지지만 예제와 같은 온라인 주문의 경우 몇 시간이나 며칠이 걸릴 수 있다. EventScheduler를 사용해 기한을 지키고자 게시할 이벤트를 예약할 수 있다. Axon은 2가지 EventScheduler 구현을 제공한다. 순수 자바인 SimpleEventScheduler와 퀴츠 2를 지원 스케줄링 메커니즘으로 사용하는 QuartzEventScheduler다. 이 예제에서는 사용하지 않았다. 그것은 연습 문제로 남겨두겠다.

12. 10단계에서 재고를 복원하는 동안 재고 에그리게이트는 클러스터링된 이벤트 버스에 InventoryUpdateEvent를 등록한다. 이 InventoryUpdateEvent

는 Ecom-product 마이크로서비스의 `InventoryEventHandler`로 사용된다.

13. Ecom-product 마이크로서비스의 `InventoryEventHandler`는 재고 읽기 모델의 구체화된 뷰를 새로 고친다. 리스트 17-11은 이를 수행하는 `handleInventoryUpdates`의 코드를 보여준다.

14. 7단계에서 주문들에 주문 취소가 통보되면 클러스터링된 이벤트 버스에 `OrderUpdatedEvent`를 등록한다. 이 `OrderUpdatedEvent`는 Ecom-history 마이크로서비스의 `OrderHistoryEventHandler`로 사용된다.

15. Ecom-history 마이크로서비스의 `OrderHistoryEventHandler`는 주문 기록 테이블에서 해당 주문 레코드를 업데이트한다. 리스트 17-17을 보자.

리스트 **17-17.** OrderHistoryEventHandler의 handleOrderUpdatedEvent(ch17\ch17-01\ Ax2-Ecom-No-Security\Ecom-history\src\main\java\com\acme\ecom\order\history\ event\handler\OrderHistoryEventHandler.java)

```java
@Component
public class OrderHistoryEventHandler {

    @EventHandler
    public void handleOrderUpdatedEvent(OrderUpdatedEvent event, Message
        eventMessage, @Timestamp DateTime moment) {

    Order order =orderHistoryRepository.findByOrderId(event.getOrderId());
    order.setOrderStatus(event.getOrderStatus());
    if(event.getOrderStatus().equals("SHIPPED")){
        order.setShippedDate(event.getDate());
    }else if(event.getOrderStatus().equals("DELIVERED")){
        order.setDeliveredDate(event.getDate());
    }else if(event.getOrderStatus().equals("CANCELLED")){
        order.setCancelledDate(event.getDate());
```

```
    }else if(event.getOrderStatus().equals("DELIVERY_FAILED")){
        order.setDeliveryFailReason(event.getDescription());
    }
    orderHistoryRepository.save(order);
  }
}
```

이것으로 '주문 취소' 흐름이 완료되고 다음 절에서 실제 사용 사례의 실행을 살펴본다.

받은 주문 배송

'새 주문 생성' 절에서는 새 주문을 생성하는 흐름을 보여줬다. 생성된 모든 새 주문은 백오피스 관리자가 처리를 수행하고 시작할 수 있다. 주문 처리의 첫 번째 단계는 배송 명령을 시작하는 것이다.

그림 17-8은 배송 단계 동안 다양한 엔티티의 상태 변경을 보여준다.

그림 17-8을 참조하면 백오피스 관리자가 주문을 배송하고자 웹 앱을 사용해 REST JSON 요청의 결과로 발생하는 종단 간 흐름을 다음과 같이 요약할 수 있다.

1. order_service.js는 새로 생성된 주문을 배송하고자 HTTP로 REST JSON 요청을 보낸다.

```
$http.post(sessionStorage.getItem('apiUrl')+'/shipping/shipping',
shippingDTO)
```

이 요청은 API 게이트웨이에 전달된다.

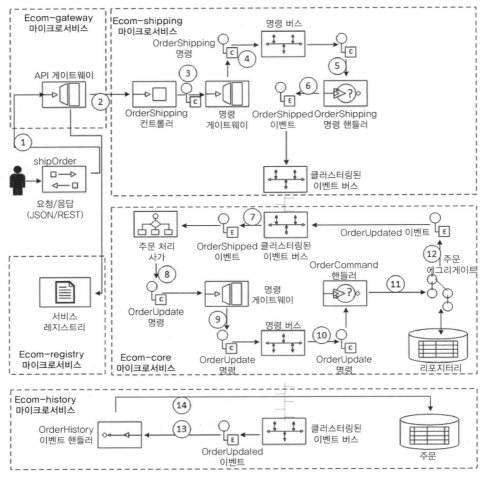

그림 17-8. 주문 배송

2. API 게이트웨이는 서비스 레지스트리를 확인해 URL을 해석하고 Ecom-shipping 마이크로서비스의 주문 배송 REST 컨트롤러로 요청을 보낸다.

3. 주문 배송 REST 컨트롤러는 새 `OrderShippingCommand`를 작성해 명령 게이트웨이로 보낸다. 리스트 17-18을 보자.

리스트 17-18. OrderShippingController의 shipOrder(ch17\ch17-01\Ax2-EcomNo-Security\Ecom-shipping\src\main\java\com\acme\ecom\shipping\web\OrderShippingController.java)

```
@RestController
@RequestMapping("/shipping")
public class OrderShippingController {

  @Autowired
  private CommandGateway commandGateway;

  @RequestMapping(method = RequestMethod.POST)
  @ResponseBody
  public void shipOrder(@RequestBody ShippingDTO shippingDTO) {

    OrderShippingCommand orderCommand = new
        OrderShippingCommand(shippingDTO.getOrderId());
    commandGateway.send(orderCommand);
  }
}
```

4. 명령 게이트웨이는 명령 버스로 OrderShippingCommand를 전달한다.

5. OrderShippingCommandHandler는 명령 버스에서 OrderShippingCommand
   를 사용한다. 리스트 17-19를 참고한다.

리스트 17-19. OrderShippingCommandHandler handleOrderShipping(ch17\ch17-01\Ax2-Ecom-No-Security\Ecom-shipping\src\main\java\com\acme\ecom\shipping\command\handler\OrderShippingCommandHandler.java)

```
@Component
public class OrderShippingCommandHandler {

  @Autowired
  private EventBus eventBus;

  @CommandHandler
```

```
public void handleOrderShipping(OrderShippingCommand orderShippingCommand) {

    eventBus.publish(asEventMessage(new OrderShippedEvent(
        orderShippingCommand.getOrderId(), new Date())));
    }
}
```

6. OrderShippingCommandHandler는 클러스터링된 이벤트 버스로 새 Order
   ShippedEvent를 작성해 보낸다.

7. OrderShippedEvent가 클러스터링된 이벤트 버스에 나타나면 OrderProcess
   Saga의 handleOrderShippedEvent SagaEventHandler가 이를 선택한다.

8. OrderProcessSaga의 handleOrderShippedEvent는 Axon의 일반 이벤트
   핸들러와 유사하다. 기존의 카테고리를 시작하거나 끝내지 않고 특정
   작업을 단독으로 수행해 새 OrderUpdateCommand를 명령 게이트웨이로
   보내야 한다. 리스트 17-20을 보자.

리스트 17-20. OrderProcessSaga의 handleOrderShippedEvent(ch17\ch17-01\Ax2-
Ecom-No-Security\Ecom-core\src\main\java\com\acme\ecom\core\order\saga\handler\
OrderProcessSaga.java)

```
public class OrderProcessSaga extends AbstractAnnotatedSaga {

    private Long orderId;

    @SagaEventHandler(associationProperty = "orderId")
    public void handleOrderShippedEvent(OrderShippedEvent orderShippedEvent) {

        commandGateway.send(new OrderUpdateCommand(orderShippedEvent.
            getOrderId(),OrderStatus.SHIPPED));
    }
}
```

9. 명령 게이트웨이는 OrderUpdateCommand를 명령 버스로 전달한다.

10. OrderCommandHandler는 OrderUpdateCommand에 관심이 있다. 리스트
    17-21을 보자.

리스트 17-21. OrderCommandHandler handleOrderUpdate(ch17\ch17-01\Ax2-Ecom-No-Security\Ecom-core\src\main\java\com\acme\ecom\core\order\command\handler\OrderCommandHandler.java)

```java
@Component
public class OrderCommandHandler {

  @Autowired
  @Qualifier(value = "orderRepository")
  private Repository<Order> orderRepository;

  @CommandHandler
  public void handleOrderUpdate(OrderUpdateCommand orderUpdateCommand) {

    Order order = orderRepository.load(orderUpdateCommand.getOrderId());
    order.updateOrderStatus(orderUpdateCommand.getOrderStatus());

  }
}
```

11. handleOrderUpdate는 먼저 해당 주문을 검색하고 리스트 17-22에 표시
    된 것처럼 updateOrderStatus를 호출한다.

리스트 17-22. updateOrderStatus(ch17\ch17-01\Ax2-Ecom-No-Security\Ecomcore\src\main\java\com\acme\ecom\core\order\model\Order.java)

```java
@Entity(name="order")
@Table(name = "CUSTOMER_ORDER")
public class Order extends AbstractAggregateRoot<Long> {

  @Id
  private Long id;

  @Enumerated(EnumType.STRING)
```

```
@Column(name="ORDER_STATUS")
private OrderStatus orderStatus;
public void updateOrderStatus(OrderStatus orderStatus){

  this.orderStatus=orderStatus;
  registerEvent(new OrderUpdatedEvent(this.id, orderStatus.name(), new
      Date(), null));
  }
}
```

12. 주문 에그리게이트는 클러스터링된 이벤트 버스로 OrderUpdatedEvent 를 보낸다.

13. OrderUpdatedEvent는 Ecom-history 마이크로서비스의 주문 이력 이벤 트 핸들러에서 사용된다.

14. Ecom-history 마이크로서비스의 주문 이력 이벤트 핸들러는 주문 이력 테이블의 해당 주문 이력을 업데이트한다.

리스트 17-17은 주문 업데이트를 처리하는 주문 이력 이벤트 핸들러의 코드를 보여준다.

이것으로 '주문 배송' 흐름이 완료되고 나중에 실제 사용 사례의 실행을 살펴 본다.

주문 배달

방금 새 주문을 배송하는 흐름을 확인했다. 배송된 모든 주문은 백오피스 관리 자가 주문 생명주기의 마지막 단계인 주문 배송을 선택하고 트리거할 수 있도 록 추가로 제공된다. 그림 17-9는 전달 단계 동안 다양한 엔티티의 상태 변경을 보여준다.

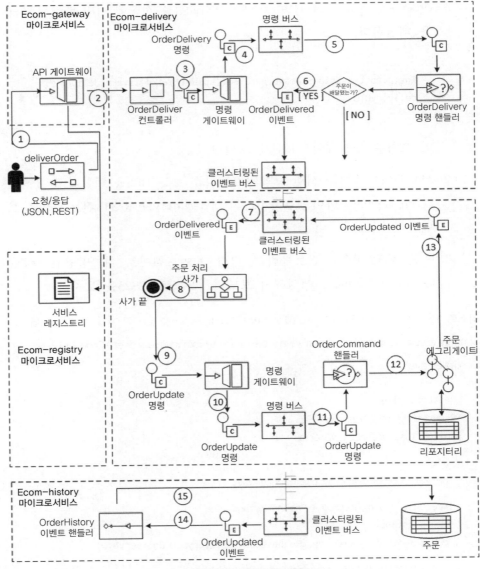

그림 17-9. 주문 배달 성공

그림 17-9를 보면 백오피스 관리자가 주문을 배송하고자 웹 앱을 사용하는 REST JSON 요청의 결과로 발생하는 종단 간 흐름을 다음과 같이 요약할 수 있다.

1. order_service.js는 HTTP로 REST JSON 요청을 전송해 이미 배송된 주문을 배달한다.

```
$http.post(sessionStorage.getItem('apiUrl')+'/delivery/delivery',
deliveryDTO)
```

이 요청은 API 게이트웨이에 도달한다.

2. API 게이트웨이는 서비스 레지스트리를 보고 URL을 해석하고 요청을 Ecom-delivery 마이크로서비스의 **OrderDeliver** REST 컨트롤러로 보낸다.

3. 주문 배달 REST 컨트롤러는 명령 게이트웨이로 새 명령인 **Order DeliveryCommand**를 생성해서 보낸다. 리스트 17-23을 보자.

리스트 17-23. OrderDeliverController deliverOrder(ch17\ch17-01\Ax2-EcomNo-Security\Ecom-delivery\src\main\java\com\acme\ecom\delivery\web\OrderDeliver Controller.java)

```java
@RestController
@RequestMapping("/delivery")
public class OrderDeliverController {

  @Autowired
  private CommandGateway commandGateway;

  @RequestMapping(method = RequestMethod.POST)
  @ResponseBody
  public void deliverOrder(@RequestBody DeliveryDTO deliveryDTO) {

    OrderDeliveryCommand orderCommand = new
        OrderDeliveryCommand(deliveryDTO.getOrderId(),
        deliveryDTO.isDelivered(),deliveryDTO.getReasonForFailure());
    commandGateway.send(orderCommand);
```

```
      }
  }
```

4. 명령 게이트웨이는 명령 버스로 OrderDeliveryCommand를 전달한다.

5. OrderDeliveryCommandHandler는 명령 버스에서 OrderDeliveryCommand를 사용한다. 리스트 17-24를 참고한다.

리스트 17-24. OrderDeliveryCommandHandler handleOrderDelivery(ch17\ch17-01\Ax2-Ecom-No-Security\Ecom-delivery\src\main\java\com\acme\ecom\delivery\command\handler\OrderDeliveryCommandHandler.java)

```java
@Component
public class OrderDeliveryCommandHandler {

  @Autowired
  private EventBus eventBus;

  @CommandHandler
  public void handleOrderDelivery(OrderDeliveryCommand orderDeliveryCommand) {

    if(orderDeliveryCommand.isDelivered()){
      eventBus.publish(asEventMessage(new OrderDeliveredEvent(
          orderDeliveryCommand.getOrderId(), new Date())));
    }else{
      eventBus.publish(asEventMessage( new OrderDeliveryFailedEvent(
          orderDeliveryCommand.getOrderId(),
          orderDeliveryCommand.getReasonForFailure())));
    }
  }
}
```

6. 현재 흐름에서 백오피스 관리자가 Delivered 버튼을 클릭하면 order DeliveryCommand.isDelivered()가 true인지 확인하므로 클러스터링된 이벤트 버스로 새 OrderDeliveredEvent를 전송한다.

7. 6단계에서 등록된 `OrderDeliveredEvent`는 주문 처리 사가에서 사용된다.

8. `@EndSaga`를 사용해 이벤트 핸들러에 애노테이션을 사용해 `handleOrderCanceledEvent` 핸들러를 호출한 후 사가 생명주기가 종료된다. 리스트 17-25를 참고한다.

리스트 17-25. OrderProcessSaga handleOrderDeliveredEvent(ch17\ch17-01\Ax2-Ecom-No-Security\Ecom-core\src\main\java\com\acme\ecom\core\order\saga\handler\OrderProcessSaga.java)

```java
public class OrderProcessSaga extends AbstractAnnotatedSaga {

  private Long orderId;

  @EndSaga
  @SagaEventHandler(associationProperty = "orderId")
  public void handleOrderDeliveredEvent(OrderDeliveredEvent
      orderDeliveredEvent) {

    commandGateway.send(new OrderUpdateCommand(orderDeliveredEvent.
        getOrderId(),OrderStatus.DELIVERED));
  }
}
```

9. 사가는 `OrderUpdateCommand`를 명령 게이트웨이로 보낸다.

10. 명령 게이트웨이는 `OrderUpdateCommand`를 명령 버스로 전달한다.

11. 주문 명령 핸들러는 추가 처리를 위해 `OrderUpdateCommand`를 처리한다.

    `OrderUpdateCommand`를 처리하는 주문 명령 핸들러를 보여주는 예제 코드는 리스트 17-21을 보자.

12. `handleOrderUpdate`는 먼저 해당 주문을 검색하고 `updateOrderStatus`를 호출한다.

13. 주문 에그리게이트는 클러스터링된 이벤트 버스로 `OrderUpdatedEvent`를 보낸다. 리스트 17-22는 이 코드를 보여준다.

14. `OrderUpdatedEvent`는 Ecom-history 마이크로서비스의 주문 이력 이벤트 핸들러로 사용된다.

15. Ecom-history 마이크로서비스의 주문 기록 이벤트 핸들러는 주문 기록 테이블에서 해당 주문 레코드를 업데이트한다.

리스트 17-17은 주문 업데이트를 처리하는 주문 이력 이벤트 핸들러의 코드를 보여준다.

이렇게 하면 '배송된 주문 배달' 흐름이 완료되고 나중에 실제 사용 사례의 실행을 살펴본다.

배송된 주문에 대한 배달 실패

예제 애플리케이션에는 이미 배송된 주문에 대한 배달 실패를 시뮬레이션하는 조항이 있다. 이 이벤트는 배달 주소를 찾을 수 없는 경우, 고객이 거부한 상품, 상품 배달 도중 자연 재해 등 여러 가지 이유로 발생할 수 있다. 어떤 경우이든, 상품이 창고로 다시 돌아오면 포장된 상태로 주문한 상품을 보관할 필요가 없다. 대신 판매를 위해 상품을 재고로 출시할 수 있다(물론 적합하다고 판단되는 경우). 이러한 시나리오를 시뮬레이션할 때의 흐름과 상태 변화를 그림 17-10에서 확인할 수 있다.

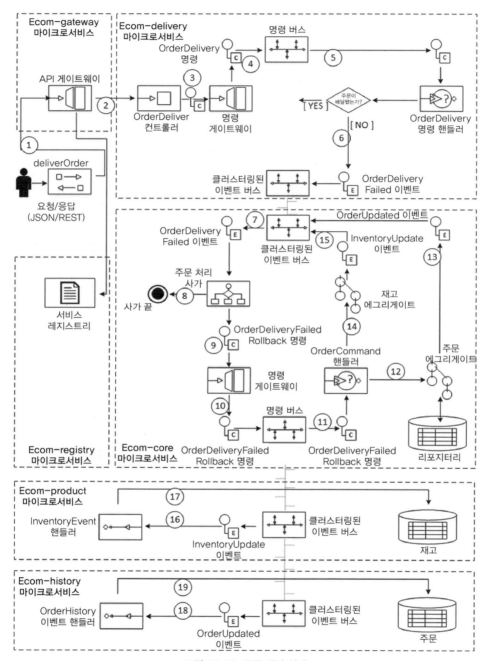

그림 17-10. 주문 배달 실패

그림 17-10을 보면 배송된 주문의 배달 실패를 시뮬레이션하고자 백오피스 관리자의 웹 앱을 사용해 REST JSON 요청의 결과로 발생하는 종단 간 흐름을 다음과 같이 요약할 수 있다.

1. order_service.js는 HTTP로 REST JSON 요청을 전송해 다음과 같이 이미 배달된 주문을 전달한다.

```
$http.post(sessionStorage.getItem('apiUrl')+'/delivery/delivery',
deliveryDTO)
```

   이 요청은 API 게이트웨이에 도달한다.

2. API 게이트웨이는 서비스 레지스트리를 확인해 URL을 해석하고 요청을 Ecom-delivery 마이크로서비스의 주문 배달 REST 컨트롤러로 보낸다.

3. 주문 배달 REST 컨트롤러는 명령 게이트웨이로 새 OrderDeliveryCommand를 생성해서 보낸다.

   코드는 리스트 17-21을 보자.

4. 명령 게이트웨이는 명령 버스로 OrderDeliveryCommand를 전달한다.

5. OrderDeliveryCommandHandler는 명령 버스에서 OrderDeliveryCommand를 사용한다.

   코드는 리스트 17-24를 보자.

6. 현재 흐름에서 백오피스 관리자가 Delivery Failed 버튼을 클릭하면 if(orderDeliveryCommand.isDelivered ())가 false로 돼 클러스터링된 이벤트 버스로 새로운 OrderDeliveryFailedEvent를 전송한다.

7. 6단계에서 등록된 OrderDeliveryFailedEvent는 주문 처리 사가에서 사용된다.

8. 리스트 17-26에 표시된 것처럼 사가에서 이벤트 핸들러에 **@EndSaga**로 애노테이션을 달았으므로 사가 생명주기는 handleOrderCanceledEvent 핸들러 호출 후에 종료된다.

리스트 17-26. OrderProcessSaga의 handleOrderDeliveryFailureEvent(ch17\ch17−01\ Ax2−Ecom−No−Security\Ecom−core\src\main\java\com\acme\ecom\core\order\saga\ handler\OrderProcessSaga.java)

```java
public class OrderProcessSaga extends AbstractAnnotatedSaga {

  private Long orderId;

  @EndSaga
  @SagaEventHandler(associationProperty = "orderId")
  public void handleOrderDeliveryFailureEvent(OrderDeliveryFailedEvent
      orderDeliveryFailedEvent) {

    commandGateway.send(new OrderDeliveryFailureRollbackCommand(
        orderDeliveryFailedEvent.getOrderId(),
        orderDeliveryFailedEvent.getFailureReason()));
  }
}
```

9. 주문 처리 사가는 명령 게이트웨이로 OrderDeliveryFailureRollback Command를 보낸다.

10. 명령 게이트웨이는 명령 버스로 OrderDeliveryFailureRollbackCommand 를 전달한다.

11. 주문 명령 핸들러는 처리를 위해 OrderDeliveryFailureRollbackCommand 를 선택한다. 리스트 17-27을 보자.

리스트 17-27. OrderCommandHandler의 handleOrderDeliveryFailure(ch17\ch17-01\
Ax2-Ecom-No-Security\Ecom-core\src\main\java\com\acme\ecom\core\order\
command\handler\OrderCommandHandler.java)

```java
@Component
public class OrderCommandHandler {

  @Autowired
  @Qualifier(value = "inventoryRepository")
  private Repository<Inventory> inventoryRepository;

  @Autowired
  @Qualifier(value = "orderRepository")
  private Repository<Order> orderRepository;

  @CommandHandler
  public void handleOrderDeliveryFailure(OrderDeliveryFailureRollbackCommand
      orderDeliveryFailureRollbackCommand) {

    Order order = orderRepository.load(orderDeliveryFailureRollbackCommand.
        getOrderId());
    order.updateOrderStatus(OrderStatus.DELIVERY_FAILED);
    rollbackInventory(order);
  }

  private void rollbackInventory(Order order){
    for(LineItem lineItem:order.getLineItems()){
      Inventory inventory =
          inventoryRepository.load(lineItem.getInventoryId());
      inventory.updateProductStock(lineItem.getQuantity(),
          ProductStockOperation.ADD);
    }
  }
}
```

12. 주문 명령 핸들러는 저장소에서 각 주문 에그리게이트 엔티티를 가져오
고 주문의 updateOrderStatus 메서드를 호출해 상태를 'Delivery Failed'

로 변경한다. 상태를 변경하고자 주문의 `updateOrderStatus` 메서드를 호출하는 코드는 리스트 17-22를 참고한다.

13. 주문 에그리게이트는 클러스터링된 이벤트 버스로 `OrderUpdatedEvent`를 보낸다.

14. 11단계에서 주문 명령 핸들러는 주문과 연관된 모든 상품의 재고 항목도 검색하고 `updateProductStock`을 호출한다. 목표는 주문 배송 실패의 영향을 설명하고자 재고를 되돌려 해당 재고를 다시 판매할 수 있게 하는 것이다. 리스트 17-14의 `rollbackInventory`가 이를 설명한다.

15. 재고를 다시 조정하는 동안 각 재고 에그리게이트는 클러스터링된 이벤트 버스에 `InventoryUpdateEvent`를 등록한다.

16. 15단계에서 생성된 `InventoryUpdateEvent`는 Ecom-product 마이크로서비스의 재고 이벤트 핸들러로 사용된다.

17. Ecom-product 마이크로서비스의 `InventoryEventHandler`는 재고 읽기 모델의 자체 구체화된 뷰를 새로 고친다. 리스트 17-11은 이를 수행하는 `handleInventoryUpdates`의 코드를 보여준다.

18. `OrderUpdatedEvent`는 Ecom-history 마이크로서비스의 주문 이력 이벤트 핸들러로 사용된다.

19. Ecom-history 마이크로서비스의 주문 이력 이벤트 핸들러는 주문 이력 테이블에서 해당 주문 레코드를 업데이트한다.

리스트 17-17은 주문 업데이트를 처리하는 주문 이력 이벤트 핸들러의 코드를 보여준다.

이렇게 하면 '배송된 주문의 배달 실패' 흐름 시뮬레이션이 완료되고 나중에 실제 사용 사례의 실행을 살펴본다.

주문 이력 보기 검색

주문 이력은 특정 사용자의 상태별 필터링된 모든 주문을 가져오는 데 필요하다. 이는 주문 이력 몽고 리포지터리에 영향을 받는다. 흥미로운 부분은 주문 이력 마이크로서비스에 REST 컨트롤러가 없다는 것이다. 대신 **@RepositoryRestResource**를 사용한다. 리스트 17-28을 보자.

리스트 17-28. OrderHistoryRepository(ch17\ch17-01\Ax2-Ecom-No-Security\Ecom-history\src\main\java\com\acme\ecom\order\history\repository\OrderHistoryRepository.java)

```
@RepositoryRestResource(collectionResourceRel = "orderHistory", path =
    "orderHistory")
public interface OrderHistoryRepository extends MongoRepository<Order, String> {

    @RestResource(exported = false)
    public Order findByOrderId(@Param("orderId") Long orderId);

    public List<Order> findByUserId(@Param("userId") String userId);
    public List<Order> findByOrderStatus(@Param("orderStatus") String
        orderStatus);

    @Override
    public Order findOne(String id);

    @Override
    @RestResource(exported = false)
    public Page<Order> findAll(Pageable pageable);
}
```

런타임에서 스프링 데이터 REST는 위 인터페이스의 구현을 자동으로 생성한다. 그런 다음 **@RepositoryRestResource** 애노테이션을 사용해 스프링 MVC가 **/orderHistory**에 RESTful 엔드포인트를 생성하도록 지시한다. 자세한 내용은 7장의 '스프링 부트와 몽고DB를 사용해 데이터 작업 수행' 절에서 확인했다.

전자상거래 마이크로서비스 인프라 디자인과 코딩

앞 절의 비즈니스 마이크로서비스 외에도 예제 애플리케이션에 인프라 마이크로서비스들이 있다. 마이크로서비스의 코드 기반은 간단하고 이해하기 쉬우며 대부분은 8장에서 다뤘으므로 여기서 자세히 다루지 않겠다. 그러나 전체 아키텍처에서 어떻게 결합되는지 확인할 수 있다.

구성 서버

구성 서버^{Config Server} 마이크로서비스는 다른 모든 비즈니스 마이크로서비스와 인프라 마이크로서비스에 대한 구성 매개변수를 제공한다. 이러한 측면에서 다른 모든 마이크로서비스를 시작하려면 구성 서버 마이크로서비스가 먼저 정상적으로 실행된 상태여야 한다. 이 마이크로서비스를 호출하면 한곳에서 다른 모든 마이크로서비스의 구성 파일을 찾을 수 있다. 운영 환경에서 이 위치는 구성 파일 자체가 버전 관리되도록 깃^{GIT} 저장소를 가리킨다.

그림 17-11은 1로 표시된 위의 의존성을 반영한다.

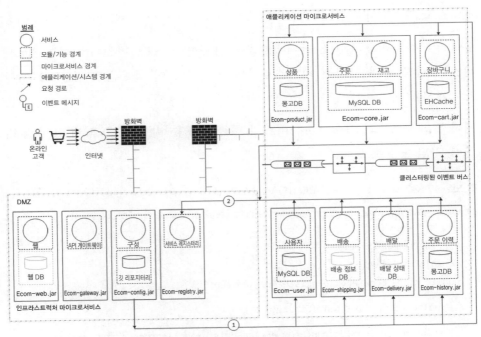

그림 17-11. 구성 서버와 서비스 레지스트리

구성 서버 마이크로서비스의 코드는 리스트 17-29에 표시된 것처럼 간단하다.

리스트 17-29. 구성 서버(ch17\ch17-01\Ax2-Ecom-No-Security\Ecomconfig\src\main\java\com\acme\ecom\config\EcomConfigApplication.java)

```java
@SpringBootApplication
@EnableConfigServer
public class EcomConfigApplication {

  public static void main(String[] args) {

    SpringApplication.run(EcomConfigApplication.class, args);

  }

}
```

서비스 레지스트리

유레카[Eureka] 서버를 서비스 레지스트리로 사용한다. 모든 비즈니스 마이크로서비스는 시작 중에 서비스 레지스트리에 등록되며 이 등록은 그림 17-11에서 2로 표시됐다.

서비스 레지스트리 마이크로서비스에 대한 코드는 리스트 17-30에 표시된 것처럼 간단하다.

리스트 17-30. 서비스 레지스트리(ch17\ch17-01\Ax2-Ecom-NoSecurity\Ecom-registry\ src\main\java\com\acme\ecom\registry\EcomServiceRegisterApplication.java)

```
@SpringBootApplication
@EnableEurekaServer
public class EcomServiceRegisterApplication {

  public static void main(String[] args) {

    SpringApplication.run(EcomServiceRegisterApplication.class, args);
  }
}
```

API 게이트웨이

주울[Zuul]을 API 게이트웨이로 활성화한다. 웹 앱의 모든 요청은 API 게이트웨이에만 도달하며 서비스 레지스트리에 연결하고 요청을 각 서비스로 전달해 요청 대상에 연결하는 것은 API 게이트웨이에 달려 있다. 리스트 17-31을 보자.

리스트 17-31. 주울 API 게이트웨이(ch17\ch17-01\Ax2-Ecom-NoSecurity\Ecom-gateway\src\main\java\com\acme\ecom\gateway\EcomApiGatewayApplication.java)

```
@SpringBootApplication
```

```
@EnableZuulProxy
@EnableDiscoveryClient
@EnableCircuitBreaker
@EnableHystrix
@EnableHystrixDashboard
@EnableFeignClients
public class EcomApiGatewayApplication {

  public static void main(String[] args) {

    SpringApplication.run(EcomApiGatewayApplication.class, args);

  }

  @Bean
  public CorsFilter corsFilter() {

    UrlBasedCorsConfigurationSource source = new
        UrlBasedCorsConfigurationSource();
    CorsConfiguration config = new CorsConfiguration();
    config.setAllowCredentials(true);
    config.addAllowedOrigin("*");
    config.addAllowedHeader("*");
    config.addAllowedMethod("OPTIONS");
    config.addAllowedMethod("HEAD");
    config.addAllowedMethod("GET");
    config.addAllowedMethod("PUT");
    config.addAllowedMethod("POST");
    config.addAllowedMethod("DELETE");
    config.addAllowedMethod("PATCH");
    source.registerCorsConfiguration("/**", config);
    return new CorsFilter(source);

  }

}
```

그림 17-12는 웹 앱과 서버 측 마이크로서비스의 다양한 상호작용을 보여준다.

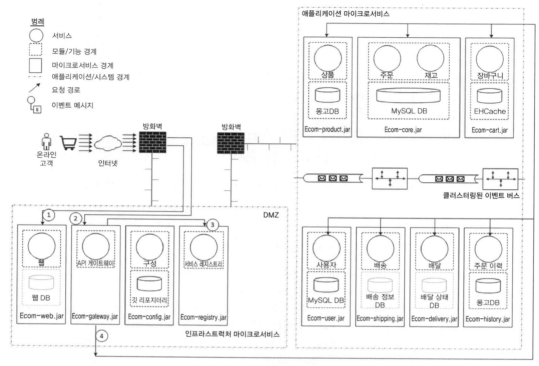

그림 17-12. API 게이트웨이

그림 17-12에서 살펴본 웹 앱과 서버 측 마이크로서비스의 다양한 상호작용은 다음과 같다.

1. 웹 앱은 외부 네트워크나 인터넷에서 직접 액세스할 수 있다. 브라우저에 홈페이지 URL을 입력하면 웹 앱이 브라우저로 다운로드된다.

2. 웹 앱의 모든 요청이 API 게이트웨이에 도달했다.

3. 웹 앱의 요청이 API 게이트웨이에 도달하면 게이트웨이는 서비스 레지스트리에 연결해 마이크로서비스의 IP, 포트, 서비스 이름을 확인한다.

4. 그 후의 요청이 마이크로서비스로 전달된다.

표 17-1은 마이크로서비스 예제 애플리케이션에 대한 애플리케이션과 인프라 구성 요소의 전체를 보여준다. 이는 앞에서 다룬 다양한 사용 사례의 의존성과 흐름을 이해하는 경우에 유용하다.

표 17-1. 애플리케이션과 인프라 구성 요소의 전체보기

번호	μ?	마이크로 서비스	구성 요소	스테레오 타입	메서드	인자	비고
1	μ	Ecom- web	Config Controller	Rest Controller	getAPIGatewayURL		
2	μ	Ecom- user	User Controller	Rest Controller	postCustomer		
3					validateCredential		
4			Customer Service	Service	saveCustomer		
5					findCustomer		
6			User Repository	Crud Repository	findByUserId		
7			Online User Repository	Crud Repository	findByScreenName		
8	μ	Ecom- product	Product Rest Controller	Rest Controller	updateProduct		
9					postProduct		
10					getProduct		
11					getAllProducts		
12					deleteProduct		
13					deleteAllProducts		

(이어짐)

번호	μ?	마이크로 서비스	구성 요소	스테레오 타입	메서드	인자	비고
14					getAllProductsByCategory		
15					getAllProductsByName		
16			Product Repository	Mongo Repository			
17			Product Category Repository	Mongo Repository			
18			Inventory Event Handler	Event Handler	handleInventoryUpdates	Inventory Update Event	
19	μ	Ecom−cart	Customer Cart Application Controller	Rest Controller	getCustomerCartInfo		
20			Customer Cart Controller	Rest Controller	updateCustomerCartToCache		
21					getCustomerCartFromCache		
22			Cart Cache Service	Service	updateUserCartInCache		
23					getUserCartFromCache		
24	μ	Ecom− core	Order Controller	Rest Controller	createOrder		
25					cancelOrder		
26			Order Process Saga	Saga Event Handler	handleOrderCreationEvent	Order Created Event	Start Saga

(이어짐)

776

번호	μ?	마이크로 서비스	구성 요소	스테레오 타입	메서드	인자	비고
27					handleOrderShippedEvent	Order Shipped Event	
28					handleOrderCanceledEvent	Order Cancelled Event	End Saga
29					handleOrderDeliveredEvent	Order Delivered Event	End Saga
30					handleOrderDelivery FailureEvent	Order Delivery Failed Event	End Saga
31	μ	Ecom- core	Order Command Handler	Command Handler	handleNewOrder	Order Create Command	
32					handleOrderUpdate	Order Update Command	
33					handleOrderCancel	Order Cancel Command	
34					handleOrderDeliveryFailure	Order Delivery Failure Rollback Command	
35			Inventory Creation Command Handler	Command Handler	handleInventoryCreation	Inventory Create Commad	

(이어짐)

번호	μ?	마이크로 서비스	구성 요소	스테레오 타입	메서드	인자	비고
36			Order	Aggregate Root	notifyOrderCreation		
37					updateOrderStatus		
38					cancelOrder		
39					notifyOrderFailure		
40			Inventory	Aggregate Root	updateProductStock		
41	μ	Ecom- shipping	Order Shipping Controller	Rest Controller	shipOrder		
42			Order Shipping Command Handler	Command Handler	handleOrderShipping	Order Shipping Command	
43	μ	Ecom- delivery	Order Deliver Controller	Rest Controller	handleOrder		
44			Order Delivery Command Handler	Command Handler	handleOrderDelivery	Order Delivery Command	
45	μ	Ecom- history	Order History Event Handler	Event Handler	handleOrderCreationEvent	Order Created Event	
46					handleOrderUpdatedEvent	Order Updated Event	
47	μ	Ecom- security		Infra			

(이어짐)

번호	μ?	마이크로 서비스	구성 요소	스테레오 타입	메서드	인자	비고
48	μ	Ecom– gateway		Infra			
49	μ	Ecom– registry		Infra			
50	μ	Ecom– config		Infra			
51	×	Ecom– common	Common Libraries				
52	×	config– repo	ConfigFiles				
53	×	Delivery– setup	Utility Folder				

전자상거래 마이크로서비스 애플리케이션 구성

마이크로서비스에서 필요한 구성을 변경해야 한다. 하나씩 진행할 것이다.

1. 마이크로서비스1: Ecom-config. 리스트 17-32를 참고한다.

리스트 17-32. Ecom–config 마이크로서비스 구성(ch17\ch17–01\Ax2Ecom–No–Security\
Ecom–config\src\main\resources\application.yml)

```yaml
spring:
  cloud:
    config:
      server:
        git:
          uri: file://D:/binil/gold/pack03/ch17/ch17-01/Ax2-Ecom-No-
          Security/config-repo
```

2. 마이크로서비스 2: Ecom-registry. 리스트 17-33을 참고한다.

리스트 17-33. Ecom—registry 마이크로서비스 구성(ch17\ch17—01\Ax2Ecom—No—Security\ config—repo\ecom—registry.yml)

```
eureka:
  instance:
    hostname: localhost
  client:
    registerWithEureka: false
    fetchRegistry: false
    serviceUrl.defaultZone: http://${eureka.instance.hostname}:${server.
    port}/eureka/
```

3. 마이크로서비스 3: Ecom-gateway. 리스트 17-34를 참고한다.

리스트 17-34. Ecom—gateway 마이크로서비스 구성(ch17\ch17—01\Ax2Ecom—No—Security\ config—repo\ecom—gateway.yml)

```
zuul:
  routes:
    ecom-core:
      path: /core/**
      service-id: ecom-core
    ecom-user:
```

```
      path: /customer/**
      service-id: ecom-user
    ecom-cart:
      path: /cart/**
      service-id: ecom-cart
    ecom-product:
      path: /product/**
      service-id: ecom-product
    ecom-history:
      path: /orderhistory/**
      service-id: ecom-history
    ecom-delivery:
      path: /delivery/**
      service-id: ecom-delivery
    ecom-shipping:
      path: /shipping/**
      service-id: ecom-shipping

eureka:
  client:
    serviceUrl:
      defaultZone: http://localhost:8761/eureka/
```

참고 여기서는 변경하지 않는다.

4. 마이크로서비스 4: Ecom-cart. 리스트 17-35를 참고한다.

리스트 17-35. Ecom-cart 마이크로서비스 구성(ch17\ch17-01\Ax2-EcomNo-Security\config-repo\ecom-cart.yml)

```
eureka:
  client:
    serviceUrl:
```

```
        defaultZone: http://localhost:8761/eureka/
```

참고 여기서는 변경하지 않는다.

---

5. 마이크로서비스 5: Ecom-core. 리스트 17-36을 참고한다.

리스트 17-36. Ecom—core 마이크로서비스 구성(ch17\ch17—01\Ax2Ecom—No—Security\config—repo\ecom—core.yml)

```
spring:
  data:
    mongodb:
      uri: mongodb://localhost:27017/ecom
    datasource:
      url: jdbc:mysql://localhost/ecom
      username: root
      password: rootpassword
      driver-class-name: com.mysql.jdbc.Driver
jpa:
  database-platform: org.hibernate.dialect.MySQL5InnoDBDialect
eureka:
  client:
    serviceUrl:
      defaultZone: http://localhost:8761/eureka/
ecom:
  amqp:
    rabbit:
      address: localhost:5672
      username: guest
      password: guest
      vhost: /
```

```
      exchange: Ecom-exchange
      queue: Ecom-core-queue
```

> **참고** 환경에 필요한 사항을 변경한다.

6. 마이크로서비스 6: Ecom-delivery. 리스트 17-37을 참고한다.

리스트 17-37. Ecom—delivery 마이크로서비스 구성(ch17\ch17—01\Ax2Ecom—No—Security\ config—repo\ecom—delivery.yml)

```
eureka:
  client:
    serviceUrl:
      defaultZone: http://localhost:8761/eureka/

ecom:
  amqp:
    rabbit:
      address: localhost:5672
      username: guest
      password: guest
      vhost: /
      exchange: Ecom-exchange
      queue: Ecom-delivery-queue
```

> **참고** 환경에 필요한 사항을 변경한다.

7. 마이크로서비스 7: Ecom-history. 리스트 17-38을 참고한다.

리스트 17-38. Ecom—history 마이크로서비스 구성 (ch17\ch17—01\Ax2Ecom—No—Security\config—repo\ecom—history.yml)

```
spring:
  data:
    mongodb:
      uri:mongodb://localhost:27017/ecom

eureka:
  client:
    serviceUrl:
      defaultZone: http://localhost:8761/eureka/

ecom:
  amqp:
    rabbit:
      address: localhost:5672
      username: guest
      password: guest
      vhost: /
      exchange: Ecom-exchange
      queue: Ecom-order-histo-queue
```

참고 환경에 필요한 사항을 변경한다.

---

8. 마이크로서비스 8: Ecom-product. 리스트 17-39를 참고한다.

리스트 17-39. Ecom—product 마이크로서비스 구성(ch17\ch17—01\Ax2Ecom—No—Security\config—repo\ecom—product.yml)

```
spring:
  data:
    mongodb:
      uri: mongodb://localhost:27017/ecom
```

```
eureka:
  client:
    serviceUrl:
      defaultZone: http://localhost:8761/eureka/

ecom:
  amqp:
    rabbit:
      address: localhost:5672
      username: guest
      password: guest
      vhost: /
      exchange: Ecom-exchange
      queue: Ecom-product-queue
  product.img.location: D:/binil/gold/pack03/ch17/ch17-01/Ax2-Ecom-No-
  Security/Ecom-xtra-setup/productImg/
```

> **참고** 환경에 필요한 사항을 변경한다.

9. 마이크로서비스 9: Ecom-shipping. 리스트 17-40을 참고한다.

리스트 17-40. Ecom—shipping 마이크로서비스 구성(ch17\ch17—01\Ax2Ecom—No—
Security\config—repo\ecom—shipping.yml)

```
eureka:
  client:
    serviceUrl:
      defaultZone: http://localhost:8761/eureka/

ecom:
  amqp:
    rabbit:
      address: localhost:5672
```

```
        username: guest
        password: guest
        vhost: /
        exchange: Ecom-exchange
        queue: Ecom-shipping-queue
```

참고 환경에 필요한 사항을 변경한다.

10. 마이크로서비스 10: Ecom-user. 리스트 17-41을 참고한다.

리스트 17-41. Ecom-user 마이크로서비스 구성(ch17\ch17-01\Ax2Ecom-No-Security\ config-repo\ecom-user.yml)

```
spring:
  datasource:
    url: jdbc:mysql://localhost/ecom
    username: root
    password: rootpassword
eureka:
  client:
    serviceUrl:
      defaultZone: http://localhost:8761/eureka/
```

참고 환경에 필요한 사항을 변경한다.

11. 마이크로서비스 11: Ecom-web. 리스트 17-42를 참고한다.

리스트 17-42. Ecom—web(ch17\ch17—01\Ax2—Ecom—No—Security\Ecom—web\src\main\resources\application.yml)

```
spring:
  application:
    name: ecom-web
  server:
    port: 8080
  ecom:
    apigateway:
      url: http://localhost:9000
```

웹 앱은 위에 구성된 API 게이트웨이 URL을 사용해 모든 요청을 마이크로서비스로 라우팅한다. 여기서는 변경하지 않는다.

전자상거래 마이크로서비스 애플리케이션을 위한 인프라 환경 설정

다음으로 예제를 실행하고자 몇 가지 인프라 구성을 설정해야 한다. 이것도 하나씩 할 것이다.

1. RabbitMQ 서버를 설정한다.

   첫 번째 단계로 RabbitMQ 서버를 실행해야 한다. RabbitMQ 서버를 시작하려면 부록 B를 참고한다.

   ```
   D:\Applns\RabbitMQ\rabbitmq_server-3.6.3\sbin>D:\Applns\RabbitMQ\
   rabbitmq_server-3.6.3\sbin\rabbitmq-server.bat
   ```

2. 몽고DB 서버를 설정한다.

다음으로 몽고DB가 실행 중인지 확인한다. 몽고DB를 시작하려면 부록 A를 참고한다.

```
D:\Applns\MongoDB\Server\3.2.6\bin\mongod.exe --dbpath D:\Applns\
MongoDB\Server\3.2.6\data
```

이제 다른 윈도우 명령 프롬프트를 사용하고 프로그램을 실행해 시작한 몽고DB 서버에 연결할 수 있다.

```
D:\Applns\MongoDB\Server\3.2.6\bin>D:\Applns\MongoDB\Server\3.2.6\
bin\mongo
> use ecom
switched to db ecom
> db.getName()
ecom
```

여기서 데이터가 포함된 깨끗한 컬렉션으로 시작하는 쉬운 방법 중 하나는 데이터베이스를 삭제하고 필요한 컬렉션을 만들 때 새로 만드는 것이다.

```
> db.dropDatabase();
> show collections
```

이제 필요한 컬렉션을 만든다. 이를 위해 다른 윈도우 명령 프롬프트에서 다음 mongoimport 도구를 사용해야 한다.

```
cd D:\Applns\MongoDB\Server\3.2.6\bin
```

먼저 ecom 데이터베이스를 만들고 **productCategory**라는 컬렉션으로 상품 카테고리 데이터를 가져온다.

```
D:\Applns\MongoDB\Server\3.2.6\bin> mongoimport --db ecom --jsonArray
--collection productCategory --file D://binil/gold/
shuffle/pack02/ch17/ch17-01/Ax2-Ecom-No-Security/Ecom-xtra-setup/
productCategory.json
2018-05-25T12:11:12.587+0530    connected to: localhost
2018-05-25T12:11:13.032+0530    imported 6 documents
```

다음으로 상품과 재고 컬렉션에 대해 동일한 작업을 수행한다.

```
D:\Applns\MongoDB\Server\3.2.6\bin>mongoimport --db ecom --jsonArray
--collection product --file D://binil/gold/
shuffle/pack02/ch17/ch17-01/Ax2-Ecom-No-Security/Ecom-xtra-setup/
products.json
2018-05-25T15:58:44.679+0530    connected to: localhost
2018-05-25T15:58:44.913+0530    imported 34 documents
D:\Applns\MongoDB\Server\3.2.6\bin>mongoimport --db ecom --jsonArray
--collection inventory --file D://binil/gold/
shuffle/pack02/ch17/ch17-01/Ax2-Ecom-No-Security/Ecom-xtra-setup/
inventory.json
2018-05-25T15:59:47.156+0530    connected to: localhost
2018-05-25T15:59:47.502+0530    imported 34 documents

D:\Applns\MongoDB\Server\3.2.6\bin>
```

다음과 같이 새로 생성된 컬렉션을 확인할 수 있다.

```
> show collections
inventory
product
```

```
productCategory
>
```

3. MySQL 서버를 설정한다.

MySQL이 실행되고 있는지 확인한다. MySQL을 시작하려면 부록 H를 참고한다.

먼저 MySQL 서버를 실행한다.

```
D:\Applns\MySQL\mysql-5.7.14-winx64\bin>mysqld --console
```

이제 MySQL 프롬프트를 연다.

```
D:\Applns\MySQL\mysql-5.7.14-winx64\bin>mysql -u root -p
mysql> SHOW DATABASES;
mysql> use ecom;
Database changed
```

정리된 테이블로 시작하고자 현재 예제에 사용하는 이름을 가진 모든 테이블을 삭제하면 나중에 마이크로서비스가 시작되는 동안 자동으로 다시 생성할 것이다.

```
mysql> drop table inventory;
mysql> drop table line_item;
mysql> drop table customer_order;
mysql> drop table user_info;
mysql> drop table address;
mysql> drop table user_role;
mysql> drop table user_credential;
```

전자상거래 마이크로서비스 애플리케이션 구축과 실행

애플리케이션에는 11개의 마이크로서비스가 있음을 확인했으므로 빌드와 복잡성을 더 잘 관리하고자 IDE(가급적 이클립스Eclipse)를 사용하는 것이 좋다.

먼저 11개의 마이크로서비스 프로젝트를 이클립스 프로젝트로 설정해야 한다. 다음의 루트 폴더로 이동한다.

```
cd ch17\ch17-01\Ax2-Ecom-No-Security
```

POM에서 이클립스 프로젝트 파일을 생성하려면 다음 명령을 실행한다.

```
mvn eclipse:eclipse
```

메이븐 이클립스 플러그인은 프로젝트에서 사용할 이클립스 IDE 파일(*.classpath, *.project, *.wtpmodules, .settings 폴더)을 생성하는 데 사용한다. 메이븐 프로젝트에 의존성이 있으면 이클립스 클래스 경로는 메이븐 의존성의 현재 목록과 모든 다른 메이븐 의존성과 동기화된다.

예제 애플리케이션의 메이븐 프로젝트는 공통 루트 pom이 있는 여러 조합된 프로젝트로 구성되며 이러한 조합된 프로젝트 중 일부는 서로 의존한다. eclipse:eclipse goal은 이클립스의 각 종속 프로젝트를 이클립스 jar 의존성이 아닌 이클립스 프로젝트 의존성으로 구성한다. 이렇게 하면 프로젝트 B가 프로젝트 A에 대한 의존성을 정의할 때 프로젝트 A 내의 코드 변경 사항을 프로젝트 B에서 즉시 사용할 수 있다. 다음으로 메뉴에서 File ➤ Import Exsiting Projects로 프로젝트를 이클립스 작업 공간으로 가져온다. 특히 이클립스를 scm 클라이언트로 사용하려면 이클립스에 문제가 발생할 수 있으므로 프로젝트(디렉터리)는 작업 공간에 있으면 안 된다.

1. 이클립스 프로젝트 탐색기에서 기존 프로젝트를 가져온다.

2. Maven ➤ Existing Maven Projects ➤ Next를 선택한다.

3. Select Maven Projects 창에서 **찾아보기**를 클릭한다.

4. Select Root Folder에서 D:\binil\gold\pack03\ch17\ch17-01\Ax2-Ecom-No-Security를 선택하고 **확인**을 클릭한다(그림 17-13 참고).[1]

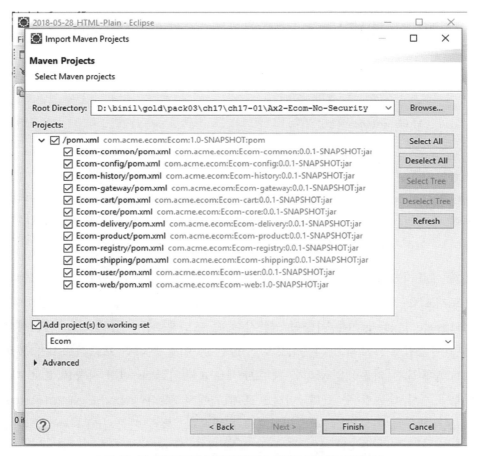

그림 17-13. 전자상거래 마이크로서비스 메이븐 프로젝트 가져오기

---

1. 개발 환경에 맞게 경로를 수정해준다. — 옮긴이

5. 가져오기가 완료됐는지 확인한 후(이클립스 상태 표시줄 확인) Java EE Perspective 에서 모든 프로젝트(Ecom 제외)를 선택한다.

6. 마우스 오른쪽 버튼을 클릭하고 Maven ➤ Update Projects를 선택한다.

7. 메이븐 프로젝트 업데이트 창에서 OK를 클릭한다.

모든 것이 잘 진행됐다면 모든 프로젝트가 오류 없이 빌드돼야 한다. 경고를 무시하고 계속해서 서버를 하나씩 불러올 수 있다. 서버를 시작하려면 처음 3개의 마이크로서비스를 다음 순서대로 시작해야 한다.

```
Ecom-config
Ecom-registry
Ecom-gateway
```

나머지 마이크로서비스의 경우 순서에 관계없이 시작할 수 있다. 이러한 유연성은 2가지 다른 측면을 보여준다.

- **마이크로서비스의 독립성:** 마이크로서비스 간에 절대적인 의존성이 없다. 이는 종속 마이크로서비스에 독립 마이크로서비스의 스텁이 필요한 이전 CORBA, RMI, IIOP, SOAP 서비스 패러다임과 다르다.

- **애플리케이션의 부분적 실패:** 모든 마이크로서비스를 가져 오지 않더라도 웹 앱은 사용 가능한 서비스를 부분적으로 사용해 작동한다.

마이크로서비스를 시작하려면 이클립스에서 프로젝트를 선택하고 마우스 오른쪽 버튼을 클릭한 다음 Run As ➤ Java Application을 선택한다. 그림 17-14를 참고한다.

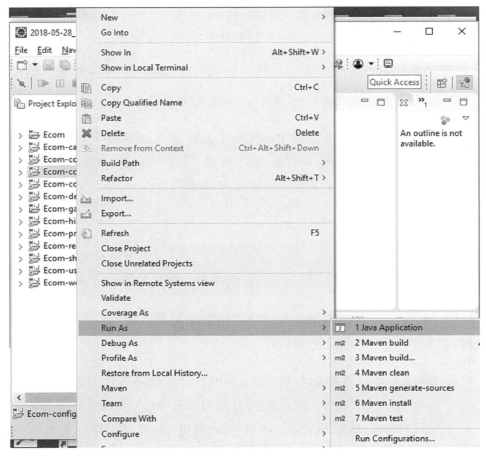

그림 17-14. 각 마이크로서비스를 자바 애플리케이션으로 실행

다음 창에서 실행할 main 메서드가 있는 자바 클래스를 선택한다. 그림 17-15
와 같이 'Ecom *'를 입력해 main 메서드가 있는 자바 클래스를 나열하고 확인을
클릭할 수 있다.

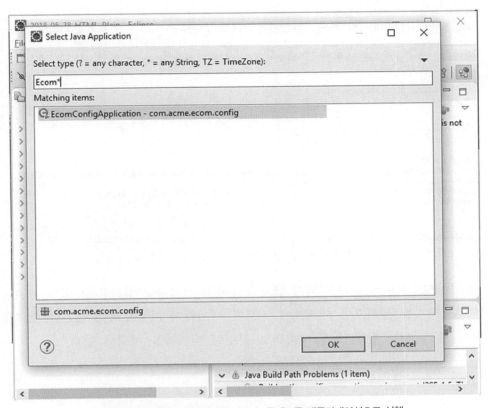

그림 17-15. 각 마이크로서비스의 main 클래스를 애플리케이션으로 실행

마이크로서비스가 완전히 초기화될 때까지 기다린다. 일반적으로 이것은 그림 17-16과 같이 이클립스 내의 콘솔 로그에 표시된다.

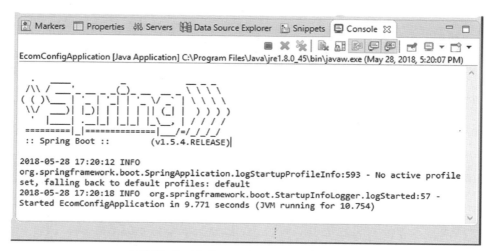

그림 17-16. 이클립스 IDE에서 시작된 마이크로서비스

각 마이크로서비스에 대해 앞의 단계를 수행해 시작하고 실행할 수 있다. 마이크로서비스를 불러오면 MySQL에 필요한 테이블이 자동으로 생성된다. 그런 후 다음과 같이 일부 초기 데이터로 선택한 테이블을 채워야 한다.

- 재고 데이터 추가:

```
insert into inventory(id,last_event_sequence_number,
version,quantity, sku) values(1,0,0,10,'LEE');
insert into inventory(id,last_event_sequence_number,
version,quantity, sku) values(2,0,0,10,'ACTION');
insert into inventory(id,last_event_sequence_number,
version,quantity, sku) values(3,0,0,10,'ADDIDAS');
insert into inventory(id,last_event_sequence_number,
version,quantity, sku) values(4,0,0,10,'NIKE');
insert into inventory(id,last_event_sequence_number,
version,quantity, sku) values(5,0,0,10,'LEE_1');
insert into inventory(id,last_event_sequence_number,
version,quantity, sku) values(6,0,0,10,'ACTION_1');
insert into inventory(id,last_event_sequence_number,
```

```sql
version,quantity, sku) values(7,0,0,10,'LAXME');
insert into inventory(id,last_event_sequence_number,
version,quantity, sku) values(8,0,0,10,'LAXME13');
insert into inventory(id,last_event_sequence_number,
version,quantity, sku) values(9,0,0,10,'ADDIDAS_W');
insert into inventory(id,last_event_sequence_number,
version,quantity, sku) values(10,0,0,10,'WEDGES');
insert into inventory(id,last_event_sequence_number,
version,quantity, sku) values(11,0,0,10,'LEE_2');
insert into inventory(id,last_event_sequence_number,
version,quantity, sku) values(12,0,0,10,'LEE_3');
insert into inventory(id,last_event_sequence_number,
version,quantity, sku) values(13,0,0,10,'RAYBAN1');
insert into inventory(id,last_event_sequence_number,
version,quantity, sku) values(14,0,0,10,'RAYBAN2');
insert into inventory(id,last_event_sequence_number,
version,quantity, sku) values(15,0,0,10,'RAYBAN3');
insert into inventory(id,last_event_sequence_number,
version,quantity, sku) values(16,0,0,10,'FASTTRACK1');
insert into inventory(id,last_event_sequence_number,
version,quantity, sku) values(17,0,0,10,'FASTTRACK2') ;
insert into inventory(id,last_event_sequence_number,
version,quantity, sku) values(18,0,0,10,'FASTTRACK3');
insert into inventory(id,last_event_sequence_number,
version,quantity, sku) values(19,0,0,10,'ARROW1');
insert into inventory(id,last_event_sequence_number,
version,quantity, sku) values(20,0,0,10,'ARROW2');
insert into inventory(id,last_event_sequence_number,
version,quantity, sku) values(21,0,0,10,'ARROW3');
insert into inventory(id,last_event_sequence_number,
version,quantity, sku) values(22,0,0,10,'POLO1');
insert into inventory(id,last_event_sequence_number,
version,quantity, sku) values(23,0,0,10,'POLO2');
insert into inventory(id,last_event_sequence_number,
version,quantity, sku) values(24,0,0,10,'POLO3');
```

```
insert into inventory(id,last_event_sequence_number,
version,quantity, sku) values(25,0,0,10,'DON1');
insert into inventory(id,last_event_sequence_number,
version,quantity, sku) values(26,0,0,10,'DON2');
insert into inventory(id,last_event_sequence_number,
version,quantity, sku) values(27,0,0,10,'DON3');
insert into inventory(id,last_event_sequence_number,
version,quantity, sku) values(28,0,0,10,'DON4');
insert into inventory(id,last_event_sequence_number,
version,quantity, sku) values(29,0,0,10,'X-COTTEN1');
insert into inventory(id,last_event_sequence_number,
version,quantity, sku) values(30,0,0,10,'X-COTTEN2');
insert into inventory(id,last_event_sequence_number,
version,quantity, sku) values(31,0,0,10,'X-COTTEN3');
insert into inventory(id,last_event_sequence_number,
version,quantity, sku) values(32,0,0,10,'X-COTTEN4');
insert into inventory(id,last_event_sequence_number,
version,quantity, sku) values(33,0,0,10,'X-COTTEN5');
insert into inventory(id,last_event_sequence_number,
version,quantity, sku) values(34,0,0,10,'X-COTTEN6');
```

- 백오피스 관리자 추가:

```
insert into user_credential (id,active,password,user_id) values
(1,1,'admin','admin');
insert into user_role (id,role,user_id) values (1,'ROLE_ADMIN',1);
insert into user_role (id,role,user_id) values (2,'CUSTOMER_READ',1);
insert into user_role (id,role,user_id) values (3,'PRODUCT_WRITE',1);
insert into user_role (id,role,user_id) values (4,'ORDER_READ',1);
insert into user_role (id,role,user_id) values (5,'PRODUCT_WRITE',1);
insert into user_role (id,role,user_id) values (6,'ORDER_WRITE',1);
insert into user_info (id,email,first_name,last_name,phone,user_id)
values(1,'admin@admin','admin','admin',903766787,'admin');
```

전자상거래 마이크로서비스 사용 사례 테스트

선호하는 브라우저를 사용해 애플리케이션을 테스트할 수 있다. 일반 고객이나 사용자용과 백오피스 관리자용으로 2개의 브라우저 창을 사용할 수 있다.

`http://localhost:8080/` URL을 입력하면 그림 17-17과 같은 사용자 화면이 나타난다(그림 17-17의 전체 콘텐츠가 로드되지 않은 경우 브라우저를 새로 고친다).

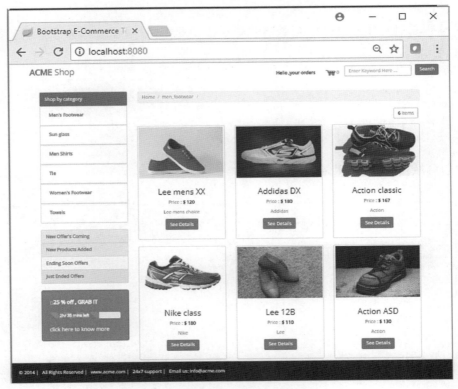

그림 17-17. 사용자 홈페이지

백오피스 관리자 화면을 불러오려면 `http://localhost:8080/admin.html` URL 을 입력한다. 그림 17-18을 보자.

그림 17-18. 백오피스 관리자 로그인 페이지

관리자 화면에서 로그인을 위한 자격증명을 요구한다. 다음 자격증명을 사용할 수 있다.

```
User name: admin
Password: admin
```

그림 17-19에 표시된 관리자 창이 열린다.

그림 17-19. 백오피스 관리자 홈페이지

이제 몇 가지 사용 사례를 실행해 애플리케이션을 테스트할 수 있다. 작업의 효과를 확인하고자 브라우저의 새로 고침 버튼을 사용해 화면을 명시적으로 새로 고칠 수 있다.

상품 카테고리와 상품 세부 정보보기

그림 17-17에 표시된 상품 카테고리에서 상품을 선택해 상품 세부 정보와 사용 가능한 재고를 확인한다. 그림 17-20과 같이 구매에 필요한 번호를 선택할 수 있다.

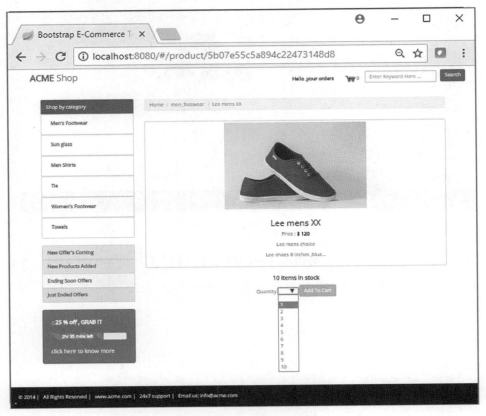

그림 17-20. 주문할 상품 수 선택

장바구니에 담기

다음 단계에서는 그림 17-21과 같이 선택한 상품과 선택한 상품 번호를 장바구니에 추가할 수 있다.

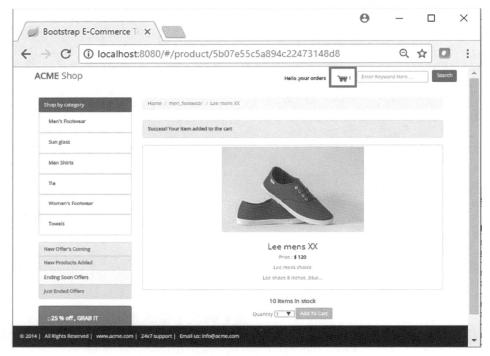

그림 17-21. 장바구니에 항목 추가

페이지 상단의 장바구니 아이콘에서 새로 추가된 항목을 볼 수 있다. 그림 17-22와 같이 장바구니 아이콘을 클릭해 장바구니를 표시할 수 있다.

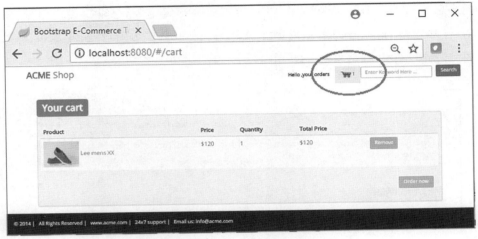

그림 17-22. 구매할 준비가 된 항목이 있는 장바구니

사용자 프로필 생성

그림 17-22의 Order Now 버튼을 클릭해 주문을 진행한다. 그림 17-23과 같이 사용자에게 로그인을 요청한다.

그림 17-23. 사용자 로그인 프롬프트

처음으로 로그인하는 것이므로 먼저 로그인 프로필을 생성해야 로그인할 수 있다. 따라서 New user?를 클릭한다. 링크를 클릭하면 그림 17-24와 같이 사용자 프로필 생성 페이지로 이동한다.

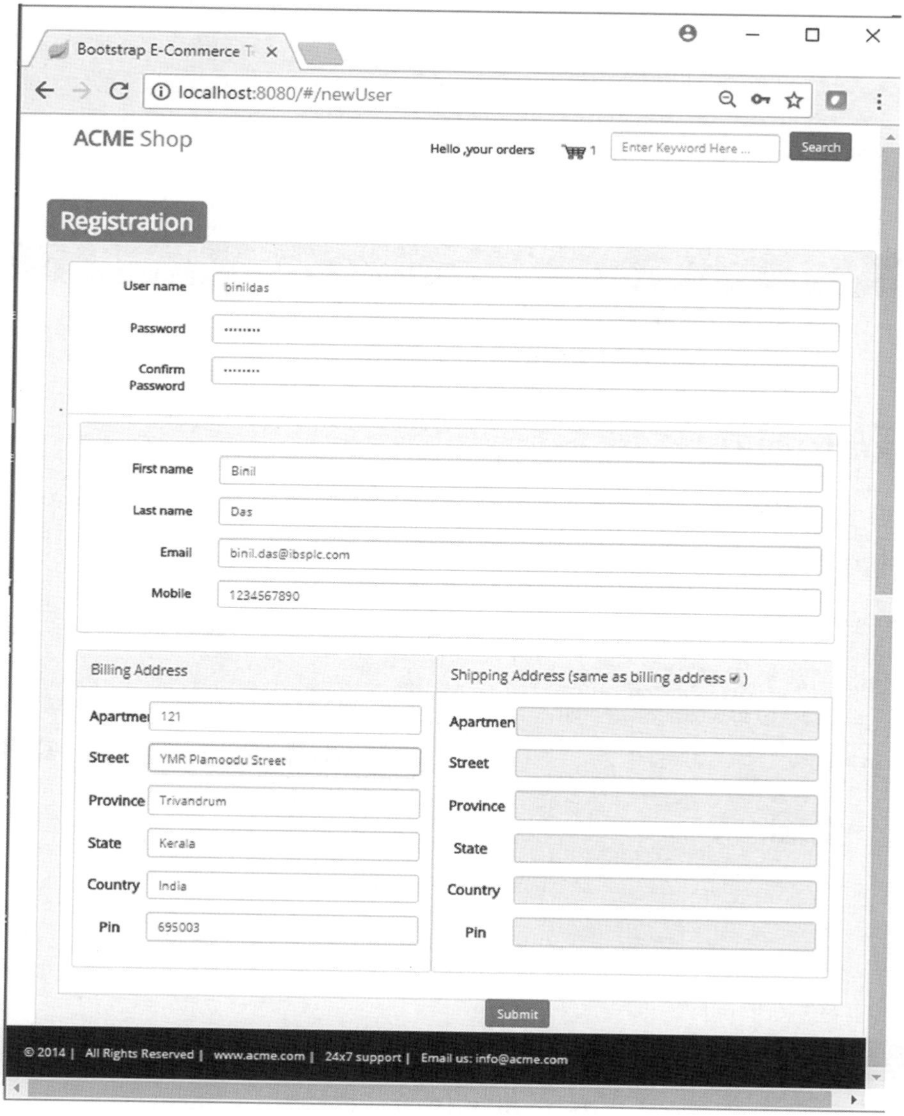

그림 17-24. 사용자 프로필 만들기

그림 17-24와 같이 양식을 작성해 사용자 프로필을 만들고 Submit을 클릭한다.
이제 그림 17-25와 같이 애플리케이션에 로그인할 수 있다(필요한 경우 장바구니 아이콘을
클릭해 장바구니를 표시).

그림 17-25. 사용자 로그인

새 주문 생성

로그인 후 그림 17-22와 같이 장바구니 아이콘을 다시 한 번 클릭해 장바구니를
보고 Order now 버튼을 클릭해 주문을 진행할 수 있다. 그림 17-26과 같이 다음
창에서 주문 세부 정보를 확인한 다음 Proceed to checkout order 버튼을 클릭해
주문을 확인할 수 있다.

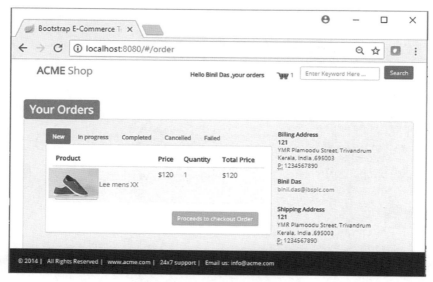

그림 17-26. 새 주문 생성 확인

주문 생성에 성공하면 그림 17-27과 같이 다음 창에 표시된다.

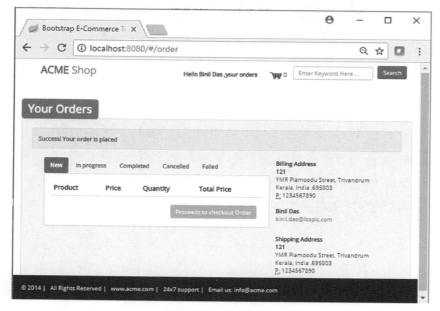

그림 17-27. 새 주문 생성

그림 17-28에 표시된 In progress 메뉴(변경 사항을 반영하게 브라우저 화면 새로 고침)를 클릭해 새로 생성된 주문을 볼 수 있다.

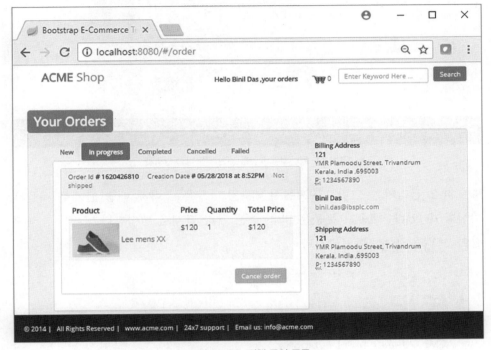

그림 17-28. 진행 중인 주문

새 주문 배송

동시에 새로 생성된 주문은 백오피스 관리자가 실행 프로세스를 시작할 수 있게 제공된다. 그림 17-29와 같이 새로 생성된 모든 주문을 보려면 To Ship 메뉴(변경 사항을 반영하고자 브라우저 화면 새로 고침)를 클릭한다.

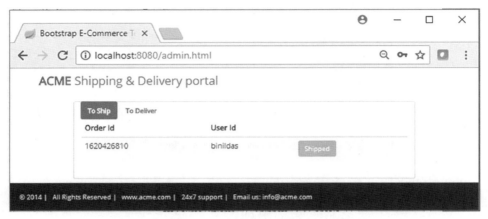

그림 17-29. 배송 확인을 위한 백오피스 관리자

백오피스 관리자는 그림 17-29에서 배송됨 버튼을 클릭해 배송 단계를 시뮬레이션할 수 있다. 배송된 주문은 다음 주문 처리 단계로 넘어간다. 그림 17-30과 같이 브라우저를 새로 고친다.

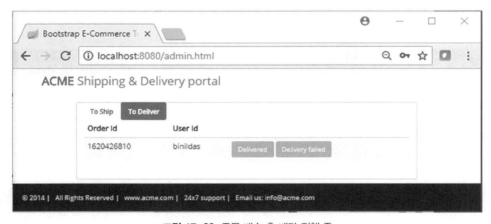

그림 17-30. 주문 배송 후 배달 진행 중

배송이 완료되면 고객은 그림 17-31과 같이 주문의 상태 변경도 볼 수 있다.

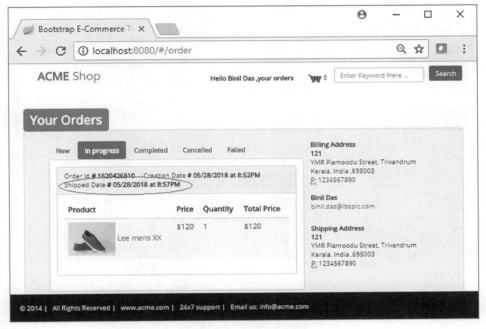

그림 17-31. 고객 주문 배송

배송 주문을 성공적으로 배달

다음으로 백오피스 관리자는 다음 단계를 시뮬레이션해야 한다. 그림 17-30에서 Delivered 버튼을 클릭해야 한다. 주문이 성공적으로 배달되면 주문 처리 워크플로가 완료된다. 이 단계에서 고객은 그림 17-32의 Completed 탭에서 주문상태를 볼 수 있다.

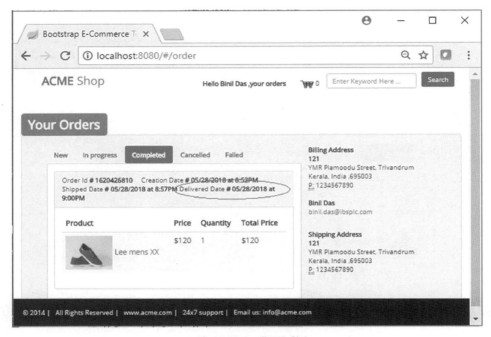

그림 17-32. 고객 주문 완료

고객이 주문을 하면 그림 17-33과 같이 선택한 상품의 재고가 감소하고 해당 상품의 상품 세부 정보 페이지에 동일한 내용이 반영된다.

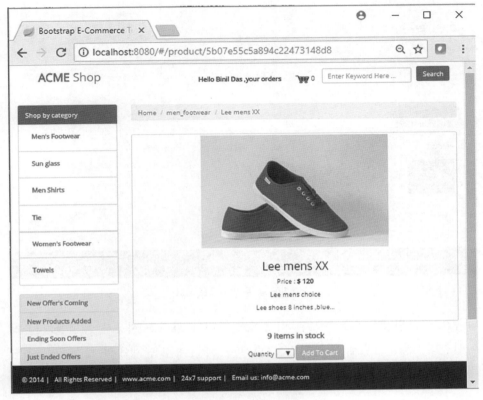

그림 17-33. 상품 재고 감소

배송 주문에 대한 배달 실패

이제 '배달 실패' 시나리오를 테스트한다. 그림 17-34의 다른 주문을 생성한다.

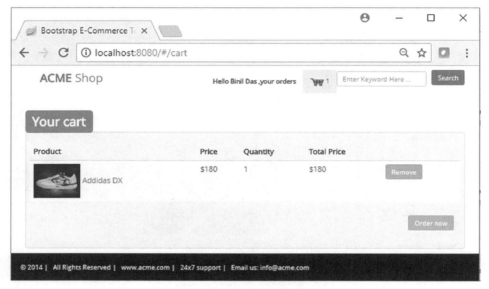

그림 17-34. 두 번째 주문 생성

다음으로 그림 17-29에 표시된 백오피스 관리자 화면을 사용해 배달을 시뮬레이션한다. 성공적으로 배달되면 그림 17-35의 다음 단계에서 주문을 사용할수 있다.

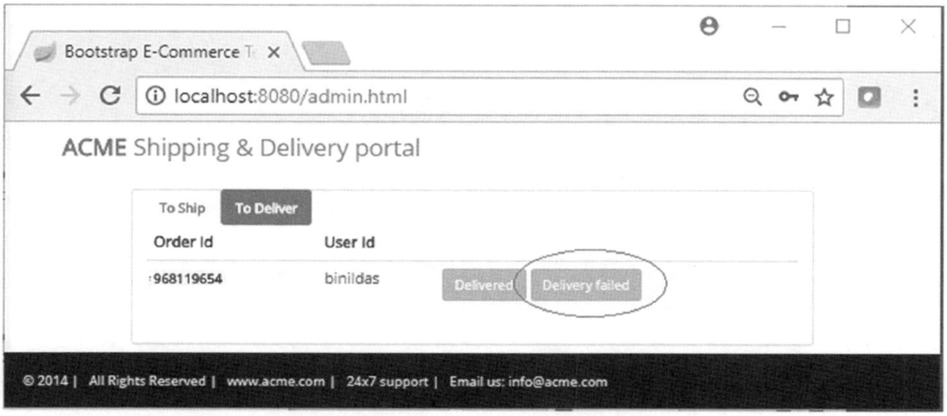

그림 17-35. 두 번째 주문 배달 준비 완료

이번에는 그림 17-35에 표시된 Delivery failed 버튼을 클릭해 배달 실패를 시뮬레이션한다. 배달이 실패하면 그림 17-36과 같이 사용자 화면에 다시 반영된다.

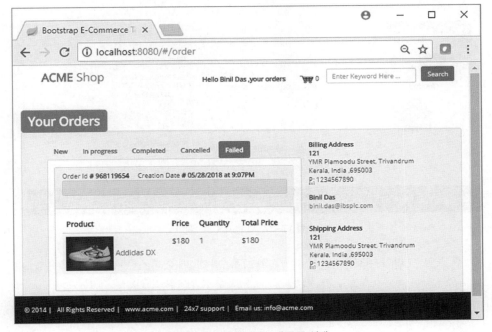

그림 17-36. 두 번째 고객 주문 실패

이번에는 해당 상품 상세 페이지를 보면 재고가 업데이트돼 실패한 주문에 해당하는 상품 수를 다시 주문할 수 있는 것을 확인할 수 있다.

새 주문 취소

마지막 사용 사례를 테스트하려면 그림 17-37과 같이 세 번째 주문을 생성한다.

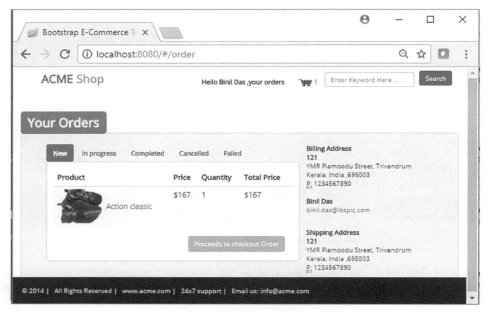

그림 17-37. 세 번째 주문 생성

새 주문은 그림 17-38과 같이 추가 처리를 위해 백오피스 관리자가 사용할 수 있다.

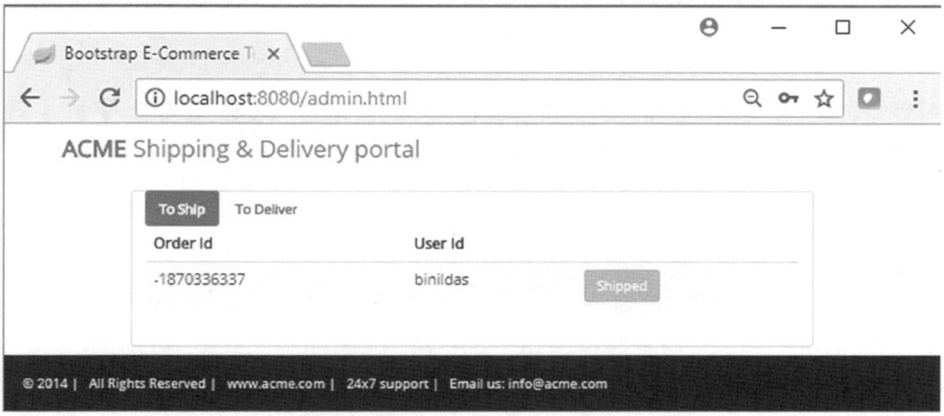

그림 17-38. 처리 대기 중인 세 번째 주문

그러나 이번에는 백오피스 관리자가 아무것도 하지 않게 한다. 사용자가 새로 주문한 상품의 재고를 확인하면 그림 17-39와 같이 재고가 감소한 것을 볼 수 있다.

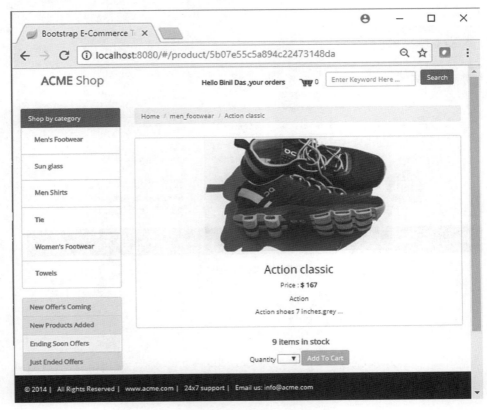

그림 17-39. 재고 감소

이제 사용자는 그림 17-28과 같이 주문 옆에 있는 Cancel order 버튼을 클릭해 방금 생성한 주문을 취소해야 한다. 취소되면 사용자는 그림 17-40과 같이 Your Orders 아래의 Cancelled 탭에서 주문을 볼 수 있다.

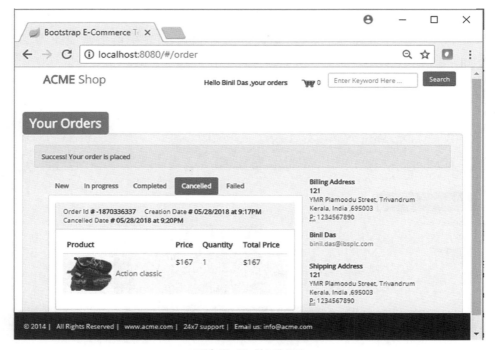

그림 17-40. 취소된 주문

재고 원복

주문이 취소되자마자 해당 상품 상세 페이지를 보면 재고가 원복돼서 취소된 주문에 해당하는 항목 수를 다시 주문할 수 있음을 알 수 있다(그림 17-41 참고).

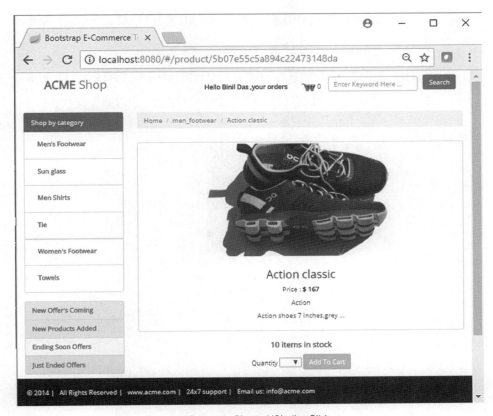

그림 17-41. 취소로 인한 재고 원복

요약

17장에서는 CQRS 기반 마이크로서비스 여정에 많은 진전이 있었다. 이제 엔터프라이즈급 애플리케이션을 구축할 수 있는 모든 기본 도구를 갖추게 됐다. 이벤트 기반 마이크로서비스를 사용해 확장할 수 있다. 그러나 다음과 같은 2가지 주의 사항이 있다.

- 전자상거래 마이크로서비스 애플리케이션에 보안(인증과 권한 부여)을 구현하지 않았다.

- 강력한 데이터 일관성을 유지하고자 2개의 엔티티 도메인을 함께 유지했다. 그렇지 않으면 별도의 마이크로서비스로 분리됐을 것이다.

다음의 2개 장에 걸쳐 이러한 측면을 살펴본다.

18

마이크로서비스 보안

17장의 전자상거래 마이크로서비스 애플리케이션에서 API 메서드, 특히 누구나 자유롭게 액세스할 수 있는 상품 카테고리와 상품 서비스에 있는 API 메서드가 거의 없음을 알아챘어야 한다. 그러나 다른 마이크로서비스에 액세스하려면 백오피스 관리자나 애플리케이션에서 이미 만들어진 사용자 프로필의 고객으로 로그인해야 한다. 지금까지는 좋았지만 로그인해야 하는 경우에 마이크로서비스는 얼마나 안전할까?

모든 서비스가 중앙에 위치한 기존 모놀리스 아키텍처와는 상당히 다르며 마이크로서비스 아키텍처에는 많은 노드와 프로세스에 분산된 서비스들이 있다. 모든 요청이 처음에 앞단에서 가로채지는 단일 중앙 컨트롤러로 API 게이트웨이를 간주해 요청을 내부 네트워크 각각의 마이크로서비스로 라우팅해야 한다. 마찬가지로 마이크로서비스 간 통신도 동일한 내부 네트워크에서 발생한다. 게이트웨이 액세스를 보호하더라도 데이터는 내부자 공격으로부터 자유롭지 않다. 보안을 달성하는 한 가지 방법은 모든 서비스에 대한 사용자 자격증명 데이터를 공유하고 액세스하기 전에 각 서비스에서 사용자를 인증하는 것이다. 이는 실제로 작동하는 접근법이지만 자격증명을 여러 곳에 배포하는 것은 이상한 생각이다. 더 나은 접근법이 있어야 한다.

18장에서는 마이크로서비스 보안 문제를 살펴본다. 또한 실제 상황에서 이 기능이 어떻게 작동하는지 알 수 있게 17장의 예제에 대한 보안 기능도 구축한다. 18장에서 다루는 내용은 다음과 같다.

- OAuth 2.0
- OAuth 2.0 맥락의 클라이언트 유형
- OAuth 2.0의 인증 코드 부여 유형^{grand type}
- JSON 웹 토큰^{JWT, JSON Web Token}
- 마이크로서비스 전자상거래 애플리케이션에 대한 보안 활성화

OAuth 2.0과 마이크로서비스

스프링 보안^{Spring Security}과 OAuth 2.0 지원으로 API 게이트웨이와 백엔드 리소스 서버를 보호하는 데 필요한 모든 것을 확보할 수 있다. 한 마이크로서비스에서 다른 마이크로서비스로 액세스 토큰을 설정해 자동으로 전파해 모든 것이 안전하게 보호되고 암호화된 상태로 유지되게 할 수 있다. OAuth 2.0을 자세히 다루지는 않겠지만 예제 마이크로서비스 애플리케이션에 대한 보안을 활성화하는 데 필요한 최소한의 측면을 소개한다.

OAuth 2.0

국제 인터넷 표준화 기구^{IETF, Internet Engineering Task Force} RFC^{Request for Comments} No.6749는 OAuth 2.0을 타사 애플리케이션이 리소스 소유자를 대신해 HTTP 서비스에 제한된 액세스 권한을 얻을 수 있게 하는 인증 프레임워크로 정의하고 있다. 리소스 소유자와 HTTP 서비스 간의 승인 상호작용이나 타사 애플리케이션이 자체적으로 액세스 권한을 얻게 허용한다. OAuth 2.0 사양은 OAuth 1.0 프로토콜을 대체하고 OAuth 1.0은 더 이상 사용하지 않는다.

OAuth 2.0의 역할

OAuth는 OAuth 상호작용의 핵심인 다음과 같은 4가지 역할을 정의한다.

- **리소스 소유자**^{Resource owner}: 보호된 리소스에 대한 액세스 권한을 부여할 수 있는 모든 엔티티다. 리소스 소유자가 사람이라면 이를 최종 사용자라고 한다. 리소스 소유자는 액세스 권한을 부여할 수 있으며, 이 권한은 리소스의 후속 및 반복 액세스에 사용될 수 있다.

- **리소스 서버**^{Resource server}: 액세스 토큰을 사용해 보호된 리소스 요청을 수락하고 응답할 수 있는 보호된 리소스를 호스팅하는 서버다. 마이크로서비스 시나리오에서 각 마이크로서비스가 보호된 리소스를 소유하면 리소스 서버가 될 수 있다.

- **클라이언트**^{Client}: 리소스 소유자를 대신해 권한을 부여해 보호된 리소스 요청을 만드는 애플리케이션이다. 클라이언트는 요청할 때 리소스 소유자일 수도 있고 아닐 수도 있는 최종 사용자를 대신해 요청할 수 있다. '클라이언트'라는 용어는 애플리케이션이 서버, 데스크톱이나 기타 디바이스에서 실행되는 것과 같은 특별한 구현 특성을 의미하지 않는다.

- **인증 서버**^{Authorization server}: 리소스 소유자를 성공적으로 인증하고 권한 부여를 얻은 후 클라이언트에 액세스 토큰을 발급하는 서버다. 권한 부여 서버는 리소스 서버와 동일한 서버이거나 별도의 엔티티일 수 있다. 단일 인증 서버는 여러 리소스 서버에서 허용하는 액세스 토큰을 발급할 수 있다.

OAuth 2.0 클라이언트와 사용자 에이전트

Oauth는 4개의 역할만 지정하고 있지만 브라우저 기반 애플리케이션을 사용하는 경우 일반적으로 나타나는 또 다른 엔티티도 확인해야 한다.

- **사용자 에이전트**^{User agent}: 사용자 에이전트는 일반적으로 최종 사용자나 리소스 소유자가 클라이언트 프로그램과 상호작용하는 인터페이스다. 때로는 사용자 에이전트와 클라이언트가 같을 수 있다.

마지막 문장을 이해하려면 몇 가지 일반적인 아키텍처를 살펴보고 각 클라이언트 프로그램이 외부 환경에 노출되는 수준의 차이를 이해해야 한다. 다음 절에서 살펴본다.

신뢰할 수 있는 클라이언트와 신뢰할 수 없는 클라이언트

OAuth 클라이언트는 신뢰할 수 있는 클라이언트나 신뢰할 수 없는 클라이언트의 2가지 범주로 분류될 수 있다. 클라이언트가 신뢰할 수 있는 범주에 속하는지 신뢰할 수 없는 범주에 속하는지 여부는 클라이언트가 정보를 안전하게 저장하고 전송할 수 있는지 여부에 따라 다르다. 이 개념은 다음과 같은 아키텍처 모델을 다시 살펴봄으로써 명확히 할 수 있다.

고전적 3계층 모놀리스

3계층 모놀리스 아키텍처에는 프레젠테이션 계층, 중간 계층, 데이터베이스 계층이 있다. 고전적 3계층 아키텍처는 다중 페이지 아키텍처^{MPA, MultiPage Architecture}로, 사용자 인터페이스가 데이터를 표시하거나 서버에 데이터를 다시 제출해야 할 때마다 서버에서 새 페이지를 요청한 다음 웹 브라우저에서 랜더링해야 한다는 것을 의미한다. JSP^{Java Server Pages} 기술은 MPA 웹 앱을 만드는 데 사용된다. 그러나 MPA를 구축하는 데 사용할 수 있는 다른 많은 기술이 있다. 그림 18-1은 3계층 모놀리스 MPA를 보여준다.

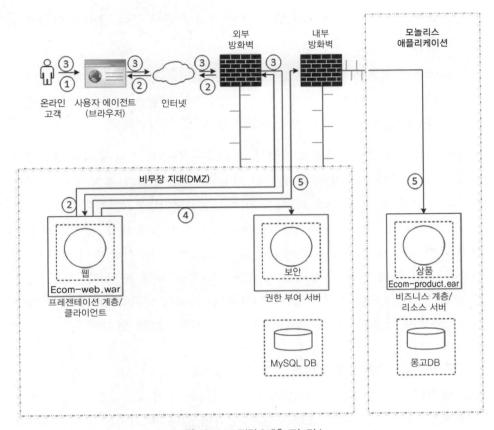

그림 18–1. 고전적 3계층 모놀리스

3계층 모놀리스 MPA의 일반적인 상호작용은 다음과 같다.

1. 최종 사용자가 브라우저에 URL을 입력한다.

2. 프레젠테이션 계층 구성 요소(일반적으로 JSP 페이지)는 필요한 HTML 태그를 생성하고 HTML 콘텐츠가 렌더링되는 브라우저로 다시 보낸다.

3. 다음 페이지를 생성해야 하는 프레젠테이션 서버가 브라우저의 사용자 클릭과 작업을 가로챈다.

4. 이 단계에서 페이지에 보호된 리소스의 데이터가 필요한 경우 사용자

인증과 권한 부여가 발생하는 인증 서버나 권한 부여 서버에 연결해야 한다.

5. 인증과 권한 부여를 받으면 프레젠테이션 서버는 비즈니스 계층에 연결해 백엔드 데이터를 검색하고 생성된 HTML 콘텐츠에 내장한 후 콘텐츠가 렌더링되는 브라우저로 콘텐츠를 다시 푸시한다.

여기서 주목할 만한 점은 3단계가 끝날 때 사용자 인증과 권한 부여가 조정돼야 하고, 최종 결과가 사용자(세션)와 관련된 인증 및 권한 부여 단계의 상태를 캐시하거나 저장할 수 있는 프레젠테이션 서버로 전송돼야 한다는 것이다. 그 이후로 브라우저에서 최종 사용자의 모든 다음 클릭과 작업에 대해 보호된 리소스가 필요한 경우 프레젠테이션 서버는 해당 요청에 대한 사용자(세션)와 관련된 인증과 권한 부여 단계의 상태를 검색하고 결정을 내릴 수 있다. 또는 다른 백엔드 서버로 요청을 전달한다. 프레젠테이션 서버에 캐시되거나 저장된 인증과 권한 부여 단계의 상태는 DMZ(비무장 지대)에 저장되므로 안전하다.

HTTP 서버를 사용하는 고전적 3계층 모놀리스

약간 변형된 아키텍처에서는 DMZ에 HTTP 서버만 배치하고 그림 18-1의 DMZ에 표시된 다른 모든 구성 요소는 내부 영역에 있다. 여기서는 프레젠테이션 서버에 캐시되거나 저장된 인증과 권한 부여 단계의 상태가 더욱 안전하다. 그림 18-2는 이 배포 설정을 보여준다.

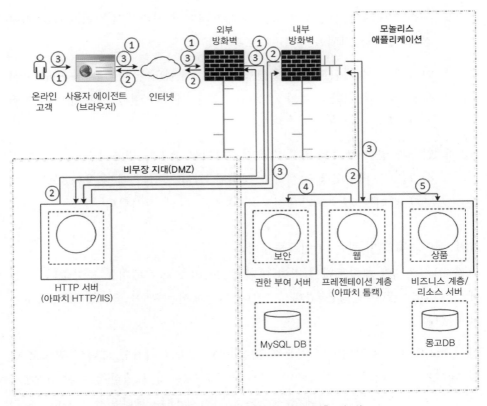

그림 18-2. 앞단 HTTP 서버가 있는 고전적 3계층 모놀리스

이 아키텍처에서 HTML 템플릿을 포함한 모든 정적 콘텐츠는 HTTP 서버에서 서비스할 수 있는 반면 비즈니스 계층의 모든 동적 웹 콘텐츠와 보호된 리소스는 다음에 설명된 것과 유사한 방식으로 액세스된다(그림 18-2 참고).

1. 최종 사용자가 브라우저에 URL을 입력한다.

2. 프레젠테이션 계층 구성 요소(일반적으로 JSP 페이지)는 필요한 HTML 태그를 생성하고 HTML 콘텐츠가 렌더링되는 브라우저로 다시 보낸다. HTML 템플릿을 포함한 모든 정적 콘텐츠는 HTTP 서버에서 제공할 수 있다.

3. 다음 페이지를 생성해야 하는 프레젠테이션 서버에서 사용자가 브라우저의 클릭과 작업을 다시 가로챈다.

4. 이 단계에서 페이지에 보호된 리소스의 데이터가 필요한 경우 먼저 사용자 인증과 권한 부여가 발생하는 인증 서버나 권한 부여 서버에 연결해야 한다.

5. 인증과 권한 부여를 받으면 프레젠테이션 서버는 비즈니스 계층에 연결해 백엔드 데이터를 검색하고 생성된 HTML 콘텐츠에 내장한 다음 콘텐츠가 렌더링되는 브라우저로 콘텐츠를 다시 푸시한다.

API 게이트웨이가 있는 마이크로서비스

그림 18-3은 API 게이트웨이 기반 마이크로서비스 아키텍처를 보여준다. 17장에서 이것의 많은 변형을 봤다. 그러나 여기에서는 보안 흐름을 강조하고자 표시됐다.

마이크로서비스 아키텍처는 기본적으로 MPA + AJAX 디자인 패턴의 진화로 단일 페이지 아키텍처^{SPA, Single Page Architecture}를 사용하는 것이 일반적이다. SPA에서는 셸 페이지^{shell page[1]}만 서버에서 생성되고 나머지 UI는 브라우저의 자바스크립트^{JavaScript} 코드로 렌더링된다. SPA는 마크업^{Markup}과 데이터를 별도로 요청하고 브라우저에서 직접 페이지를 렌더링한다. 전체 흐름은 다음과 같이 요약된다.

1. 최종 사용자가 브라우저에 URL을 입력한다.

2. 프레젠테이션 계층 구성 요소(일반적으로 SPA 웹 앱)가 브라우저에 다운로드되고 첫 페이지나 기본 페이지가 렌더링된다. SPA 리소스(HTML+CSS+스크립트)는 애플리케이션의 수명주기 동안 한 번만 로드되고, 데이터만 앞뒤로 전송된다.

---

1. 페이지의 전체적인 겉모습만 정의하고 실제 콘텐츠가 없는 페이지를 의미한다. - 옮긴이

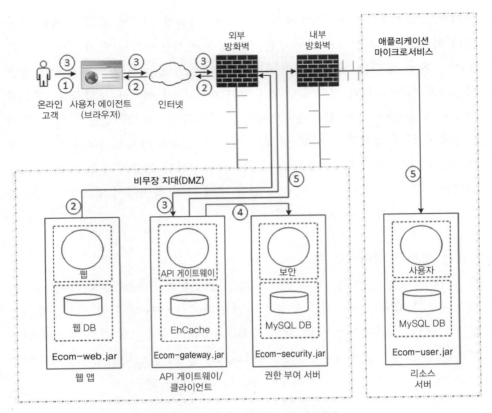

그림 18-3. 마이크로서비스 API 아키텍처

3. 브라우저의 추가적인 사용자 클릭과 작업은 API 게이트웨이가 가로 챈다.

4. 이 단계에서 보호된 리소스의 데이터 요청이 필요한 경우 API 게이트웨이는 먼저 사용자 인증과 권한 부여가 발생하는 인증 서버나 권한 부여 서버에 연결해야 한다.

5. 인증과 권한이 부여되면 API 게이트웨이는 마이크로서비스에 연결해 백엔드 데이터를 검색하고 응답으로 데이터만 해당 렌더링되는 브라우저에 푸시한다.

여기서도 API 게이트웨이의 **3단계**가 끝날 때 사용자 인증과 권한 부여가 조정 돼야 하며, 그 결과는 API 게이트웨이로 전송돼 사용자와 관련된 인증과 권한 부여 단계의 상태를 캐시하거나 저장할 수 있다. 그 이후 브라우저에서 최종 사용자의 이후 클릭과 작업에 대해 요청이 API 게이트웨이에 도달할 때 보호된 리소스가 필요한 경우 API 게이트웨이는 사용자와 관련된 인증과 권한 부여 단계의 상태를 검색하고, 다른 백엔드 리소스 서버로 의사결정이나 경로 요청 을 할 수 있다. API 게이트웨이에 캐시되거나 저장된 인증과 권한 부여 단계의 상태는 엔터프라이즈에서는 인증과 권한 부여 제어 측면에서 엄격하게 제어하 고 DMZ 내에 저장되므로 안전하다.

서버가 없는 클라이언트 앱

또 다른 변형은 전체 웹 앱(또는 SPA)이 다운로드된 후 브라우저 내에서 완전히 계속해서 실행되는 경우다. 이 경우 프레젠테이션 계층이나 비즈니스 계층이 없다. 요컨대 브라우저에는 웹 앱의 서버 측 상대가 없다. 웹 앱이 여전히 일부 보호된 리소스에 액세스해야 하는 시나리오가 있을 수 있다. 그러나 이번에는 그림 18-4와 같이 타사에서 제공받을 것이다.

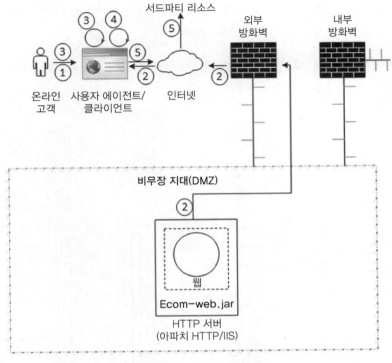

그림 18-4. 서버가 없는 웹 앱

더 다양한 배포 옵션을 사용할 수 있지만 앞에서 설명한 시나리오를 계속 살펴보자.

인증 코드 부여 유형

OAuth에 의해 정의된 몇 가지 부여 유형이 있다. 그러나 권한 부여 서버로 인증할 때 클라이언트 자격증명을 기밀로 유지할 수 있는 OAuth 클라이언트에 적합하므로 이 설명은 권한 부여 유형으로 제한할 것이다. 마이크로서비스 시나리오에서 API 게이트웨이는 보안 서버에 대해 '클라이언트'다.

리다이렉션 기반 흐름으로서 이 OAuth 클라이언트는 리소스 소유자의 사용자

에이전트와 상호작용할 수 있어야 하며 권한 부여 서버에서 리다이렉션으로 들어오는 요청을 받을 수도 있어야 한다.

다음 절에서 참조할 예제를 염두에 두고 권한 코드 부여 유형의 흐름 순서를 살펴본다. 그림 18-5를 참고한다.

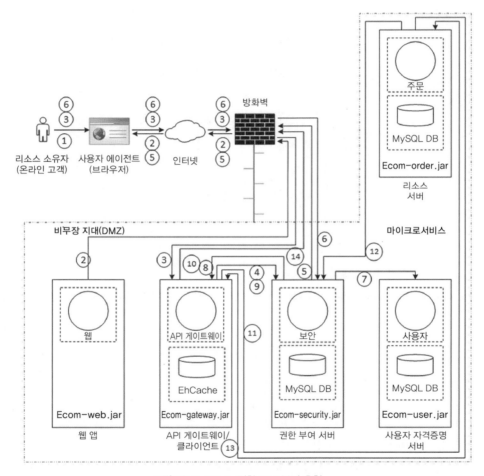

그림 18-5. OAuth 권한 코드 부여 유형

그림 18-5를 보면 보호된 자원에 액세스할 때 종단 간 인증 흐름에 대한 일반적인 상호작용 순서를 다음과 같이 요약할 수 있다.

1. 최종 사용자가 브라우저에 URL을 입력한다.

2. 프레젠테이션 계층 구성 요소(일반적으로 SPA 웹 앱)가 브라우저에 다운로드되고 첫 번째 페이지나 기본 페이지가 렌더링된다. SPA 리소스(HTML+CSS+스크립트)는 애플리케이션 생명주기 동안 한 번만 가져온다. 또한 데이터만 앞뒤로 전송된다.

3. 브라우저의 추가 사용자 클릭과 작업은 API 게이트웨이에서 가로채진다. API 게이트웨이는 OAuth 클라이언트다. API 게이트웨이는 보안 서버 측 마이크로서비스이므로 권한 부여 서버로 인증할 때 클라이언트 자격증명을 기밀로 유지할 수 있다.

4. 이 단계에서 요청에 보호된 리소스의 데이터가 필요한 경우 API 게이트웨이는 리소스 소유자의 사용자 에이전트를 권한 부여 엔드포인트로 보내 절차를 시작한다. 이를 수행하는 동안 OAuth 클라이언트는 클라이언트 식별자, 요청 범위, 로컬 상태, 리다이렉션 URI를 포함한다. 보호된 리소스에 대한 액세스가 허용되거나 거부되면 권한 부여 서버는 사용자 에이전트를 클라이언트가 지정한 리다이렉션 URI로 다시 보낸다.

5. 권한 부여 서버는 일반적으로 사용자가 첫 번째 단계로 인증하도록 요구한다. 이 단계는 리소스 소유자라고 주장하는 사람이 실제로 실제 리소스 소유자인지 여부와 클라이언트에게 위임할 수 있는 권한을 주장하고자 필요하다. 권한 부여 서버는 리소스 서버와 동일한 서버이거나 별도의 엔티티일 수 있다.

6. 권한 부여 서버는 사용자 에이전트로 리소스 소유자를 인증한다. 사용자의 인증은 사용자(사용자 에이전트로)와 권한 부여 서버 간에 직접 전달되므로 클라이언트에서는 볼 수 없다.

7. 인증은 내부 인증 서버를 확인해 수행할 수 있다. OAuth는 특정 인증 기술을 지시하지 않으며 인증 서버는 사용자 이름/비밀번호 쌍, 암호화

인증서, 보안 토큰, 싱글 사인온 또는 기타 가능한 방법을 자유롭게 선택할 수 있다.

8. 리소스 소유자가 액세스 권한을 부여하면 OAuth 클라이언트는 4단계에서 제공된 리다이렉션 URI를 사용해 사용자 에이전트를 다시 OAuth 클라이언트로 리다이렉션한다. 리다이렉션 URI에는 인증 코드와 OAuth 클라이언트에서 이전에 제공한 모든 로컬 상태도 포함된다.

9. 이제 클라이언트에 인증 코드가 있으므로 토큰 엔드포인트의 인증 서버로 다시 보낼 수 있다. OAuth 클라이언트에는 확인을 위한 인증 코드를 얻는 데 사용되는 리다이렉션 URI도 포함된다.

10. 권한 부여 서버는 클라이언트 자격증명과 권한 부여 코드의 유효성을 검사한다. 서버는 수신된 리다이렉션 URI가 3단계에서 클라이언트를 리다이렉션하는 데 사용된 URI와 일치하는지 확인한다. 인증 코드가 유효하고 이전에 사용되지 않았으며 이 요청을 만드는 클라이언트가 원본을 만든 클라이언트와 동일하면 권한 부여 서버가 클라이언트에 대한 새 액세스 토큰을 생성하고 반환한다. 단일 인증 서버는 여러 리소스 서버에서 허용하는 액세스 토큰을 발급할 수 있다.

11. 토큰을 가진 클라이언트는 리소스 서버(보호된 리소스)에 토큰을 제공할 수 있다.

12. 리소스 서버는 권한 부여 서버의 토큰 유효성 검사 엔드포인트로 확인할 수 있다.

13. 이전 단계에서 제시한 토큰이 유효한 경우 리소스 서버는 보호된 리소스를 클라이언트에 반환할 수 있다.

14. 클라이언트는 3단계에서 사용자 클릭에 대한 응답으로 보호된 이 리소스를 SPA 웹 앱에 다시 반환할 수 있다.

확장 가능한 API 호출을 위한 토큰

일반적인 권한 부여 유형 OAuth 흐름을 살펴봤으므로 이제 마이크로서비스 아키텍처와 관련해 이 보안 스키마의 일부 측면, 특히 토큰 자체의 확장성과 보안 측면을 살펴봐야 한다.

세션 ID

전통적으로 인증은 상태 저장 작업으로 수행됐다. 사용자가 자신의 자격증명을 입력하면 서버는 고유한 세션 ID를 생성하고 이를 서버 측에 저장한 다음 사용자에게 다시 전달한다. 보호된 리소스에 대한 액세스가 필요한 각 요청과 함께 이 세션 ID는 요청 헤더로 전달되며, 서버는 항상 서버 측의 실제 사용자 자격증명 또는 서버 측 '유효한 세션' 캐시로 세션 ID의 유효성을 검사한다. 이는 각 요청 응답 주기에 대해 하나 이상의 유효성 검사가 필요하지 않은 모놀리스 애플리케이션을 위한 완벽한 솔루션에 가깝다.

마이크로서비스 아키텍처의 경우 이는 제한적일 수 있다. 단일 사용자 측 요청-응답 주기가 내부적으로 그래프나 여러 마이크로서비스 간 호출에 걸쳐 있으면 다른 모든 작업을 위해 중앙 리포지터리에서 데이터를 가져오는 것은 문제가 될 수 있다. 단일 사용자 측 요청-응답 주기가 내부적으로 단일 마이크로서비스로 제공되는 경우에도 높은 트랜잭션 시스템의 모든 API 메서드에 대한 사용자 인증과 권한 부여 DB(또는 캐시)의 조회와 유효성 검사의 누적 프로세스가 번거롭기 때문에 좀 더 스마트한 디자인 메커니즘이 필요하다.

세션 ID에 대해 한 가지 좋은 점을 알아야 한다. 세션 ID는 불투명하므로 제3자가 세션 ID에서 쉽게 해독할 수 있는 데이터를 추출할 수 없다. 세션 ID와 유추할 수 있는 데이터 간의 연결은 전적으로 서버 측에서 수행된다.

토큰

토큰token은 세션 ID 기반 보안 디자인을 더 스마트하게 만드는 대안이다. 토큰은 식별자 이상이며 의미 있고 추론할 수 없는 데이터도 포함돼 있다. 세션 ID 외에도 토큰에는 사용자 이름과 같이 덜 민감한 사용자 자격증명 부분도 포함될 수 있다. 이러한 방식으로 사용자나 서비스 요청자의 세부 정보는 이미 요청 헤더에서 사용할 수 있으므로 마이크로서비스는 요청자를 해석하고자 데이터베이스나 캐시에 대해 다른 I/O(입력/출력)를 수행할 필요가 없다. 이제 권한 부여 부분을 살펴봐야 한다. 보호된 리소스에 액세스할 수 있는 사람과 액세스한 후에 해당 사용자가 리소스에 대해 실행할 수 있는 작업이다. 따라서 사용자가 사용할 수 있는 작업 유형에 대한 정보를 토큰에 포함할 수도 있다. 예를 들어 일반 사용자의 권한을 나타내는 사용자와 중요한 백오피스 작업을 수행할 추가 권한을 갖는 관리자와 같은 값을 가질 수 있는 범위scope라는 필드를 추가할 수 있다. 그렇다면 사용자가 작업 수행 요청과 함께 토큰을 제공하면(예, API 엔드포인트 호출) 해당 엔드포인트를 처리하고 보호된 리소스를 보호하는 서비스는 토큰의 유효성을 검사하고 토큰에서 올바른 범위를 찾아 해당 작업을 수행할 수 있게 사용자에게 권한을 부여(또는 거부)할 수 있다.

JSON 웹 토큰(JWT)

편의를 위해 앞 절에서 설명한 고유한 토큰을 생성하거나 업계에 이미 존재하는 JWTJSON Web Token라는 표준을 채택할 수 있다.

JWT에는 전송용으로 URL 인코딩된 다음과 같은 세 부분이 있다.

- **헤더Header**: 헤더에는 토큰에 대한 메타데이터가 포함되며 최소한 서명 또는 암호화 알고리듬의 유형이 포함된다.

- **클레임**^{Claims}: 클레임에는 서명하려는 모든 정보가 포함된다.[2]

- **JWS(JSON 웹 서명):** 헤더와 클레임은 헤더에 지정된 알고리듬을 사용해 디지털 서명된다.

JWT는 일련의 클레임을 JSON 객체로 인코딩한다. 이러한 클레임 중 일부는 특정 의미를 갖고 있으며, 다른 일부는 사용자가 해석해야 한다. 일반적인 몇 가지 클레임은 다음과 같다.

- 발급자(iss)
- 제목(sub)
- 대상자(aud)
- 만료 시간(exp)
- 활성 날짜(nbf)
- 발급 시간(iat)
- JWT ID(jti)

JWT와 같은 공통 데이터 형식을 사용하면 기존 솔루션 및 라이브러리와 쉽게 상호 운용할 수 있으므로 공통적으로 반복되는 문제에 대한 패턴을 시도하고 테스트할 수 있다.

일반적인 JWT 페이로드는 다음과 같다.

```
{
  "sub": "1234567890",
  "name": "John Doe",
  "iat": 1516239022
}
```

---

2. 이러한 정보를 페이로드(payload)라고 부른다. - 옮긴이

서버에서 제공한 이러한 토큰은 각 클라이언트 애플리케이션의 요청과 함께 전송되며, 클라이언트는 브라우저나 사용자 에이전트인 경우가 많다. 이 데이터는 중간자^{man-in-the-middle} 유형의 공격에 취약하다. 이 토큰을 가로채는 누군가는 동일한 토큰을 사용해 요청을 재생하려고 시도할 수 있다. 이를 방지할 수 있는 방법이 있어야 한다.

앞에 나열된 3가지 클레임을 살펴보자.

- **만료 시간(exp):** 토큰이 만료된 것으로 간주되는 유닉스 타임스탬프, iat 가 없는 경우 필요하다.

- **발급 시간(iat):** 토큰이 생성된 시점의 유닉스 타임스탬프, exp가 없는 경우 필요하다.

- **JWT ID(jti):** 고유 토큰 문자열은 사실상 각 요청에 대해 고유해야 하며 빈 문자열일 수 없다.

이 타임스탬프 정보는 토큰의 유효성을 제한해 재생 공격을 방지하는 데 도움이 된다. 한 스키마에서 서버는 현재 시간보다 x분 이상 전에 보낸 메시지를 수락하지 않게 선택할 수 있다.[3] 이로 인해 클라이언트와 서버 시스템 사이에 클럭 왜곡 문제가 발생하므로 다른 서버의 시간 동기화에 이미 주의를 기울였다고 가정할 때 서로 다른 서버의 클럭 차이를 보완하고자 양쪽에서 시간 프레임을 n분씩 패딩해 서버에 약간의 허용 오차를 둘 수 있다.

위의 임시 값(jti 값)은 재생 공격을 방지하는 데 도움이 되며 재생 공격을 방지하고자 만드는 임의의 바이트들이다. 모든 요청에는 고유한 페이로드가 있어야 한다. 요청이 실패했거나(400-599 HTTP 상태 코드) HTTPS 대신 HTTP로 잘못 전송된 경우에도 **jti** 값을 재사용할 수 없다. 각 요청에 대해 GUID^{Global Unique IDentifier} 또는 충분히 임의의 문자열을 생성해 'x분' 범위 내에서 두 요청이 동일한 **jti** 값을

---

3. 대개 5분의 존속 기간(duration)을 가진다. — 옮긴이

갖지 않게 하는 것이 좋다.

JWT는 각 클라이언트 애플리케이션(브라우저나 사용자 에이전트)으로 요청과 함께 전송되기 때문에 이 데이터도 악의적인 변조에 취약하다. 사용자가 사용할 수 없는 권한에 대한 클레임을 추가하고자 변조될 수 있다. 따라서 토큰 자체는 변조를 방지해야 한다.

API 인증 체계가 요청의 HTTP 권한 헤더에서 JWT를 사용하면 모든 요청에는 베어러^{Bearer} 체계로 설정된 권한 헤더가 있다. 다음은 그 예다.

```
Authorization: Bearer eyJhbGciOiJIUzI1NiIsInR5cCI6IkpXVCJ9.
eyJzdWIiOiIxMjM0NTY3ODkwIiwibmFtZSI6IkpvaG4gRG9lIiwiaWF0IjoxNTE2MjM5MDIyfQ.
SflKxwRJSMeKKF2QT4fwpMeJf36POk6yJV_adQssw5c
```

여기서 헤더와 클레임은 전송을 위해 base64로 인코딩된 JSON이다. 헤더, 클레임, 서명은 마침표(.)와 함께 추가돼 JWT에 다음과 같은 구조를 제공한다.

```
[Base64Encoded(HEADER)].[Base64Encoded (PAYLOAD)].[encoded(SIGNATURE)]
```

위의 모든 사항이 처리됐다고 가정하면 모든 사항을 준수하는 유효한 토큰이 원래 올바른 파트너 엔드포인트에서 전송됐는지 어떻게 확인할 수 있을까? JWT는 서명되지 않은 경우 신뢰할 수 없다. JWT는 JSON 웹 서명$^{JWS, JSON Web Signature}$ 사양을 사용해 다양한 서명과 암호화 알고리듬을 허용한다. 그것들은 JWT 헤더에 지정된다. 대부분의 경우 JWT는 일반적으로 암호화되지 않고 서명만 된다. 그러나 토큰에 민감한 데이터가 포함된 경우 JSON 웹 암호화$^{JWE, JSON Web Encryption}$를 사용해 암호화하는 것이 좋다. 일반적인 암호화 체계는 암호화를 위한 페이로드로 이미 서명된 JWT를 사용한다. 이를 중첩된 JWT라고 한다. 암호화와 유효성 검사에도 동일한 키를 사용할 수 있다.

JWT를 간단하게 살펴봤으니, 충분하다. 더 복잡하고 깊은 부분이 있지만 이 정도면 다음 예제를 이해하는 데 충분하다.

예제 마이크로서비스 애플리케이션에 대한 보안 디자인

이제 17장의 마이크로서비스 애플리케이션을 안전하게 보호할 것이다. 17장의 예제에서는 매우 기본적인 인증을 구현했다. 이 때문에 예제 애플리케이션의 홈페이지에서 장바구니에 항목을 추가할 수 있을 때까지 초기 페이지를 탐색할 수 있다. 그러나 체크아웃의 다음 단계를 수행하려면 로그인돼 있어야 한다. 이미 애플리케이션에 개인정보가 있으면 로그인해야 한다. 애플리케이션에 프로필이 없는 경우에는 작성한 후에 로그인해야 한다. 마찬가지로 백오피스 관리자도 애플리케이션에서 이 기능을 수행하려면 로그인해야 한다.

그러나 이 로그인은 보안 프로세스의 일부일 뿐이다. 실제 마이크로서비스 애플리케이션을 적절하게 보호하려면 권한 부여 부분도 처리해야 한다. 적절한 권한이 없으면 웹 앱 기능이 인증의 도움을 받아 제한되더라도 개별 마이크로서비스 API 자체는 안전하지 않다. 따라서 개별 마이크로서비스의 동일한 네트워크에 있는 누군가가 개별 마이크로서비스에 액세스할 수 있으면 기능을 실행할 수 있다. 물론 허용될 수 있지만 필요한 허가 후에만 가능하다. 이것은 예제 애플리케이션에서 활성화할 것이다.

마이크로서비스를 위한 보안 아키텍처

예제 마이크로서비스 애플리케이션의 기본 아키텍처는 17장의 그림 17-11을 참고한다. 예제 애플리케이션을 완벽하게 보호하는 데 필요한 추가 구성 요소를 사용해 개선해보겠다. 그림 18-6을 보자.

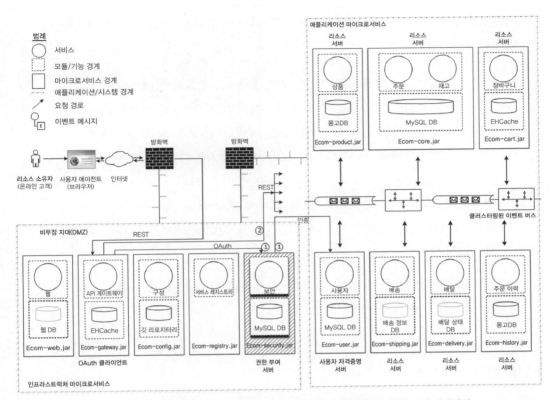

그림 18-6. 마이크로서비스 전자상거래 애플리케이션을 위한 보안 아키텍처

그림 17-11과 그림 18-6에 표시된 아키텍처 간의 차이점을 살펴보자. 후자는 새로운 보안 마이크로서비스를 보여준다. 이 보안 마이크로서비스는 OAuth 권한 부여 서버다. 각 애플리케이션 마이크로서비스는 배포된 권한 부여 스키마를 기반으로 데이터를 보호해야 하므로 리소스 서버가 2개 이상 있다.

이제 초기 인증 코드 유형 흐름 중에 OAuth의 동작을 그림 18-5에서 다시 참고해야 한다. 예제 마이크로서비스 애플리케이션의 향상된 보안 아키텍처에도 동일한 디자인이 적용된다. 브라우저에서 웹 애플리케이션의 모든 요청은 먼저 API 게이트웨이에 의해 가로채진다.

마이크로서비스의 보안을 관리하는 것은 API 게이트웨이의 책임이다. API 게이트웨이는 먼저 들어오는 REST 요청에 보호된 리소스에 대한 기존 액세스 토큰이 있는지 확인한다(그림 18-6 참고).

- 액세스 토큰이 존재하지 않으면 이는 요청이 이전의 '인증 코드 부여 유형' 절에서 설명한 OAuth 핸드셰이크에서 초기 주기의 일부임을 의미한다. 게이트웨이는 요청이 권한 부여 서버를 대상으로 하는지 확인하고 그렇다면 `client_id`와 `client_secret`도 추가한다. OAuth 클라이언트 자격증명(client_id와 client_secret)은 게이트웨이에 의해 서버에 안전하게 유지되며 게이트웨이는 이를 요청 헤더에 추가하고 요청을 전달한다. 앞서 설명한 대로 OAuth 핸드셰이크는 응답 헤더로 액세스 토큰이 제공될 때 발생한다.

- 반대로 액세스 토큰이 이미 있으면 요청 헤더에 토큰을 추가하고 보호된 리소스로 요청을 전달한다.

비대칭 서명과 참조 토큰

앞서 'JSON 웹 토큰' 절에서 JWT 서명의 필요성을 살펴봤다. 서명에는 대칭키나 비대칭키를 사용하는 2가지 방법이 있다. 대칭 시나리오에서는 동일한 키를 사용해 디지털 서명을 암호화하고 해독하지만 비대칭의 경우에는 개인키와 공개키 조합을 사용한다.

토큰을 사용할 때 직면하는 또 다른 문제는 복잡한 권한 부여 시나리오에서 토큰의 길이다. JWT의 크기는 요청의 헤더로 전달되므로 기술적으로 장애가 될 정도로 커질 수 있다. 또한 JWT에 서명하고 암호화할 수 있더라도 여전히 '민감한 정보'이므로 이 정보를 DMZ 외부에 두지 않는 것이 가장 좋다. 여기서 참조 토큰의 개념을 고려해본다. 참조 토큰은 실제 JWT에 대한 참조며 DMZ(또는 OAuth 클라이언트)을 넘어서 참조 토큰만 전달한다.

예제 마이크로서비스 애플리케이션을 보호할 때 2가지를 모두 활용한다. 그림 18-7을 보자.

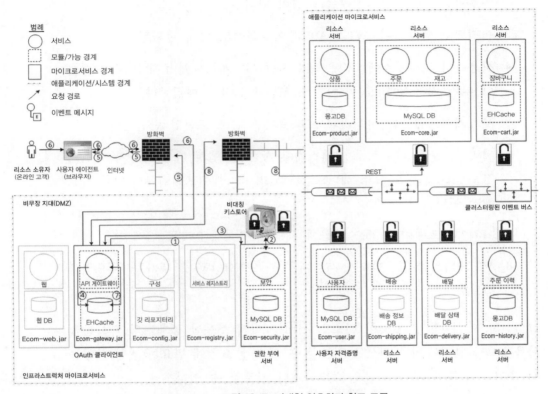

그림 18-7. 비대칭 암호화과 참조 토큰

'인증 코드 부여 유형' 절을 다시 참고하면 4단계에서 보호된 리소스에 대한 사용자 요청이 이미 API 게이트웨이에 도달했다고 가정했다. 그림 18-7을 살펴보자.

1. 보호된 리소스에 대한 사용자 요청이 API 게이트웨이에 도달한다.

2. 인증과 권한 부여에 대한 모든 기본 확인과 유효성 검사를 수행한 후 권한 부여 서버는 먼저 JWT를 생성한다. 이 JWT는 비대칭키를 사용해

서명되고 암호화된다. 비대칭키는 권한 부여 서버에서만 액세스할 수 있는 개인키와 권한 부여 서버가 필요로 하는 모든 사람에게 자유롭게 배포할 수 있는 공개키라는 개념이 있다.

3. 서명되고 암호화된 JWT가 API 게이트웨이로 다시 반환된다.

4. 사용자나 브라우저에 JWT를 반환하는 API 게이트웨이 대신 로컬 캐시나 로컬 저장소에 있는 새 참조 토큰에 JWT를 매핑한다.

5. API 게이트웨이는 사용자나 브라우저에 참조 토큰만 반환한다.

6. 서버 측 보호 리소스에 액세스해야 하는 웹 앱의 다음 사용자 작업의 경우 참조 토큰도 요청 헤더로 전달되며 API 게이트웨이에서 다시 가로채게 된다.

7. API 게이트웨이는 참조 토큰에 해당하는 실제 JWT를 검색한다.

8. API 게이트웨이는 리소스 서버에 대한 요청에 JWT를 추가한 후 요청을 전달한다.

그림 18-7에서 볼 수 있듯이 리소스 서버는 이제 소유한 공개키의 복사본을 사용해 수신된 JWT의 신뢰성을 검증할 수 있으며, 요청에 필요한 권한이 있는지 추가로 검증한 다음 요청을 수락하거나 거부할 수 있다.

마이크로서비스 전자상거래 애플리케이션에 대한 코드 보안

이 절은 17장에서 살펴본 코드를 이어서 살펴본다. 이 장의 예제 애플리케이션을 계속 진행하기 전에 17장을 살펴보는 것이 좋다. 이 예재에서는 OAuth 기반 보안을 설정하는 데 필요한 중요 코드를 점진적으로 추가하고 살펴본다. 전자상거래 예제 마이크로서비스 애플리케이션에 대한 OAuth 보안 설정을 입증하는 데 필요한 전체 코드는 ch18\ch18-01\Ax2-Ecom-With-Security 폴더에 있다.

웹 앱이 보안을 처리하게 설정

17장에서 애플리케이션을 실행해본 것처럼 웹 애플리케이션에는 실제로 시스템에 로그인하지 않고도 검색할 수 있는 많은 화면이 있다. 그러나 특정 작업을 수행하려면 다음과 같이 사용자가 로그인해야 한다.

- 웹 앱은 체크아웃할 때 주문을 확인하기 전에 로그인을 요청한다. 리스트 18-1을 참고한다.

리스트 18-1. 웹 앱에서 바로 주문(ch18\ch18-01\Ax2-Ecom-With-Security\Ecom-web\src\main\resources\static\cart.html)

```html
<!DOCTYPE html>
<div ng-controller="CartController as cartCtrl" data-ng-init="init()">
  <div class="row">
    <div class="caption col-sm-12 text-right">
      <a class="btn btn-warning" role="button" ng-click="doOrder()">
        Order now
      </a>
    </div>
  </div>
</div>
```

- 화면 중간 상단에 있는 'Hello, My Orders' 링크를 클릭하면 웹 앱에서 로그인을 요청한다. 리스트 18-2를 참고한다.

리스트 18-2. 홈페이지의 주문(ch18\ch18-01\Ax2-Ecom-WithSecurity\Ecom-web\src\main\resources\static\index.html)

```html
<form class="navbar-form navbar-right" role="search">
  <li>
    <a href="" ng-click="doOrder()" >
      <span style="color: maroon; ">
```

```
          <b>Hello {{screenName}} ,your orders</b>
        </span>
      </a>
    </li>
  </form>
```

앞의 두 작업은 모두 리스트 18-3의 코드로 전달된다.

리스트 18-3. doOrder 작업 전달(ch18\ch18-01\Ax2-Ecom-WithSecurity\Ecom-web\src\ main\resources\static\js\controller\application_controller.js)

```
$scope.doOrder = function() {
  if(sessionStorage.getItem('loggedUser')==null){
    $location.url('/user');
  }else{
    $location.url('/order');
  }
};
```

리스트 18-3은 사용자가 아직 로그인하지 않은 경우 로그인 화면에 프롬프트가 표시됨을 보여준다.

리스트 18-4는 코드의 다른 핵심 부분을 보여준다.

리스트 18-4. 경로 매핑(ch18\ch18-01\Ax2-Ecom-With-Security\Ecomweb\src\main\ resources\static\js\app.js)

```
ecomApp.config(['$routeProvider', function($routeProvider) {
  $routeProvider.
    when('/order', {
      templateUrl: '/order.html',
      //controller: 'ShowOrdersController'
    }).
```

```
    when('/user', {
      templateUrl: '/user.html',
      //controller: 'ShowOrdersController'
    }).
    when('/newUser', {
      templateUrl: '/newUser.html',
      //controller: 'ShowOrdersController'
    }).
    otherwise({
      templateUrl: '/productSearch.html'
    });
  }]).config(['$httpProvider', function($httpProvider) {
    $httpProvider.defaults.withCredentials = true;
    $httpProvider.interceptors.push('AuthInterceptor');
  }]);
ecomApp.factory('AuthInterceptor', function ($window, $q) {
  return {
    request: function(config) {
      config.headers = config.headers || {};
      if (sessionStorage.getItem('xtoken')) {
        config.headers['x-token'] = sessionStorage.getItem('xtoken');
      }
      return config || $q.when(config);
    },
    response: function(response) {
      if (response.status === 401) {
        alert(response.status);
      }
      return response || $q.when(response);
    }
  };
});
```

표준 **$http** 서비스를 사용해 원격 API에 액세스하면 서버가 도메인의 HTTP

요청을 허용하게 구성돼 쿠키를 저장할 필요가 없는 한 작동한다. 그러나 예제의 애플리케이션을 포함한 많은 애플리케이션의 경우, 특히 로그인을 위해 쿠키 정보를 설정하고 저장해야 한다. 기본적으로 대부분의 브라우저에서는 이 작업이 허용되지 않으며 withCredentials는 저수준 XMLHttpRequest(AJAX) 객체에 설정할 수 있는 플래그다. 앵귤러 JS^{Angular JS}에서 $http 요청을 구성해 모든 작업에 대해 이 플래그를 설정할 수 있다.

```
$httpProvider.defaults.withCredentials = true;
```

다음 단계로 AuthInterceptor를 주입한다. AuthInterceptor 코드는 브라우저에서 요청이 실행될 때마다 호출된다. 세션 저장소에 저장된 참조 토큰을 검색하고 요청 헤더와 함께 추가한다.

user.html은 사용자가 애플리케이션에 로그인할 수 있게 한다. 사용자가 새 사용자인 경우 New User?를 클릭할 수 있는 옵션이 있다. 버튼을 클릭하고 새 사용자 프로필을 만든다. 새 사용자 프로필을 생성한 이후에 사용자 로그인 페이지로 연결된다. 리스트 18-5를 참고한다.

리스트 18-5. User.html(ch18\ch18-01\Ax2-Ecom-With-Security\Ecom-web\src\main\resources\static\user.html)

```html
<form class="form-horizontal">
  <div class="form-group">
    <label><a href="#newUser"><strong>New user?</strong></a>
  </div>
  <div class="form-group">
    <button type="submit" class="btn btn-default"
        ng-click="loginCtrl.doLogin()">Submit</button>
  </div>
</form>
```

loginCtrl.doLogin()은 먼저 UserService를 호출해 로그인하려는 사용자의 유효성을 검사한다. 성공하면 해당 사용자의 장바구니를 가져오고 /order로 리다이렉션해 주문 위젯을 미리 채워 사용자에게 표시할 수 있다. 리스트 18-6을 참고한다.

리스트 18-6. user_controller.js(ch18\ch18-01\Ax2-Ecom-With-Security\Ecomweb\src\main\resources\static\js\controller\user_controller.js)

```
ecomApp.controller('LoginController',
    ['$scope','$location','UserService','CartService',
    function($scope,$location,UserService,CartService) {

  loginCtrl.doLogin =function(){
    UserService.validateUser($scope.userCredentialDTO).then(
      function(data) {
        sessionStorage.setItem('loggedUser', JSON.stringify(data));
        sessionStorage.setItem('sessionUser',data.userId);
        $scope.screenName=data.firstName+ ' '+data.lastName;
        $scope.$emit('userModified', $scope.screenName);
        if($scope.myCart!=null){
          $scope.myCart.userId=data.userId;
        }
        loginCtrl.loadCart();
        $location.url('/order');
      }
    );
  }
}]);
```

리스트 18-7은 UserService.validateUser 구현을 보여준다.

웹 앱 측 사용자 인증(ch18\ch18-01\Ax2-EcomWith-Security\Ecom-web\ src\main\resources\static\js\service\user_service.js)

```
'use strict';
ecomApp.factory('UserService', ['$http','$httpParamSerializer',
    '$q','$cookies', function($http, $httpParamSerializer,$q,$cookies){
  return {
    validateUser: function(userCredentialDTO){
      var data = {
        grant_type:"password",
        username: userCredentialDTO.userName,
        password: userCredentialDTO.password,
        client_id: "ecom_app"
      };
      var encodedData = $httpParamSerializer(data);
      var authUrl=sessionStorage.getItem('apiUrl')+"/security/oauth/token"
          var req = {
        method: 'POST',
        url: authUrl,
        headers: {
          "Content-type": "application/x-www-form-urlencoded; charset=utf-8"
        },
        data: encodedData
      };
      return $http(req)
          .then(
            function(response){
              var token=(response.headers()['x-token']);
              sessionStorage.setItem("xtoken", token);
              return $http.get(sessionStorage.getItem('apiUrl')+
                  '/customer/customer')
              .then(
                function(response){
                  return response.data;
                },
```

```
                function(errResponse){
                  console.error('Error while getting user
                      info'+errResponse);
                  return $q.reject(errResponse);
                }
              );
            },
            function(errResponse){
              console.error('Error while validating user'+errResponse);
              return $q.reject(errResponse);
            }
          );
        }
      };
    }]);
```

요청 호출은 사용자가 로그인하려는 경우 위의 함수를 사용자 세션 동안 한 번 실행한다. 여기서 다음과 같은 2가지 작업을 수행한다.

1. 먼저 사용자 자격증명과 `client_id`를 요청 매개변수로 제공하는 인증 흐름을 호출한다.

2. 인증 요청이 성공하면 먼저 응답에서 참조 토큰을 검색하고 이를 세션 저장소에 캐시해 서버 측 보호 리소스에 액세스해야 하는 경우 요청 매개변수와 함께 동일한 토큰을 제공할 수 있다. 다음 단계로 고객 엔드포인트를 호출해 로그인한 사용자의 세부 정보를 전부 검색한다.

이것으로 보안을 구현하고자 웹 앱 측에 관련된 중요한 흐름을 이해하는 데 필요한 최소한의 정보가 완성됐다.

OAuth 클라이언트로서의 API 게이트웨이 주울

보안은 주울[Zuul] 필터를 사용해 처리된다. 주울에 사전 필터[pre-filter]와 사후 필터[post-filter]를 모두 사용한다. 주울이 실제 리소스 서버에 요청을 위임하기 전에 주울 사전 필터가 호출된다. 리스트 18-8을 참고한다.

리스트 18-8. 주울 사전 필터(ch18\ch18-01\Ax2-Ecom-With-Security\Ecom-gateway \src\main\java\com\acme\ecom\gateway\zuul\auth\filter\AuthenticationPreFilter.java)

```java
@Component
public class AuthenticationPreFilter extends ZuulFilter {

    @Override
    public String filterType() {
        return "pre";
    }

    @Override
    public int filterOrder() {
        return 1;
    }

    @Override
    public boolean shouldFilter() {
        return true;
    }

    @Autowired
    private CacheManager cacheManager;

    @Override
    public Object run() {

        RequestContext ctx = RequestContext.getCurrentContext();
        HttpServletRequest request = ctx.getRequest();
        request.getRequestURL().toString()));

        if(request.getRequestURL().indexOf("/oauth/token") > 0 &&
            request.getParameter("grant_type") != null && (
```

```
        StringUtils.equals(request.getParameter("grant_type"),
          "password"))){
      ctx.addZuulRequestHeader("authorization", "Basic " + new
          String(Base64.getEncoder().encode("ecom_app:ecom".getBytes())));
      ctx.addZuulRequestHeader("content-type",
          "application/x-www-form-urlencoded; charset=utf-8");
    }else{
      final String xToken = request.getHeader("x-token");
      if(StringUtils.isNotEmpty(xToken)){
        ValueWrapper value =
            cacheManager.getCache("AUTH_CACHE").get(xToken);
        if(value != null){
          TokenDTO tokenDTO=(TokenDTO) value.get();
          ctx.addZuulRequestHeader("Authorization", "Bearer " +
              tokenDTO.getAccess_token());
        }
      }
    }
    return null;
  }
}
```

주울 사전 필터에는 다음과 같은 3가지 주요 시나리오가 있을 수 있다.

- 인증 요청인 경우 주울 사전 필터는 기본 인증을 나타내는 헤더를 추가
  한다. 그렇게 하는 동안 헤더와 함께 client_id와 client_secret도 추가
  한다. 주울 API 게이트웨이는 OAuth 클라이언트이므로 client_secret
  은 주울 API 게이트웨이만 알고 있는 매개변수다.

- 인증 요청이 아닌 경우는 2가지가 있을 수 있다. 첫 번째 경우는 사용자
  가 아직 로그인하지 않은 경우다. 이 경우 주울 사전 필터는 아무 작업
  도 수행하지 않는다.

- 요청이 인증을 위한 것이 아닌 두 번째 경우는 사용자가 이미 인증된

경우다. 이 경우 주울 사전 필터는 요청 헤더에 사용 가능한 참조 토큰이 있다고 가정하고 해당 토큰을 사용해 실제 JWT에 대한 로컬 EHCache를 검색한다. 당분간은 API 게이트웨이가 사용자 세션에 대해 JWT를 처음 수신할 때마다 먼저 참조 토큰에 대해 EHCache에 이를 캐시하고 사용자에게 반환하는 참조 토큰이라고 가정하자. 그런 다음 검색된 JWT가 요청 헤더에 추가돼 베어러 권한 부여를 수행한다.

주울이 실제 리소스 서버에서 응답을 받은 후에 주울 사후 필터가 호출된다. 리스트 18-9는 주울 사후 필터를 보여준다.

리스트 18-9. 주울 사후 필터(ch18\ch18-01\Ax2-Ecom-With-Security\Ecom-gateway\ src\main\java\com\acme\ecom\gateway\zuul\auth\filter\AuthenticationPostFilter.java)

```
@Component
public class AuthenticationPostFilter extends ZuulFilter {

  public static final String MAGIC_KEY = "obfuscate";

  @Autowired
  private CacheManager cacheManager;

  @Override
  public String filterType() {
    return "post";
  }

  @Override
  public int filterOrder() {
    return 1;
  }

  @Override
  public boolean shouldFilter() {

    RequestContext ctx = RequestContext.getCurrentContext();
    HttpServletRequest request = ctx.getRequest();
    return request.getParameter("grant_type") != null &&
```

```
              (StringUtils.equals(request.getParameter("grant_type"), "password"));
}

@Override
public Object run() {

   RequestContext ctx = RequestContext.getCurrentContext();
   HttpServletRequest request = ctx.getRequest();
   if (request.getRequestURL().indexOf("/oauth/token") > 0 ) {
      HttpServletResponse response = ctx.getResponse();
      if (response.getStatus() == HttpServletResponse.SC_OK) {
         final String responseData = CharStreams.toString(new
             InputStreamReader(responseDataStream,"UTF-8"));
         TokenDTO tokenDTO = new ObjectMapper().readValue(responseData,
             TokenDTO.class);
         long expiryTime = System.currentTimeMillis() +
             ((Integer.valueOf(tokenDTO.getExpires_in()) - 1) * 1000);
         String refToken = expiryTime + ":" + createReferenceToken(request.
             getParameter("username"), expiryTime);
         ctx.addZuulResponseHeader("Access-Control-Expose-Headers",
             "x-token");
         ctx.addZuulResponseHeader("x-token", refToken);
         cacheManager.getCache("AUTH_CACHE").put(refToken, tokenDTO);
      }
   }
   return null;
}

private String createReferenceToken(String username, long expires){

   StringBuilder signatureBuilder = new StringBuilder();
   signatureBuilder.append(username);
   signatureBuilder.append(":");
   signatureBuilder.append(expires);
   signatureBuilder.append(":");
   signatureBuilder.append(MAGIC_KEY);
   MessageDigest digest;
```

```
    try {
        digest = MessageDigest.getInstance("MD5");
    } catch (NoSuchAlgorithmException e) {
        throw new IllegalStateException("MD5 algorithm not available!");
    }
    return new String(Hex.encode(digest.digest(signatureBuilder.
        toString().getBytes())));
    }
}
```

주울 사후 필터는 인증 흐름 중에만 호출된다. 주울 사후 필터의 주요 작업은 인증 서버에서 사용자 세션에 대해 JWT를 처음 수신할 때마다 먼저 참조 토큰에 대해 EHCache에 이를 캐시하고 참조 토큰이 응답 헤더로 반환되는 것이다.

권한 부여 서버

권한 부여 서버는 인증과 권한 부여를 모두 처리하는 OAuth 프로세스의 핵심을 형성한다.

인증을 위해 표준 서블릿 필터 모음인 스프링 보안^{Spring Security}의 웹 인프라를 사용한다. 다음은 스프링의 용어 정의에 대한 간략한 설명이다.

- **주체:** 작업을 수행하는 사용자, 디바이스 또는 시스템
- **인증:** 보안 주체의 자격증명이 유효한지 확인하는 절차
- **권한:** 주체가 작업을 수행할 수 있는지 여부 결정
- **보안 항목:** 보호된 리소스

사용자 인증과 권한 부여를 위해 정의한 JDBC 데이터 소스를 사용하려면 리스트 18-10에 표시된 보안 구성 클래스를 활성화해야 한다.

```
@Configuration
class WebSecurityConfig extends WebSecurityConfigurerAdapter {

  @Autowired
  private JdbcTemplate jdbcTemplate;

  @Override
  @Bean
  public AuthenticationManager authenticationManagerBean() throws Exception {
    return super.authenticationManagerBean();
  }

  @Override
  protected void configure(HttpSecurity http) throws Exception {

    http
      .csrf().disable()
      .exceptionHandling()
      .authenticationEntryPoint((request, response, authException) ->
          response.sendError(HttpServletResponse.SC_UNAUTHORIZED))
      .and()
      .authorizeRequests()
      .antMatchers("/**").authenticated()
      .and()
      .httpBasic();
  }

  @Override
  protected void configure(AuthenticationManagerBuilder auth) throws
      Exception {

    auth.jdbcAuthentication().dataSource(jdbcTemplate.getDataSource())
      .usersByUsernameQuery("select user_id, password, active from
          user_credential where user_id=?")
      .authoritiesByUsernameQuery("select user.user_id, role.role from
          user_credential user join user_role role on user.id = role.user_id
```

```
                and user.user_id =?");
    }
  }
```

자바 구성 방법은 애플리케이션 내의 모든 보안(애플리케이션 URL 보호, 제출된 사용자 이름과 비밀번호 유효성 검사, 로그인 양식으로 리다이렉션 등)을 담당하는 springSecurityFilterChain (DelegatingFilterProxy와 FilterChainProxy)이라는 서블릿 필터를 생성한다.

authenticationManagerBean을 빈[bean]으로 선언하면 나중에 스프링 OAuth 보안 구성에 주입된다.

WebSecurityConfigurerAdapter는 configure(HttpSecurity http) 메서드에서 기본 구성을 제공하므로 모든 사용자는 웹 애플리케이션의 URL에 액세스하려 면 인증을 받아야 한다. 그러나 리스트 18-10의 이 메서드를 재정의할 수 있다.

먼저 HttpSecurity를 구성해 보안, 권한 부여, 권한 없음, 보안되지 않음, 로그 인 페이지, 로그아웃 페이지, 액세스 거부 페이지 등을 정의한다. 여기서 주목해 야 할 중요한 사항은 구성 순서다. 특정 페이지나 URL에 특정한 구성을 먼저 배치한 다음 대부분의 URL에서 공통적인 구성을 배치해야 한다.

인증에 실패하면 예상한 401 Unauthorized가 반환되고 이후에 인증 절차가 발생 한다. 일반 웹 페이지 컨텍스트의 브라우저는 이 문제를 해석하고 간단한 대화 상자로 자격증명을 입력하라는 메시지를 표시한다. 브라우저 환경에서는 모든 브라우저가 기본 인증을 지원하고 표준 대화상자를 사용해 사용자에게 자격증 명을 요청할 수 있으므로 로그인 페이지는 더 이상 어려운 요구 사항이 아니다. 또한 기본적으로 스프링 보안에서 제공하는 BasicAuthenticationEntryPoint는 401 Unauthorized 응답에 대한 전체 페이지를 클라이언트에 반환한다. 이 오류 의 HTML 표현은 브라우저에서도 잘 렌더링되지만 JSON 표현이 선호되는 REST API 또는 주울 API 게이트웨이와 같은 시나리오에는 적합하지 않다. 따라서 HTTP Basic은 유지하고 401 Challenge를 'Basic' 이외의 것으로 변경해 인증 대화

상자를 방지해야 한다. HttpSecurity 구성 콜백에서 AuthenticationEntryPoint
의 한 줄 구현으로 이를 수행할 수 있다.

```
authenticationEntryPoint((request, response, authException) ->
response.sendError(HttpServletResponse.SC_UNAUTHORIZED))
```

다음은 인증 구성이다. 인증을 위해 스프링 보안은 다양한 방법을 제공한다.

- DAO 인증 제공자는 스프링의 기본값이다.

  여기서 스프링의 org.springframework.security.core.userdetails.
  UserDetailsService 구현은 자격증명과 권한을 제공한다.

    - **내장:** 인메모리(속성), JDBC(데이터베이스), LDAP

    - 사용자 정의

- 사용자 정의 인증 제공자

  예를 들어 싱글 사인온^{Single Sign-On}을 사용할 때 사전 인증된 사용자 세부
  정보를 얻으려면 다음과 같이 한다.

    - CAS, TAM, SiteMinder

기본 쿼리를 사용자 정의할 수 있는 자바 구성을 사용해 JDBC 인증을 사용한다.
리스트 18-10은 JDBC 인증을 플러그인하는 방법을 보여준다. DataSource를 제공
해 구성해야 한다. 사용자 정의 테이블을 사용하고 있으므로 사용자 세부 정보와
역할을 가져오려면 select 쿼리도 제공해야 한다. AuthenticationManagerBuilder
에 대해 2개의 쿼리를 설정한다. 하나는 usersByUsernameQuery의 인증을 위한
것이고 다른 하나는 AuthorityByUserNameQuery의 권한 부여를 위한 것이다.

- **users-by-username-query**: 이 쿼리는 사용자의 사용자 이름, 암호와 활성화된 속성을 선택하고 사용자 지정 테이블에 따라 사용자 이름을 매개변수로 사용한다. 실제 구현에서 검색은 구현 인스턴스가 구성된 방식에 따라 대소문자를 구분하거나 구분하지 않을 수 있다.

- **authority-by-username-query**: 이 쿼리는 사용자 이름과 사용자 역할을 선택하고 사용자 정의 테이블에 따라 사용자 이름을 매개변수로 허용한다.

인증이 처리되면 액세스 토큰 관리를 담당하는 권한 부여 서버 구성을 시작할 수 있다. 스프링 보안 OAuth2가 인증을 처리한다. OAuth 2.0 인증 서버를 구성하고 활성화하려면 리스트 18-11의 @EnableAuthorizationServer 애노테이션을 사용해야 한다.

리스트 **18-11**. 스프링 OAuth 보안 구성(ch18\ch18-01\Ax2-EcomWith-Security\Ecom-security\src\main\java\com\acme\ecom\security\oauth\OAuth2Configuration.java)

```
@Configuration
@EnableAuthorizationServer
public class OAuth2Configuration extends AuthorizationServerConfigurerAdapter {

    @Autowired
    @Qualifier("authenticationManagerBean")
    private AuthenticationManager authenticationManager;

    @Override
    public void configure(ClientDetailsServiceConfigurer clients) throws
        Exception {

        clients.inMemory()
            .withClient("ecom_app")
            .secret("ecom")
            .scopes("PRODUCT","CUSTOMER","ORDER_HISTO",
                "CORE","SHIPPING","DELIVERY")
```

```
        .autoApprove(true)
        .authorities("PRODUCT_READ", "PRODUCT_WRITE","CUSTOMER_READ",
            "ORDER_READ","ORDER_WRITE")
        .authorizedGrantTypes("implicit","refresh_token", "password",
            "authorization_code");
    }

    @Override
    public void configure(AuthorizationServerEndpointsConfigurer endpoints)
        throws Exception {

      endpoints.tokenStore(tokenStore()).tokenEnhancer(jwtTokenEnhancer())
          .authenticationManager(authenticationManager);
    }

    @Bean
    public TokenStore tokenStore() {
      return new JwtTokenStore(jwtTokenEnhancer());
    }

    @Bean
    protected JwtAccessTokenConverter jwtTokenEnhancer() {

      KeyStoreKeyFactory keyStoreKeyFactory = new KeyStoreKeyFactory(new
          ClassPathResource("jwt.jks"), "mySecretKey".toCharArray());
      JwtAccessTokenConverter converter = new JwtAccessTokenConverter();
      converter.setKeyPair(keyStoreKeyFactory.getKeyPair("jwt"));
      return converter;
    }
}
```

@EnableAuthorizationServer 애노테이션을 추가하고 스프링의 Authorization
ServerConfigurerAdapter 구현을 사용해 AuthorizationServerConfigurer를
구현해 OAuth 2.0 권한 부여 서버를 구성한다. 빈 configure() 메서드를 재정
의한다.

AuthorizationServerConfigurerAdapter는 구성을 설정하고자 재정의할 수 있

는 몇 가지 방법에 의존한다. 주요 방법은 다음과 같다.

- **void configure(AuthorizationServerSecurityConfigurer security)**: 권한 부여 서버의 보안을 구성할 수 있다. 이는 실질적으로 /oauth/token 엔드포인트를 의미한다. 토큰 엔드포인트(/oauth/token)는 클라이언트의 자격증명에서 HTTP 기본 인증을 사용해 자동으로 보호된다. /oauth/authorize 엔드포인트도 안전해야 하지만 이는 일반적인 사용자용 엔드포인트며 나머지 UI와 동일한 방식으로 보호돼야 한다. 이 예제에서는 그대로 둔다.

- **void configure(ClientDetailsServiceConfigurer clients)**: 개별 클라이언트와 해당 속성을 선언하는 것처럼 ClientDetailsService(OAuth2 클라이언트에 대한 세부 정보를 제공하는 서비스)를 구성한다. 구성 메서드에 Authentication Manager가 제공되지 않는 한 (일부 클라이언트가 허용하더라도) 암호 부여는 활성화되지 않는다. 하나 이상의 클라이언트나 완전한 사용자 정의 Client DetailsService를 선언해야 한다. 그렇지 않으면 서버가 시작되지 않는다. 다른 클라이언트를 등록하고 implicit, password, authorization_code, 'refresh_token 부여 유형을 승인했다. password 부여 유형을 사용하려면 AuthenticationManager 빈을 연결해 사용해야 한다. 인증 관리자는 웹 보안 사용자를 나타낸다.

- **void configure(AuthorizationServerEndpointsConfigurer endpoints)**: 여기서 토큰 저장소, 토큰 사용자 정의, 사용자 승인, 권한 부여 유형과 같은 권한 부여 서버 엔드포인트의 비보안 기능을 구성할 수 있다. 인증 관리자를 제공해야 하는 경우 암호 부여가 필요하지 않다면 기본적으로 아무것도 수행할 필요가 없다.

기본적으로 스프링 보안은 UUID 형식으로 access_token과 refresh_token을 제공하고 리소스 서버에서 검증된다. 서비스에 대한 요청이 많은 경우 권한 부여 서버가 병목 현상을 일으킬 수 있다. 대신 토큰과 JWT에 대한 이전 논의에 따라 토큰 자체에서 사용자를 검증하는 데 필요한 모든 정보가 포함된 서명된 JWT를 인증 서버에서 발행하게 한다. 이를 위해서는 JwtTokenStore와 JwtAccessTokenConverter가 필요하다. JWT 서명에 미리 생성된 인증서를 사용하는 사용자 지정 JwtAccessTokenConverter를 사용한다. 이를 수행하려면 리스트 18-11의 keyPair 구성을 사용하고 사용자 정의 JwtAccessTokenConverter를 구성해야 한다.

JwtAccessTokenConverter는 JWT로 인코딩된 토큰 값과 OAuth 인증 정보(양방향) 사이를 변환한다. 또한 토큰이 부여될 때 TokenEnhancer(AuthorizationServerTokenServices 구현으로 저장되기 전에 액세스 토큰을 향상시키기 위한 전략 클래스) 역할을 한다. TokenStore는 OAuth 액세스 토큰을 저장하는 저장 메커니즘을 나타낸다. 스프링은 InMemoryToken Store, JDBCTokenStore, JwtTokenStore 등과 같은 다양한 종류의 토큰 저장소를 지원한다. 이 예제에서는 JwtTokenStore를 사용한다. 저장소의 JWT 버전(JwtTokenStore)은 부여에 대한 모든 데이터를 토큰 자체로 인코딩하며 데이터를 유지하지 않는다. JwtTokenStore와 JwtAccessTokenConverter 빈을 만든 후에는 이를 OAuth2Configuration 클래스의 AuthorizationServerEndpointsConfigurer에 연결한다.

리소스 서버

다음으로 모든 @Configuration 인스턴스에서 @EnableGlobalMethodSecurity 애노테이션을 사용해 리소스 서버에 대한 애노테이션 기반 보안을 활성화할 수 있다. 이는 스프링 메서드 레벨 보안을 가능하게 한다. 리스트 18-12를 보자.

리스트 18-12. EnableGlobalMethodSecurity(ch18\ch18-01\Ax2-EcomWith-Security\
Ecom-core\src\main\java\com\acme\ecom\core\security\GlobalMethodSecurity
Configuration.java)

```
@Configuration
@EnableGlobalMethodSecurity(prePostEnabled = true)
public class GlobalMethodSecurityConfiguration
{

}
```

@EnableGlobalMethodSecurity는 여러 인수를 사용할 수 있다.

- **prePostEnabled**: 스프링 보안의 사전과 사후 애노테이션(@PreAuthorize, @PostAuthorize, ...)을 활성화할지 여부를 결정

- **secureEnabled**: 스프링 보안의 보안 애노테이션(@Secured)을 활성화해야 하는지 여부를 결정

- **jsr250Enabled**: JSR-250 애노테이션(@RolesAllowed, ...)을 활성화할지 여부를 결정

모든 인터페이스나 클래스에 대해 동일한 애플리케이션에서 한 가지 유형의 애노테이션만 활성화해야 한다. 그렇지 않으면 동작이 잘 정의되지 않는다. 특정 메서드에 적용되는 2개의 애노테이션이 발견되면 그중 하나만 적용된다.

prePostEnabled=true를 사용하고 스프링의 @PreAuthorize/@PostAuthorize 애노테이션은 메서드 수준 보안을 적용하는 데 선호되는 방법이다. 그들은 스프링 표현 언어Spring EL, Spring Expression Language를 지원하고 표현식 기반 액세스 제어를 제공한다. 여기서 어떻게 활용되는지 살펴보자.

- **@PreAuthorize**: 메서드에 들어가기 전에 인증을 확인하는 데 적합하다. @PreAuthorize는 로그인한 사용자의 역할/권한, 메서드에 전달된 인수

등을 고려할 수 있다.

- **@PostAuthorize**: 메서드 실행 후 인증 여부를 확인할 수 있다. 반환된 값에 대한 권한을 확인하는 데 적합하다. 그러나 일반적으로 사용되지는 않는다. 스프링 표현 언어는 메서드에서 반환된 실제 객체를 반영하는 표현식 언어로 접근할 수 있는 returnObject를 제공한다.

다음으로 리소스 서버를 구성해야 한다. @EnableResourceServer는 OAuth2 리소스 서버에 대한 편리한 애노테이션이며 들어오는 OAuth2 토큰으로 요청을 인증하는 스프링 보안 필터를 활성화한다. 이는 전달된 OAuth2 토큰을 사용해 요청을 인증하는 OAuth2AuthenticationProcessingFilter라는 이름의 스프링 보안 필터를 활성화한다. 이 애노테이션을 추가하고 리소스(URL 경로와 리소스 ID)의 세부 정보를 지정하는 ResourceServerConfigurer 유형의 @Bean(예, ResourceServerConfigurerAdapter로)을 제공해야 한다. ResourceServerConfigurerAdapter를 확장하고 configure(HttpSecurity http) 메서드를 재정의해 Ecom-core 마이크로서비스의 보안을 활성화하는 CoreResourceServerConfiguration이라는 빈을 만든다. 리스트 18-13을 보자.

리스트 18-13. 리소스 서버 활성화(ch18\ch18-01\Ax2-Ecom-WithSecurity\Ecom-core\src\main\java\com\acme\ecom\core\security\CoreResourceServerConfiguration.java)

```
@Configuration
@EnableResourceServer
public class CoreResourceServerConfiguration extends
ResourceServerConfigurerAdapter{

    @Autowired
    TokenStore tokenStore;

    @Autowired
    JwtAccessTokenConverter tokenConverter;

    @Override
```

```
    public void configure(HttpSecurity http) throws Exception {

      http
        .csrf().disable()
        .authorizeRequests()
        .anyRequest().authenticated()
        .antMatchers(HttpMethod.POST).hasAuthority("ORDER_WRITE")
        .antMatchers(HttpMethod.DELETE).hasAuthority("ORDER_WRITE");
    }

    @Override
    public void configure(ResourceServerSecurityConfigurer resources) throws
        Exception {
      resources.resourceId("CORE").tokenStore(tokenStore);
    }
  }
```

configure 메서드에 전달된 HttpSecurity 인스턴스를 사용해 POST와 DELETE
메서드를 보호하고 ORDER_WRITE 권한이 있는 인증된 사용자만 리소스에 액세스
하게 허용한다. 그런 다음 ResourceServerSecurityConfigurer 클래스를 사용
해 CORE라는 이름의 리소스 ID를 만든다. 이 리소스 ID의 이름은 권한 부여
서버에서 사용되는 이름과 일치해야 한다.

다음으로 암호화된 JWT에서 값을 읽어야 한다. 이미 살펴본 것처럼 JwtAccess
TokenConverter는 JWT 인코딩 토큰 값과 OAuth 인증 정보를 양방향으로 변환
하는 데 도움이 된다. 비대칭 암호화를 사용하고 토큰이 인증 서버에서 이미
개인키로 암호화됐으므로 이제 공개키 쌍을 사용해 해독하고 읽는다. 리스트
18-14를 보자.

리스트 18-14. 토큰 복호화(ch18\ch18-01\Ax2-Ecom-With-Security\Ecomcore\src\main\
java\com\acme\ecom\core\security\JwtConfiguration.java)

```
  @Configuration
```

```
public class JwtConfiguration {

  @Autowired
  JwtAccessTokenConverter jwtAccessTokenConverter;

  @Bean
  @Qualifier("tokenStore")
  public TokenStore tokenStore() {

    return new JwtTokenStore(jwtAccessTokenConverter);

  }

  @Bean
  protected JwtAccessTokenConverter jwtTokenEnhancer() {

    JwtAccessTokenConverter converter = new JwtAccessTokenConverter();
    Resource resource = new ClassPathResource("public.cert");
    String publicKey = null;
    try {
      publicKey = new String(FileCopyUtils.copyToByteArray(
          resource.getInputStream()));
    } catch (IOException e) {
      throw new RuntimeException(e);
    }
    converter.setVerifierKey(publicKey);
    return converter;

  }

}
```

리소스 서버 설정이 완료됐다.

참고 인증서와 키 저장소는 예제 코드의 다운로드에 포함돼 있다. 그 주제에 관한 표준 문헌을 따라 수행할 수 있기 때문에 여기에서는 다루지 않는다. 또한 예제 애플리케이션의 다른 리소스 서버(마이크로서비스) 코드는 여기에서 살펴본 Ecom-core 마이크로서비스의 설정과 유사한 설정을 따르기 때문에 설명되지 않는다.

전자상거래 마이크로서비스 애플리케이션 설정

이 절에서는 전자상거래 마이크로서비스 애플리케이션을 구성, 빌드, 실행하고 다양한 테스트 사례를 실행한다.

애플리케이션 구성

마이크로서비스에서 필요한 구성을 변경해야 한다. 변경해야 할 사항은 17장에서 설명한 내용과 동일하다.

환경 인프라 설정

다음으로 예제를 실행하려면 몇 가지 인프라 설정을 구성해야 한다. 이는 17장에서 설명한 것과 동일하다.

애플리케이션 빌드와 실행

애플리케이션에는 12개의 마이크로서비스가 있다. 애플리케이션을 다시 빌드하고 실행하는 방법은 17장에서 설명한 것과 동일하다.

17장에서는 처음 3개의 마이크로서비스에 대해 다음 순서대로 서버를 실행해야 한다.

```
Ecom-config
Ecom-registry
Ecom-gateway
```

그런 후 다음과 같이 2개의 마이크로서비스를 시작하는 것이 좋다.

```
Ecom-security
Ecom-user
```

나머지 마이크로서비스의 경우 순서에 관계없이 시작할 수 있다.

애플리케이션 테스트

가급적 크롬 브라우저에서 애플리케이션을 테스트할 수 있다. 여기서도 17장에 설명된 단계를 참조해 전체 애플리케이션을 테스트할 수 있다.

요약

OAuth 2.0을 전반적으로 살펴보고 마이크로서비스 맥락과 관련된 몇 가지 부여 유형의 특정 측면을 살펴봤다. 또한 인증과 권한 부여를 마이크로서비스 전자상거래 애플리케이션에 연결했다. 이는 모든 엔터프라이즈급 애플리케이션에서 보안이 주요 관심사이기 때문에 중요한 진전이다. 이전 장들에서 다루지 못하고 남은 내용은 주문 도메인과 재고 도메인을 가깝게 함께 유지해야 하는 필요성을 깊이 있게 다루는 내용이며, 19장에서 다룬다.

Axon 마이크로서비스와 BASE 트랜잭션

19

12장에서 Axon 2를 살펴봤고, 실제 사례도 살펴봤다. 12장에서 언급했듯이 이 책에서는 여러 버전의 Axon을 사용한다. 12장에서는 Axon 2.4.1을 사용했다. 애노테이션이나 XML 구성을 사용해 구성 요소를 명시적으로 연결해야 했다. 12장에서 Axon 2를 사용하고 이를 기반으로 한 예제를 시연하는 것은 의도한 것이었다. CQRS의 개념을 처음 읽는 사람과 Axon 프레임워크를 처음 사용하는 사람으로서 개념이 명확하게 빈^{Bean} 구성을 명시적으로 만들고 싶었기 때문이다.

19장에서는 스프링 버전 5.0.7.RELEASE, 스프링 부트 2.0.3.RELEASE, Axon 3.3.2 또는 Axon의 이후 버전을 사용할 예제를 살펴본다. 여기 Axon 3에서는 Axon이 스프링 애플리케이션 컨텍스트^{Spring Application Context}를 사용해 구성 요소의 특정 구현을 찾고 거기에 없는 것들에 대한 기본값을 제공하기 때문에 많은 명시적인 빈 연결을 피할 수 있다. Axon 3에는 주로 자바 7과 8의 새로운 많은 기능으로 인해 Axon의 내부 작동이 완전히 개편됐다. 명확하게 하고자 몇 가지 스타터^{starter} 의존성을 추가하면 충분하다. Axon 스프링 부트 구성 요소는 프로젝트에 있는 다른 의존성에 따라 기본 인프라를 설정한다. 예를 들어 JPA가 있으면 Axon은 자동으로 모든 JPA 기반 구성 요소를 구성한다. 클래스에 @Aggregate 또는 @Saga를 표시한 경우 Axon은 자동으로 운영에 필요한 에그리게이트와 사가를 구성 요소에 구성한다. 이 모든 것이 여러분의 삶을 훨씬 더 쉽게 만들어줄 것이다. 예제에서 곧 살펴볼 것이다.

게다가 17장의 'BASE 내의 ACID' 절에서 다룬 내용을 기억한다면 주문과 재고 에그리게이트를 함께 유지해야 했다. 이 경우 단일 리소스 관리자(MySQL 지속성 엔진)를 사용해 분산 트랜잭션을 피했다. 그러나 여전히 ACID 방식 트랜잭션을 사용했다. 필요한 경우 ACID 방식의 트랜잭션을 피할 수 있는지 알아본다.

> **참고** 19장을 진행하는 동안 Axon 3 참조 문서[1]와 API 문서[2]를 참조할 수 있다.

19장에서 다루는 내용은 다음과 같다.

- Axon 3이 Axon 2와 어떻게 다른지 코드를 보고 이해
- 12장에서 제시된 단일 JVM 예제의 Axon 2 명령과 이벤트 처리를 Axon 3으로 마이그레이션
- 12장의 Axon 2 분산 명령과 이벤트 처리 예제를 Axon 3으로 마이그레이션
- 17장과 18장의 마이크로서비스 전자상거래 애플리케이션을 Axon 3으로 마이그레이션
- 17장과 18장에서 사용된 ACID 방식 트랜잭션 제거
- 이 책의 마지막 장을 마친 후 계속 탐구할 수 있는 원활한 로드맵을 갖도록 Axon 4 소개

Axon 3을 사용해보자.

---

1. https://docs.axoniq.io/reference-guide/v/3.3/
2. https://axoniq.io/apidocs/3.3/

Axon 3을 사용해 동일한 JVM에서 명령과 이벤트 처리

12장의 '동일한 JVM에서 명령과 이벤트 처리' 절에서 제시한 예제를 Axon 2에서 Axon 3으로 마이그레이션해보자. 이렇게 하는 동안 주요 변경 사항을 강조하겠다.

예제 시나리오 디자인

동일한 예제로 구축하므로 Axon 3의 이 예제에 대해 12장에 설명된 동일한 디자인을 따른다. 그림 12-1을 보자.

예제 시나리오 코딩

이 절의 모든 코드 예제는 ch19\ch19-01 폴더에 있다. Axon 의존성에 대한 명시적인 언급을 보려면 pom.xml을 확인한다. 리스트 19-1을 보자.

리스트 19-1. Axon 3 메이븐 의존성(ch19\ch19-01\Ax3-CommandsEvents-Same-JVM\pom.xml)

```
<dependency>
    <groupId>org.axonframework</groupId>
    <artifactId>axon-spring-boot-starter</artifactId>
    <version>3.3.2</version>
</dependency>
```

모든 Axon 구성 요소의 설정을 수행하는 이 예제의 가장 중요한 클래스는 `EcomAppConfiguration`이다. 리스트 19-2를 참고한다.

리스트 19-2. EcomAppConfiguration(ch19\ch19-01\Ax3-Commands-EventsSame-JVM\
src\main\java\com\acme\ecom\EcomAppConfiguration.java)

```java
@Configuration
public class EcomAppConfiguration {

    @PersistenceContext
    private EntityManager entityManager;

    @Bean
    @Qualifier("productRepository")
    public GenericJpaRepository<Product> productJpaRepository(EventBus
        eventBus) {

        SimpleEntityManagerProvider entityManagerProvider = new
            SimpleEntityManagerProvider(entityManager);
        GenericJpaRepository<Product> genericJpaRepository = new
            GenericJpaRepository<Product>(entityManagerProvider,
            Product.class, eventBus, ((String id) -> Integer.valueOf(id)));
        return genericJpaRepository;
    }

    @Bean
    @Qualifier("orderRepository")
    public GenericJpaRepository<Order> orderJpaRepository(EventBus eventBus) {

    SimpleEntityManagerProvider entityManagerProvider = new
        SimpleEntityManagerProvider(entityManager);
    GenericJpaRepository<Order> genericJpaRepository = new
        GenericJpaRepository<Order>(entityManagerProvider, Order.class,
        eventBus, ((String id) -> Integer.valueOf(id)));
    return genericJpaRepository;
    }
}
```

이 코드를 12장의 리스트 12-3에 있는 EcomAppConfiguration.java 코드와 비교
하면 12장의 모든 명시적 구성이 사라진 것을 볼 수 있다. 그러나 지금 예제의

Axon 기반 아키텍처도 동일한 기능을 할수 있다.

코드베이스의 다음 주요 변경 사항은 `OrderCommandHandler`다. 리스트 19-3을 보자.

리스트 19-3. OrderCommandHandler(ch19\ch19-01\Ax3-CommandsEvents-Same-JVM\ src\main\java\com\acme\ecom\order\commandhandler\OrderCommandHandler.java)

```java
@Component
public class OrderCommandHandler {

    @Autowired
    @Qualifier("orderRepository")
    private Repository<Order> orderRepository;

    @Autowired
    @Qualifier("productRepository")
    private Repository<Product> productRepository;

    @CommandHandler
    public void handle(NewOrderCommand newOrderCommand) throws Exception{

        Aggregate<Product> productAggregate =
            productRepository.load(
                newOrderCommand.getProductId().toString());
        Product product = productAggregate.invoke((Product p)->
            {p.depreciateStock(newOrderCommand.getNumber());
            return p;}
        );
        orderRepository.newInstance(()->new Order(new Random().nextInt(),
            newOrderCommand.getPrice(), newOrderCommand.getNumber(),
            OrderStatusEnum.NEW, product));
    }
}
```

명령 핸들러는 JPA 애노테이션이 달린 에그리게이트를 저장하고 해당 에그리게 이트에서 메서드를 실행해 상태를 변경하는 일반 저장소 구현의 주문 도메인 객체를 찾는다. 리스트 19-3의 `OrderCommandHandler` 코드를 12장의 리스트 12-8 코드와 비교하면 기능적으로 동일한 작업을 수행하더라도 약간의 차이점을 이해할 수 있을 것이다.

다음으로 주문 에그리게이트에는 주문을 관리하는 실제 비즈니스 로직이 포함돼 있으므로 불변성을 보호할 책임이 있다. 주문 에그리게이트의 상태 변경으로 인해 리스트 19-4에 표시된 것처럼 도메인 이벤트가 생성된다. 도메인 이벤트와 에그리게이트는 도메인 모델을 형성한다.

리스트 19-4. 주문 엔티티(ch19\ch19—01\Ax3—Commands—Events—Same—JVM\src\main\java\com\acme\ecom\order\model\Order.java)

```java
import static
org.axonframework.commandhandling.model.AggregateLifecycle.apply;

@Entity
@Table(name="ECOM_ORDER")
public class Order{

    private static final long serialVersionUID = 1L;

    @Id
    private Integer id;

    @Column(name="PRICE")
    private Double price;

    @Column(name="NUMBER")
    private Integer number;

    @Column(name="ORDER_STATUS")
    @Enumerated(EnumType.STRING)
    private OrderStatusEnum orderStatus;

    @ManyToOne(fetch=FetchType.LAZY)
    @JoinColumn(name="PRODUCT_ID")
    private Product product;
```

```
public Order(Integer id, Double price, Integer number, OrderStatusEnum
    orderStatus, Product product){

  super();
  this.id = id;
  this.price = price;
  this.number = number;
  this.orderStatus = orderStatus;
  this.product = product;
  apply(new OrderCreatedEvent(id, price, number, product.getDescription(),
      orderStatus.toString()));
}

public Order() {

}
}
```

리스트 19-4의 주문 에그리게이트 코드를 12장의 리스트 12-4와 비교한다. Axon 2에서는 주문과 상품 에그리게이트가 모두 **AggregateRoot** 인터페이스의 매우 기본적인 구현인 **AbstractAggregateRoot**를 확장해야 하지만 Axon 3에서의 에그리게이트는 해당 기본 클래스 확장이 필요하지 않다. **AggregateRoot**는 에그리게이트 식별자가 포함된 필드를 선언한다. 이 식별자는 늦어도 첫 번째 이벤트가 게시될 때 초기화돼야 하며 이 식별자 필드는 **@AggregateIdentifier** 애노테이션으로 추가돼야 한다. 그러나 JPA를 사용하고 에그리게이트에 JPA 애노테이션이 있으면 Axon은 JPA에서 제공하는 **@Id** 애노테이션도 사용할 수 있다.

에그리게이트는 **AggregateLifecycle.apply()** 메서드를 사용해 게시할 이벤트를 등록한다. 이벤트를 적용하면 에그리게이트에 즉시 적용(게시)되고 다른 이벤트 핸들러에 게시되게 예약된다.

다른 모든 클래스의 코드는 12장의 '동일한 JVM에서 명령과 이벤트 처리' 절의

'예제 시나리오 코딩' 절에 나열된 것과 동일하므로 여기서 반복하지 않는다.

예제 시나리오 빌드와 테스트

간단한 Axon 예제의 전체 코드는 ch19\ch19-01에 있다. 이 예제를 빌드하고 실행하려면 12장의 '동일한 JVM에서 명령과 이벤트 처리' 절의 '예제 시나리오 빌드와 테스트' 절에 제공된 지침을 참조한다.

프로세스의 유일한 차이점은 깨끗한 테이블로 시작하는 단계다. 현재 예제에서는 예제에서 원하는 이름(최대 7개)을 가진 테이블을 삭제한다.

```
drop table association_value_entry;
drop table domain_event_entry;
drop table ecom_order;
drop table ecom_product;
drop table saga_entry;
drop table snapshot_event_entry;
drop table token_entry;

drop table ecom_order_view;
drop table ecom_product_view;
```

12장의 해당 예제과의 차이점은 4개의 테이블이 삭제된 것이다. 예제의 나머지 빌드와 실행은 12장의 지침을 따른다.

Axon 3을 사용한 분산 명령과 이벤트 처리

12장의 '분산 명령과 이벤트 처리' 절의 동일한 디자인을 리팩토링해 Axon 3에 적용할 수 있게 해보자. 그러나 JGroups 커넥터를 스프링 클라우드로 대체해 약간 변경한다.

스프링 클라우드를 사용한 분산 명령 버스 디자인

앞서 언급했듯이 12장의 그림 12-4에 설명된 디자인을 참고한다. 이미 분산 명령 버스에 익숙할 것이다. 다른 명령 버스 구현과 달리 분산 명령 버스는 핸들러를 전혀 호출하지 않는다. 이것이 하는 일은 서로 다른 JVM에서 명령 버스 구현 사이에 연결을 형성하는 것뿐이다.

분산 명령 버스는 명령 버스 커넥터와 명령 라우터의 2가지 구성 요소로 구성된다. 명령 버스 커넥터는 마이크로서비스의 개별 JVM 간의 통신 프로토콜을 구현하는 반면 명령 라우터는 들어오는 각 명령의 대상을 선택한다. 라우터는 라우팅 전략으로 연산된 라우팅 키를 기반으로 명령이 라우팅돼야 하는 분산 명령 버스의 세그먼트를 정의한다. 이는 동일한 라우팅 키를 가진 2개의 명령이 런타임에서 세그먼트의 수와 구성에 변경 사항이 없는 경우 항상 동일한 세그먼트로 라우팅된다는 것을 이야기한다.

12장의 디자인에서는 JGroups를 기본 검색과 디스패치 메커니즘으로 사용하는 **JGroupsConnector**를 사용했다. 분산 명령 버스에 대한 JGroups 특정 구성 요소는 **axon-distributedcommandbus-jgroups** 모듈에 있다. JGroups는 마이크로서비스 노드 검색과 이들 간의 통신을 모두 처리하므로 **JGroupsConnector**는 명령 버스 커넥터와 명령 라우터 역할을 모두 수행한다. 스프링 클라우드를 사용하는 명령 버스 간의 상호 연결과 라우팅을 위한 또 다른 방법이 있다. 이를 위해 유레카^{Eureka}나 컨설^{Consul}을 사용할 수 있다. 8장의 '유레카, 서비스 레지스트리' 절에서 유레카의 작동 방식을 살펴봤으므로, Axon 3으로 리팩토링된 디자인에서 이를 사용한다.

스프링 클라우드를 사용할 때 스프링 클라우드 명령 라우터는 스프링 클라우드 관련 **ServiceInstance.Metadata** 필드를 사용해 시스템의 모든 마이크로서비스 노드에 메시지 라우팅 정보를 추론하고 알린다. 따라서 Axon과 함께 사용하려면 선택된 스프링 클라우드 구현이 **ServiceInstance.Metadata** 필드의 사용을 지원해야 한다. 원하는 스프링 클라우드 구현이 **ServiceInstance.Metadata**(예,

컨셜의 수정을 지원하지 않으면 여기에서 설명하지 않는 다른 대체 방법이 있다.

스프링 클라우드 유레카를 사용하는 가장 쉬운 방법은 Axon 분산 명령 버스 모듈의 스프링 클라우드 스타터를 사용하는 것이다. 스타터가 포함되면 분산 명령 버스를 사용하고자 애플리케이션 컨텍스트에 하나의 속성을 추가해야 한다.

```
axon.distributed.enabled=true
```

커넥터 유형과 관계없이 다음 설정을 사용한다.

```
axon.distributed.load-factor=100
```

이렇게 하면 Axon은 명령 라우터와 명령 버스 커넥터가 애플리케이션 컨텍스트에 있을 때 기본적으로 분산 명령 버스를 구성한다. 스프링 클라우드 커넥터 설정은 스프링 클라우드 명령 라우터와 스프링 HTTP 명령 버스 커넥터의 조합이다. 이들은 각각 분산 명령 버스에 대한 명령 라우터와 명령 버스 커넥터의 위치를 갖고 있다. 스프링 클라우드 명령 라우터는 스프링 클라우드의 디스커버리 클라이언트를 사용해 명령 메시지 라우팅 정보를 전파하고 다른 Axon 마이크로서비스 노드를 검색하고 메시지 라우팅 정보를 검색한다. 메시지 라우팅 정보를 저장하고자 ServiceInstance.Metadata를 사용해 이를 수행한다. 디스커버리 클라이언트 시스템 중에 성능상의 이유로 필요한 메시지 라우팅 정보 필드를 포함하지 않는 모든 노드는 블랙리스트에 포함된다. 해당 노드에서 불필요한 추가 검사가 수행된다.

스프링 HTTP 명령 버스 커넥터는 지정된 라우팅 키를 사용해 메시지를 처리하도록 지정된 노드에 지정된 명령을 보낸다. 보낸 사람은 응답을 기대하지 않으므로 send 메서드가 예외를 던지게 하면 보낸 사람은 명령의 대상이 응답을 받지 못했음을 보장한다. 메서드가 정상적으로 반환되면 커넥터의 구체적인 구현이 전달 보장을 정의한다. 커넥터는 주어진 라우팅 키를 기반으로 명령을 라우팅하기 때문에 동일한 라우팅 키를 사용하면 명령이 동일한 구성원에게 전송된다. 또한 각 메시지는 정확히 하나의 구성원에게 보내야 한다.

스프링 클라우드 명령 라우터를 사용하는 동안 처리해야 하는 또 다른 측면은 스프링 애플리케이션에서 하트 비트 이벤트를 활성화해야 한다는 것이다. 스프링 클라우드 명령 라우터 구현은 스프링 클라우드 마이크로서비스에서 게시한 하트 비트 이벤트를 활용해 다른 모든 노드에 대한 지식이 최신 상태인지 확인한다. 따라서 하트 비트 이벤트가 비활성화되면 클러스터 내의 마이크로서비스가 전체 설정을 인식하지 못하므로 올바른 명령 라우팅에 문제가 발생한다.

따라서 그림 12-5는 그림 19-1이 된다.

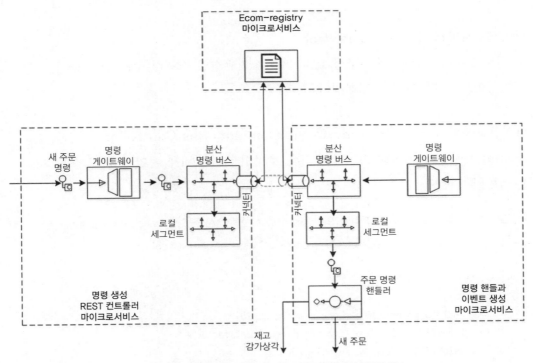

그림 19-1. 스프링 클라우드를 사용한 분산 명령 버스

다음으로 코드를 살펴보자. 미묘한 차이점을 강조해 살펴본다.

예제 시나리오 코딩

분산된 Axon 예제를 설명하는 데 필요한 전체 코드는 ch19\ch19-02에 있다. 12장의 예제 코드에는 5개의 마이크로서비스가 있었다. 유레카 기반 서비스 레지스트리에 대한 새 마이크로서비스를 추가한다.

마이크로서비스 1: 00-Ecom-registry

이 마이크로서비스는 Axon 구성 요소가 없는 일반적인 스프링 클라우드 유레카 마이크로서비스 애플리케이션으로, 이전의 많은 예제에서 이미 살펴봤으므로 더 이상 설명하지 않겠다.

마이크로서비스 2: 01-Ecom-web

이 마이크로서비스는 Axon 구성 요소가 없는 일반적인 스프링 부트 웹 애플리케이션이므로 더 이상 설명하지 않겠다.

마이크로서비스 3: 02-Ecom-CreateCommandRestController

`axon-distributed-commandbus` 의존성을 보려면 pom.xml을 확인한다. 리스트 19-5를 참고한다.

리스트 19-5. 분산 명령 버스 메이븐 의존성(ch19\ch19-02\Ax3-Commands-Multi-Event-Handler-Distributed\02-EcomCreateCommandRestController\pom.xml)

```
<project>
  <parent>
    <groupId>org.springframework.boot</groupId>
    <artifactId>spring-boot-starter-parent</artifactId>
    <version>2.0.3.RELEASE</version>
```

```xml
    <relativePath/> <!-- lookup parent from repository -->
</parent>

<properties>
  <springframework.version>5.0.7.RELEASE</springframework.version>
  <axonVersion>3.3.2</axonVersion>
</properties>

<dependencies>
  <dependency>
    <groupId>org.axonframework</groupId>
    <artifactId>axon-spring-boot-starter</artifactId>
    <version>${axonVersion}</version>
  </dependency>

  <dependency>
    <groupId>org.axonframework</groupId>
    <artifactId>axon-distributed-commandbus-springcloud</artifactId>
    <version>${axonVersion}</version>
  </dependency>

  <dependency>
    <groupId>org.springframework.cloud</groupId>
    <artifactId>spring-cloud-starter-netflix-eureka-client</artifactId>
  </dependency>
</dependencies>

<dependencyManagement>
  <dependencies>
    <dependency>
      <groupId>org.springframework.cloud</groupId>
      <artifactId>spring-cloud-dependencies</artifactId>
      <version>Finchley.RELEASE</version>
      <type>pom</type>
      <scope>import</scope>
    </dependency>
  </dependencies>
</dependencyManagement>
```

```
</project>
```

분산 명령 버스에 대한 스프링 클라우드 커넥터 관련 구성 요소가 포함된 axon-distributed-commandbus-springcloud 모듈을 사용한다. 이 마이크로서비스의 다음 주요 업데이트는 애플리케이션 메인 클래스에 있다. 리스트 19-6을 보자.

리스트 19-6. Ecom-CreateCommandRestController 메인 클래스(ch19\ch19—02\Ax3—Commands—Multi—Event—Handler—Distributed\02—EcomCreateCommandRestController\src\main\java\com\acme\ecom\EcomCreateCommandAndRestApplication.java)

```
@SpringBootApplication
@EnableDiscoveryClient
public class EcomCreateCommandAndRestApplication {

    public static void main(String[] args) {

        SpringApplication.run(EcomCreateCommandAndRestApplication.class,args);
    }
}
```

스프링 클라우드 명령 라우터는 스프링 부트 애플리케이션에 @EnableDiscoveryClient 애노테이션을 추가해 작성해야 하면 클래스 경로에서 스프링 클라우드 구현을 찾는다.

코드에는 다른 변경 사항이 거의 없다. 리스트 19-7에서 Axon 구성 요소의 구성을 살펴본다.

리스트 19-7. Ecom-CreateCommandRestController 구성(ch19\ch19—02\Ax3—Commands—Multi—Event—Handler—Distributed\02Ecom—CreateCommandRestController\src\main\java\com\acme\ecom\EcomAppConfiguration.java)

```
@Configuration
```

```
public class EcomAppConfiguration {

}
```

보다시피 리스트 12-15와 리스트 12-16의 코드를 비교할 때 리스트 19-7에는 Axon 3 구성 요소를 구성하는 데 필요한 명시적 구성이 전혀 포함돼 있지 않다. 모두 스프링에서 자동으로 연결된다.

마이크로서비스 4: 03-Ecom-HandleCommandAndCreateEvent

이 마이크로서비스는 02-EcomCreateCommandRestController 마이크로서비스로 생성되고 원격 JVM에서 분산 명령 버스로 도달하는 모든 명령을 처리해야 한다. 12장에서 이 마이크로서비스에 대한 코드의 유일한 변경 사항은 이전 마이크로서비스에서는 스프링 부트 애플리케이션에 @EnableDiscoveryClient 애노테이션을 추가해 스프링 클라우드 명령 라우터를 도입한 것이므로 자세한 설명 없이 리스트 19-8 코드를 보자.

리스트 19-8. 메인 애플리케이션 클래스(ch19\ch19-02\Ax3-Commands-MultiEvent-Handler-Distributed\03-Ecom-HandleCommandAndCreateEvent\src\main\java\com\acme\ecom\EcomHandleCommandAndCreateEventApplication.java)

```
@EnableDiscoveryClient
@SpringBootApplication
public class EcomHandleCommandAndCreateEventApplication {

  public static void main(String[] args) {

    SpringApplication.run(EcomHandleCommandAndCreateEventApplication
        .class, args);

  }
}
```

마이크로서비스 5: O4-Ecom-EventHandleCore

다시 말하지만 12장의 해당 예제를 그대로 사용하므로 이 마이크로서비스에는 새로운 것이 없다. 따라서 자세한 코드 설명은 하지 않겠다. 마이크로서비스 이름으로 알 수 있듯이 2개의 기본 이벤트 핸들러인 OrderEventHandler와 ProductEventHandler가 포함돼 있으며, 기능과 코드는 이전 예제와 유사하다. 그러나 여기에 약간의 업데이트가 필요하다.

이미 봤듯이 @EventHandler 애노테이션이 있는 메서드를 포함하는 모든 싱글톤 스프링 빈 컴포넌트는 수신할 이벤트 프로세서에 등록돼 이벤트 버스에 공개적으로 게시된 이벤트 메시지를 수신한다. 이벤트 프로세서는 application. properties에서 구성할 수도 있다.

```
axon.eventhandling.processors.name.mode=tracking
axon.eventhandling.processors.name.source=eventBus
```

여기서 소스 속성은 애플리케이션 컨텍스트에 정의된 이벤트 버스나 이벤트 저장소를 기본값으로 하는 선택한 프로세서의 이벤트 소스로 사용해야 하는 SubscribableMessageSource나 StreamableMessageSource를 구현하는 빈^{Bean}의 이름을 나타낸다. 다음으로 이벤트를 비동기적으로 처리하고자 소위 추적 프로세서를 사용하도록 표시할 수 있다. 프로세서는 이벤트 저장소(또는 추적을 지원하는 다른 소스)에서 이벤트를 추적한다.

추적 모드로 전환하게 프로세서를 구성하려면 다음을 수행해야 한다.

1. 먼저 처리 그룹의 이름을 재정의한다. 기본적으로 처리 그룹(과 이를 대신해 이벤트를 처리할 프로세서)의 이름은 할당된 이벤트 핸들러의 패키지 이름이다. @ProcessingGroup 애노테이션을 추가해 재정의할 수 있다.

2. 다음으로 application.properties에서 추적할 메시지 프로세서를 구성한다.

```
axon.eventhandling.processors.messages.mode=tracking
```

여기서 메시지 부분은 프로세서의 이름이다. 이를 보려면 application.
properties를 검사한다. 리스트 19-9를 보자.

리스트 19-9. Ecom-EventHandleCore 구성(ch19\ch19-02\Ax3Commands-Multi-Event-
Handler-Distributed\04-Ecom-EventHandleCore\src\main\resources\application.properties)

```
axon.eventhandling.processors[ECOM_EVENT_PROCESSOR].mode=tracking
axon.eventhandling.processors[ECOM_EVENT_PROCESSOR].source=eventBus
```

그런 다음 리스트 19-10의 처리 그룹을 연결해 올바른 이벤트를 처리할 수 있게
한다.

리스트 19-10. 주문 이벤트 핸들러(ch19\ch19-02\Ax3-Commands-MultiEvent-Handler-
Distributed\04-Ecom-EventHandleCore\src\main\java\com\acme\ecom\order\
eventhandler\OrderEventHandler.java)

```java
@Component
@ProcessingGroup("ECOM_EVENT_PROCESSOR")
public class OrderEventHandler {

  @EventHandler
  public void handleOrderCreatedEvent(OrderCreatedEvent event) {

    //코드는 여기에..

  }
}
```

마찬가지로 리스트 19-11에 나와 있는 것처럼 처리 그룹을 연결해 재고 관련
이벤트를 처리할 수 있다.

리스트 19-11. 상품 이벤트 핸들러(ch19\ch19-02\Ax3-Commands-MultiEvent-Handler-Distributed\04-Ecom-EventHandleCore\src\main\java\com\acme\ecom\product\eventhandler\ProductEventHandler.java)

```java
@Component
@ProcessingGroup("ECOM_EVENT_PROCESSOR")
public class ProductEventHandler {

  @EventHandler
  public void handleProductStockUpdatedEvent(StockUpdatedEvent event) {

    //코드는 여기에..
  }
}
```

마이크로서비스 6: 05-Ecom-EventHandlerAudit

이 마이크로서비스의 기능과 코드는 12장의 `EventHandlerAudit` 마이크로서비스에 대해 이미 살펴본 것과 동일하다. 유일한 변경 사항은 처리 그룹을 연결하는 이전 마이크로서비스에서 설명한 것과 유사하므로 반복 설명하지 않겠다.

예제 시나리오 빌드와 테스트

12장의 '분산 명령과 이벤트 처리' 절에 있는 '예제 시나리오 빌드와 테스트' 절의 지침에 따라 예제를 빌드하고 테스트한다. 이 예제의 유일한 차이점은 하나의 추가 마이크로서비스인 유레카 레지스트리가 있다는 것이다. 첫 번째 단계로 유레카 레지스트리 마이크로서비스를 빌드하고 실행해야 한다. 그런 다음 12장에 설명된 단계를 따른다.

BASE 트랜잭션을 사용하는 Axon 3 CQRS 전자상거래 마이크로 서비스

이 절에서 기본 목표는 17장과 18장에서 빌드한 전자상거래 예제 애플리케이션을 Axon 2에서 Axon 3으로 마이그레이션하는 것이다. 지금 정의할 두 번째 목표가 있다.

17장의 'BASE 내의 ACID' 절에서 다룬 내용을 기억한다면 주문과 재고 에그리게이트를 함께 유지한 것이다. 이는 실제 시나리오일 수도 있고 아닐 수도 있다. 주문이나 예약 엔티티는 판매 채널과 사용자 활동으로 주도되는 반면 재고나 재고 엔티티는 사용자와 공급망 활동으로 주도된다. 따라서 이러한 엔티티의 관리를 담당하는 애플리케이션, 시스템, 마이크로서비스는 동일하지 않을 수 있으며 많은 경우 별도의 마이크로서비스가 된다. 17장과 18장의 예제에서 단일 리소스 관리자(MySQL 지속성 엔진)를 사용해 분산 트랜잭션을 피했다. 그러나 두 엔티티가 단일 마이크로서비스 내에서 가깝게 유지되고 ACID 방식 로컬 트랜잭션을 활용했기 때문에 여전히 ACID 방식 트랜잭션을 사용했다. 그러나 그것들을 분리하고 싶다면 어떻게 해야 할까?

주문과 재고 도메인 사이의 ACID 매듭 제거

먼저 2개의 에그리게이트 루트 엔티티, 주문과 재고에 대해 ACID 방식 트랜잭션을 수행하는 17장의 코드를 다시 살펴본다. 17장의 리스트 17-6은 여기에서 리스트 19-12처럼 반복된다.

리스트 19-12. OrderCommandHandler handleNewOrder(ch17\ch17-01\Ax2Ecom-No-Security\Ecom-core\src\main\java\com\acme\ecom\core\order\command\handler\OrderCommandHandler.java)

```
@Component
```

```
public class OrderCommandHandler {

    @Autowired
    @Qualifier(value = "orderRepository")
    private Repository<Order> orderRepository;

    @CommandHandler
    public void handleNewOrder(OrderCreateCommand orderCreatedCommand) {

        Order order = new Order(Long.valueOf(new Random().nextInt()));
        order.setOrderDate(new Date());
        order.setOrderStatus(OrderStatus.PAID);
        order.setUserId(orderCreatedCommand.getUserId());
        double total = 0;

        if (orderCreatedCommand.getLineItems() != null) {
            for (LineItemDTO lineItemDto : orderCreatedCommand.getLineItems()) {
                if (lineItemDto.getInventoryId() != null) {
                    LineItem lineItem = new LineItem(new Random().nextLong(),
                            lineItemDto.getQuantity(), lineItemDto.getPrice(),
                            total = total + lineItemDto.getPrice();
                    order.addLineItem(lineItem);
                    Inventory inventory =
                            inventoryRepository.load(lineItemDto.getInventoryId());
                    inventory.updateProductStock(lineItemDto.getQuantity(),
                            ProductStockOperation.DEPRECIATE);
                }
            }
        }
        order.setTotal(total);
        order.notifyOrderCreation();
        orderRepository.add(order);
    }
}
```

12장에서 작업 단위^{UoW}가 집합체에 대한 수정들이라는 것을 살펴봤다. 명령 실행은 일반적으로 UoW 범위 내에서 발생한다. 리스트 19-12의 명령 핸들러 메서드가 실행을 완료하면 UoW가 커밋되고 모든 작업이 완료된다. 즉, 모든 리포지터리는 에그리게이트의 상태 변경에 대해 알림을 받고 게시 예정된 이벤트가 이벤트 버스로 전송된다. 이는 여러 에그리게이트가 처리되기 전에 개별 이벤트가 게시되는 것을 방지하는 데 도움이 되는 편리한 그룹이다. 후면에서는 리포지터리가 전체 트랜잭션에서 잠금과 같은 리소스를 관리할 수 있다. 예를 들어 잠금은 UoW가 커밋되거나 롤백될 때만 해제된다.

UoW는 기존 ACID 방식 트랜잭션을 대체하지 않는다. 변경 사항이 그룹화되고 스테이징되는 버퍼일 뿐이다. UoW가 커밋되면 모든 단계의 변경이 커밋된다. 그러나 이 커밋은 원자성이 아니다. 즉, 커밋이 실패하면 몇 가지 변경 사항이 이미 유지됐지만 다른 변경 사항은 유지되지 않았을 수 있다. Axon 모범 사례는 항상 하나의 작업을 포함하는 명령의 모범 사례를 따르도록 지시한다.

Axon 2의 UoW를 사용하면 단일 명령으로 둘 이상의 에그리게이트에서 논리를 실행할 수 있다. UoW는 명령 핸들러가 수행하는 작업을 관리하는 데 더 중요한 역할을 한다. UoW는 현재 리포지터리에서 가져온 에그리게이트를 추적하고 UoW가 커밋될 때까지 유지한다.

UoW에 하나 이상의 작업이나 둘 이상의 에그리게이트가 있으면 UoW의 커밋에 트랜잭션을 연결하는 것을 고려해야 한다. 17장에서는 리스트 17-7에서 그렇게 했으며 특정 코드는 여기에서 리스트 19-13과 같이 반복된다.

리스트 19-13. 작업 단위에 트랜잭션 바인딩(ch17\ch17-01\Ax2Ecom-No-Security\Ecom-core\src\main\java\com\acme\ecom\core\EcomCoreAppConfiguration.java)

```
@Configuration
@RefreshScope
public class EcomCoreAppConfiguration {

    @Autowired
    @Qualifier("transactionManager")
    protected PlatformTransactionManager txManager;
```

```
@Bean
public SimpleCommandBus commandBus() {

    SimpleCommandBus simpleCommandBus = new SimpleCommandBus();
    simpleCommandBus.setDispatchInterceptors(Arrays.asList(new
        BeanValidationInterceptor()));
    SpringTransactionManager transcationMgr = new
        SpringTransactionManager(txManager);
    simpleCommandBus.setTransactionManager(transcationMgr);
    return simpleCommandBus;

}
}
```

여기서 `SpringTransactionManager`는 `PlatformTransactionManager`를 기본 트랜잭션 관리자로 사용하는 `TransactionManager` 구현이다.

여기서는 단일 트랜잭션에서 2개의 에그리게이트 엔티티인 재고 및 주문을 사용하지만 두 에그리게이트 엔티티가 단일 노드에서도 동일한 리소스 관리자로 관리되므로 관련된 분산 트랜잭션이 없다.

트랜잭션을 UoW에 바인딩할 수 있다. `SimpleCommandBus` 및 `DisruptorCommandBus`와 같은 많은 명령 버스 구현을 사용해 트랜잭션 관리자를 구성할 수 있다. 이 트랜잭션 관리자는 명령 프로세스를 관리하는 데 사용되는 UoW에 바인딩할 트랜잭션을 만드는 데 사용된다. 명령 처리 프로세스는 원자적 절차로 간주될 수 있다. 완전히 처리되거나 전혀 처리되지 않아야 한다. Axon 프레임워크는 UoW를 사용해 명령 핸들러가 수행하는 작업을 추적한다. 명령 핸들러가 완료되면 Axon은 UoW에 등록된 작업을 커밋하려고 한다. UoW가 트랜잭션에 바인딩되면 바인딩된 트랜잭션이 적절한 시점에 커밋된다.

Axon 3으로 넘어가면 몇 가지 차이점이 있다.

Axon 3은 트랜잭션 명령 핸들러에서 둘 이상의 에그리게이트 루트를 처리하면 불만을 표시한다. 즉, 리스트 19-12와 리스트 19-13의 조합은 Axon 3에서 작업하기 쉽지 않다. 전자상거래 마이크로서비스 Ecom-core의 디자인을 좀 더 리팩토링해 보겠다.

리스트 19-14는 분산 방식으로 명령 버스와 이벤트 버스를 연결하고자 수행해야 하는 최소 구성을 보여준다. 트랜잭션 관리자를 명령 버스에 연결하고 사가 이벤트 프로세서를 코드의 이벤트 대기열에 연결한다.

리스트 19-14. EcomCoreAppConfiguration(ch19\ch19-03\Ax3-Ecom-WithSecurity\ Ecom-core\src\main\java\com\acme\ecom\core\EcomCoreAppConfiguration.java)

```
@Configuration
public class EcomCoreAppConfiguration {

    @Value("${axon.amqp.exchange}")
    private String rabbitMQExchange;

    @Value("${axon.amqp.queue}")
    private String rabbitMQQueue;

    @Bean
    public FanoutExchange eventBusExchange() {

        return new FanoutExchange(rabbitMQExchange, true, false);

    }

    @Bean
    public Queue eventBusQueue() {

        return new Queue(rabbitMQQueue, true, false, false);

    }
```

```java
@Bean
public Binding binding() {

   return BindingBuilder.bind(eventBusQueue()).to(eventBusExchange());
}

@Bean
public SpringAMQPMessageSource ecomCoreEventQueue( AMQPMessageConverter
     messageConverter) {

   return new SpringAMQPMessageSource(messageConverter) {
     @RabbitListener(queues = "${axon.amqp.queue}")
     @Override
     @Transactional
     public void onMessage(Message message, Channel channel) {
        super.onMessage(message, channel);
     }
   };
}

@Bean
public CommandBus
     commandBus(org.axonframework.common.transaction.TransactionManager
     transactionManager) {

   SimpleCommandBus commandBus = new AsynchronousCommandBus();
   commandBus.registerHandlerInterceptor(new
        TransactionManagingInterceptor(transactionManager));
   return commandBus;
}

@Bean("orderSagaConfiguration")
public SagaConfiguration<OrderProcessSaga> orderSagaConfiguration() {

   return SagaConfiguration.trackingSagaManager(OrderProcessSaga.class,
        "ECOM_CORE_EVENT_PROCESSOR");
}
}
```

리스트 19-15는 리스트 19-14에서 살펴본 매개변수의 값을 구성하는 것을 보여준다.

리스트 19-15. ecom—core.yml(ch19\ch19—03\Ax3—Ecom—With—Security\configrepo\ecom—core.yml)

```yaml
axon:
  amqp:
    exchange: Ecom-axon3-exchange
    queue: Ecom-core-queue
    eventhandling:
      processors:
        ECOM_CORE_EVENT_PROCESSOR:
          source: ecomCoreEventQueue
```

다음으로 리스트 19-12의 `OrderCommandHandler` 코드에 대해 수행할 주요 리팩토링을 살펴본다. 리스트 19-16의 `OrderCommandHandler`를 다시 작성한다.

리스트 19-16. Axon 3용으로 리팩토링된 주문 명령 핸들러(ch19\ch19—03\Ax3—Ecom—With—Security\Ecom—core\src\main\java\com\acme\ecom\core\order\command\handler\OrderCommandHandler.java)

```java
@Component
public class OrderCommandHandler {

    @Autowired
    @Qualifier(value = "orderRepository")
    private GenericJpaRepository<Order> orderRepository;

    @Autowired
    private CommandGateway commandGateway;

    @Transactional
    @CommandHandler
    public void handleNewOrder(OrderCreateCommand orderCreatedCommand)throws
```

```
    Exception {

Long orderId = Long.valueOf(new Random().nextInt());
Order order = new Order(orderId);
order.setOrderDate(new Date());
order.setOrderStatus(OrderStatus.PAID);
order.setUserId(orderCreatedCommand.getUserId());
double total = 0;

if (orderCreatedCommand.getLineItems() != null) {
   for (LineItemDTO lineItemDto : orderCreatedCommand.getLineItems()) {
      if (lineItemDto.getInventoryId() != null) {
         LineItem lineItem = new LineItem(new Random().nextLong(),
               lineItemDto.getProductId(), lineItemDto.getQuantity(),
               lineItemDto.getPrice(), lineItemDto.getInventoryId());
         total = total + lineItemDto.getPrice();
         order.addLineItem(lineItem);
      }
   }
}
order.setTotal(total);
Aggregate<Order> orderAggregate = orderRepository.newInstance((()->order);
orderAggregate.invoke((Order orderSaved) ->{
   orderSaved.notifyOrderCreation();
   return orderSaved;});
   }
}
```

OrderCommandHandler에서 모든 재고 관련 작업을 제거한다. 대신 리스트 19-16에 표시된 대로 모든 상품과 함께 전체 주문을 생성하는 데 필요한 모든 검증과 연산을 수행한다. 재고 관련 작업은 리스트 19-17의 다른 핸들러인 InventoryCommandHandler로 이동된다.

```java
@Component
public class InventoryCommandHandler {

  @Autowired
  @Qualifier(value = "inventoryRepository")
  private GenericJpaRepository<Inventory> inventoryRepository;

  public void setInventoryRepository(
      GenericJpaRepository<Inventory>inventoryRepository) {

    this.inventoryRepository = inventoryRepository;

  }

  @CommandHandler
  @Transactional
  public void handleInventoryCreation(InventoryCreateCommad
      inventoryCreatedCommand) {

    Integer id = new Random().nextInt();
    try{
      inventoryRepository.newInstance(()->new Inventory(Long.valueOf(id),
          inventoryCreatedCommand.getSku(),
          inventoryCreatedCommand.getQuantity()));
    }catch(Exception ex){
      LOGGER.error("InventoryCommandHandler error ", ex);
    }
  }

  @CommandHandler
  @Transactional
  public void handleInventoryUpdation(InventoryUpdateCommand
      inventoryUpdateCommand) {

    Aggregate<Inventory> inventoryAggregate = inventoryRepository.load(
        inventoryUpdateCommand.getLineItemDTO().getInventoryId()
```

```
        .toString());
    inventoryAggregate.invoke((Inventory inventory) -> {inventory
        .updateProductStock(inventoryUpdateCommand.getLineItemDTO()
        .getQuantity(), inventoryUpdateCommand.getProductStockOperation());
        return inventory;
    });
  }
}
```

리스트 19-16의 `OrderCommandHandler`와 19-17의 `InventoryCommandHandler`에서 주목해야 할 한 가지 측면은 모든 핸들러 메서드가 트랜잭션 컨텍스트에서 실행된다는 것이다. 그러나 분산 트랜잭션이나 2단계 커밋 작업이 없으며, 둘이상의 에그리게이트 루트를 포함하는 ACID 트랜잭션도 없다. 단일 에그리게이트 루트 엔티티에 국한된 로컬 트랜잭션만 있다.

여태까지는 그런대로 잘됐다. 이제 비즈니스 오케스트레이션 부분을 살펴보자. 재고 감가상각과 새 주문 생성의 오케스트레이션은 이제 리스트 19-12의 `OrderCommandHandler`에서 리스트 19-18의 `OrderController` REST 컨트롤러 REST 컨트롤러로 이동된다. 본질은 두 엔티티의 작업이 함께 성공하거나 모든 작업이 보상돼야 한다는 것이다.

리스트 19-18. REST 컨트롤러 주문(ch19\ch19—03\Ax3—Ecom—With—Security\Ecom—core\src\main\java\com\acme\ecom\core\web\OrderController.java)

```
@RestController
@RequestMapping("/order")
public class OrderController {

    @Autowired
    private CommandGateway commandGateway;

    @RequestMapping(method = RequestMethod.POST)
    @ResponseBody
```

```java
public OrderCreationStatus createOrder(@RequestBody OrderDTO orderDTO) {

    OrderCreationStatus orderCreationStatus = null;
    //1단계: 상품 재고 감가상각.............
    List<LineItemDTO> inventoryUpdatedList = new ArrayList<>();

    try {
        for (LineItemDTO lineItemDTO : orderDTO.getLineItems()) {
            commandGateway.sendAndWait(new InventoryUpdateCommand(lineItemDTO,
                    ProductStockOperation.DEPRECIATE));
            inventoryUpdatedList.add(lineItemDTO);
        }
    } catch (Exception ex) {
        Throwable e = ex.getCause();
        if (e instanceof OutOfStockException) {
            LOGGER.error("Error while creating new order due to Out of Stock", e);
            orderCreationStatus = OrderCreationStatus.OUT_OF_STOCK;
        } else {
            LOGGER.error("Unknown Error while updating inventory", e);
            orderCreationStatus = OrderCreationStatus.FAILED;
        }
        //2단계: 모든 예외, 업데이트된 재고 롤백
        for (LineItemDTO lineItemDTO : inventoryUpdatedList) {
            commandGateway.send(new InventoryUpdateCommand(lineItemDTO,
                    ProductStockOperation.ADD));
        }
        return orderCreationStatus;
    }

    //3단계: 새 주문 작성
    try {
        OrderCreateCommand orderCommand = new
                OrderCreateCommand(orderDTO.getUserId(), orderDTO.getLineItems());
        commandGateway.sendAndWait(orderCommand);
        orderCreationStatus = OrderCreationStatus.SUCCESS;
    } catch (Exception ex) {
        LOGGER.error("Unknown Error while creating new order", ex);
```

```
            orderCreationStatus = OrderCreationStatus.FAILED;

            //4단계: 모든 예외, 업데이트된 모든 재고 롤백
            for (LineItemDTO lineItemDTO : orderDTO.getLineItems()) {
              commandGateway.send(new InventoryUpdateCommand(lineItemDTO,
                  ProductStockOperation.ADD));
            }
          }
        }
        return orderCreationStatus;
      }

      @RequestMapping(value = "{orderId}", method = RequestMethod.DELETE)
      @ResponseBody
      public void cancelOrder(@PathVariable Long orderId) {

        OrderCancelCommand orderCommand = new OrderCancelCommand(orderId);
        commandGateway.send(orderCommand);

      }
    }
```

리스트 19-18에서 주목해야 할 첫 번째 측면은 HTTP POST 메서드 createOrder 가 어떤 종류의 트랜잭션에도 속하지 않는다는 것이다. 여기에서 재고 감가상 각을 조정하고 새 주문을 생성한다. 즉, 에그리게이트 루트 엔티티 작업이 리스트 19-16의 OrderCommandHandler와 리스트 19-17의 InventoryCommandHandler 에서 명령 핸들러 작업의 로컬 트랜잭션 내에서 발생하지만 리스트 19-18에 표시된 것처럼 해당 오케스트레이션은 포함하는 트랜잭션 컨텍스트 없이 수행 된다. 즉, 코드 줄(일명 명령이나 작업)에서 (또는 그 후에) 예외와 오류가 발생할 수 있으며, 이 경우 지금까지 수행한 작업도 다시 보상해야 한다.

리스트 19-18은 1단계에서 Order POST 요청에 항목이 있는 만큼 Inventory UpdateCommand를 sendAndWait하는 것을 보여준다. sendAndWait는 명령 게이트 웨이에 InventoryUpdateCommand를 전달해 명령이 리스트 19-17의 Inventory CommandHandler로 선택되게 한다. 또한 OrderController와 InventoryCommand

Handler가 모두 동일한 마이크로서비스(또는 파티션)에 있고 sendAndWait가 동기 차단 호출이기 때문에 sendAndWait가 성공하면 의도한 작업이 확실하게 실행되게 할 수 있다. sendAndWait가 성공한 모든 광고 항목에 대해 필요한 경우 나중에 보상 작업을 수행하고자 inventoryUpdatedList에서 해당 항목을 추적한다. 주문의 모든 라인 항목에 대해 InventoryUpdateCommand를 성공적으로 sendAndWait할 수 있으면 주문 생성을 시작하는 3단계로 진행한다. 즉, 충분한 재고가 있는지 확인하고 주문 생성을 진행하기 전에 필요한 모든 재고를 감가상각한다.

재고를 확인하는 동안 충분한 재고를 사용할 수 없거나 다른 오류로 인해 광고 항목에 오류가 발생할 수 있다. 이유가 무엇이든 이 경우 전체 주문을 이행할 수 없으므로 해당 주문에 대해 이미 적용된 재고 변경을 보상해야 한다. 이는 리스트 19-18에서 2단계로 표시된다.

1단계가 오류 없이 완전히 성공하면 주문을 이행하기에 충분한 재고가 이미 있음을 의미하므로 3단계를 실행하기 시작한다. 여기서 OrderCreateCommand를 다시 만들고 명령 게이트웨이로 sendAndWait를 보낸다. 새로운 주문 생성을 처리하는 리스트 19-16의 OrderCommandHandler는 다시 동일한 마이크로서비스에 있으므로 성공적인 sendAndWait는 주문 생성이 성공했다고 가정할 수 있을 만큼 결정적이다. 이 단계의 예외는 해당 주문에 대해 이미 적용된 재고 변경을 보상해야 함을 의미한다. 이는 리스트 19-18에서 4단계로 표시된다.

이것은 BASE 트랜잭션의 예다. 그러나 전체 트랜잭션은 안전하지 않다. 즉, createOrder HTTP REST POST 메서드가 실행되는 동안 마이크로서비스 충돌이 발생하면 createOrder 내의 나머지 명령이 실행되지 않는다. 다음 상태가 발생할 모든 기회가 있다.

- 업데이트된 주문 항목에 해당하는 재고
  그러나 주문이 생성되지 않고 재고가 복원되지 않는다.

- 업데이트된 모든 주문 항목에 해당하는 재고

그러나 주문이 생성되지 않고 재고가 복원되지 않는다.

- 업데이트된 모든 주문 항목에 해당하는 재고
  그러나 주문이 생성되지 않고 일부 광고 항목에 해당하는 재고만 복원된다.

마이크로서비스 충돌과 함께 시스템을 결과적으로 일관된 상태로 되돌리는 데 필요한 힘이 사라졌기 때문에 시스템이 결과적으로 일관되지 않을 수 있다. 명확히 하고자 마이크로서비스 스택 상태를 영구적으로 만들지 않았으므로 시스템을 의미상 일관성 있는 상태로 되돌리는 데 필요한 필수 상태가 손실된다.

주문과 재고 도메인을 별도의 마이크로서비스로 분할

리스트 19-12에 표시된 OrderCommandHandler의 handleNewOrder 처리가 주문과 재고 엔티티에 대한 ACID 방식 작업과 동일하다는 것을 알았다. 그러나 이 장에서 수행한 리팩토링에서 코드를 리스트 19-18에 표시된 OrderController의 createOrder HTTP POST 메서드로 전환했다. 여기서 처리는 BASE 방식과 동일하지만 고유한 장애 조치 특성이 없다. 주문과 재고 에그리게이트 루트 엔티티에서 BASE 방식 트랜잭션을 채택한 주문 도메인과 재고 도메인은 이제 서로 도메인 독립적이 됐으므로 필요한 경우 자체 마이크로서비스로도 분리할 수 있다.

여기에서는 그림 19-2에 표시된 리팩토링을 구현하지 않는다. 대신 나중에 연습이 필요하다. 다음 절에서는 이를 위한 더 많은 힌트를 제공할 것이다.

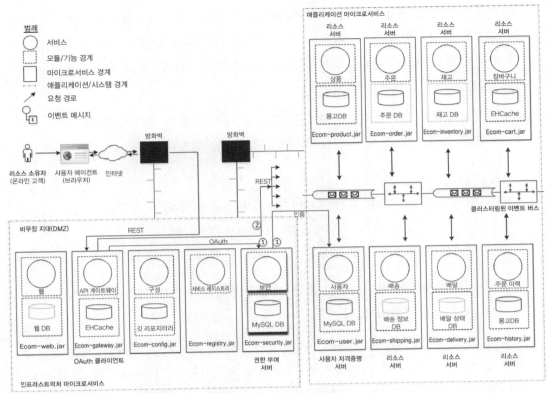

그림 19-2. Axon 3용으로 리팩토링된 마이크로서비스 전자상거래 아키텍처

결정론적 결과적 일관성을 위한 사가

주문과 재고 에그리게이트 루트 엔티티에 대해 BASE 방식 트랜잭션을 채택했으므로 이제 주문과 재고 도메인이 별도의 마이크로서비스가 될 수 있다. 하지만 확인할 것이 있다. 주문과 재고 도메인을 별도의 마이크로서비스로 분리하는 순간 다음 항목은 더 이상 배포되지 않는다.

- 리스트 19-16의 `OrderCommandHandler`
- 리스트 19-17의 `InventoryCommandHandler`
- 리스트 19-18의 `OrderController`

하나 이상의 명령 핸들러에 대한 sendAndWait가 네트워크 파티션에서 실행되므로 결정적 특성이 손실된다. 리스트 19-17에 표시된 InventoryCommandHandler에서 수행한 방식으로 BASE 트랜잭션을 계속 모델링하면 이미 설명한 것보다 더 많은 범위에서 실패하기 쉽다.

BASE 트랜잭션을 수동으로 모델링하는 방법은 여기서 좋은 생각이 아니다. 다음과 같은 특성으로 인해 여기에 사가 트랜잭션이 필요하다.

- 사가는 오래 지속된다.
- 사가는 영구적이다. 사가는 마이크로서비스 충돌 후에도 부활할 수 있다.
- 사가는 복잡한 보상 시나리오를 모델링할 수 있다.
- 사가의 트랜잭션이나 보상은 재생하거나 재시도할 수 있다.

종료되지 않은 사가는 타임라인의 최종 시점에 관계없이 항상 시스템을 일관된 상태로 되돌리는 경향이 있다.

주문과 재고 도메인이 서로 다른 마이크로서비스로 분리되면 사가를 사용해 다중 라인 항목 주문 생성을 매우 잘 모델링할 수 있다. 사가는 각 재고 고갈 상태를 추적할 수 있으며 만족하면 새로운 주문을 생성한 다음 사가를 종료할 수 있다. 이 예제에서는 이미 사가가 하나 있어서 시연을 지나치게 복잡하게 만들고 싶지 않으므로 이 작업은 수행하지 않았다.

전자상거래 마이크로서비스 애플리케이션 구성

18장의 '전자상거래 마이크로서비스 애플리케이션 설정' 절과 '환경 인프라 설정' 절의 지침을 따른다.

전자상거래 마이크로서비스 애플리케이션 구축과 실행

여기서도 18장의 '전자상거래 마이크로서비스 애플리케이션 설정' 절 하위의 '애플리케이션 빌드와 실행' 절의 지침을 따라야 한다.

Axon 3을 살펴봤으므로 다음 절에서 Axon 4를 살펴본다.

Axon 4를 사용해 동일한 JVM에서 명령과 이벤트 처리

이 절에서는 12장의 '동일한 JVM에서 명령과 이벤트 처리' 절에 설명한 코드를 Axon 4로 마이그레이션한다. 마이그레이션된 코드베이스는 ch19\ch19-04 폴더에 있다. 코드를 살펴보는 동안 Axon 4 참고 문헌[3]과 Axon 4 API 문서[4]를 참고할 수 있다.

실제로 이 코드는 이 장 초반의 'Axon 3을 사용해 동일한 JVM에서 명령과 이벤트 처리' 절에서 살펴본 코드를 리팩토링한 것이다. 예제를 빌드하고 실행하려면 여기에 언급된 지침을 따른다. 단, 한 가지 추가 단계를 수행해야 한다. 첫 번째 단계로 수행할 수 있는 작업은 Axon 서버를 설정하는 것이다.

Axon 서버는 한 서비스에서 하나 이상의 다른 서비스로 전송되는 이벤트, 작업을 수행하는 하나의 서비스로 전송되는 명령 등과 같이 교환되는 다양한 유형의 메시지에 대한 지식을 보유함으로써 Axon 프레임워크를 보완한다. https://download.axoniq.io/axonserver/AxonServer.zip에서 Axon 서버 라이브러리를 다운로드하고 사용할 수 있다.

```
cd D:\binil\Study\Sites\axon\AxonQuickStart-4.0.3_2019-02-19\AxonServer java
-jar axonserver-4.0.3.jar
```

---

3. https://axoniq.io/docs/axon—4

4. https://axoniq.io/apidocs/4.0/

그러면 Axon 서버가 실행된다. 그런 다음 이 장 앞부분의 'Axon 3을 사용해 동일한 JVM에서 명령과 이벤트 처리' 절에서 언급한 지침을 따른다.

Axon 4를 사용한 분산 명령과 이벤트 처리

이 절에서는 12장의 '분산 명령과 이벤트 처리' 절에서 설명한 코드를 Axon 4로 마이그레이션한다. 마이그레이션된 코드 베이스는 ch19\ch19-05 폴더에 있다.

실제로 이 코드는 이 장 앞부분의 'Axon 3을 사용한 분산 명령과 이벤트 처리' 절에서 살펴본 코드를 리팩토링한 것이다. 예제를 빌드하고 실행하려면 여기에 언급된 지침을 따른다. 단, 하나의 추가 단계를 수행해야 한다. 첫 번째 단계는 Axon 서버를 설정하는 것이다.

Axon 서버를 실행하려면 바로 이전 절의 지침을 따른다. Axon 서버가 실행되면 이 장 앞부분의 'Axon 3을 사용한 분산 명령과 이벤트 처리' 절에 언급된 지침을 따른다.

요약

이 책의 끝에 도달했다. 모든 끝은 새로운 시작이다. 그러나 마이크로서비스 여정을 막 시작했다. 아키텍처 선택과 관련된 몇 가지 딜레마를 이해하고 마이크로서비스 아키텍처를 채택하는 동안 일상생활에서 접할 수 있는 데이터 일관성을 포함해 몇 가지 문제의 모든 세부 사항을 살펴봤다. 여러분이 이 책의 많은 부분에서 설명하는 코드와 함께 복잡한 것들을 들여다보고자 시간을 보내는 것과 같은 방식을 좋아했기를 바란다. 이론의 양과 코드의 양을 균형 있게 조정해 설명된 거의 모든 개념을 직접 체험해봤다. 마지막으로 현재 장으로 Axon CQRS 프레임워크의 최신 릴리스까지 다루려고 시도했다. 프레임워크는 바뀔 수 있고 사양은 계속 진화할 것이다. '변화는 유일한 변하지 않는 것'이기 때문이다. 그러나 책 전반에 걸쳐 다룬 아키텍처 기반은 여전히 관련성이 있고 유효할 것이다. 적어도 IT 경력 25년 동안 경험한 것이다. 계속 움직이고 빠른 속도를 유지하라.

몽고DB 설치, 구성, 실행

A

몽고DB는 고성능, 고가용성, 자동 확장을 제공하는 자유 소프트웨어 재단Free Software Foundation의 GNU AGPL v3.0에 따라 라이선스[1]가 부여된 서버인 오픈소스 문서 데이터베이스다. 몽고DB는 www.mongodb.com에서 다운로드할 수 있다.

부록 A에서 다루는 내용은 다음과 같다.

- 몽고DB 소개
- 몽고DB 다운로드, 설치, 구성하는 방법
- 몽고DB 서버 시작 방법
- 몽고DB 서버에 연결하는 방법
- 몽고DB 서버에 대한 기본 작업을 실행하는 방법
- 몽고DB용 UI인 Robomongo 설치, 사용 방법

---

1. 라이선스가 Server Side Public License로 변경됐다. 사용하는 데 주의가 필요할 수 있으니 꼭 확인하기 바란다.
   – 옮긴이

몽고DB 소개

몽고DB는 몽고DB의 레코드가 구조화된 문서라는 점에서 일종의 문서 데이터
베이스다. 문서는 구조화돼 있으므로 필드와 값 쌍으로 구성된 데이터 구조를
갖는다. 몽고DB 문서는 JSON^JavaScript Object Notation 객체와 유사한 구조를 따른다.
필드 값으로서 몽고DB 문서는 다른 문서, 배열과 다른 문서의 배열을 포함할
수 있다.

몽고DB 문서

다음은 몽고DB 예제 문서이므로 구조를 이해할 수 있을 것이다.

```
{
    name: "bob",
    class: 2,
    division: "B",
    subjects: ["english", "science", "maths"]
}
```

몽고DB 문서에는 다른 문서와 다른 문서의 배열이 포함될 수 있으므로 데이터
구조는 확장할 수 있다. 또한 몽고DB 문서는 프로그래밍 언어의 데이터 유형과
동의어다.

몽고DB 설치와 구성

이 절에서는 몽고DB의 커뮤니티 에디션을 다운로드하고 설치 및 구성한 다음
테스트한다.

몽고DB 커뮤니티 에디션 다운로드

몽고DB는 www.mongodb.com/download-center에서 다운로드할 수 있다. 자세한 설치 지침은 https://docs.mongodb.com/manual/tutorial/install-mongodb-on-windows/에서도 확인할 수 있다. 몽고DB 설치 파일은 www.mongodb.org/downloads에서 찾을 수 있다.

몽고DB 커뮤니티 에디션을 설치하려면 윈도우 서버 2008 R2, 윈도우 비스타 이상이 있어야 한다. MongoDB.msi 설치 프로그램에는 몽고DB에 필요한 모든 소프트웨어 의존성이 포함돼 있으며 컴퓨터에 설치된 경우 이전 버전의 몽고DB도 자동으로 업그레이드한다. 그림 A-1을 보자.

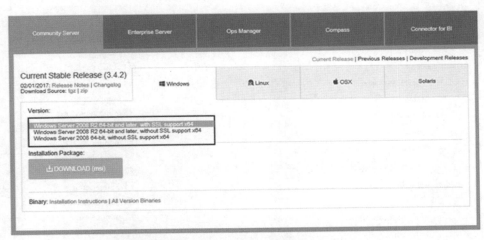

그림 A-1. 설치 가능한 몽고DB 커뮤니티 서버

몽고DB 설치와 구성

몽고DB 설치 파일을 다운로드한 후 일반적으로 기본 다운로드 폴더에 있는 윈도우 탐색기에서 다운로드한 MongoDB.msi 파일을 찾는다. MongoDB.msi 파일을 2번 클릭하면 설치 과정을 안내하는 일련의 화면이 나타난다. 다음과 같이 위치를 선택할 수 있다.

```
C:\Program Files\MongoDB\Server\3.2\
```

Program Files의 공간과 같이 경로에 공백이 있는 위치는 명시적으로 피한다. 따라서 윈도우 컴퓨터에서 다음 위치를 사용한다.

```
D:\Applns\MongoDB\Server\3.2.6²
```

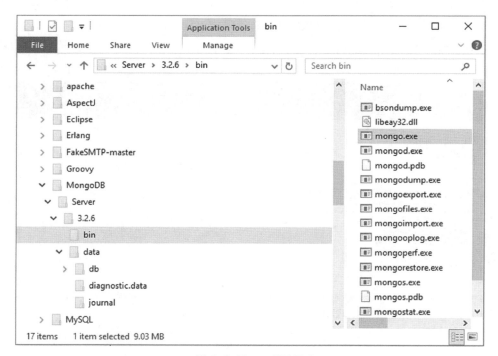

그림 A-2. 몽고DB 설치 폴더

몽고DB 서버에는 모든 데이터를 저장할 데이터 디렉터리가 필요하다(그림 A-2). 선택한 폴더에서 몽고DB를 실행할 수 있다. 몽고DB의 기본 데이터 디렉터리 경로는 몽고DB를 시작하는 드라이브의 절대 경로 \data\db다. 윈도우 명령 프

---

2. 개발 환경에 맞게 적당한 위치를 선택한다. – 옮긴이

롬프트에서 다음 명령을 실행해 이 폴더를 만들 수 있다.

```
md D:\Applns\MongoDB\Server\3.2.6\data
```

몽고DB 사용 시작

이 절에서는 설치된 몽고DB 서버에 연결하고 기본 데이터 작업을 수행한다.

몽고DB 시작과 연결

이제 다음 명령을 사용해 몽고DB를 시작할 수 있다.

```
D:\Applns\MongoDB\Server\3.2.6\bin\mongod.exe --dbpath
D:\Applns\MongoDB\Server\3.2.6\data
```

리스트 A-1은 몽고DB 서버 시작을 보여준다.

리스트 A-1. 몽고DB 서버 시작

```
D:\Applns\MongoDB\Server\3.2.6\bin>D:\Applns\MongoDB\Server\3.2.6\bin\
mongod.exe --dbpath D:\Applns\MongoDB\Server\3.2.6\data
2019-03-02T19:37:34.958+0530 I CONTROL [initandlisten] MongoDB starting:
pid=7632 port=27017 dbpath=D:\Applns\MongoDB\Server\3.2.6\data 64-bit
host=tiger
2019-03-02T19:37:34.959+0530 I CONTROL [initandlisten] targetMinOS:
Windows 7/Windows Server 2008 R2
2019-03-02T19:37:34.959+0530 I CONTROL [initandlisten] db version v3.2.6
2019-03-02T19:37:34.959+0530 I CONTROL [initandlisten] git version:
05552b562c7a0b3143a729aaa0838e558dc49b25
```

```
2019-03-02T19:37:34.960+0530 I CONTROL [initandlisten] OpenSSL version:
OpenSSL 1.0.1p-fips 9 Jul 2015
2019-03-02T19:37:34.960+0530 I CONTROL [initandlisten] allocator: tcmalloc
2019-03-02T19:37:34.960+0530 I CONTROL [initandlisten] modules: none
2019-03-02T19:37:34.960+0530 I CONTROL [initandlisten] build environment:
2019-03-02T19:37:34.960+0530 I CONTROL [initandlisten] distmod: 2008plus-ssl
2019-03-02T19:37:34.960+0530 I CONTROL [initandlisten] distarch: x86_64
2019-03-02T19:37:34.960+0530 I CONTROL [initandlisten] target_arch: x86_64
2019-03-02T19:37:34.960+0530 I CONTROL [initandlisten] options: { storage: {
dbPath: "D:\Applns\MongoDB\Server\3.2.6\data" } }
2019-03-02T19:37:34.967+0530 I -        [initandlisten] Detected data files
in D:\Applns\MongoDB\Server\3.2.6\data created by the 'wiredTiger' storage
engine, so setting the active storage engine to 'wiredTiger'.
2019-03-02T19:37:34.968+0530 I STORAGE [initandlisten] wiredtiger_open
config:create,cache_size=8G,session_max=20000,eviction=(threads_max=4),conf
ig_base=false,statistics=(fast),log=(enabled=true,archive=true,path=journal
,compressor=snappy),file_manager=(close_idle_time=100000),checkpoint=(wait=
60,log_size=2GB),statistics_log=(wait=0),
2019-03-02T19:37:36.552+0530 I NETWORK [HostnameCanonicalizationWorker]
Starting hostname canonicalization worker
2019-03-02T19:37:36.552+0530 I FTDC    [initandlisten] Initializing full-time
diagnostic data capture with directory
'D:/Applns/MongoDB/Server/3.2.6/data/diagnostic.data'
2019-03-02T19:37:36.583+0530 I NETWORK [initandlisten] waiting for
connectionson port 27017
```

경로에 공백이 포함된 경우 다음과 같이 전체 경로를 큰따옴표로 묶는다.

```
D:\Applns\MongoDB\Server\3.2.6\bin>D:\Applns\MongoDB\Server\3.2.6\bin\
mongod.exe --dbpath "D:\Path with space\MongoDB\Server\3.2.6\data"
```

이제 다른 윈도우 명령 프롬프트를 사용해 앞에서 시작한 몽고DB 서버에 연결하고 프로그램을 실행할 수 있다.

```
D:\Applns\MongoDB\Server\3.2.6\bin>D:\Applns\MongoDB\Server\3.2.6\bin\mongo
```

리스트 A-2는 몽고DB에 연결하는 방법을 보여준다.

리스트 A-2. 몽고DB 서버에 연결

```
D:\Applns\MongoDB\Server\3.2.6\bin>D:\Applns\MongoDB\Server\3.2.6\bin\mongo
MongoDB shell version: 3.2.6
connecting to: test
>
```

몽고DB로 기본 데이터 조작 실행

mongo 셸이 실행 중인 mongod 인스턴스에 연결된 윈도우 명령 프롬프트에서 다음 명령을 사용해 현재 연결된 데이터베이스를 쿼리할 수 있다.

```
db.getName()
```

이 명령은 모든 데이터베이스를 표시한다.

```
showdbs
```

다음 명령을 사용해 테스트 데이터베이스로 전환할 수 있다.

```
use test
```

그런 후 다음의 명령을 사용해 현재 데이터베이스에서 사용 가능한 모든 컬렉션을 나열할 수 있다.

```
show collections
```

리스트 A-3은 몽고DB의 특정 데이터베이스에 연결하는 방법을 보여준다.

리스트 A-3. 몽고DB에서 데이터베이스 선택

```
D:\Applns\MongoDB\Server\3.2.6\bin>D:\Applns\MongoDB\Server\3.2.6\bin\mongo
MongoDB shell version: 3.2.6
connecting to: test
> db.getName()
test
> use test
switched to db test
> show collections
product
productCategory
>
```

다음 명령을 사용해 students 컬렉션에 새 문서를 추가할 수 있다.

```
db.students.insert(
  {
    name: "bob",
    class: 2,
    division: "B",
    subjects: ["english", "science", "maths"]
  }
)
```

다음 명령을 사용해 students 컬렉션에서 방금 추가한 문서를 쿼리할 수 있다(리스트 A-4 참고).

914

```
db.students.find()
```

리스트 A-4. 몽고DB 컬렉션과 쿼리에 문서 추가

```
> db.students.insert(
... {
... name: "bob",
... class: 2,
... division: "B",
... subjects: ["english", "science", "maths"]
... }
... )
WriteResult({ "nInserted" : 1 })
> db.students.find()
{ "_id" : ObjectId("5c7a9071f2a95d2c70e35476"), "name" : "bob", "class" : 2,
"division" : "B", "subjects" : [ "english", "science", "maths" ] }
>
```

이제 다음 명령을 사용해 students 컬렉션에서 값이 bob인 이름 필드로 방금 추가된 문서를 업데이트할 수 있다.

```
db.students.update(
   { "name" : "bob" },
   {
     $set: { "division": "C" }
   }
)
```

다음 명령을 사용해 방금 업데이트된 문서를 쿼리할 수 있다.

```
db.students.find()
```

리스트 A-5는 몽고DB의 컬렉션에서 문서를 업데이트하는 방법을 보여준다.

리스트 A-5. 몽고DB 컬렉션의 문서 업데이트

```
> db.students.update (
... { "name": "bob"},
... {
... $ set : { "division": "C"}
...}
...)
WriteResult ({ "nMatched": 1, "nUpserted": 0, "nModified": 1})
> db.students.find ()
{ "_id": ObjectId ( "5c7a9071f2a95d2c70e35476"), "name": "bob", "class": 2,
"division": "C", "subjects": [ "english", "science", "maths" ]}
>
```

division 필드의 값이 B에서 C로 변경됐다.

이제 이 명령을 사용해 students 컬렉션에서 값이 bob인 이름 필드가 있는 문서를 삭제할 수 있다(리스트 A-6 참고).

```
db.students.remove( { "name": "bob" } )
```

리스트 A-6. 몽고DB 컬렉션에서 문서 제거

```
> db.students.remove( { "name": "bob" } )
WriteResult({ "nRemoved" : 1 })
> db.students.find()
>
```

이 명령을 사용해 데이터베이스에서 전체 컬렉션을 제거할 수 있다(리스트 A-7 참고).

```
db.collection.drop()
```

리스트 A-7. 몽고DB에서 컬렉션 제거

```
> show collections
product
productCategory
students
> db.students.drop()
true
> show collections
product
productCategory
>
```

`db.dropDatabase()`는 연결된 데이터베이스를 삭제한다.

Robomongo: 몽고DB용 GUI

Robomongo[3]는 **mongo** 셸 중심의 크로스플랫폼 몽고DB 관리 도구다. 탭 인터페이스에 실제 **mongo** 셸을 포함한다. GUI뿐만 아니라 셸 커맨드라인에 대한 액세스를 제공한다.

Robomongo 커뮤니티 에디션 다운로드와 설치

Robomongo 커뮤니티 에디션은 https://robomongo.org/download에서 다운로드할 수 있다. 그림 A-3을 보자.

---

3. Robomongo는 현재 Robo 3T

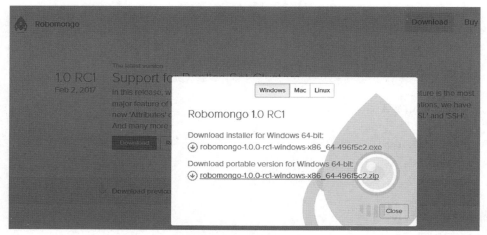

그림 A-3. Robomongo 다운로드

윈도우 64비트용 휴대용 버전을 다운로드하고 편리한 위치에 아카이브를 다시 압축 해제하는 것이 좋다. 내 컴퓨터에서 위치는 다음과 같다.

```
D:\Applns\Robomongo\robomongo-0.9.0-rc9
```

Robomongo를 사용한 몽고DB 시작과 연결

이 파일을 실행해 GUI를 불러올 수 있다.

```
D:\Applns\Robomongo\robomongo-0.9.0-rc9\Robomongo.exe
```

GUI가 가동되면 그림 A-4에 표시된 연결 버튼을 선택해 몽고DB 서버에 연결할 수 있다.

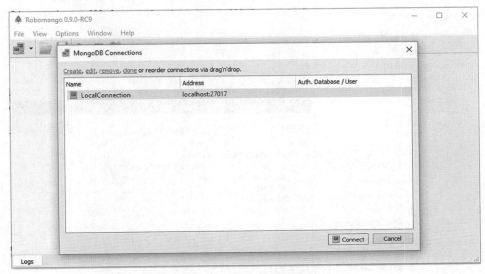

그림 A-4. Robomongo를 사용해 몽고DB에 연결

몽고DB로 기본 데이터 조작 실행

브라우저 창을 사용하면 몽고DB에서 필요한 컬렉션을 선택할 수 있으며 마우스 오른쪽 버튼을 클릭하면 기본 데이터 작업을 수행할 수 있는 많은 옵션이 제공된다. 그림 A-5를 참고한다.

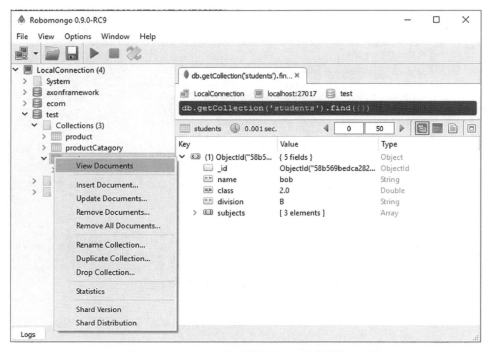

그림 A-5. Robomongo를 사용해 몽고DB 컬렉션 찾아보기

요약

부록 A에서는 몽고DB를 설치하고 사용하는 방법을 살펴봤다. 이 책의 예제에서는 몽고DB를 광범위하게 사용한다. 몽고DB에 대한 작업을 수행하려면 부록을 참고한다.

RabbitMQ 클러스터 설치, 구성, 실행

RabbitMQ는 모든 주요 운영체제에서 실행될 수 있고 여러 플랫폼에 대한 개발 도구를 지원하는 오픈소스 메시징 미들웨어다. 메시지 브로커이기 때문에 메시지를 송수신할 수 있으며 메시지를 소비자가 받을 때까지 안전하게 보관할 수 있다. RabbitMQ는 www.rabbitmq.com/에서 다운로드할 수 있다.

부록 B에서 다루는 내용은 다음과 같다.

- RabbitMQ 설치 전제 조건인 Erlang 다운로드, 설치 방법
- RabbitMQ 서버 설치, 시작 방법
- RabbitMQ 관리 플러그인을 활성화하고 RabbitMQ 관리 콘솔을 보는 방법
- 2개의 노드로 RabbitMQ 클러스터를 설정하는 방법
- RabbitMQ 클러스터에서 개별 노드를 종료하고 불러오는 방법

RabbitMQ 소개

메시지 브로커의 주요 특징은 메시지 생산자와 메시지 소비자를 분리하는 기능이다. 따라서 생산자와 소비자는 자신의 속도와 편의에 따라 메시지를 게시하고 사용할 수 있다. 다음은 RabbitMQ의 일부 기능이다.

- **신뢰성**[Reliability]: RabbitMQ는 성능과 신뢰성을 절충한다. 안정성 기능에는 메시지 지속성, 배달 확인, 게시자 확인, 고가용성이 포함되지만 이에 국한되지는 않는다.

- **라우팅**[Routing]: RabbitMQ는 대기열에 도착하기 전에 교환[Exchange]으로 메시지를 라우팅한다. 일반적인 라우팅 로직에 대해 몇 가지 기본 제공 교환 유형을 사용할 수 있다. 또한 교환을 함께 바인딩하거나 더 복잡한 라우팅을 위한 플러그인으로 고유한 교환 유형을 작성할 수도 있다.

RabbitMQ 설정

이 절에서는 Erlang을 다운로드 및 설치하고 RabbitMQ를 설치 및 구성하고 설치를 테스트한다.

Erlang 다운로드와 설치

Erlang은 일반적으로 대규모 실시간 고가용성 시스템을 구축하는 데 사용되는 프로그래밍 언어다. Erlang의 런타임은 동시성, 배포, 내결함성을 기본적으로 지원한다. RabbitMQ를 사용하려면 머신에서 Erlang을 사용할 수 있어야 하므로 이 절에서 Erlang을 설치하고 설정한다.

Erlang은 www.erlang.org/downloads에서 다운로드할 수 있다.

Erlang 설치 파일을 실행한다. 위치를 다음과 같이 선택할 수 있다.

```
C:\Program Files\erlx.x.x\
```

Program Files와 같이 경로에 공백이 있는 위치는 명시적으로 피한다. 따라서 윈도우 컴퓨터에서 다음 위치를 사용한다.

```
D:\Applns\Erlang\erl8.0-otp_win64_19.0
```

ERLANG_HOME을 실제로 Erlang을 설치한 위치로 설정한다. 내 컴퓨터의 D:\Applns\Erlang\erl8.0-otp_win64_19.0\erl8.0이다. RabbitMQ 시작 파일은 %ERLANG_HOME%\bin\erl.exe를 실행할 것으로 예상한다.

```
set ERLANG_HOME=D:\Applns\Erlang\erl8.0-otp_win64_19.0\erl8.0
```

RabbitMQ 설치와 구성

RabbitMQ는 www.rabbitmq.com/download.html에서 다운로드할 수 있다. 자세한 설치 지침은 www.rabbitmq.com/install-windowsmanual.html에서도 확인할 수 있다.

rabbitmq-server-windows-3.6.9.zip이라는 RabbitMQ 설치 파일을 다운로드한다. zip 파일에서 rabbitmq_server-3.6.9라는 폴더를 C:\Program Files\RabbitMQ (또는 애플리케이션 파일에 적합한 위치)에 추출한다.

Program Files와 같이 경로에 공백이 있는 위치는 명시적으로 피한다. 따라서 윈도우 컴퓨터에서 다음 위치를 사용한다.

```
D:\Applns\RabbitMQ\rabbitmq_server-3.6.9
```

기본적으로 RabbitMQ 로그 및 Mnesia 데이터베이스는 사용자의 애플리케이션 데이터 디렉터리(내 컴퓨터의 C:\Users\binil\AppData\Roaming\RabbitMQ)에 저장된다.

RabbitMQ를 수동으로 설치된 윈도우 서비스로 실행해야 하며 Erlang 쿠키도 동기화해야 한다. 즉, rabbitmqctl.bat가 작동하려면 서비스 계정과 rabbitmqctl. bat를 실행하는 사용자가 사용하는 Erlang 보안 쿠키를 동기화해야 한다. 이는 Erlang 쿠키 파일에 동일한 문자열이 포함돼 있는지 확인해 수행할 수 있다. 이렇게 하려면 윈도우 디렉터리(내 컴퓨터의 C:\WINDOWS\.erlang.cookie)에서 .erlang. cookie 파일을 복사하고 사용자의 홈 디렉터리에 있는 사용자의 .erlang. cookie(내 컴퓨터의 C:\Users\binil\.erlang.cookie)를 바꾼다.

RabbitMQ 사용 시작

이 절에서는 설치된 RabbitMQ 서버 시작, 연결, 기본 데이터 작업을 수행한다.

관리 플러그인 활성화

Rabbitmq-management 플러그인은 RabbitMQ 서버의 관리와 모니터링을 위한 HTTP 기반 API를 노출한다. 기본 관리를 수행할 수 있는 브라우저 기반 UI 유틸리티도 포함돼 있다. 먼저 RabbitMQ 배포에 포함된 관리 플러그인을 활성화해야 한다.

```
D:\Applns\RabbitMQ\rabbitmq_server-3.6.3\sbin>D:\Applns\RabbitMQ\rabbitmq_
server-3.6.3\sbin\rabbitmq-plugins enable rabbitmq_management
```

RabbitMQ(다음 절에서 설명)를 시작한 후 기본 URL http//server-name:15672/에서 웹 UI를 볼 수 있다.

RabbitMQ 서버 시작

이제 다음 명령을 사용해 RabbitMQ 서버를 시작할 수 있다.

```
D:\Applns\RabbitMQ\rabbitmq_server-3.6.3\sbin>D:\Applns\RabbitMQ\rabbitmq_
server-3.6.3\sbin\rabbitmq-server.bat
```

리스트 B-1은 결과를 보여준다.

리스트 B-1. RabbitMQ 서버 시작

```
D:\Applns\RabbitMQ\rabbitmq_server-3.6.3\sbin>D:\Applns\RabbitMQ\rabbitmq_e
rver-3.6.3\sbin\rabbitmq-server.bat
                RabbitMQ 3.6.3. Copyright (c) 2007-2016 Pivotal Software, Inc.
  ## ##        Licensed under the MPL. Website: https://rabbitmq.com
  ## ##
  ##########   Logs: C:/Users/binil/AppData/Roaming/RabbitMQ/log/rabbit1.log
  ###### ##          C:/Users/binil/AppData/Roaming/RabbitMQ/log/RABBIT~3.LOG
  ##########
                Starting broker...
completed with 6 plugins.
```

RabbitMQ 관리 콘솔보기

이제 선호하는 웹 브라우저를 사용해 앞에서 시작된 RabbitMQ 서버에 연결하고 RabbitMQ 관리 콘솔을 볼 수 있다(그림 B-1 참고).

```
http://127.0.0.1:15672
```

그림 B-1. RabbitMQ 관리 콘솔 로그인

기본 자격증명을 사용해 관리 콘솔에 로그인할 수 있다.

```
Username: guest
Password: guest
```

그림 B-2를 참고한다.

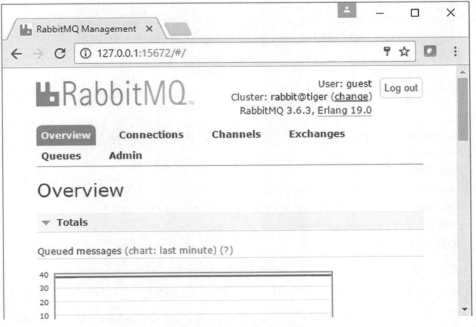

그림 B-2. RabbitMQ 관리 콘솔

RabbitMQ 클러스터 설정

RabbitMQ 클러스터는 각 노드가 RabbitMQ 애플리케이션 인스턴스를 실행하고 사용자, 가상 호스트, 대기열, 교환, 바인딩, 기타 런타임 매개변수를 공유하는 하나 또는 여러 Erlang 노드의 그룹이다.

RabbitMQ 클러스터 구성

여기에 2 노드 RabbitMQ 클러스터를 빠르게 설정하는 방법이 설명돼 있다. 다음과 같이 RabbitMQ 설치의 sbin 폴더에 2개의 스크립트를 만들 수 있다.

```
D:\Applns\RabbitMQ\rabbitmq_server-3.6.3\sbin\rabbitmq-server1.bat
D:\Applns\RabbitMQ\rabbitmq_server-3.6.3\sbin\rabbitmq-server2.bat
```

각각의 내용은 다음과 같다.

```
D:\Applns\RabbitMQ\rabbitmq_server-3.6.3\sbin\rabbitmq-server1.bat
set RABBITMQ_NODE_PORT=5672
set RABBITMQ_NODENAME=rabbit1
set RABBITMQ_SERVICE_NAME=rabbit1
set RABBITMQ_SERVER_START_ARGS=-rabbitmq_management listener [{port,15672}]
REM rabbitmq-server -detached
rabbitmq-server
```

위의 스크립트는 rabbit1이라는 노드가 있는 RabbitMQ 인스턴스를 가져온다. 다음 스크립트는 rabbit2라는 노드가 있는 RabbitMQ 인스턴스를 가져온다.

```
D:\Applns\RabbitMQ\rabbitmq_server-3.6.3\sbin\rabbitmq-server2.bat
set RABBITMQ_NODE_PORT=5673
set RABBITMQ_NODENAME=rabbit2
set RABBITMQ_SERVICE_NAME=rabbit2
set RABBITMQ_SERVER_START_ARGS=-rabbitmq_management listener [{port,15673}]
REM call rabbitmq-server -detached
rabbitmq-server
```

이제 rabbit2를 중지하고 실행 중인 다른 노드인 rabbit1과 함께 클러스터에 가입하도록 요청한 다음 rabbit2를 다시 시작한다. 다음 스크립트는 정확히 이 작업을 수행한다.

```
D:\Applns\RabbitMQ\rabbitmq_server-3.6.3\sbin\rabbitmq-cluster2.bat
call rabbitmqctl -n rabbit2 stop_app
```

```
call rabbitmqctl -n rabbit2 join_cluster rabbit1@tiger
call rabbitmqctl -n rabbit2 start_app
call rabbitmqctl -n rabbit1 set_policy ha-all "^.*" "{""ha-mode"":""all""}"
```

> **참고** 위 스크립트에서 tiger인 호스트 이름을 여러분의 호스트 이름으로 바꾼다.

RabbitMQ 클러스터 불러오기

앞 절에서 언급한 필수 스크립트만 만들고 아직 서버를 시작하지 않았다고 가정하면 이제 별도의 명령 창에서 동일한 순서로 다음 명령을 실행해 RabbitMQ 클러스터를 불러올 수 있다.

```
cd D:\Applns\RabbitMQ\rabbitmq_server-3.6.3\sbin
D:\Applns\RabbitMQ\rabbitmq_server-3.6.3\sbin>rabbitmq-server1
```

리스트 B-2는 결과를 보여준다.

리스트 B-2. RabbitMQ 클러스터의 노드 1 시작

```
D:\Applns\RabbitMQ\rabbitmq_server-3.6.3\sbin>rabbitmq-server1

D:\Applns\RabbitMQ\rabbitmq_server-3.6.3\sbin>set RABBITMQ_NODE_PORT=5672

D:\Applns\RabbitMQ\rabbitmq_server-3.6.3\sbin>set RABBITMQ_NODENAME=rabbit1

D:\Applns\RabbitMQ\rabbitmq_server-3.6.3\sbin>set
RABBITMQ_SERVICE_NAME=rabbit1

D:\Applns\RabbitMQ\rabbitmq_server-3.6.3\sbin>set
RABBITMQ_SERVER_START_ARGS=-rabbitmq_management listener [{port,15672}]

D:\Applns\RabbitMQ\rabbitmq_server-3.6.3\sbin>REM rabbitmq-server -detached
```

```
D:\Applns\RabbitMQ\rabbitmq_server-3.6.3\sbin>rabbitmq-server

                RabbitMQ 3.6.3. Copyright (c) 2007-2016 Pivotal Software, Inc.
  ## ##         Licensed under the MPL. Website: https://rabbitmq.com
  ## ##
  ##########    Logs: C:/Users/binil/AppData/Roaming/RabbitMQ/log/rabbit1.log
  ######  ##          C:/Users/binil/AppData/Roaming/RabbitMQ/log/RABBIT~3.LOG
  ##########
                Starting broker...
  completed with 6 plugins.
```

이름이 rabbit1인 인스턴스에 대한 관리 콘솔은 브라우저에서 http://127.0.
0.1:15672/를 가리키는 것을 볼 수 있다. 그림 B-3을 보자.

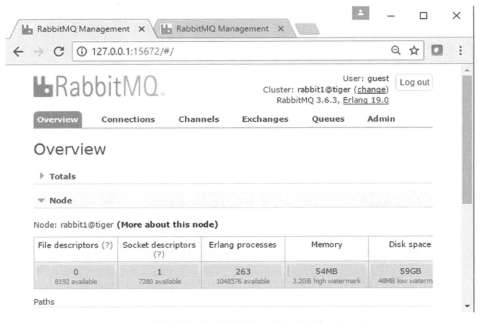

그림 B-3. RabbitMQ의 노드 1에 대한 관리 콘솔

다른 명령 창에서 다음 명령을 실행한다.

```
cd D:\Applns\RabbitMQ\rabbitmq_server-3.6.3\sbin
D:\Applns\RabbitMQ\rabbitmq_server-3.6.3\sbin>rabbitmq-server2
```

리스트 B-3은 결과를 보여준다.

리스트 B-3. RabbitMQ 클러스터의 노드 2 시작

```
D:\Applns\RabbitMQ\rabbitmq_server-3.6.3\sbin>rabbitmq-server2

D:\Applns\RabbitMQ\rabbitmq_server-3.6.3\sbin>set RABBITMQ_NODE_PORT=5673

D:\Applns\RabbitMQ\rabbitmq_server-3.6.3\sbin>set RABBITMQ_NODENAME=rabbit2

D:\Applns\RabbitMQ\rabbitmq_server-3.6.3\sbin>set
RABBITMQ_SERVICE_NAME=rabbit2

D:\Applns\RabbitMQ\rabbitmq_server-3.6.3\sbin>set
RABBITMQ_SERVER_START_ARGS=-rabbitmq_management listener [{port,15673}]

D:\Applns\RabbitMQ\rabbitmq_server-3.6.3\sbin>REM call rabbitmq-server -detached

D:\Applns\RabbitMQ\rabbitmq_server-3.6.3\sbin>rabbitmq-server

                  RabbitMQ 3.6.3. Copyright (c) 2007-2016 Pivotal Software, Inc.
  ## ##           Licensed under the MPL. Website: https://rabbitmq.com
  ## ##
  ##########      Logs: C:/Users/binil/AppData/Roaming/RabbitMQ/log/rabbit1.log
  ###### ##             C:/Users/binil/AppData/Roaming/RabbitMQ/log/RABBIT~3.LOG
  ##########
                  Starting broker...
 completed with 6 plugins.
```

이름이 rabbit2인 인스턴스에 대한 관리 콘솔은 브라우저에서 http://127.0.
0.1:15673/을 가리키는 것을 볼 수 있다. 그림 B-4를 참고한다.

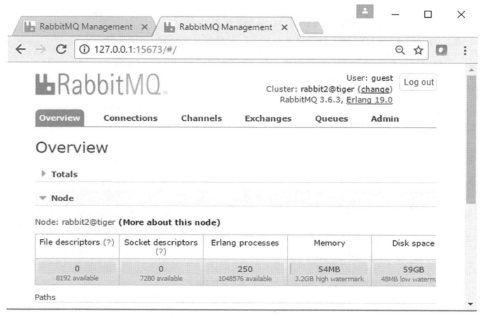

그림 B-4. RabbitMQ의 노드 2에 대한 관리 콘솔

이러한 인스턴스에 필요한 데이터는 내 컴퓨터의 C:\Users\binil\AppData\Roaming\RabbitMQ\db 경로에 생성된다. 그림 B-5를 참고한다.

그림 B-5. RabbitMQ 인스턴스 데이터 폴더

이제 **rabbit2**에게 클러스터 모드에서 **rabbit1**에 가입하도록 요청해야 한다. 이를 위해 세 번째 명령 창에서 다음 스크립트를 실행한다.

```
cd D:\Applns\RabbitMQ\rabbitmq_server-3.6.3\sbin
D:\Applns\RabbitMQ\rabbitmq_server-3.6.3\sbin>rabbitmq-cluster2
```

리스트 B-4는 결과를 보여준다.

리스트 B-4. 2 노드 RabbitMQ 클러스터 생성

```
D:\Applns\RabbitMQ\rabbitmq_server-3.6.3\sbin>rabbitmq-cluster2

D:\Applns\RabbitMQ\rabbitmq_server-3.6.3\sbin>call rabbitmqctl -n rabbit2
stop_app
Stopping node rabbit2@tiger ...
Clustering node rabbit2@tiger with rabbit1@tiger ...
Starting node rabbit2@tiger ...
Setting policy "ha-all" for pattern "^^.*" to "{\"ha-mode\":\"all\"}" with
priority "0" ...

D:\Applns\RabbitMQ\rabbitmq_server-3.6.3\sbin>
```

rabbitmq-cluster2 명령 실행을 완전히 마치면 두 번째 창에서 **rabbit2** 노드가 다시 시작되고 클러스터에 합류하는 것을 볼 수 있다. 리스트 B-5를 참고한다.

리스트 B-5. 클러스터에 참여하는 RabbitMQ 노드

```
D:\Applns\RabbitMQ\rabbitmq_server-3.6.3\sbin>set
RABBITMQ_SERVICE_NAME=rabbit2

D:\Applns\RabbitMQ\rabbitmq_server-3.6.3\sbin>set RABBITMQ_SERVER_START_
ARGS=-rabbitmq_management listener [{port,15673}]

D:\Applns\RabbitMQ\rabbitmq_server-3.6.3\sbin>REM call rabbitmq-server
-detached
```

```
D:\Applns\RabbitMQ\rabbitmq_server-3.6.3\sbin>rabbitmq-server

              RabbitMQ 3.6.3. Copyright (c) 2007-2016 Pivotal Software, Inc.
  ## ##       Licensed under the MPL. Website: https://rabbitmq.com
  ## ##

  ##########  Logs: C:/Users/binil/AppData/Roaming/RabbitMQ/log/rabbit1.log
  ###### ##         C:/Users/binil/AppData/Roaming/RabbitMQ/log/RABBIT~3.LOG
  ##########

              Starting broker...
completed with 6 plugins.

              RabbitMQ 3.6.3. Copyright (c) 2007-2016 Pivotal Software, Inc.
  ## ##       Licensed under the MPL. Website: https://rabbitmq.com
  ## ##

  ##########  Logs: C:/Users/binil/AppData/Roaming/RabbitMQ/log/rabbit1.log
  ###### ##         C:/Users/binil/AppData/Roaming/RabbitMQ/log/RABBIT~3.LOG
  ##########

              Starting broker...
completed with 6 plugins.
```

위의 내용이 표시되면 클러스터가 준비된 것이며 두 노드에 대한 관리 콘솔을 열고 이들이 클러스터의 활성 참가자로 참여했는지 확인할 수 있다.

rabbit1이라는 인스턴스의 관리 콘솔은 브라우저에서 http://127.0.0.1:15672/ 를 지정하면 볼 수 있다. 그림 B-6을 보자.

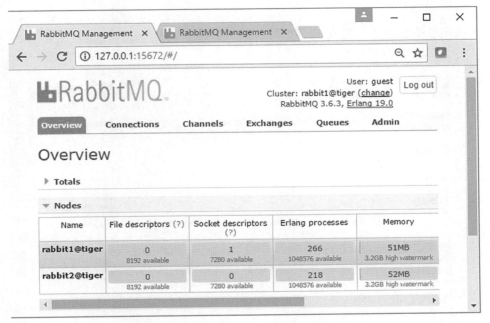

그림 B-6. RabbitMQ 클러스터의 노드 1에 대한 관리 콘솔

브라우저에 http://127.0.0.1:15673/을 지정해 rabbit2라는 인스턴스의 관리 콘솔을 열 수도 있다. 그림 B-7을 보자.

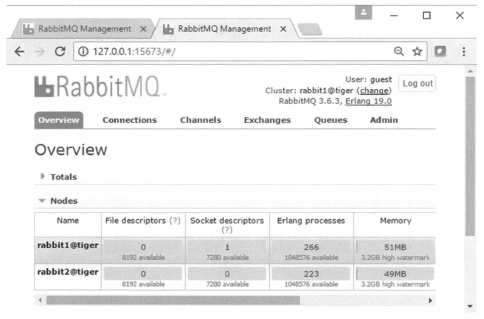

그림 B-7. RabbitMQ 클러스터의 노드 2에 대한 관리 콘솔

이는 RabbitMQ 클러스터가 실행 중임을 의미한다.

RabbitMQ 클러스터 다시 시작

전체 클러스터가 다운되면 다운될 마지막 노드는 온라인 상태로 전환될 첫 번째 노드여야 한다. 그렇지 않으면 노드는 마지막 디스크 노드가 다시 온라인 상태가 될 때까지 30초 동안 기다렸다가 나중에 실패한다. 자세한 내용은 온라인 RabbitMQ 설명서를 참고한다.

클러스터에서 노드(rabbit2)를 다시 시작하려면 이미 확인한 rabbitmqcluster2.bat 라는 스크립트를 사용할 수 있다. **rabbit1**을 다시 시작하려면 rabbitmq-cluster1.bat를 사용한다.

```
D:\Applns\RabbitMQ\rabbitmq_server-3.6.3\sbin\rabbitmq-cluster1.bat
call rabbitmqctl -n rabbit1 stop_app
call rabbitmqctl -n rabbit1 join_cluster rabbit2@tiger
call rabbitmqctl -n rabbit1 start_app
call rabbitmqctl -n rabbit2 set_policy ha-all "^.*" "{""ha-mode"":""all""}"
```

클러스터를 시작하고 재시작하는 동안 문제가 발생하면 RabbitMQ의 데이터 폴더로 이동해 모든 항목을 삭제한 다음 올바른 순서로 인스턴스와 클러스터를 다시 시작하는 것이 좋다.

클라이언트에서 RabbitMQ 클러스터에 연결

클라이언트는 클러스터 내의 모든 단일 노드에 연결할 수 있다. 이 노드가 실패하고 나머지 클러스터가 살아남으면 클라이언트는 닫힌 연결을 인식하고 클러스터의 일부 남아있는 구성원에 명시적으로 다시 연결해야 한다. 호스트 이름이나 IP 주소를 클라이언트 애플리케이션에 적용하는 것은 융통성이 없는 접근법이므로 권장하지 않는다. 대신 권장되는 접근법은 다음 추상화 중 하나를 채택하는 것이다.

- TTL 구성이 매우 짧은 동적 DNS 서비스를 사용한다.
- 일반 TCP 로드밸런서를 사용한다.
- 심박 조율기나 유사한 기술로 얻은 일종의 모바일 IP를 사용한다.

nginx로 TCP 로드밸런서를 설정하는 방법을 설명하는 부록 C를 참고한다. RabbitMQ 클러스터와 클라이언트 프로그램 사이에서 이러한 TCP 로드밸런서를 사용하면 클러스터의 노드 중 하나가 실패하고 나머지 클러스터가 살아남는 경우 클라이언트는 닫힌 연결을 인식할 필요가 없다. 묵시적으로 클러스터의 생존 멤버로 라우팅된다.

요약

RabbitMQ는 클러스터에 여러 노드가 있는 고가용성 모드에서 구성할 수 있는 안정적이고 지속적인 메시지 대기열 서버다. 이 책의 많은 코드 시연에 RabbitMQ를 사용한다. 일부 코드 시연에서는 RabbitMQ를 단일 노드 서버로만 사용한다. 그러나 이러한 모든 시나리오에서 RabbitMQ를 클러스터에서 구성해 예제를 테스트할 수 있다.

nginx 역방향 프록시 설치, 구성, 실행

nginx는 메일 프록시 서버나 일반 TCP/UDP 프록시 서버로도 사용할 수 있는 HTTP 및 역방향 프록시 서버다. 기본 HTTP 서버 기능에는 정적 파일과 색인 파일 제공, 연결 유지 파이프라인 연결도 포함된다. TCP/UDP 프록시 서버 기능에는 TCP와 UDP의 일반 프록시뿐만 아니라 로드밸런싱과 내결함성이 포함된다. 자세한 내용은 https://nginx.org에서 확인할 수 있다.

부록 C에서 다루는 내용은 다음과 같다.

- nginx를 설치하고 사용하는 방법
- nginx를 HTTP 역방향 프록시로 설정하는 방법
- nginx를 TCP 역방향 프록시로 설정하는 방법

nginx 설치

이 절에서는 nginx를 다운로드, 설치, 구성하고 테스트한다. 엔진엑스는 https://nginx.org/en/download.html에서 다운로드할 수 있다.

먼저 설치 아카이브 파일을 하드디스크의 적절한 위치에 저장한 다음 원하는
위치에 아카이브를 추출한다. 위치를 다음과 같이 선택할 수 있다.

```
C:\Program Files\nginx\
```

Program Files와 같이 경로에 공백이나 특수문자가 있는 위치는 명시적으로 피
한다. 따라서 내 윈도우 컴퓨터에서 다음 위치를 사용한다.

```
D:\Applns\nginx\nginx-1.10.1
```

nginx 사용 시작

이제 그림 C-1에 표시된 다음 명령을 사용해 nginx 서버를 시작할 수 있다.

```
D:\Applns\nginx\nginx-1.10.1>nginx
```

그림 C-1. Nginx 서버 시작

nginx가 시작되면 다음과 같이 -s 매개변수로 실행 파일을 호출해 제어할 수
있다.

```
nginex -s flag
```

여기서 flag는 다음 중 하나일 수 있다.

- **Stop:** 강제 종료
- **Quit:** 정상 종료
- **Reload:** 구성 파일을 다시 가져온다.
- **Reopen:** 로그 파일을 다시 연다.

nginx를 역방향 프록시로 시작

nginx는 역방향 프록시 서버로 설정하는 데 자주 사용된다. 역방향 프록시 서버로 설정되면 nginx는 요청을 수신하고 프록시 서버로 전달하고 프록시 서버의 응답을 다시 클라이언트로 보낸다.

nginx의 구성은 conf 경로에 있는 nginx.conf 파일에 적용된다.

HTTP 역방향 프록시 구성

HTTP 역방향 프록시는 HTTP 프로토콜로 요청을 프록시하고자 nginx에서 설정할 수 있다. HTTP 프록시 설정을 위한 nginx.conf의 관련 절이 리스트 C-1에 있다.

리스트 C-1. nginx HTTP 리버스 프록시 구성

```
http {

  upstream myapp1 {
    server localhost:8081;
    server localhost:8082;
  }

  server {
```

```
    listen       8080;
    server_name localhost;

    location / {
      proxy_pass http://myapp1;
    }
  }
}
```

이제 URL 패턴 http://localhost:8080과 유사한 HTTP 요청이 로드밸런싱 방식으로 다음 두 URL 모두에 프록시된다.

```
http://localhost:8081
http://localhost:8082
```

TCP 역방향 프록시 구성

TCP 역방향 프록시는 TCP 프로토콜로 요청을 프록시하고자 nginx에서 설정할 수 있다. TCP 프록시 설정을 위한 nginx.conf의 관련 절이 리스트 C-2에 있다.

리스트 C-2. nginx TCP 리버스 프록시 구성

```
stream {
  upstream myapp1 {
    server localhost:5672;
    server localhost:5673;
  }
  server {
    listen    5671;
    proxy_pass myapp1;
```

```
    }
}
```

요약

nginx의 역방향 프록시 설정은 마이크로서비스에 대한 외부 요청의 부하를 분산하는 데 정말 유용할 수 있다. 따라서 nginx를 사용해 이 책에서 많은 시나리오를 보여준다.

D
cURL과 Postman

cURL은 URL 구문을 사용해 파일을 가져오거나 보내기 위한 커맨드라인 도구다. cURL은 HTTP, HTTPS, FTP, FTPS, SCP, SFTP, TFTP, LDAP와 같은 다양한 일반 인터넷 프로토콜을 지원하며, 그중 이 책에서 다룰 내용은 HTTP(s)다.

Postman은 모든 HTTP 작업을 좀 더 쉽게 수행하는 데 사용할 수 있는 UI 기반 앱이다. 이 앱도 살펴본다.

7장의 '스프링 부트와 몽고DB를 사용해 데이터 작업 수행' 절에서는 스프링 부트 예제 애플리케이션을 소개했다. 여기서 스프링 데이터 REST를 사용해 몽고DB 리포지터리 인터페이스의 구현을 자동으로 생성했다. 그런 다음 스프링 부트는 스프링 MVC에 /products 및 /categories에 RESTful 엔드포인트를 생성하도록 지시했다. 이 예제를 사용해 cURL과 Postman의 기본 작업을 수행할 수 있게 빌드하고 실행 중이라고 가정한다.

부록 D에서 다루는 내용은 다음과 같다.

- HTTP 작업에 cURL을 사용하는 방법
- HTTP 작업에 Postman을 사용하는 방법

HTTP에 대한 cURL 작업

기본 cURL 작업에는 커맨드라인에 curl을 입력한 다음 검색할 URL을 포함한다. 예를 들어 microservices.io 홈페이지를 검색하려면 다음을 입력한다.

```
curl www.microservices.io
```

cURL은 기본적으로 URL에서 검색한 출력을 시스템에 지정된 표준 출력, 일반적으로 (맥에서) 터미널 창으로 표시한다. 따라서 위 명령을 실행하면 대부분의 시스템에서 터미널 창에 www.microservices.io 웹 페이지의 소스코드가 표시된다.

엔티티 검색을 위한 HTTP GET

cURL을 사용해 리스트 D-1에 표시된 명령을 실행해 서버의 API 엔드포인트가 제공해야 하는 것을 처음으로 볼 수 있다.

리스트 D-1. cURL을 사용한 HTTP GET

```
binils-MacBook-Pro:~ mike$ curl http://localhost:8080
{
  "_links": {
    "categories": {
      "href": "http://localhost:8080/categories{?page,size,sort}",
      "templated": true
    },
    "products": {
      "href": "http://localhost:8080/products{?page,size,sort}",
      "templated": true
    },
    "profile": {
      "href": "http://localhost:8080/profile"
```

```
          }
        }
      }
```

응답에는 http://localhost:8080/products에 상품의 링크가 있음을 보여준다. ?page, ?size, ?sort와 같은 몇 가지 옵션이 있다. 다음과 같은 다른 URL을 확인할 수 있다.

```
binils-MacBook-Pro:~ mike$ curl http://localhost:8080/profile
binils-MacBook-Pro:~ mike$ curl http://localhost:8080/products/search
```

백업 데이터베이스에 해당 데이터가 있으면 다음과 유사한 사용자 지정 쿼리를 실행할 수도 있다.

```
binils-MacBook-Pro:~ mike$ curl http://localhost:8080/products/search/
findByProductCategoryName?productCategory=Mobile
```

엔티티 생성을 위한 HTTP POST

이제 리스트 D-2에 있는 몇 가지 상품 인스턴스를 만들 수 있다.

리스트 D-2. cURL을 사용한 HTTP POST

```
bbinils-MacBook-Pro:~ mike$ curl -i -X POST -H "Content-Type:application/
json" -d '{"name":"Giomi", "code":"GIOME-KL", "title":"Giome 10 inch gold",
"imgUrl":"giome.jpg", "price":11000.0, "productCategoryName":"Mobile"}'
http://localhost:8080/products
HTTP/1.1 201
Location: http://localhost:8080/products/595ce0f073ed92061ca85665
```

```
Content-Type: application/hal+json;charset=UTF-8
Transfer-Encoding: chunked
Date: Wed, 05 Jul 2017 12:52:00 GMT

{
  "name" : "Giomi",
  "code" : "GIOME-KL",
  "title" : "Giome 10 inch gold",
  "description" : null,
  "imgUrl" : "giome.jpg",
  "price" : 11000.0,
  "productCategoryName" : "Mobile",
  "_links" : {
    "self" : {
      "href" : "http://localhost:8080/products/595ce0f073ed92061ca85665"
    },
    "product" : {
      "href" : "http://localhost:8080/products/595ce0f073ed92061ca85665"
    }
  }
}
```

여기서 각 항은 다음과 같다.

- -i는 헤더가 포함된 응답 메시지를 보게 지시한다. 새로 생성된 사람의 URI도 표시된다.

- -X POST는 새 항목을 만드는 데 사용되는 POST임을 알린다.

- -H "Content-Type : application/json"은 콘텐츠 유형에 힌트를 주므로 애플리케이션은 페이로드에 JSON 객체가 포함될 것으로 예상한다.

- -d '{"name":"Giomi", "code":"GIOME-KL", "title":"Giome 10 inch gold", "imgUrl":"giome.jpg", "price":11000.0, "productCategoryName": "Mobile"}'은 전송되는 데이터며 이 경우 JSON 형식이다.

이러한 명령을 플랫폼 간(윈도우에서 리눅스 또는 맥 등으로) 복사할 때 문제가 발생하면 터미널 창에 직접 신중하게 입력할 수 있다. 또한 엔티티 ID 595c937473ed9208488808b5는 시스템에서 자동 생성되고 반환된다. 이 동일한 ID를 사용해 이제 curl 명령을 사용해 앞의 새로 생성된 엔티티를 검색할 수 있다(리스트 D-3 참고).

리스트 D-3. cURL을 사용한 HTTP POST의 결과 보기

```
binils-MacBook-Pro:~ mike$ curl
http://localhost:8080/products/595ce0f073ed92061ca85665
{
  "name" : "Giomi",
  "code" : "GIOME-KL",
  "title" : "Giome 10 inch gold",
  "description" : null,
  "imgUrl" : "giome.jpg",
  "price" : 11000.0,
  "productCategoryName" : "Mobile",
  "_links" : {
    "self" : {
      "href" : "http://localhost:8080/products/595ce0f073ed92061ca85665"
    },
    "product" : {
      "href" : "http://localhost:8080/products/595ce0f073ed92061ca85665"
    }
  }
}
```

엔티티를 대체하는 HTTP PUT

전체 그룹을 바꾸려면 HTTP PUT을 사용한다. 서버는 새 그룹을 만들고 이전 그룹을 삭제해 ID를 동일하게 유지할 수 있다. 그러나 클라이언트는 서버의 응답에 따라 완전히 새로운 항목을 얻는다고 가정해야 한다.

PUT 요청의 경우 클라이언트는 항상 리스트 D-4에 표시된 것처럼 새 항목을 만드는 데 필요한 모든 데이터가 있는 전체 리소스를 보내야 한다.

리스트 D-4. cURL을 사용한 HTTP PUT

```
binils-MacBook-Pro:~ mike$ curl -i -X PUT -H "Content-Type:application/
json" -d '{"name":"Giomi-New", "code":"GIOME-KL-NEW", "title":"Giome New 10
inch gold", "imgUrl":"giomenew.jpg", "price":15000.0, "productCategoryName":
"Mobile"}' http://localhost:8080/products/595ce0f073ed92061ca85665
HTTP/1.1 200
Location: http://localhost:8080/products/595ce0f073ed92061ca85665
Content-Type: application/hal+json;charset=UTF-8
Transfer-Encoding: chunked
Date: Wed, 05 Jul 2017 12:53:27 GMT

{
  "name" : "Giomi-New",
  "code" : "GIOME-KL-NEW",
  "title" : "Giome New 10 inch gold",
  "description" : null,
  "imgUrl" : "giomenew.jpg",
  "price" : 15000.0,
  "productCategoryName" : "Mobile",
  "_links" : {
    "self" : {
      "href" : "http://localhost:8080/products/595ce0f073ed92061ca85665"
    },
    "product" : {
      "href" : "http://localhost:8080/products/595ce0f073ed92061ca85665"
    }
  }
}
```

리스트 D-5의 코드로 방금 변경한 사항을 쿼리하고 볼 수 있다.

리스트 D-5. cURL을 사용한 HTTP PUT의 결과 보기

```
binils-MacBook-Pro:~ mike$ curl http://localhost:8080/products
{
  "_embedded" : {
    "products" : [ {
      "name" : "Giomi-New",
      "code" : "GIOME-KL-NEW",
      "title" : "Giome New 10 inch gold",
      "description" : null,
      "imgUrl" : "giomenew.jpg",
      "price" : 15000.0,
      "productCategoryName" : "Mobile",
      "_links" : {
        "self" : {
          "href" : "http://localhost:8080/products/595ce0f073ed92061ca85665"
        },
        "product" : {
          "href" : "http://localhost:8080/products/595ce0f073ed92061ca85665"
        }
      }
    } ]
  },
  "_links" : {
    "self" : {
      "href" : "http://localhost:8080/products{?page,size,sort}",
      "templated" : true
    },
    "profile" : {
      "href" : "http://localhost:8080/profile/products"
    },
    "search" : {
      "href" : "http://localhost:8080/products/search"
    }
  },
  "page" : {
```

```
        "size" : 20,
        "totalElements" : 1,
        "totalPages" : 1,
        "number" : 0
    }
}
```

엔티티 수정을 위한 HTTP PATCH

설정할 수 있는 그룹의 속성인 상태와 같은 속성을 업데이트하려면 PATCH를 사용한다. 상태와 같은 속성은 종종 값의 화이트리스트로 제한하기에 적합한 후보지만 리스트 D-6에서는 가격 속성에 PATCH를 사용한다.

리스트 D-6. cURL을 사용한 HTTP PATCH

```
binils-MacBook-Pro:~ mike$ curl -i -X PATCH -H "Content-Type:application/
json" -d '{"price":15000.50}'
http://localhost:8080/products/595ce0f073ed92061ca85665
HTTP/1.1 200
Content-Type: application/hal+json;charset=UTF-8
Transfer-Encoding: chunked
Date: Wed, 05 Jul 2017 12:54:49 GMT

{
    "name" : "Giomi-New",
    "code" : "GIOME-KL-NEW",
    "title" : "Giome New 10 inch gold",
    "description" : null,
    "imgUrl" : "giomenew.jpg",
    "price" : 15000.5,
    "productCategoryName" : "Mobile",
    "_links" : {
```

```
        "self" : {
          "href" : "http://localhost:8080/products/595ce0f073ed92061ca85665"
        },
        "product" : {
          "href" : "http://localhost:8080/products/595ce0f073ed92061ca85665"
        }
      }
    }
  }
```

엔티티를 삭제하는 HTTP DELETE

리스트 D-7에 표시된 것처럼 DELETE 명령을 사용해 삭제할 수 있는 엔티티와 동일한 엔티티다.

리스트 D-7. cURL을 사용한 HTTP DELETE

```
binils-MacBook-Pro:~ mike$ curl -i -X DELETE http://localhost:8080/products/
595ce0f073ed92061ca85665
HTTP/1.1 204
Date: Wed, 05 Jul 2017 12:55:40 GMT
```

또 다른 쿼리는 엔티티가 실제로 삭제됐음을 확인한다. 리스트 D-8을 보자.

리스트 D-8. cURL을 사용해 HTTP PUT의 결과 보기

```
binils-MacBook-Pro:~ mike$ curl http://localhost:8080/products
{
  "_embedded" : {
    "products" : [ ]
  },
  "_links" : {
```

```
      "self" : {
        "href" : "http://localhost:8080/products{?page,size,sort}",
        "templated" : true
      },
      "profile" : {
        "href" : "http://localhost:8080/profile/products"
      },
      "search" : {
        "href" : "http://localhost:8080/products/search"
      }
    },
    "page" : {
      "size" : 20,
      "totalElements" : 0,
      "totalPages" : 0,
      "number" : 0
    }
}
```

HTTP 작업을 위한 Postman

Postman은 HTTP API와 상호작용하기 위한 구글 크롬 앱이다. 요청을 구성하고 응답을 읽을 수 있는 친숙한 GUI를 제공한다. 이 앱은 www.getpostman.com/에서 구할 수 있다. 이 글을 쓰는 시점에서 Postman 앱은 맥, 윈도우, 리눅스 플랫폼에서 사용할 수 있다.

Postman을 사용해 엔티티를 검색하는 HTTP GET

앱이 설치되면 모든 HTTP 작업을 테스트하고 싶을 것이다. 여기서는 7장에서 소개한 스프링 부트 예제 애플리케이션을 다시 참고한다. 또한 Postman을 사용해 `http://localhost:8080/profile/products` 링크에서 GET 작업을 실행하는 것을 보여주는 그림 7-4를 참고한다.

요약

cURL과 Postman은 모두 REST 엔드포인트와 빠르게 상호작용하고 기본 HTTP 작업을 수행하는 데 유용한 유틸리티다. 이 책의 예제를 실행하는 동안 광범위하게 사용한다.

아파치 TCPMon

아파치 TCPMon은 트래픽, 특히 HTTP 트래픽 메시지를 보고 재전송할 수 있는 유틸리티다. 이는 디버그 도구로 유용하므로 클라이언트와 서버 사이를 연결해 전달되는 내용을 살펴볼 수 있으며, 두 마이크로서비스 간에 발생하는 문제를 해결할 수 있다. 원래 Axis1의 일부였고 현재는 독립 프로젝트로 돼 있다. 자세한 내용은 https://ws.apache.org/tcpmon/을 참고한다.

부록 E에서 다루는 내용은 다음과 같다.

- TCPMon 설치와 시작 방법
- TCPMon을 프록시로 설정하는 방법

TCPMon 설치

이 절에서는 TCPMon을 다운로드, 설치, 구성하고 테스트한다. TCPMon은 https://ws.apache.org/tcpmon/download.cgi에서 다운로드할 수 있다.

먼저 설치 아카이브 파일을 하드디스크의 적절한 위치에 저장한 다음 원하는 위치에 아카이브를 추출한다. 위치를 다음과 같이 선택할 수 있다.

```
C:\Program Files\tcpmon\
```

Program Files와 같이 경로에 공백이 있는 위치는 명시적으로 피한다. 따라서 내 윈도우 컴퓨터에서 다음 위치를 사용한다.

```
D:\Applns\apache\TCPMon\tcpmon-1.0-bin
```

TCPMon 사용 시작

TCPMon 폴더의 build 폴더로 이동해 TCPMon을 실행할 수 있다(그림 E-1 참고).

```
cd D:\Applns\apache\TCPMon\tcpmon-1.0-bin\build
D:\Applns\apache\TCPMon\tcpmon-1.0-bin\build>tcpmon
```

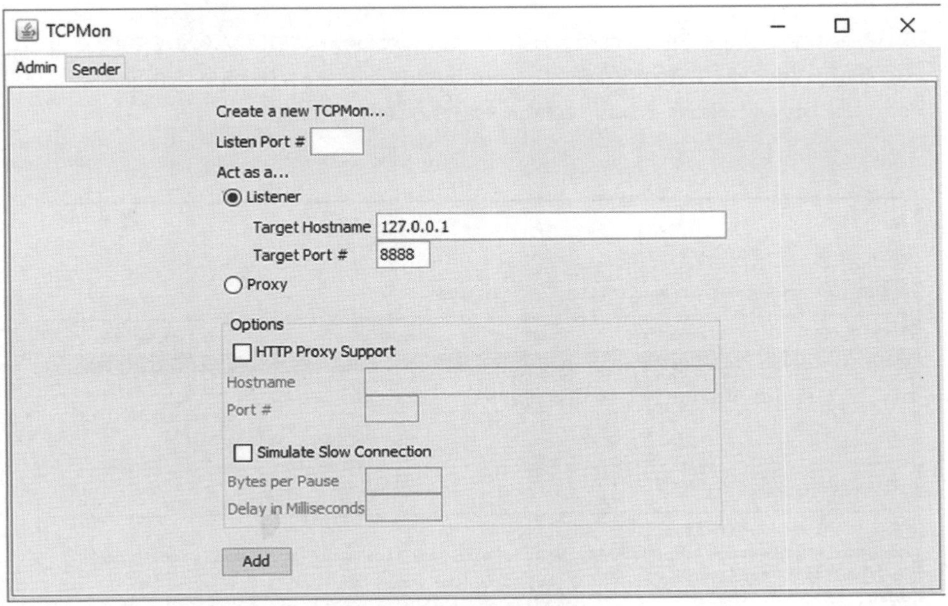

그림 E-1. TCPMon 실행하기

TCPMon을 프록시로 설정

TCPMon은 프록시 역할을 할 수 있다. 프록시 모드에서 TCPMon을 설정하려면 라디오 버튼에서 프록시 옵션을 선택하고 호출이 프록시될 호스트와 포트를 구성하기만 하면 된다.

또는 TCPMon 자체를 시작할 때 구성 매개변수를 제공할 수 있다. 사용 패턴은 다음과 같다.

```
D:\Applns\apache\TCPMon\tcpmon-1.0-bin\build>tcpmon [listenPort targetHost
targetPort]
```

다음과 같이 시작하면 그림 E-2와 같은 화면이 표시된다.

```
D:\Applns\apache\TCPMon\tcpmon-1.0-bin\build>tcpmon 8081 127.0.0.1 8080
D:\Applns\apache\TCPMon\tcpmon-1.0-bin\build>java -cp ./tcpmon-1.0.jar
org.apache.ws.commons.tcpmon.TCPMon 8081 127.0.0.1 8080
```

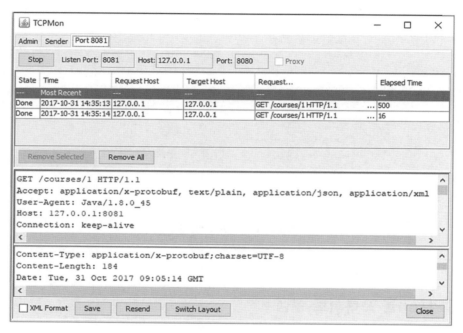

그림 E-2. 프록시로 구성된 TCPMon

이 경우 TCPMon이 실행 중인 호스트에서 8081 포트에 도달하는 모든 요청은
호스트 127.0.0.1의 8080 포트로 프록시된다.

요약

TCPMon은 HTTP 요청 및 응답을 검사하는 데 유용한 유틸리티다. TCPMon으
로 HTTP 요청 및 응답을 신속하게 프록시하고 메시지 내용을 검사하기 쉽게
시스템에 설치하고 준비할 수 있다.

F

ActiveMQ

아파치 ActiveMQ는 오픈소스 메시징과 통합 패턴 서버다. ActiveMQ는 속도가 빠르고 많은 개발 언어 클라이언트와 프로토콜을 지원하며, 사용하기 쉬운 엔터프라이즈 통합 패턴과 많은 고급 기능을 제공한다. ActiveMQ는 JMS 1.1과 J2EE 1.4를 완벽하게 지원하며 아파치 2.0 라이선스로 배포된다. ActiveMQ는 http://activemq.apache.org/에서 다운로드할 수 있다.

ActiveMQ의 주요 특징은 자바, C, C++, C#, 루비^{Ruby}, 펄^{Perl}, 파이썬^{Python}, PHP 등의 다양한 개발 언어 클라이언트와 프로토콜을 지원하는 것이다. ActiveMQ는 그중에서도 다음 프로토콜을 지원한다.

- 자바, C, C++, C#의 고성능 클라이언트를 위한 OpenWire

- C, 루비, 펄, 파이썬, PHP, ActionScript/플래시^{Flash}, 스몰토크^{Smalltalk}에서 클라이언트를 쉽게 작성해 다른 유명한 메시지 브로커와 통신할 수 있게 지원

- AMQP v1.0 지원

- IoT 환경에서 연결을 허용하는 MQTT v3.1 지원

ActiveMQ 설치와 구성

ActiveMQ는 http://activemq.apache.org/download.html에서 다운로드할 수 있다. 자세한 설치 지침은 http://activemq.apache.org/getting-starting.html# GettingStart-Windows에서 확인할 수 있다.

apache-activemq-5.13.3-bin.zip이라는 ActiveMQ 설치 파일을 다운로드한다. zip 파일을 apache-activemq-5.13.3 폴더를 C:\Program Files\ActiveMQ(또는 애플리케이션 파일에 적합한 곳)로 추출한다.

Program Files와 같이 경로에 공백이 있는 위치는 명시적으로 피한다. 따라서 내 윈도우 컴퓨터에서 다음 위치를 사용한다.

```
D:\Applns\apache\ActiveMQ\apache-activemq-5.13.3
```

ActiveMQ 사용 시작

다음 명령으로 ActiveMQ 서버를 시작할 수 있다.

```
cd D:\Applns\apache\ActiveMQ\apache-activemq-5.13.3\bin
D:\Applns\apache\ActiveMQ\apache-activemq-5.13.3\bin>activemq start
```

리스트 F-1은 ActiveMQ가 시작됐음을 보여준다.

리스트 F-1. ActiveMQ 서버 시작

```
D:\Applns\apache\ActiveMQ\apache-activemq-5.13.3\bin>activemq start
Java Runtime: Oracle Corporation 1.8.0_45 D:\Applns\oracle\jdk\jdk1.8.0_45\jre
...
```

```
ACTIVEMQ_HOME: D:\Applns\apache\ActiveMQ\apache-activemq-5.13.3\bin\..
ACTIVEMQ_BASE: D:\Applns\apache\ActiveMQ\apache-activemq-5.13.3\bin\..
ACTIVEMQ_CONF: D:\Applns\apache\ActiveMQ\apache-activemq-5.13.3\bin\..\conf
ACTIVEMQ_DATA: D:\Applns\apache\ActiveMQ\apache-activemq-5.13.3\bin\..\data
Loading message broker from: xbean:activemq.xml
 INFO | Refreshing org.apache.activemq.xbean.XBeanBrokerFactory$1@62ee68d8:
        startup date [Wed Mar 06 13:06:42 IST 2019]; root of context
        hierarchy
 INFO | Using Persistence Adapter: KahaDBPersistenceAdapter[D:\Applns\
        apache\ActiveMQ\apache-activemq-5.13.3\bin\..\data\kahadb]
 INFO | KahaDB is version 6
 INFO | Recovering from the journal @4:13937439
 INFO | Recovery replayed 28377 operations from the journal in 1.604 seconds.
 INFO | PListStore:[D:\Applns\apache\ActiveMQ\apache-activemq-5.13.3\
        bin\..\data\localhost\tmp_storage] started
 INFO | Apache ActiveMQ 5.13.3 (localhost, ID:tiger-61203-
        1551857807769-0:1) isstarting
 INFO | Listening for connections at: tcp://tiger:61616?maximumConnections=
        1000&wireFormat.maxFrameSize=104857600
 INFO | Connector openwire started
 INFO | Listening for connections at: amqp://tiger:5672?maximumConnections=
        1000&wireFormat.maxFrameSize=104857600
 INFO | Connector amqp started
 INFO | Listening for connections at: stomp://tiger:61613?maximumConnection
        s=1000&wireFormat.maxFrameSize=104857600
 INFO | Connector stomp started
 INFO | Listening for connections at: mqtt://tiger:1883?maximumConnections=
        1000&wireFormat.maxFrameSize=104857600
 INFO | Connector ws started
 INFO | Apache ActiveMQ 5.13.3 (localhost,
        ID:tiger-61203-1551857807769-0:1) started
 INFO | For help or more information please see: http://activemq.apache.org
 INFO | No Spring WebApplicationInitializer types detected on classpath
 INFO | ActiveMQ WebConsole available at http://0.0.0.0:8161/
 INFO | ActiveMQ Jolokia REST API available at http://0.0.0.0:8161/api/
```

```
      jolokia/
INFO | Initializing Spring FrameworkServlet 'dispatcher'
INFO | No Spring WebApplicationInitializer types detected on classpath
INFO | jolokia-agent: Using policy access restrictor classpath:/jolokia-
      access.xml
```

작업 디렉터리는 현재 디렉터리를 기준으로 생성된다. 작업 디렉터리를 적절한 위치에 생성하려면 ActiveMQ가 home/installation 디렉터리에서 실행돼야 한다.

ActiveMQ의 서버는 기본 포트인 61616에서 시작된다. 다른 창을 사용해 **netstat**를 실행하고 61616 포트를 검색해 이 사실을 확인할 수 있다. 윈도우 콘솔에서 다음을 입력한다.

```
netstat -an|find "61616"
```

리스트 F-2를 보자.

리스트 F-2. ActiveMQ 수신 포트 확인

```
Microsoft Windows [Version 10.0.17134.345]
(c) 2018 Microsoft Corporation. All rights reserved.

C:\Windows\System32>netstat -an|find "61616"
  TCP    0.0.0.0:61616         0.0.0.0:0          LISTENING
  TCP    [::]:61616            [::]:0             LISTENING

C:\Windows\System32>
```

유닉스 명령 셸에서는 다음을 입력한다.

```
netstat -nl|grep 61616
```

ActiveMQ 관리 콘솔 보기

이제 선호하는 웹 브라우저를 사용해 앞에서 시작한 ActiveMQ 서버에 연결할 수 있다.

```
http://127.0.0.1:8161/admin/
```

다음 기본 자격증명을 사용해 관리 콘솔에 로그인할 수 있다.

```
Username: admin
Password: admin
```

그림 F-1을 보자.

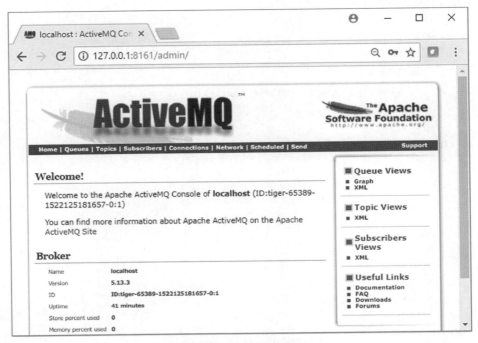

그림 F-1. ActiveMQ 관리 콘솔

ActiveMQ 구성

ActiveMQ 설치에는 ActiveMQ 서버를 구성하는 데 사용할 수 있는 activemQ.xml이라는 파일이 일반적으로 D:\Applns\apache\ActiveMQ\apache-activemq-5.13.3\conf에 포함돼 있다.

ActiveMQ에서는 애플리케이션에서 사용할 대기열을 명시적으로 설정/구성할 필요가 없다. 대기열이나 토픽에 게시나 구독을 시도하면 해당 대기열이나 토픽이 즉시 자동으로 생성된다. 하지만 대기열과 토픽을 미리 지정하려는 경우 구성 파일에서 미리 지정할 수 있다. 예를 들어 실제 물리적 대기열/토픽 이름을 알 필요 없이 애플리케이션에서 해당 대상을 꺼낼 수 있게 대상을 JNDI에 넣으려면 이 작업을 수행한다. 리스트 F-3은 큐의 샘플 구성을 표시하고 그림 F-2에 결과가 표시된다.

리스트 F-3. ActiveMQ에서 대기열 구성

```
<beans>
  <broker>
    <destinations>
      <queue physicalName="notification.queue" />
    </destinations>
  </broker>
</beans>
```

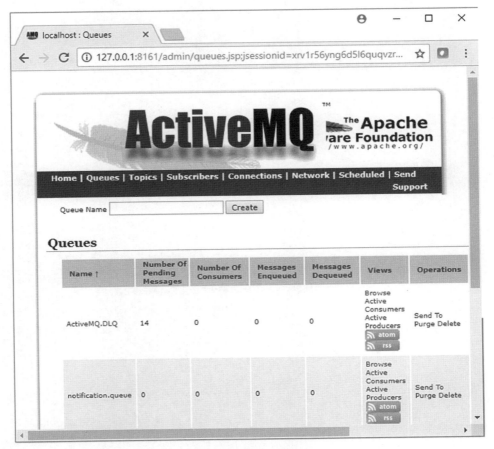

그림 F-2. ActiveMQ 구성

요약

부록 F에서는 오픈소스 메시징과 통합 패턴 서버인 아파치 ActiveMQ의 기본 설치와 구성을 다뤘다. 몇 장의 예제에 ActiveMQ를 사용하므로 해당 샘플을 검토하는 동안 부록을 참고하기 바란다.

Derby

아파치 Derby는 전적으로 자바로 구현되고 아파치 라이선스에 따라 사용할 수 있는 오픈소스 관계형 데이터베이스다. Derby는 자바, JDBC, SQL 표준을 따르며 Derby 네트워크 클라이언트 JDBC 드라이버와 Derby 네트워크 서버를 사용해 클라이언트/서버 모드 작동을 지원한다. 자세한 내용은 https://db.apache.org/derby/를 참조한다.

부록 F에서 다루는 내용은 다음과 같다.

- Derby 데이터베이스를 설치하고 구성하는 방법
- 네트워크 모드에서 Derby를 시작하고 중지하는 방법
- Derby에서 새 데이터베이스를 만드는 방법
- Derby 데이터베이스에서 기본 테이블 생성 및 테이블 조작 명령을 실행하는 방법

Derby 설치와 구성

이 절에서는 Derby를 다운로드, 설치, 구성하고 테스트한다. Derby는 https://db.apache.org/derby/derby_downloads.html에서 다운로드할 수 있다.

내 컴퓨터에 Java 8이 있으므로 https://db.apache.org/derby/releases/release-10.14.1.0.cgi에서 사용할 수 있는 Derby의 10.14.1.0 릴리스를 선택했다.

먼저 설치 아카이브 파일을 하드디스크의 적절한 위치에 저장한 다음 원하는 위치에 아카이브를 추출한다. 다음 위치를 선택할 수 있다.

```
C:\Program Files\Derby\
```

Program Files와 같이 경로에 공백이 있는 위치는 명시적으로 피한다. 따라서 내 윈도우 컴퓨터에서 다음 위치를 사용한다.

```
D:\Applns\apache\Derby\db-derby-10.14.1.0-bin
```

DERBY_HOME 환경 변수를 Derby 배포를 추출한 위치로 설정한다. 예를 들어 Derby를 D:\Applns\apache\Derby\ 디렉터리에 추출한 경우 다음과 같이 환경 변수를 설정한다.

```
set DERBY_HOME=D:\Applns\apache\Derby\db-derby-10.14.1.0-bin
```

원하는 PATH 환경 변수에 DERBY_HOME/bin 디렉터리를 추가해 모든 디렉터리에서 Derby 스크립트를 실행할 수도 있다.

네트워크 모드에서 Derby 서버 시작과 중지

애플리케이션은 익숙한 클라이언트/서버 모드를 사용해 Derby 데이터베이스에 액세스할 수 있다. 이는 Derby를 내장하고 동일한 머신이나 원격 머신에서 다른 JVM에서 실행되는 애플리케이션을 포함해 애플리케이션의 데이터베이스 요청을 처리하는 프레임워크로 이뤄진다. Derby 네트워크 서버는 Derby를 내장하고 네트워크 클라이언트의 요청을 관리한다.

Derby 네트워크 서버를 쉽게 시작하려면 먼저 작업 디렉터리를 DERBY_HOME 내의 bin 폴더로 변경해야 한다(그림 G-1 참고).

```
cd D:\Applns\apache\Derby\db-derby-10.14.1.0-bin
D:\Applns\apache\Derby\db-derby-10.14.1.0-bin\bin>startNetworkServer
```

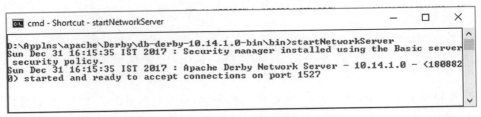

그림 G-1. 네트워크 모드에서 Derby 서버 시작

이렇게 하면 1527 포트에서 네트워크 서버가 시작되고 몇 가지 시작 메시지가 표시된다. 추가 메시지는 네트워크 서버가 연결 요청을 처리할 때 동일한 창에 계속 출력된다. 네트워크 서버도 Derby를 시작하기 때문에 네트워크 서버를 시작한 디렉터리에서 derby.log 오류 로그를 찾을 수 있다.

데이터베이스의 무결성을 유지하려면 사용 후 항상 네트워크 서버를 적절하게 종료하는 것이 좋다. 다음 명령으로 쉽게 수행할 수 있다.

```
cd D:\Applns\apache\Derby\db-derby-10.14.1.0-bin
D:\Applns\apache\Derby\db-derby-10.14.1.0-bin\bin>stopNetworkServer
```

새 Derby 데이터베이스 만들기

Derby 설치 위치와는 별도의 디렉터리에 실제 데이터베이스를 작성하고 유지하는 것이 좋다. 내 컴퓨터에서 모든 Derby 데이터베이스를 보관할 상위 디렉터리를 만들었다.

```
D:\Applns\apache\Derby\derbydb
```

현재 디렉터리를 해당 폴더로 변경한다.

```
cd D:\Applns\apache\Derby\derbydb
```

이제 Derby 내장 드라이버를 사용해 sampledb 데이터베이스를 만들고 연결할 수 있다. Derby ij 도구를 사용해 Derby 데이터베이스를 작성하고 가져올 수 있다.

PATH 환경 변수에 DERBY_HOME/bin 디렉터리를 포함시킨 경우 ij를 입력한다.

PATH 환경 변수에 DERBY_HOME/bin 디렉터리를 포함하지 않은 경우 다음을 입력한다.

```
java -jar %DERBY_HOME%\lib\derbyrun.jar ij
```

내 컴퓨터에서는 다음 명령을 사용했다.

```
D:\Applns\apache\Derby\derbydb>ij
ij version 10.14
ij>
```

이제 sampledb라는 데이터베이스를 만들고 다음 명령으로 내장 드라이버를 사용해 데이터베이스에 연결할 수 있다.

```
connect 'jdbc:derby://localhost:1527/D:/Applns/apache/Derby/derbydb/
sampledb;create=true';
```

그림 G-2를 참고한다.

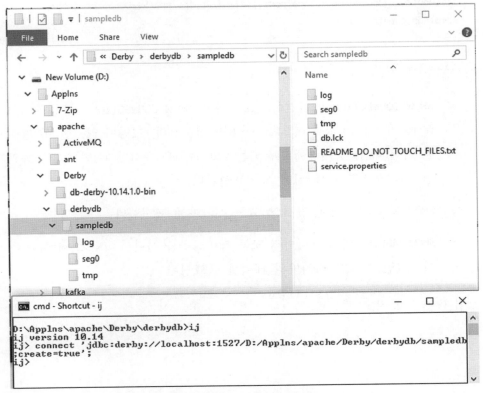

그림 G-2. 네트워크 모드에서 Derby 서버 시작

앞의 명령 프롬프트는 새로 생성된 데이터베이스인 sampledb에도 연결된다. 다음 명령을 사용해 이 창을 종료한다.

```
    exit;
```

종료되면 Derby 내장 드라이버를 다시 사용해 다음 코드로 이전에 생성된 데이터베이스에 다시 연결할 수 있다.

```
D:\Applns\apache\Derby\ derbydb>ij
ij version 10.14
ij>connect 'jdbc:derby://localhost:1527/D:/Applns/apache/Derby/derbydb/
sampledb;create=false';
```

다음은 유용한 몇 가지 명령이다.

- **SHOW CONNECTIONS**: 연결이 없는 경우 SHOW CONNECTIONS 명령은 'No connections available'(사용 가능한 연결 없음)을 반환한다. 그렇지 않으면 이 명령은 연결 이름 및 연결에 사용되는 URL 목록을 표시한다. 현재 활성화된 연결이 있으면 이름 뒤에 *가 표시된다.

- **SHOW SCHEMAS**: 현재 연결의 모든 스키마를 표시한다.

- **SHOW TABLES**: 현재 스키마의 모든 테이블을 표시한다. IN schemaName 을 지정하면 지정한 스키마의 테이블이 표시된다.

그림 G-3을 보자.

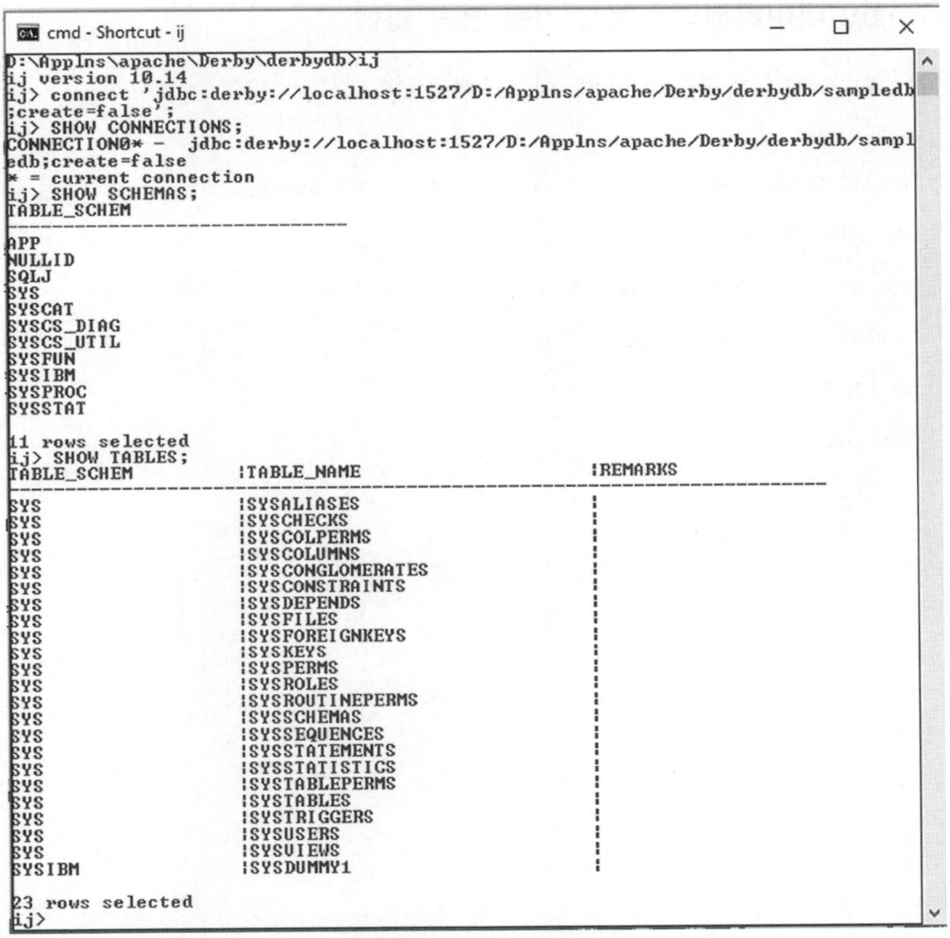

```
CMD cmd - Shortcut - ij                              —    □    ×

D:\Applns\apache\Derby\derbydb>ij
ij version 10.14
ij> connect 'jdbc:derby://localhost:1527/D:/Applns/apache/Derby/derbydb/sampledb
;create=false';
ij> SHOW CONNECTIONS;
CONNECTION0* -  jdbc:derby://localhost:1527/D:/Applns/apache/Derby/derbydb/sampl
edb;create=false
* = current connection
ij> SHOW SCHEMAS;
TABLE_SCHEM
------------------------------------

APP
NULLID
SQLJ
SYS
SYSCAT
SYSCS_DIAG
SYSCS_UTIL
SYSFUN
SYSIBM
SYSPROC
SYSSTAT

11 rows selected
ij> SHOW TABLES;
TABLE_SCHEM          |TABLE_NAME                    |REMARKS
---------------------------------------------------------------------

SYS                  |SYSALIASES                    |
SYS                  |SYSCHECKS                     |
SYS                  |SYSCOLPERMS                   |
SYS                  |SYSCOLUMNS                    |
SYS                  |SYSCONGLOMERATES              |
SYS                  |SYSCONSTRAINTS                |
SYS                  |SYSDEPENDS                    |
SYS                  |SYSFILES                      |
SYS                  |SYSFOREIGNKEYS                |
SYS                  |SYSKEYS                       |
SYS                  |SYSPERMS                      |
SYS                  |SYSROLES                      |
SYS                  |SYSROUTINEPERMS               |
SYS                  |SYSSCHEMAS                    |
SYS                  |SYSSEQUENCES                  |
SYS                  |SYSSTATEMENTS                 |
SYS                  |SYSSTATISTICS                 |
SYS                  |SYSTABLEPERMS                 |
SYS                  |SYSTABLES                     |
SYS                  |SYSTRIGGERS                   |
SYS                  |SYSUSERS                      |
SYS                  |SYSVIEWS                      |
SYSIBM               |SYSDUMMY1                     |

23 rows selected
ij>
```

그림 G-3. Derby 내장 드라이버 ij를 사용해 데이터베이스와 상호작용

Derby 데이터베이스에서 기본 명령 실행

이제 다음 SQL 명령을 사용해 데이터베이스를 테스트할 수 있다.

```
CREATE TABLE SIMPLETABLE (ID INT PRIMARY KEY, NAME VARCHAR(12));

DESCRIBE SIMPLETABLE;

INSERT INTO SIMPLETABLE VALUES (50,'FIFTY'),(60,'SIXTY'),(70,'SEVENTY');

SELECT * FROM SIMPLETABLE;

DELETE FROM SIMPLETABLE;

DROP TABLE SIMPLETABLE;
```

그림 G-4를 참고한다.

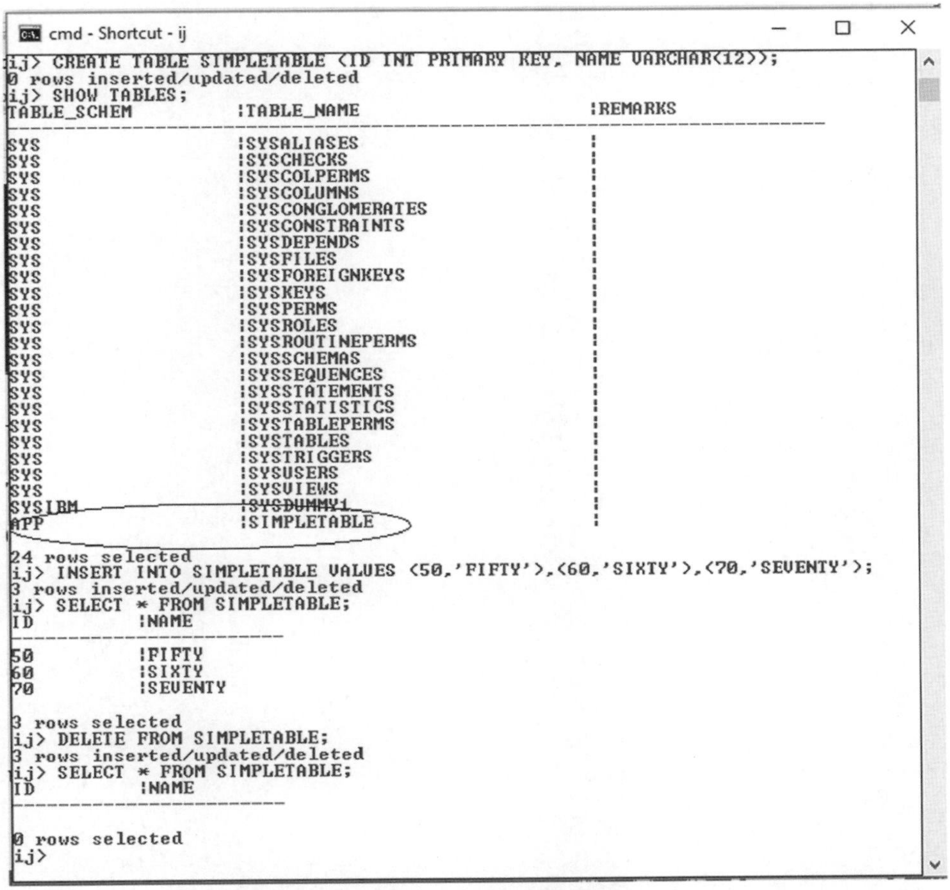

그림 G-4. ij를 사용하는 Derby DB를 사용한 기본 SQL 작업

요약

Derby는 강력한 일관성 특성을 나타내는 관계형 데이터베이스이므로 이 책에서 Derby를 사용해 분산 트랜잭션 시나리오를 설명한다.

H
MySQL

MySQL은 오라클^{Oracle}에서 개발, 배포, 지원하는 인기 있는 오픈소스 SQL 데이터베이스 관리 시스템이다. MySQL은 구조화된 데이터 모음을 관리한다. MySQL 데이터베이스는 데이터베이스에 저장된 데이터를 추가, 액세스, 처리하는 데 도움이 된다. MySQL은 데이터를 별도의 테이블에 저장한다. 데이터베이스 구조는 속도에 최적화된 실제 파일로 구성된다. 데이터베이스, 테이블, 뷰, 행, 열과 같은 객체가 포함된 논리적 모델은 유연한 프로그래밍 환경을 제공한다. 'MySQL'의 SQL은 데이터베이스에 액세스하는 데 사용되는 가장 일반적인 표준화 언어인 'Structured Query Language'를 의미한다. MySQL 소프트웨어는 GPL_{GNU General Public} 라이선스를 사용하며 오픈소스 소프트웨어다. MySQL에 대한 자세한 내용은 www.mysql.com/에서 확인할 수 있다.

부록 H에서 다루는 내용은 다음과 같다.

- MySQL 다운로드, 설치 방법
- MySQL용 데이터 디렉터리를 초기화하는 방법
- MySQL 서버를 시작하고 서버에 연결하는 방법
- MySQL 서버에 대한 연결을 테스트하고 서버에서 연결을 끊는 방법
- 데이터베이스를 만들고 기본 테이블 작업을 수행하는 방법
- 데이터베이스에 사용자 계정을 추가하는 방법

MySQL 설치

이 절에서는 MySQL을 다운로드, 설치, 구성하고 설치를 테스트한다. MySQL은 https://dev.mysql.com/downloads/mysql/에서 다운로드할 수 있다.

마이크로소프트 윈도우의 경우 MySQL은 64비트 운영체제에서만 사용할 수 있다. 다음 아카이브를 다운로드할 수 있다.

```
mysql-8.0.14-winx64.zip
```

위의 아카이브를 원하는 설치 디렉터리에 압축 해제한다. 다음과 같이 위치를 선택할 수 있다.

```
C:\Program Files\MySQL\
```

Program Files와 같이 경로에 공백이 있는 위치는 명시적으로 피한다. 따라서 내 윈도우 컴퓨터에서 다음 위치를 사용한다.

```
D:\Applns\MySQL\mysql-8.0.14-winx64
```

자세한 설치 지침은 https://dev.mysql.com/doc/refman/8.0/en/windows-install-archive.html에서도 확인할 수 있다.

데이터 디렉터리 초기화

noinstall 패키지를 사용해 MySQL을 설치했으므로 데이터 디렉터리가 포함돼 있지 않다. 데이터 디렉터리를 초기화하려면 아카이브의 압축을 푼 홈 폴더에서 다음과 같이 **mysqld**를 호출한다.

```
cd D:\Applns\MySQL\mysql-8.0.14-winx64
D:\Applns\MySQL\mysql-8.0.14-winx64>D:\Applns\MySQL\mysql-8.0.14-winx64\
bin\mysqld --initialize --console
2019-01-22T13:26:05.124628Z 0 [System] [MY-013169] [Server] D:\Applns\
MySQL\mysql-8.0.14-winx64\bin\mysqld (mysqld 8.0.14) initializing of server
in progress as process 14464
2019-01-22T13:26:54.151969Z 5 [Note] [MY-010454] [Server] A temporary
password is generated for root@localhost: S9wdszB#<t.G
2019-01-22T13:27:16.565870Z 0 [System] [MY-013170] [Server] D:\Applns\
MySQL\mysql-8.0.14-winx64\bin\mysqld (mysqld 8.0.14) initializing of server
has completed

D:\Applns\MySQL\mysql-8.0.14-winx64>
```

데이터 디렉터리 초기화에 대한 자세한 지침은 https://dev.mysql.com/doc/
refman/8.0/en/data-directory-initialization-mysqld.html에서도 확인할 수 있다.

기본적으로 안전한 설치(예, 임의의 초기 루트 암호 생성 포함)를 위해 **--initialize**를 사용했
으므로, 암호가 만료된 것으로 표시되며 새 암호를 입력해야 한다. 따라서 클라
이언트를 사용해 서버에 연결한 다음 새 암호를 입력하려면 위의 암호를 기록
해둬야 한다.

MySQL 서버 시작

서버를 시작하려면 다음 명령을 입력한다.

```
D:\Applns\MySQL\mysql-8.0.14-winx64\bin>mysqld --console
2019-01-22T13:34:14.562420Z 0 [System] [MY-010116] [Server] D:\Applns\MySQL\
mysql-8.0.14-winx64\bin\mysqld.exe (mysqld 8.0.14) starting as process 22172
```

```
2019-01-22T13:34:21.355370Z 0 [Warning] [MY-010068] [Server] CA certificate
ca.pem is self signed.
2019-01-22T13:34:21.605828Z 0 [System] [MY-010931] [Server] D:\Applns\
MySQL\mysql-8.0.14-winx64\bin\mysqld.exe: ready for connections. Version:
'8.0.14' socket: " port: 3306 MySQL Community Server - GPL.
2019-01-22T13:34:21.870413Z 0 [System] [MY-011323] [Server] X Plugin ready
for connections. Bind-address: '::' port: 33060
```

서버는 새로운 진단 출력을 콘솔에 계속 기록한다. 클라이언트 프로그램을 실
행할 수 있는 새 콘솔 창을 열 수 있다.

처음으로 서버를 시작하는 자세한 방법은 https://dev.mysql.com/doc/refman/
8.0/en/windows-server-first-start.html에서 확인할 수 있다.

MySQL 서버에 연결

--initialize를 사용해 데이터 디렉터리를 초기화했으므로 서버가 초기화 순
서 중에 생성한 임의의 암호를 사용해 루트로 서버에 연결한다.

```
D:\Applns\MySQL\mysql-8.0.14-winx64\bin>mysql -u root -p
Enter password: ************
Welcome to the MySQL monitor. Commands end with ; or \g.

Your MySQL connection id is 8
Server version: 8.0.14

Copyright (c) 2000, 2019, Oracle and/or its affiliates. All rights reserved.
```

Oracle은 오라클 회사와 그 계열사의 등록 상표다. 다른 이름은 해당 소유자의
상표일 수 있다.

```
Type 'help;' or '\h' for help. Type '\c' to clear the current input statement.
mysql>
```

다음으로 새 루트 암호를 할당할 수 있다.

```
mysql> ALTER USER 'root'@'localhost' IDENTIFIED BY 'rootpassword';
Query OK, 0 rows affected (0.25 sec)
mysql>
```

자바 프로그램에서 MySQL 서버에 연결하는 동안 구축 스크립트 pom.xml에서 사용 중인 서버 버전을 기반으로 **mysql-connector-java** 메이븐 아티팩트의 버전을 편집해야 할 수 있다.

```xml
<?xml version="1.0" encoding="UTF-8"?>
<project>
  <properties>
    <mysqljcon.version>8.0.14</mysqljcon.version>
  </properties>
  <dependencies>
    <dependency>
      <groupId>mysql</groupId>
      <artifactId>mysql-connector-java</artifactId>
      <version>${mysqljcon.version}</version>
    </dependency>
  </dependencies>
</project>
```

MySQL 서버 설치 테스트

다음 명령을 실행해 MySQL 서버가 작동하는지 테스트할 수 있다.

```
D:\Applns\MySQL\mysql-8.0.14-winx64\bin> mysqlshow -u root -p
Enter password: ************
+-----------------------------+
|Databases                    |
+-----------------------------+
| information_schema          |
| mysql                       |
| performance_schema          |
| sys                         |
+-----------------------------+
D:\Applns\MySQL\mysql-8.0.14-winx64\bin>
```

MySQL 서버에서 연결 해제

mysql 클라이언트를 사용해 MySQL 서버에 연결한 경우 다음 코드로 연결을 끊을 수 있다.

```
mysql> quit
Bye

D:\Applns\MySQL\mysql-8.0.14-winx64\bin>
```

데이터베이스 생성과 선택

제공된 새 암호를 사용해 'MySQL 서버에 연결' 절에서 언급한 대로 데이터베이스에 다시 연결할 수 있다. 연결되면 다음과 같이 연결된 사용자와 데이터베이스를 쿼리할 수 있다.

```
mysql> SELECT USER ();
+ --------------------- +
| USER ()               |
+ --------------------- +
| root @ localhost      |
+ --------------------- +
1 row in set (0.00 sec)
mysql> SELECT DATABASE ();
+ ----------------- +
| DATABASE ()       |
+ ----------------- +
| NULL              |
+ ----------------- +
1 row in set (0.00 sec)
```

아직 데이터베이스를 선택하지 않은 경우 결과는 NULL이다.

다음 코드를 사용해 새 데이터베이스를 만들 수 있다.

```
mysql> create database ecom01;
Query OK, 1 row affected (0.16 sec)

mysql>
```

다음 코드를 사용해 새로 생성된 데이터베이스를 볼 수 있다.

```
mysql> show databases;
+--------------------+
| Database           |
+--------------------+
| ecom01             |
| information_schema |
| mysql              |
| performance_schema |
| sys                |
+--------------------+
5 rows in set (0.00 sec)

mysql>
```

먼저 다음과 같이 새로 생성된 데이터베이스를 선택해야 한다.

```
mysql> use ecom01;
Database changed

mysql> SELECT DATABASE();
+------------+
| DATABASE() |
+------------+
| ecom01     |
+------------+
1 row in set (0.00 sec)

mysql>
```

테이블 생성

데이터베이스를 선택하면 선택한 데이터베이스에 테이블을 생성할 수 있다.

```
mysql> CREATE TABLE pet (name VARCHAR(20), owner VARCHAR(20),
    -> species VARCHAR(20), sex CHAR(1), birth DATE, death DATE);
Query OK, 0 rows affected (0.63 sec)

mysql>
```

다음으로 새로 생성된 데이터베이스의 스키마를 볼 수 있다.

```
mysql> desc pet;
+---------+-------------+------+-----+---------+-------+
| Field   | Type        | Null | Key | Default | Extra |
+---------+-------------+------+-----+---------+-------+
| name    | varchar(20) | YES  |     | NULL    |       |
| owner   | varchar(20) | YES  |     | NULL    |       |
| species | varchar(20) | YES  |     | NULL    |       |
| sex     | char(1)     | YES  |     | NULL    |       |
| birth   | date        | YES  |     | NULL    |       |
| death   | date        | YES  |     | NULL    |       |
+---------+-------------+------+-----+---------+-------+
6 rows in set (0.01 sec)

mysql>
```

MySQL 서버에 사용자 계정 추가

새 사용자를 추가해 데이터베이스 서버에 액세스하고 다음과 같은 권한을 부여
할 수 있다.

```
mysql> CREATE USER 'tutorialuser'@'localhost' IDENTIFIED BY
'tutorialmy5ql';
```

```
Query OK, 0 rows affected (0.07 sec)

mysql> GRANT ALL PRIVILEGES ON *.* TO 'tutorialuser'@'localhost' WITH GRANT
OPTION;
Query OK, 0 rows affected (0.03 sec)

mysql> CREATE USER 'tutorialuser'@'%' IDENTIFIED BY 'tutorialmy5ql';
Query OK, 0 rows affected (0.00 sec)

mysql> GRANT ALL PRIVILEGES ON *.* TO 'tutorialuser'@'%' WITH GRANT OPTION;
Query OK, 0 rows affected (0.00 sec)

https://dev.mysql.com/doc/refman/8.0/en/adding-users.html
```

MySQL 서버 중지

서버를 중지하려면 다음 명령을 입력한다.

```
D:\Applns\MySQL\mysql-8.0.14-winx64\bin>mysqladmin -u root -p shutdown
Enter password: ************
D:\Applns\MySQL\mysql-8.0.14-winx64\bin>
```

요약

MySQL은 ACID 트랜잭션과 같이 강력한 일관성이 필요한 작업에 사용할 수 있는 관계형 데이터베이스다. 이 책의 많은 예제를 보여줄 때 MySQL을 사용한다.

찾아보기

실용적인 마이크로서비스 아키텍처 패턴

스프링 부트와 스프링 클라우드를 활용한

발 행 | 2023년 6월 30일

옮긴이 | 황 주 필
편저자 | 비닐다스 크리스투다스

펴낸이 | 권 성 준
편집장 | 황 영 주
편 집 | 김 진 아
　　　　임 지 원
디자인 | 윤 서 빈

에이콘출판주식회사
서울특별시 양천구 국회대로 287 (목동)
전화 02-2653-7600, 팩스 02-2653-0433
www.acornpub.co.kr / editor@acornpub.co.kr

책값은 뒤표지에 있습니다.